AUTOR **KALLE ROSENBAUM**

ÜBERSETZUNG **VOLKER HERMINGHAUS**

BITCOIN

BEGREIFEN

Der Liebe meines Lebens, meiner Frau, Linnéa.
Klug, treu, aufrichtig.
Und all den tollen Bitcoinern überall.

Inhaltsverzeichnis

Inhaltsverzeichnis   iv

Vorwort   xiii

Einleitung   xv

Danksagungen   xix

Über dieses Buch   xxi
     Wer dieses Buch lesen sollte xxi
     Wie dieses Buch aufgebaut ist: Eine Übersicht xxii
     Code Konventionen xxiii
     LiveBook Diskussionsforum xxiv
     Andere Ressourcen des Autors xxv

Über den Autor   xxvii

1 Einführung in Bitcoin   1
    1.1   Was ist Bitcoin? 2
    1.2   Der Überblick 3
        1.2.1   Schritt 1: Transaktionen 5
        1.2.2   Schritt 2: Das Bitcoin Netzwerk 6
        1.2.3   Schritt 3: Die Blockchain 6
        1.2.4   Schritt 4: Wallets 9
    1.3   Probleme mit Geld Stand heute 10
        1.3.1   Ausgrenzung 10
        1.3.2   Vertraulichkeitsfragen 11
        1.3.3   Inflation 12
        1.3.4   Grenzen 13
    1.4   Der Bitcoin Ansatz 14
        1.4.1   Dezentralisiert 14
        1.4.2   Begrenzte Geldmenge 15
        1.4.3   Grenzenlos 16

1.5	Wofür wird Bitcoin benutzt?	16
	1.5.1 Sparen	16
	1.5.2 Grenzüberschreitender Zahlungsverkehr	17
	1.5.3 Einkaufen	17
	1.5.4 Spekulation	18
	1.5.5 Nichtwährungs-Anwendungen	20
	1.5.6 Wie wird Bitcoin bewertet?	21
	1.5.7 Wann sollte man Bitcoin nicht verwenden?	22
1.6	Andere Kryptowährungen	24
1.7	Zusammenfassung	26

2	**Kryptografische Hashfunktionen und digitale Signaturen**	**27**
2.1	Das Keksgutschein-Kalkulationsblatt	28
2.2	Kryptografische Hashfunktionen	32
	2.2.1 Wozu dienen kryptografische Hashfunktionen?	34
	2.2.2 Wie funktioniert eine kryptografische Hashfunktion?	35
	2.2.3 Eigenschaften einer kryptografischen Hashfunktion	36
	2.2.4 Illustration von "schwierig"	37
	2.2.5 Einige wohlbekannte Hashfunktionen	39
	2.2.6 Zusammenfassung über kryptografische Hashes	39
	2.2.7 Übungen	40
2.3	Digitale Signaturen	41
	2.3.1 Typische Verwendung digitaler Signaturen	42
	2.3.2 Verbesserung der Sicherheit der Cookie Tokens	43
	2.3.3 Vorbereitung: John generiert ein Schlüsselpaar.	45
	2.3.4 Zusammenfassung zu Schlüsselpaaren	47
	2.3.5 Wo waren wir?	48
	2.3.6 John signiert seine Zahlung	48
	2.3.7 Lisa verifiziert die Signatur	50
	2.3.8 Private Key Sicherheit	51
2.4	Zusammenfassung	55
2.5	Übungen	57
	2.5.1 Wärm dich auf	57
	2.5.2 Grabe tiefer	58
2.6	Zusammenfassung	58

3	**Adressen**	**61**
3.1	Keks-Essgewohnheiten entlarvt	62
3.2	Ersetzen von Namen durch public Keys	63
	3.2.1 Neuer Zahlungsvorgang	64
3.3	Abkürzen des public Keys	67
	3.3.1 Hashen des public Keys zu 20 Bytes	67
	3.3.2 Warum SHA256 und RIPEMD160?	69
3.4	Vermeidung teurer Tippfehler	70

	3.4.1	Wo waren wir?	72
	3.4.2	Base58check	72
3.5	Zurück zu Privacy		79
3.6	Zusammenfassung		79
	3.6.1	Systemänderungen	80
3.7	Übungen		81
	3.7.1	Wärm dich auf	81
	3.7.2	Grabe tiefer	82
3.8	Zusammenfassung		83

4 Wallets — **85**

4.1	Erste Wallet Version		86
4.2	Private Key Backups		90
	4.2.1	Ein paar Worte über Passwortstärke	91
	4.2.2	Probleme mit passwortgeschützten Backups	93
4.3	Hierarchische Deterministische Wallets		94
	4.3.1	Ableitung eines Master extended private Key	97
	4.3.2	Ableiten eines Child extended private Key	98
4.4	Wo waren wir?		99
4.5	Zurück zu Backups		100
	4.5.1	Mnemonische Sätze	101
	4.5.2	Codieren des Seeds in einen mnemonischen Satz	101
	4.5.3	Decodieren eines mnemonic sentence zu einem Seed	103
4.6	Extended public Keys		104
4.7	Ableiten von gehärteten private Keys		108
4.8	Public Key Mathematik		111
	4.8.1	Public Key Multiplikation	111
	4.8.2	Warum ist das sicher?	114
	4.8.3	Xpub Herleitung	114
	4.8.4	Public Key Codierung	116
4.9	Zusammenfassung		117
	4.9.1	Systemänderungen	117
4.10	Übungen		119
	4.10.1	Wärm dich auf	119
	4.10.2	Grabe tiefer	120
4.11	Zusammenfassung		121

5 Transaktionen — **123**

5.1	Probleme mit dem alten System		124
5.2	Zahlung mittels Transaktion		125
	5.2.1	Erzeugen der Transaktion	127
	5.2.2	Lisa bestätigt die Transaktion	130
	5.2.3	Jeder verifiziert die Transaktion	133
	5.2.4	Kontenbasierte und wertbasierte Systeme	135

5.3	Script	136
	5.3.1 Warum ein Programm benutzen?	139
	5.3.2 Weshalb Signatur Script und Pubkey Script?	140
5.4	Wo waren wir?	141
5.5	Einfallsreiche Zahlungsweisen	142
	5.5.1 Mehrere Signaturen, multiple signatures	142
	5.5.2 Pay-to-script-hash	146
	5.5.3 Pay-to-script-hash Adressen	150
5.6	Mehr Zeug in Transaktionen	153
5.7	Belohnungen und Coin-Erzeugung	153
	5.7.1 Übergang von Version 4.0	155
5.8	Vertrauen in Lisa	155
5.9	Zusammenfassung	158
	5.9.1 Systemänderungen	159
5.10	Übungen	160
	5.10.1 Wärm dich auf	160
	5.10.2 Grabe tiefer	161
5.11	Zusammenfassung	162

6 Die Blockchain — 163

6.1	Lisa kann Transaktionen löschen	164
6.2	Die Blockchain wird gebaut	165
	6.2.1 Lisa produziert einen Block	167
	6.2.2 Wie schützt uns das vor Löschungen?	171
	6.2.3 Weshalb eine Blockchain benutzen?	174
6.3	Lightweight Wallets	175
	6.3.1 Bloom Filter verschleiern Adressen.	177
6.4	Wo waren wir?	184
6.5	Merkle Trees	185
	6.5.1 Erzeugen des Merkle Root	185
	6.5.2 Beweisen, dass eine Transaktion in einem Block enthalten ist	187
	6.5.3 Wie es wirklich funktioniert	188
6.6	Sicherheit von Lightweight Wallets	194
6.7	Zusammenfassung	196
	6.7.1 Systemänderungen	198
6.8	Übungen	200
	6.8.1 Wärm dich auf	200
	6.8.2 Grabe tiefer	201
6.9	Zusammenfassung	203

7 Proof of Work, Arbeitsnachweis — 205

7.1	Lisa klonen	206
	7.1.1 Block-Kollisionen	207
	7.1.2 Glückszahlen ziehen	208

7.1.3 Wahrscheinlichkeit von Splits	213
7.2 Wo waren wir?	214
7.3 Erzwingen von ehrlichen Glückszahlen	215
7.3.1 Produktion eines gültigen Proof of Work	216
7.3.2 Warum ist das so gut?	220
7.3.3 Vergleich mit Glückszahlen	221
7.3.4 Was ist, wenn die Nonce nicht reicht?	222
7.4 Miner müssen ausziehen	223
7.4.1 Mehr Hashrate kommt dazu	224
7.4.2 Probleme bei hoher Blockrate	224
7.4.3 Was wurde behoben?	225
7.5 Difficulty Anpassungen	226
7.5.1 Regeln für Timestamps	227
7.5.2 Chain Stärke vs Chain Länge	229
7.6 Was können Miner anstellen?	231
7.6.1 Double Spending	231
7.6.2 Schutz vor Double-Spend Attacken	233
7.7 Transaktionsgebühren	240
7.7.1 Grössere Blocks sind langsamer	241
7.7.2 Aber ging es nicht um Transaktionsgebühren?	242
7.7.3 Blockgrösse ist beschränkt	244
7.7.4 Wenn die Block Subsidy 0 ist	245
7.8 Zusammenfassung	247
7.8.1 Systemänderungen	248
7.9 Übungen	250
7.9.1 Wärm dich auf	250
7.9.2 Grabe tiefer	250
7.10 Zusammenfassung	251
8 Peer-to-Peer Netzwerk	**253**
8.1 Der Shared Folder	254
8.2 Bauen wir ein Peer-to-Peer Netzwerk	255
8.3 Wie reden Peers?	258
8.4 Das Netzwerkprotokoll	259
8.4.1 John schickt die Transaktion	260
8.4.2 Tom leitet die Transaktion weiter	262
8.4.3 Das Lightweight Wallet des Cafés wird benachrichtigt	264
8.4.4 Einbetten der Transaktion in einen Block	266
8.4.5 Wallet Benachrichtigung	268
8.4.6 Mehr Confirmations	270
8.5 Wir verlassen das Cookie Token System	270
8.5.1 Überblick über Bitcoin	272
8.6 Wo waren wir?	272
8.7 Bootstrappen des Netzwerks	273

8.7.1	Schritt 1–Starte die Software	274
8.7.2	Schritt 2–Verbindung zu Nodes	276
8.7.3	Schritt 3–Synchronisieren	281
8.7.4	Schritt 4–Normalbetrieb	284
8.8	Betrieb eines eigenen Full Nodes	285
8.8.1	Bitcoin Core downloaden	285
8.8.2	Verifizieren der Software	286
8.8.3	Auspacken und starten	294
8.8.4	Initial Blockchain Download	295
8.9	Zusammenfassung	296
8.9.1	Part 1–Verfolgen einer Transaktion	297
8.9.2	Teil 2–Beitritt zum Netzwerk	298
8.9.3	Systemänderungen	298
8.10	Übungen	299
8.10.1	Wärm dich auf	299
8.10.2	Grabe tiefer	300
8.11	Zusammenfassung	301

9 Nochmal zurück zu Transaktionen — **303**

9.1	Time-Locked Transaktionen	304
9.1.1	Zeitmessungen	306
9.1.2	Relative Time Locks	308
9.2	Zeitverriegelte Outputs	309
9.2.1	Absolutzeit-verriegelte Outputs	310
9.2.2	Relativzeit-verriegelte Outputs	311
9.2.3	Atomare Tauschgeschäfte / Atomic Swaps	311
9.3	Speichern von Zeug in der Bitcoin Blockchain	317
9.3.1	Aufgeblähtes UTXO Set	318
9.3.2	Erzeugung eines Tokens in Bitcoin	320
9.3.3	Anlassen des Autos mit Proof of Ownership	321
9.4	Ersetzen ausstehender Transaktionen	322
9.4.1	Optionaler Gebührenersatz / Replace-by-Fee	324
9.4.2	Kind zahlt für Eltern, Child Pays for Parent	325
9.5	Verschiedene Signaturtypen	326
9.6	Zusammenfassung	328
9.7	Übungen	330
9.7.1	Wärm dich auf	330
9.7.2	Grabe tiefer	331
9.8	Zusammenfassung	332

10 Segregated Witness — **333**

10.1	Durch SegWit gelöste Probleme	334
10.1.1	Transaktions-Umformbarkeit, Transaction Malleability	334
10.1.2	Unzureichende Signatur Verifikation	337

10.1.3 Bandbreitenverschwendung 339
10.1.4 Script Upgrades sind schwer 341
10.2 Lösungen 343
10.2.1 Segwit Adressen 345
10.2.2 Ausgeben des Segwit outputs 347
10.2.3 Verifizieren der SegWit Transaktion 348
10.2.4 Einbindung der SegWit Transaktion in einen Block 351
10.2.5 Pay-to-witness-script-hash 353
10.2.6 Neues Hashverfahren für Signaturen. 357
10.2.7 Bandbreitenersparnisse 359
10.2.8 Upgradebares Script 360
10.3 Wallet Kompatibilität 360
10.4 Zusammenfassung der Zahlungsarten 362
10.5 Block Limits 363
10.5.1 Blockgrössen Limit 363
10.5.2 Signatur-Operationslimit 364
10.5.3 Vergrössern der Limits 364
10.6 Zusammenfassung 367
10.6.1 Lösungen 368
10.7 Übungen 370
10.7.1 Wärm dich auf 370
10.7.2 Grabe tiefer 371
10.8 Zusammenfassung 372

11 Bitcoin Upgrades   **373**
11.1 Bitcoin Forks 374
11.1.1 Nicht-Konsensregel Änderungen 376
11.1.2 Hard Forks 379
11.1.3 Soft Forks 383
11.1.4 Unterschiede zwischen Hard und Soft Forks. 384
11.2 Transaction Replay 385
11.2.1 Replay Protection 386
11.3 Upgrade Mechanismen 388
11.3.1 Coinbase Signalisierung—BIP16 388
11.3.2 Signalisierung durch erhöhte Block Versionsnummern–BIP34, 66 und 65 389
11.3.3 Block-Versionsbits-Signalisierung–BIP9 392
11.3.4 Benutzen von BIP9 zum Ausrollen relativer Lock Time 394
11.3.5 Benutzung von BIP9 zum Deployment von SegWit 395
11.3.6 User Activated Soft Forks 399
11.4 Zusammenfassung 402
11.5 Übungen 404
11.5.1 Wärm dich auf 404
11.5.2 Grabe tiefer 404
11.6 Zusammenfassung 406

Anhang A: Benutzung von bitcoin-cli   **407**

Kommunikation mit bitcoind 407

    Benutzung von curl 408

Graphisches User Interface 409

bitcoin-cli kennenlernen 410

An die Arbeit 411

    Erzeugen eines verschlüsselten Wallets 411

    Backup des Wallets 413

    Geld erhalten 414

    Versenden von Geld 418

Anhang B: Antworten zu den Übungen   **423**

Kapitel 2 423

Kapitel 3 424

Kapitel 4 425

Kapitel 5 427

Kapitel 6 428

Kapitel 7 431

Kapitel 8 433

Kapitel 9 434

Kapitel 10 436

Kapitel 11 438

Anhang C: Web Ressourcen   **441**

Index   **443**

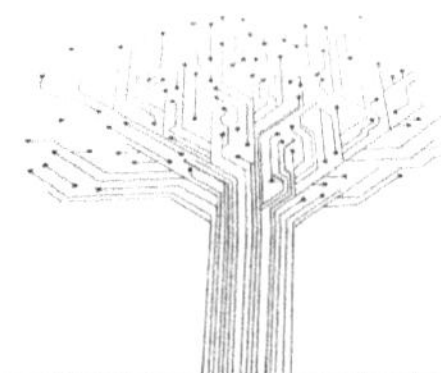

Was ist der Unterschied zwischen Bitcoin und den diversen Währungen in Multiplayer Spielen? Alle werden durch Software definiert, aus dem Nichts geschaffen und können vergleichbare Preise erreichen wie traditionelle Währungen. Dem oberflächlichen Betrachter erscheinen sie sehr ähnlich.

Aber es gibt einen wichtigen konzeptionellen Unterschied, der jeden Aspekt der jeweiligen Systeme betrifft: während Spielwährungen Betrug zu verhindern versuchen, indem sie verdächtige Benutzer ausschliessen, verhindert Bitcoin proaktiv verschiedenste Arten von Betrug, indem es sie unmöglich, impraktikabel, oder gegenüber ehrlichem Verhalten weniger profitabel macht.

Bitcoin begreifen beschreibt genau, wie Bitcoin dies erreicht. Durch das Lernen von Hashfunktionen, digitale Signaturen, Proof of Work und vielen anderen technischen Konzepten verstehst du immer mehr, dass Bitcoin effektiv Betrug verhindert, ohne dafür auf globalen Ausschluss einzelner Benutzer zurückzugreifen.

Anschliessend demonstriert das Buch die vielen Vorteile dieser Eigenschaft. Durch das Lernen über Adressen, Wallets, Miner und Nodes wirst du merken, dass dann, wenn niemand effektiv betrügen kann, man jedem Teilnehmer vollen Zugriff auf alle Teile des Protokolls gewähren kann, wodurch niemand eine kontrollierende Vertrauensstellung im System einnimmt. Und ohne eine solche Instanz braucht es auch keine Identität. *Bitcoin begreifen* zeigt anschliessend, wie jeder die öffentliche Blockchain mit einem gewissen Grad an Privatheit benutzen kann.

Ein dezentrales System ohne Identitäten oder Vertrauen unterscheidet sich völlig von den Systemen, die die meisten von uns aus dem Alltag kennen. Der Autor Kalle Rosenbaum verkehrt diesen Nachteil in einen Vorteil, indem er die Erklärung jedes Teils von Bitcoin anhand eines zentralen, vertrauens- oder identitätsbasierten Systems vollzieht, das jeder intuitiv nachvollziehen kann. Er transformiert dann dieses Grundsystem Schritt für Schritt in das dezentrale, vertrauenslose und pseudonyme System, das in Bitcoin umgesetzt ist. Da jeder Schritt mit klaren Erläuterungen und vielen ausgezeichneten Illustrationen versehen ist, wird auch das technisch anspruchsvollste Thema dem interessierten Laien zugänglich.

Bitcoin braucht Bücher wie *Bitcoin begreifen*, aber es braucht auch eine aktive Gruppe von Benutzern, die diese Bücher lesen und die technischen Prinzipien verstehen, auf denen Bitcoin aufbaut. In diesen ersten Tagen dessen, was hoffentlich einmal die lange Geschichte von Bitcoin werden wird, wurden Benutzer häufig gebeten, Vorschläge für Änderungen am System zu bewerten—Änderungen, welche die Sicherheit und Privatheit ihrer Bitcoins betreffen können. Wer dieses Buch gelesen hat wird verstehen, wie das System Betrug verhindert, und wird mithelfen können sicherzustellen, dass künftige Änderungen diese grundlegende Eigenschaft und seine zahlreichen Vorteile beibehalten.

—David A. Harding + Mitwirkender an der Bitcoin Dokumentation

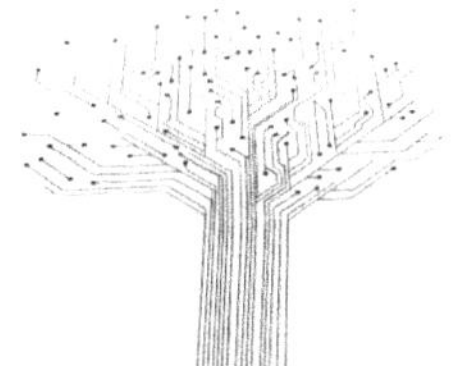

EINLEITUNG

Bitcoin verändert die Welt.

Die Menschheit hat viele erhebliche Verbesserungen erlebt, unter anderem Impfungen, Elektrizität, Rundfunk, Autos und das Internet. Einige dieser Technologien beginnen als Spielzeuge für reiche Leute, aber irgendwann dringen sie bis zur breiten Bevölkerung vor und die Weltbevölkerung profitiert enorm. Bitcoin wird bald zu diesen Erfindungen gehören. Deswegen bin ich extrem begeistert von Bitcoin.

Ich habe das Glück, in einer ziemlich gut funktionierenden Gesellschaft zu leben. Wenn ich finanzielle Transaktionen durchführe muss ich nicht befürchten, dass plötzlich jemand an die Tür klopft. Ich hatte nie das Gefühl, mein Geld möglichst schnell ausgeben zu müssen, weil sonst seine Kaufkraft durch Hyperinflation verschwindet. Aber das macht es für mich auch schwerer, zu begreifen, was Bitcoin so wichtig macht. Bitcoin ist für mich weitgehend theoretisch, aber wenn ich Berichte von weniger gesegneten, unter unterdrückenden oder inkompetenten Regimen leidenden Leuten darüber höre, wie Bitcoin ihr Leben besser macht, dann wird es sehr real. Bitcoin wird Leuten die Möglichkeit geben, aus jener Geiselhaft heraus zu optieren, in der ihr System sie gefangen hält.

Satoshi Nakamoto, ein Pseudonym für eine oder mehrere Personen die unbekannt bleiben wollen, veröffentlichte im Oktober 2008 ein wissenschaftliches Paper auf einer kryptographie-orientierten Mailingliste. Der Titel des Papers war: "Bitcoin: ein elektronisches Peer-to-Peer Bargeldsystem" (siehe Web Ressource 1 in Anhang C). Nakamotos Paper beschrieb die essentiellen Teile von Bitcoin, das erste digitale Geldsystem, in dem es keine zentrale Autoritätsstelle gibt, um Geld zu emittieren oder Transaktionen abzuarbeiten. Im Januar 2009 veröffentlichte Nakamoto das erste Softwareprogramm, das das beschriebene System implementiert. Bitcoin erhielt damals ausserhalb eines begrenzten Kreises von Kryptographieexperten nicht viel Aufmerksamkeit. Schritt für Schritt, als das System seine Funktionsfähigkeit unter Beweis stellte, interessierten sich mehr Leute dafür. Aber wie bei aller bahnbrechenden Technologie war und ist der Widerstand gegen Bitcoin weit grösser und lauter als die Anhänger. Im Jahre 2019 hatten hunderte Millionen Menschen von Bitcoin gehört, und zig Millionen benutzen Bitcoin.

Als ich 2013 begann Bitcoin zu erkunden, brauchte ich lange, um ein brauchbares Verständnis der Technologie zu gewinnen. Nicht, dass ich bemerkenswert dumm wäre; es liegt daran, dass Bitcoin ein komplexes System ist. Es ist nicht einfach eine extravagante Datenbank—es ist ein Mischmasch aus Ökonomie, Mathematik, Technologie und Anthropologie.

Ich begann 2015 mit einem technischen Blog über Bitcoin, und Manning muss wohl meine Inhalte gemocht haben, denn die Firma schickte mir eine Email und fragte, ob ich Interesse hätte, ein Buch über "Blockchain" zu schreiben. Da meine Leidenschaft Bitcoin ist und nicht nur die Blockchain— ein übertrieben angepriesenes Wort für Bitcoins Datenbank—antwortete ich Manning dankend und sagte, ich hätte Interesse ein Buch über Bitcoin zu schreiben. Ich hatte schon ein paar Jahre versucht, meinen Platz in der Bitcoin Gemeinde zu finden, und diese Gelegenheit schien prima zu passen. Das Projekt begann, und stellte sich als schwieriger und viel zeitraubender heraus als erwartet.

Dieses Buch begann als technische Beschreibung von Bitcoin, aber es war schwierig, dieses eine Thema ohne den ganzen Zusammenhang zu lehren. Die geistige Belastung zu Beginn des Buches wäre zu überwältigend. Es wurde klar, dass ich es anders angehen musste. Ich diskutierte das mit meiner Frau, und wir kamen auf die Idee, Bitcoin konzeptionell von unten nach oben aufzubauen. Das Buch beginnt mit einem einfachen Kalkulationsblatt, das jeder verstehen kann, und dieses System entwickelt sich zu Bitcoin. Jedes Kapitel zeigt zunächst irgendein Problem mit dem gegenwärtigen System auf, und dann lösen wir dieses Problem in dem Kapitel mit Hilfe neu vorgestellter Technologie.

Das Manuskript für *Bitcoin begreifen* wird kurz nach seiner Veröffentlichung als Print unter der "Creative Commons Attribution-NonCommercial-ShareAlike 4.0 International (CC BY-NC-SA 4.0) " Lizenz freigegeben. Eine Version unter einer offenen Lizenz freizugeben war für mich eine Voraussetzung für das Schreiben dieses Buches. Auf diese Art kann ich an die Bitcoin Gemeinde, die mir über die Jahre so viel gegeben hat, etwas zurückgeben. Mannings und meine Hoffnung ist, dass diejenigen, die sich das Buch nicht leisten können, von der Open Source Version profitieren werden. Es gibt natürlich auch weniger philanthropische Gründe. Wir hoffen auch, dass die Freigabe als Open Source dieses Buch besser sichtbar machen wird, weil mehr potentielle Leser es durchstöbern. Kauft bitte die wunderschön gesetzte Printversion, wenn ihr könnt. Manning und ich haben eine enorme Menge Zeit aufgewandt, um dieses Buch zu produzieren, und wir würden uns über das Einkommen wirklich sehr freuen!

Hoffentlich erfreut dich das Lesen von *Bitcoin begreifen* so sehr, wie es
mich hat leiden und den Übersetzer schuften lassen!

DANKSAGUNGEN

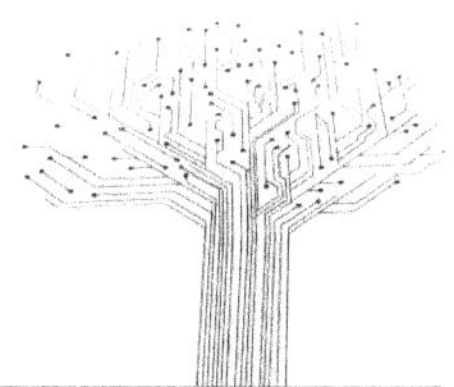

Ich habe einer Menge Leute zu danken, die dieses Buch möglich machten.

Zunächst möchte ich meiner Frau, Linnéa, für all unsere wertvollen Diskussionen danken, und für deine unaufhörliche Ermunterung. Du bist einfach fantastisch!

Christina Taylor von Manning, meine liebe Entwicklungsredakteurin: Danke, dass du mich beschäftigt gehalten hast. Arbeiten Arbeiten Arbeiten. Danke auch dir, Bert Bates, für deine sehr wertvollen Informationen zur Pädagogik. Danke auch dir, Volker Herminghaus, für die Übersetzung dieses Buches ins Deutsche, und euch, @andhans_jail, Shoki Herminghaus und @btc_viking, für das Korrekturlesen dieser Übersetzung.

Ich möchte auch allen anderen bei Manning danken, die mit ihrer professionellen Art beigetragen haben, unter anderem Ozren Harlovic, Rebecca Rinehart, Candace Gillhoolley, Ana Romac, Michael Stephens, Erin Twohey, Christopher Kaufmann, Matko Hrvatin, und Greg Wild. Ein besonderer Dank geht an das Produktionsteam: Chuck Larson, Illustrator; Rebecca Deuel-Gallegos, Lektorin; Kevin Callahan, Schriftsetzer; Tiffany Taylor, Korrektorin; und Lori Weidert, Produktionslektorin.

Ich würde auch gern Jonathan Jogenfors und Pontus Lindblom dafür danken, dass sie einige Kapitel aus dem jeweiligen Bereich ihrer Expertise prüfgelesen haben.

Eine Menge Leute in diversen Internetforen waren während meiner Forschungen sehr hilfreich. Die herausragendsten waren David A. Harding, Pieter Wuille und Mark "Murch" Erhardt. Danke für all die Twitter-Konversationen und tollen Antworten auf StackExchange (siehe Web Ressource 2 in Anhang C).

Andreas A. Antonopoulos hat mir geholfen, die Open Source Bedingungen für dieses Buch auszuhandeln. Dein Zuspruch in diesem Zusammenhang war Gold wert. Danke! Ausserdem danke für die "Vegetarisches Restaurant" Analogie in Kapitel 11. Und danke für die tollen Unterhaltungen; du bist eine grosse Quelle der Inspiration für mich.

Ich habe dieses Buch mit Asciidoctor geschrieben, einer Markup-Sprache. Danke, Dan Allen, für deine harte Arbeit an Asciidoctor, es ist fantastisch.

Dieses Buch ging durch drei Review-Runden, mit mehreren Reviewern in jeder Runde. Diese Reviewer waren ausserordentlich nützlich im Untersuchen von Ideen und der Suche nach Lücken auf dem Lernpfad. Danke an Jan Goyvaerts, Max Humber, Iryna Romanenko, Jean-François Morin, Al Krinker, Joel Kotarski, Markus Beckmann, Christopher Bailey, Viton Vitanis, Paolo Freuli, Tomo Helman, Marcello Seri, Maciej Drozdzowski, Cicero Zandona, Barnaby Norman, Frances Buontempo, Glenn Swonk und Sergio Fernandez Gonzalez.

Ich danke auch allen Manning Early Access Program (MEAP) Lesern, die ihre Gedanken, Korrekturen und Fragen auf dem Manning Forum beigetragen haben, und an Aruna Surya für die Rückmeldungen per Email.

Wenn ich jemanden vergessen habe, tut mir das furchtbar leid. Dir auch vielen Dank.

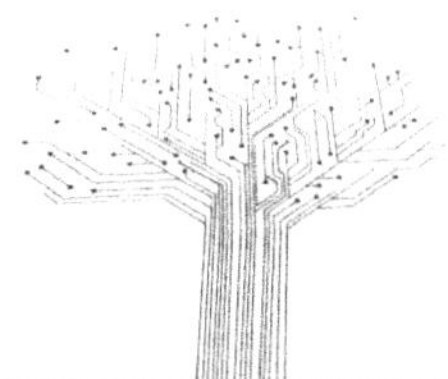

Über dieses Buch

Das Hauptziel dieses Buches ist, dich in die Lage zu versetzen zu entscheiden, ob du Bitcoin traust oder nicht. Auf dem Weg zu diesem Ziel wirst du eine Anzahl Bitcoin Konzepte lernen—wie digitale Signaturen, Proof of Work und Peer-to-Peer Netzwerke, und zwar auf einem ziemlich niedrigen Level. Einige zusätzliche Ziele ergeben sich dadurch von selbst:

- Ein Bitcoin Wallet auf einem Smartphone installieren und dabei wissen, was man tut.

- Sich an technischen Bitcoin Diskussionen beteiligen.

- Informierte Entscheidungen über die Speicherung deiner Private Keys in Abhängigkeit von der Menge an Bitcoins und dem benötigten Level an Sicherheit und Bequemlichkeit treffen.

- Einen Bitcoinrechner betreiben, um finanzielle Transaktionen ohne vertraute Dritte abzuwickeln.

- Aussergewöhnliche Behauptungen von Betrügern, Schwindlern und Gaunern durchschauen, die als Trittbrettfahrer von Bitcoins Erfolg profitieren wollen. Passt auf euch auf!

Wer dieses Buch lesen sollte

Dieses Buch ist für technisch interessierte Leute gedacht, die Bitcoin auf einer tiefen technischen Ebene verstehen wollen. Es benötigt keine Programmierkenntnisse, aber ein grundlegendes Verständnis einiger technischer Konzepte ist hilfreich—zum Beispiel Datenbanken, Computernetzwerke, Computerprogramme und Web Server. Ein gewisser Mathehintergrund kann auch nützlich sein, ist aber sicher nicht notwendig.

Wie dieses Buch aufgebaut ist: Eine Übersicht

Dieses Buch besteht aus 11 Kapiteln und 3 Anhängen:

- Kapitel 1 ist ein Überblick über Bitcoin. Hier steht, was Bitcoin ist, warum es wichtig ist, und wie es ungefähr funktioniert.

- Kapitel 2 bespricht kryptografische Hashfunktionen und digitale Signaturen. Dies sind die grundlegenden Bausteine für den Rest des Buches. Ich lege hier auch das Fundament für ein fiktives Geldsystem, das Keksgutschein-Kalkulationsblatt, das wir in den Kapiteln 2–8 bauen werden.

- Kapitel 3 behandelt Adressen. Wenn man Bitcoins verschickt, so verschickt man sie an die Bitcoin Adresse des Empfängers. Was sind Bitcoin Adressen, wozu werden sie benötigt, und wie werden sie erzeugt und benutzt?

- Kapitel 4 nimmt durch, wie ein Bitcoin Wallet deine privaten Schlüssel verwaltet und wie aus einer einzigen, riesigen Zufallszahl, dem Seed oder Samenkorn, viele private Schlüssel erzeugt werden können. Backups, also Datensicherungen, werden ebenfalls hier durchgenommen.

- Kapitel 5 untersucht die Anatomie einer Bitcoin Transaktion und wie Transaktionen digital signiert und ausgeführt werden.

- Kapitel 6 diskutiert die Blockchain: die Datenbank, auf der die Transaktionen gespeichert werden. Wir besprechen Schritt für Schritt, wie die Blockchain strukturiert ist und wie dies die Verwendung von sogenannten Light Wallets ermöglicht.

- Kapitel 7 behandelt den Proof of Work Mechanismus, mit dem ausgehandelt wird, wer der Blockchain neue Transaktionen hinzufügen darf. Der dazugehörige Prozess, das Mining, sichert die Bitcoin in der Blockchain ab.

- Kapitel 8 untersucht das Bitcoin Netzwerk. Bitcoin hat keine Kontrollzentrale, und wir werden feststellen, wie so etwas mit einem Peer-to-Peer Netzwerk möglich ist. Ich erkläre ausserdem, wie man durch Verwendung eines eigenen Nodes eine aktive Rolle im Bitcoin Netzwerk übernehmen kann.

- Kapitel 9 betrachtet noch einmal Transaktionen. Wir kehren zurück, um einiges an Schnickschnack zu entdecken, der für diverse Anwendungen wichtig ist.

- Kapitel 10 führt Segregated Witness ein. Bitcoin wurde 2017 mit grösseren Verbesserungen in Bezug auf Transaktionsrobustheit, Prüfeffizienz und Blockchainkapazität ausgerüstet, und dieses Kapitel enthält alle Details dazu.

- Kapitel 11 geht durch Soft Forks und Hard Forks und bespricht, wie Bitcoin mittels eines Soft Forks und eines sorgfältigen Ausrollplanes sicher aufgerüstet werden kann.

Ich schlage vor du liest die Kapitel 2–8, in denen wir das Keksgutschein-System von Grund auf bauen werden, der Reihe nach durch. In jedem Kapitel kommt etwas Technologie hinzu, um ein bestimmtes Problem zu lösen, und bis Kapitel 8 werden wir Bitcoin gebaut haben. Kapitel 9, 10 und 11 können ausser der Reihe gelesen werden, aber ich empfehle, Kapitel 11 sehr sorgfältig zu lesen, denn es behandelt die Essenz von Bitcoin. Wenn du Kapitel 11 verstehst, hast du Bitcoin begriffen.

Zur Erleichterung der Orientierung verwende ich im Buch ab und zu ein paar der Übersichtsgrafiken aus Kapitel 1, sowohl in den Kapiteleinführungen als auch innerhalb der Kapitel. Man verliert leicht den Überblick und das Ziel des aktuellen Themas. Achte auf das Periskopsymbol und auf Abschnittsüberschriften wie "wo waren wir?". 

Bis auf Kapitel 1 enthält jedes Kapitel Übungen. Diese dienen dir zum Einschätzen deiner Kenntnisse. Jede Ladung Übungen besteht aus einem einfacheren Teil namens "Aufwärmen" für kürzere Faktenchecks, und einem schwierigen Teil "Reinhauen", der mehr Denken erfordert. Einige der Übungen unter "Reinhauen" sind fürchterlich schwierig. Wenn du also steckenbleiben solltest, dann schlag ruhig in Anhang B die Antworten nach.

Code Konventionen

Dieses Buch enthält nicht viel Code. Eigentlich gar keinen. Aber es gibt ein paar Linux Kommandos in Kapitel 8 und Anhang A. Ein Kommando wird von einem Dollarzeichen und einer Leerstelle wie folgt eingeleitet:

```
$ cd ~/.bitcoin
```

Sollte ein Kommando nicht auf eine Zeile passen, teilen wir die Zeile mit einem Backslash '\'auf und rücken die Folgezeile um vier Leerstellen ein, wie hier:

```
$ ./bitcoin-cli getrawtransaction \
    30bca6feaf58b811c1c36a65c287f4bd393770c23a4cc63c0be00f28f62ef170 1
```

Mit Backslashes kann man in den meisten Linux Kommandosprachen mehrzeilige Kommandos schreiben, sodass du solche Zeilen einfach durch Copy-Paste in dein Terminal kopieren kannst. Ausgabezeilen von Kommandos werden nicht mit Backslashes aufgebrochen; sie werden stattdessen falls nötig mit einem Zeilenumbruch wie hier versehen:

```
"result":"000000000019d6689c085ae165831e934ff763ae46a2a6c172b3f1b60a8ce26f",
↳ "error":null,"id":"1"
```

Im gesamten Buch werden Daten in einem `nichtproportionalen` Font dargestellt: Zum Beispiel `7af24c99`. Ich gebe normalerweise nicht an, welche Codierung benutzt wird (Dezimalzahlen, hexadezimale Strings, base64 Strings, base58 Strings und so weiter), weil es oft aus dem Zusammenhang hervorgeht.

LiveBook Diskussionsforum

Der Kauf von *Bitcoin begreifen* beinhaltet kostenfreien Zugriff auf ein privates Web Forum von Manning Publications, wo du Kommentare über das Buch schreiben kannst, technische Fragen stellen kannst und Hilfe vom Autor und anderen Lesern bekommen kannst. Um auf das Forum zuzugreifen, gehe auf https://livebook.manning.com/#!/book/grokking-bitcoin/discussion. Du kannst auch mehr über Mannings Forums und die dort gültigen Verhaltensregeln lernen auf https://livebook.manning.com/#!/discussion.

Mannings Selbstverpflichtung unseren Lesern gegenüber ist, einen Treffpunkt bereitzustellen, an dem ein sinnvoller Austausch zwischen einzelnen Lesern sowie zwischen Lesern und Autoren stattfinden kann. Es ist keine Verpflichtung zu einer bestimmten Mindestteilnahme durch den Autor, dessen Beitrag zu dem Forum freiwillig (und unbezahlt) ist. Wir schlagen vor, das Interesse des Autors mit herausfordernden, interessanten Fragen zu wecken. Das Forum und die Archive voriger Diskussionen werden auf der Verlags–Webseite zugreifbar bleiben, solange das Buch sich im Druck befindet.

ANDERE RESSOURCEN DES AUTORS

Wenn du spezielle Fragen zu Bitcoin hast, zu denen du die Antworten in diesem Buch nicht finden konntest, empfehle ich Bitcoin Stack Exchange (Web resource 2), eine Plattform für Fragen und Antworten, auf der gute Antworten von den Lesern hochgewählt werden.

Ich empfehle ausserdem die Bitcoin Developer Reference (Web resource 3) als umfassendere Dokumentation von Bitcoin.

Der Bitcoin Core Quellcode (Web resource 4) ist die genaueste Informationsquelle. Es ist die Referenz-Implementation des Bitcoin Protokolls und manchmal findet sich die einzige Antwort nur durch Lesen desselben.

Wenn du den Inhalt dieses Buches online durchsuchen willst, empfehle ich die Nutzung des Quelltextes bei Web resource 5. Er wird spätestens 90 Tage nach Veröffentlichung des Buches freigeschaltet.

Kalle Rosenbaum hat 20 Jahre als Softwareentwickler gearbeitet. Seine Leidenschaft für Bitcoin begann 2013 und setzt sich ununterbrochen fort. Kalle gründete 2015 eine Bitcoin Consulting Firma und arbeitet seitdem in der Bitcoin Industrie. Er schreibt ausserdem einen technischen Blog, der diverse technische Themen von Bitcoin behandelt, zum Beispiel Verbesserungen in der Blockpropagation, Sidechains und Replace-by-Fee. Ziel dieses Blogs ist, sich Dinge selbst beizubringen und andere daran teilhaben zu lassen.

KAPITEL 1

EINFÜHRUNG IN BITCOIN

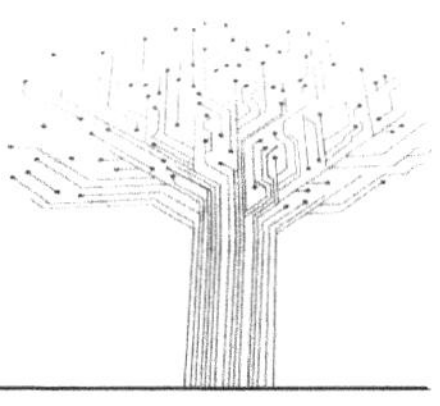

Dieses Kapitel behandelt

- Bitcoin kennenlernen

- Einer Bitcoin Zahlung folgen

- Probleme, die Bitcoin löst

Das Ziel dieses Buches ist, dir genug über Bitcoin beizubringen, um informierte Entscheidungen darüber zu treffen, wie du mit Bitcoin dein privates Leben oder dein Geschäft verbessern kannst. Ich hoffe, dass du genug lernst, um selbst zu entscheiden, ob du Bitcoin traust oder nicht (mit etwas Glück ersteres). Um anfangen zu können gehe ich davon aus, dass dir die folgenden Begriffe einigermassen vertraut sind:

- Computerprogramm

- Datenbank

- Computernetzwerk

- Webserver

Wenn du dir bei einigen davon nicht sicher bist, mach dir keine Sorgen. Entweder lies erst etwas drüber, oder mach einfach hier weiter. Du wirst es schon schaffen.

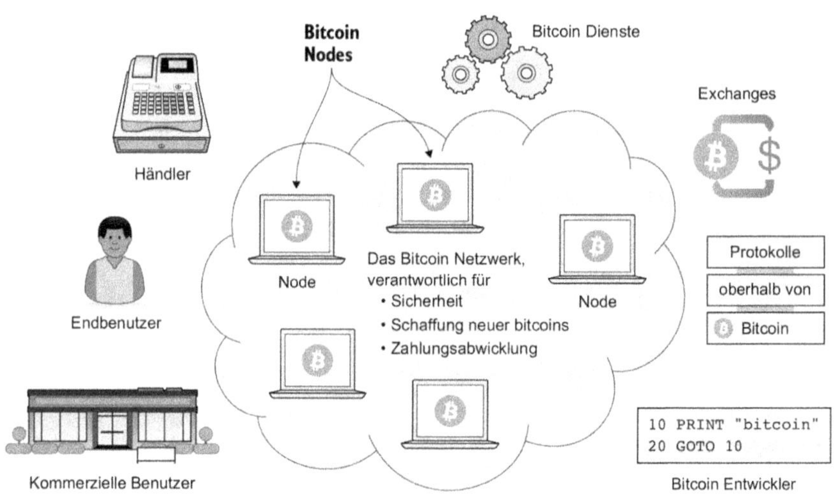

Abbildung 1.1: Das Bitcoin Netzwerk und sein Ökosystem

1.1 WAS IST BITCOIN?

Bitcoin oder bitcoin?

Das System heisst *Bitcoin* mit grossem B. Die Währung heisst *bitcoin* mit kleinem b. Häufig benutzte Symbole für bitcoins sind ฿, BTC und XBT. Wir benutzen in diesem Buch meistens BTC.

Bitcoin ist das egal

Das Bitcoin Netzwerk unterscheidet nicht zwischen Benutzern. Kein Benutzer ist wichtiger als irgendein anderer. Es ist egal, wer sie sind oder was sie tun; jeder nimmt zu den gleichen Bedingungen daran teil.

Bitcoin ist ein digitales Bargeldsystem. Es erlaubt Leuten bitcoins, die Währungseinheit von Bitcoin, untereinander auszutauschen ohne eine Bank oder sonstige zuverlässige Drittpartei zu benötigen. Es ähnelt traditionellen Banknoten oder Münzen, ist aber vollständig digital und wird über das Internet benutzt. Die Bitcoin Währung ist nicht an eine *Fiat Währung* wie US Dollar oder chinesische Renminbi gebunden; es hat flexible Wechselkurse gegenüber den meisten Fiat Währungen. Man kann online auf sogenannten Exchanges oder Börsen, wie kraken.com, bitstamp.net oder localbitcoins.com, bitcoins gegen Fiat Währung kaufen und verkaufen.

Keine Regierung oder Firma kontrolliert Bitcoin. Stattdessen halten tausende von Computern überall auf der Welt–das sogenannte *Bitcoin Netzwerk*, siehe Abbildung 1.1 – kollektiv das System rund um die Uhr am Laufen. Du brauchst dich nirgendwo zu registrieren oder einzutragen, um Bitcoin zu benutzen. Du brauchst nur einen Internetzugang und ein Computerprogramm, etwa eine mobile App, um es zu benutzen.

Jeder kann ohne besondere Genehmigung durch eine Bank oder sonstige Einrichtung am Bitcoin Netzwerk teilnehmen und es benutzen. Dank Bitcoins *erlaubnisfreier* Natur ist über die Jahre allerhand an Bitcoinbezogener Technologie entstanden. Wir können die Teilnehmer an diesem Ökosystem grob in verschiedene Gruppen einteilen:

Endbenutzer – Leute, die Bitcoin für ihre Alltagsaufgaben benutzen, wie sparen, einkaufen, spekulieren oder für Gehaltszahlungen.

Firmenbenutzer – Firmen, die mit Bitcoin geschäftliche Aufgaben lösen, zum Beispiel die Zahlung internationaler Gehälter oder ähnliche Anwendungsfälle wie Endbenutzer.

Händler – Beispielsweise ein Restaurant oder eine Buchhandlung, die Zahlungen in bitcoin akzeptieren.

Bitcoin Dienstleister – Firmen, die ihren Kunden Bitcoin-bezogene Leistungen anbieten, etwa Auffüllen von Prepaid-Karten, Anonymisierungsdienste, Auslandsüberweisungen oder Spendendienste.

Exchanges oder Börsen – Kommerzielle Dienste, mit denen Leute ihre lokale Währung in bitcoin konvertieren können und umgekehrt.

Höhere Protokolle – Systeme, die auf Basis von Bitcoin bestimmte Fähigkeiten umsetzen, wie Zahlungsnetzwerk–Protokolle, spezialisierte Tokens und dezentrale Exchanges.

Bitcoin Entwickler – Leute arbeiten, häufig unbezahlt, an den Open Source Programmen, welche die Teilnehmer des Bitcoin Netzwerks benutzen.

Die Aufgabe des Bitcoin Netzwerkes ist es Bitcoin Zahlungen abzuarbeiten, die Buchhaltung darüber, wem was gehört, gegen nicht autorisierte Änderungen zu sichern, und mit der vorbestimmten Rate neue bitcoins in Umlauf zu bringen. Das Netzwerk besteht aus tausenden von Computern überall auf der Welt. Wir nennen diese Computer *Bitcoin Nodes*, also *Bitcoin Knoten*, oder einfach *Nodes*. Jeder der vorgenannten Akteure kann auch aktiv am Bitcoin Netzwerk teilnehmen, indem er einen eigenen Node betreibt. Du musst einen eigenen Node betreiben, wenn du dich nicht auf von Dritten gelieferte finanzielle Informationen verlassen willst.

1.2 Der Überblick

Das Bitcoin Netzwerk ist ein Netzwerk von Computern, auf denen die Bitcoin Software läuft. Das Netzwerk prüft und bestätigt Zahlungen zwischen Bitcoin Benutzern.

Angenommen, Alice möchte eine Zahlung von 1 BTC an Bob vornehmen. Die Zahlung beginnt damit, dass Alice eine Transaktion erzeugt und an das Bitcoin Netzwerk schickt, wie in Abbildung 1.2 dargestellt. Ich skizziere

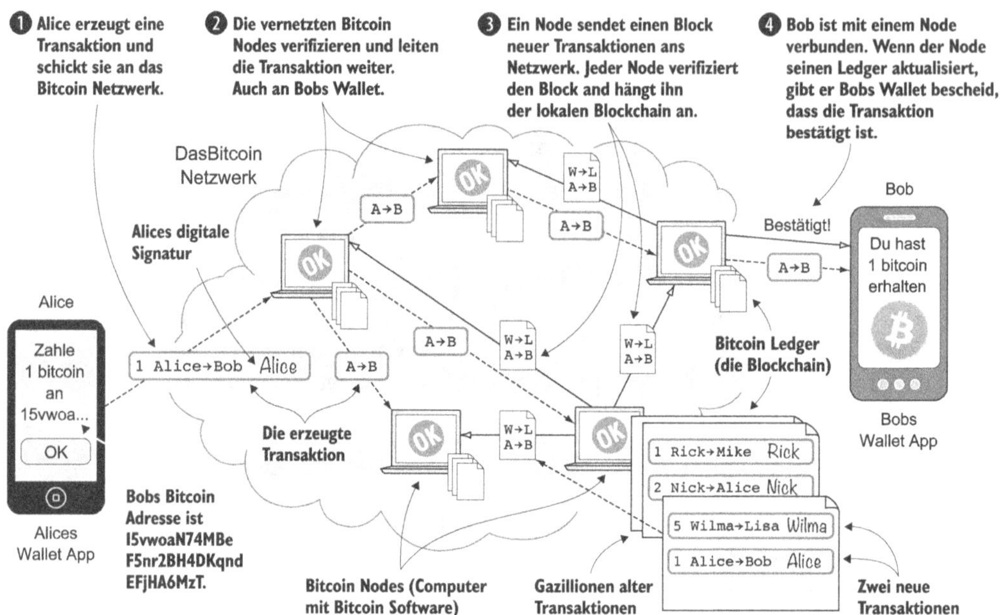

Abbildung 1.2: Eine Bitcoin Zahlung. Die Zahlung wird in vier Schritten abgearbeitet.

hier die vier Schritte des Vorgangs und erkläre jeden einzelnen Schritt näher in den einzelnen Unterabschnitten. Abbildung 1.2 erscheint in der Einführung der Kapitel 2 bis 8, wobei ich jeweils angebe, welchen Teil der Grafik wir im jeweiligen Kapitel behandeln werden.

Verfolgen wir jetzt Alices Zahlung von Alice zu Bob:

1. Alice erzeugt und signiert eine Transaktion, die 1 bitcoin von ihr zu Bob sendet. Anschliessend schickt sie die Transaktion an das Bitcoin Netzwerk.

2. Die Computer im Netzwerk–die Bitcoin Nodes–prüfen, dass Alice das Geld, das sie senden will, auch tatsächlich besitzt und das die Transaktion echt ist. Dann geben sie die Transaktion an ihre Nachbarn weiter, die als *Peers* bezeichnet werden.

3. Jeder Computer aktualisiert seine Kopie der *Bitcoin Blockchain*, oder die *Buchhaltung*, mit der neuen Zahlungsinformation.

4. Das Netzwerk gibt Bob bescheid, dass er 1 bitcoin erhalten hat.

Bedenke, dass Alice nicht wirklich 1 bitcoin an Bob *gesendet* hat, sondern das Netzwerk bittet, 1 bitcoin von Alice zu Bob auf der Blockchain

---

Ich dachte Bitcoin wäre anonym!

Bitcoin benutzt weder Namen noch irgendwelche sonstige personenbezogene Information, aber ich verwende der Einfachheit halber Namen in diesem ersten Beispiel.

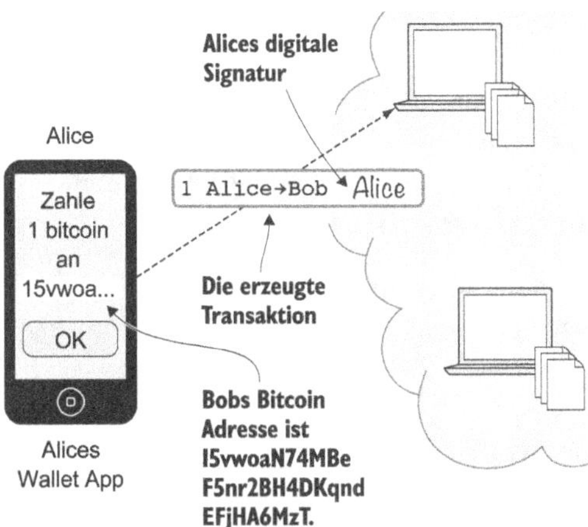

Abbildung 1.3: Alice erzeugt die Transaktion, signiert sie, und schickt sie an einen oder mehrere Bitcoin Nodes im Bitcoin Netzwerk.

umzubuchen.

Die Bitcoin Blockchain ist eine Datenbank, von der jeder Computer im Bitcoin Netzwerk eine Kopie besitzt. Stell dir die Blockchain als eine Buchhaltung vor, in der alle jemals getätigten Transaktionen eingetragen sind.

Wir gehen in den nächsten vier Abschnitten diese Schritte detaillierter durch, ein Schritt pro Abschnitt.

1.2.1 Schritt 1: Transaktionen

Schritt 1 des Prozesses (Abbildung 1.3) ist, dass Alice das Netzwerk bittet, 1 bitcoin auf Bob umzubuchen. Um dies zu tun, schickt sie eine Transaktion an das Bitcoin Netzwerk. Diese Transaktion enthält Anweisungen, wie das Geld zu bewegen ist, sowie eine digitale Signatur, die beweist, dass die Transaktion wirklich von Alice stammt.

Die Bitcoin *Transaktion* ist ein Datenblock, der angibt

> **Transaktion**
>
> Eine *Transaktion* ist eine *Zahlung*. Die Begriffe sind austauschbar. Wir besprechen Transaktionen in Kapitel 5 und Kapitel 9.

- Die Menge, die umzubuchen ist (1 bitcoin)

- Die Bitcoin Adresse, an die das Geld verschoben werden soll (Bobs Bitcoin Adresse "15vwoaN74MBeF5nr2BH4DKqndEFjHA6MzT")

- Eine *Digitale Signatur* (erzeugt mit Alices privatem Schlüssel)

> **Digitale Signaturen**
>
> Wir gehen in Kapitel 2 näher auf digitale Signaturen ein.

Die digitale Signature wird erzeugt aus der Transaktion und einer riesengrossen geheimen Zahl, dem sogenannten *privaten Schlüssel*, auf den ausschliesslich Alice Zugriff hat. Das Ergebnis ist eine digitale Signatur, die nur der Besitzer des privaten Schlüssels erzeugt haben konnte.

Alices mobiles Wallet ist mit einem oder mehreren Nodes im Bitcoin Netzwerk verbunden und schickt die Transaktion an diese Nodes.

1.2.2 SCHRITT 2: DAS BITCOIN NETZWERK

Alice hat eine Bitcoin Transaktion an einen oder mehrere Bitcoin Nodes geschickt. In Schritt 2 des Vorgangs (Abbildung 1.4) prüft jeder dieser Nodes, dass die Transaktion gültig ist und leitet sie dann an seine Peers weiter. Die Prüfung geschieht anhand seiner lokalen Kopie der Blockchain und indem er sichergeht, dass

> **Ungültige Transaktionen**
>
> Ungültige Transaktion werden verworfen. Sie kommen nicht über den ersten Node hinaus.

- Der bitcoin, den Alice ausgibt, existiert.

- Alices digitale Signatur gültig ist.

Wenn alle Prüfungen erfolgreich waren, leitet ein Node die Transaktion an seine Peers im Bitcoin Netzwerk weiter. Dies wird als *Relaying* bezeichnet. Alices Transaktion wird in Kürze das gesamte Netzwerk durchwandert haben, wobei sie von jedem Node auf dem Weg überprüft wird. Die Blockchain wird noch nicht aktualisiert; das geschieht im nächsten Schritt.

> **Die Blockchain**
>
> Der Name *Blockchain* ist abgeleitet von der Struktur des Ledgers (Hauptbuch der Buchhaltung, Anm. des Übersetzers). Es werden Blöcke verwendet, die so miteinander verkettet sind, dass Änderungen an der Blockchain erkannt werden können. Mehr dazu gibt es in Kapitel 6.

1.2.3 SCHRITT 3: DIE BLOCKCHAIN

In Schritt 3 aktualisieren die Nodes ihre lokalen Kopien der Bitcoin Blockchain mit Alices Transaktion. Die Blockchain enthält historische Informationen über alle früheren Transaktion; neue Transaktion, solche wie Alices, werden ab und zu hinten angehängt.

Das Aktualisieren der Blockchain mit Alices Transaktion ist nicht ganz so einfach wie man denkt. Alices Transaktion ist ja nicht die einzige, die im

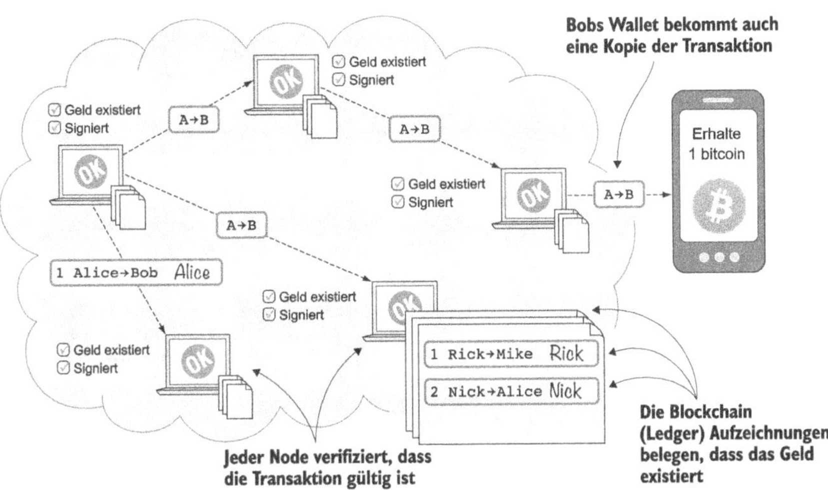

Abbildung 1.4: Alice hat ihre Transaktion an einen Node im netzwerk geschickt. Der Node prüft die Transaktion und leitet sie an andere Nodes weiter. Irgendwann erreicht die Transaktion alle Nodes im Netzwerk.

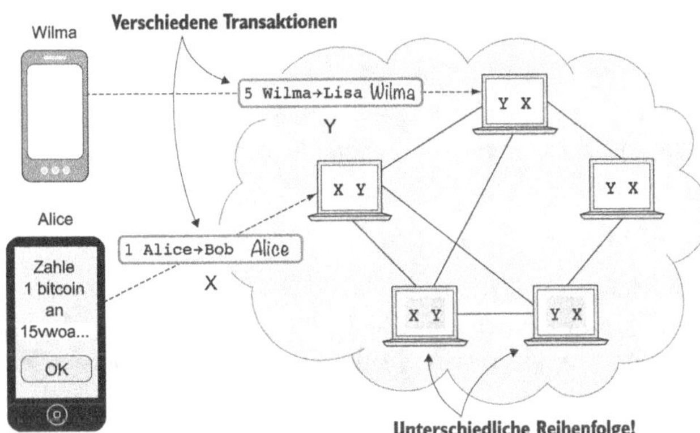

Abbildung 1.5: Transaktionen kommen an unterschiedlichen Nodes in unterschiedlicher Reihenfolge an. Wenn alle Nodes ihre Transaktionen in der Reihenfolge in die Blockchain schreiben würden, in der sie sie erhalten, würden sich die verschiedenen Blockchains der Nodes voneinander unterscheiden.

Bitcoin Netzwerk passiert. Möglicherweise sind tausende von Transaktionen gleichzeitig unterwegs. Würden nun alle Nodes ihre jeweilige Kopie der Blockchain mit Transaktion in der Reihenfolge aktualisieren, in der sie sie erhalten haben, dann wären das schnell keine Kopien mehr voneinander. Denn Transaktionen kommen auf verschiedenen Nodes in unterschiedlicher Reihenfolge an, wie man an Abbildung 1.5 sehen kann.

Zur Koordination der Reihenfolge der Transaktionen übernimmt ein Node

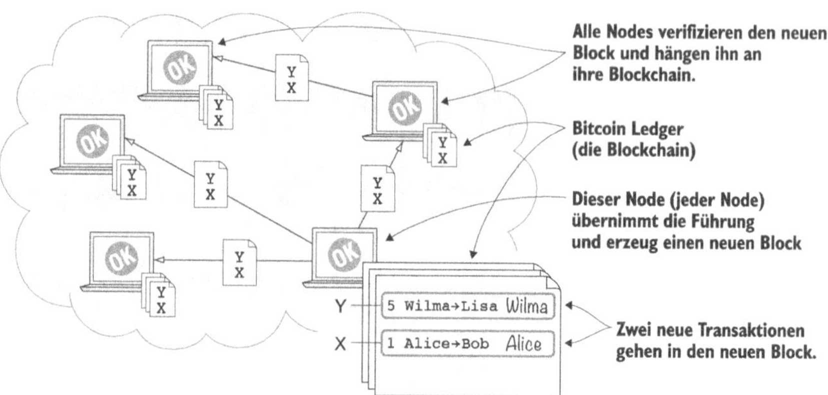

Abbildung 1.6: Ein Node übernimmt die Führung und sagt den anderen, in welcher Reihenfolge die Transaktionen hinzuzufügen sind. Die anderen Nodes prüfen den Block und aktualisieren ihre Blockchain Kopien entsprechend.

die Führung und sagt: "Ich möchte folgende zwei Transaktionen in der Reihenfolge X, Y an die Blockchain anhängen." Diese Nachricht, bekannt als *Block*, wird von diesem Führungsnode an das Netzwerk geschickt (Abbildung 1.6), genau so wie Alice die Transaktion an das Netzwerk geschickt hatte.

Wenn Nodes diesen Block sehen, aktualisieren sie ihre Kopie der Blockchain entsprechend der Nachricht und geben den Block an ihre Peers weiter. Alices Transaktion war eine der Transaktionen in dem Block und ist jetzt Teil der Blockchain.

> **Die Blockchain kann nur erweitert werden**
>
> Neue Transaktionen werden nur am Ende der Blockchain angefügt–sie wächst nur am Ende.

Warum würde ein Node die Führung übernehmen wollen? Der Node, der die Führung übernimmt, wird mit frisch erzeugten bitcoins und den Transaktionsgebühren belohnt, die von den im Block enthaltenen Transaktionen bezahlt werden.

Aber würde nicht jeder Node ständig die Führung übernehmen, um die Belohnung zu kassieren? Nein, denn um die Führung übernehmen zu können, muss ein Node ein schwieriges Problem lösen. Das verlangt vom Node den Verbrauch einer erheblichen Menge an Zeit und Strom, womit gewährleistet wird, dass nicht ständig neue Führungsnodes auftauchen. Das Problem ist so schwierig, dass die meisten Nodes im Netzwerk es noch nicht einmal probieren zu lösen. Nodes, die es probieren, nennt man *Miner*, denn sie schürfen neue Coins, ähnlich wie ein Goldgräber nach Gold schürft. Wir besprechen diesen Prozess näher in Kapitel 7.

1.2.4 Schritt 4: Wallets

Bob und Alice sind Nutzer des Bitcoin Netzwerks und die beiden brauchen ein Computerprogramm, um mit dem Netzwerk zu interagieren. Solch ein Programm nennt man *Bitcoin Wallet* (Wallet = Geldbörse, der Übers.). Verschiedene Arten von Bitcoin Wallets sind für diverse Geräte erhältlich, zum Beispiel für Smartphones und Desktop Computer und es gibt sogar einige spezielle Hardware Wallets.

Vor Schritt 4 des Zahlungsprozesses aktualisieren die Nodes im Netzwerk ihre lokale Kopie der Blockchain. Nun muss das Netzwerk Alice und Bob darüber informieren, dass die Transaktion durchgegangen ist, wie in Abbildung 1.7 dargestellt.

Aufgaben von Wallets

Ein typisches Bitcoin Wallet übernimmt folgende Aufgaben

- Schlüssel verwalten
- Nach hereinkommenden und herausgehenden bitcoins Ausschau halten
- Bitcoins versenden

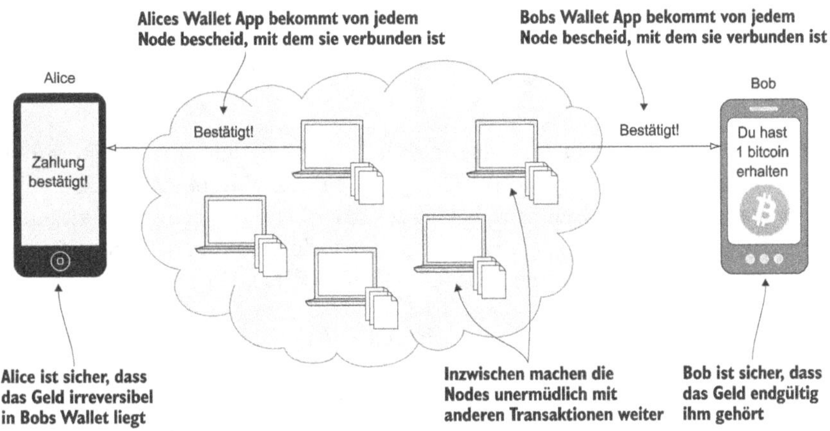

Abbildung 1.7: Bobs Wallet hat einen Node gebeten, das Wallet zu informieren, wenn es eine Aktivität auf Bobs Bitcoin Adresse feststellt. Alice bezahlt an Bobs Adresse, und der Node hat soeben die Transaktion in die Blockchain geschrieben, also gibt es jetzt Bobs Wallet bescheid.

Bobs Wallet ist mit einigen der Nodes im Bitcoin Netzwerk verbunden. Wenn eine Transaktion zur Blockchain hinzugefügt wird, die Bob betrifft, dann informieren die mit Bobs Wallet verbundenen Nodes dieses Wallet entsprechend. Das Wallet zeigt dann im Display eine Meldung an, dass er 1 bitcoin erhalten hat. Alice benutzt ebenfalls ein Wallet. Ihr Wallet wird über ihre eigene Transaktion informiert.

Abgesehen vom Senden und Empfangen von Transaktionen verwalten die Wallets von Bob und Alice auch deren private Schlüssel. Wie zuvor beschrieben werden private Schlüssel zum Erzeugen digitaler Signaturen und auch zur Generierung von Bitcoin Adressen benutzt. Alice hat ihre digitale Signatur mit einem ihrer privaten Schlüssel erzeugt. Wenn Bob später das Geld, das er von Alice auf der Bitcoin Adresse erhielt, die er mit seinem privaten Schlüssel erzeugt hatte, ausgeben will, so muss er eine Transaktion erzeugen und sie mit dem privaten Schlüssel genau dieser Adresse signieren.

1.3 Probleme mit Geld Stand heute

Bitcoin wäre nicht so verbreitet, wenn es nicht echte Probleme für echte Leute lösen würde. Bitcoin löst mehrere Probleme, die dem traditionellen Finanzsystem innewohnen. Betrachten wir einige häufig diskutierte Problembereiche.

1.3.1 Ausgrenzung

Leute mit Bankkonten und Zugang zu Bankdienstleistungen wie online Zahlungen oder Kredite sind privilegiert. Laut der Weltbank besitzen rund 38% der Weltbevölkerung überhaupt kein Bankkonto. (siehe Web resource 6). Diese Zahlen bessern sich langsam, aber viele Leute stecken immer noch in einer Umgebung fest, die ausschliesslich auf Bargeld basiert.

Ohne Bankkonto und elementare Bankdienstleistungen, wie online Zahlungen, können Leute ihre Geschäfte nicht auf Bereiche ausserhalb ihrer lokalen Gemeinde ausdehnen. Ein Händler kann dann seine Waren und Dienstleistungen nicht im Internet anbieten, um seine Kundenbasis zu vergrössern. Jemand auf dem Lande muss vielleicht eine halbe Tagesreise unternehmen, um eine Versorgerrechnung zu bezahlen oder sein Prepaid Mobiltelefon aufzufüllen.

> **Probleme**
>
> – **Ausgrenzung**

Diese Ausgrenzung von Leuten ohne Bankzugang wird von mehreren Faktoren getrieben:

- Bankdienstleistungen sind für manche Leute zu teuer.

- Um Bankdienste in Anspruch zu nehmen, benötigt man Dokumente wie Ausweise, die viele Leute nicht besitzen.

- Bankdienste können Leuten mit bestimmten politischen Ansichten verwehrt werden, oder solchen, die in bestimmten Geschäftsfeldern tätig sind. Leuten kann auch aufgrund ihrer ethnischen Herkunft, Nationalität, sexueller Vorlieben oder Hautfarbe die Dienstleistung verwehrt werden.

1.3.2 VERTRAULICHKEITSFRAGEN

Wenn es um elektronische Zahlungen wie solche mittels Kreditkarten oder Überweisungen geht, hat traditionelles Geld mehrere Vertraulichkeitsprobleme. Staaten können recht einfach

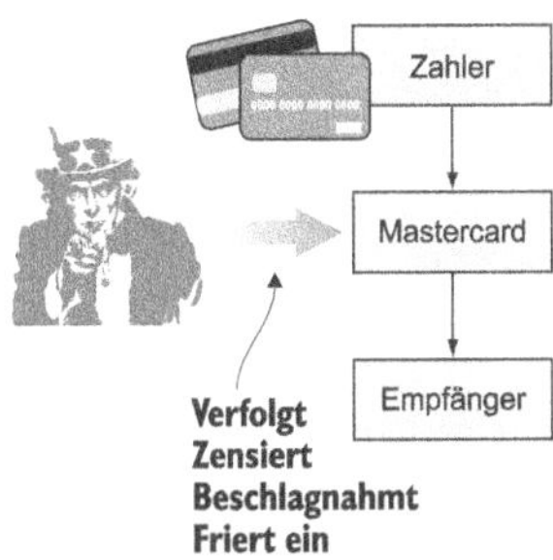

- Zahlungen verfolgen

- Zahlungen zensieren

- Guthaben einfrieren

- Guthaben Beschlagnahmen

Sie können sagen: "Ich habe nichts zu verbergen und die Regierung braucht diese Werkzeuge zur Verbrechensbekämpfung." Das Problem ist, du weisst nicht, wie deine Regierung in fünf Jahren aussieht und wie diese Regierung Verbrechen definieren wird. Neue Gesetze sind nur eine Legislaturperiode entfernt. Nach der nächsten Wahl könnte deine Regierung ein Gesetz erlassen, das es ihr erlaubt die Guthaben von Leuten mit deiner politischen Gesinnung zu Beschlagnahmen. In manchen Teilen der Welt geschieht dies bereits.

Wir haben eine Menge Beispiele gesehen, bei denen diese Macht missbraucht wurde, um jemandem die Transaktionsfähigkeit zu nehmen. Zum Beispiel wurde die Non-Profit Organisation WikiLeaks im Jahre 2010 mit einer Blockade belegt, bei der auf Druck der US Regierung alle Spenden über traditionelle Kanäle wie Visa und MasterCard blockiert wurden (siehe Web resource 7). Wir haben auch miterlebt, wie Zypern im Jahr 2013 als Teil eines finanziellen Rettungsplans 47,5% aller Bankguthaben von über €100.000 annektiert hat (siehe Web resource 8).

Wohlgemerkt sind Banknoten und Münzen davon normalerweise nicht betroffen. Solange es Bargeld gibt, können Leute frei und vertraulich Handel treiben. In einigen Teilen der Welt–zum Beispiel Schweden–befindet sich Bargeld aber auf dem Rückzug, was bedeutet, du kannst bald nicht einmal mehr einen Kaugummi kaufen, ohne dass jemand diese Transaktion aufzeichnet.

Probleme

- Ausgrenzung
- **Vertraulichkeitsfragen**

1.3.3 INFLATION

Inflation bedeutet die Kaufkraft einer Währung schwindet.

Probleme

- Ausgrenzung
- Vertraulichkeitsfragen
- **Inflation**

Die meisten Währungen unterliegen einer Inflation, manche mehr als andere. Zum Beispiel inflationierte der Simbabwische Dollar um fast 10^23% zwischen 2007 und 2008, mit einem Spitzenwert von 80 Milliarden Prozent pro Monat während einiger Monate des Jahres 2008. Das entspricht einer täglichen Inflationsrate von fast 100%. Die Preise verdoppelten sich praktisch täglich.

Solche extremen Fälle von Inflation wie diese, werden als *Hyperinflation* bezeichnet und werden meist von einer rapiden Zunahme der Geldmenge verursacht. Regierungen vergrössern manchmal die Geldmenge, um aus der Bevölkerung Wert zu extrahieren und Ausgaben wie die Staatsverschuldung, Kriege oder Sozialleistungen zu bezahlen. Wird dieses Werkzeug zu viel benutzt, so wird das Risiko der Hyperinflation offensichtlich.

Eine rasche Zunahme der Geldmenge führt fast zwangsläufig zu einer Abwertung der Landeswährung. Das wiederum treibt Leute dazu, ihre lokale Währung in Güter oder Währungen umzutauschen, die wertstabiler sind, was den Wert der Landeswährung weiter senkt. Dies kann in einer extremen Spirale enden, wie in Simbabwe. Das Resultat ist verheerend für die Bevölkerung, weil diese zusehen, wie ihre Ersparnisse dahinschwinden bis praktisch nicht mehr übrig bleibt. Tabelle 1.1 zeigt Beispiele jüngerer Hyperinflationen.

Land	Jahr	Höchste monatliche Inflation (%)
Simbabwe	2007-2008	4.19×10^{16}
Jugoslawien	1992-1994	313×10^{6}
Peru	1990	397
Ukraine	1992-1994	285
Venezuela	2012-	120

Tabelle 1.1: Einige Hyperinflationen der modernen Zeit. Quelle: Wikipedia

Simbabwe ist einer der extremsten Fälle in der Geschichte der Inflation, aber selbst heute leiden einige Länder unter sehr hoher Inflation. Eines davon ist Venezuela, dessen Währung, der Bolivar, im Jahr 2016 eine Inflation von 254% erlitt und im Jahr 2017 sogar 1.088%. Für das Jahr 2018 wird eine erschütternde Inflationsrate von 1.370.000% vorausgesagt.

1.3.4 Grenzen

Wert mit Landes– oder *fiat*–Währung über Landesgrenzen hinweg zu schicken ist schwierig, teuer und manchmal sogar verboten. Wenn du versuchst 1.000 Schwedische Kronen (SEK) von Schweden an jemanden auf den Philippinen zu schicken, kannst du einen Dienst wie Western Union für den Transfer in Anspruch nehmen. Zu dem Zeitpunkt, an dem ich dies untersuchte, waren 1.000 SEK gerade 5.374 Philippinische Pesos (PHP) oder 109 US-Dollar wert. Siehe Tabelle 1.2.

	Probleme
	– Ausgrenzung
	– Vertraulichkeitsfragen
	– Inflation
	– Grenzen

Von	**An**	**Erhalten vom Empfänger**	**Gebühren**	**Gebühren %**
Bank	Bank	5,109 PHP	265 PHP	4.9%
Bank	Bargeld	4,810 PHP	564 PHP	10.5%
Kreditkarte	Bargeld	4,498 PHP	876 PHP	16.3%

Tabelle 1.2: Kosten der Überweisung von 5.374 PHP von Schweden auf die Philippinen.

Wenn der Empfänger ein Bankkonto besitzt, das für internationale Überweisungen geeignet ist, kommt man mit 4,9% hin. Aber ein typischer Empfänger solcher internationaler Überweisungen wird nur Bargeld erhalten können, was die Kosten verdoppelt bis verdreifacht auf 10,5% oder gar 16,3%, je nachdem, wie schnell oder bequem sie es erhalten möchten.

Im Gegensatz zu internationalen Transfers ist das Bewegen von Fiatwährung innerhalb der eigenen Landesgrenzen normalerweise praktisch. Zum Beispiel kann man dem Gegenüber einfach Bargeld reichen oder Geld mit einer mobilen App, die diese Währung unterstützt, transferieren. Solange du innerhalb des Landes und der Währung bleibst, funktionieren Fiatwährungen recht gut.

1.4 DER BITCOIN ANSATZ

Bitcoin bietet ein grundlegend anderes Modell als traditionelle Einrichtungen. Schauen wir uns die Hauptunterschiede einen nach dem anderen an.

1.4.1 DEZENTRALISIERT

Anstelle einer zentralen Organisation wie der US Federal Reserve, die die Währung kontrolliert, ist die Kontrolle über Bitcoin über tausende von Computern, die Nodes, verteilt. Kein einzelner Node und keine Gruppe von Nodes besitzt irgendwelche Privilegien gegenüber irgendwelchen anderen. Diese Gleichberechtigung zwischen allen Nodes macht Bitcoin *dezentralisiert*, im Gegensatz zu *zentralisierten* Systemen wie Banken oder der Google Suchmaschine (Abbildung 1.8).

In einem zentralisierten System wird der Dienst von einer einzelnen Einheit kontrolliert, zum Beispiel einer Bank. Diese einzelne Einheit kann entscheiden, wer den Dienst benutzen darf und was die Benutzer damit tun dürfen. Zum Beispiel kann ein online Videoservice beschliessen, nur Personen innerhalb einer bestimmten geographischen Region zu bedienen.

Gelöste Probleme

✓ Ausgrenzung
✓ Vertraulichkeitsfragen
– Inflation
– Grenzen

Abbildung 1.8: Zentralisierte und dezentralisierte Dienste.

Bei einem dezentralisierten System wie Bitcoin, das mehrere tausend Nodes über der Welt verteilt hat, ist es extrem schwierig zu kontrollieren, wer das System benutzt und wie. Egal wo oder wer sie sind, oder wem sie Geld schicken, das Bitcoin System behandelt alle Benutzer gleich. Das Bitcoin System hat keinen zentralen Punkt, der zur Zensur, Dienstverweigerung oder zur Beschlagnahme von Guthaben ausgenutzt werden könnte.

Wie erwähnt ist Bitcoin genehmigungsfrei, was bedeutet, du musst niemanden um Genehmigung bitten um teilzunehmen. Jeder mit einem Computer und einem Internetzugang kann einen Bitcoin Node einrichten und eine aktive Rolle im Bitcoin Netzwerk einnehmen–ohne Fragen oder Registrierung.

Die Regeln von Bitcoin ohne sehr breiten Konsens zu ändern ist praktisch unmöglich. Wenn sich ein Node nicht an die Regeln hält, werden die restlichen Nodes diesen schlicht ignorieren. Eine solche Regel ist zum Beispiel, dass die Geldmenge auf 21 Millionen bitcoins begrenzt ist. Diese Grenze zu verschieben ist wegen der Dezentralisierung praktisch unmöglich; es gibt niemanden, den man bestechen oder bedrohen könnte, um das durchzusetzen.

1.4.2 Begrenzte Geldmenge

Weil Bitcoins Geldmenge niemals 21 Millionen bitcoin überschreiten wird, können Leute sicher sein, dass wenn sie 1 bitcoin besitzen, sie *immer* mindestens ein 21-millionstel der Gesamtmenge besitzen werden. Diese Eigenschaft existiert in keiner einzigen Fiatwährung, wo Entscheidungen über die Geldmenge immer wieder mal von einer Firma oder dem Staat gemacht werden. Bitcoin widersteht hoher Inflation, weil man die Geldmenge nicht beliebig erhöhen kann.

<table>
<tr><td colspan="2">Gelöste Probleme</td></tr>
<tr><td>✓</td><td>Ausgrenzung</td></tr>
<tr><td>✓</td><td>Vertraulichkeitsfragen</td></tr>
<tr><td>✓</td><td>Inflation</td></tr>
<tr><td>–</td><td>Grenzen</td></tr>
</table>

Bitcoins Geldmenge ist nicht auf die heutige Menge festgelegt. Sie nimmt zu, mit abnehmender Geschwindigkeit, gemäss einem vorprogrammierten Zeitplan, und sie hört irgendwann um das Jahr 2140 herum auf zu wachsen. Siehe Abbildung 1.9.

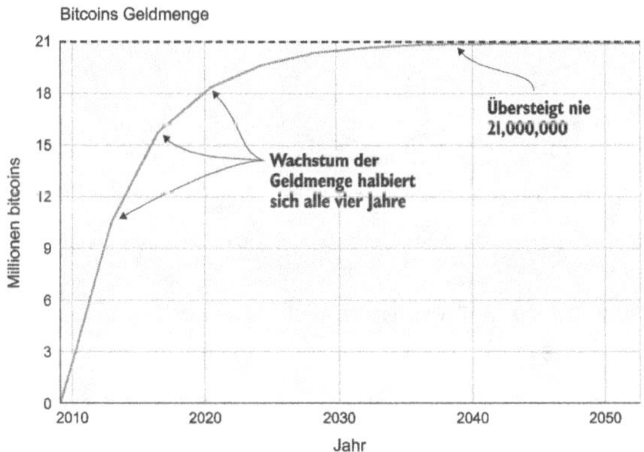

Abbildung 1.9: Das Angebot an bitcoin nähert sich asymptotisch 21 Millionen Stück. In den letzten 100 Jahren vor 2140 ist eine Zunahme kaum noch erkennbar.

Zum Zeitpunkt der Drucklegung beträgt der Geldvorrat rund 17 Millionen bitcoin, und die jährliche Zunahme liegt bei rund 4%. Diese Zunahme halbiert sich alle 4 Jahre.

1.4.3 GRENZENLOS

Weil Bitcoin ein System ist, das auf normalen am Internet hängenden Computern läuft, ist es so global wie das Internet. Das bedeutet, jeder mit einer InternetVerbindung kann Geld an andere Leute auf der Welt schicken, wie in Bild Abbildung 1.10 dargestellt.

Gelöste Probleme

✓ Ausgrenzung
✓ Vertraulichkeitsfragen
✓ Inflation
✓ Grenzen

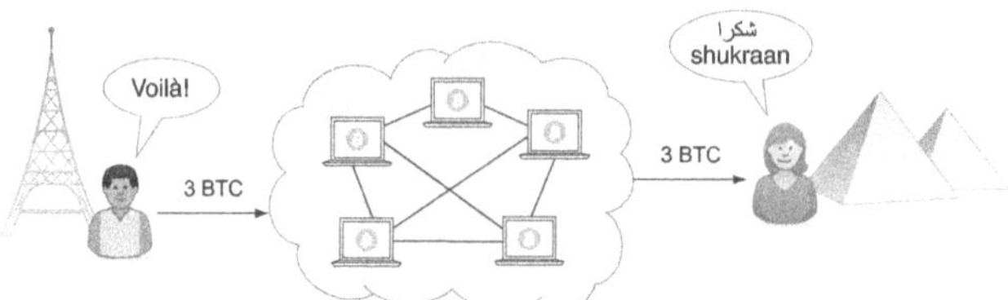

Abbildung 1.10: Bitcoin ist grenzenlos

Es gibt keinen Unterschied zwischen dem Senden von einem bitcoin an jemanden im selben Zimmer oder an jemanden auf einem anderen Kontinent. Die Erfahrung ist dieselbe: Geld wird direkt an den Empfänger geschickt, der die Zahlung fast sofort sieht. Innerhalb ca, 60 Minuten kann dieser Empfänger *sicher* sein, dass ihm nun das Ged gehört. Einmal abgeschlossen, kann der Transfer nicht ohne das Einverständnis des Empfängers rückgängig gemacht werden.

1.5 WOFÜR WIRD BITCOIN BENUTZT?

Bis jetzt haben wir ein paar übliche Anwendungsfälle besprochen. Dieser Abschnitt wird tiefer in diese Anwendungsfälle eintauchen und auch in ein paar weitere. Es ist schwer vorherzusagen, welche Anwendungsfälle wir in Zukunft sehen werden, also bleiben wir bei dem, was wir kennen.

1.5.1 SPAREN

Bitcoin hat die interessante Eigenschaft, dass man zur Sicherung seines Vermögens einfach die privaten Schlüssel sicher aufbewahren muss: die geheimen Informationen, die du brauchst, wenn du dein Geld ausgeben willst. Du suchst dir selber aus, wie du diese privaten Schlüssel aufheben möchtest. Du kannst sie auf Papier schreiben, oder sie zum leichterem Zugriff elektronisch in einer mobilen App speichern. Du kannst sie auch einfach auswendig lernen. Diese Schlüssel sind alles, was man braucht, um dein Geld auszugeben. Bewahre sie sicher auf.

Sparen ist ein attraktiver Anwendungsfall für Bitcoin. Ein einfacher Weg zum Sparen ist, einen privaten Schlüssel zu erzeugen und auf einem Blatt Papier in einem Safe zu lagern. Das Blatt Papier ist jetzt dein Sparkonto, dein Spar-Wallet. Du kannst bitcoins an dieses Wallet schicken. Solange deine privaten Schlüssel in Sicherheit sind, ist es dein Geld auch. Du kannst aus einer Menge Sparmethoden die richtige auswählen, um dein bevorzugtes Gleichgewicht zwischen Sicherheit und Bequemlichkeit zu erreichen. Zum Beispiel kannst du deine Schlüssel im Klartext auf deinem Mobiltelefon speichern, um einfach zugreifen zu können, oder sie verschlüsselt auf Papier in einem Tresor mit bewaffneten Wachtposten lagern.

1.5.2 Grenzüberschreitender Zahlungsverkehr

Wie erwähnt ist das Bewegen von Geld aus einem Land in ein anderes teuer (sagen wir, 15%), besonders wenn man Geld in ein armes Land schickt und der Empfänger kein Bankkonto hat. Es wird immer beliebter, Bitcoin zur Umgehung dieses langsamen und teuren alten Systems zu verwenden. Es kostet normalerweise weniger, in Schweden schwedische Kronen in bitcoin umzutauschen und an den Freund auf den Philippinen zu schicken. Dein Freund tauscht dann die bitcoin lokal in philippinische Pesos um.

Manche Firmen bieten Dienstleistungen an, bei denen du schwedische Kronen der Firma übergibst und diese dann auf den Philippinen Pesos an deinen Freund auszahlt (Abbildung 1.11). Du merkst noch nicht einmal, dass intern Bitcoin dafür verwendet wird. Solche Firmen verlangen normalerweise ein paar Prozent für den Service, was aber billiger ist als die traditionellen internationalen Überweisungsverfahren.

Wenn natürlich die Empfänger Bitcoin dort, wo sie wohnen, direkt verwenden können, braucht man keinen Mittelsmann, der einen Teil des Geldes behält. Du kannst deinem Freund auch direkt bitcoins schicken. Darum geht es ja bei Bitcoin. Exchanges und solcherlei Dienstleister sind nur Brücken zwischen der althergebrachten Finanzwelt und der Bitcoin-Welt.

1.5.3 Einkaufen

Der offensichtlichste Anwendungsfall für Bitcoin ist das Einkaufen. Bitcoins Globalität und Sicherheit machen es ideal für das online Bezahlen von Waren und Dienstleistungen.

Abbildung 1.11: Ein internationaler Geldtransferdienstleister verwendet Bitcoin, um Geld von Schweden auf die Philippinen zu schicken.

In traditionellen online Zahlungsverfahren schickt man Debitkarteninformationen an den Händler und *hofft*, dass der Händler nur so viel abbucht, wie als Preis vereinbart war. Du *hoffst* auch, dass der Händler gut auf deine Kartendaten aufpasst. Die Händler speichern die Kartendaten wahrscheinlich in einer Datenbank. Denk mal darüber nach: für jeden Kauf, den du mit Debitkarte bezahlst, speichert ein Händler deine Kartendaten in einer Datenbank. Es ist sehr wahrscheinlich, dass *eine* dieser Datenbanken gehackt wird und auch deine Kartendaten gestohlen werden. Je mehr Händler deine Daten haben, desto höher ist das Risiko.

Mit Bitcoin hast du dieses Problem nicht, denn du brauchst weder dem Händler noch sonst jemandem heikle Daten zu schicken. Du schickst die vereinbarte Summe und fertig.

1.5.4 Spekulation

Die Welt ist voller Leute, die schnell reich werden wollen. Bitcoin kann für die sehr interessant sein, weil sein Preis sehr *volatil* ist, also zu grossen Ausschlägen neigt. Schaut man sich den Preis von bitcoin an, wie hier Abbildung 1.12, so kommt man in Versuchung, es billig zu kaufen und teurer wieder zu verkaufen.

Im November 2013 kletterte der Preis von ungefähr \$100 in wenigen Wochen auf über \$1100. Das war ganz offensichtlich eine sogenannte *Blase*, in der Leute Angst hatten, einen grossen Preisanstieg zu verpassen und deshalb schnell kauften, was den Preis weiter nach oben trieb, bis dieser irgendwann wieder zu fallen begann. Der Fall um 50% des Spitzenwertes spielte sich ebenso schnell ab, wie der vorherige Anstieg. Dasselbe Muster wiederholte sich gegen Ende 2017, aber eine Grössenordnung höher. Das ist schon

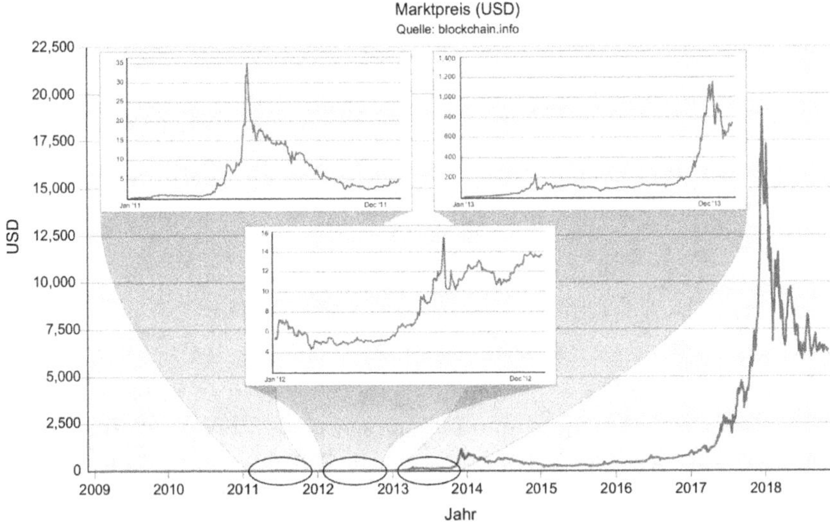

Abbildung 1.12: Preis in US-Dollar seit Beginn von Bitcoin.

viele Male passiert. Fluktuationen wie diese sind selten von speziellen Nachrichten oder technischen Neuerungen getrieben, sondern resultieren normalerweise aus Spekulation. Spekulation kann Spass machen, wenn man sich das Verlieren leisten kann, aber es gleicht mehr einem Lotteriespiel als einem Gelderwerb.

Manchmal stellt eine Regierung oder eine grosse Firma eine negative Behauptung über Bitcoin auf, die Angst im Markt erzeugt, aber diese Vorkommnisse neigen nicht dazu, grossen Einfluss auf den Wert von Bitcoin zu haben.

Die Preisvolatilität von Bitcoin scheint der Behauptung zu widersprechen, Bitcoin sei nicht-inflationär; ein 50% Abfall im Marktwert kann einem schon ziemlich inflationär vorkommen. Bitcoin ist aber immer noch relativ neu und die Volatilität wird viel durch kurzfristige Spekulation genährt. Aber mit dem Wachsen von Bitcoin und zunehmender Akzeptanz durch Personen und Institutionen zum Speichern ihrer Vermögenswerte, wird sich langfristig der Preis wahrscheinlich stabilisieren und die deflationären Eigenschaften von Bitcoin werden sich im Laufe der Zeit zeigen.

1.5.5 NICHTWÄHRUNGS-ANWENDUNGEN

Bitcoin ist digitales Bargeld, aber diese Form von Bargeld kann für Dinge verwendet werden, die über das Geld hinausgehen. Dieser Abschnitt behandelt zwei gebräuchliche Verwendungen, aber es gibt andere, einschließlich der noch nicht erfundenen.

1.5.5.1 EIGENTUM

In eine Bitcoin Zahlung kann man kleine Datenmengen einbetten. Diese Daten könnten z.B. die Fahrgestellnummer eines PKWs sein. Wenn das Auto die Fabrik verlässt, kann der Hersteller eine kleine Bitcoin Zahlung an den neuen Besitzer schicken, und die Fahrgestellnummer in die Zahlung einbetten. Diese Zahlung kann dann den Eigentumsübergang des Autos repräsentieren.

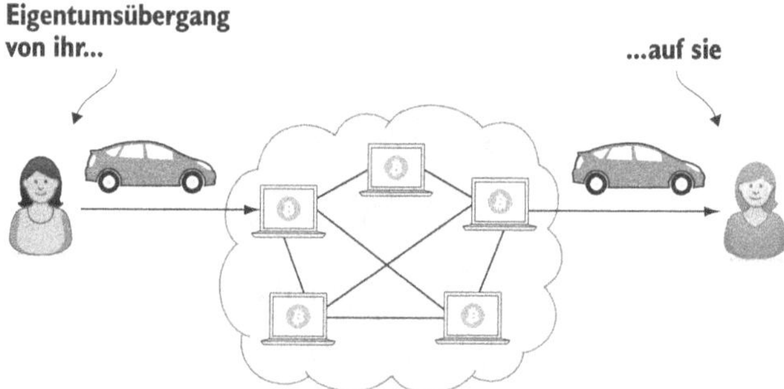

Bitcoin Zahlungen sind öffentliche Aufzeichnungen, aber sie sind keineswegs an Personen gebunden. Sie sind vielmehr an lange Zahlenketten gebunden, die wir als *öffentliche Schlüssel* bezeichnen und die im Detail in Kapitel 2 behandelt werden. Der Autohersteller hat seinen öffentlichen Schlüssel auf seiner Webseite, in Zeitungen und im Rahmen seiner Werbung veröffentlicht. Deshalb kann jeder nachvollziehen, dass der Eigentumsübergang an den neuen Besitzer vollzogen worden ist. Die neue Eigentümerin kann beweisen, dass sie das Fahrzeug besitzt, indem sie nachweist, dass sie im Besitz des privaten Schlüssels ist, der zu dem öffentlichen Schlüssel gehört, an den der Hersteller die Zahlung geleistet hat

Die neue Eigentümerin kann das Auto jemand anderem verkaufen und den Eigentumsübergang dadurch einleiten, dass sie dieselben bitcoins, die der Hersteller an sie geschickt hatte, nun an den neuen Besitzer schickt. Die Öffentlichkeit kann den Eigentumsverhältnissen des Autos folgen, vom Hersteller über alle öffentlichen Schlüssel der zwischenzeitlichen Eigentümer folgt, bis sie beim aktuellen Besitzer landet.

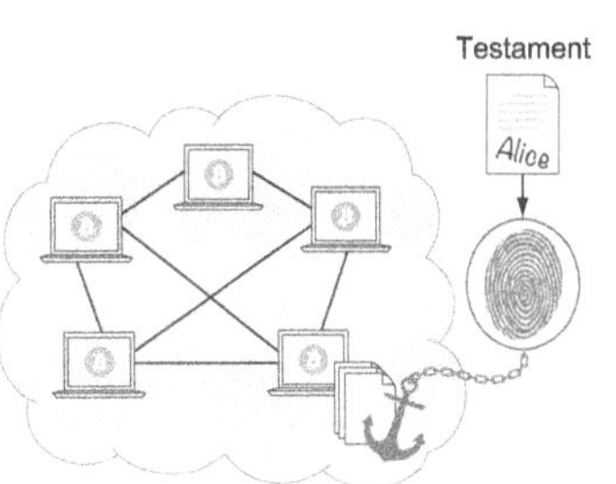

1.5.5.2 Existenzbeweis

Mit derselben Technik des Abspeicherns kleiner Datenmengen in einer Bitcoin Zahlung kann man auch den Beweis führen, dass ein Dokument vor einem bestimmten Zeitpunkt X existiert hat.

Ein digitales Dokument besitzt einen *Fingerabdruck*: einen kryptografischen Hash, den jeder aus dem Dokument errechnen kann. Ein Dokument zu erzeugen, das denselben Hash ergibt, ist praktisch unmöglich. Dieser Fingerabdruck kann irgendeiner Bitcoin Zahlung hinzugefügt werden. Wohin das Geld geht, ist dabei unwichtig; das Wichtige ist, dass der Fingerabdruck in der Blockchain aufgezeichnet ist. Du "verankerst" das Dokument in der Blockchain.

Bitcoin Zahlungen sind öffentliche Aufzeichnungen, also kann jeder prüfen, dass das Dokument bereits vor dem Zeitpunkt existiert hat, zu dem die Zahlung getätigt wurde, indem er den Fingerabdruck des Dokuments berechnet und mit dem in der Blockchain gespeicherten Fingerabdruck vergleicht.

1.5.6 Wie wird Bitcoin bewertet?

Wie in Abschnitt 1.5.4 erklärt, kann der Preis von bitcoin dramatisch fluktuieren. Aber woher kommt der Preis? Es gibt mehrere Bitcoin Exchanges, die meisten davon sind internetbasiert. Sie ähneln Aktienmärkten, auf denen Benutzer, die bitcoins verkaufen wollen, mit denen verbunden werden, die welche kaufen wollen.

Auf verschiedenen Märkten können sich unterschiedliche Marktpreise ergeben, abhängig von Angebot und Nachfrage auf dem jeweiligen Markt. Zum Beispiel ist das Angebot von bitcoins in Märkten wie Venezuela, wo die Regierung den Bitcoin Markt zu unterdrücken versucht, gering. Andererseits ist die Nachfrage aber hoch, weil die Bevölkerung der Hyperinflation ihrer Währung zu entrinnen versucht. Diese Faktoren treiben den Bitcoin Preis in diesem Markt im Vergleich zu beispielsweise dem US-amerikanischen oder europäischen Markt hoch.

1.5.7 WANN SOLLTE MAN BITCOIN NICHT VERWENDEN?

Bitcoin ist schön und gut, aber es ist nicht für alle Finanzaktivitäten geeignet. Jedenfalls noch nicht.

1.5.7.1 NIEDERWERTIGE ZAHLUNGEN

Eine Bitcoin Transaktion enthält normalerweise eine Transaktionsgebühr. Diese Gebühr hängt nicht von der Höhe des gesendeten Betrages ab, sondern von der Grösse der Transaktion in Bytes. Denn die Kosten des Bitcoin Netzwerkes für das Abarbeiten einer Transaktion hängt im Wesentlichen davon ab, wie gross (in Bytes) die Transaktion ist. Transaktion über hohe Beträge sind nicht unbedingt grösser (in Bytes) als solche über geringe Beträge, also ist die Gebühr für beide ungefähr gleich hoch. Sie hängt ausserdem von Angebot und Nachfrage in Bezug auf Platz in der Blockchain ab. Die Blockchain kann nicht mehr als ca. 12 MB an Transaktionen pro Stunde bearbeiten, was bedeutet, dass die Miner manchmal Transaktionen priorisieren müssen. Eine höhere Gebühr gibt einer Transaktion ziemlich sicher eine höhere Priorität.

Wenn die Gebühr einen erheblichen Teil der Zahlung ausmacht, die du leisten willst, ist es unökonomisch, mit normalen Bitcoin Transaktionen zu zahlen (siehe Tabelle 1.3).

Transferbetrag	Gebühr	Gebühr %	Wirtschaftlich
2 BTC	0.003 BTC	0.15%	Ja
0.002 BTC	0.001 BTC	50%	Eher nein
0.001 BTC	0.005 BTC	500%	Nein

Tabelle 1.3: Wirtschaftlichkeit verschiedener Gebührenstufen.

Aber vielversprechende Technologien entstehen gerade auf Basis von Bitcoin. Ein Beispiel ist das Lightning Netzwerk, das billige, sofortige Mikrozahlungen von winzigen Bruchteilen eines bitcoins erlaubt. Mit dem Lightning Netzwerk kann man sinnvoll Beträge von 100 Satoshis bezahlen (wobei 1 Satoshi, 0,00000001 BTC entspricht), mit einer Gebühr von nur einem Satoshi.

1.5.7.2 Sofortzahlungen

Bitcoin Zahlungen benötigen Zeit zur Bestätigung. Der Empfänger sieht die Zahlung zwar sofort, sollte ihr aber nicht vertrauen, bis das Bitcoin Netzwerk sie bestätigt hat, was normalerweise innerhalb von 20 Minuten geschieht. Einer unbestätigten Zahlung zu vertauen ist riskant; der Absender kann die bitcoins *doppelt ausgeben*, indem er dieselben bitcoins in einer weiteren Transaktion an eine andere Bitcoin Adresse schickt–zum Beispiel an seine eigene.

Die nötige Zeit zur Bestätigung kann bei herkömmlichen Läden zu Reibung führen, weil Kunden ungern 20 Minuten warten wollen, bevor sie ihren Kaffee bekommen. Das mag bei manchen online Shops kein Problem sein, wo der Händler 20 Minuten abwarten kann, bevor er die Ware versendet; aber für einige online Dienste, zum Beispiel Video-on-Demand, könnte sich die Bestätigungszeit als problematisch erweisen.

Diese Einschränkung kann ebenfalls durch Systeme oberhalb von Bitcoin– zum Beispiel das Lightning Netzwerk–ausgemerzt werden, besonders wenn die Beträge gering sind.

1.5.7.3 Ersparnisse, deren Verlust man nicht verschmerzen kann

Bitcoin ist wahrscheinlich das sicherste Geld, das es gibt, aber es befindet sich immer noch in der Anfangsphase. Die Sache *könnte* noch schiefgehen, wie in den folgenden Szenarien:

> **Bitcoin Sicherheit**
>
> Du bist Herr über deine bitcoins. Nur du. Pass gut drauf auf!

- Du verlierst deine privaten Schlüssel: die geheimen Daten, die du zum Ausgeben deiner bitcoins brauchst.

- Deine privaten Schlüssel werden von einem Bösewicht gestohlen.

- Deine Regierung versucht gegen Bitcoin Benutzer durchzugreifen, indem es sie einsperrt oder anderweitig mit Gewalt vorgeht.

- Der Preis von Bitcoin sackt aufgrund von Gerüchten oder Spekulation dramatisch ab.

- Software Bugs machen Bitcoin unsicher.

- Es tauchen Schwächen in der Kryptografie von Bitcoin auf.

Obwohl all diese Risiken *möglich* sind, sind die meisten unwahrscheinlich. Diese Liste ist grob nach der Eintrittswahrscheinlichkeit geordnet, mit dem wahrscheinlichsten Szenario oben. Schätze selber immer die Risiken ab, bevor du Geld einsetzt, und such dir die geeigneten Sicherungsmassnahmen dazu aus. Dieses Buch wird dir helfen, die Risiken und Sicherungsmassnahmen für dein Geld zu verstehen.

1.6 Andere Kryptowährungen

Dieses Buch behandelt Bitcoin, aber es existieren diverse andere sogenannte *Kryptowährungen*, und neue tauchen ständig auf. Andere Kryptowährungen als Bitcoin werden oft als *Altcoins* bezeichnet, was für *alternative Coins* steht. Ich werde einige Altcoins auflisten zusammen mit ihrem Zweck und ihrer Marktkapitalisierung (Tabelle 1.4). Die Marktkapitalisierung ist das Produkt aus Geldmenge (Anzahl Coins) und dem aktuellen Marktpreis pro Coin. Die Marktkapitalisierung der Coins wird sich sehr wahrscheinlich erheblich geändert haben, wenn du diese Zeilen liest. Ich nehme diese Information nur auf, um dir einen Eindruck von Bitcoins Position relativ zu anderen Kryptowährungen zu geben.

Währung	Zweck	Marktkapitalisierung (Milliarden Dollar)
bitcoin	Globale Geldmenge; zu Referenzzwecken	111
ethereum	Programme auf einem dezentralen abstrakten Computer ausführen	22.4
MONERO	Geheimhaltung	1.7
CASH	Geheimhaltung	0.8
namecoin	Namenssystem; ergänzt das Domain Name System (DNS)	0.008

Tabelle 1.4: Marktkapitalisierung einiger Kryptowährungen Stand 11. November 2018.

Ich ermutige dich, dir diese Kryptowährung anzuschauen, denn sie haben alle interessante Eigenschaften jenseits von Bitcoin. Hunderte weiterer Altcoins existieren. Einige davon, so wie die in der Tabelle, bieten einzigartige Eigenschaften an, die es in Bitcoin nicht gibt, und andere bieten wenig bis

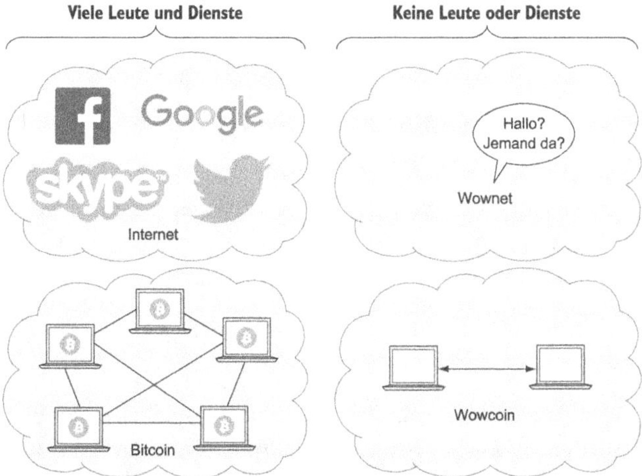

Abbildung 1.13: Netzwerkeffekt

gar nichts Neues. Einige Altcoins können auch direkter Betrug sein. Sei vorsichtig.

Jeder kann eine Altcoin erzeugen, indem er eine existierende Kryptowährung nimmt und an seine Bedürfnisse anpasst.

Sagen wir, Sheila möchte eine Altcoin machen, Wowcoin. Sie nimmt die Bitcoin Software und ändert die maximale Geldmenge auf 11.000.000 statt Bitcoins 21.000.000 Coins. Wenn sie Wowcoin startet, wird Sheila ziemlich allein sein, denn niemand sonst benutzt ihre Altcoin. Um Wowcoin Wert einzuhauchen, muss sie andere Leute davon überzeugen, es ebenfalls zu benutzen. Wenn sie nichts innovatives bietet, wird es schwierig sein, Leute mit an Bord zu bekommen, denn die sind eigentlich ganz glücklich mit dem, was Bitcoin bietet. Jeder sonst benutzt Bitcoin, warum sollte man also jetzt Wowcoin verwenden? Stell es dir so vor, wie wenn du dein eigenes Internet starten würdest, das du Wownet nennen könntest. Die Leute im Wownet können nicht die Dienste des Internet benutzen. Und die Leute im Internet könnten umgekehrt auch nicht die Dienste des Wownet benutzen. Warum würde also überhaupt irgend jemand Wownet benutzen? Wir nennen dies den *Netzwerk Effekt* (siehe Abbildung 1.13)–Leute neigen dazu, dorthin zu gehen, wo schon andere Leute sind.

Obwohl es ein paar interessante Altcoins gibt ist es schwer zu sagen, welche davon langfristig überleben werden. Ausserdem wäre es ziemlich willkürlich, eine oder einige Altcoins herauszupicken, um sie in diesem Buch zu behandeln. Daher konzentriere ich mich lieber ganz auf Bitcoin.

1.7 Zusammenfassung

- Bitcoin ist globales, grenzüberschreitendes Geld, das jeder benutzen kann, der über einen Internetzugang verfügt.

- Viele verschiedene Akteure benutzen Bitcoin, unter anderem Sparer, Händler und Spekulanten, für die verschiedensten Zwecke, wie Zahlungen, Auslandstransfers und Geldanlagen.

- Ein Netzwerk von Computern, das Bitcoin Netzwerk, verifiziert und speichert alle Zahlungen.

- Eine Transaktion macht folgende Schritte durch: Transaktion senden, Transaktion überprüfen, Transaktion an die Blockchain anhängen, und die Wallets der Sender und Empfänger benachrichtigen.

- Bitcoin löst Probleme mit Inflation, Grenzen, Ausgrenzung und Datenschutz durch begrenztes Angebot, Dezentralisierung und Grenzenlosigkeit.

- Diverse alternative Kryptowährungen existieren neben Bitcoin, wie Ethereum, Zcash und Namecoin.

- Eine (Krypto)währung wird nützlicher, je mehr Benutzer sie hat. Dies nennt man Netzwerkeffekt.

KAPITEL 2

KRYPTOGRAFISCHE HASHFUNKTIONEN
UND DIGITALE SIGNATUREN

Dieses Kapitel behandelt

- Ein einfaches Geld erschaffen: Keksgutscheine

- Verstehen von kryptografischen Hashfunktionen

- Authentifizierung von Zahlungen durch digitale Signaturen

- Geheimhaltung deiner Geheimnisse

In diesem Kapitel setze ich zunächst den Rahmen für das Buch. Wir schauen uns ein einfaches Zahlungssystem an, das wir mit Bitcoin Technologien verbessern können. Wenn wir bei Kapitel 8 ankommen, wird dieses System sich zu dem entwickelt haben, was wir Bitcoin nennen.

Der zweite Teil des Kapitels gibt dir das nötige Rüstzeug aus dem Bereich kryptografischer Hashfunktionen. Diese sind für Bitcoin so wichtig, dass du sie wirklich verstehen musst, bevor du irgendetwas anderes über Bitcoin lernst. Du wirst verstehen, wie eine kryptografische Hashfunktion verwendet werden kann, um zu überprüfen, dass eine Datei gegenüber einem früheren Zeitpunkt unverändert geblieben ist.

Der Rest des Kapitels wird das Problem des *Betrügers* behandeln: eines Bösewichts, der vorgibt, jemand anderes zu sein, um aus dessen Konto heraus Zahlungen zu leisten. Wir lösen dieses Problem, indem wir digitale Signaturen (Abbildung 2.1) in das System einführen.

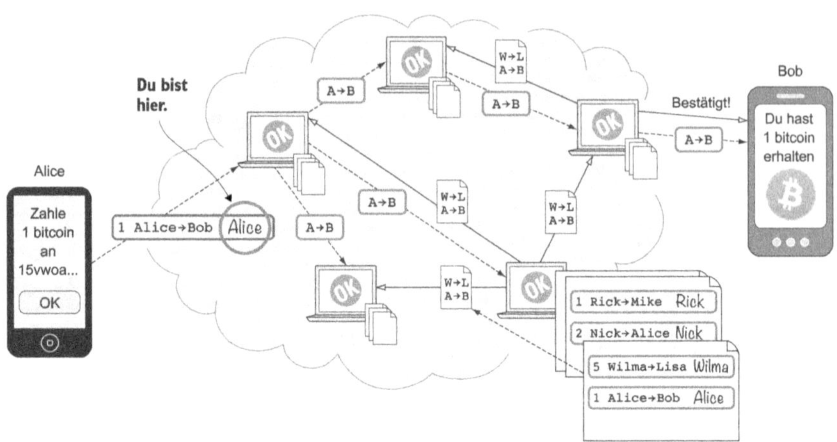

Abbildung 2.1: Digitale Signaturen in Bitcoin.

2.1 DAS KEKSGUTSCHEIN-KALKULATIONSBLATT

Bitcoin, die Währung

Ein Cookie Token entspricht einem bitcoin, der Währungseinheit von Bitcoin. Bitcoin bekam seinen ersten Preis im Jahr 2010, als jemand zwei Pizzen für 10.000 bitcoins kaufte. Mit diesem Geld hätte man im November 2018 ganze 60.000.000 Pizzen kaufen können.

Angenommen, es gibt ein Café in dem Büro, in dem du arbeitest. Du und deine Kollegen benutzen ein Kalkulationsblatt, um über Keksgutscheine, oder *Cookie Tokens*, Buch zu führen (Abbildung 2.2), die das Symbol CT benutzen. Du kannst Cookie Tokens im Café gegen Kekse eintauschen.

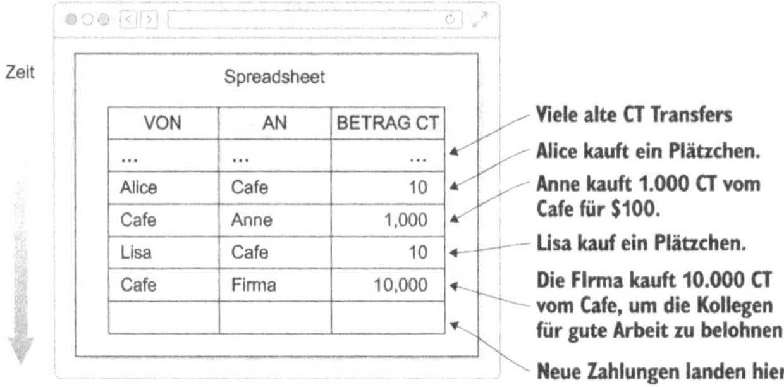

Abbildung 2.2: Das Cookie Token Kalkulationsblatt, oder Spreadsheet, hat eine Spalte für den Absender, eine für den Empfänger, und eine für die Anzahl Tokens, die übertragen werden. Neue Cookie Token Transfers werden ans Ende des Spreadsheets angefügt.

Lisa speichert dieses Spreadsheet auf ihrem Computer. Sie gibt den Kollegen im Büronetzwerk Lesezugriff, sodass jeder es öffnen und anschauen kann, ausser Lisa. Lisa ist sehr vertrauenswürdig. Jeder vertraut ihr. Sie hat vollen Zugriff auf das Spreadsheet und kann alles damit tun, was sie will. Du und die anderen können es aber nur ansehen, indem sie es im Read-Only-Modus öffnen.

Immer wenn Alice einen Keks will, bittet sie Lisa, die direkt neben dem Café sitzt, 10 CT von Alice zum Café zu übertragen. Lisa weiss, wer Alice ist, und kann im Spreadsheet überprüfen, dass diese genug Tokens besitzt; sie sucht einfach nach "Alice" im Spreadsheet, zählt alle Beträge mit Alices Namen in der Spalte AN zusammen und zieht davon alle Beträge ab, bei denen "Alice" in der VON Spalte steht. Abbildung 2.3 zeigt das komplette Suchresultat; drei Transfers involvieren Alice.

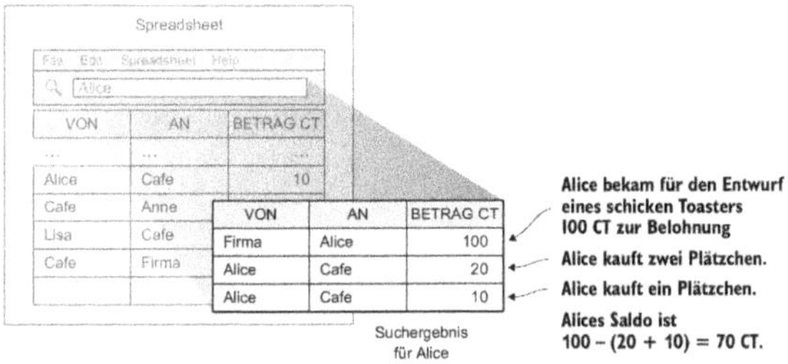

Abbildung 2.3: Lisa berechnet Alices Saldo. Die Summe ihrer erhaltenen Cookie Tokens ist 100, und die Summe der ausgegebenen Cookie Tokens ist 30. Alices Kontostand ist also 70.

Lisa berechnet, dass Alice 70 CT hat, was ausreicht, um 10 CT an das Café zu bezahlen. Folgender Eintrag wird an das Spreadsheet *angehängt* (Abbildung 2.4).

Verdiene sie

Du kannst auch Keksgutscheine als Teil deines Gehalts bekommen.

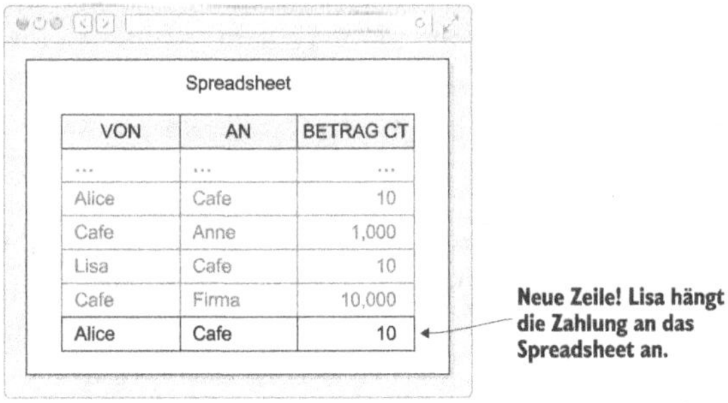

Abbildung 2.4: Lisa fügt Alices Zahlung für einen Keks hinzu. Die Zahlung wird als letzter Eintrag dem Cookie Token Spreadsheet angehängt.

Das Café sieht diese neue Zeile im Kalkulationsblatt und reicht Alice einen Keks.

Wenn du keine Cookie Tokens mehr hast, kannst du dir Tokens für Dollars von irgendjemandem kaufen, der dir welche verkaufen will–wahrscheinlich Anne vom Café–zu einem einvernehmlichen Preis. Lisa hängt dann eine entsprechende Zeile an das Spreadsheet an.

Lisa hat versprochen, niemals irgendetwas im Spreadsheet zu entfernen oder abzuändern. Was im Spreadsheet geschieht, verbleibt im Spreadsheet!

Lisa, die die wertvolle Arbeit der Absicherung des Geldsystems leistet, wird täglich mit 7.200 frisch erzeugten Tokens belohnt (Abbildung 2.5). Jeden Tag hängt sie eine neue Zeile an das Spreadsheet an, die 7.200 neue Cookie Tokens mit Lisa als Empfänger enthält.

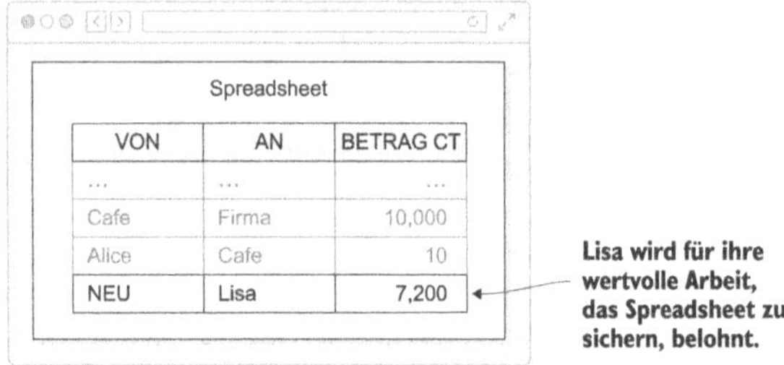

Abbildung 2.5: Lisa wird mit Cookie Tokens belohnt.

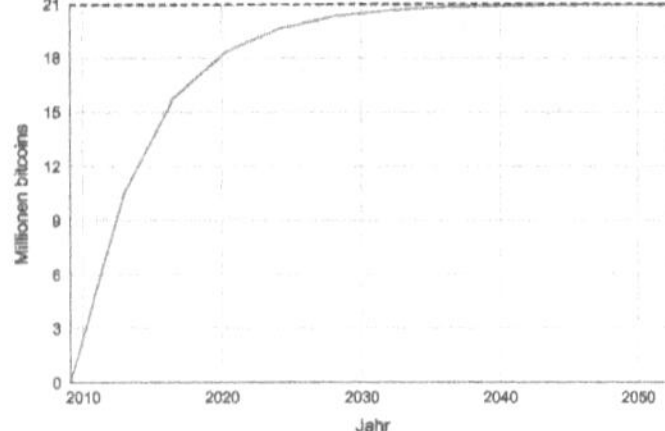

2.1.0.1 GELDMENGENKURVE

Bitcoin benutzt das gleiche Verfahren zur Gelderzeugung wie das Cookie Token Spreadsheet. Alle neuen bitcoins werden als Vergütung an die Nodes ausgeschüttet, die den Bitcoin Ledger–die Blockchain–absichern, genau wie Lisa für das Absichern des Cookie Token Spreadsheets belohnt wird.

So werden alle Cookie Tokens im Spreadsheet erzeugt. Die erste Zeile im Spreadsheet ist die Belohnungszeile–wie die im gerade gezeigten Spreadsheet–die die ersten 7.200 CT überhaupt erzeugt hatte. Der Plan ist, dass Lisa in den ersten vier Jahren jeden Tag mit 7.200 CT belohnt wird, und sich danach die Belohnung auf 3.600 CT/Tag halbiert und so weiter, bis die Belohnung 0 CT/Tag beträgt.

Mach dir im Moment keine Sorgen über das, was passiert, wenn die Belohnung auf 0 fällt–das liegt in ferner Zukunft. Wir diskutieren das in Kapitel 7. Diese Halbierung der Belohnung lässt den gesamten Geldvorrat–die gesamte Anzahl Cookie Tokens, die zirkulieren–gegen 21 Millionen CT konvergieren, aber es wird nie mehr als 21 Millionen CT geben.

Was Lisa mit den neuen Cookie Tokens tut, die sie verdient, ist ihre Sache. Sie kann davon Kekse kaufen oder sie kann die Cookie Tokens verkaufen. Sie kann sie auch für später aufheben. Das Spreadsheet System funktioniert gut, und jeder isst eine anständige Menge Kekse.

Lisa übernimmt im Grunde dieselbe Aufgabe wie die Miner im Bitcoin Netzwerk. Sie überprüft Zahlungen und aktualisiert den Ledger, das Cookie Token Spreadsheet. Tabelle 2.1 stellt klar, wie die Konzepte im Spreadsheet mit den Konzepten in Bitcoin korrelieren.

Cookie Tokens	Bitcoin	Behandelt in
1 Cookie Token	1 bitcoin	Kapitel 2
Das Spreadsheet	Die Blockchain	Kapitel 6
Eine Zeile im Spreadsheet	Eine Transaktion	Kapitel 5
Lisa	Ein Miner	Kapitel 7

Tabelle 2.1: Wie Schlüsselfunktionen im Cookie Token System und im Bitcoin System sich zueinander verhalten

Diese Tabelle wird uns durch das ganze Buch begleiten. Sie beschreibt Unterschiede zwischen dem Cookie Token System und Bitcoin. Ich werde Zeilen daraus löschen, wenn ich diverse Bitcoin Sachen bespreche. Zum Beispiel wird die Zeile "Das Spreadsheet" in Kapitel 6 gelöscht, wenn wir eine Blockchain benutzen, um Transaktionen zu speichern. Ich werde auch ein paar Zeilen hinzufügen, wenn ich neue Konzepte für das Cookie Token System hinzufüge, die von denen in Bitcoin abweichen.

Am Ende von Kapitel 8 wird diese Tabelle nur noch die erste Reihe enthalten, in der 1 Cookie Token auf 1 bitcoin abgebildet wird. Das bezeichnet das Ende des Cookie Token Beispiels, und von da an sprechen wir nur noch von Bitcoin selbst.

Tabelle 2.2 ist dein Startpunkt zum Lernen, wie Bitcoin funktioniert, was wir als Version 1.0 des Cookie Token Spreadsheet Systems bezeichnen können.

Version	Feature	Wie
NEU 1.0	Einfaches Bezahlsystem	Vertraut auf Lisas Integrität und ihre Kenntnis aller Mitarbeiter.
	Begrenzte Geldmenge	Lisa wird täglich mit 7,200 neuen CT belohnt; halbiert sich alle. vier Jahre

Tabelle 2.2: Release Notes, Cookie Tokens 1.0.

Wir werden an dieses System eine Menge cooles Zeug dranbauen und in jedem Kapitel eine neue Version freigeben. Zum Beispiel geben wir am Ende dieses Kapitels die Version 2.0 heraus, die mit digitalen Signaturen das Problem des Betrugs löst. Jedes Kapitel bringt uns näher an das Endresultat: Bitcoin. Aber sei dir bitte klar darüber, dass sich Bitcoin nicht wirklich auf diese Weise entwickelt hatte–ich benutze dieses ausgedachte System lediglich als Hilfsmittel, um jedes wichtige Thema für sich selbst isoliert zu erklären.

2.2 KRYPTOGRAFISCHE HASHFUNKTIONEN

Kryptografische Hashes werden in Bitcoin überall verwendet. Zu versuchen, Bitcoin zu lernen, ohne zu wissen, was kryptografische Hashes sind, ist wie zu versuchen Chemie zu lernen, ohne zu wissen, was ein Atom ist.

Man kann sich einen kryptografischen Hash wie einen Fingerabdruck vorstellen. Der Fingerabdruck des linken Daumens einer Person sieht immer gleich aus, egal wer oder wo man ihn nimmt, aber es ist äusserst schwierig, jemand anderen zu finden, der denselben linken Daumenabdruck hat. Der Fingerabdruck gibt keinerlei Informationen über die Person preis ausser dem Fingerabdruck selbst. Man kann von dem Fingerabdruck nicht auf die mathematischen Fähigkeiten oder die Augenfarbe der zugehörigen Person schliessen.

Digitale Informationen besitzen ebenfalls Fingerabdrücke. Einen solchen Fingerabdruck bezeichnet man als *kryptografischen Hash*. Um den kryptografischen Hash einer Datei zu erzeugen, schickst du die Datei an ein Computerprogramm namens *kryptografische Hashfunktion*. Nehmen wir einmal an, du möchtest den kryptografischen Hash–einen Fingerabdruck–von deinem Lieblings-Katzenbild erzeugen. Abbildung 2.6 illustriert diesen Vorgang.

Bits? Bytes? Hex?

Ein *Bit* ist die kleinste Informationseinheit in einem Computer. Es kann einen von zwei Werten annehmen: 0 oder 1. Wie eine Glühbirne kann es entweder an sein oder aus. Ein *Byte* ist eine Gruppe von 8 Bits, die zusammen 256 Werte repräsentieren können. Wir verwenden oft *hexadezimale* oder *Hex* Darstellung, wenn wir Zahlen in diesem Buch darstellen. Dabei wird jedes Byte als zwei Hex Ziffern dargestellt, jede im Bereich von 0–f, wobei a = 10 und f = 15 entspricht.

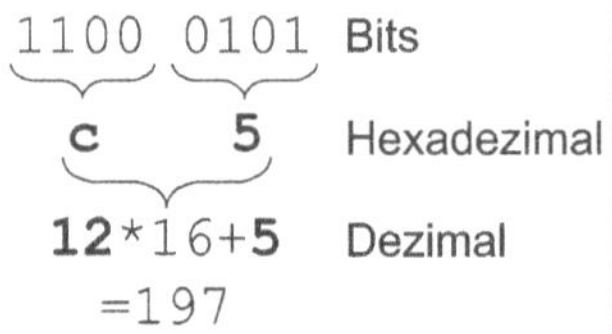

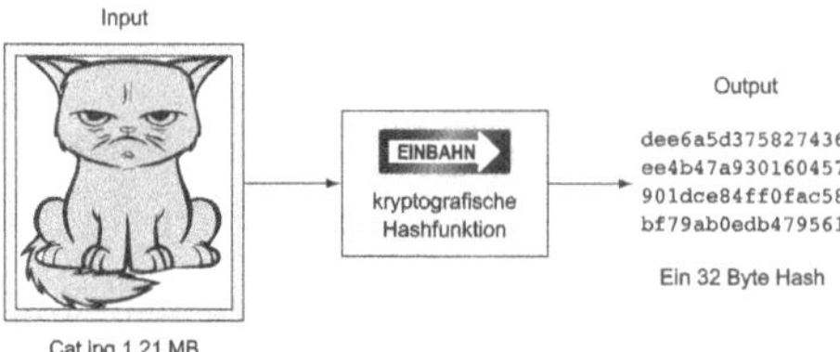

Abbildung 2.6: Erzeugen des kryptografischen Hashes von einem Katzenbild. Eingabe ist das Katzenbild und Ausgabe ist eine grosse, 32 Byte lange Zahl.

Die Ausgabe–der Hash– ist eine 256-Bit Zahl; 256 Bits entsprechen 32 Bytes weil 1 Byte aus 8 Bits besteht. Um diese Zahl in einer Datei zu speichern, wäre die Datei also 32 Bytes gross, was im Vergleich zu den 1,21 MB des Katzenbildes winzig ist. Die spezielle kryptografische Hashfunktion in diesem Beispiel heisst SHA256 (Sicherer Hash Algorithmus mit 256 Bit Ausgabe) und ist der in Bitcoin am häufigsten benutzte.

Das Wort *Hash* bedeutet eigentlich, dass etwas in kleine Stückchen gehackt oder vermengt wird. Das ist eine gute Beschreibung dessen, was eine kryptografische Hashfunktion tut. Sie nimmt das Katzenbild und vollführt eine mathematische Operation darauf. Heraus kommt eine riesige zahl–der kryptografische Hash–der nicht entfernt wie eine Katze aussieht. Man kann die Katze nicht aus dem Hash "rekonstruieren"–eine kryptografische Hashfunktion ist eine funktionale Einbahnstrasse. Abbildung 2.7 zeigt, was passiert, wenn man das Katzenbild ein bisschen abändert und es durch dieselbe Hashfunktion laufen lässt.

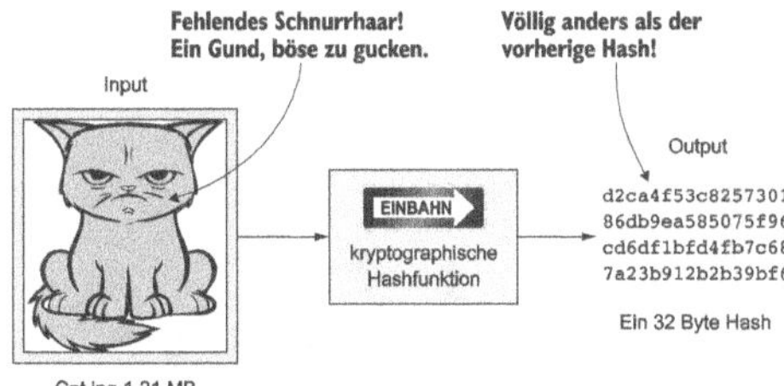

Abbildung 2.7: Hashen eines veränderten Katzenbildes. Siehst du den Unterschied? Die kryptografische Hashfunktion hat ihn jedenfalls gesehen.

Dieser IIash stellt sich als vollkommen anders heraus als der erste IIash. Vergleichen wir sie:

```
Alter Hash: dee6a5d375827436ee4b47a930160457901dce84ff0fac58bf79ab0edb479561
Neuer Hash: d2ca4f53c825730186db9ea585075f96cd6df1bfd4fb7c687a23b912b2b39bf6
```

Siehst du, wie diese winzige Änderung im Katzenbild eine riesige Änderung im Hashwert zur Folge hatte? Der Hashwert ist vollständig anders, aber die Länge des Hashes ist immer gleich, egal wie lang die Eingabedaten sind. Die Eingabe "Hello" erzeugt ebenfalls einen 256-Bit Hashwert.

2.2.1 WOZU DIENEN KRYPTOGRAFISCHE HASHFUNKTIONEN?

Wie sicher?

Es gibt zwar eine winzige Chance, dass sich das Bild geändert hat und die Hashes trotzdem übereinstimmen. Du wirst aber später sehen, dass diese Chance so winzig ist, dass du sie getrost ignorieren kannst.

Kryptografische Hashfunktionen können zur Integritätsprüfung verwendet werden, um Änderungen in Daten festzustellen. Angenommen du willst dein Lieblings-Katzenbild auf der Festplatte deines Laptops abspeichern, aber du machst dir Sorgen, dass die Datei beschädigt werden könnte. Das könnte zum Beispiel aufgrund von Festplatten Fehlern oder Hackern geschehen. Wie kannst du sichergehen, dass du eine Beschädigung der Datei feststellen kannst?

Zunächst berechnest du den kryptografischen Hash des Katzenbildes auf deiner Festplatte und schreibst ihn auf ein Blatt Papier (Abbildung 2.8).

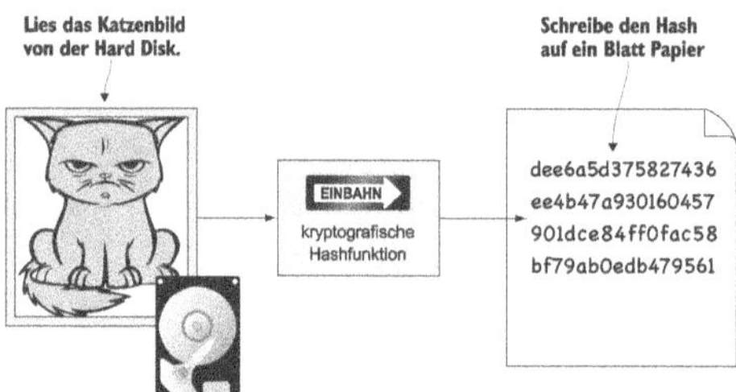

Abbildung 2.8: Sichere den Hash der Katzenbildes auf einem Blatt Papier

Später, wenn du das Bild anschauen willst, kannst du überprüfen, ob es sich geändert hat, seitdem du den Hash aufgeschrieben hast. Berechne den kryptografischen Hash des Katzenbildes erneut und vergleiche ihn mit dem, den du auf Papier hast (Abbildung 2.9).

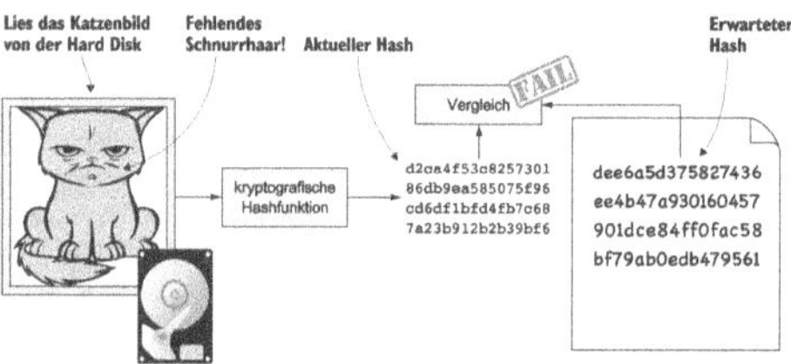

Abbildung 2.9: Überprüfe die Integrität des Katzenbildes. Du stellst eine Abweichung fest.

Wenn der neue Hash mit dem auf dem Papier übereinstimmt, kannst du sicher sein, dass das Bild unverändert ist. Auf der anderen Seite, sollten die Hashes sich unterscheiden, so hat sich das Bild definitiv geändert.

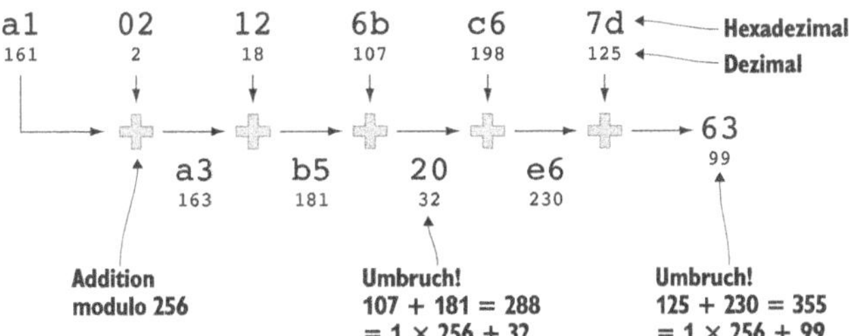

Abbildung 2.10: Simplistische Hashfunktion mit Byte-für Byte Addition modulo 256

Bitcoin verwendet kryptografische Hashfunktionen sehr ausgiebig, um zu überprüfen, dass sich Daten nicht geändert haben. Zum Beispiel wird immer ab und zu–durchschnittlich alle 10 Minuten–ein neuer Hash der gesamten Zahlungsgeschichte erzeugt. Wenn jemand versucht, diese Daten zu ändern, wird dies sofort von jedem, der die Hashes überprüft, bemerkt.

2.2.2 WIE FUNKTIONIERT EINE KRYPTOGRAFISCHE HASHFUNKTION?

Die korrekte Antwort ist komplex, also werde ich nicht tief in's Detail gehen. Aber um die Arbeitsweise einer kryptografischen Hashfunktion zu verstehen, werden wir eine sehr einfache schreiben. Nun ja, ehrlich gesagt ist sie nicht wirklich kryptografisch, wie ich später noch erklären werde. Nennen wir sie erstmal einfach eine Hashfunktion.

Angenommen du willst den Hash einer Datei mit den sechs Bytes a1 02 12 6b c6 7d berechnen. Du möchtest, dass der Hash eine 1 Byte lange Zahl ist (8 Bits) Du benutzt eine Hashfunktion, die die *Addition modulo 256* benutzt, was bedeutet, sie bricht beim Wert von 256 um und fängt wieder bei 0 an, sobald das Ergebnis einer Addition den Wert 256 überschreitet (Abbildung 2.10).

Das Ergebnis ist die Dezimalzahl 99. Was sagt 99 über die Eingabedaten a1 02 12 6b c6 7d aus? Nicht viel; 99 sieht genauso zufällig aus wie jede andere zufällige Zahl.

Wenn du die Eingabedaten änderst, ändert sich auch der Hashwert, obwohl es möglich ist, dass der Hash trotzdem zufällig 99 ergibt. Schliesslich hat diese Hashfunktion nur 256 verschiedene mögliche Ergebnisse. Mit echten kryptografischen Hashfunktionen wie der, die wir für das Katzenbild benutzt hatten, ist diese Wahrscheinlichkeit unvorstellbar klein. Du wirst bald eine Idee von dieser Wahrscheinlichkeit bekommen.

Modulo

Modulo bedeutet umbrechen, wenn eine Berechnung einen bestimmten Wert überschreitet. Zum Beispiel::

0 mod 256 = 0 255 mod 256 = 255 256 mod 256 = 0 257 mod 256 = 1 258 mod 256 = 2

258 mod 256 ist der Rest der Integerdivision 258/256: $258 = 1 \times 256 + 2$. Der Rest beträgt 2.

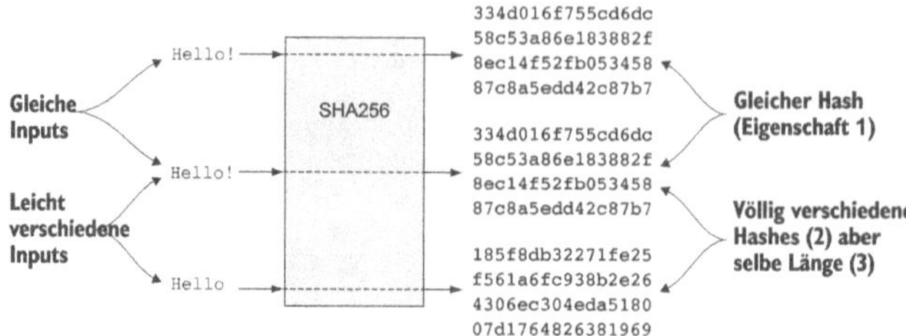

Abbildung 2.11: Eine kryptografische Hashfunktion, SHA256, in Aktion. Die Eingabe "Hello!" gibt dir jedesmal denselben Hash, aber der leicht veränderte Input "Hello" ergibt einen völlig anderen Output.

2.2.3 EIGENSCHAFTEN EINER KRYPTOGRAFISCHEN HASHFUNKTION

Eine kryptografische Hashfunktion nimmt beliebige Eingabedaten, das sogenannte *Pre-Image*, und erzeugt daraus eine Ausgabe von fester Länge, die als *Hash* bezeichnet wird. In dem Beispiel mit dem Katzenbild auf deiner Festplatte ist das Pre-Image das Katzenbild von 1,21 MB und der Hash ist eine 256 Bit lange Zahl. Die Funktion liefert jedesmal genau denselben Hash für dasselbe Pre-Image. Aber mit allerhöchster Wahrscheinlichkeit wird sie einen vollkommen anderen Wert ergeben, wenn auch nur die winzigste Änderung am Pre-Image stattgefunden hat. Der Hash wird gemeinhin auch als *Digest*, also Kurzfassung, bezeichnet.

Schauen wir uns an, welche Eigenschaften wir von einer kryptografischen Hashfunktion erwarten können. Ich illustriere das anhand der Funktion SHA256, weil diese in Bitcoin am meisten verwendet wird. Mehrere kryptografische Hashfunktionen sind verfügbar, aber sie besitzen alle dieselben grundlegenden Eigenschaften:

1. **Gleiche Eingabedaten erzeugen den gleichen Hash.**

2. **Leicht unterschiedliche Eingabedaten erzeugen sehr unterschiedliche Hashes.**

3. **Der Hash hat stets eine feste Länge. Bei SHA256 sind dies 256 Bits.**

4. **Die Holzhammermethode Trial-and-Error ist der einzige bekannte Weg, einen Input zu finden, der einen bestimmten Hash erzeugt.**

Abbildung 2.11 illustriert die ersten drei Eigenschaften. Die vierte Eigenschaft einer kryptografischen Hashfunktion ist das, was sie *kryptografisch* macht, und das bedarf einer gewissen Erläuterung. Es gibt einige Varianten der vierten Eigenschaft, von denen alle für kryptografische Hashfunktionen wünschenswert sind (Abbildung 2.12):

Kollisionsresistenz – Du hast nur die vorliegende kryptografische Hashfunktion. Es ist schwer, zwei *verschiedene* Inputs zu finden, die *denselben Hash ergeben.*

Pre-Image Resistenz – Du hast die Hash Funktion und den Hash. Es ist schwierig, ein Pre-Image zu dem Hash zu finden.

Zweit-Pre-Image-Resistenz – Du hast eine Hashfunktion und ein Pre-Image (und damit auch den Hash des Pre-Images). Es ist schwer, ein *weiteres Pre-Image zu diesem Hash* zu finden.

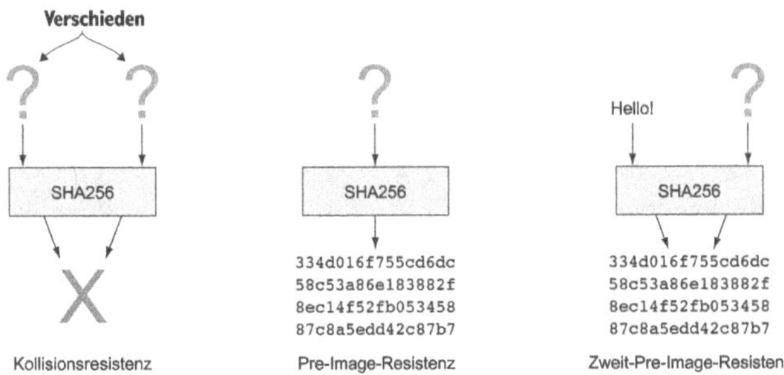

Abbildung 2.12: Verschiedene wünschenswerte Eigenschaften kryptografischer Hashfunktionen. Für Kollisionsresistenz kann X beliebig sein, solange wie die beiden *unterschiedlichen* Inputs denselben Output X ergeben.

2.2.4 Illustration von "schwierig"

Der Term *schwierig* bedeutet in diesem Zusammenhang astronomisch schwierig. Es wäre albern, es überhaupt zu versuchen. Wir betrachten Zweit-Pre-Image-Resistenz als Beispiel dafür, was *schwierig* bedeutet, aber ein ähnliches Beispiel kann für jede der drei Varianten aufgestellt werden.

Angenommen du willst einen Input für SHA256 finden, der zu demselben Hash führt wie der Input "Hello!":

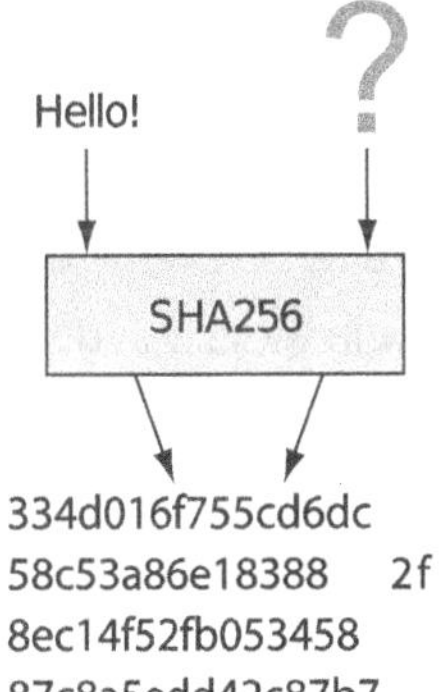


```
334d016f755cd6dc58c53a86e183882f8ec14f52fb05345887c8a5edd42c87b7
```

Du kannst ja nicht den Input "Hello!" einfach so geringfügig verändern, dass die Hashfunktion das nicht bemerkt. Sie *wird* es bemerken und der

Output wird ein vollständig anderer Hash sein. Der einzige Weg, einen anderen Input als "Hello!" zu finden, der den Hash `334d016f...d42c87b7` erzeugt, ist, verschiedene Inputs durchzuprobieren und immer wieder zu prüfen, ob der richtige Hash dabei herauskommt. Probieren wir es mal mit Tabelle 2.3.

Input	Hash	Erfolg?
Hello1!	82642dd9...2e366e64	Nö
Hello2!	493cb8b9...83ba14f8	Nö
Hello3!	90488e86...64530bae	Nö
...	...	Nö, nö, ..., nö
Hello9998!	cf0bc6de...e6b0caa4	Nö
Hello9999!	df82680f...ef9bc235	Nö
Hello10000!	466a7662...ce77859c	Nö
	dee6a5d3...db479561	Nö
Meine gesamte Musiksammlung	a5bcb2d9...9c143f7a	Nö

Tabelle 2.3: Einen Input mit demselben Hash wie "Hello!" zu finden, ist nahezu unmöglich.

Wie gross ist 2^{256}?

2^{256} ist etwa 10^{77}, was etwa der Anzahl Atome im Universum entspricht. Ein Pre-Image zu einem SHA256-Hash zu finden ist, wie ein Atom im Universum auszusuchen und zu hoffen, dass es das richtige ist.

Wie du siehst, sind wir nicht sonderlich erfolgreich. Denk mal, wie lange ein Desktop Computer brauchen würde, um einen solchen Input zu finden. Er kann ungefähr 60 Millionen Hashes pro Sekunde berechnen, und die erwartete Anzahl Versuche, um eine Lösung zu finden, beträgt 2^{255}. Das Ergebnis ist $2^{255}/(60 \times 10^6)s \approx 10^{68}s \approx 3 \times 10^{61}$ Jahre, oder etwa 30,000,000,000,000,000,000,000,000,000,000,000,000,000,000,000,000,000,000,000, 000,000,000 Jahre.

Ich glaube wir können aufhören, es zu versuchen, oder? Ich glaube nicht, dass es helfen würde, einen schnelleren Computer zu kaufen. Selbst wenn wir 1 Billion Computer hätten und sie alle gleichzeitig laufen würden, würde es noch 3×10^{49} Jahre dauern.

Pre-Image-Resistenz, Zweit-Pre-Image-Resistenz und Kollisionsresistenz sind in Bitcoin extrem wichtig. Der Grossteil von Bitcoins Sicherheit beruht auf diesen Eigenschaften.

2.2.5 Einige wohlbekannte Hashfunktionen

Tabelle 2.4 zeigt verschiedene kryptografische Hashfunktionen. Einige gelten als nicht kryptografisch sicher.

Name	Bits	Bisher sicher?	In Bitcoin verwendet?
SHA256	256	Ja	Ja
SHA512	512	Ja	Ja, in manchen Wallets
RIPEMD160	160	Ja	Ja
SHA-1	160	Nein. Eine Kollision ist bekannt.	Nein
MD5	128	Nein. Kollisionen können einfach erzeugt werden. Der Algorithmus ist auch empfänglich für Pre-Image-Attacken, allerdings nicht für triviale.	Nein

Tabelle 2.4: Ein paar kryptografische Hashfunktionen. Einige der älteren gelten als unsicher.

Ganz allgemein, wenn eine einzige Kollision in einer kryptografischen Hashfunktion entdeckt wurde, werden die meisten Kryptografen diese Funktion als unsicher betrachten.

2.2.6 Zusammenfassung über kryptografische Hashes

Eine kryptografische Hashfunktion ist ein Computerprogramm, das beliebige Daten als Input nimmt und eine grosse Zahl berechnet–einen kryptografischen Hash–, der aus dem Input hervorgeht.

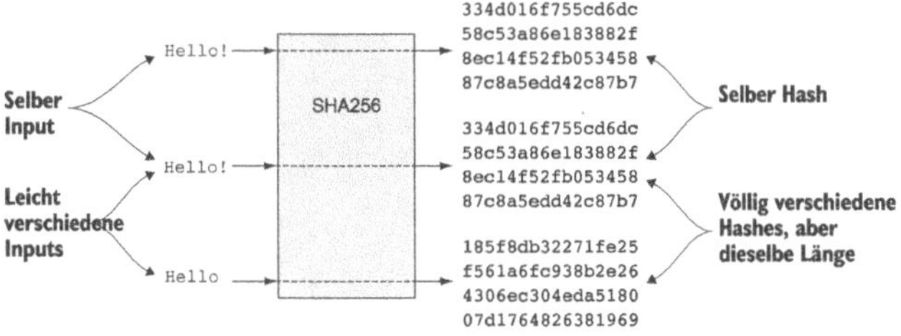

Es ist astronomisch schwierig, einen Input zu finden, der zu einem bestimmten Output führt. Deswegen nennen wir sie *Einbahnfunktionen*. Man

Doppel-SHA256

Wir benutzen in Bitcoin am häufigsten Doppel-SHA256:

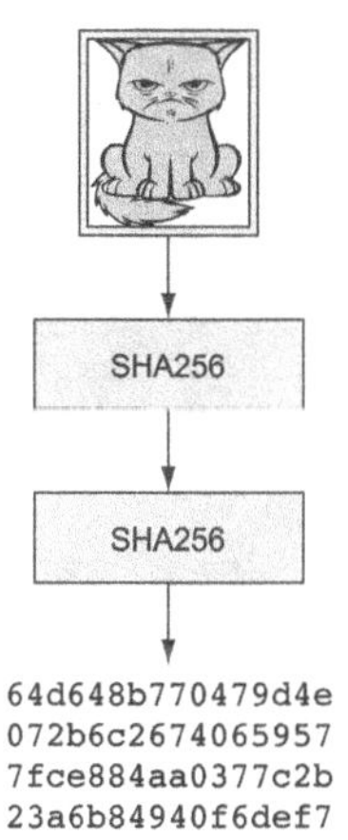

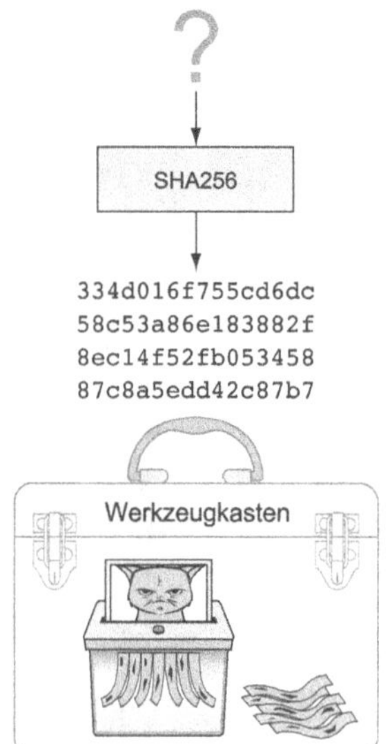

muss immer wieder mit unterschiedlichen Inputs probieren.

Wir diskutieren wichtige Themen im ganzen Buch. Wenn du ein bestimmtes Thema gelernt hast, wie kryptografische Hashfunktionen, dann kannst du dieses Werkzeug für später in deine Werkzeugkiste legen. Dein erstes Werkzeug sind kryptografische Hashfunktionen, die hier durch einen Papierschredder dargestellt werden; der kryptografische Hash wird als ein Haufen Papierstreifen dargestellt.

Von nun an werden wir diese Werkzeug-Icons benutzen, um kryptografische Hashfunktionen und kryptografische Hashes darzustellen, mit wenigen Ausnahmen.

2.2.7 ÜBUNGEN

2.2.7.1 WÄRM DICH AUF

2.1 Aus wie vielen Bits besteht der Output von SHA256?

2.2 Aus wie vielen Bytes besteht der Output von SHA256?

2.3 Was benötigt man, um den kryptografischen Hash des Textes "hash me" zu berechnen?

2.4 Was sind die dezimalen und binären Darstellungen des hexadezimalen Datums `061a`?

2.5 Kannst du tatsächlich den Text "cat" so abändern, dass der geänderte Text denselben kryptografischen Hash erhält wie "cat"?

2.2.7.2 GRABE TIEFER

2.6 Die simplistische Hashfunktion aus Abschnitt 2.2.2, für dich nochmals wie folgt wiederholt, ist keine *kryptografische* Hashfunktion. Welche der vier Eigenschaften einer kryptografischen Hashfunktion fehlt ihr?

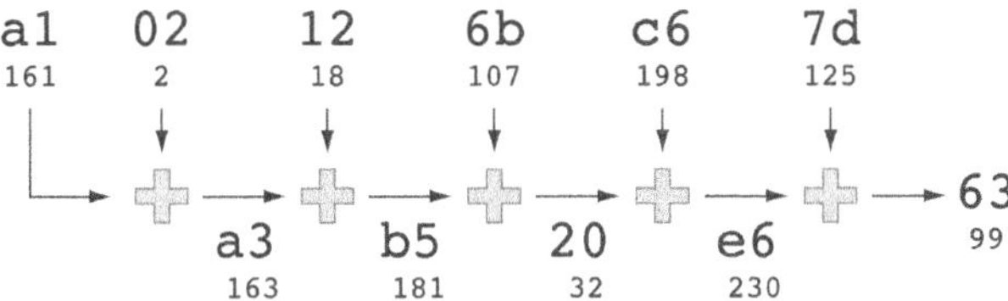

Die vier Eigenschaften ebenfalls nochmal wiederholt:

1 Gleiche Eingabedaten erzeugen den gleichen Hash.

2 Leicht unterschiedliche Eingabedaten erzeugen sehr unterschiedliche Hashes.

3 Der Hash hat stets eine feste Länge. Bei SHA256 sind dies 256 Bits.

4 Die Holzhammermethode Trial-and-Error ist der einzige bekannte Weg, einen Input zu finden, der einen bestimmten Hash erzeugt.

2.7 Gehen wir zurück zu dem Beispiel, wo du ein Katzenbild auf deiner Festplatte hattest und den kryptografischen Hash des Bildes auf ein Blatt Papier geschrieben hast. Angenommen, jemand wollte das Katzenbild auf deiner Festplatte verändern, ohne dass du es merkst. Welche Variante der vierten Eigenschaft ist wichtig, um den Angreifer am Erfolg zu hindern?

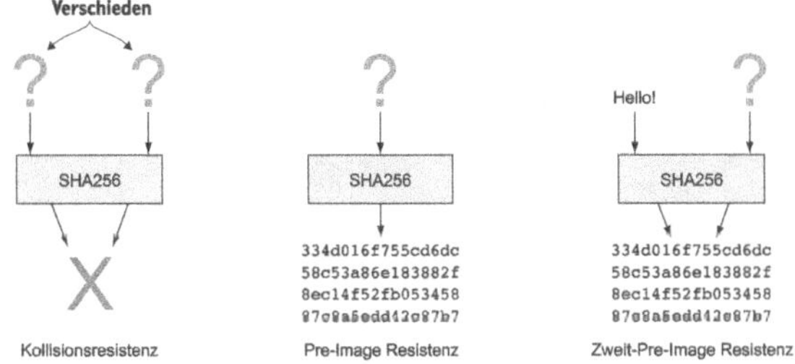

2.3 DIGITALE SIGNATUREN

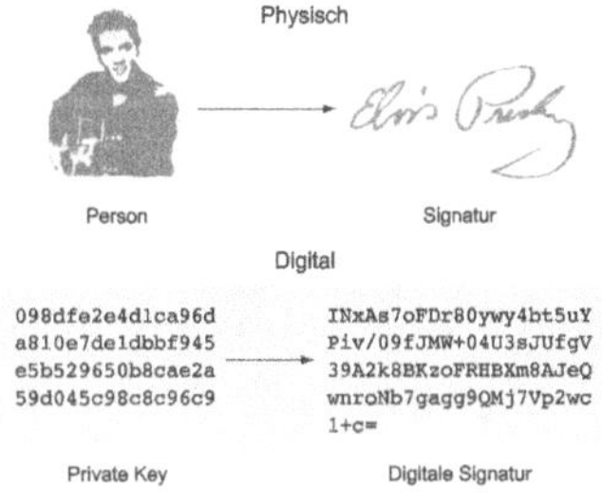

In diesem Abschnitt untersuchen wir, wie man jemandem beweisen kann, dass man eine Zahlung genehmigt. Um das zu tun, benutzen wir *digitale Signaturen*. Eine digitale Signatur ist das digitale Gegenstück zu einer handschriftlichen Unterschrift. Der Unterschied besteht darin, dass die handschriftliche Signatur an eine Person gebunden ist, während eine digitale Signatur an eine Zufallszahl gebunden ist, die *privater Schlüssel* genannt wird. Eine digitale Signatur ist ungleich schwieriger zu fälschen als eine manuelle Unterschrift.

2.3.1 TYPISCHE VERWENDUNG DIGITALER SIGNATUREN

Angenommen, du willst dein Lieblings-Katzenbild per Email deinem Freund Fred schicken, vermutest aber, dass das Bild, auf bösartige oder anderweitige Weise, auf dem Weg dorthin verändert werden könnte. Wie könnten Fred und du sicherstellen, dass das Bild, das Fred erhält, genau das ist, das du weggeschickt hast?

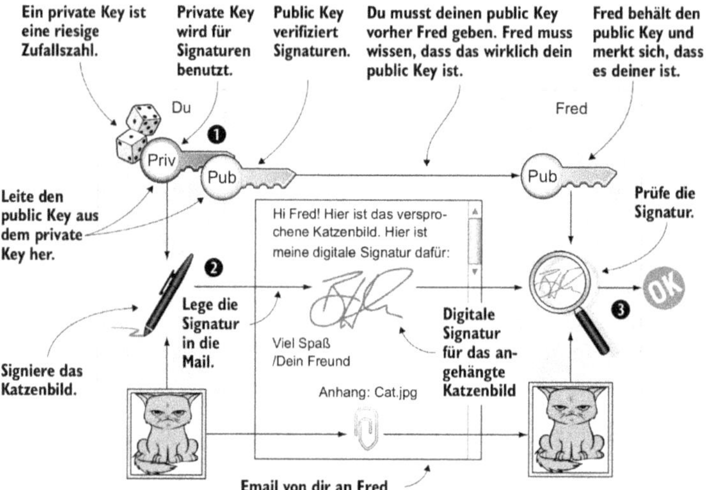

Abbildung 2.13: Du schickst ein digital signiertes Katzenbild an Fred. Fred überprüft die Signatur, um sicherzustellen, dass er dasselbe Katzenbild bekommen hat wie das, das du signiert hast.

Du kannst in der Email eine digitale Signatur des Katzenbildes mitschicken. Fred kann dann diese digitale Signatur verifizieren, um sicherzustellen, dass das Bild authentisch ist. Dies geschieht in drei verschiedenen Phasen, wie in Abbildung 2.13 dargestellt.

Schritt 1 ist die *Vorbereitung*. Du erzeugst eine Zufallszahl: den privaten Schlüssel oder *private Key*. Diesen benutzt du, um digitale Signaturen zu erstellen. Dann erzeugst du einen *öffentlichen Schlüssel* oder *public Key*, der dazu verwendet wird, die digitale Signatur zu überprüfen, die der private Key erzeugt hat. Der public Key wird aus dem private Key *berechnet*. Du übergibst Fred den public Key persönlich, damit Fred sicher sein kann, dass es wirklich dein public Key ist.

Schritt 2 ist die *Signatur*. Du schreibst eine Email an Fred und hängst das Katzenbild an. Du benutzt ausserdem deinen private Key und das Katzenbild, um das Katzenbild digital zu signieren. Das Ergebnis ist eine

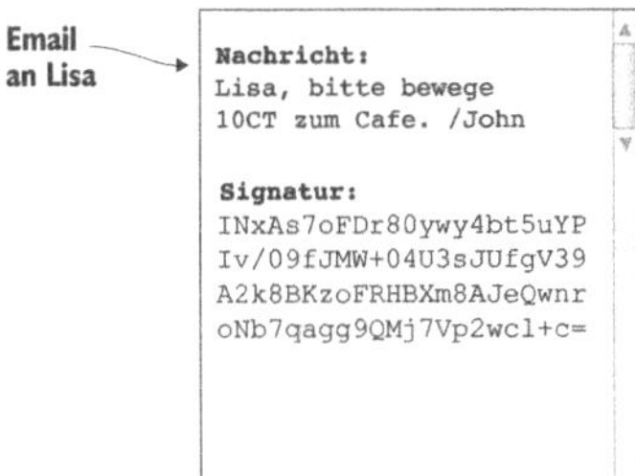

Abbildung 2.14: John muss seine Zahlungsanforderung digital signieren und die Signatur in der Email mitschicken.

digitale Signatur, die du der Email Nachricht beifügst. Danach sendest du die Email an Fred.

Schritt 3 ist die *Verifikation*. Fred bekommt deine Mail, aber er macht sich Sorgen um die Echtheit des Bildes, also möchte er die Signatur überprüfen, oder verifizieren. Er verwendet den public Key, den er in Schritt 1 von dir bekommen hatte, die digitale Signatur in der Mail, und das angehängte Katzenbild. Wenn die Signatur oder das Katzenbild seit Erstellung der Signatur verändert wurde, dann scheitert die Überprüfung.

2.3.2 Verbesserung der Sicherheit der Cookie Tokens

Es ist Zeit, auf unser Cookie Token Spreadsheet zurückzukommen. Die Firma wächst, und Lisa fällt es schwer, sich jeden Mitarbeiter zu merken. Ausserdem merkt sie, dass nicht jeder ehrlich ist. Zum Beispiel behauptet Mallory, Anne zu sein und Lisa dazu zu bringen, Cookie Tokens von Anne an das Café zu schicken, anstatt von Mallory. Lisa kommt auf die Idee, von jedem zu verlangen, alle Cookie Token Transfers digital zu signieren, indem sie eine Nachricht schreiben und dessen Signatur mit der Email mitschicken, wie in Abbildung 2.14 dargestellt.

Angenommen, John ist der neue Mitarbeiter im Büro. Die Firma hat ihm als Willkommensgeschenk einige Cookie Tokens gegeben, als er anfing. Nun möchte John im Café einen Keks für 10 CT kaufen. Er muss den Cookie Token Transfer digital signieren. Abbildung 2.15 zeigt, was er dafür tun muss.

Genau wie mit der Mail von Fred im vorigen Abschnitt besteht auch dieser Vorgang aus drei Phasen (vergleiche mit den Schritten in Abbildung 2.13, um die Ähnlichkeiten zu erkennen):

> **Wiederholte Nutzung von Schlüsselpaaren**
>
> Ein Schlüsselpaar wird einmal erzeugt. Derselbe private Key kann mehrmals benutzt werden, um Dinge digital zu signieren.

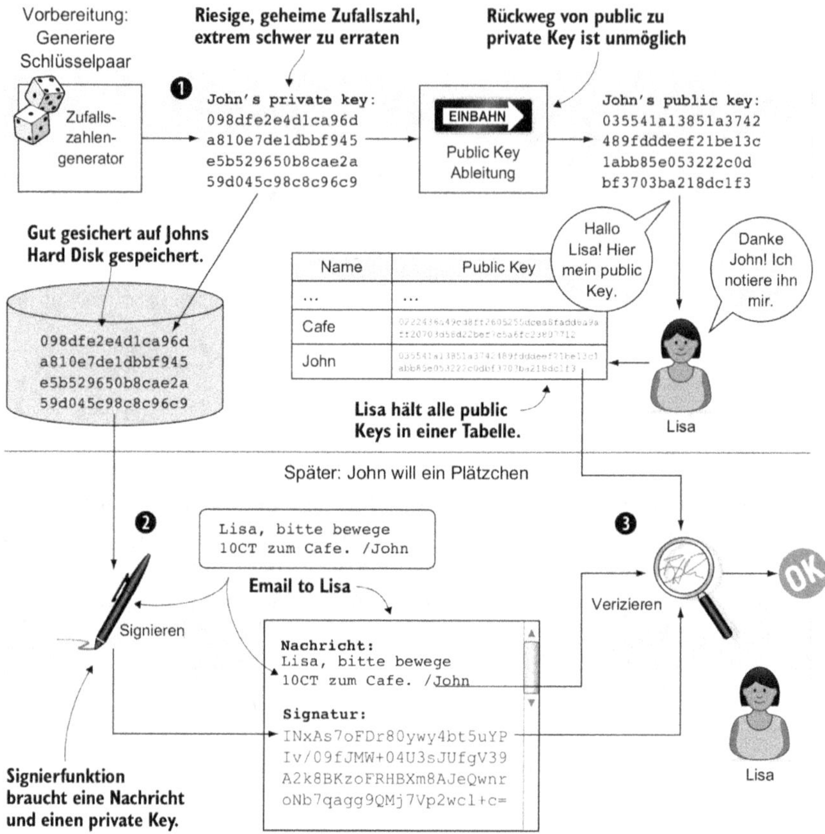

Abbildung 2.15: Der digitale Signiervorgang. 1. John erzeugt ein Schlüsselpaar und gibt Lisa den public Key. 2. John signiert eine Nachricht mit dem private Key. 3. Lisa überprüft, dass die Nachricht mit dem private Key signiert wurde, der zu dem public Key gehört, den sie von John bekommen hatte.

1. John bereitet sich vor, indem er ein Schlüsselpaar erzeugt. John verwahrt den private Key sicher und reicht Lisa den public Key. Dies ist ein einmaliger Vorgang zur Vorbereitung.

2. John möchte einen Keks. Er schreibt eine Nachricht und signiert sie mit seinem private Key. Er schickt die Nachricht und die digitale Signatur in einer Mail an Lisa.

3. Lisa verifiziert die Signatur der Nachricht mit Hilfe von Johns public Key und aktualisiert das Spreadsheet.

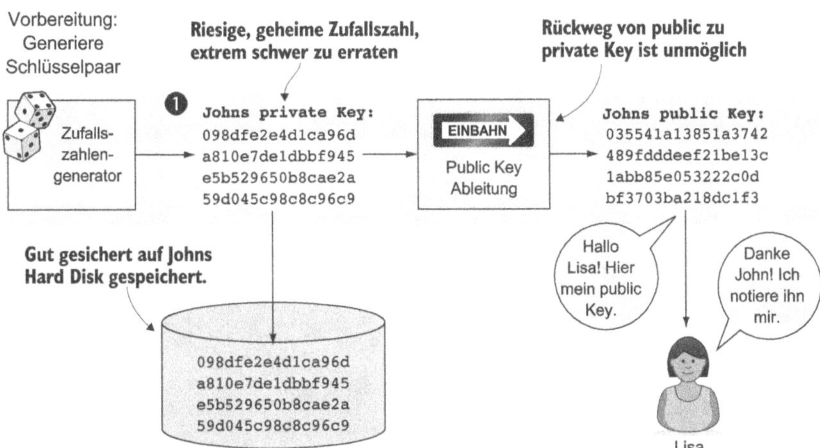

Abbildung 2.16: John erzeugt ein Schlüsselpaar. Der private Key is eine riesige Zufallszahl, und der public Key wird von dieser Zufallszahl abgeleitet. John speichert den private Key auf seiner Festplatte und gibt Lisa den public Key.

2.3.3 VORBEREITUNG: JOHN GENERIERT EIN SCHLÜSSELPAAR.

Die Signier- und Prüfvorgänge basieren auf einem Schlüsselpaar. John benutzt einen private Key, um die Zahlung zu signieren, und Lisa braucht Johns public Key, um die Signatur zu verifizieren. John muss das vorbereiten, indem er ein Schlüsselpaar erstellt. Er tut dies, indem er zunächst einen private Key erzeugt und dann daraus dessen public Key berechnet, wie in Abbildung 2.16 zu sehen ist.

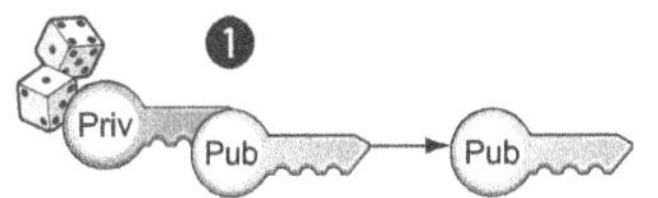

John will einen Zufallszahlengenerator benutzen, um eine riesige, 256 Bit lange Zahl zu erzeugen. Ein Zufallszahlengenerator ist Teil praktisch jedes Betriebssystems. Die Zufallszahl ist Johns private Key. Der private Key wird dann mittels einer Ableitungsfunktion zum public Key umgeformt.

Die Public Key Ableitung ist eine Einbahnstrassenfunktion, ebenso wie kryptografische Hashfunktionen. Man kann den private Key nicht aus dem public Key herleiten. Die Sicherheit von digitalen Signaturen hängt wesentlich von dieser Eigenschaft ab. Auch erzeugen mehrere Durchläufe des private Key durch die Ableitungsfunktion stets denselben public Key.

Der public Key ist 33 Bytes (66 Hexziffern) lang. Das ist länger als der private Key, der 32 Bytes (64 Hexziffern) lang ist. Der Grund für dieses zusätzliche Byte und wie die public Key Ableitung funktioniert ist ein schwieriges Thema, das in Kapitel 4 behandelt wird. Glücklicherweise muss man kein Kryptografie-Experte sein, um zu verstehen, wie digitale

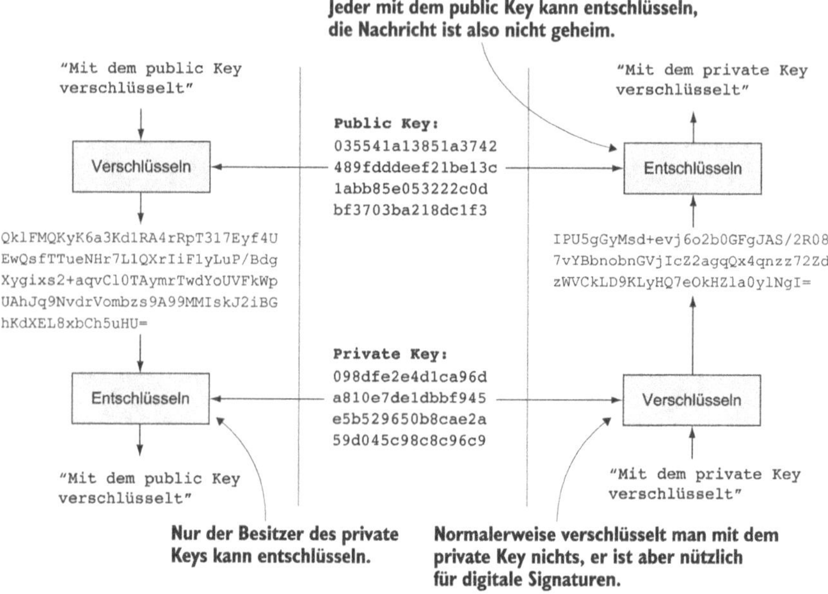

Abbildung 2.17: Ver- und Entschlüsselung mit public und private Keys. Links: Verschlüsseln mit dem public Key und Entschlüsseln mit dem private Key. Rechts: Verschlüsseln mit dem private Key und Entschlüsseln mit dem public Key.

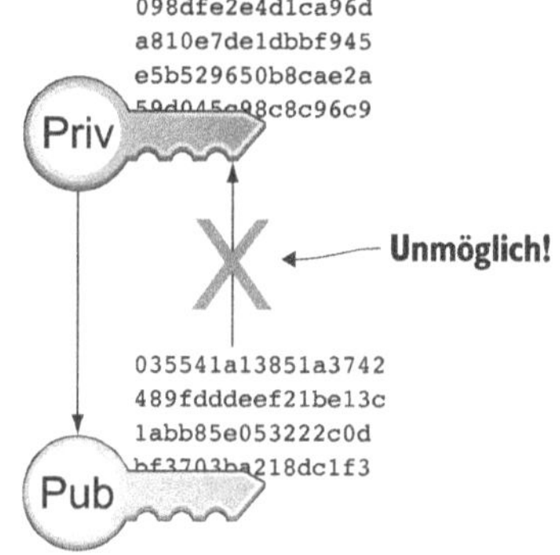

Wir benutzen die rechte Seite von Abbildung 2.17, um digitale Signaturen zu erstellen. Die linke Seite werden wir im gesamten Buch nicht benutzen.

Signaturen aus Benutzersicht funktionieren.

2.3.3.1 ZWEI ARTEN, EIN SCHLÜSSELPAAR ZU VERWENDEN

Schlüssel werden zum Ver- und Entschlüsseln von Daten benutzt. Mit Verschlüsselung macht man Daten für alle unlesbar ausser für diejenigen, die den richtigen Entschlüsselungs-Key besitzen.

Man kann sich private und public Keys als Paare vorstellen, weil sie eine starke Beziehung zueinander haben: der public Key kann benutzt werden um Nachrichten so zu verschlüsseln, dass sie nur mit dem private Key entschlüsselt werden können, und mit dem private Key kann man Nachrichten so verschlüsseln, dass sie nur mit dem public Key entschlüsselt werden können (Abbildung 2.17).

Gemäss der linken Seite von Abbildung 2.17 würde nur John die verschlüsselte Nachricht lesen können, weil nur er Zugriff auf den private Key hat. Bitcoin benutzt diese Eigenschaft von public und private Key überhaupt nicht. Es wird verwendet, wenn zwei Parteien abhörsicher miteinander kommunizieren wollen, so wie du es beim Online Banking tust. Wenn man das kleine Vorhängeschloss in der Adresszeile des Webbrowsers sieht, dann weiss man, dass der auf der linken Seite der Grafik gezeigte Prozess benutzt wird, um die Kommunikation abhörsicher zu machen.

Folgt man der rechten Seite der Grafik, so kann Lisa die Nachricht entschlüsseln, weil sie den public Key zu John's private Key besitzt. Dieses Feature wird für digitale Signaturen benutzt. Den private Key zum Verschlüsseln geheimer Nachrichten zu benutzen, ist keine gute Idee, denn der public Key ist, naja, öffentlich. Jeder mit dem public Key kann die Nachricht entschlüsseln. Digitale Signaturen andererseits benötigen keine geheimen Nachrichten. Wir gehen später tiefer auf digitale Signaturen ein. Aber zunächst eine kurze Zusammenfassung und Orientierung.

2.3.4 ZUSAMMENFASSUNG ZU SCHLÜSSELPAAREN

Fassen wir zusammen, was wir über public und private Keys gelernt haben. Man erzeugt ein Schlüsselpaar, indem man zunächst einen private Key generiert. Der private Key ist eine riesige, geheime Zufallszahl. Der public Key wird dann aus dem private Key berechnet.

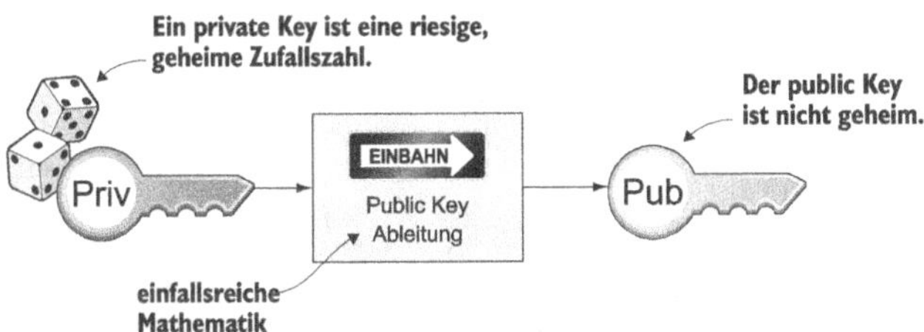

Man kann den private Key zum Verschlüsseln einer Nachricht benutzen, die nur mit dem public Key entschlüsselt werden kann.

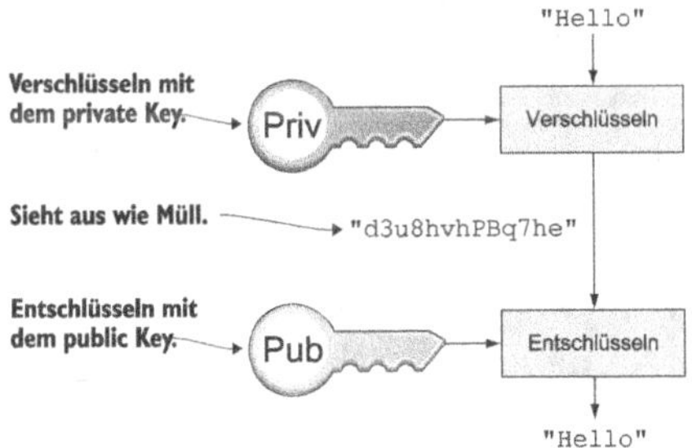

Die Ver- und Entschlüsselung in diesem Bild sind die Grundlage für digitale Signaturen. Dieser Prozess ist *ungeeignet* zum Versenden geheimer Nachrichten, da der public Key normalerweise allgemein bekannt ist.

Der umgekehrte Prozess ist ebenfalls häufig, wobei der public Key zum Verschlüsseln und der private Key zum Entschlüsseln verwendet wird. Dieser Prozess wird zum Versenden geheimer Nachrichten verwendet. Bitcoin benutzt ihn nicht.

2.3.5 WO WAREN WIR?

Digitale Signaturen wurden in Kapitel 1 kurz erwähnt, wo Alice ihre Bitcoin Transaktion von 1 BTC an Bob mit ihrem private Key signiert hatte (Abbildung 2.18).

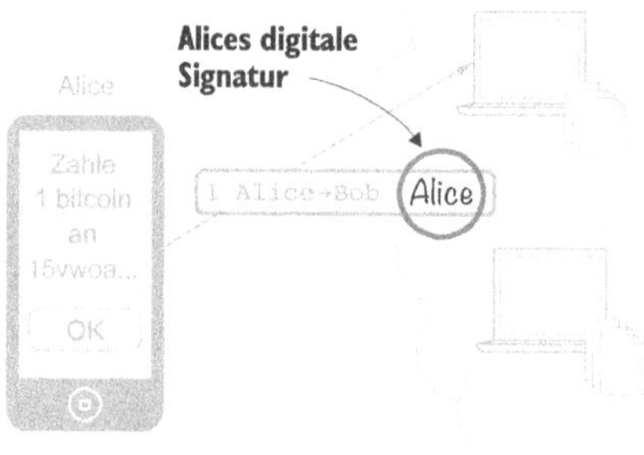

Abbildung 2.18: Digitale Signaturen in Bitcoin.

John hat ein Schlüsselpaar erzeugt und ist dabei, seine Zahlung an das Café mit seinem private Key digital zu signieren, damit Lisa überprüfen kann, dass die Zahlung tatsächlich von John beauftragt wird. Lisa verifiziert dies anhand von John's public Key.

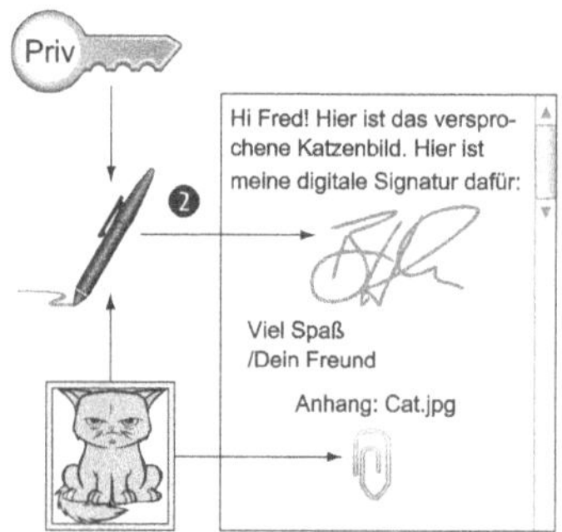

2.3.6 JOHN SIGNIERT SEINE ZAHLUNG

Schauen wir uns an, wie das Signieren tatsächlich vonstatten geht (Abbildung 2.19).

Die Nachricht, die John signieren will, lautet: "Lisa, please move 10CT to Café. /John". Die Signaturfunktion hasht diese Nachricht mittels SHA256, was als Output eine 256 Bit lange Zahl ergibt. Dieser Hash wird dann mit John's private Key verschlüsselt. Das Ergebnis ist eine digitale Signatur, die so aussieht:

```
INxAs7oFDr80ywy4bt5uYPIv/09fJMW+04U3sJUfgV39
```

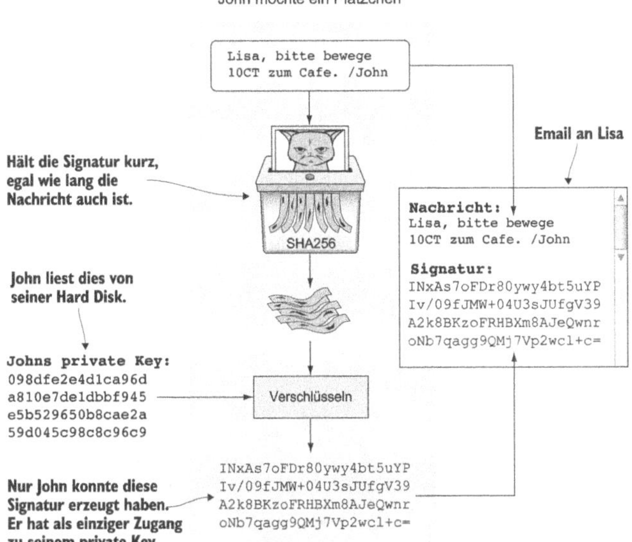

Abbildung 2.19: John signiert digital den Transfer von 10 CT an das Café. Die Nachricht an Lisa wird zunächst gehasht und anschliessend mit John's private Key verschlüsselt. Die Mail an Lisa enthält sowohl die Nachricht im Klartext als auch die Signatur.

```
A2k8BKzoFRHBXm8AJeQwnroNb7qagg9QMj7Vp2wcl+c=
```

Die Signatur ist ein verschlüsselter Hash der Nachricht. Hätte John einen anderen private Key zum Signieren benutzt, oder eine etwas andere Nachricht, so hätte die Signatur vollkommen anders ausgesehen.

Zum Beispiel würde die Input Nachricht "Lisa, please move 10CT to Mallory. /John" folgende Signatur erzeugen:

```
ILDtL+AVMmOrcrvCRwnsJUJUtzedNkSoLb7OLRoH2iaD
G1f2WX1dAOTYkszR1zOTfTVIVwdAlDOW7B2hBTAzFkk=
```

Das ähnelt nicht entfernt der vorigen Signatur. Das ist gut für John, denn er weiss, dass seine Signatur nicht für andere Nachrichten benutzt werden kann als seine eigene.

John hat eine Mail an Lisa erstellt. Diese Mail enthält eine Nachricht und die Signatur dieser Nachricht. John beendet den Vorgang mit dem Senden der Mail an Lisa.

Signaturen in Bitcoin

Bitcoin benutzt diese Art von Signatur heute für die meisten Zahlungen, aber dies ist nicht der einzige Weg, Zahlungen zu authentisieren.

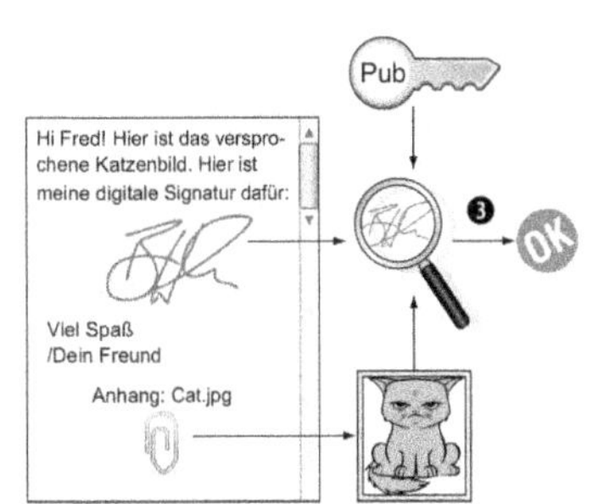

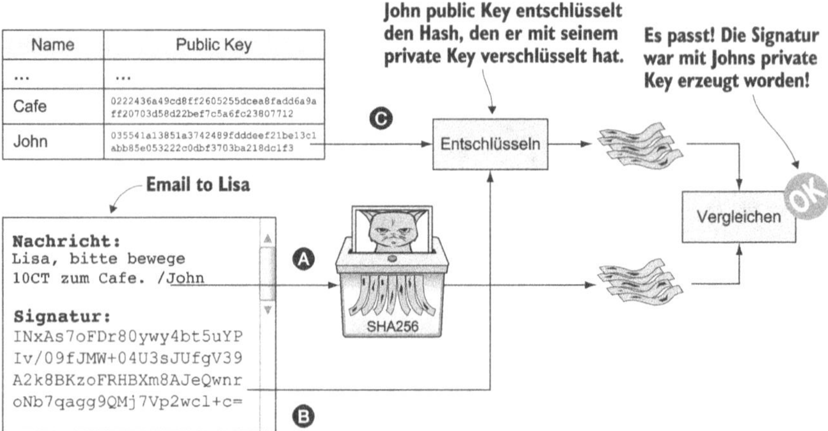

Abbildung 2.20: Lisa benutzt die Nachricht (A), die Signatur (B), und Johns spezifischen public Key (C), um zu verifizieren, dass die nachricht mit Johns private Key signiert wurde.

2.3.7 LISA VERIFIZIERT DIE SIGNATUR

Lisa schaut in die Mail und sieht, dass sie angeblich von John ist, also sucht sie in der Liste ihrer public Keys nach John (Abbildung 2.20).

Lisa versucht in dieser Grafik festzustellen, dass der Cookie Token Transfer mit dem private Key signiert wurde, mit dem es vorgibt, signiert worden zu sein. Die Nachricht *sagt* sie komme von John. Sie hatte Johns public Key neulich erhalten und ihn in ihre Tabelle der public Keys eingetragen. Die Dinge, die sie zur Verfügung hat, sind

1. Die Nachricht "Lisa, please move 10CT to Café. /John" B. Die Signatur `INxAs7oFDr8...` C. John's public Key, den sie gerade in der Tabelle nachgeschaut hat.

John hat den Hash der Nachricht mit seinem *private* Key verschlüsselt. Dieser verschlüsselte Hash ist die Signatur. Wenn Lisa die Signatur (B) mit Johns *public* Key (C) entschlüsselt, dann sollte das Ergebnis ein Hash sein, der mit dem Hash der Nachricht (A) in der Mail identisch ist.

Lisa nimmt die Signatur (B) und entschlüsselt sie mit dem public Key (C), den sie in ihrer Tabelle mit public Key nachgeschaut hat. Die Entschlüsselung ergibt eine grosse Zahl. Wenn diese Zahl mit dem Hash der Nachricht (A) übereinstimmt, so beweist dies, dass Johns private Key zum

Eine Signatur ist ein verschlüsselter Hash

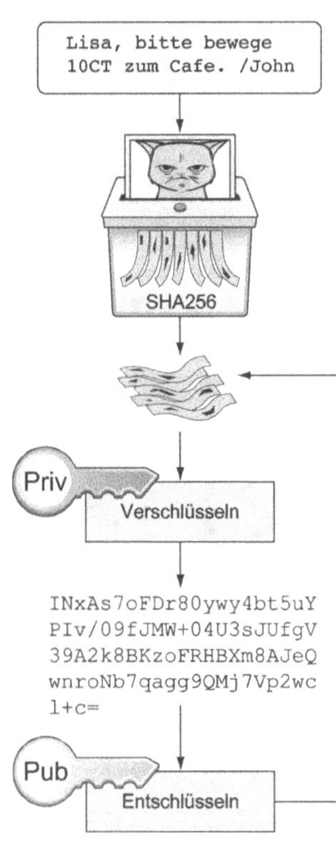

VON	AN	BETRAG CT
...	...	...
Firma	John	100
John	Cafe	10

Neue Zeile! John hat den Transfer signiert und Lisa hat ihn geprüft. Sie checkt sein Saldo und hängt den Transfer an das Spreadsheet an.

Abbildung 2.21: Lisa hat eine Zeile für Johns Cookie Token Transfer hinzugefügt, nachdem sie die Signatur von Johns Nachricht geprüft hat.

Signieren der Nachricht benutzt worden war. Lisa nimmt die Nachricht (A), genauso wie sie da steht, und hasht sie ebenso wie John das getan hat, als er die Signatur erstellte. Dieser Nachrichten-Hash wird dann mit der entschlüsselten Signatur verglichen. Der Nachrichten-Hash und die entschlüsselte Signatur sind identisch, also ist die Signatur gültig.

Wohlgemerkt funktioniert dieser Prozess nur, wenn John und Lisa dasselbe Signaturverfahren benutzen. Darauf müssen sie sich vorher geeinigt haben, aber es ist normalerweise standardisiert. In Bitcoin weiss jeder, welches Signaturverfahren zu verwenden ist.

Lisa kann jetzt sicher sein, dass niemand sie betrügen will. Sie aktualisiert das Spreadsheet mit Johns Transfer wie in Abbildung 2.21 gezeigt.

2.3.8 PRIVATE KEY SICHERHEIT

John besitzt die Kontrolle über seine Cookie Token, weil er den private Key besitzt. Niemand ausser John kann Johns Cookie Token benutzen, weil er der einzige mit Zugang zu seinem private Key ist. Wenn sein private Key gestohlen wird, kann er alle seine Cookie Token verlieren.

Am Morgen nach Johns Transfer kommt er ins Büro, nimmt seinen Laptop vom Tisch und geht direkt zum Café, um sich zwei Frühstückskekse zu holen. Er öffnet seinen Laptop und schreibt eine Nachricht an Lisa:

```
Good morning Lisa! Please move 20 CT to Café. /John
Signature:
H1CdE34cRuJDsHo5VnpvKqllC5JrMJ1jWcUjL2VjPbsj
X6pi/up07q/gWxStb1biGU2fjcKpT4DIxlNd2da9x0o=
```

Er sendet diese Mail mit der Nachricht und der Signatur an Lisa. Aber das Café gibt ihm keine Kekse. Der Mensch hinter der Theke sagt, er hätte noch keine einkommende Zahlung über 20 Cookie Token gesehen. Lisa verifiziert und führt Transfers normalerweise schnell aus.

VON	AN	BETRAG CT
...	...	...
Firma	John	100
John	Cafe	10
John	Melissa	90

Abbildung 2.22: Jemand hat Geld von John gestohlen. Wer ist Melissa, und wie war das möglich? John hat keinen solchen Transfer signiert.

John öffnet das Spreadsheet—vergiss nicht, dass er read-only Zugriff besitzt, und sucht "John." Abbildung 2.22 zeigt, was er sieht.

John geht in Lisas Büro und bittet um eine Erklärung. Sie antwortet, dass sie eine Nachricht bekommen hatte, die mit Johns private Key signiert worden war, und in der sie gebeten wurde, Geld an eine neue Mitarbeiterin namens Melissa zu schicken. Natürlich gibt es gar keine Melissa im Büro, obwohl mehrere neue Mitarbeiter bei der Firma angefangen haben. Lisa interessieren Namen nicht mehr, nur noch public Key und Signaturen. Aber sie braucht den Namen noch, um in der Tabelle nach dem richtigen public Key zu schauen.

Die Erklärung für all das ist, dass Mallory

Du bist verantwortlich

Du hast volle Verantwortung für die Sicherheit deiner private Keys.

1. Es geschafft hat, Johns private Key zu kopieren. Johns Laptop hatte die ganze Nacht auf seinem Tisch gestanden. Jeder hätte die Festplatte aus dem Laptop nehmen können, um sie nach dem private Key zu durchsuchen.

2. Ein neues Schlüsselpaar erzeugt und den neuen public Key mit der folgenden Nachricht an Lisa geschickt hat:

```
Hi Lisa. My name is Melissa, and I'm new here.
My public key is
02c5d2dd24ad71f89bfd99b9c2132f796fa746596a06f5a33c53c9d762e37d9008
```

3. Eine betrügerische Nachricht mit dem gestohlenen privaten Schlüssel wie folgt an Lisa geschickt hat:

```
Hi Lisa, please move 90 CT to Melissa. Thanks, John
Signature:
IPSq8z0IyCVZNZNMIgrOz5CNRRtRO+A8Tc3j9og4pWbA
H/zT22dQEhSaFSwOXNpOlOyE34d1+4e30R86qzEbJIw=
```

Lisa hat den Transfer in Schritt 3 verifiziert, festgestellt, dass er gültig ist, und ihn dann ausgeführt. John bittet Lisa, den–ihm zufolge– betrügerischen

Transfer rückgängig zu machen, aber Lisa weigert sich. Sie hält den Transfer für einwandfrei. Wenn John jemanden an seinen private Key heranlässt, dann ist das sein Problem, nicht Lisas. Das ist einer der Gründe, warum Lisa in der Firma als so vertrauenswürdig gilt–sie hält ihre Versprechen.

John erzeugt ein neues Schlüsselpaar und bittet Lisa, den neuen public Key unter dem Namen John2 abzulegen. Wie kann John seinen neuen private Key sichern und ihn dennoch immer bereithalten, wenn er einen Keks möchte? John ist sich ziemlich sicher, dass er nicht mehr als 1.000 Cookie Token auf diesem Key haben wird.

Die Sicherheit des Spreadsheet hat sich gewandelt von einem System, in dem Lisa von jedem das Gesicht kennt, zu einem, in dem sie von jedem den public Key kennt. In gewisser Weise steht es um die Sicherheit jetzt schlechter, denn es ist einfacher für Mallory, Johns private Key zu stehlen als Lisa dazu zu bringen, sie für John zu halten. Es hängt davon ab, wie sicher John seinen private Key verwahrt. Wichtig ist, dass die Sicherheit für Johns private Key vollständig ihm selbst überlassen ist. Niemand wird seinen private Key wiederherstellen können, wenn er ihn verliert. Und Lisa macht bestimmt keine "betrügerischen" Transfers rückgängig, weil John nachlässig mit seiner Sicherheit umgegangen ist.

Wenn John seinen private Key im Klartext in einem gemeinsam benutzten Folder auf dem Firmen-Intranet ablegt, kann diesen jeder kopieren und zum Stehlen seiner Cookie Tokens benutzen. Aber wenn John den private Key von einem starken Passwort geschützt in einer verschlüsselten Datei auf seinem eigenen Laptop ablegt, dann ist es viel schwieriger, den Schlüssel zu ergaunern. Ein Angreifer müsste

1. Zugang zu Johns Festplatte haben

2. Johns Passwort kennen

Wenn John nie mehr als 50 CT auf seinem private Key hat, dann mag er sich nicht viele Gedanken um die Sicherheit machen. Aber das Café, das etwa 10.000 CT pro Tag verwaltet, sollte besorgt sein. John und das Café brauchen wahrscheinlich unterschiedliche Strategien, um ihre private Keys zu sichern.

Es gibt einen Tradeoff zwischen Sicherheit und Bequemlichkeit. Du kannst zum Beispiel deinen private Key verschlüsselt auf einem Laptop in einem Bankschliessfach lagern. Wenn du einen Keks kaufen willst, musst du zur Bank gehen, den Laptop aus dem Schliessfach nehmen, den private Key entschlüsseln und eine digitale Nachricht an Lisa verschlüsseln, die du auf

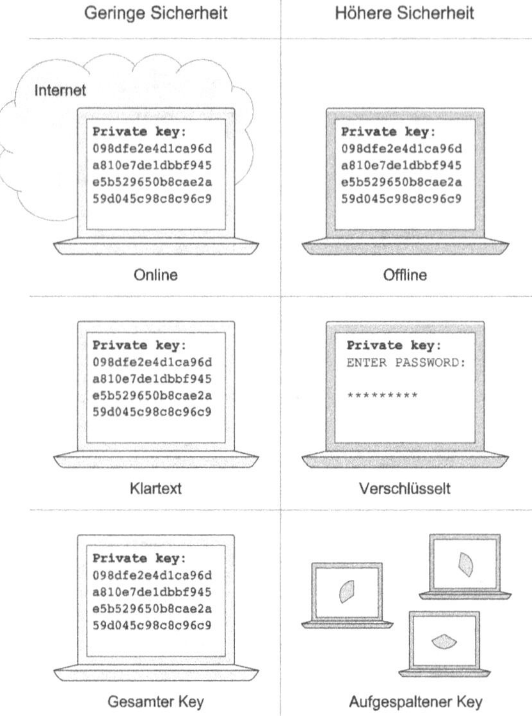

Abbildung 2.23: Sicherheitsüberlegungen gegen Angreifer. Die sichereren Optionen sind auch die unbequemeren.

einem USB-Stick speicherst. Dann musst du den Laptop wieder in das Schliessfach einschliessen, den USB-Stick ins Büro mitnehmen und die Mail an Lisa schicken. Der private Key verlässt dabei nie den Laptop im Schliessfach. Sehr sicher, und sehr unbequem.

Auf der anderen Seite kannst du den private Key auch im Klartext auf dem Telefon speichern. Dann hast du den Key immer bereit und kannst in Sekunden eine Message signieren, wenn dich die Lust auf einen Keks packt. Sehr bequem, und sehr unsicher.

Einige der Tradeoffs, wie in Abbildung 2.23 dargestellt, sind die Folgenden:

Online vs. offline Online heisst, der private Key ist auf einem Gerät mit Netzwerkanschluss gespeichert, zum Beispiel deinem Telefon oder Laptop. Offline bedeutet, der private Key liegt auf einem Blatt Papier oder einem Computer ohne NetzwerkVerbindung. Online Speicherung ist riskant, weil Fernangriffe auf die Sicherheit oder Schadsoftware auf dem Computer, wie Viren, den private Key jemandem schicken könnten, ohne dass du es bemerkst. Wenn das Gerät offline ist, kann niemand ohne physischen Zugriff auf das Gerät an den Key herankommen.

Klartext vs. verschlüsselt Wenn der private Key im Klartext in einer Datei auf deiner Festplatte liegt, kann jeder mit Zugriff auf deinen Computer, entweder remote oder physisch, den private Key kopieren. Das schliesst auch Computerviren ein, von denen dein Computer befallen sein könnte. Du kannst viele dieser Angriffe verhindern, indem du den private Key mit einem Passwort verschlüsselst, das nur dir bekannt ist. Ein Angreifer müsste dann sowohl auf deine Festplatte als auch auf dein geheimes Passwort Zugriff haben, um an den private Key zu kommen.

Ganzer Key vs. geteilter Key Leute speichern normalerweise den gesamten private Key auf einem einzigen Computer. Das ist bequem-man braucht nur einen Computer, um seine Cookie Tokens auszugeben. Ein Angreifer muss Zugriff auf deine Festplatte bekommen, um den private Key zu stehlen. Aber wenn der private Key in drei Teile aufgeteilt ist (Vorsicht–hierfür gibt es gute und weniger gute Methoden), und du die drei Teile separat auf drei verschiedenen Computern ablegst, dann muss ein Angreifer Zugriff auf drei Festplatten auf drei Computern erlangen. Das ist viel schwieriger, weil sie wissen müssen, welche Computer sie angreifen müssen, und sie dann auch noch alle erfolgreich angreifen. Mit diesem Setup eine Zahlung zu leisten ist wirklich sehr umständlich, aber sehr sicher.

Du kannst irgendeine Kombination dieser Methoden benutzen, um deine Keys zu speichern. Aber als Daumenregel gilt, je grosser die Sicherheit gegenüber Angreifern, desto grösser das Risiko, die Keys versehentlich zu verlieren. Wenn du zum Beispiel den private Key verschlüsselt auf deiner Festplatte speicherst, riskiert du dessen Verlust, wenn die Festplatte kaputtgeht oder du das Passwort vergisst. In dieser Hinsicht ist es umso unsicherer, je sicherer es ist.

2.4 Zusammenfassung

Lisa hat das Problem mit Leuten, die sich bei Zahlungen für jemanden anders ausgeben, gelöst. Sie verlangt von allen Teilnehmern, die Cookie Token Transfers digital zu signieren. Jeder Spreadsheet Benutzer braucht einen private Key und einen public Key. Von jetzt an muss eine Zahlung per Mail an Lisa geschickt werden, und die Nachricht muss digital signiert sein mit dem private Key des Absenders. Lisa kann dann die Signatur überprüfen, um sicherzugehen, dass sie nicht hintergangen wird. Das Wesentliche ist, dass, solange John den private Key für sich behält, niemand in der Lage ist, sein Geld auszugeben.

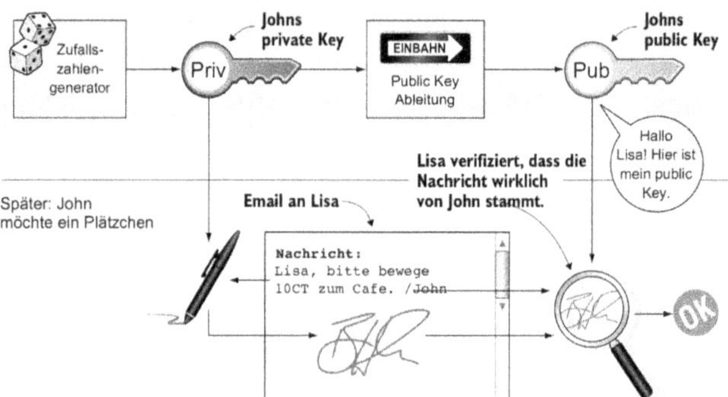

Wir müssen unserer Tabelle von Konzepten "Email an Lisa" hinzufügen (Tabelle 2.5).

Cookie Tokens	Bitcoin	Behandelt in
1 Cookie token	1 bitcoin	Kapitel 2
Das Spreadsheet	Die Blockchain	Kapitel 6
Email an Lisa	**Eine Transaktion**	**Kapitel 5**
Eine Zeile im Spreadsheet	Eine Transaktion	Kapitel 5
Lisa	Ein Miner	Kapitel 7

Tabelle 2.5: "Email an Lisa" als neues Schlüsselkonzept.

Die Mail an Lisa wird in Kapitel 5 durch Transaktionen ersetzt. Transaktionen ersetzen sowohl die Mail an Lisa als auch die Zeile im Spreadsheet. Es ist Zeit, Version 2.0 des Cookie Token Spreadsheets freizugeben (Tabelle 2.6).

Noch immer vertrauen alle Lisa dahingehend, dass sie das Spreadsheet nur ändert, wenn sie digital signierte Cookie Token Transfers ausführt. Wenn Lisa wollte, könnte sie jedermanns Cookie Token stehlen, indem sie einfach Transfers an das Spreadsheet anhängt. Aber das würde sie doch nicht tun–oder?

Du hast jetzt eine Menge neue Werkzeuge, die du zur späteren Verwendung in deinen Werkzeugkasten legen kannst: Schlüsselpaare generieren, digitales Signieren, die Signatur, und die Verifikation.

Version	Feature	Wie
NEU 2.0	Sichere Zahlungen	Digitale Signaturen lösen das Problem mit Betrügern.
1.0	Einfaches Bezahlsystem	Vertraut auf Lisas Integrität und ihre Kenntnis aller Mitarbeiter.
	Begrenzte Geldmenge	Lisa wird täglich mit 7,200 neuen CT belohnt; halbiert sich alle. vier Jahre

Tabelle 2.6: Release Notes, Cookie Tokens 2.0.

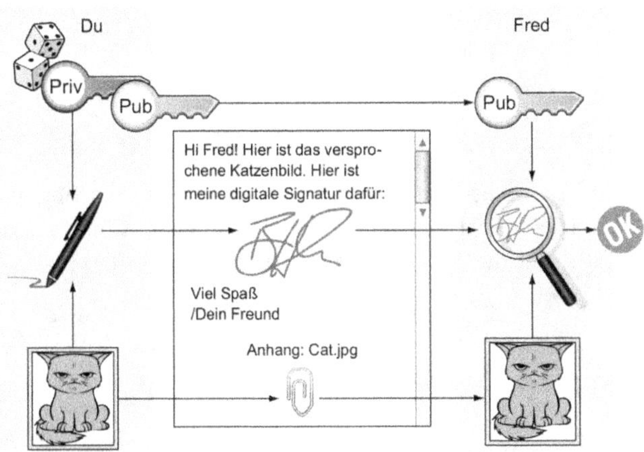

2.5 ÜBUNGEN

2.5.1 WÄRM DICH AUF

2.8 Lisa bekommt derzeit 7.200 CT pro Tag für ihre Arbeit. Warum steigert sich die Tokenmenge dann nicht im Laufe der Zeit ins Unendliche? Warum haben wir nicht 7.200 x 10.000 = 72 Millionen CT nach 10.000 Tagen?

2.9 Wie können Kollegen feststellen, ob Lisa sich selbst zu viele oder zu häufig Cookie Tokens zuschanzt?

2.10 Wie wird der private Key eines Schlüsselpaares erzeugt?

2.11 Welcher Key wird benutzt, um eine Nachricht digital zu signieren?

2.12 Der Signiervorgang hasht die zu signierende Nachricht. Weshalb?

2.13 Was müsste Mallory tun, um Cookie Tokens von John zu stehlen?

2.5.2 Grabe tiefer

2.14 Angenommen du hast einen private Key und hast den public Key deinem Freund Fred gegeben. Schlage vor, wie Fred dir eine geheime Nachricht schicken kann, die nur du verstehen kannst.

2.15 Angenommen du (für dieses Beispiel heisst du Laura) und Fred haben immer noch die Schlüssel vom vorigen Beispiel. Jetzt möchtest du eine Flaschenpost an Fred schicken, auf der steht

```
Hi Fred! Can we meet at Tiffany's at sunset tomorrow?
/Laura
```

Erkläre, wie du die Nachricht signieren würdest, damit Fred sicher sein kann, dass die Nachricht wirklich von dir stammt. Erläutere, welche Schritte du und Fred bei diesem Vorgang unternehmen müsstet.

2.6 Zusammenfassung

- Bitcoins werden als Vergütung für Nodes erzeugt, die die Blockchain sichern.

- Die Belohnung halbiert sich alle vier Jahre, um die Geldmenge zu begrenzen.

- Man kann kryptografische Hashfunktionen benutzen, um Änderungen an einer Datei oder Nachricht festzustellen.

- Man kann kein Pre-Image eines kryptografischen Hashes erzeugen. Das Pre-Image ist der Input mit einem gewissen, bekannten Output.

- Digitale Signaturen sind nützlich, um die Authentizität einer Zahlung nachzuweisen. Nur der rechtmässige Besitzer der bitcoins kann sie ausgeben.

- Jemand, der eine digitale Signatur verifiziert, braucht nicht zu wissen, *wer* signiert hat. Er muss nur wissen, dass die Signatur mit dem private Key signiert wurde, mit dem die Nachricht behauptet, signiert worden zu sein.

- Um bitcoin oder Cookie Tokens zu empfangen, braucht man einen public Key. Zunächst erzeugt man einen private Key für sich selbst, im Geheimen. Danach leitet man von diesem private Key den public Key ab.

- Es gibt diverse Strategien um private Keys zu speichern, von unverschlüsselt auf Ihrem Mobiltelefon bis hin zur Aufteilung und Verschlüsselung auf mehrere Offline-Geräte.

- Als Faustregel gilt, je besser der Schlüssel gegen Diebstahl gesichert ist, desto einfacher ist es, den Schlüssel versehentlich zu verlieren und umgekehrt.

KAPITEL 3

ADRESSEN

Dieses Kapitel behandelt

- Grundlegende Privacy, oder Datenschutz

- Ersetzen von Namen durch public Key Hashes

- Schutz gegen teure Tippfehler

Am Ende dieses Kapitels wird das Cookie Token Spreadsheet keine persönlichen Namen mehr haben–wir werden diese Namen durch Hashes von public Keys ersetzen. Das ist aus Sicht der Privacy nützlich. Niemand kann leicht erkennen, wer an wen bezahlt, was es schwieriger macht, aus dem Spreadsheet Daten zu ernten und zu sehen, wer wie viele Kekse isst. Lisa findet es ausserdem nützlich, weil sie keine Tabelle mit Namen und public Keys mehr pflegen muss.

Wenn wir das Spreadsheet auf public Key Hashes umstellen, benutzen die Kollegen nicht mehr ihre Namen in den Mails an Lisa. Stattdessen verwenden sie Hex-Zeichenketten, die public Keys repräsentieren. Das bedeutet, es ist einfacher, Tippfehler zu machen. Wenn du einen Tippfehler machst, ist dein Geld am Ende digital verbrannt!

Ein paar Kollegen erfinden Cookie Token Adressen (Bitcoin Adressen), die sie vor dem Verlust durch Tippfehler schützen (Abbildung 3.1) Cookie Token Adressen werden von Benutzern untereinander verwendet, wenn sie sich gegenseitig bezahlen, aber sie finden im Spreadsheet keine Verwendung.

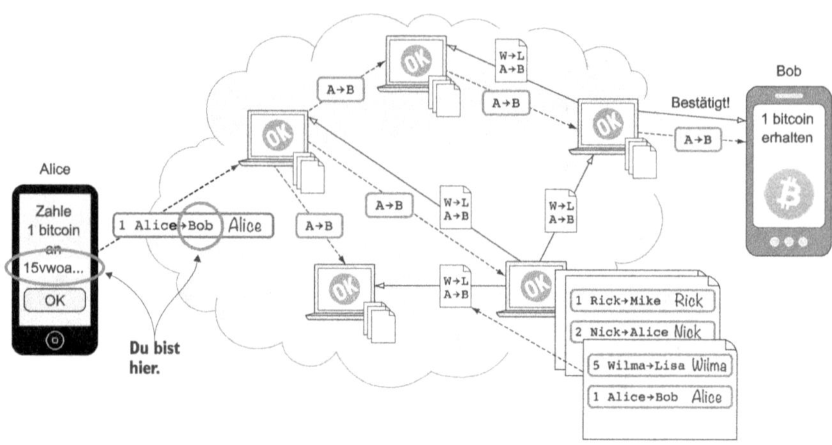

Abbildung 3.1: Cookie Token Adressen sind exakt dasselbe wie Bitcoin Adressen. Sie werden hauptsächlich von Wallet Software verwendet.

3.1 KEKS-ESSGEWOHNHEITEN ENTLARVT

> **Acme Versicherung**
>
> Dieses höchst unethische Versicherungsunternehmen unternimmt ernsthafte Anstrengungen, unsere Gewohnheiten herauszubekommen, um deine Versicherungsprämie "anzupassen".

Du und deine Kollegen sind bei der Acme Versicherung krankenversichert. Acme hat John überredet, ihnen eine Kopie des Spreadsheets zu geben. Acme denkt sich, dass sie damit die Prämien anpassen können, oder im Falle eines Disputes die Keks-Essgewohnheiten (Abbildung 3.2) gegen die Versicherungsnehmer verwenden können.

VON	AN	Betrag CT	
Cafe	Chloe	1,000	Chloe kauft ein Plätzchen.
Chloe	Cafe	10	Chloe kauft viele Plätzchen.
...	...	...	
Chloe	Cafe	40	Chloe kauft vierPlätzchen.
Chloe	Cafe	20	Chloe kauft zwei Plätzchen.
Chloe	Cafe	20	Chloe kauft zwei Plätzchen.

Suchergebnis für Chloe

Abbildung 3.2: Die Acme Versicherung beobachtet Chloes Keks-Essgewohnheiten.

Eine weitere verstörende Tatsache bei dem Spreadsheet ist, dass jeder Mitarbeiter ganz leicht die Kontostände aller Kollegen herauskriegen kann, ebenso wie deren Keks-Essgewohnheiten.

Die Mitarbeiter haben Lisa gebeten, sich eine Lösung dafür einfallen zu lassen. Ansonsten würden sie aufhören, das Spreadsheet zu benutzen.

3.2 Ersetzen von Namen durch public Keys

Name	Public Key
...	...
Cafe	0222436a49cd8ff2605255dcea8fa0 ff20703d58d22bef7c5a6fc23807712
John	035541a13851a3742489fdddeef21be13c1 abb85e053222c0dbf3703ba218dc1f3

Lisa hat die Tabelle der Namen und public Keys die ganze Zeit aktuell gehalten, seitdem die Kollegen angefangen haben, digitale Signaturen zu benutzen. Sie hat keine Lust mehr darauf, also lässt sie sich etwas einfallen, was sowohl ihr als auch ihren Kollegen zugute kommt: Lisa ersetzt alle Namen im Spreadsheet mit den entsprechenden public Keys (Abbildung 3.3).

VON	AN	BETRAG CT
...	...	...
Cafe	Anne	1,000
Lisa	Cafe	10
Cafe	Firma	10,000
Alice	Cafe	10
John	Cafe	10

VON	AN	CT
...	...	...
0222436a49cd8ff2605255 dcea8fadd6a9aff20703d5 8d22bef7c5a6fc23807712	02b33f40f80812ae832404 e97e039eaa92e6993a6d14 7c8854c09281be1292e920	1,000
036c4f8ed456142a75724d 57ab7f6c358850ee9a79dc 444fe5e754496c7cfa3371	0222436a49cd8ff2605255 dcea8fadd6a9aff20703d5 8d22bef7c5a6fc23807712	10
0222436a49cd8ff2605255 dcea8fadd6a9aff20703d5 8d22bef7c5a6fc23807712	037e944a7b778d190c05b5 9325c58eed069205148fa0 a2998273af0ffe36de9496	10,000
0317828d04ebd6d120e423 6bc0cf0cce12ebfdfa106c 7bf744deb547fcc52e768d	0222436a49cd8ff2605255 dcea8fadd6a9aff20703d5 8d22bef7c5a6fc23807712	10
035541a13851a3742489fd ddeef21be13c1abb85e053 222c0dbf3703ba218dc1f3	0222436a49cd8ff2605255 dcea8fadd6a9aff20703d5 8d22bef7c5a6fc23807712	10

Abbildung 3.3: Ersetzen von Namen durch public Keys. Das Spreadsheet ist jetzt unleserlicher, was aus Privacy Sicht gut ist.

Jetzt ist es schwer zu sehen, wie viele Kekse Chloe gegessen hat, wenn man nicht ihren public Key kennt. Wenn die Acme Versicherung dieses neue Spreadsheet bekommt, kann sie nicht mehr sehen, wer Sender und Empfänger sind. Sie sieht nur noch die public Keys von Sender und Empfänger jeder Zahlung.

Lisa kann jetzt die umständliche Tabelle aus Namen mit zugehörigen public Keys löschen. Aber sobald sie das tut, können die Benutzer für Zahlungen

Alte Variante

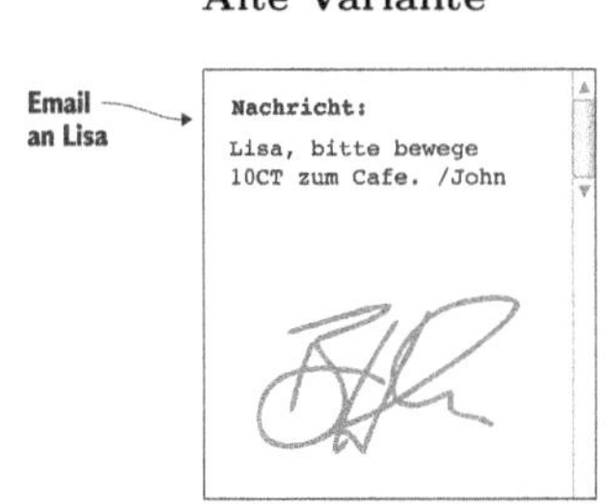

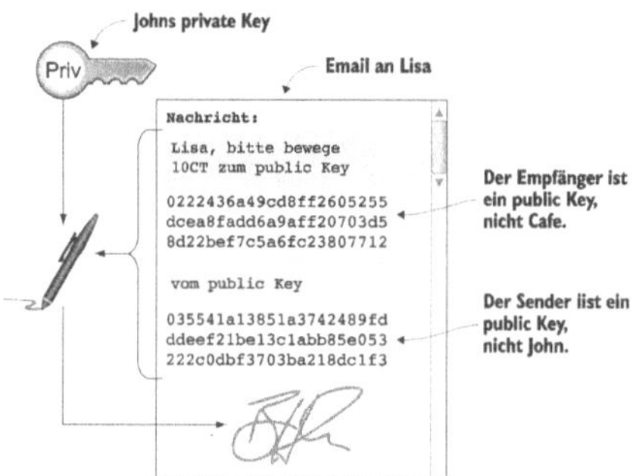

Abbildung 3.4: Neue Zahlweise mit public Keys anstelle von Namen

nicht mehr ihre Namen verwenden. Sie müssen stattdessen die public Keys von Sender und Empfänger benutzen (Abbildung 3.4).

Die Mail an Lisa enthält einige wichtige Teile:

- Eine Nachricht mit

  - Betrag
  - Absender public Key
  - Empfänger public Key

- Signatur, die mit dem private Key des Senders erstellt wurde

Der wesentliche Unterschied ist, dass die Zahlung nun pseudonym ist: Namen sind durch die korrespondierenden public Keys ersetzt worden. Abgesehen davon sehen die Zahlungen noch genauso aus wie zuvor.

3.2.1 NEUER ZAHLUNGSVORGANG

Angenommen eine neue Mitarbeiterin hat gerade in der Firma angefangen. Ihr Name ist Faiza. Die Firma möchte ihr 100 CT als Willkommensgeschenk senden. Wie kann die Firma die 100 CT an Faiza schicken?

Zuerst braucht die Firma den public Key des Empfängers–Faiza. Faiza hat noch nie Cookie Tokens benutzt, also muss sie ein neues Schlüsselpaar generieren und den public Key dem Sender–der Firma–geben, wie Abbildung 3.5 zeigt.

Faiza erzeugt einen private und einen public Key, wobei sie dem selben Prozess folgt wie in Abschnitt 2.3.2, aber sie gibt ihren public Key nicht

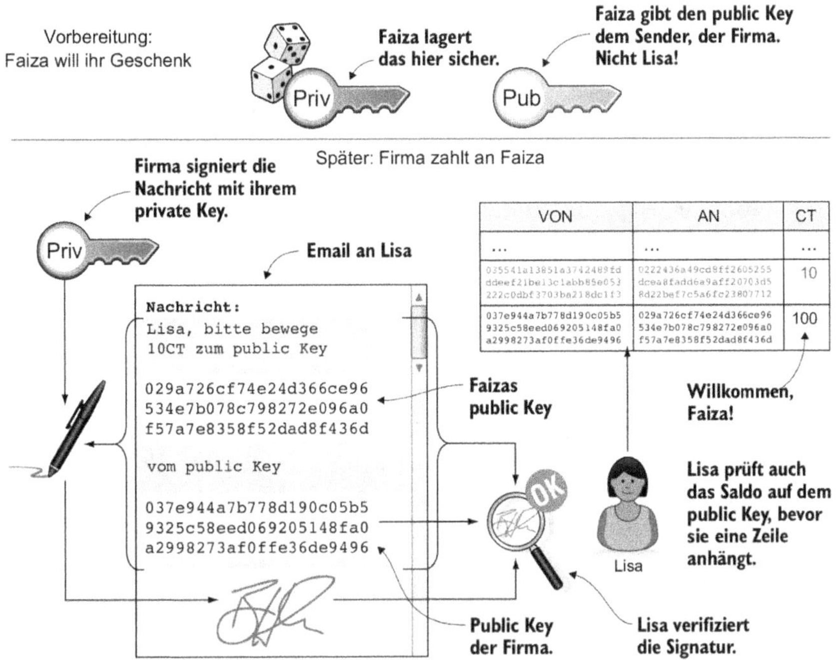

Abbildung 3.5: Faiza generiert ihren public Key und gibt ihn der Firma. Die Firma erzeugt eine Zahlung mit Faizas public Key als Empfänger.

Lisa. Jetzt wo Lisa nicht mehr die Tabelle mit Namen und public Keys pflegt, hat es keinen Sinn, ihr den public Key zu geben. Sie braucht ihn nicht. Stattdessen gibt Faiza den public Key der Partei, die ihr Cookie Tokens schicken will–der Firma.

Die Firma erzeugt eine Nachricht, in der sie Lisa bittet, 100 CT von `037e944a...36de9496` an `029a726c...ad8f436d` zu senden. Dann signiert sie diese Nachricht digital und schickt sie an Lisa. Lisa benutzt

- Die Nachricht

- Den public Key des Senders

- Die Signatur

Lisa in Bitcoin

Lisa führt mit den Cookie Tokens dieselben Aufgaben aus wie sie ein Bitcoin Miner bei Bitcoin Zahlungen ausführen würde.

---

um sicherzustellen, dass die Nachricht mit dem private Key, der zu dem public Key des Senders gehört, signiert wurde. Sie verifiziert ebenfalls, dass im Spreadsheet auf dem public Key des Senders ausreichend Guthaben vorhanden ist. Sie tut dies auf die gleiche Weise, wie sie es tat, als im

Spreadsheet noch Namen standen–sie sucht nach dem public Key des Senders und berechnet den Kontostand.

Lisa hat den public Key des Empfängers vorher noch nie gesehen, aber das ist ihr egal. Ihr geht es nur darum, dass der Sender genug Geld zum Ausgeben hat, und dass die Nachricht korrekt signiert wurde. Sie trägt in die Empfängerspalte des Spreadsheets ein, was immer in der Nachricht stand.

VON	AN	CT
...	...	...
037e944a7b778d190c05b5 9325c58eed069205148fa0 a2998273af0ffe36de9496	029a726cf74e24d366ce96 534e7b078c798272e096a0 f57a7e8358f52dad8f436d	100

Faiza entdeckt eine neue Zeile mit ihrem public Key in der An: Spalte. Das gibt ihr ein warmes, gutes Gefühl. Jetzt kann sie ihre Cookie Tokens benutzen, wie sie will. Faiza musste Lisa nicht mit ihrem public Key behelligen, was Lisa einiges an Arbeit erspart hat.

Sammeln wir einmal auf, was bisher passiert ist:

- Namen sind im Spreadsheet durch public Keys ersetzt worden.

- Lisa hat die Tabelle mit Namen und public Keys gelöscht.

- Zahlungen werden jetzt durch public Keys anstelle von Namen als Angabe von Sender und Empfänger durchgeführt.

Diese Änderungen haben die Privacy verbessert und Lisa die Arbeit vereinfacht. Am Ende dieses Kapitels werden wir mehr darüber diskutieren, wie wir die Privacy weiter verbessern können.

Die Mail an Lisa in diesem Beispiel gibt *gegenüber Lisa* preis, wer der Sender ist (die Firma in diesem Fall), weil deren Absenderadresse im Von: Feld der Mail steht. Für den Moment können wir annehmen, dass Lisa diese persönliche Information weder ausnutzt noch preisgibt. Wir benutzen Mail in diesen Beispielen anstelle des Bitcoin Peer-to-Peer Netzwerks. Das Bitcoin Netzwerk, eingehender besprochen in Kapitel 8, benutzt keinerlei persönliche Information.

Bitte denk einen Moment darüber nach, was die Acme Versicherung jetzt noch aus dem Spreadsheet herauslesen kann. Welche Information kann sie herausbekommen, wenn sie den Namen von Sender oder Empfänger *einer* Zahlung herausbekommt? Sie wird in der Lage sein, alle Zahlungen herauszubekommen, die diese Person getätigt hat.

3.3 Abkürzen des public Keys

Public Keys im Spreadsheet zu benutzen hat die Privacy verbessert, aber solche Keys verbrauchen im Vergleich zu Namen sehr viel Platz. Der Name "John" nimmt 4 Bytes im Spreadsheet ein, wohingegen ein public Key 33 Bytes belegt. Das Spreadsheet so klein wie möglich zu halten ist wichtig, weil ein kleineres Spreadsheet kürzere Ladezeiten für die Kollegen bedeutet, die ihre Kontostände checken wollen; es belegt ausserdem weniger Platz auf Lisas Festplatte.

3.3.1 Hashen des public Keys zu 20 Bytes

VON	AN	CT
...	...	...
035541a13851a3742489fd ddeef21be13c1abb85e053 222c0dbf3703ba218dc1f3	0222436a49cd8ff2605255 dcea8fadd6a9aff20703d5 8d22bef7c5a6fc23807712	10
037e944a7b778d190c05b5 9325c58eed069205148fa0 a2998273af0ffe36de9496	029a726cf74e24d366ce96 534e7b078c798272e096a0 f57a7e8358f52dad8f436d	100

VON	AN	CT
...	...	...
5f2613791b36f667fdb8 e95608b55e3df4c5f9eb	87e3d1692022a7744bf2 406a963c656c8393b1cc	10
bc27a2f538aa6a796e4b 2197f150ae0f667870eb	bea73261a7499c22f8e1 e57bdb0e41ffc35ce56a	100

Einige Entwickler unter den Kollegen glauben, sie können die 33 Byte public Keys durch etwas kürzeres ersetzen und trotzdem ausreichende Sicherheit beibehalten. Sie schlagen vor, jeden public Key im Cookie Token Spreadsheet durch einen kryptografischen Hash des public Key zu ersetzen. Das kürzt Sender und Empfänger im Spreadsheet ab, schützt aber das Geld der Benutzer im Falle eines Fehlers in der public Key Ableitungsfunktion, wie wir später sehen werden. Das Hashen geschieht nicht mittels einer einzelnen kryptografische Hashfunktion, sondern mit zwei verschiedenen, wie Abbildung 3.6 illustriert. Wir diskutieren den Grund für die Benutzung zweier Hashfunktionen im nächsten Abschnitt.

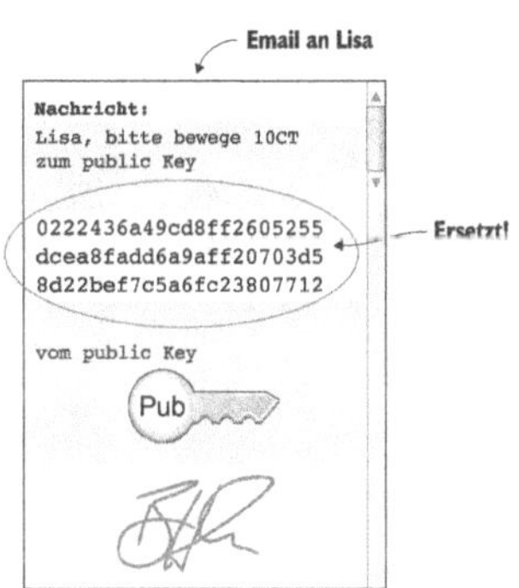

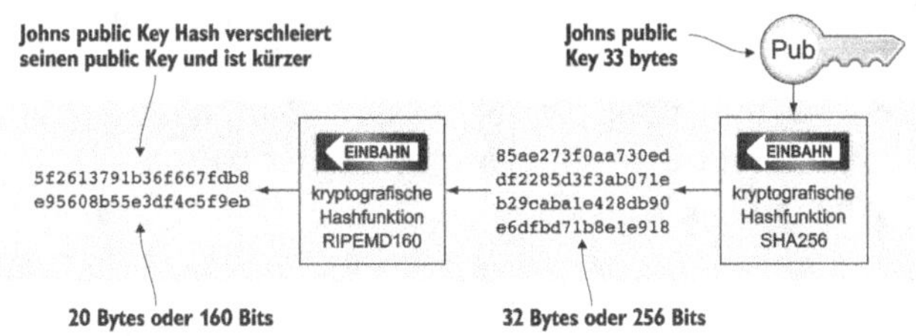

Abbildung 3.6: Ersetzen des public Keys mit dem RIPEMD160 Hash des SHA256 Hashes des public Keys

p2pkh

Die meisten Zahlungen in Bitcoin werden mit PKH als Empfänger abgewickelt. Dieser Typ wird oft als *pay-to-public-key-hash* (p2pkh) bezeichnet, aber es gibt auch andere Bezahlarten.

Der public Key wird zunächst mit SHA256 gehasht, womit du aus dem letzten Kapitel schon vertraut sein müsstest. Der Output dieser kryptografischen Hashfunktion wird dann mit RIPEMD160 gehasht, einer anderen kryptografischen Hashfunktion, die als Output eine 160 Bit (20 Byte) lange Zahl erzeugt. Wir nennen diesen letzten Hash den *public Key Hash* (PKH). Alle public Key im Spreadsheet werden durch ihre jeweiligen PKHs ersetzt.

Die Zahlung unterscheidet sich jetzt von der, bei der Faiza 100 CT von der Firma erhalten hatte. Angenommen John möchte einen Keks kaufen (Abbildung 3.7).

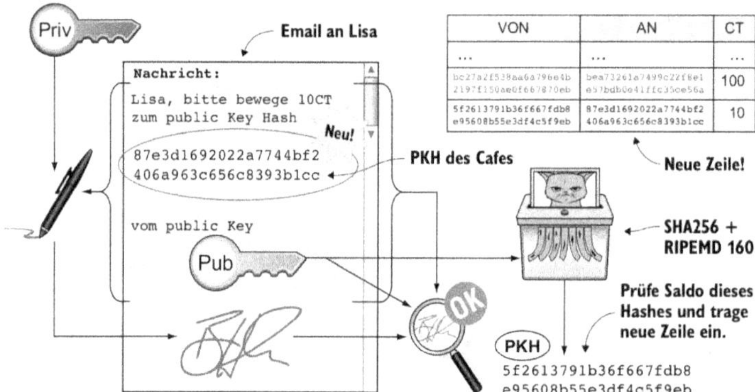

VON	AN	CT
...	...	...
bc27a2f538aa6a79be4b2197f150ae0f667870eb	bea73261a7499c22f8e1e57bdb0e41ffc35ce56a	100
5f2613791b36f667fdb8e95608b55e3df4c5f9eb	87e3d1692022a7744bf2406a963c656c8393b1cc	10

Abbildung 3.7: John kauft einen Keks. Der Sender ist immer noch ein public Key, aber der Empfänger ist ein PKH anstelle eines public Keys. Lisa muss den PKH aus dem public Key des Senders berechnen, um den Kontostand zu prüfen und die Zahlung abzuwickeln.

Erstens wird die Nachricht an Lisa etwas abgewandelt. John muss den PKH des Cafés–was früher der public Key war–als Empfänger verwenden. Der Sender ist immer noch ein public Key in der Nachricht, da der public Key zur Verifikation der Signatur benötigt wird. Lisa merkt sich ja nicht mehr die public Keys der Kollegen.

Zweitens, weil das Spreadsheet jetzt PKHs enthält, muss Lisa den PKH des Senders aus dem public Key des Senders ausrechnen, um den Kontostand des Senders zu berechnen und um in der Lage zu sein, die Zahlung in das Spreadsheet einzutragen.

3.3.2 Warum SHA256 und RIPEMD160?

RIPEMD160 als letzten kryptografischen Hash zu benutzen ist eine bewusste Wahl, damit die PKHs möglichst kurz werden. Vergleiche doch einmal die Outputs von SHA256 und RIPEMD160:

- SHA256:

    85ae273f0aa730eddf2285d3f3ab071eb29caba1e428db90e6dfbd71b8e1e918

- RIPEMD160:

    5f2613791b36f667fdb8e95608b55e3df4c5f9eb

Es ist ein gut balancierter Tradeoff zwischen Sicherheit und Grösse.

Aber weshalb zwei verschiedene kryptografische Hashfunktionen? Wir wissen nicht genau, warum dieses Schema für Bitcoin ausgesucht wurde, weil sein Erfinder, Satoshi Nakamoto, aufgehört hat, mit der Bitcoin Community zu kommunizieren. Wir können nur spekulieren. Diskutieren wir stattdessen lieber die Eigenschaften dieses Verfahrens.

Wenn eine der Hashfunktionen sich als nicht Pre-Image resistent herausstellen würde, wäre es die andere immer noch. Wenn man also einen Input für RIPEMD160 berechnen könnte, der einen bestimmten PKH Output ergibt, dann müsste man immer noch eine Pre-Image Attacke gegen SHA256 (mit ungefähr 2^{255} mal raten) ausführen, um den public Key zu finden. Ebenso müsste man, wenn man einen Input für SHA256 finden könnte, der einen bestimmten Output erzeugt, immer noch erst eine Pre-Image Attacke auf RIPEMD160 ausführen, bevor man das Ergebnis zur Berechnung des public Keys hernehmen kann.

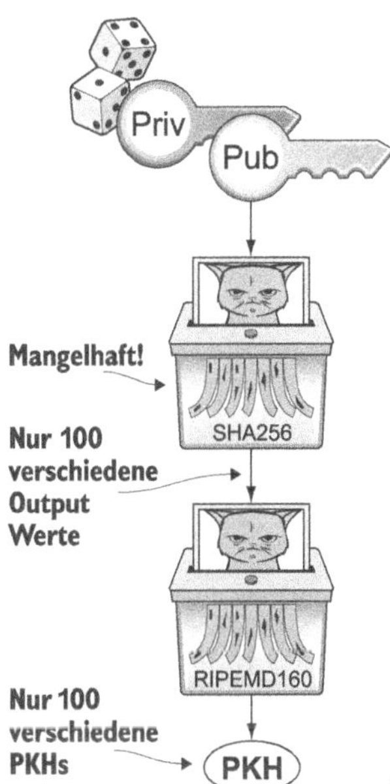

Sollte sich andererseits herausstellen, dass die Outputmenge einer der kryptografischen Hashfunktionen kleiner ist als angenommen, dann leidet darunter die Sicherheit der gesamten Hashfunktionen-Kette. Um das klarer zu machen, nimm an, SHA256 hätte nur 100 mögliche Output Werte. man kann dann Geld stehlen, indem man verschiedene zufällige private Keys ausprobiert und die korrespondierenden PKHs ausrechnet. Wenn ein PKH mit dem Zielwert übereinstimmt, dann hättest du einen private Key gefunden, mit dem du Geld stehlen könntest. Im Durchschnitt müsstest du nur 50 private Keys ausprobieren, um von einem PKH zu stehlen. Diese Eigenschaft verbindet das Schlechteste beider Welten: Wenn eine der beiden Funktionen Schwächen hat, dann ist die gesamte Kette geschwächt. Die Wahrscheinlichkeit, dass eine der Funktionen eine solche Schwäche hat, ist gering. Wenn es eine solche Schwäche wirklich gibt, dann ist die Verringerung der Outputmenge wahrscheinlich nicht signifikant genug, um die Sicherheit in der Praxis zu beeinträchtigen. Denke dran, dass wir immer noch keine einzige Kollision in irgendeiner dieser kryptografischen Hashfunktionen gefunden haben.

Es gibt ausserdem noch zu bedenken, dass unterschiedliche Organisationen die beiden kryptografischen Hashfunktionen entwickelt haben. RIPEMD160 wurde an einer Europäischen Universität in offener Kollaboration mit einer grossen Gemeinde von Kryptografen entwickelt. SHA256 wurde von der US National Security Agency (NSA) entwickelt. Beide werden als sicher betrachtet, und beide unterzogen sich genauesten Prüfungen durch eine grosse Menge Leute.

Jetzt, wo wir die Sicherheit des Cookie Token Spreadsheets verbessert haben, lass uns erneut über Sicherheit nachdenken. Hat es die Privacy verbessert? Ist es schwieriger für die Acme Versicherung geworden, Information darüber herauszufinden, wer wen bezahlt im Vergleich zu der Zeit, wo wir public Keys im Spreadsheet benutzt haben?

Die Antwort lautet Nein. Es gibt praktisch eine eins-zu-eins Beziehung zwischen public Keys und PKHs. PKHs zu benutzen verhüllt nicht zusätzlich persönliche Informationen gegenüber der Verwendung von public Keys.

Ist die Privacy verbessert worden?
Nein

3.4 VERMEIDUNG TEURER TIPPFEHLER

Jeder Empfänger ist gültig

Es gibt keinen "falschen" Empfänger-PKH. Lisa trägt jeden Empfänger ein, solange die Signatur gültig ist.

Wenn Lisa eine Zahlung vor Ausführung verifiziert, dann ist ihr egal, wer der Empfänger ist oder ob er überhaupt existiert. Sie trägt einfach in die Empfängerspalte des Spreadsheets ein, was der Sender dort eingetragen haben möchte. Sie kann nicht einmal wissen, ob ein Empfänger gültig ist, weil sie nicht mehr jeden persönlich kennt.

Das ist bequem für Lisa, aber es kann zum Verlust von Geld führen, wenn jemand nicht vorsichtig ist. Stell dir nochmal vor, dass John einen Keks kaufen will. Diesmal ist er nicht vorsichtig genug beim Schreiben seiner Nachricht, wie Abbildung 3.8 zeigt.

Er macht einen Tippfehler in dem Empfänger-PKH. Das Letzte Zeichen ist ein d obwohl es ein c hätte sein sollen. Was passiert nun?

John bemerkt den Fehler nicht, signiert fröhlich die Nachricht und schickt die Mail an Lisa. Lisa überprüft die Signatur, was erfolgreich verläuft, und berechnet den PKH des Senders. Der Empfänger ist ihr egal. Sie trägt

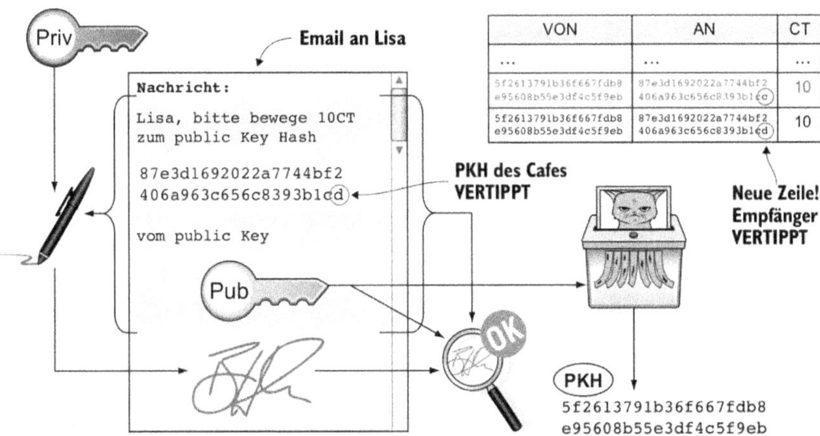

Abbildung 3.8: John macht einen Tippfehler im Empfängerteil in der Mail an Lisa. Was nun?

eine neue Zeile im Spreadsheet ein, in der von `5f261379...f4c5f9eb` an `87e3d169...8393b1cd` gezahlt wird.

Dann betrachtet sie ihre Arbeit als erledigt und wendet sich anderen interessanten Aufgaben zu. Der Cafébesitzer, der im Spreadsheet nach seinem PKH sucht, sieht keine eingehende Zahlung. John steht an der Theke vom Café und brüllt den Besitzer an, dass er den Betrag überwiesen *habe*, also "Gib mir den verdammten Keks!" Der Cafébesitzer weigert sich. John schaut sich das Spreadsheet näher an und sucht nach seinem PKH. Er findet den Transfer, den er gerade gemacht hat und erkennt seinen Tippfehler.

John hat Geld an einen "Public Key Hash" geschickt, zu dem es keinen bekannten private Key gibt. Niemand wird jemals die 10 CT ausgeben können–weder das Café, noch John, niemand. John hat soeben 10 CT digital verbrannt.

Unglücklicherweise wird so etwas wieder und wieder passieren, wenn nichts getan wird, um es zu verhindern. Das Problem kann an jedem Punkt auftreten von da, wo der Cafébesitzer seinen eigenen PKH liest um ihn John zu geben, bis zu John, wenn er seine Nachricht an Lisa schreibt, bevor er sie signiert. Man könnte argumentieren, dass auch Lisa beim Pflegen des Spreadsheets diesen Fehler machen könnte, aber sie ist so sorgfältig, dass dies *niemals* passieren kann. Sie ist einfach zu gut in dem, was sie tut. Lisa wird nie der Grund sein, weshalb jemandes Geld verbrannt wird.

3.4.1 WO WAREN WIR?

Dieses Kapitel befasst sich mit Bitcoin Adressen. Zur Erinnerung daran, wo all dies in Bitcoin hineinpasst, denke an das Diagramm aus Kapitel 1, das in Abbildung 3.9 wieder gezeigt wurde.

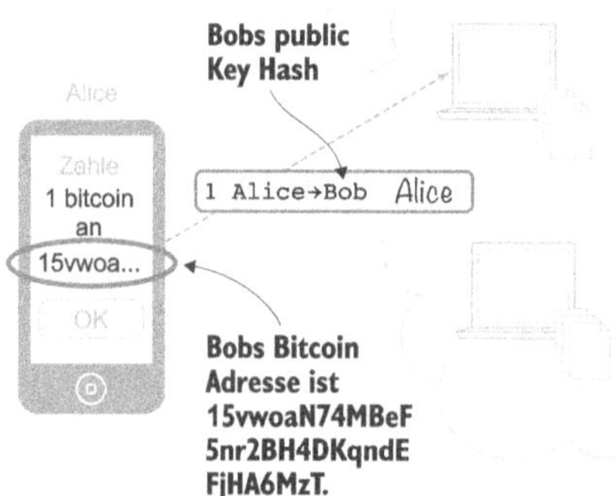

Abbildung 3.9: Bitcoin Adressen.

Gegen Ende dieses Kapitels werden wir bei Bitcoin (Cookie Token) Adressen gelandet sein. Wir haben gerade die Namen im Spreadsheet durch PKHs ersetzt. Wir gehen jetzt über zu *Bitcoin Adressen*. Eine Bitcoin Adresse ist ein *konvertierter PKH*–das bedeutet, es ist ein PKH, der so geschrieben wird, dass er besser für menschliche Benutzer geeignet und gegen Tippfehler geschützt ist. Der PKH wird an Lisa geschickt (oder an Bitcoin Nodes), aber die Adresse ist das, was die Benutzer sehen und untereinander austauschen.

3.4.2 BASE58CHECK

Die sicherheitsorientierten Leute unter den Kollegen diskutieren das Problem mit den Tippfehlern und lassen sich die Idee mit *Cookie Token Adressen* einfallen. Eine Cookie Token Adresse ist ein PKH, der *codiert* wird, um Tippfehler zu bemerken. Der PKH kann zwischen dieser Codierung und dem einfachen Textformat hin und zurück konvertiert werden.

Angenommen Faiza tut John leid, und sie möchte ihm 20 CT von ihren 100 CT geben, um seinen Schmerz zu lindern. Sie möchte nicht denselben Fehler wie John begehen, also bittet sie ihn um seine Cookie Token Adresse. John erzeugt diese, indem er seinen PKH mit einer Funktion namens *base58check*

Bitcoin Adressen

Cookie Token Adressen sind exakt dasselbe wie die üblichste Form der Bitcoin Adressen. Es gibt allerdings noch andere Arten von Bitcoin Adressen.

codiert (Abbildung 3.10).

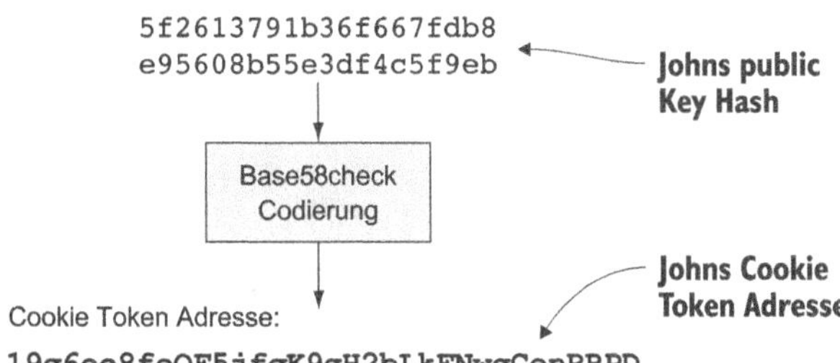

Abbildung 3.10: Überblick über die base58check Codierung, die einen PKH in eine Cookie Token Adresse umwandelt

Cookie Token Adressen werden nur zwischen Benutzern verwendet, um einen PKH sicher zu transportieren. Lisa sieht diese nie.

Das Resultat ist Johns Cookie Token Adresse: 19g6oo8f...gCenRBPD. John reicht diese Adresse Faiza, die dann die Zahlung anhand des Prozesses in Abbildung 3.11 durchführt.

Der Zahlungsprozess ändert sich für den Sender, aber für Lisa ändert sich nichts. Faiza base58check–*decodiert* Johns Adresse in einen PKH. Dieses Decodieren stellt sicher, dass keine Tippfehler in der Adresse gemacht worden waren.

> **Wer benutzt Cookie Token Adressen?**
>
> Cookie Token Adressen werden nur zwischen Benutzern verwendet, um einen PKH sicher zu transportieren. Lisa sieht diese nie.

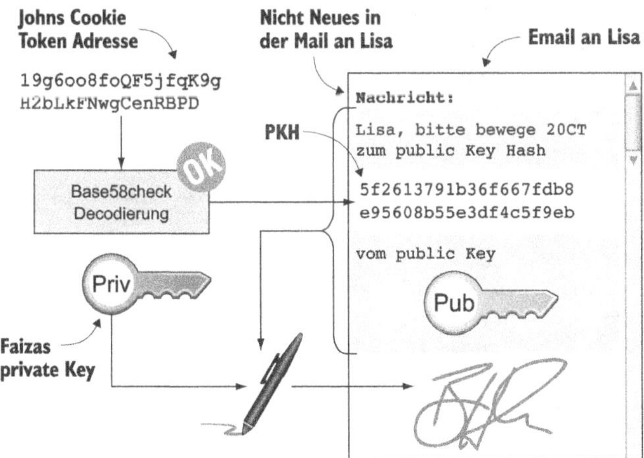

Abbildung 3.11: Faiza nimmt die Zahlung an Johns Cookie Token Adresse vor. Sie decodiert die Adresse in den PKH, wobei sie verifiziert, dass die Adresse keine Tippfehler enthält.

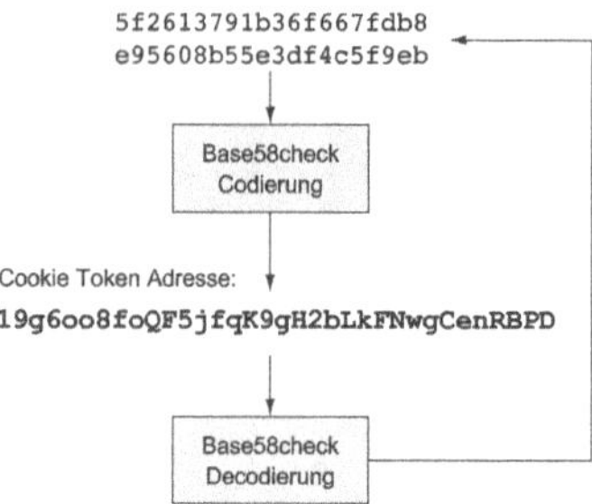

Abbildung 3.12: Der PKH kann in eine Adresse codiert und wieder zurück zu einem PKH decodiert werden.

Wie zuvor erwähnt, kann ein PKH von und zu einer Adresse konvertiert werden. Es ist *keine* Einwegfunktion. Es sind lediglich zwei verschiedene Arten, den PKH zu *repräsentieren*, entweder als eine Serie von Bytes oder als eine Adresse (Abbildung 3.12).

Die Mail an Lisa ist genau dieselbe wie bisher. Nur Benutzer verwenden die Cookie Token Adresse. Sie gehört keineswegs zu Lisas Validierungsprozess oder zum Spreadsheet.

3.4.2.1 BASE58CHECK CODIERUNG

Schauen wir mal, wie diese mysteriöse base58check Codierung funktioniert (Abbildung 3.13). Zuerst wird eine Versionierung vor den PKH gesetzt. Die Leute, die die Idee mit den Cookie Token Adressen hatten, wollten zukünftige Upgrades zum Adressformat einfacher machen. Bislang gibt es nur eine Version von Cookie Token Adressen. Diese Version ist ein einzelnes Byte mit dem Wert 0.

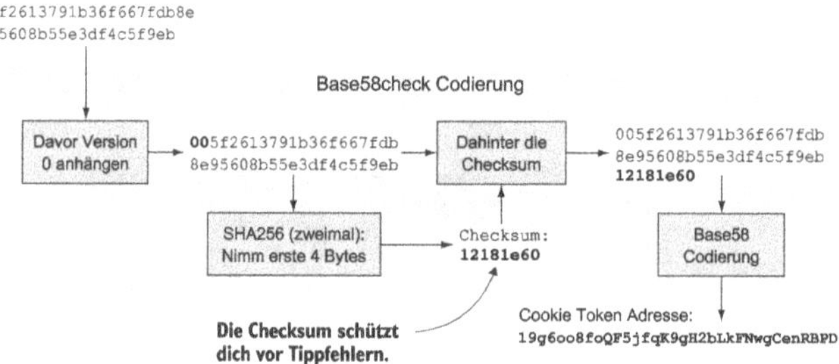

Abbildung 3.13: Base58check Codierung von Johns PKH. Eine Version wird dem Hash zugefügt, dann eine Prüfsumme, oder Checksum, gebildet und an den versionierten Hash gehängt. Schliesslich wird der prüfsummenbehaftete und versionierte Hash mit base58 codiert.

Um Tippfehler zu entdecken, wird eine *Checksum* angefügt. Diese Checksum wird aus dem versionierten PKH errechnet. Um eine Checksum zu bilden, hasht base58check den versionierten PKH mit Doppel-SHA256. Das bedeutet, er wird erst mit SHA256 gehasht und der resultierende Hash wird erneut mit SHA256 gehasht. Dann nimmt er die ersten 4 Bytes des zweiten Hashes als Checksum. Die Checksum wird dem versionierten PKH hinten angehängt. Wir sehen gleich, wie diese Checksum den Benutzer von Tippfehlern schützt. Etwas Geduld!

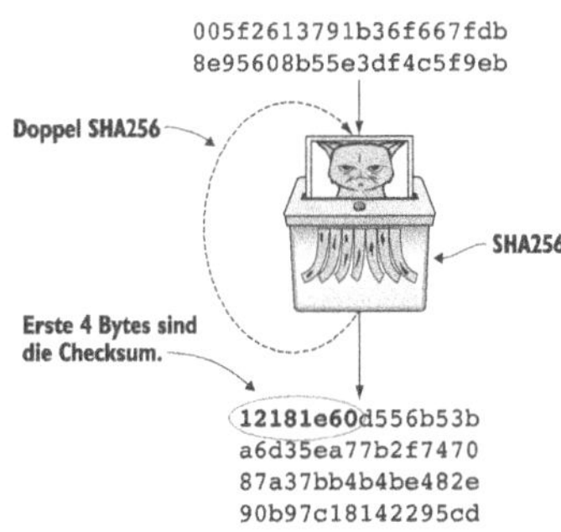

Wir haben mit einem PKH von 20 Bytes (40 Hexziffern) begonnen. Aber jetzt, wo wir eine Version und eine Checksum hinzugefügt haben, haben wir 25 Bytes (50 Hexziffern). Um das auszugleichen, codierenn wir die 25 Bytes in einer Form, die kompakter als die hexadezimale Darstellung ist.

3.4.2.2 Verwendung einer kompakteren Codierung

Hex Codierung ist ineffizient zur Darstellung von Datenbytes. Es benötigt 2 Zeichen zur Darstellung von einem Byte. Wir benutzen ja nur 16 Zeichen, wobei jedes Zeichen nur 4 Bits repräsentiert, 0000 bis 1111.

Viele Codierschemata verwenden mehr Zeichen, um Daten darzustellen. Das Verbreitetste ist Base64, bei dem jedes Zeichen 6 Datenbits repräsentiert; um dies zu erreichen, benötigt dieses Schema mehr als nur Buchstaben und Ziffern. Base64 verwendet folgendes Alphabet:

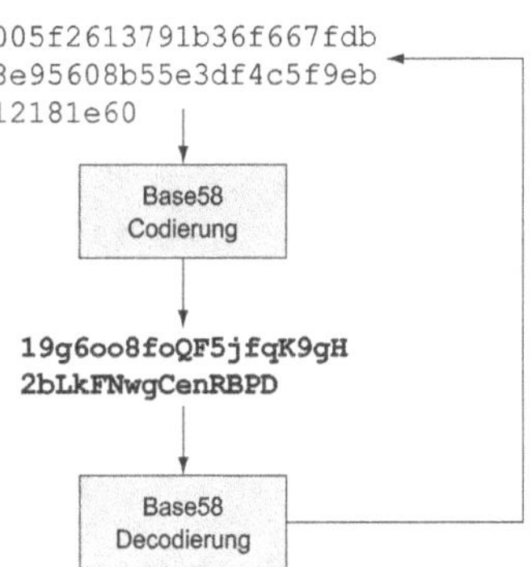


```
ABCDEFGHIJKLMNOPQRSTUVWXYZabcdefghijklmnopqrstuvwxyz0123456789+/
```

Das Zeichen A repräsentiert die Bits 000000, B repräsentiert 000001, und das Zeichen / repräsentiert 111111. Das ist eine schöne, einfache, kompakte Darstellungsform für Daten mit menschenlesbaren Zeichen. Ich habe in diesem Buch bereits mehrfach Base64 codierte Daten benutzt, um Signaturen darzustellen.

Aber base64 passt nicht besonders gut auf die Problemstellung der Cookie Token Adressen. Wir brauchen eine Codierung, die Tippfehler nicht nur findet, wenn sie passiert sind, sondern auch das Risiko verringert, überhaupt welche zu machen. Bedenke, dass einige Zeichen sich in manchen Fonts ähneln, wie lI (kleines L, grosses i) und O0 (Null und grosses O). Wir brauchen ausserdem ein Format, das die Benutzer leicht kopieren und einfügen können, was bedeutet, dass Sonderzeichen wie + und / nicht vorkommen sollten—diese hindern uns daran, die ganze Adresse per Doppelklick zu markieren. Diese sechs Zeichen auszuschliessen, reduziert die

Wahrscheinlichkeit von Tippfehlern. Aber jetzt haben wir nur noch 58 Zeichen übrig, also brauchen wir eine neue Art der Codierung.

This new way to encode data is called *base58* because the alphabet is the following 58 characters:

```
123456789ABCDEFGHJKLMNPQRSTUVWXYZabcdefghijkmnopqrstuvwxyz
```

WARNUNG!

Wenn dich dieser maschinenorientierte base58 Hokuspokus abschreckt, kannst du zu Abschnitt 3.4.2.3 vorspulen und einfach akzeptieren, dass base58 eine Art der Codierung und Decodierung von Daten ist. Der Rest von euch macht weiter. Es macht Spass.

In Base64 repräsentiert jedes Zeichen 6 Bits, was das Codieren und Decodieren einfach macht. Aber bei base58 repräsentiert jedes Zeichen etwas weniger als 6 Bits, aber mehr als 5 Bits. Wir müssen die Daten anders codieren.

Gehen wir zu dem Beispiel zurück, in dem John seine Adresse erzeugt. Er hat gerade die Version und Checksum hinzugefügt. Jetzt ist es Zeit, die 25 Bytes in das Endergebnis zu überführen: die Adresse (Abbildung 3.14).

Die Grundstrategie von base58 ist die, die gesamten Daten als eine riesige Zahl zu betrachten, die man wieder und wieder durch 58 teilt, bis der Quotient 0 ergibt; man merkt sich dabei den Rest jeder Division. Man schaut in der Lookup-Tabelle jeden Rest nach und hängt für jedes führende Byte 0 im Input eine 1 hinten an. Am Schluss wird die Zeichenkette umgedreht, und das Ergebnis ist Johns Cookie Token Adresse. Wohlgemerkt beginnen alle, nicht nur Johns, Cookie Token Adressen mit einer 1. Das liegt daran, dass das Versionsbyte 0 ist, was durch das Zeichen 1 codiert wird.

Du kannst base58 codierte Daten wie Johns Adresse zurück zum ursprünglichen Input der base58 Codierung decodieren. Ich überlasse das dem interessierten Leser als Übung.

Denke daran, dass die base58 Codierung nichts Neues ist. Es ist eine generische Art, eine Dezimalzahl in eine andere Basis umzurechnen. Man kann denselben Algorithmus benutzen, um stattdessen zur Basis 3 zu konvertieren–man dividiert durch 3 anstatt durch 58. Ausserdem will man vielleicht die Lookup-Tabelle so ändern, dass sie 0 auf 0, 1 auf 1 und 2

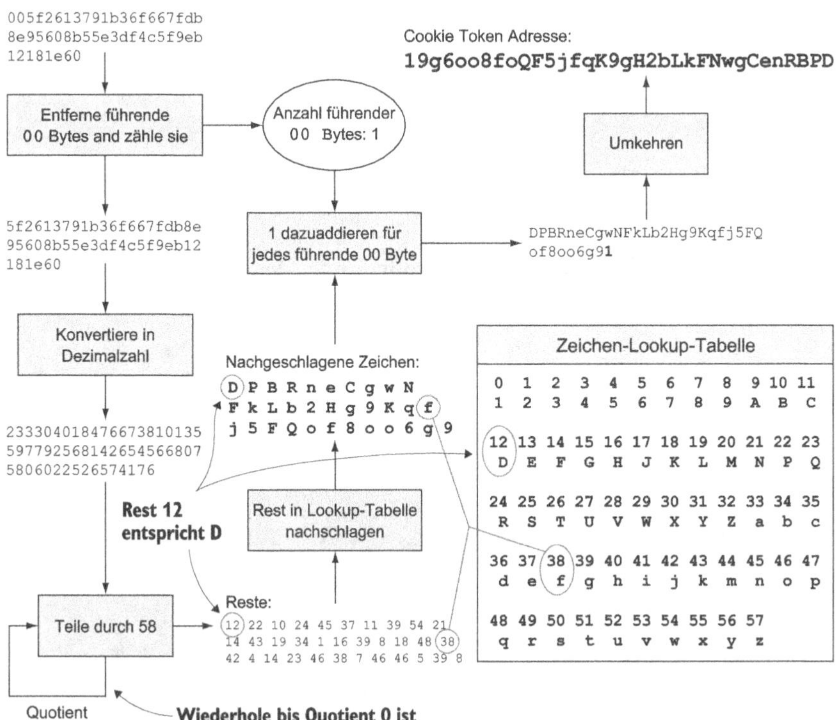

Abbildung 3.14: Johns versionierter und prüfsummierter PKH mit base58. Der wichtige Teil ist dort, wo wir die Zahl durch 58 teilen und die Reste behalten, die dann einer nach dem anderen in der Lookup-Tabelle abgebildet werden.

auf 2 abbildet, damit man die gewohnten Zeichen bekommt. Schreibe zum Beispiel mal 17 zur Basis 3:

$$17 = 5 \times 3 + 2$$
$$5 = 1 \times 3 + 2$$
$$1 = 0 \times 3 + 1$$

Dann schlage die Reste in der Lookup-Tabelle nach (dieselben Ziffern wie die, die du konvertierst), und du bekommst **2 2 1**. Drehe das um und du bekommst das Endergebnis: **1 2 2**. Verifiziere die Korrektheit wie folgt:

$$1 \times 3^2 + 2 \times 3^1 + 2 \times 3^0 = 9 + 6 + 2 = 17$$

3.4.2.3 BASE58CHECK DECODIERUNG

John hat soeben seine Cookie Token Adresse durch base58check Codierung seines PKH erzeugt. Er hat die Adresse Faiza gegeben, damit sie ihm 20 CT senden kann. Jetzt muss Faiza eine Nachricht an Lisa schreiben. Um das zu tun, braucht sie Johns PKH. Das Gute an der base58check Codierung ist, dass der Prozess umkehrbar ist, sodass man den PKH aus der Adresse ermitteln und gleichzeitig auf Tippfehler prüfen kann (Abbildung 3.15).

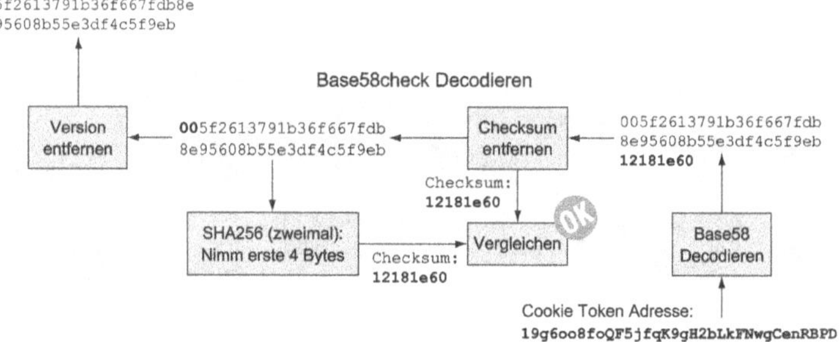

Abbildung 3.15: Base58check Decodierung erreicht man im Grunde dadurch, dass man die base58check Codierung umdreht. Tippfehler werden erkannt, wenn die Checksum nicht passt.

Faiza nimmt Johns Cookie Token Adresse und base58-decodiert sie. Dann entfernt sie die Checksum und benutzt den verbliebenen Teil, den versionierten PKH, um die Checksum nochmal zu berechnen. Die neu berechnete Checksum und die soeben entfernte Checksum müssen gleich sein. Ansonsten war ein Tippfehler passiert, und in dem Fall würde Faiza keine Nachricht verfassen. Sie würde wissen, dass die Adresse auf dem Weg verfälscht wurde und keine Mail an Lisa schicken. Sie würde nochmal prüfen, dass sie die Adresse korrekt eingegeben hat und dass John ihr die richtige Adresse gegeben hatte, um herauszufinden, wo der Fehler passiert ist.

Wie sicher ist die Checksum? Nimm an, ein Tippfehler passiert in einer Adresse. Mit welcher Wahrscheinlichkeit würde die Checksum den Fehler nicht erkennen? Die Checksum ist 4 Bytes, was $2^{32} \approx 4,3$ Milliarden Werten entspricht. Die Chance ist etwa 1 zu 4,3 Milliarden, dass base58check einen Tippfehler nicht bemerkt. Es ist ziemlich sicher.

3.5 Zurück zu Privacy

Obwohl die Privacy verbessert wurde, als wir die Namen durch PKH ersetzt haben, enthält das Spreadsheet immer noch Informationen, die für die Acme Versicherung nützlich sind.

Zum Beispiel kann Acme herausfinden, dass das Café den PKH `87e3d169...8393b1cc` besitzt, weil eine Menge Zahlungen dorthin geleistet worden sind. Von dort aus kann Acme sehen, welche PKHs die meisten 10 CT Zahlungen an diesen PKH senden. Sagen wir mal, Acme redet mit Faiza und bittet sie um Informationen zu ihren letzten Zahlungen. Sie hat bisher erst eine Zahlung geleistet, die an John. Weil Faiza nicht weiss, weshalb Acme diese Auskunft haben möchte, gibt sie an, dass die Zahlung an John ging.

Eine Woche später bekommt John einen Brief von Acme, der ihn höflich darüber informiert, dass er in eine höhere Risikoklasse aufgestiegen ist, und dass seine Versicherungsprämie entsprechend angepasst wurde.

Es verbleiben offenbar noch einige Privacy Probleme. Glücklicherweise können Benutzer so viele Adressen erzeugen wie sie wollen. Zum Beispiel könnte das Café eine einmalige Adresse für jede eingehende Zahlung erzeugen. Und John könnte beim nächsten Mal, wenn er von Faiza Cookie Tokens bekommt, eine neue Adresse generieren.

Einmalige Adressen für jede Zahlung zu benutzen macht es Acme schwieriger, Information aus dem Cookie Token Spreadsheet zu extrahieren, weil sie nicht mehr sagen können, welche Zahlungen der gleichen Person zuzurechnen sind.

> **Forensik**
>
> Diese Technik wird in Bitcoin häufig benutzt–zum Beispiel bei kriminaltechnischen Untersuchungen.

> **Lieber John,**
>
> uns fiel auf, dass Sie ungesund leben. Wir haben Sie daher in eine höhere Kategorie eingestuft. Wir Gratulieren.
> Mit freundlichen Grüssen, Acme Versicherung

3.6 Zusammenfassung

Dieses Kapitel begann damit, die Namen im Spreadsheet durch die jeweiligen PKHs der Benutzer zu ersetzen.

VON	AN	CT
...	...	...
John	Cafe	10
Firma	Faiza	100

VON	AN	CT
...	...	...
5f2613791b36f667fdb8e95608b55e3df4c5f9eb	87e3d1692022a7744bf2406a963c656c8393b1cc	10
bc27a2f538aa6a796e4b2197f150ae0f667870eb	bea73261a7499c22f8e1e57bdb0e41ffc35ce56a	100

Dann benutzten wir base58check, um aus dem PKH eine Adresse zu

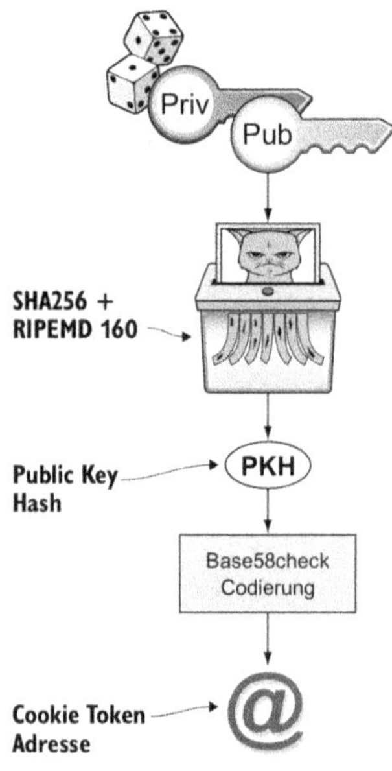

generieren. Lass uns die Teile zusammenfügen und den gesamten Cookie Token Adressenerzeugungs-Prozess vom Zufallszahlengenerator bis zur Adresse betrachten.

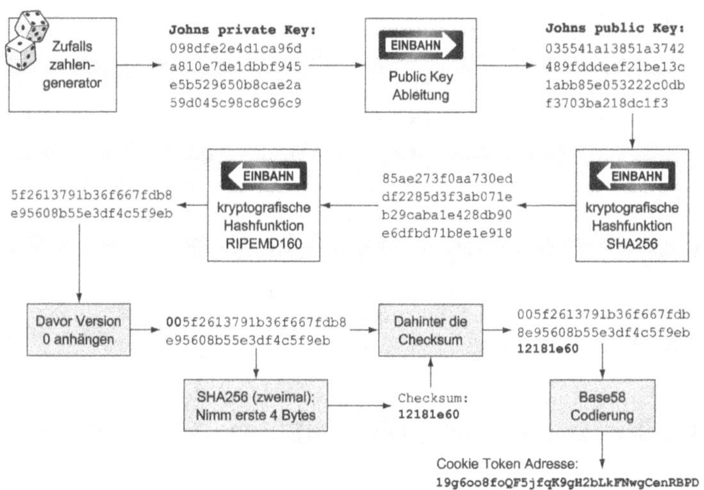

Faiza geht sicher, dass keine Tipfehler passieren, indem sie die Adresse base58check-decodiert, bevor sie die Nachricht signiert.

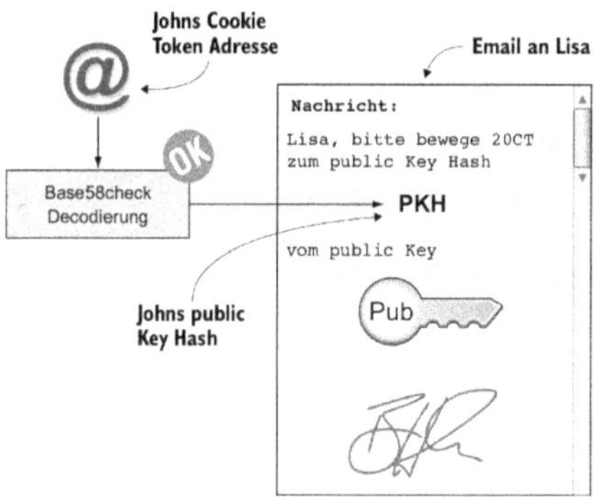

3.6.1 SYSTEMÄNDERUNGEN

Die Kozepttabelle (Tabelle 3.1) hat sich in diesem Kapitel nicht verändert. Cookie Token Adressen sind exakt das, was Bitcoin benutzt, also haben wir keine Konzepte eingeführt, die von Bitcoin abweichen.

Dank PKH und Cookie Token Adressen kann Lisa ihre Tabelle von public Key loswerden. Wir nehmen PKH und Adressen in unseren Werkzeugkasten

Cookie Tokens	Bitcoin	Behandelt in
1 Cookie token	1 bitcoin	Kapitel 2
Das Spreadsheet	Die Blockchain	Kapitel 6
Email an Lisa	Eine Transaktion	Kapitel 5
Eine Zeile im Spreadsheet	Eine Transaktion	Kapitel 5
Lisa	Ein Miner	Kapitel 7

Tabelle 3.1: Nichts Neues in der Konzepttabelle

mit auf und geben Version 3.0 des Cookie Token Systems frei (Tabelle 3.2).

Version	Feature	Wie
NEU 3.0	Sicher gegen teure Tippfehler	Cookie Token Adressen.
	Privacy Verbesserungen	Ein PKH statt eines Namens steht im Spreadsheet.
2.0	Sichere Zahlungen	Digitale Signaturen lösen das Problem mit Betrügern.
1.0	Einfaches Bezahlsystem	Vertraut auf Lisas Integrität und ihre Kenntnis aller Mitarbeiter.
	Begrenzte Geldmenge	Lisa wird täglich mit 7,200 neuen CT belohnt; halbiert sich alle. vier Jahre

Tabelle 3.2: Release Notes, Cookie Tokens 3.0

3.7 ÜBUNGEN

3.7.1 WÄRM DICH AUF

3.1 Der PKH ist kürzer als der public Key–nur 160 Bits. Wir haben ihn mittels RIPEMD160 gekürzt. Warum möchten wir ihn kürzer haben? Es gibt zwei gute Gründe.

3.2 Base58check Codierung wird benutzt, um eine Cookie Token (Bitcoin) Adresse aus einem PKH zu erzeugen. Ist es möglich, den Prozess umzudrehen, um aus einer Adresse einen PKH zu machen?

3.3 Wann wird base58check Decodierung benutzt, und von wem?

3.4 Base58-codiere die beiden Hexziffern 0047. Benutze das folgende Diagramm. Du kannst diese Übung überspringen, wenn du nicht den Abschnitt über base58 Codierung gelesen hast.

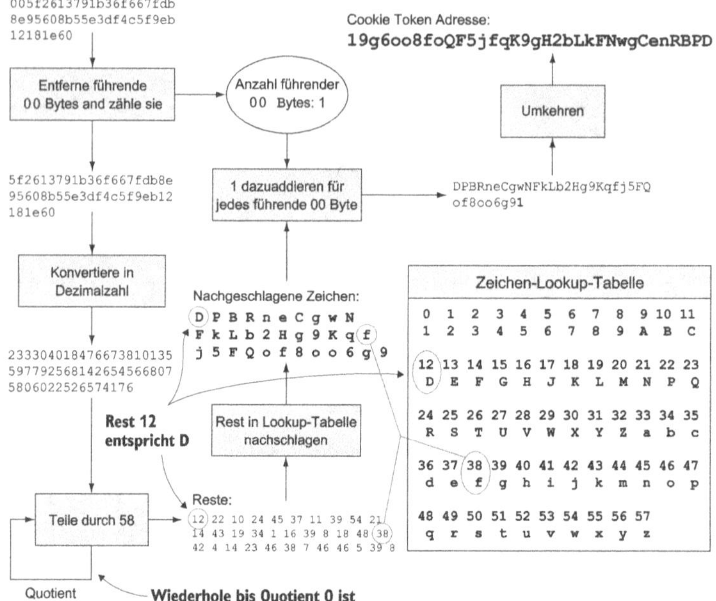

3.5 Welcher Teil der Adresse schützt sie am meisten vor Tippfehlern?

3.7.2 GRABE TIEFER

3.6 Stell dir vor, John möchte einen Keks vom Café kaufen. Er besitzt zwei Adressen: $@_1$ mit einem Kontostand von 5 CT, und $@_2$ mit 8 CT. Sein Gesamtstand ist 13 CT, also sollte er 10 CT für einen Keks bezahlen können. Gib ein Beispiel, wie er 10 Cookie Token an das Café bezahlen könnte.

3.7 Ist es möglich herzuleiten, welche Cookie Token Adressen in einer bestimmten Zahlung involviert waren, indem man das folgende Spreadsheet untersucht?

VON	AN	CT
...	...	...
5f2613791b36f667fdb8 e95608b55e3df4c5f9eb	87e3d1692022a7744bf2 406a963c656c8393b1cc	10
...	...	...

Was für Adressen?

3.8 Ist es möglich herzuleiten, welche public Keys in einer bestimmten Zahlung involviert waren, indem man nur dieses Spreadsheet untersucht?

3.9 Angenommen jeder benutzt immer einmalige Adressen für jede Zahlung. Welche Information aus dem Spreadsheet kann Acme verwenden, um die Adressen des Cafés ungefähr zu identifizieren?

3.10 Angenommen es gäbe einen ernsthaften Mangel in der public Key Ableitungsfunktion, sodass jeder aus einem public Key den private Key berechnen könnte. Was hindert in diesem Szenario einen Bösewicht daran, dein Geld zu stehlen?

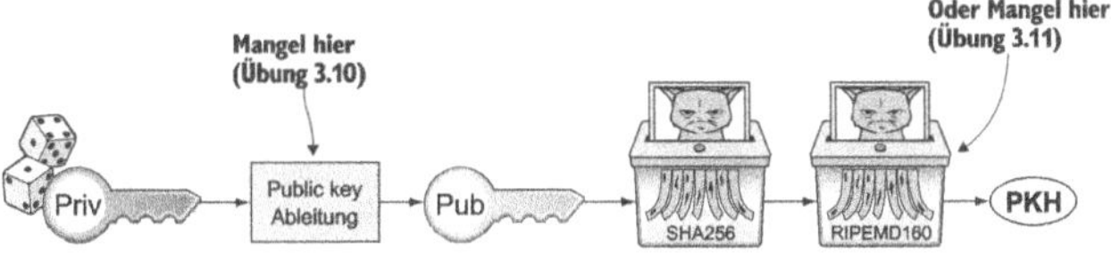

3.11 Angenommen es gäbe einen ernsthaften Mangel in RIPEMD160, sodass jeder ganz einfach ein 256 Bit Pre-image eines PKH erzeugen könnte. Das würde bedeuten, es wäre nicht Pre-Image resistent. Was hindert einen Bösewicht in diesem Szenario daran, dein Geld zu stehlen?

3.8 ZUSAMMENFASSUNG

- Privacy ist für dich wichtig, nicht nur für Kriminelle.

- PKHs statt persönliche Namen für die Empfänger von Zahlungen zu benutzen, ist sicherer und wichtig für die Privacy.

- Einen PKH als Bitcoin Adresse zu codieren, verringert dank der Checksum in der Adresse das Risiko, Geld ins Leere zu schicken.

- Nur Benutzer interessieren sich für Bitcoin Adressen. Das Bitcoin Netzwerk oder Lisa befasst sich nur mit einfachen PKHs.

- Man kann so viele Bitcoin Adressen haben wie man will. Mehrere Adressen zu benutzen, vorzugsweise eine pro empfangener Zahlung, verbessert deine Privacy.

KAPITEL 4

WALLETS

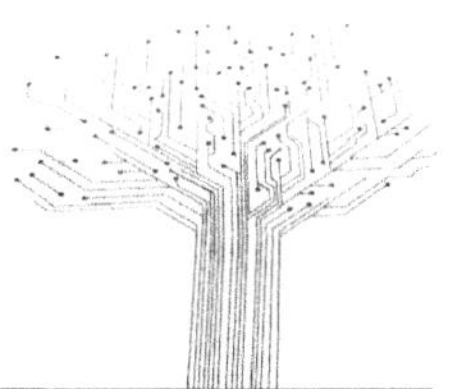

Dieses Kapitel behandelt

- Automatisieren von Zahlungen

- Erzeugen und Verwalten von Schlüsseln

- Einfache, sichere Backups anfertigen

Bisher haben wir nichts getan, um die User Experience für die Kollegen in der Firma, die das Cookie Token Spreadsheet benutzt, zu verbessern. Die Situation hat sich für die Benutzer verschlimmert, weil Mails an Lisa jetzt mehr Informationen benötigen als zu Anfang. Darüber hinaus sollen die Benutzer jetzt auch noch weitere Schritte unternehmen, um zur Verbesserung ihrer Privacy mehrere Adressen zu benutzen.

In diesem Kapitel werden wir eine mobile App bauen, die wir als *Wallet* (Abbildung 4.1) bezeichnen, welche viele der üblichen Aufgaben übernimmt, die Benutzer durchführen möchten. Dieses Wallet wird neue Adressen erzeugen, private Keys speichern, den Transfer von Adressen zwischen Benutzern vereinfachen und den Zahlungsprozess automatisieren.

Wir werden diverse Ansätze besprechen, wie man die Daten der Wallet sichern kann. Wir schauen uns auch ein neues Verfahren zur Schlüsselerzeugung an, namens *hierachical Deterministic Wallets* (HD Wallets), womit Backups total einfach werden; man braucht nur noch eine einzige Zufallszahl zu sichern, die als *Seed* oder Samenkorn bezeichnet wird, und das war es. Wir beenden das Kapitel mit einem optionalen Tauchgang tief in die Mathematik hinter public Key Ableitung.

Dieses Kapitel ändert nichts an Lisas Arbeit oder dem Spreadsheet. Wir konzentrieren uns hier auf die Benutzer.

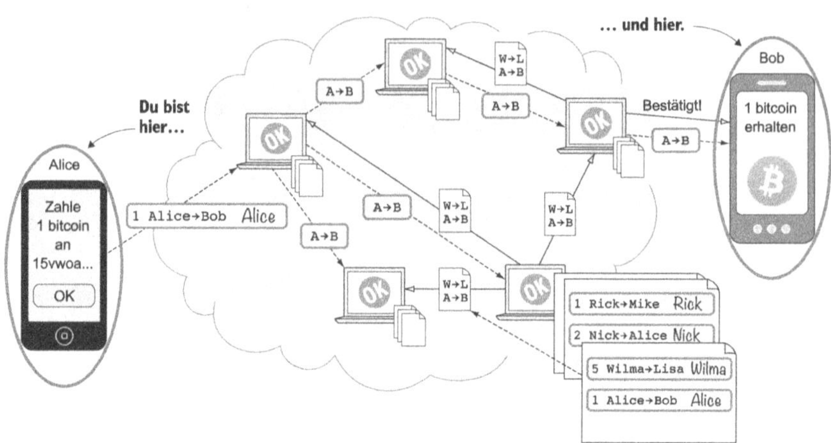

Abbildung 4.1: Bitcoin Wallets

4.1   Erste Wallet Version

Unter dir und deinen Kollegen bildet sich eine Gruppe Softwareentwickler, die eine mobile App namens *Wallet* bauen, um häufig vorkommende Aufgaben für sich und andere zu vereinfachen. Die Gruppe identifiziert die folgenden Aufgaben als die häufigsten:

Neue Adressen generieren – Benutzer müssen ab und zu neue Cookie Token Adressen erzeugen. Sie möchten vielleicht für unterschiedliche Zwecke verschiedene Adressen benutzen, oder sogar für jede einzelne Zahlung eine neue Adresse benutzen, aus Gründen der Sicherheit und Privacy.

Private Keys verwalten – Für jede erzeugte Adresse muss das Wallet den dazugehörigen private Key speichern und verwalten. Die private Keys vor Eindringlingen zu schützen ist eine heikle Angelegenheit.

Zahlungsdaten vom Empfänger zum Sender übertragen – Wenn John einen Keks kaufen will, muss er die Adresse des Cafés und den Betrag in seine App eingeben. Das von Hand einzugeben ist umständlich und fehleranfällig, also wäre es schön, wenn John die Daten stattdessen mit der Kamera einlesen könnte.

Eine Zahlung durchführen – Die App sollte in der Lage sein, eine Mail an Lisa zu schicken, die die digital signierten Zahlungsdaten enthält.

Bitcoin Wallets

Mehrere verschiedene Wallets sind für Bitcoin erhältlich. Ein paar der beliebteren sind

- Bitcoin Core
- Electrum
- GreenBits
- BRD (Bread)

Siehe Web resource 10 für eine umfassende Liste.

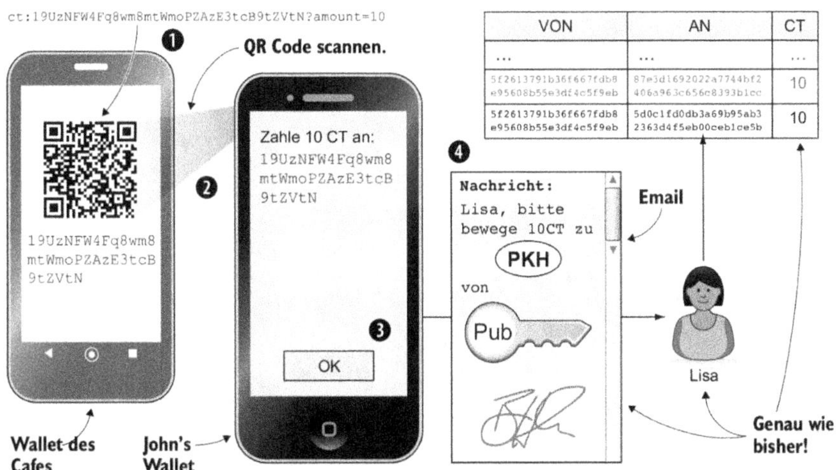

Abbildung 4.2: John kauft einen Keks mit der neuen Wallet App. Das Café generiert einen Key und zeigt John einen QR Code mit Zahlungsdetails. John scannt die Zahlungsdetails ein und tippt auf OK, um die Zahlung zu bestätigen. Johns Wallet schickt eine Mail an Lisa.

Kontostand verfolgen – Benutzer wollen wissen, wie viele Kekse sie sich leisten können. Die App sollte die Summe der Cookie Token anzeigen, die der User zur Verfügung hat.

Datensicherung der private Keys – Wenn private Keys in der App erzeugt werden, existieren sie nur in der App. Geht das Telefon verloren oder kaputt, sind die private Keys weg. Du weisst schon, was es bedeutet, wenn man seine Keys verliert, oder? Du brauchst eine Backup Möglichkeit für die private Keys.

Das Entwicklerteam baut eine erste Version der App und nennt sie das Wallet. Der Begriff *Wallet* ist nicht perfekt, weil die App eigentlich kein Geld enthält. Sie enthält die Keys, die man zum Ausgeben von Geld braucht. Das eigentliche Geld ist im Spreadsheet gespeichert. Die App ist einem physischen Schlüsselbund ähnlicher; aber der Begriff Wallet wird in der Bitcoin Welt für alles benutzt, was private Keys speichert, also sollten wir darüber wegkommen und weitermachen. Gehen wir mal die Features dieses Wallets durch.

Nehmen wir wieder mal an, dass John im Café einen Keks kaufen möchte (Abbildung 4.2). Sowohl John als auch das Café benutzen diese neue App.

Der Prozess geht durch verschiedene Schritte:

QR Codes

Quick Response (QR) Codes sind eine Möglichkeit, Text scanbar zu machen. Dieser QR Code lautet "Hello":

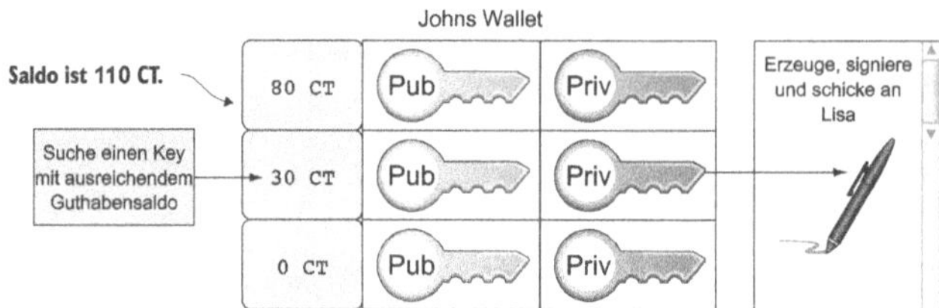

Abbildung 4.3: John hat gerade auf OK getippt, um die Zahlung zu bestätigen. Das Wallet kümmert sich um den Rest. Es sucht einen Key mit genug Guthaben und signiert eine Nachricht an Lisa. Danach mailt es die signierte Nachricht an Lisa.

1. Das Café bittet sein Wallet, eine neue Adresse zu erzeugen und 10 CT an diese Adresse zu verlangen. Diese neue Adresse und der Betrag werden auf dem Bildschirm als QR Code dargestellt. Der QR Code enthält Informationen darüber, wie viel zu zahlen ist, damit John es nicht manuell eintippen muss.

2. John zeigt mit der Kamera seines Telefons auf den QR Code, um die Zahlungsdetails zu scannen. Das Telefon scannt den *payment URI* (uniform resource identifier, eine allgemeine Spezifikation darüber, wie man Zeug identifiziert; eine Web URL ist ein Beispiel für einen URI):

```
ct:19UzNFW4Fq8wm8mtWmoPZAzE3tcB9tZVtN?amount=10
```

Dies sagt Johns Telefon, dass es das cookie token wallet (`ct:`) öffnen soll und 10 (`amount=10`) Cookie Tokens an die Adresse `19UzNFW4Fq8wm8mtWmoPZAzE3tcB9tZVtN` schicken soll.

3 Johns Wallet zeigt John die Zahlungsdetails, der sie auf Plausibilität prüft und auf OK tippt.

4 Johns Wallet erzeugt eine Mail an Lisa, die genauso aussieht wie vorher. Das Wallet sucht automatisch eine Adresse, von der aus gesendet werden soll, und signiert die Nachricht mit dem richtigen private Key. Auf Lisas Seite hat sich nichts verändert. Sie verifiziert die Zahlungen wie vorher und führt sie auch genauso aus.

Schauen wir uns genauer an, was Johns Wallet in Schritt 4 tut (Abbildung 4.3). Das Wallet tut dasselbe, was ein Benutzer in den früheren Beispielen manuell getan hätte.

Denk daran, dass das Wallet drei Schlüsselpaare verwaltet: zwei mit Guthaben und eines ohne. Mit diesem neuen Wallet können Benutzer so viele

---

BIP21

BIPs (Bitcoin Improvement Proposals, Bitcoin Verbesserungsvorschläge) werden zur Kommunikation von Ideen zwischen Entwicklern benutzt. Einige BIPs werden in Bitcoin Softwareprojekten umgesetzt, andere nicht. Alle BIPs sind verfügbar unter Web resource 9.

Bitcoin hat BIP21 als Methode übernommen, um Zahlungsdetails von einem Wallet zum anderen mittels URI zu übernehmen. Bitcoin URIs beginnen mit `bitcoin:` statt `ct:`.

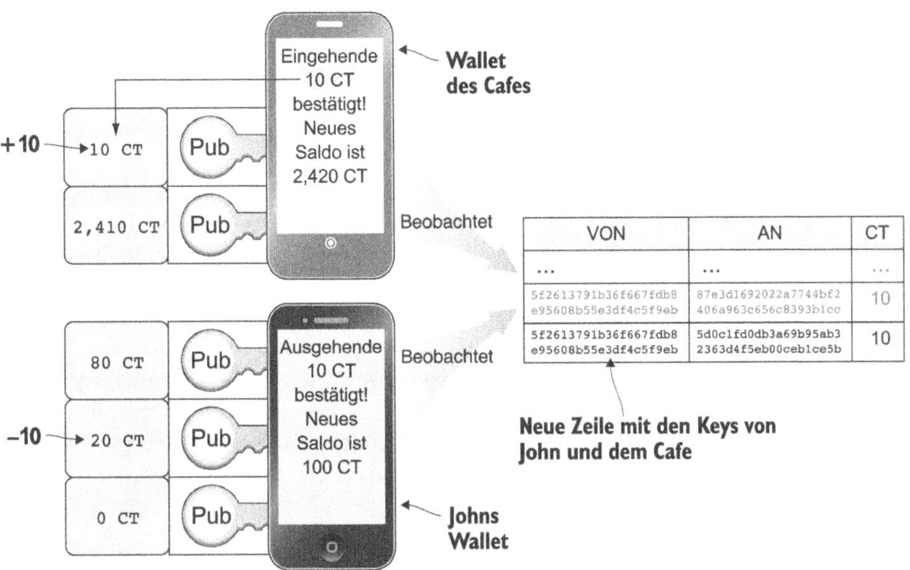

VON	AN	CT
...	...	...
5f2613791b36f667fdb8 e95608b55e3df4c5f9eb	87e3d1692022a7744bf2 406a963c656c8393b1cc	10
5f2613791b36f667fdb8 e95608b55e3df4c5f9eb	5d0c1fd0db3a69b95ab3 2363d4f5eb00ceb1ce5b	10

Abbildung 4.4: Die Wallets von John und dem Café prüfen das Spreadsheet alle paar Sekunden. Wenn ein neue Zahlung festgestellt wird, einkommend oder ausgehend, aktualisiert das Wallet den Guthabenstand der betroffenen Keys und gibt dem Benutzer bescheid.

Adressen haben, wie sie wollen, was gut für die Privacy ist. Das Wallet behält alle Adressen im Blick.

Das Wallet des Cafés sowie Johns Wallet überprüfen gelegentlich das Spreadsheet, um festzustellen, ob neue Zahlungen für einen der Wallet-schlüssel, als Absender, Empfänger oder beides vorliegen (Abbildung 4.4).

Obwohl John von der Zahlung weiss, bevor Lisa sie im Spreadsheet bestätigt hat, aktualisiert sein Wallet den Guthabenstand nicht, bis sie bestätigt ist. Warum? Lisa könnte die Zahlung zurückweisen. Vielleicht ist die Zahlung auf dem Weg verfälscht worden, oder die Mail ist in Lisas Spam Ordner gelandet, oder sie hat sie einfach nicht gesehen.

Wenn das Wallet den Kontostand aktualisiert, ohne erst die Zahlung im Spreadsheet zu sehen, könnte das John falsche Informationen geben. Das Wallet könnte allerdings so nett sein, John zu informieren, dass eine ausstehende Zahlung auf Bestätigung wartet.

> **Unbestätigte Transaktionen**
>
> *Unbestätigt* bedeutet, eine Transaktion wurde erzeugt und an das Netzwerk geschickt, aber sie ist noch nicht Teil der Bitcoin Blockchain. Du solltest dieser Zahlung nicht trauen, bis sie Teil der Blockchain geworden ist. Dasselbe gilt für Cookie Token Zahlungen–traue keiner Zahlung, die nicht im Spreadsheet steht.

4.2 PRIVATE KEY BACKUPS

Das Entwicklerteam generiert ein Feature, um die private Keys des Wallets zu sichern. Die Idee ist, dass das Wallet eine Textdatei erzeugt, die Backup-Datei, die alle private Keys enthält, und diese Datei an eine vom Benutzer angegebene Mailadresse sendet.

Stell dir vor, John möchte seine private Keys sichern. Das Wallet sammelt alle Keys, die es je erzeugt hat, und schreibt diese in eine Textdatei (Abbildung 4.5).

Die Textdatei wird an Johns Mailadresse gemailt. Findest du das problematisch? Ja, das grösste Problem ist, dass die Keys die Privacy der Wallet Applikation verlassen haben und in die Wildnis geschickt werden. Jeder mit Zugriff auf den Mailserver oder irgendwelche anderen involvierten Systeme könnte an die private Keys drankommen, ohne dass John es merkt.

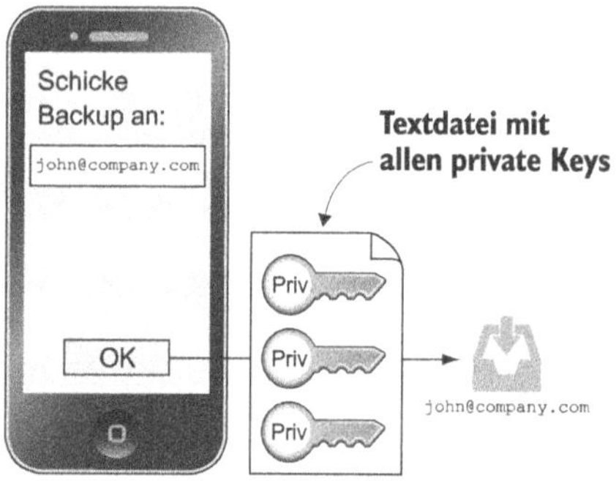

> **Wozu ein Backup?**
>
> Deine Keys enthalten dein Geld. Wenn du deine Keys verlierst, verlierst du dein Geld. Ein richtiges Backup ist *nicht* optional. Du musst sofortige, aktive Schritte unternehmen, um sicherzugehen, dass deine Keys gesichert sind; sonst verlierst du früher oder später dein Geld.

Abbildung 4.5: John sichert seine private Keys. Sie werden in einer Textdatei an seine Mailadresse gesendet.

> **Probleme**
>
> – Diebstahlrisiko
> – Exzessive Backups

Aber es gibt noch ein weiteres Problem. Sobald John eine neue Adresse erzeugt, nachdem er das Backup gemacht hat, ist diese Adresse ohne Backup. John muss ein neues Backup machen, in dem der neue Key enthalten ist. Für jeden neuen Key muss John ein neues Backup machen. Backups für jede neue Adresse zu machen, wird manchen Benutzern lästig.

Schauen wir uns ein paar einfache Lösungen für diese zwei Probleme an:

1. Schicke automatisch ein Backup, wenn eine Adresse erzeugt wurde. Das erhöht das Diebstahlrisiko, weil du mehr Backups verschickst.

2. Erzeuge vorab 100 Adressen und mache ein grosses Backup von allen. Wiederhole, wenn die ersten 100 Adressen benutzt worden sind. Das

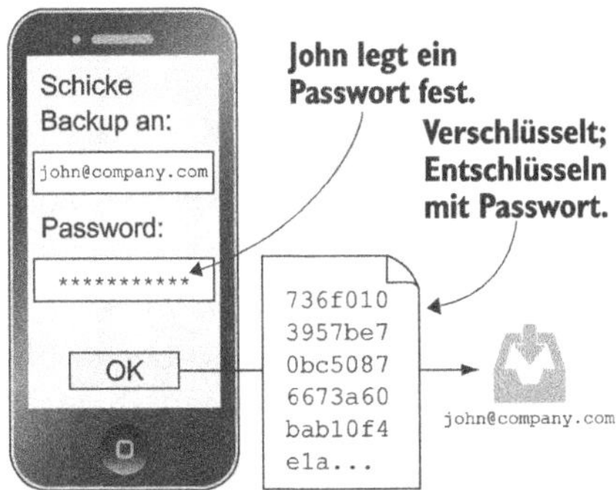

Abbildung 4.6: John sichert seine private Keys. Sie werden in einer Datei verschickt, die mit einem Passwort verschlüsselt ist, das John in sein Telefon tippt.

erhöht ebenfalls das Diebstahlrisiko, aber nicht so sehr wie Lösung 1.

3. Verschlüssele das Backup mit einem Passwort. Das sichert die Keys im Backup gegen Diebstahl.

Eine Kombination aus den Lösungen 2 und 3 scheint eine gute Strategie zu sein; man muss seltener ein Backup machen, und die Backup sind durch ein starkes Passwort geschützt.

Der Vorgang ist ähnlich wie die vorigen Prozesse, aber diesmal gibt John ein Passwort ein, das benutzt wird, um die private Keys zu verschlüsseln (Abbildung 4.6). Wenn John sein Telefon verliert, braucht er das Passwort und die Backup Datei, um seine private Keys wiederherzustellen.

Wenn John sein Telefon verliert, kann er einfach die Wallet App auf einem neuen Telefon installieren. John schickt die Backupdatei an die App und gibt sein Passwort ein; die Keys aus der Backupdatei werden entschlüsselt und seiner Wallet App hinzugefügt.

4.2.1 EIN PAAR WORTE ÜBER PASSWORTSTÄRKE

Die Stärke eines Passworts wird in *Entropie* gemessen. Je höher die Entropie, desto schwieriger ist es, das Passwort zu erraten. Das Wort *Entropie*, wie es in der Informationssicherheit verwendet wird, kommt aus der Thermodynamik und bedeutet Unordnung oder Unsicherheit. Angenommen du konstruierst ein Passwort aus 8 Zeichen aus dem Satz der folgenden 64 Zeichen:

```
ABCDEFGHIJKLMNOPQRSTUVWXYZabcdefghijklmnopqrstuvwxyz0123456789+/
```

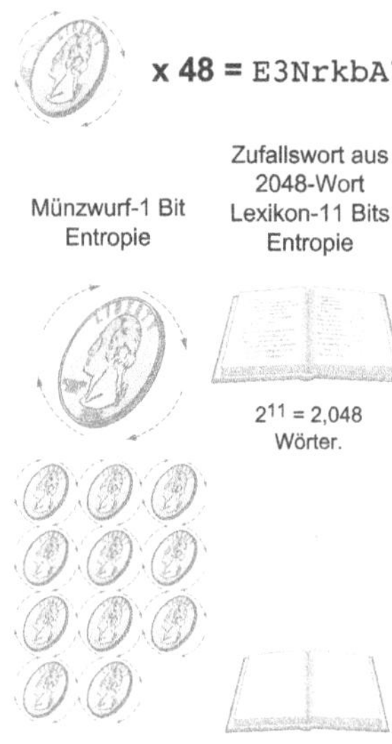

Jedes Zeichen im Passwort würde dann 6 Bits Entropie darstellen, denn es gibt $64 = 2^6$ mögliche Zeichen. Wenn du 8 Zeichen daraus zufällig wählst (nichts herauspicken, bitte!), sagen wir `E3NrkbA7`, dann wird das 8 Zeichen lange Passwort $6 \times 8 = 48$ Bits an Entropie haben. Das entspricht von der Stärke her 48 Münzwürfen.

Nimm stattdessen an, dass du zufällige Wörter aus einem Vorrat von $2^{11} = 2,048$ Wörtern heraussuchst. Wie viele Wörter brauchst du, um die 48 Bit Entropie von deinem 8 Zeichen langen Passwort zu schlagen? Vier Wörter wären nicht genug, denn das wären $4 \times 11 = 44$ Bit Entropie. Aber fünf Wörter stünden schon für 55 Bit Entropie, was besser ist als die Entropie des Passworts.

Die echte Entropie eines Passworts hängt aber auch davon ab, was der Angreifer über das Passwort weiss. Zum Beispiel, mal angenommen ein Angreifer, Mallory, stiehlt Johns verschlüsselte Backupdatei und versucht, es mit der Holzhammermethode, oder *brute force attack* zu knacken. Eine brute force attack heisst, der Angreifer geht durch alle möglichen Passwörter und rät immer und immer wieder, bis er das richtige Passwort findet. Wenn Mallory weiss, dass das Passwort genau 8 Zeichen lang ist, und dass die Zeichen zu den vorhin genannten 64 Zeichen gehören müssen, dann ist die Entropie 48 Bit. Wenn sie weiss, dass das dritte Zeichen 3 ist, sinkt die Entropie auf $6 \times 7 = 42$ Bit. Wenn Mallory auf der anderen Seite nicht weiss, wie viele Zeichen das Passwort hat, wird es schwieriger für sie, das heisst die Entropie wird höher sein.

Das gilt nur, wenn die Passwort Auswahl wirklich völlig zufällig ist. Wenn John sich Zeichen auswählt, um sich das Passwort `j0Hn4321` auszusuchen, fällt die Entropie dramatisch. Typische brute-force Angriffsprogramme probieren zuerst eine Menge bekannte Wörter und Namen in verschiedenen Variationen, bevor sie "zufälliger" aussehende Passwörter probieren. John ist ein geläufiger Name, also wird ein Angreifer eine Menge verschiedener Variationen dieses Namens probieren, sowie andere Namen und Worte. Zum Beispiel:

```
butter122 ... waLk129 ... go0die muh4mm@d
john John J0hn J0Hn J0HN j0hn j0Hn
j0hn j0Hn j0HN ... john1 ...
... john12 J0hn12 ... j0Hn321 ...
j0Hn4321
```

Bingo! Angenommen es gibt 1.000.000 geläufige Wörter und Namen, und jedes Wort kommt durchschnittlich in 100.000 Variationen. Das sind 100 Milliarden verschiedene Passwörter zum Ausprobieren, was etwa 37 Bit Entropie entspricht; für 100 Milliarden Versuche braucht ein High-End

Desktop Computer ein paar Tage. Sagen wir, der Einfachheit halber, dass es einen Tag dauert. Benutzt John ein echtes Zufallspasswort, dann ist die Entropie für den Angreifer 48 Bit. Das wären rund 2.000 Tage, oder etwa 5,5 Jahre, um das Passwort zu knacken.

4.2.2 PROBLEME MIT PASSWORTGESCHÜTZTEN BACKUPS

Der Prozess für passwortgeschützte Backups klappt ziemlich gut, führt aber auch neue Probleme ein:

Mehr Zeug, das abgesichert werden muss. John muss sich jetzt um zwei Dinge kümmern: die Backupdatei und ein Passwort. In der ersten Version wurde nur eine Backupdatei benötigt.

Vergessenes Passwort Passwörter, die selten benutzt werden, wie das bei Backup-Passwörtern der Fall ist, werden irgendwann vergessen. Du kannst sie auf Papier schreiben und an einem sicheren Ort aufbewahren, um das Problem zu lindern. Du kannst sie auch mittels eines Passwort-Managers wie LastPass oder KeePass speichern.

Technologische Fortschritte Im Laufe der Zeit entsteht neue Hardware und Software, die das Knacken von Passwörtern beschleunigt. Wenn dein acht-Zeichen-Passwort vor fünf Jahren noch sicher war, ist es heute nicht mehr gut genug. Passwörter brauchen mehr Entropie, weil sich die Technologie verbessert. Du kannst deine Backupdateien alle zwei Jahre mit einem stärkeren Passwort neu verschlüsseln, aber das ist ein komplizierter Prozess, den wenige Benutzer schaffen werden.

Zufall ist schwierig Sich zufällige Passwörter zu überlegen ist wirklich schwer. Wenn die App John nach einem Passwort fragt, muss er adhoc eines produzieren. Er hat keine Zeit dazu, 48 mal eine Münze zu werfen, um ein gutes Passwort zu generieren. er wird höchstwahrscheinlich irgendetwas mit viel weniger Entropie erfinden. Ein Weg, damit zurechtzukommen ist, dass das Wallet John ein generiertes Passwort gibt. Aber sich dieses Passwort zu merken ist wahrscheinlich viel schwieriger als bei einem selbstgenerierten Passwort, was die Wahrscheinlichkeit für ein vergessenes Passwort erhöht.

Anscheinend musst du dir immer noch ein gutes Schema einfallen lassen, um mit Backups zurechtzukommen. Geben wir uns aber nicht mit dieser halbgaren Lösung zufrieden–es gibt bessere Ansätze.

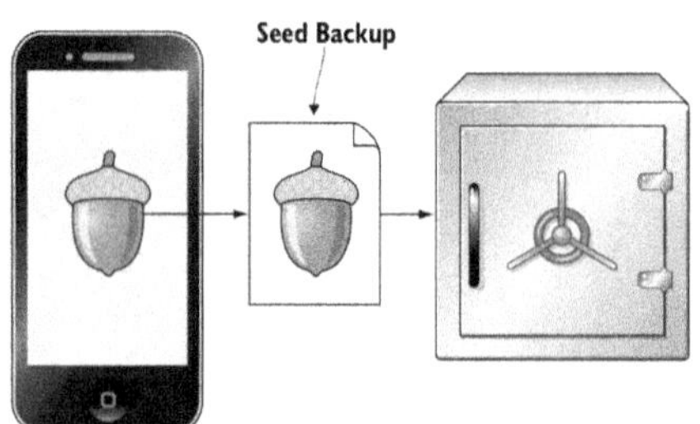

Abbildung 4.7: Sichern eines Seeds. So möchte man Backups machen.

4.3 HIERARCHISCHE DETERMINISTISCHE WALLETS

BIP32

Dieser Abschnitt beschreibt einen Standard namens BIP32, der bei Bitcoin Wallet Software weit verbreitet ist. Die BIPs sind online verfügbar unter Web resource 9.

BIP44

BIP44, Multi-Account Hierarchie für Deterministische Wallets, beschreibt, welche Zweige des Baums für welche Zwecke benutzt werden. Lasst uns für den Moment mal die von Rita gewählte Key-Organisierung benutzen.

Indizes

Computer Programmierer benutzen oft den Begriff *Index*, um eine Position in einer Liste zu bezeichnen. Es ist normalerweise nullbasiert, was bedeutet, der erste Eintrag in der Liste hat den Index 0, der zweite den Index 1 und so weiter. Wir benutzen im gesamten Buch nullbasierte Indizes.

Einer der schlaueren Entwicklerinnen in der Firma, einer Kryptografin, fiel eine neue Art ein, Keys zu erzeugen, um die Backup-Situation zu entschärfen und völlig neue Features zu Wallets zu bringen.

Ihr wird klar, dass wenn alle private Keys in einer Wallet aus einer einzigen Zufallszahl namens *Random Seed*–Zufalls-Samenkorn–erzeugt würden, das gesamte Wallet dadurch gesichert werden könnte, dass man den Seed auf ein Stück Papier schreibt und sicher verwahrt (Abbildung 4.7).

Sie spricht mit einigen anderen Kryptografen, und sie entscheiden sich für eine Strategie. Sie werden ein HD Wallet programmieren. Im Grunde werden die Keys dabei als Baumstruktur organisiert, bei dem ein Key die Wurzel des Baumes ist, und diese Wurzel eine beliebige Anzahl an Kind-Bäumen–Child Keys–haben kann. Jedes Child kann wiederum eine riesige Menge an eigenen Kindern haben, und so weiter.

Angenommen Rita will ihre Keys deren Zweck entsprechend organisieren und fünf Keys zur Benutzung beim Shoppen im Café und drei Keys zum Sparen erzeugen. Abbildung 4.8 zeigt, wie ihre Child-Keys organisiert werden könnten.

Die Keys sind als Baum strukturiert, aber es ist ein umgedrehter Baum, weil Computer Geeks so normalerweise ihre Bäume zeichnen. Jedenfalls wird die Wurzel des Baumes (an der Spitze) als *Master private Key* bezeichnet. Es ist der Key, von dem der ganze Rest an Keys abgeleitet wird. Der Master private Key hat zwei *Child Keys*: einen, der das Shoppingkonto repräsentiert (links, in Abbildung 4.8) und einen, der das Sparkonto repräsentiert (rechts). Jeder dieser Child Keys hat jeweils eigene Kinder. Das Shoppingkonto hat fünf, und das Sparkonto hat drei Kinder. Diese acht Kinder haben keine

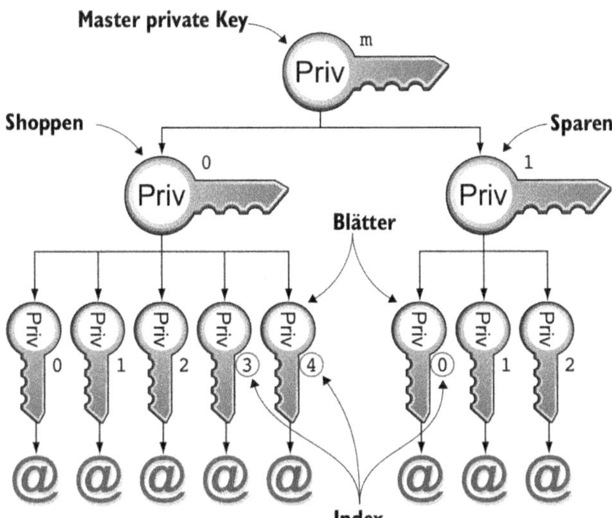

Abbildung 4.8: Rita generiert zwei Konten, mit fünf Adressen im Shopping-Konto und drei Adressen im Sparkonto.

weiteren eigenen Kinder, weshalb sie als *Blätter* des Baumes bezeichnet werden. Die Blätter sind die private Keys, die Rita benutzt, um Cookie Token abzulegen, also wird für jeden dieser acht private Keys eine Adresse generiert.

Schau wie die Keys in den Bäumen numeriert sind. Jede Kindmenge wird von 0 an aufsteigend numeriert. Damit bekommt jeder Key einen eindeutigen Identifikator. Zum Beispiel wird der erste, *index* 0, Sparkonto-Key mit m/1/0 bezeichnet. m ist eine Besonderheit und bezeichnet den Master private Key.

Wie wird eine solche Baumstruktur erreicht? Schauen wir uns die Erstellung von einigen Teilen des Baumes einmal an.

Drei wichtige Prozesse laufen ab, um den Baum zu erzeugen, wie Abbildung 4.9 zeigt:

1. Ein Zufalls-Seed von 128 Bit Länge wird generiert. Aus diesem Seed wächst später der gesamte Baum hoch (äh, runter).

2. Der *Master extended private Key* wird aus dem Seed abgeleitet.

3. Die *extended private Keys* unterhalb des Master extended private Keys werden abgeleitet.

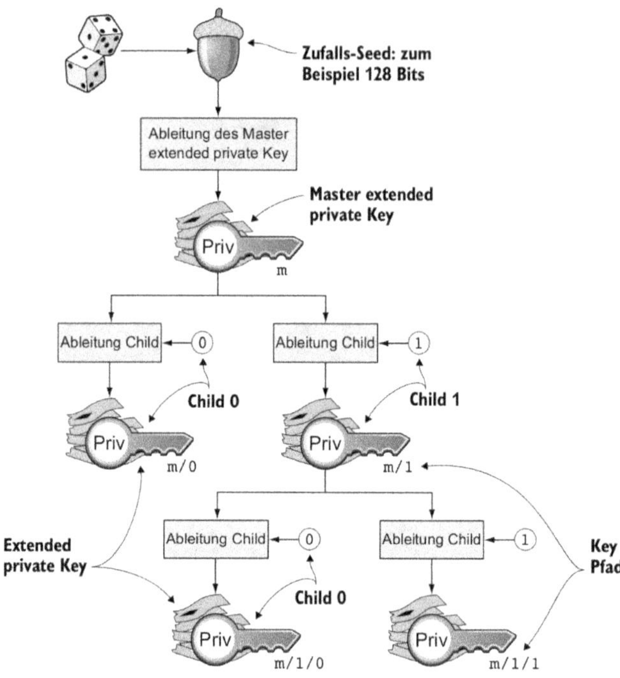

Abbildung 4.9: Erzeugung des ersten von Ritas drei Sparkonto-Keys. Ein Zufalls-Seed wird zur Erzeugung eines Master extended private Keys benutzt, mit dem dann die child extended private keys generiert werden.

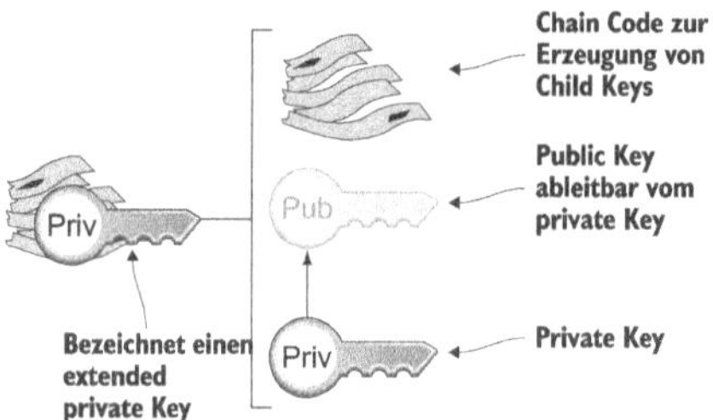

Abbildung 4.10: Ein xprv besteht aus einem private Key und einem Chain Code.

Ein *extended private Key* (xprv) enthält zwei Bestandteile: einen private Key und einen Chain Code (Abbildung 4.10).

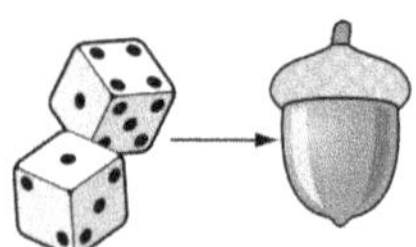

Der private Key ist nicht von einem private Key der alten Generation zu unterscheiden, wie er direkt von einem Zufallszahlengenerator erzeugt worden war. Man kann ihn benutzen, um einen public Key und eine Cookie Token Adresse zu erzeugen. Normalerweise macht man Adressen nur aus den Blättern, aber man könnte auch interne Keys dazu benutzen. Der andere Teil des xprv ist der Chain Code. Ein Chain Code besteht aus den

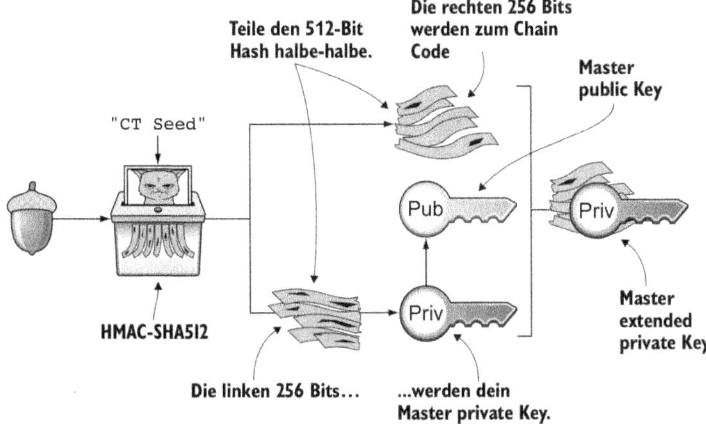

Abbildung 4.11: Ableitung von Ritas master xprv. Der Seed ist mit HMAC-SHA256 gehasht. Der resultierende Hash von 512 Bit wird in die linken 256 Bits, die den Master private Key ergeben, und die rechten 256 Bits, die zum Chain Code werden, aufgespalten.

rechten 256 Bit eines 512 Bit Hashes, daher das rechte-Hälfte Hash Icon im Bild. Zu der Erzeugung dieses Hashes kommen wir gleich. Der Sinn des Chain Codes ist, Entropie zur Erzeugung eines Child xprv zur liefern. Der Master xprv unterscheidet sich nicht von anderen xprvs, aber wir geben ihm einen besonderen Namen, weil er der Urahn aller Keys im Baum ist. Er wird aber auch auf andere Art erzeugt.

In Schritt 1 wird der Zufalls-Seed auf die gleiche Weise erzeugt, wie in Kapitel 2, als wir private Keys erzeugt haben. In diesem Beispiel generieren wir 128 Bit Zufallsdaten, aber es könnten genausogut auch 256 Bit sein, je nachdem, welche Sicherheitsstufe du willst–128 Bit reichen für die meisten Benutzer. Du siehst später, wie die Wahl der Seedgrösse Einfluss auf den Backup-Prozess haben wird: ein längerer Seed bedeutet, man muss während des Backups mehr auf Papier schreiben. Wir kommen in Abschnitt 4.5 darauf zurück.

Schritte 2 und 3 verdienen ihre eigenen Abschnitte.

4.3.1 Ableitung eines Master extended private Key

Schauen wir uns die Erzeugung eines Master xprv näher an (Abbildung 4.11).

Um einen neuen Master private Key zu erzeugen, wird der Seed mit HMAC-SHA512 gehasht (HMAC ist die Abkürzung für Hash Based Message

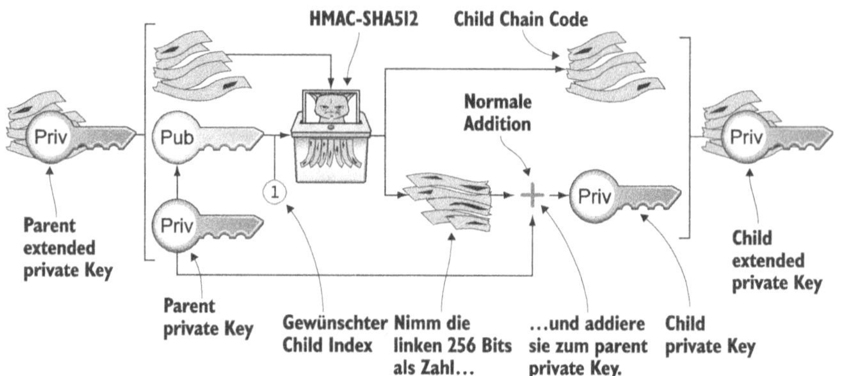

Abbildung 4.12: Ableitung eines Child xprv von einem Parent xprv. Der public Key des Parent und der gewünschte Index werden zusammen gehasht. Der Parent private Key wird der linken Hälfte des Hashes hinzugefügt und die Summe wird zum Child private Key. Die rechte Hälfte wird zum Child Chain Code.

<table>
<tr><td>

"CT seed"?

Ein HMAC benötigt zwei Inputs: einen Wert zum Hashen und einen Key. Du hast oder brauchst keinen Key für den Master xprv, da du alle benötigte Entropie bereits im Seed hast. in Abbildung 4.11 übergibst du `CT seed` , damit der HMAC *irgendetwas* bekommt. Ein Key wird später benötigt, wenn du Kinder vom Master xprv ableitest.

</td></tr>
</table>

Authentication Code), was einen 512 Bit Hashwert ergibt. HMAC-SHA512 ist eine spezielle kryptografische Hashfunktion, die neben dem normalen einfachen Input noch einen Key erwartet. Aus Benutzersicht kann man HMAC-SHA512 als normale kryptografische Hashfunktion betrachten, aber als eine mit mehreren Inputs. Der Hashwert wird in die linken 256 Bit und die rechten 256 Bit aufgespalten. Die linken 256 Bit werden zum Master private Key, was ein normaler private Key ist.; er heisst nur *Master* private Key, weil alle anderen private Keys von diesem einzelnen private Key abgeleitet werden (sowie vom Chain Code). Die rechten 256 Bit werden der *Chain Code*, der im nächsten Schritt benutzt wird, um die Kinder vom Master xprv abzuleiten.

4.3.2 ABLEITEN EINES CHILD EXTENDED PRIVATE KEY

Du hast Ritas Master xprv erzeugt. Es ist Zeit, den Child xprv abzuleiten, der die drei Sparkonto-Keys bündelt. Die direkten Kinder eines xprvs können in beliebiger Reihenfolge abgeleitet werden. Leiten wir den Sparkonto-Key `m/1` zuerst ab. Der Vorgang, um ein Child xprv von einem Parent xprv abzuleiten, ist wie folgt (Abbildung 4.12):

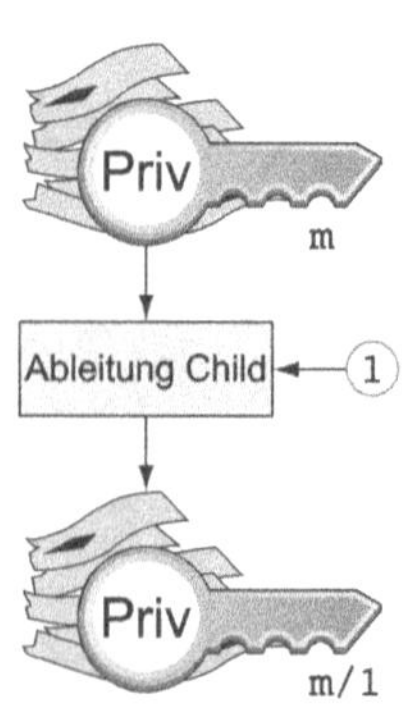

1. Der gewünschte Index wird an den Parent public Key angehängt.

2. Der public Key und der Index werden zum Input für HMAC-SHA512. Der Parent Chain Code agiert als vorübergehende Entropiequelle für die Hashfunktion. Zur Vereinfachung stell dir einfach vor, dass drei verschiedene Stücke von Daten zusammen gehasht werden.

3. Der 512 Bit Wert wird in zwei Hälften aufgespalten:

- Die linken 256 Bits werden addiert, mittels normaler Addition (modulo 2^{256}) zum Parent private Key. Die Summe wird der Child private Key.

- Die rechten 256 Bits werden der Child Chain Code.

4. Der Child private Key und der Child Chain Code zusammen ergeben den Child xprv.

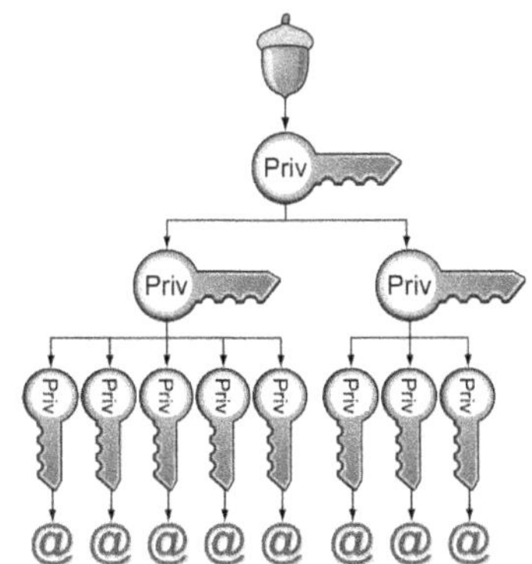

Derselbe Prozess wird für alle Children und Grandchildren des Master xprv benutzt, bis man alle Keys hat, die Rita in ihrem Wallet haben wollte.

Du fragst dich vielleicht, wozu man die Addition braucht–warum nimmt man nicht einfach die linken 256 Bits als Child private Key? Der 512 Bit Hash wird vom public Key und dem Chain Code–zusammen als *extended public Key* (xpub) bezeichnet–und dem Index berechnet. Du siehst später, wie der xpub in weniger sicheren Umgebungen, zum Beispiel auf einem Web Server, zur Erzeugung eines ganzen Baumes von *public* Keys benutzt werden kann. Man muss den Parent private Key zu den linken 256 Bit addieren, damit jemand, der den xpub besitzt, keine Child private Keys generieren kann.

4.4 Wo waren wir?

Erinnern wir uns nochmal, warum wir hier sind: um ein Wallet zu erzeugen, das den Benutzern das Leben einfacher macht (Abbildung 4.13).

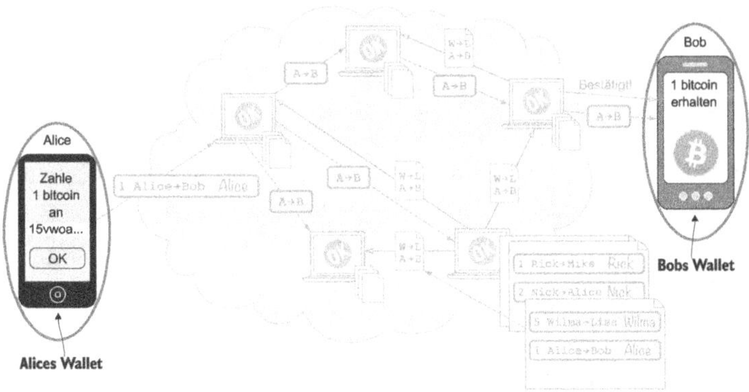

Abbildung 4.13: Du bis dabei, ein tolles Wallet für Benutzer zu schreiben.

Die Hauptaufgaben eines Wallets sind

- Private Keys verwalten

- Neue Adressen generieren

- Zahlungsdaten vom Empfänger zum Sender übertragen

- Eine Zahlung durchführen

- Kontostand verfolgen

- Datensicherung der private Keys

Wir haben die ersten fünf Punkte abgehandelt, sind aber mit den Backups noch nicht ganz fertig. Wir haben uns gerade Ableitung oder Derivation angeschaut, was die Basis für bessere Backups ist.

4.5 ZURÜCK ZU BACKUPS

Du willst einen sicheren, einfachen Weg, um private Keys zu sichern. Du hast ein HD Wallet erzeugt, um eine beliebige Menge an private Keys aus einem einzelnen Seed herzuleiten. Was muss Rita mindestens sichern, um alle Keys in ihrem Wallet zurückzugewinnen, wenn sie das Wallet verliert? Richtig: den Seed (und die Baumstruktur, siehe Rand). Solange sie den Seed sicher verwahrt, kann sie immer alle ihre Keys regenerieren.

Angenommen, Ritas 128 Bit (16 Byte) Seed ist

```
16432a207785ec5c4e5a226e3bde819d
```

Und die Key Pfade?

Um die Keys zurückzugewinnen, brauchst du auch ihre Pfade. In Bitcoin sind diese Pfade in BIP44 standardisiert. Wenn ein Wallet diesen Standard verwendet, weisst du implizit die Pfade aller Keys.

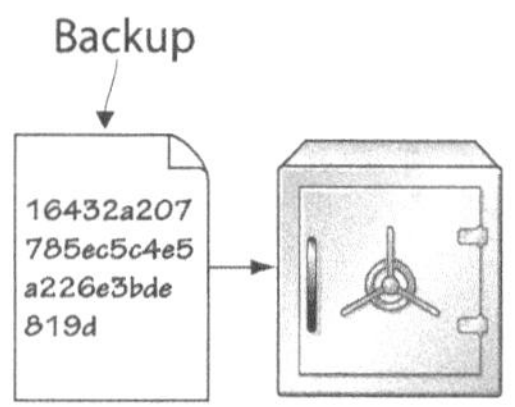

Es ist viel einfacher, diese 32 Hexziffern auf Papier aufzuschreiben als ihre acht private Keys. Aber der grösste Gewinn ist, dass Rita das einmal aufschreiben und dann in den Safe tun kann. Solange das Papier sicher aufbewahrt ist, ist ihr Wallet sicher gegenüber versehentlichem Verlust. Sie kann sogar neue Key aus demselben Seed erzeugen, ohne ein weiteres Backup anfertigen zu müssen.

Aber es ist immer noch schwierig, das ohne Tippfehler abzuschreiben. Was ist, wenn Rita einen Tippfehler macht und dann ihr Wallet verliert? Sie würde ihre Keys nicht wiederherstellen können! Man braucht etwas noch Einfacheres, das noch kompatibler mit der Arbeitsweise von Menschen ist.

4.5.1 Mnemonische Sätze

Erinnere dich daran, dass ein Seed eine Abfolge von Bits ist. Zum Beispiel ist Ritas Seed 128 Bit lang. Was, wenn man das auf menschenfreundlichere Art codierenn könnte? Man kann!

Ritas Wallet kann den Seed als Abfolge von 12 englischen Wörtern darstellen, die als *mnemonic sentence* oder *mnemonischer Satz* (Merksatz) bezeichnet werden:

BIP39

Die meisten Bitcoin Wallets benutzen mnemonische Sätze als Backup. Diese sind in BIP39 standardisiert. Vorher benutzten Wallets typischerweise passwortgeschützte Dateien mit allen Keys, was für eine Menge Kopfschmerzen gesorgt hat.

```
Seed: 16432a207785ec5c4e5a226e3bde819d
Mnemonic: bind bone marine upper gain comfort
          defense dust hotel ten parrot depend
```

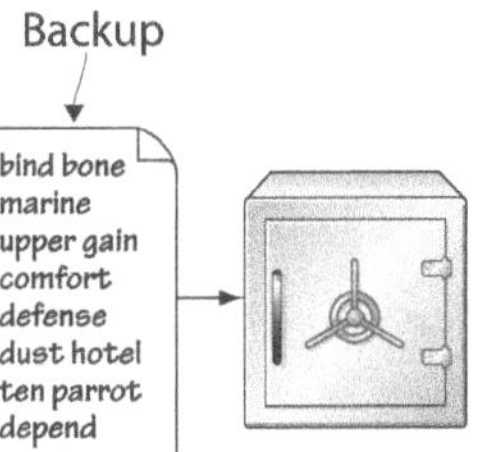

Dieser mnemonische Satz codiert den Seed auf eine menschenlesbare Art. Es ist viel zugänglicher, 12 Wörter hinzuschreiben, als kryptischen Hexcode. Wenn Rita ihr Wallet verliert, kann sie die Wallet App auf einem anderen Telefon installieren und den Seed aus diesen 12 Wörtern regenerieren.

4.5.2 Codieren des Seeds in einen mnemonischen Satz

WARNUNG!

Wir untersuchen, wie diese Codierung funktioniert. Es ist wirklich spassig, aber wenn dir dieser Abschnitt zu tief geht, dann kannst du einfach den letzten Abschnitt glauben und vorwärts springen zu Abschnitt 4.6.

Das Codieren beginnt mit dem Zufalls-Seed, wie in Abbildung 4.14 gezeigt. Der Seed wird mit SHA256 gehasht, und die ersten 4 Bits des Hashes–in diesem Fall 0111–werden an den Seed angehängt. Diese 4 Bits dienen as Checksum. Dann arrangieren wir die Bits in 12 Gruppen zu 11 Bit, wobei jede Gruppe eine Zahl im Bereich 0 bis 2047 codiert. Elf Bits können

$2^{11} = 2,048$ verschiedene Werte darstellen, erinnerst du dich?

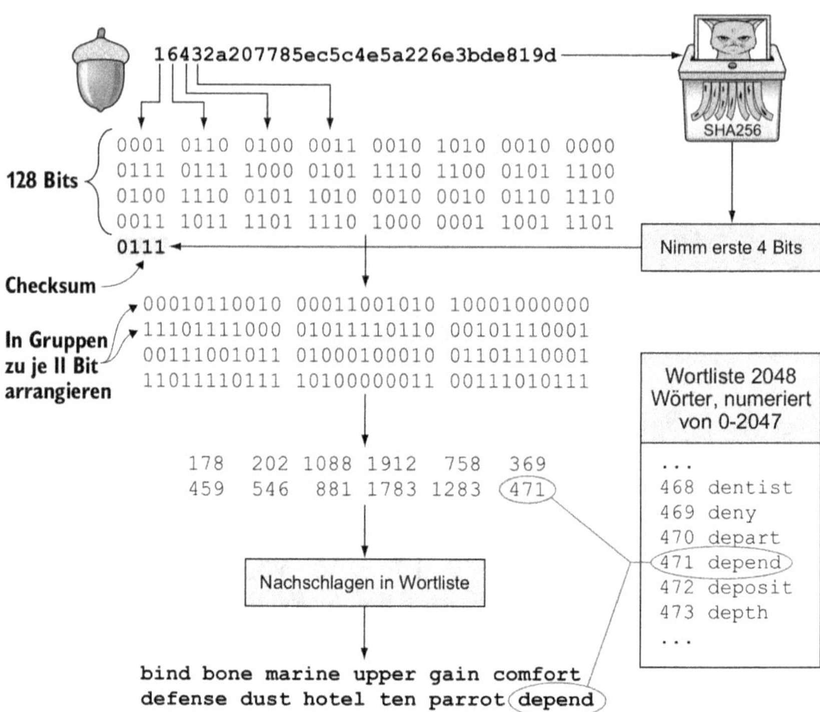

Abbildung 4.14: Codieren eines Zufalls-Seeds als 12-Wort mnemonic sentence. Der Seed wird mit Checksum versehen und zu jeder Gruppe von 11 Bit wird in einer Liste von 2048 Wörtern ein Wort nachgeschlagen.

Die 12 Zahlen werden in einer standardisierten Wortliste aus 2048 Wörtern nachgeschaut, die von 0 bis 2047 durchnummeriert ist. Du findest diese Liste in BIP39 auf Web resource 9; sie enthält gängige englische Wörter. Nachdem du alle 12 Zahlen dort nachgeschaut hast, besitzt du den mnemonic sentence.

Der Satz bedeutet nichts besonderes. Es sind einfach 12 zufällige Wörter, so wie der hex-codierte Seed auch aus 32 zufälligen Hexziffern besteht.

Ritas Wallet zeigt ihr den mnemonic sentence, und sie schreibt die 12 Wörter auf ein Stück Papier. Sie legt das Papier in einen Safe und kümmert sich wieder um ihren Alltag.

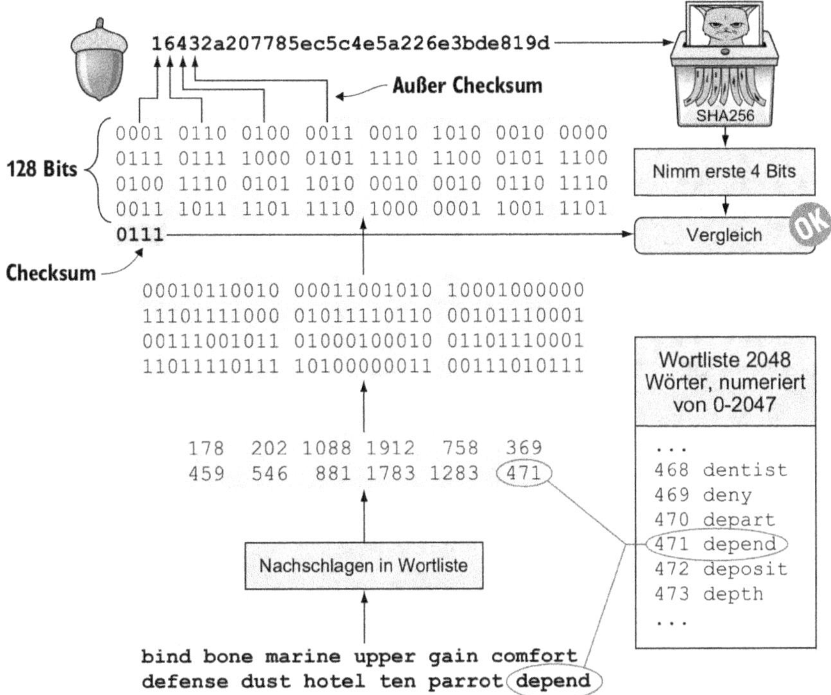

Abbildung 4.15: Decodieren eines mnemonic sentence in einen Seed.

4.5.3 Decodieren eines mnemonic sentence zu einem Seed

Am nächsten Tag fällt Rita das Telefon ins Meer und verschwindet in der Tiefe. Sie hat ihr Wallet verloren! Aber Rita macht sich keine grossen Sorgen. Sie kauft ein neues Telefon und installiert die Wallet App. Sie wählt die Funktion zum Restaurieren des Seeds aus einem Backup. Das Wallet bittet um den mnemonic sentence. Sie schreibt

```
bind bone marine upper gain comfort
defense dust hotel ten parrot depend
```

in die Wallet App. Die App decodiert den Satz, indem sie den Codierprozess umkehrt. Rita kann ihre Keys aus dem decodierten Seed regenerieren, wie Abbildung 4.15 zeigt.

Das Decodieren benutzt die 4 Bit Checksum, um sicherzustellen, dass alles stimmt. Wenn Rita versehentlich als letztes Wort deposit anstelle von **depend** schreibt, wird die Checksum *wahrscheinlich* nicht passen, weil sie das falsche Wort am Ende geschrieben hatte. Wenn sie **depends** statt **depend** schreibt, wird das Decodieren definitiv scheitern, weil es das Wort **depends** in der Wortliste gar nicht gibt.

Die Checksum ist ziemlich schwach–4 Bit ergeben nur 16 mögliche Checksums. Ein falsch geschriebener mnemonic sentence, in dem alle Wörter in der Wortliste vorkommen, hat daher eine 1/16 Wahrscheinlichkeit, nicht entdeckt zu werden. Das scheint ziemlich schlecht zu sein. Aber die Wahrscheinlichkeit, dass man solch einen Satz schreibt, ist ziemlich klein, denn die falsch geschriebenen Wörter müssten in der Wortliste vorkommen. Das verringert das Risiko eines ungültigen mnemonic sentence beim Wiederherstellen.

4.6 EXTENDED PUBLIC KEYS

Rita hat ihr Wallet aus einem 128 Bit Seed erzeugt, den sie mit einem mnemonic sentence von 12 Worten gesichert hat. Ihr Wallet kann eine beliebige Anzahl an private Keys aus diesem Seed erzeugen. Sie kann diese nach Belieben in verschiedene "Konten" organisieren. Sehr schön. Aber HD Wallets haben noch ein weiteres Feature: Man kann einen Baum von public Key und Chain Codes erzeugen, ohne irgendeinen private Key zu kennen.

Angenommen, der Cafébesitzer verwendet ein HD Wallet. Er möchte die Kekse auf seiner Webseite verkaufen und diese an die Cubicles der Kollegen liefern.

Aus Gründen der Privacy muss der Web Server für jeden erkauf eine neue Cookie Token Adresse anzeigen können, aber woher bekommt er die Adressen? Das Café könnte einen xprv für einen *Onlineverkauf* Konto in seinem HD Wallet einrichten und den xprv auf den Web Server legen, wie in Abbildung 4.16 gezeigt.

Der Web Server kann jetzt neue Adressen erzeugen, wenn Bestellungen eingehen. Toll! Aber was ist, wenn Mallory, die Gaunerin, sich Zugang zum Massenspeicher des Web Servers verschafft? Sie kann dann alles Geld in allen Adressen im Onlineverkauf Konto stehlen. Sie kann aber nicht von irgendeiner anderen Adresse im Baum stehlen. Zum Beispiel kann sie nicht irgendeinen Key im *Thekenverkauf* Konto berechnen, weil sie keinen Zugang zum Master xprv hat, der benötigt wird, um Keys für das Thekenverkauf Konto und all dessen Children zu berechnen.

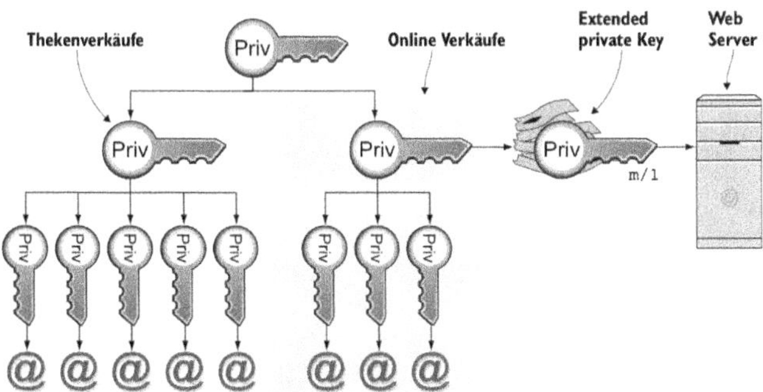

Abbildung 4.16: Das Café kopiert seinen Onlineverkauf xprv auf den Web Server.

Typische Web Server sind anfällig für Hackversuche, weil sie normalerweise von überall in der Welt aus zugänglich sind. Geld auf einem Web Server zu speichern, würde vermutlich eine Menge Hacker einladen. Früher oder später würde es jemandem gelingen, Zugang zum Massenspeicher des Web Servers zu erlangen und den xprv zu stehlen.

Aus diesem Grund möchte das Café vermeiden, private Keys auf dem Web Server liegen zu haben. Dank des HD Wallets ist dies durch Benutzung von xpubs möglich (Abbildung 4.17).

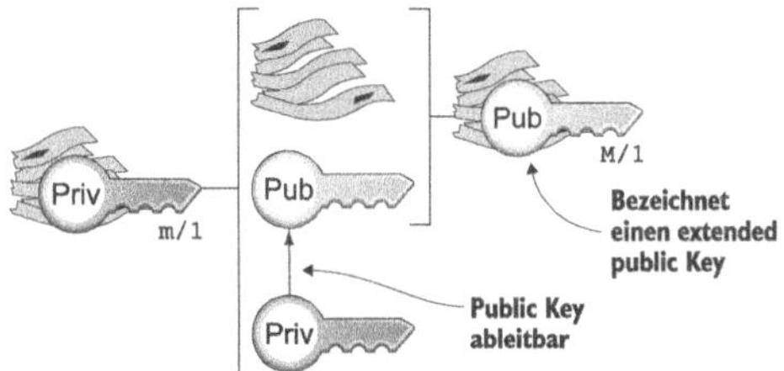

Abbildung 4.17: Ein xpub besteht aus einem public Key und einem Chain Code.

Ein xpub ist ähnlich wie ein xprv, aber der xpub enthält einen public Key und einen Chain Code, wohingegen der xprv einen private Key und einen Chain Code enthält. Beide haben denselben Chain Code. Man kann einen xpub aus einem xprv erzeugen, aber nicht umgekehrt einen xprv aus einem xpub. Das liegt daran, dass die public Key Ableitungsfunktion eine Einbahnfunktion ist; ein public Key kann von einem private Key abgeleitet werden, aber ein private Key nicht umgekehrt von einem public Key.

Das Café legt den xpub M/1 auf den Web Server. Per Konvention benutzen wir M, um einen xpub Pfad zu bezeichnen und m für einen xprv Pfad. M/1 und m/1 haben denselben Chain Code, aber M/1 hat nicht denselben private

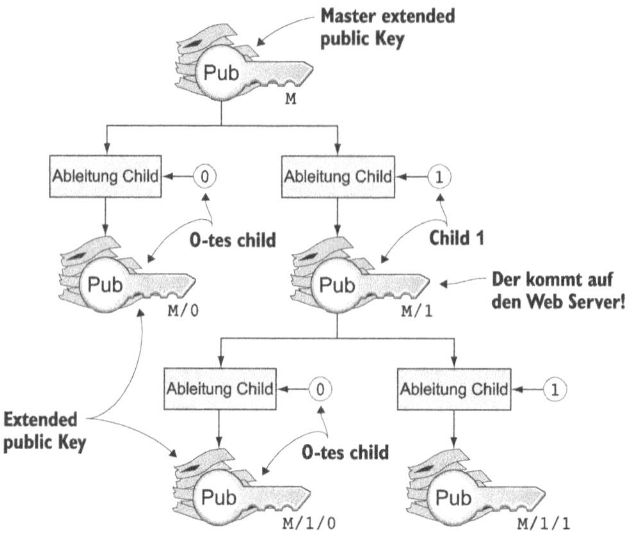

Abbildung 4.18: Erzeugung des Baums von xpubs aus dem Master xpub. Das allgemeine Muster ist dasselbe wie beim Generieren von xprvs, aber die Child-Ableitungsfunktion ist eine andere.

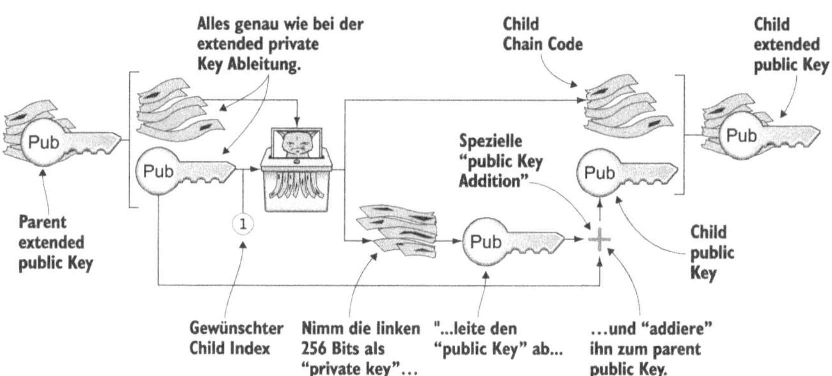

Abbildung 4.19: Xpub Ableitung. Die Addition des private Keys bei der xprv Ableitung wird durch "Addition" des public Keys ersetzt.

xprv Ableitung

Key, nur den public Key. Man kann den gesamten xpub Baum aus dem Master xpub erzeugen (Abbildung 4.18), was bedeutet, man kann alle und jede Adresse ohne irgendeinen private Key erzeugen. Man kann Adressen erzeugen, aber von diesen Adressen kein Geld ausgeben.

Das sieht genauso aus wie vorher, als du den Baum aus xprvs erzeugt hast. Der Unterschied ist, dass du keine private Keys hast. Wie Abbildung 4.19 zeigt, werden die xpubs anders erzeugt als die xprvs. Bitte vergleiche dies mit der Ableitung von xprvs.

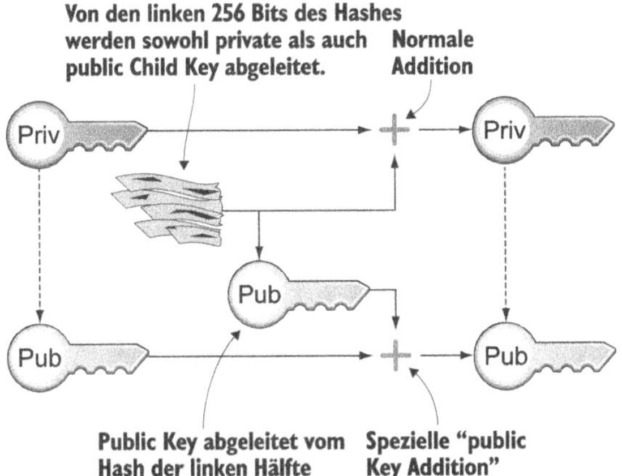

Abbildung 4.20: Das Plus auf der private Seite hat ein korrespondierendes Plus auf der public Seite. Der Parent private Key plus irgendein Wert ergibt den Child private Key. Der Parent public Key plus der public Key, der von demselben Wert abgeleitet wurde, ergibt den Child public Key.

Dies ähnelt der xprv Herleitung. Der Unterschied liegt in dem, was mit den linken 256 Bit des 512 Bit Hashes geschieht. Um den Child public Key zu berechnen, behandelt man die linken 256 Bit so, als wären sie ein private Key, und leitet einen public Key aus ihnen ab. Dieser public Key wird dann mittels der *public Key Addition* zum Parent public Key addiert. Das Ergebnis ist der Child public Key. Vergleichen wir einmal die Child public Key Ableitung mit der Child private Key Ableitung (Abbildung 4.20) ab dem Punkt nach der Erzeugung der linken 256 Bit des HMAC-SHA512 Hashes.

Für den private Key wird die normale Addition benutzt. Man addiert eine 256 Bit Zahl zum Parent private Key, um den Child private Key zu erhalten. Aber um das Ergebnis im Bereich der 256 Bit Zahlen zu halten, benutzt man Addition *modulo* 2^{256}.

Die Addition, die zum Ableiten des Child public Key benutzt wird, ist nicht gerade das, was die meisten Leute (mich eingeschlossen) gewöhnt sind. Wir gehen in Abschnitt 4.8 näher darauf ein.

4.7 ABLEITEN VON GEHÄRTETEN PRIVATE KEYS

WARNUNG!

Dieser Abschnitt ist anspruchsvoll. Wenn du es schwierig fandest, xprv Ableitung und xpub Ableitung zu verstehen, schlage ich vor, dass du diesen Abschnitt überspringst und direkt zu Abschnitt 4.8 springst. Du brauchst diesen Abschnitt nicht, um den Rest des Buches zu verstehen.

Dieser Abschnitt erklärt, wie man ein Sicherheitsproblem mit der normalen xprv Ableitung verhindern kann.

Das Online Geschäft des Cafés läuft prima. Die Leute bestellen Kekse wie verrückt! Das online Verkaufskonto wächst, mit einem neuen public Key für jede Bestellung. Der xpub für die online Verkäufe liegt auf dem Web Server, und der xprv liegt nur im Wallet des Cafés (und in einem weggeschlossenen mnemonic sentence).

Angenommen Mallory stiehlt irgendwie den private Key m/1/1, der nur 10 CT enthält. Dann mag das zwar harmlos aussehen, weil dieser private Key so wenig Geld kontrolliert. Aber es könnte schlimmer sein als das. Falls es Mallory ausserdem schafft, den xpub vom online Verkaufskonto des Web Servers zu stehlen, dann kann sie den *xprv des online Verkaufskontos ausrechnen*, wie man in Abbildung 4.21 sieht.

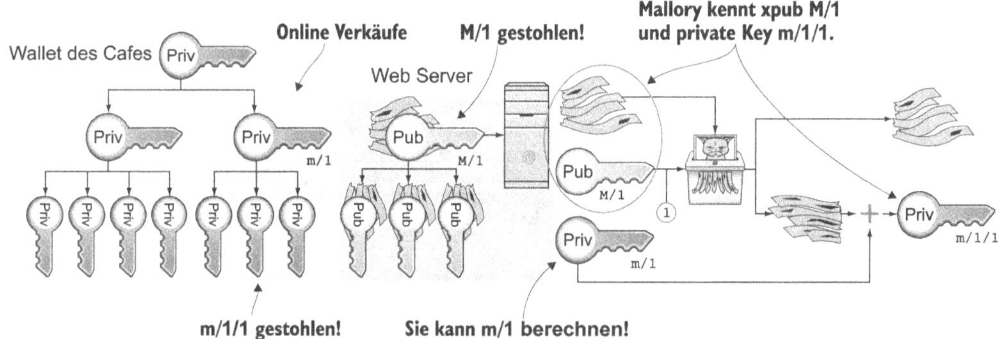

Abbildung 4.21: Mallory hat den private Key m/1/1 vom Café gestohlen und den Parent xpub vom Web Server. Jetzt kann sie das gesamte Geld im online Verkaufskonto stehlen.

Weisst du noch, wie die xprv Ableitungsfunktion normale Addition benutzt, um einen Child private Key aus einem Parent private Key zu berechnen?

$m/1+$ linker halber Hash von Index $1 = m/1/1$

Das kann man auch schreiben als

$m/1/1$ – linker halber Hash von Index $1 = m/1$

Mallory hat alles, was sie braucht, um die linke Hashhälfte für jeden beliebigen Child Index von M/1 zu berechnen, den sie will, aber sie weiss nicht, welchen Index ihr gestohlener private Key hat, also beginnt sie bei Index 0:

$m/1/1$ – linker halber Hash von Index $0 =$ ein private Key

Sie leitet den public Key von diesem private Key ab und stellt fest, dass es nicht zu M/1 passt, also war 0 nicht der korrekte Index. Sie probiert dann Index 1:

$m/1/1$ – linker halber Hash von Index $1 =$ noch ein private Key

Dieser private Key leitet sich zu M/1 ab. Bingo! Sie hat den private Key m/1 für das online Verkaufskonto. Der xprv teilt sich den Chain Code mit dem xpub, also hat sie auch den xprv für m/1, und sie kann den Baum von private Keys für das Konto berechnen. Mallory stiehlt das gesamte Geld vom online Verkaufskonto. Nicht gut.

Jetzt überleg mal, was passieren würde, wenn Mallory den Master xpub hätte. Sie könnte mit derselben Technik den Master xprv aus dem Master xpub und m/1/1 ableiten. Mallory könnte dann alle private Keys von allen Konten im gesamten Wallet rekreieren. Können wir etwas tun, um ein solches Katastrophenszenario zu verhindern? Ja, mit *noch einer Key Ableitungsfunktion*! Diese neue Ableitungsfunktion heisst *gehärtete xprv Ableitung*.

Angenommen, das Café möchte verhindern, dass Mallory auf den master xprv zugreift, selbst wenn sie den master xpub und einen privaten Schlüssel im Online Verkaufskonto hat. Das Café kann den xprv für das Online Verkaufskonto mithilfe der gehärteten xprv Ableitung generieren, wie

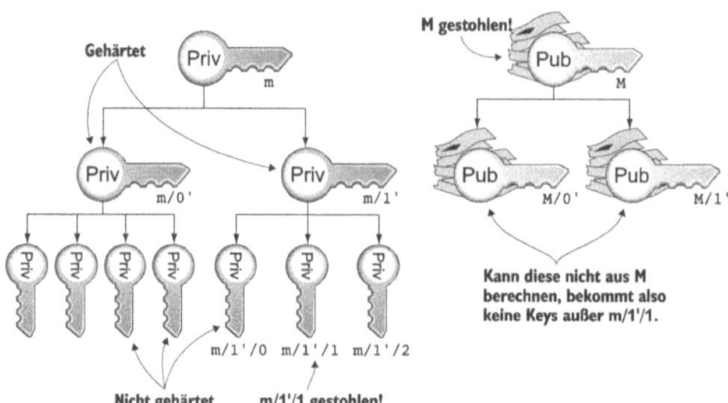

Abbildung 4.23: Der master xpub kann nicht zur Erzeugung von Child Keys benutzt werden, weil m/0' und m/1' gehärtete Keys sind.

Abbildung 4.22 zeigt.

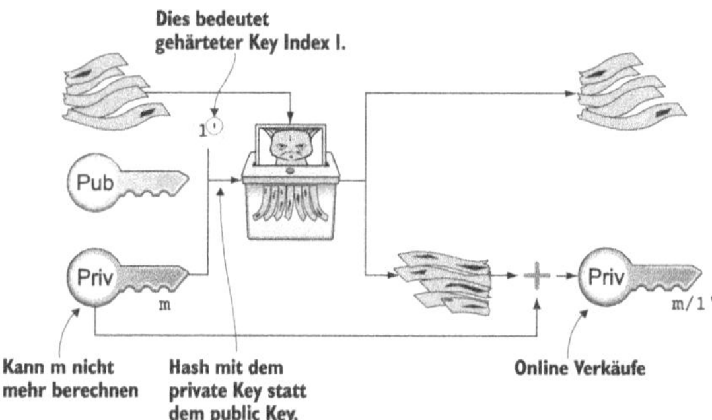

Abbildung 4.22: Ableitung eines gehärteten Child xprv für das online Verkaufskonto. Man benutzt den Parent private Key als Input für die Hashfunktion anstelle des public Key.

Das Apostroph in m/1' ist kein Tippfehler: Es wird benutzt, um eine gehärtete Key Ableitung auszeichnen. Der Unterschied ist, dass man bei gehärteter Key Ableitung den *private* Key anstelle des public Key hasht. Ein Angreifer kann den "minus" Trick nicht mehr anwenden, weil der Hash vom Parent private Key abgeleitet ist. Mallory kann die linke Hashhälfte zum Subtrahieren nicht mehr ausrechnen, weil sie den Parent private Key nicht kennt. Abbildung 4.23 illustriert das Ergebnis.

Das bedeutet auch, man kann keinen gehärteten Child xpub von einem Parent xpub erzeugen. Man muss den Parent xprv haben, um irgendwelche Child Keys zu generieren, public oder private. Die Abkömmlinge von m/1' können nicht als gehärtete Keys abgeleitet werden, denn das setzt voraus, dass das Café den private Key m/1' auf den online Web Server legt, was unsicher wäre. Nichtgehärtete Blatt Keys im online Verkaufskonto machen das Café empfindlich dagegen, dass ein Angreifer `m/1'/1` und `M/1'` stiehlt. Wenn das passiert, können alle Coins in dem Konto gestohlen werden. Mit einem gehärteten xprv löst man das Problem von gestohlenen `M` und `m/1'/1`, aber nicht den Fall von gestohlenen `M/1'` und `m/1'/1`.

4.8   Public Key Mathematik

Dieser Anschnitt steigt tiefer in die Mathematik hinter public Keys ein. Wir beginnen damit, wie ein public Key aus einem private Key durch *public Key Multiplikation* hergeleitet wird. Spätere Abschnitte werden dann ausführen, wie Child xprv Ableitung mittels *public Key Addition* funktioniert und wie public Keys in Bitcoin codiert werden.

4.8.1   Public Key Multiplikation

WARNUNG!

Ich werde versuchen, dieses Thema in einfachen Begriffen zu erklären, aber wenn du glaubst es ist zu schwer, dann überspring diesen Abschnitt und springe zu Abschnitt 4.9.

Denk zurück an vorhin, als du in Kapitel 2 einen public Key aus einem private Key hergeleitet hast. Ich habe dir da eigentlich gar nicht gesagt, *wie* der public Key abgeleitet wurde. Das werde ich stattdessen hier probieren.

Ein public Key in Bitcoin ist eine ganzzahlige Lösung zu folgender Gleichung:

$$y^2 = x^3 + 7 \quad mod(2^{256} - 4294968273)$$

Viele solcher Lösungen existieren, ungefähr 2^{256} davon, also vereinfachen wir, indem wir stattdessen die Lösungen zu $y^2 = x^3 + 7 \quad mod11$ (Abbildung

4.24) benutzen.

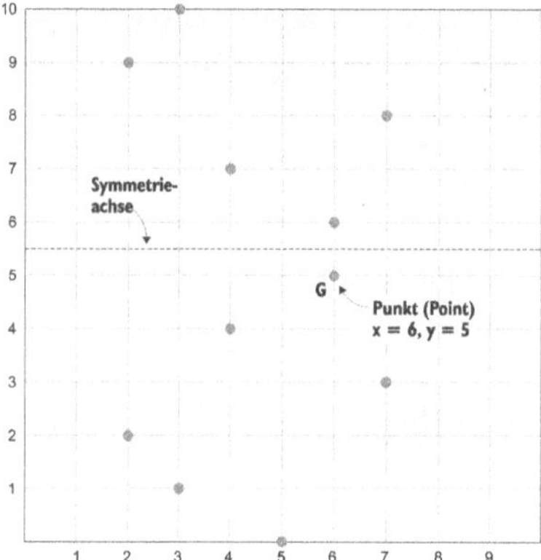

Abbildung 4.24: Ganzzahlige Lösungen der elliptischen Kurve $y^2 = x^3 + 7 \bmod 11$. Jede Lösung ist ein public Key.

Kurve? Ich sehe nur Punkte.

Sie wird als *Kurve* bezeichnet, weil in der durchgehenden, realen Welt der reellen Zahlen die Lösungen eine Kurve wie diese hier bilden würden:

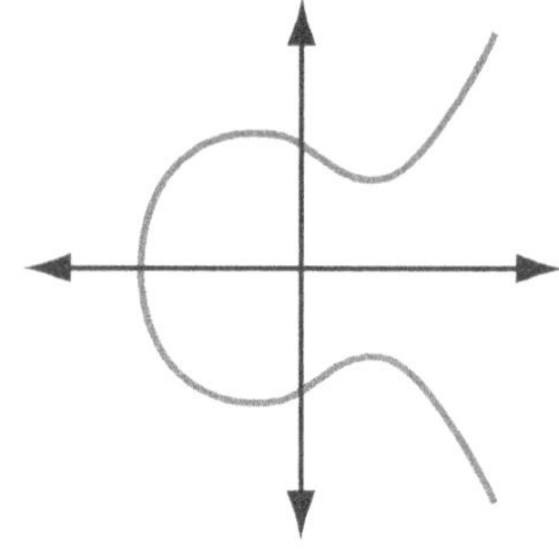

Gibt es immer einen dritten Punkt?

Ja, es ergibt sich immer eine Gerade, die einen dritten Punkt schneidet. Das ist eine der wichtigen Eigenschaften dieser Kurve.

Die vorangegangenen Gleichungen sind Beispiele einer Klasse von Gleichungen, die als *Elliptische Kurven* bezeichnet werden, und eine Lösung wird oft ein *Punkt auf der Kurve* genannt. Du kannst jetzt einen public Key, der ein Punkt auf der Kurve ist, aus einem private Key berechnen. Um dies zu tun, beginnst du an einem bestimmten Punkt, $G = (6,5)$, auf der Kurve. G wurde mehr oder weniger willkürlich ausgesucht, ist aber allen als Ausgangspunkt für die public Key Herleitung wohlbekannt. *Der public Key ist der private Key multipliziert mit G.*

Angenommen dein private Key ist 5. Dann ist dein public Key $5G$.

Um diese Multiplikation auszurechnen, brauchst du zwei grundlegende public Key Operationen: Addition und Verdopplung, wobei Verdopplung als Addition des Punktes zu sich selbst betrachtet werden kann.

Um zwei Punkte zu addieren (Abbildung 4.25) ziehst du eine Gerade, die an den Rändern des Diagramms "umgebrochen" wird und die sowohl deine beiden Punkte schneidet als auch einen dritten Punkt. Dieser dritte Punkt ist das negative Resultat der Addition. Um das Endresultat der Addition zu erhalten, nimmst du den symmetrischen Punkt am selben x Wert.

Das Ergebnis von $(6,5) + (2,2)$ ist $(7,8)$. Die Gerade zwischen den beiden Punkten schneidet den Punkt $(7,3)$. Der komplementäre Punkt zu $(7,3)$ ist $(7,8)$, was das Ergebnis der Addition ist.

Einen Punkt zu verdoppeln (Abbildung 4.26) heisst, ihn zu sich selbst zu addieren, aber eine Steigung kann nicht aus einem einzigen Punkt

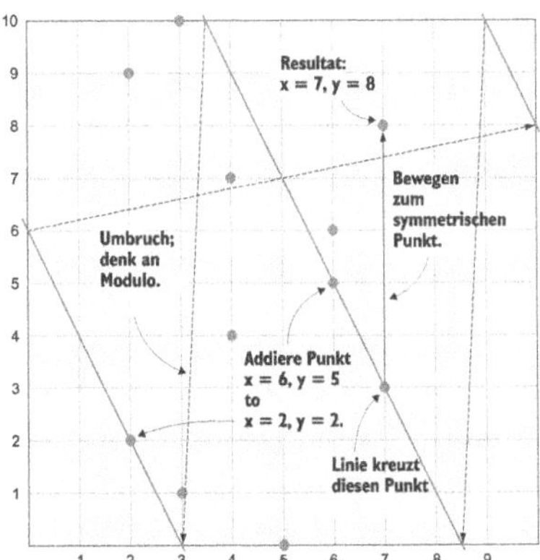

Abbildung 4.25: Punktaddition. Du addierst (x,y) = (6,5) zu (2, 2), indem du eine Gerade durch diese ziehst, die einen dritten Punkt schneidet.

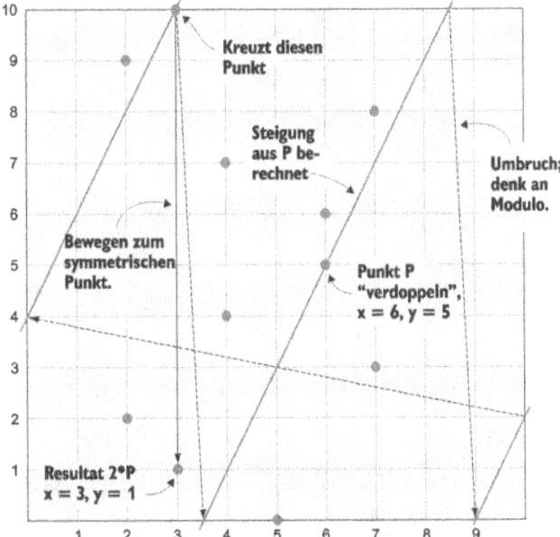

Abbildung 4.26: Punktverdopplung. Um einen Punkt P zu verdoppeln, ziehe eine Gerade durch P mit einer speziellen Steigung, die aus P berechnet wird. Die Linie schneidet einen weiteren Punkt, (3,10). Der komplementäre Punkt, (3, 1), is das Verdopplungsergebnis.

berechnet werden. In diesem Spezialfall berechnet man die Steigung aus dem Einzelpunkt $P = (6,5)$ durch $3 \times x^2 \times (2y)^{-1} \quad mod \quad 11 = 2$. Der Vorgang ist fast derselbe wir bei der Addition zweier unterschiedlicher Punkte, aber die Steigung wird anders berechnet.

Mit diesen zwei Grundoperationen, Addition und Verdopplung, kann man die Multiplikation von 5 und G herleiten. In binärer Form ist 5

$$101_{binary} = 1 \times 2^2 + 0 \times 2^1 + 1 \times 2^0$$

Der public Key ist dann

$$5G = 1 \times 2^2 \times G + 0 \times 2^1 \times G + 1 \times 2^0 \times G$$

Fange bei G an und berechne den resultierenden public Key Punkt, indem du die Terme von links nach rechts durchgehst:

1. Berechne $2^0 \times G = 1 \times G = G$. Einfach. Jetzt merke dir diesen Punkt.

2. Berechne $2^1 \times G = 2 \times G$. Dies ist eine Punktverdopplung des zuvor gemerkten Punktes G aus Schritt 1. Merke dir den Punkt. Weil vor $2^1 \times G$ eine 0 steht, tust du momentan nichts damit. Aber merke dir den Punkt.

3. Berechne $2^2 \times G = 2 \times 2 \times G$, was eine Verdopplung des zuvor gemerkten Punktes $2 \times G$ ist. Weil vor $2^2 \times G$ eine 1 steht, addierst du dieses Resultat zum Ergebnis von Schritt 1.

Kurz gesagt basiert Multiplikation auf einer Abfolge von Additions- und Verdopplungsoperationen.

> **Rechner für Elliptische Kurven**
>
> Es gibt einen schicken Rechner für elliptische Kurven bei Web resource 11, mit dem man spielen kann, um ein besseres Gefühl dafür zu bekommen, wie das Ganze funktioniert.

4.8.2 WARUM IST DAS SICHER?

Der Multiplikationsvorgang ist relativ einfach durchzuführen; es braucht ungefähr 256 Schritte für 256 Bit lange private Keys. Aber das umzukehren ist eine völlig andere Geschichte. Es gibt keinen bekannten Weg, den private Key durch Punkt-"Division" (zum Beispiel, Punkt $(6,6)$ "geteilt durch" G). Der einzige bekannte Weg besteht darin, verschiedene private Keys auszuprobieren und zu sehen, ob dessen public Key derjenige ist, den du suchst. Das macht die public Key Ableitung zu einer Einbahnfunktion.

4.8.3 XPUB HERLEITUNG

Du hast gesehen, wie ein normaler public Key aus einem private Key durch public Key Multiplikation hergeleitet werden kann. Aber wie kann die Addition eines Parent public Keys zu einem public Key, der aus den linken 256 Bits abgeleitet wurde, den Child public Key ergeben? Siehe Abbildung 4.27.

Du kannst dich überzeugen, dass das funktioniert, indem du sowohl die normale public Key Herleitung als auch die Child public Key Herleitung im selben Bild betrachtest: siehe Abbildung 4.28.

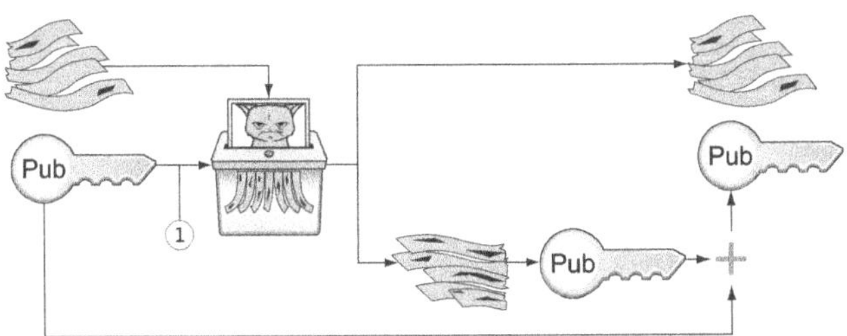

Abbildung 4.27: Der Child public Key wird durch Addition des Parent public Key zu dem public Key, der aus den linken 256 Bits abgeleitet wurde, erzeugt.

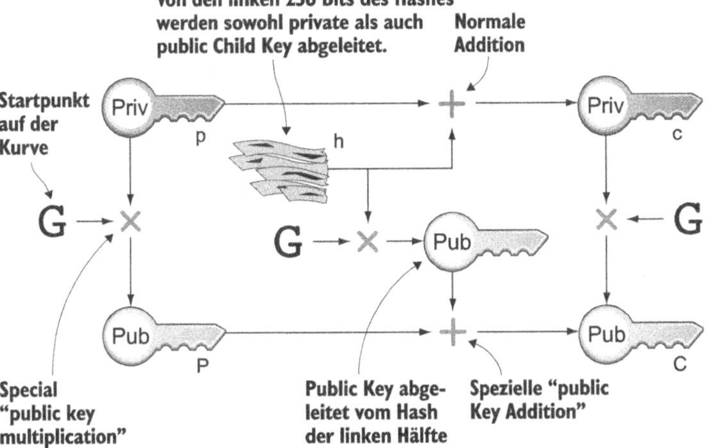

Abbildung 4.28: Xpub Herleitung und normale public Key Herleitung. Ein normaler public Key ist der Startpunkt G multipliziert mit einem private Key. Ein Child public Key ist der Parent public Key addiert zu dem public Key, der aus der linken Hashhälfte abgeleitet wurde.

Das Schöne an elliptischen Kurven ist, dass die spezielle public Key "Addition" Operation ein bisschen funktioniert wie eine normale Addition. Dasselbe gilt für die spezielle public Key "Multiplikation". Man kann daher einige Gleichungen lösen:

$$c = p + h \quad C = Gh + Gp = G(h + p) = Gc$$

Das Ergebnis, $C = Gc$, ist genau wie man den public Key C vom private Key c ableiten kann.

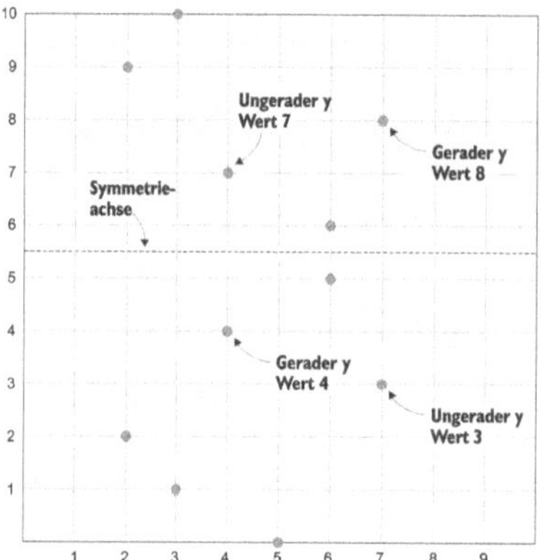

Abbildung 4.29: Jeder Punkt auf der Kurve besitzt einen symmetrischen Punkt am selben x Wert.

4.8.4 PUBLIC KEY CODIERUNG

Erinnerst du dich daran, dass Johns public Key wie eine riesige Zahl aussah?

`035541a13851a3742489fdddeef21be13c1abb85e053222c0dbf3703ba218dc1f3`

Das sieht nicht wie ein Koordinatenpaar aus, oder? Der public Key wird auf eine bestimmte Art codiert. Aufgrund der Symmetrie existieren exakt zwei Punkte für jeden Wert von x, einer mit einem geraden y Wert und einer mit einem ungeraden y Wert (Abbildung 4.29).

Man braucht die y Werte nicht zu speichern, sondern nur, ob der y Wert gerade oder ungerade it. Das geschieht, indem man dem x Wert eine 02 (gerade) oder 03 (ungerade) voranstellt. In Johns Fall ist der y Wert ungerade, also lautet das Prefix 03.

Deshalb sind public Keys 33 Bytes und nicht 32 Bytes lang. Es ist eine 256 Bit Zahl–die x Koordinate–mit einem Byte als Prefix, das die Geradzahligkeit oder Parität angibt.

Die Kurve in der Abbildung hat einen einzelnen Punkt $x = 5, y = 0$. Das sieht nicht symmetrisch aus, aber es ist eine sogenannte *Doppel-Wurzel* der Kurve—zwei Punkte mit dem selben y von 0. Sie sind symmetrisch, weil sie dieselbe Strecke von 5.5 von der Symmetrielinie entfernt sind. In diesem Fall benutzen beide Punkte 02, weil 0 eine gerade Zahl ist.

4.9 Zusammenfassung

Schauen wir zurück, was wir in diesem Kapitel gelernt haben. Ein HD Wallet generiert einen Baum von Keys aus einem zufälligen, sogenannten Random Seed. Es kann Härtung benutzen, um die verschiedenen Zweige des Baumes voneinander zu isolieren.

Benutzer sichern ihre Keys, indem sie den Random Seed in Form von 12 bis 24 englischen Wörtern auf Papier schreiben und es sicher verwahren.

Das Café akzeptiert Cookie Token in seinem Online Shop. Es legt nur den xpub für das online Verkaufskonto, M/1', auf den Web Server, der nun so viele Adressen generieren kann wie nötig, ohne dafür einen private Key zu benötigen. Die private Keys liegen im Wallet des Cafés und berühren niemals den Webserver.

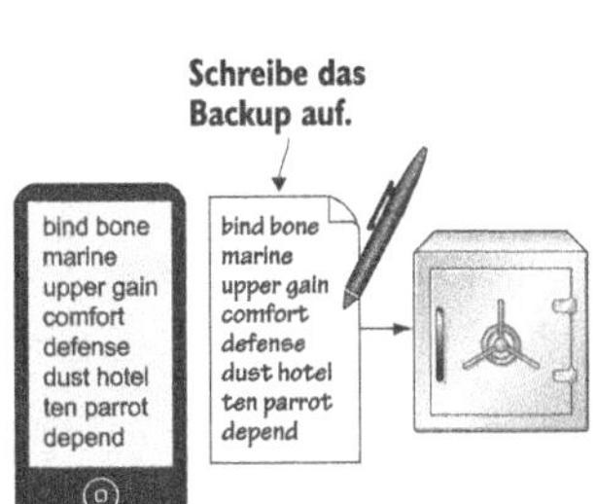

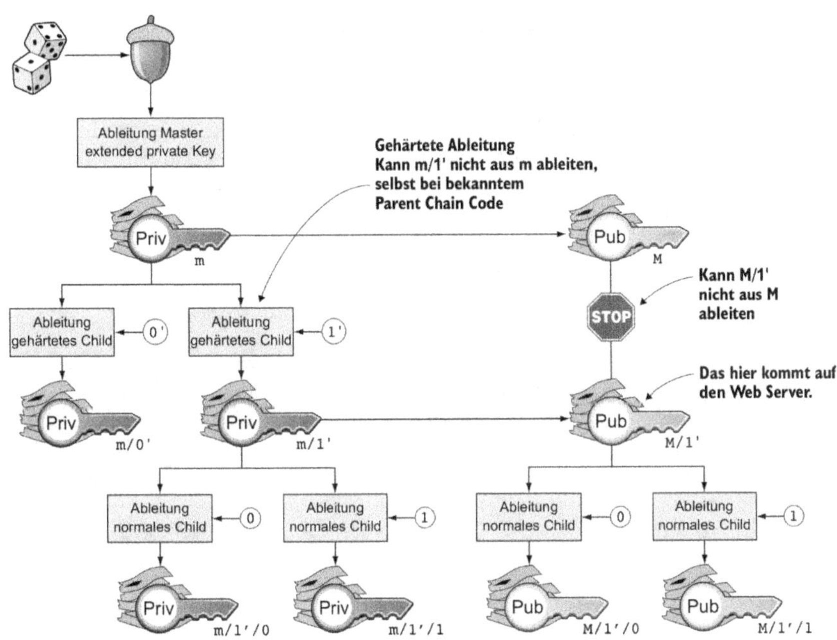

4.9.1 Systemänderungen

Unsere Konzepttabelle (Tabelle 4.1) wird in diesem Kapitel nicht aktualisiert. Die Wallets, die hier beschrieben sind, funktionieren im Grunde genauso wie sie es in Bitcoin tun, nur schicken sie Mails an Lisa anstatt Transaktionen ans das globale Bitcoin Netzwerk zu senden. Dazu kommen wir im nächsten Kapitel.

Cookie Tokens	Bitcoin	Behandelt in
1 Cookie token	1 bitcoin	Kapitel 2
Das Spreadsheet	Die Blockchain	Kapitel 6
Email an Lisa	Eine Transaktion	Kapitel 5
Eine Zeile im Spreadsheet	Eine Transaktion	Kapitel 5
Lisa	Ein Miner	Kapitel 7

Tabelle 4.1: Nichts Neues in der Konzepttabelle.

Version	Feature	Wie
NEU 4.0	Einfacher, zu bezahlen und neue Adressen zu generieren	Mobile App "Wallet"
	Vereinfachte Backups.	EHD Wallets werden aus einem Seed erzeugt. Nur der Seed, 12 bis 24 englische Wörter, muss gesichert werden.
	Erzeugen von Adressen in unsicheren Umgebungen.	HD Wallets können public Key Bäume erzeugen, ohne je einen der private Keys zu sehen.
3.0	Sicher gegen teure Tippfehler	Cookie Token Adressen.
	Privacy Verbesserungen	Ein PKH statt eines Namens steht im Spreadsheet.
2.0	Sichere Zahlungen	Digitale Signaturen lösen das Problem mit Betrügern.

Tabelle 4.2: Feiern wir eine Release Party! CT 4.0, frisch aus dem Labor!

4.10 ÜBUNGEN

4.10.1 WÄRM DICH AUF

4.1 Angenommen, du benutzt eine Bitcoin Wallet App und willst 50 BTC von deinem Freund auf deiner Bitcoin Adresse `155gWNamPrwKwu5D6JZdaLVI` empfangen. Konstruiere eine Zahlungs-URI für deinen Freund. Hinweis: in Bitcoin beginnt die URI mit `bitcoin:` anstatt mit `ct:`. Abgesehen davon sind sie gleich.

4.2 Wie vielen Münzwürfen entspricht ein zufälliges Passwort von 10 Zeichen Länge? Das Passwort benutzt ein Alphabet von 64 Zeichen.

4.3 Nenne ein paar Probleme mit passwortgeschützten Backups. Es gibt mindestens vier.

4.4 Wie wird in HD Wallets der Seed generiert?

4.5 Woraus besteht ein xprv?

4.6 Woraus besteht ein xpub?

Übungen 4.7 und 4.8 setzen voraus, dass du Abschnitt 4.7 gelesen hast. Wenn du das übersprungen hast, kannst du auch diese Übungen überspringen.

4.7 Angenommen, du möchtest einen gehärteten xprv mit Index 7 $m/2/1$ erzeugen. Welche Information brauchst du, um $m/2/1/7'$ zu generieren?

4.8 Kann man den xpub $M/2/1/7'$ aus $M/2/1$ erzeugen? Falls nicht, wie würde man dann $M/2/1/7'$ erzeugen?

4.10.2 Grabe tiefer

4.9 Stell dir vor, du bist ein Bösewicht und besitzt den Master xpub eines ahnungslosen Opfers. Du hast ausserdem den private Key m/4/1 gestohlen, der 1 BTC enthält. Angenommen, du weisst ausserdem, dass der private Key diesen speziellen Pfad besitzt. Beschreibe, was du anstellen würdest, um den Master xprv auszurechnen. Verwende dabei diese Hinweise:

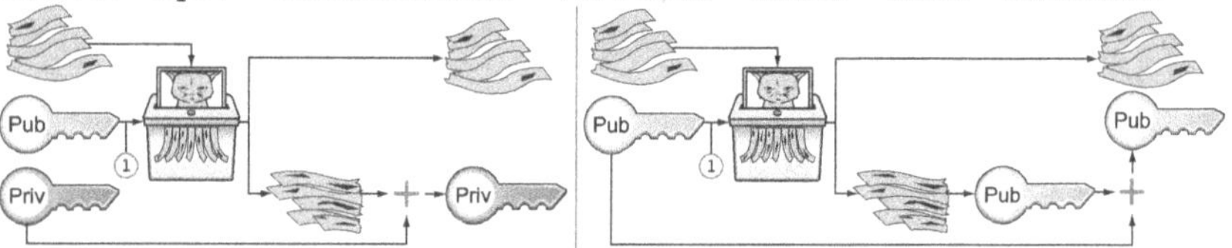

4.10 Nimm stattdessen an, dein ahnungsloses Opfer hat 0 bitcoins auf dem private Key m/4/1, aber massenhaft Geld auf anderen Adressen unter demselben xprv. Kämst du in diesem Fall an das Geld heran?

Wenn du Abschnitt 4.7 nicht gelesen hast, kannst du Übung 4.11 überspringen.

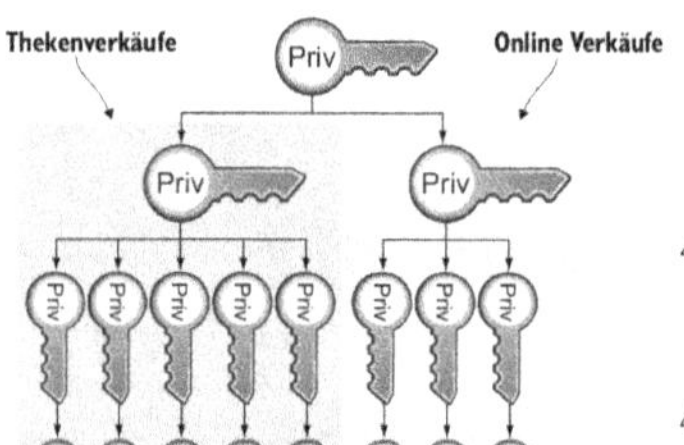

4.11 Schlage ein besseres Verfahren vor, das dein Opfer hätte benutzen können, um dich am Diebstahl des ganzen Geldes zu hindern.

4.12 Sagen wir, der Cafébesitzer möchte seinen Angestellten Zugriff auf das Thekenverkaufskonto einräumen, weil sie für jeden Verkauf eine neue Adresse erzeugen müssen. Sie dürfen aber keinen Zugriff auf die private Key haben, weil der Besitzer den Angestellten nicht zutraut, diese sicher zu handhaben. Schlage vor, wie er dies erreichen kann. Hinweis: ein Wallet kann einen xpub exportieren.

4.13 Angenommen du arbeitest in dem Café und hast einen xpub in dein Wallet geladen. Deine Kollegin Anita hat denselben xpub in ihrem Wallet. Ihr könnt beide Zahlungen von Kunden anfordern, die in dasselbe Konto gehen. Wie würdest du feststellen, dass Anita Geld auf einen zuvor leeren Key erhalten hat? Hinweis: man kann Keys im voraus erzeugen.

4.11 Zusammenfassung

- Du benutzt normalerweise eine mobile App, genannt Wallet, um Geld zu senden oder zu empfangen–Cookie Tokens oder bitcoins.

- Das Wallet erzeugt und speichert Keys, scannt Zahlungsdetails und zeigt sie an, sendet Zahlungen, zeigt deinen Kontostand und sichert Keys. Du brauchst nichts davon mehr selber zu machen.

- Backups richtig zu machen ist schwer. Passwortgeschützte Backups leiden unter Problemen mit vergessenen Passwörtern, technologischen Verbesserungen und Menschen, die lausige Zufallszahlengeneratoren sind.

- Mit HD Wallets sichert man seinen Random Seed und legt diesen Seed geschützt ab. Das tut man nur einmal.

- Der Seed kann als mnemonic sentence codiert sein, was das Aufschreiben vereinfacht.

- HD Wallets erzeugen mehrere private Keys aus einem Seed und organisieren sie in eine Baumstruktur, um die Privacy zu erhöhen.

- Der Baum von public Keys–oder einer seiner Zweige–kann aus einem xpub erzeugt werden. Das ist für unsichere Umgebungen wie Web Server geeignet.

- Die gehärtete private Key Ableitung hält "Konten" kompartmentalisiert. Es beschränkt einen Angriff auf ein einzelnes Konto.

KAPITEL 5

TRANSAKTIONEN

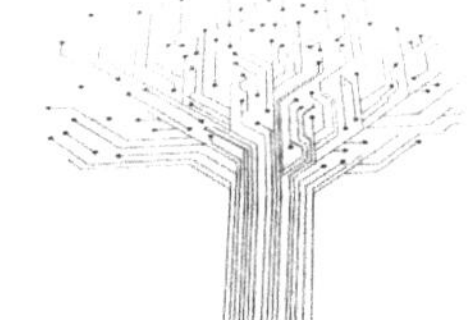

Dieses Kapitel behandelt

- Bitcoin oder Cookie Token Transaktionen

- Erzeugung, Bestätigung und Verifikation von Transaktionen

- Programmierung von Geld

Das Cookie Token Bezahlsystem, das du mit deinen Kollegen aufgestellt hast, hat ein paar ernsthafte Probleme. Das schlimmste ist, dass Lisa stehlen kann, was einige der neuen Kollegen beunruhigt. Sie zögern, das System zu benutzen, wenn sie wissen, dass Lisa ihnen Geld wegnehmen kann.

Dieses Kapitel konzentriert sich im Wesentlichen auf *Transaktionen* (Abbildung 5.1): Datenblöcke, die formalisieren, wie Benutzer Zahlungen an Lisa senden. Transaktionen ersetzen die alten Mails an Lisa. Sie werden unverändert im Spreadsheet gespeichert, anstelle des aktuellen VON, AN und CT Schemas. Das macht es Lisa unmöglich, das Geld von anderen Leuten zu stehlen, weil jetzt jeder alle Zahlungen im Spreadsheet verifizieren kann.

In diesem Kapitel tauchen wir tief in Transaktionen ein und erforschen, wie *programmierbar* diese sind, was bedeutet, flexibel in Hinsicht auf das, was man mit ihnen machen kann. Zum Beispiel können Multisignatur-Transaktionen zwei von drei möglichen Signaturen benötigen, um Geld, das drei Leuten gehört, ausgeben zu können.

Nach diesem Kapitel wird sich das System erheblich verändert haben—in Bezug darauf, wie Wallets Zahlungen erzeugen, wie Lisa Zahlungen verifiziert, und wie Transaktionen gespeichert werden. Noch wichtiger aber, jeder wird in der Lage sein, Zahlungen im Spreadsheet zu überprüfen.

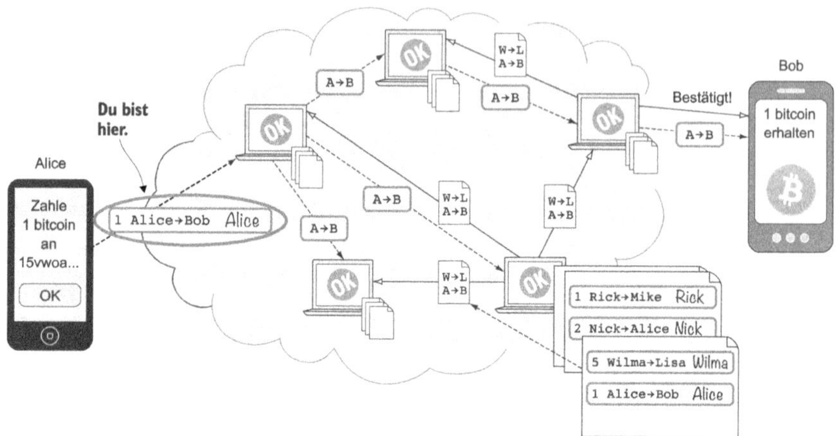

Abbildung 5.1: Bitcoin Transaktionen

5.1 Probleme mit dem alten System

Lisa leistet wertvolle Arbeit. Sie sorgt dafür, dass niemand betrügt, indem sie digitale Signaturen überprüft und nach den Guthaben von public Key Hashes (PKH) schaut, bevor sie eine Zahlung bestätigt. Sie bestätigt die Zahlungen, indem sie sie an das Cookie Token Spreadsheet anhängt.

Aber dieser Ansatz führt zu einigen Problemen:

- Lisa ist es leid, vor jeder Zahlung den Guthabenstand ausrechnen zu müssen. Der Ledger wächst, und mit jeder neuen Zahlung werden die Berechnungen und Prüfungen zeitraubender.

- Wenn du zwei Adressen mit je 5 CT hast, musst du zwei separate Zahlungen mit je 5 CT leisten, um 10 CT für einen Keks zu bezahlen. Das belastet sowohl den Empfänger als auch Lisa unnötig. Es bläht ausserdem das Spreadsheet mit zusätzlichen Zeilen auf.

- Weil die Firma gewachsen ist und einige Leute Lisa nicht gut kennen, schwindet langsam das Vertrauen in sie. Einige Kollegen befürchten, dass Lisa im Spreadsheet Cookie Tokens von ihnen stehlen könnte. Nur Lisa kann die Signaturen überprüfen, weil nur sie die Mails sieht, die an sie geschickt werden. Sie *könnte* also die CT Spalte von einer Zahlung an sie vergrössern, oder eine Zeile mit einer gefälschten Zahlung von, sagen wir, John an Lisa eintragen (Abbildung 5.2). Niemand könnte Lisa einen solchen Betrug nachweisen. Es spielt keine Rolle, dass sie die vertrauenswürdigste Person der Welt ist. Wenn die Leute das nicht

VON	AN	BETRAG CT
...	...	...
5f2613791b36f667fdb8 e95608b55e3df4c5f9eb	6f350f7855b0ea2dfd61 6838d6da18412e611b1a	~~10~~ 30
...	...	...
5f2613791b36f667fdb8 e95608b55e3df4c5f9eb	6f350f7855b0ea2dfd61 6838d6da18412e611b1a	40

Abbildung 5.2: Schlimme Dinge, die Lisa tun *könnte*. Würde sie ja nicht, aber sie könnte.

wissen, dann werden sie annehmen, dass Lisa genauso gierig ist wie jeder andere.

Bedenke, dass Lisa kein neues Geld über die vereinbarten 7.200 CT pro Tag hinaus erzeugen kann. Und wenn sie mehr stiehlt als das, was auf einem PKH verfügbar ist, wird jemand beim Verifizieren des Spreadsheets feststellen, dass die Geldmenge zu gross geworden ist. Dann würde Lisa auffliegen.

Lisa gefällt es überhaupt nicht. dass ihr Leute misstrauen. Ihr ist klar, dass sie nicht viel daran ändern kann, um das Vertrauensniveau ihrer Kollegen zu erhöhen. Eine interessante Alternative ist, das *notwendige Vertrauen zu minimieren*. Sie beschliesst, dass der beste Weg dazu ist, den Prozess möglichst transparent zu gestalten, sodass jeder die Zahlungen verifizieren kann. Gleichzeitig wird sie das Verfahren verbessern, mit dem sie sicherstellt, dass Leute kein Geld ausgeben, das sie nicht haben, und wie man von mehreren Adressen gleichzeitig Geld ausgeben kann. Sie erfindet die *Cookie Token Transaktion*, um alle drei Probleme gleichzeitig zu lösen.

> **Vertrauen minimieren**
>
> Bei Bitcoin geht es im Kern um die Minimierung von Vertrauen zwischen Leuten. Transaktionen bringen uns einen Schritt näher an ein vertrauensfreies System, in dem jeder alles verifizieren kann.

5.2 ZAHLUNG MITTELS TRANSAKTION

Transaktionen ändern sowohl die Art, wie Wallets Zahlungen an Lisa schicken, als auch das, was im Spreadsheet gespeichert wird. Sie ändern nicht, wie Wallets aus Benutzersicht funktionieren–die Wallet App wird unverändert *aussehen*.

Angenommen John will ein Keks im Café kaufen. Er mailt jetzt nicht mehr Lisa eine Zahlung, wie er es früher so oft gemacht hatte. Die Wallet Software benutzt jetzt Transaktionen, also wird sein Wallet stattdessen eine Transaktion erzeugen, wie in Abbildung 5.3 gezeigt. Der Zweck der Transaktion ist, 10 CT an die Cookie Token Adresse des Cafés zu senden.

John scannt die Zahlungs-URI des Cafés, und sein Wallet erzeugt eine

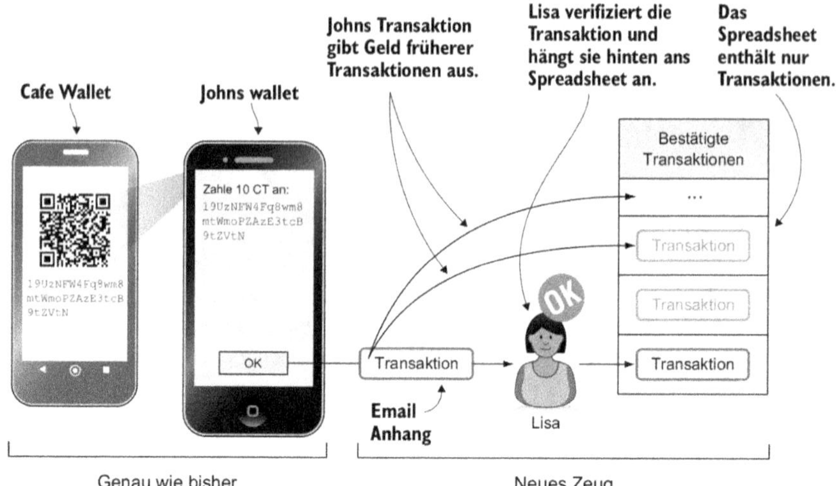

Abbildung 5.3: Der Bezahlvorgang bleibt aus Benutzersicht unverändert, stellt sich für Lisa und das Spreadsheet aber anders dar.

Transaktion und bittet ihn, sie zu akzeptieren. Er klickt OK, und das Wallet signiert die Transaktion. Johns Wallet schickt dann die Transaktion als Attachment in einer anderweitig leeren Mail an Lisa.

Die Transaktion enthält Informationen darüber, wo das Geld hin soll. Aber auch darüber, *welches Geld* ausgegeben werden soll, indem es spezifische "Coins" namens *unspent transaction outputs*, unverbrauchte Transaktions Outputs (UTXOs), nennt, die John in früheren Transaktionen erhalten hatte.

Lisa verifiziert, dass die Coins, die in der Transaktion ausgegeben werden sollen, existieren und noch nicht anderweitig verbraucht worden sind. Sie überprüft auch, dass die Signaturen–es könnten mehrere in einer Transaktion sein–gültig sind. Wenn alle Prüfungen erfolgreich verlaufen sind, bestätigt Lisa die Transaktion, indem sie sie unverändert an das Ende des Spreadsheets hängt.

Wenn die Transaktion im Spreadsheet landet, kann jeder dieselben Überprüfungen daran vornehmen, wie Lisa dies tat. Sie können damit sicherstellen, dass Lisa kein Geld von jemandem stiehlt oder anderweitig mit anderer Leute Geld Schindluder treibt.

In den nächsten drei Abschnitten gehen wir näher auf die drei Phasen ein: Erzeugen, Bestätigen und Verifizieren.

5.2.1 Erzeugen der Transaktion

Tauchen wir tiefer ein und schauen, wie Johns Transaktion zusammengebaut wird.

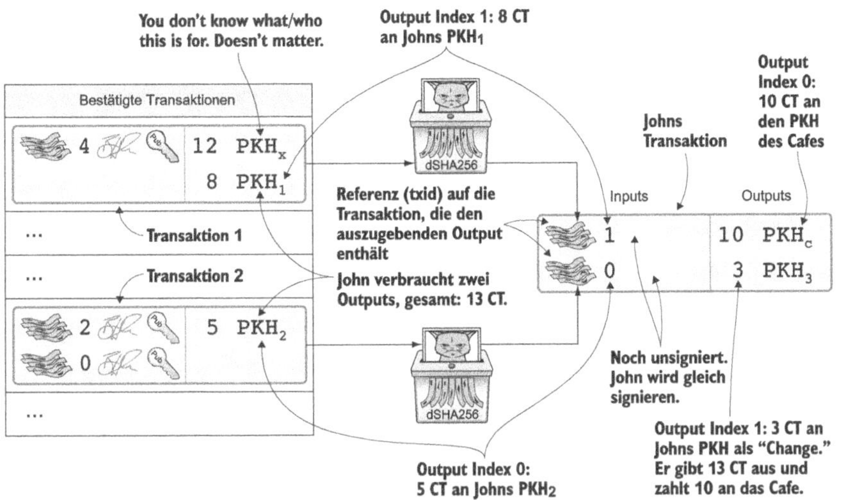

Abbildung 5.4: Johns Wallet bereitet eine Zahlung von 10 CT für einen Keks vor. Er benutzt zwei Keys mit Guthaben, um die Kosten dafür zu decken. Er zahlt sich selbst das Wechselgeld von 3 CT an eine neue Adresse. Die Transaktion ist noch nicht signiert.

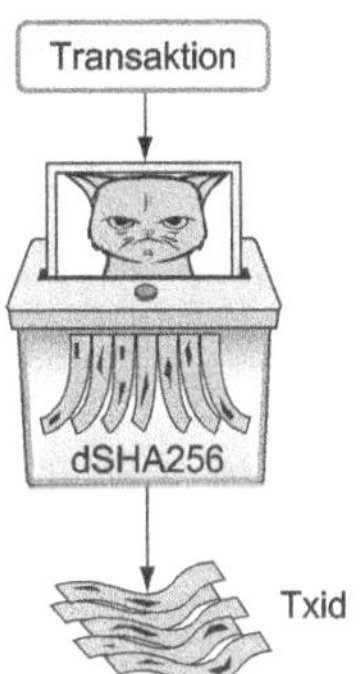

Johns Wallet hat eine neue Transaktion generiert (Abbildung 5.4). Diese hat zwei *Inputs* und zwei *Outputs*. Inputs geben an, welche Outputs früherer Transaktionen ausgegeben werden sollen. Outputs geben an, wo das Geld hingehen soll.

5.2.1.1 Inputs

Die Inputs geben an, welche Transaktions Outputs ausgegeben werden sollen. John besitzt zwei UTXOs, eine mit 8 CT und eine mit 5 CT. Die unverbrauchten Outputs gehören zu zwei früheren Transaktionen, Transaktion 1 und Transaktion 2, mit denen Geld an John bezahlt wurde. Jetzt möchte John diese UTXOs ausgeben.

Ein Transaktionsinput nimmt Bezug, oder *zeigt* auf eine vorangegangene Transaktion mit Hilfe von deren *Transaktions ID* (txid). Die txid der Transaktion ist deren doppel-SHA256 Hash. Sie heisst Transaktions *ID*, weil dieser Hash oft zum Referenzieren, oder Bezugnehmen auf die Transaktion verwendet wird, wie das bei den Inputs in Abbildung 5.4 der Fall ist.

Anmerkung

Die Begründung für die Verwendung von doppel-SHA256 ist nicht ganz klar, aber es verhindert jedenfalls eine sogenannte *Verlängerungs-Attacke*. Bitcoin's Schöpfer hat sich wahrscheinlich doppel-SHA256 ausgesucht, damit er sich nicht auch noch um diese Art von Attacken kümmern musste. Details findest du unter Web resource 12.

Johns erster Input, mit Index 0, enthält

- Die txid von Transaktion 1

- Den Index, 1, des Outputs in Transaktion 1, der ausgegeben werden soll

- Einen leeren Platzhalter für eine Signatur

Sein zweiter Input, mit Index 1, enthält

- Die txid von Transaktion 2

- Den Index, 0, des Outputs in Transaktion 2, der ausgegeben werden soll

- Einen leeren Platzhalter für eine Signatur

John wird die Signaturen am Schluss ausfüllen, nachdem die Transaktion ansonsten vollständig ist.

5.2.1.2 OUTPUTS

<table>
<tr><td>

Transaktionsgebühr

Normalerweise muss man eine Transaktionsgebühr an das Bitcoin Netzwerk bezahlen, damit die Transaktion bearbeitet wird.

</td></tr>
</table>

Ein Transaktions-Output enthält einen Betrag und einen PKH. Johns Transaktion hat zwei Outputs. Der Output an Index 0 zahlt 10 CT an PKH_C, das Café, für den Keks. Der Output an Index 1 zahlt 3 CT an einen von Johns Keys zurück, PKH_3. Wir nennen das *Rückgeld* oder *Change*, weil es traditionellem Wechselgeld oder Rückgeld entspricht, wie man es bekommt, wenn man \$75 mit einem \$100 Schein bezahlt und \$25 zurückbekommt: John bezahlt mit 13 CT und bekommt 3 CT zurück an seine Change Adresse, PKH_3. Change ist nötig, weil man einen Transaktions-Output nicht nur teilweise ausgeben kann. Man verbraucht ihn entweder ganz oder gar nicht.

Hinter Outputs und Inputs steckt ein bisschen mehr als nur die Angabe eines PKH in einem Output und einer Signatur in einem Input. Tatsächlich enthält ein Output ein Computerprogramm, das die Signatur im ausgebenden Input verifiziert. Wir besprechen das später genauer.

Damit eine Transaktion gültig ist, muss die Summe der Inputbeträge grösser oder gleich der Summe der Outputbeträge sein. Die Differenz, so vorhanden, ist die *Transaktionsgebühr*, die wir in Kapitel 7 behandeln. werden. Im Moment zahlt John keine Transaktionsgebühren, also sind die Summen der Outputs und Inputs gleich.

Die Transaktion ist jetzt zwar erzeugt, aber noch nicht signiert. Diese Transaktion hätte jeder zusammenbauen können; sie basiert vollständig auf frei zugänglicher Information. Die Inputs referenzieren Transaktionen im Spreadsheet und Indizes innerhalb dieser Transaktionen. Aber nur John allein ist in der Lage, diese Transaktion zu signieren, denn nur er hat den private Key, der zu PKH_1 und PKH_2 passt.

5.2.1.3 Signieren der Transaktion

John klickt in seinem Wallet auf OK, um das Signieren der Transaktion freizugeben. Das Wallet muss jetzt zwei Signaturen erzeugen, eine für PKH_1 und eine für PKH_2. Das liegt daran, dass John beweisen muss, dass er sowohl den private Key für PKH_1 als auch den für PKH_2 besitzt. Siehe Abbildung 5.5.

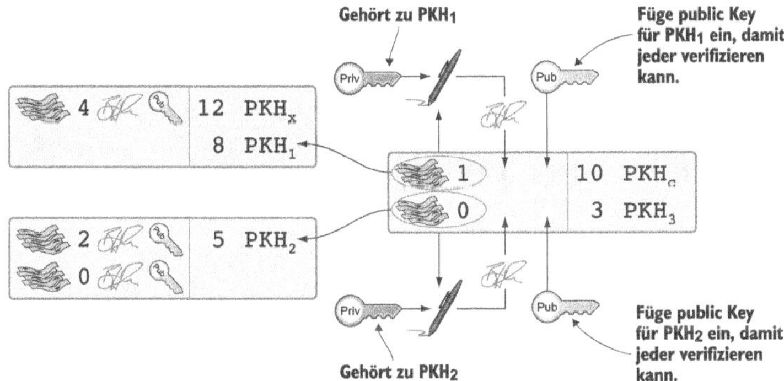

Abbildung 5.5: Johns Wallet signiert die Transaktion. Jeder Input bekommt seine eigene Signatur. Auch der public Key wird in den Inputs gebraucht, denn jeder soll die Transaktion verifizieren können.

Jeder Input muss einzeln signiert werden. Der zu PKH_1 gehörende private Key muss zum Signieren des Inputs an Index 0 benutzt werden, weil dieser Input Geld ausgibt, das an PKH_1 geschickt worden war. Entsprechend muss der zu PKH_2 gehörende private Key zum Signieren des Inputs an

Index 1 benutzt werden, denn dieser gibt Geld aus, das an PKH_2 adressiert worden war.

Jede Signatur bindet sich an die gesamte Transaktion, was bedeutet, der Signatur-Algorithmus hasht die gesamte Transaktion, ohne Signaturen. Wenn sich irgendetwas an der Transaktion ändert, wird jede Signatur für diese Transaktion ungültig.

Zur Vereinfachung der Überprüfung signiert man eine bereinigte Version der Transaktion, also eine ohne Signaturen für irgendeinen der nputs. Man kann nicht eine Signatur in Input 0 eintragen und *dann* Input 1 signieren. Die Verifikation wäre dann schwierig, weil derjenige nicht weiss, in welcher Reihenfolge die Signaturen erstellt wurden. Erstellt man aber *alle* Signaturen aus einer bereinigten Transaktion und fügt *dann* alle Signaturen ein, dann ist es egal, in welcher Reihenfolge die Inputs signiert wurden.

Wenn das Wallet alle Signaturen erstellt hat, fügt es sie in die Transaktion ein. Aber ein Teil fehlt noch. Woher soll jemand, der die Transaktion überprüfen will–das Café zum Beispiel– wissen, welchen public Key sie zum prüfen der Signatur benutzen sollen? Das Café sieht nur den PKH im ausgegebenen Output und die Signatur im ausgebenden Input. Es kann den public Key aus dem PKH nicht herleiten, weil kryptografische Hashes Einbahnfunktionen sind, weisst du noch? Johns Wallet muss ausdrücklich den entsprechenden public Key dem Input hinzufügen. Die Signatur in Input 0, die Geld von PKH_1 ausgibt, muss anhand des public Keys geprüft werden, aus dem PKH_1 generiert wurde. Ebenso bekommt Input 1 den public Key, der zu PKH_2 gehört.

5.2.2 LISA BESTÄTIGT DIE TRANSAKTION

<table>
<tr><td>Johns Transaktion</td></tr>
<tr><td>✓ Erzeugen (John)</td></tr>
<tr><td>– Bestätigen (Lisa)</td></tr>
<tr><td>– Verifizieren (jedermann)</td></tr>
</table>

Die Transaktion ist bereit zum Senden an Lisa. Johns Wallet schickt es als Anhang in einer Mail. Lisa schnappt sich die Transaktion und prüft, dass:

- Die Transaktion Outputs ausgibt, die im Spreadsheet tatsächlich existieren und noch nicht anderweitig ausgegeben wurden.

- Der Gesamtwert der Transaktions-Outputs den der Transaktions-Inputs nicht übersteigt. Ansonsten würde die Transaktion Geld aus dem Nichts erschaffen.

- Die Signaturen korrekt sind.

Lisa braucht das Saldo des PKH nicht mehr zu berechnen, aber sie muss noch prüfen, dass der ausgegebene Output existiert und nicht bereits ausgegeben wurde.

Wie prüft sie, ob ein Output noch unverbraucht ist? Muss sie nicht das Spreadsheet durchsuchen, um Transaktionen zu finden, die diesen Output verwenden? Ja, das muss sie. Das scheint nicht weniger mühsam als durch das Spreadsheet zu gehen, um die Salden zu berechnen. Aber keine Sorge: Lisa hat einen Plan.

5.2.2.1 UNVERBRAUCHTER TRANSAKTIONS OUTPUT SET

Um leichter checken zu können, ob ein Output schon verbraucht wurde, erzeugt sie eine neue, private Datenbank, die sie *UTXO set* nennt (Abbildung 5.6). Sie enthält die Menge aller UTXOs.

UTXO Set

Alle Nodes im Bitcoin Netzwerk unterhalten ihr eigenes UTXO Set, um die Verifikation von Transaktionen zu beschleunigen.

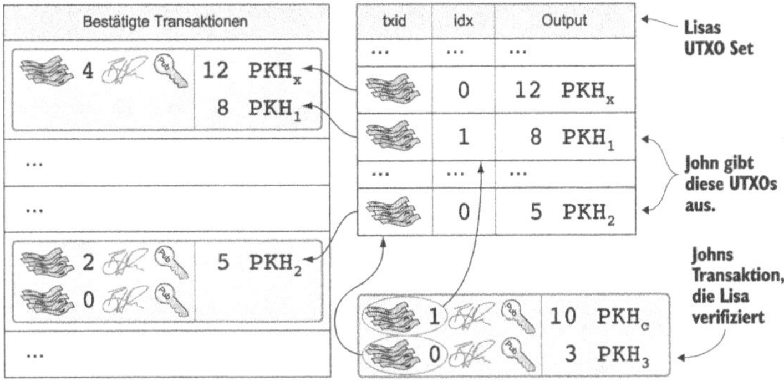

Abbildung 5.6: Lisa verifiziert mit ihrem UTXO Set, dass John nichts doppelt ausgibt.

Ein Eintrag im UTXO set besteht aus einer txid, einem Index (idx) und dem eigentlichen Transaktions-Output. Lisa hält ihr UTXO Set während der Überprüfung von Transaktionen stets aktuell.

Bevor Lisa Johns Transaktion zum Spreadsheet hinzufügt prüft sie, ob alle Outputs, die die Transaktion ausgibt, im UTXO Set sind. Wenn nicht, dann versucht John Geld auszugeben, das entweder nie im Spreadsheet existiert hat, oder das bereits ausgegeben wurde (so etwas wird üblicherweise als *Double Spend Attacke* bezeichnet).

Double Spend

Double Spend bedeutet, denselben Output zweimal auszugeben. Lisa kann Double Spends verhindern, indem sie ihr UTXO Set zu Rate zieht.

Zu jedem von Johns Inputs schaut Lisa in ihr UTXO Set nach der txid und dem Output index. Wenn alle auszugebenden Output im UTXO Set liegen, dann findet keine Double-Spend Attacke und kein Ausgeben nicht-existenter Coins statt. In unserem Fall findet Lisa beide Outputs in ihrem UTXO Set und beginnt, die Signaturen zu verifizieren. Lisa muss die Signaturen von beiden von Johns Transaktions-Outputs verifizieren.

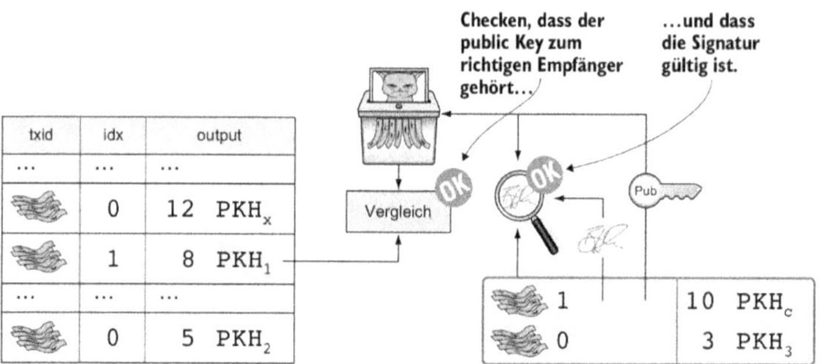

Abbildung 5.7: Lisa verifiziert die erste Signatur von Johns Transaktion.

Sie holt sich den PKH von dem Output, der vom ersten Input ausgegeben wird, und verifiziert, dass dieser mit dem Hash des public Keys im Input übereinstimmt (Abbildung 5.7). Sie verifiziert die Signatur im Input mit Hilfe des public Keys, der Signatur und der Transaktion und prüft anschliessend die Signatur des zweiten Inputs genauso. Beide Prüfungen verlaufen erfolgreich.

Neuaufbau des UTXO Sets.

Das UTXO Set wird ausschliesslich aus den Transaktionen im Spreadsheet gewonnen. Es kann jederzeit neu erzeugt werden, und zwar von jedem, der Lesezugriff auf das Spreadsheet hat.

Lisa trägt die Transaktion dann in ihr Spreadsheet ein. Sie muss jetzt die neu ausgegebenen Outputs aus ihrem UTXO Set entfernen und die Outputs von Johns Transaktion hinzunehmen (Abbildung 5.8). So hält sie das UTXO Set aktuell, damit es stets den Inhalt des Spreadsheet widerspiegelt.

Lisa hält das Spreadsheet up-to-date, in dem sie es wie in Abbildung 5.8 gezeigt mit jeder hereinkommenden Transaktion nachführt. Sollte sie das UTXO Set einmal verlieren, kann sie es aus dem Spreadsheet wieder neu gewinnen, indem sie mit einem leeren UTXO Set beginnt und alle Transaktionen im Spreadsheet eine nach der anderen abarbeitet.

Aber nicht nur Lisa kann ein UTXO Set erzeugen. Jeder mit Zugang zum Spreadsheet kann jetzt dasselbe tun. Das wird in den späteren Kapiteln wichtig, wenn wir Lisa durch mehrere Leute ersetzen, die ihren Job übernehmen. Es ist auch für Leute wichtig, die nur das Spreadsheet verifizieren wollen, um sich von der Korrektheit der Informationen darin überzeugen wollen.

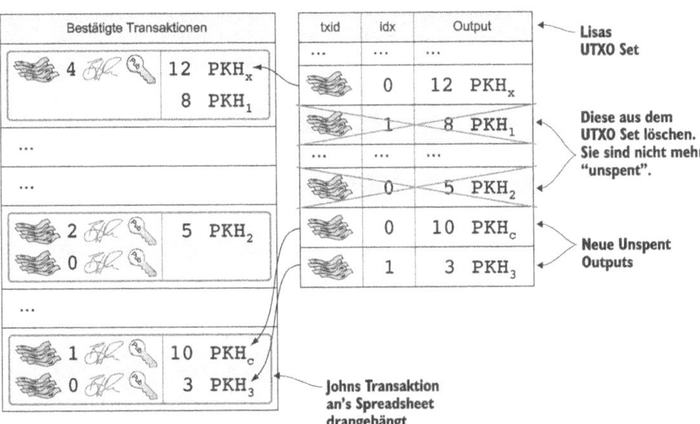

Abbildung 5.8: Lisa hängt die Transaktion an das Spreadsheet an und entfernt die verbrauchten Outputs aus dem UTXO Set.

5.2.3 JEDER VERIFIZIERT DIE TRANSAKTION

Jetzt, da Johns Transaktion genauso abgespeichert wird wie er sie erzeugt hat, kann jeder mit Lesezugriff sie überprüfen. Jeder kann ein privates UTXO Set generieren und sich durch die Transaktionen durcharbeiten. Am Ende wird er dasselbe UTXO Set wie Lisa haben.

Das bedeutet, jeder kann dieselben Checks durchführen wie Lisa. Alle können prüfen, dass Lisa ihren Job korrekt erledigt. Diese Verifikationen sind wichtig für das System, weil sie garantieren, dass Änderungen am Spreadsheet alle vereinbarten Regeln einhalten.

In Bitcoin heissen diese Verifikatoren *Full Nodes*. Lisa ist also ein Full Node (ein Verifizierer), aber sie tut mehr als ein Full Node–sie aktualisiert auch das Spreadsheet. Ein Full Node heisst auch *verifizierender Node* oder einfach *Node* in Bitcoin.

Lisa kann nicht mehr jemand anderem Geld stehlen, weil das Spreadsheet ungültig würde, wenn sie es täte. Nehmen wir zum Beispiel an, sie würde versuchen, den Output Empfänger von Johns Transaktion von PKH_C auf PKH_L abzuändern. Sie würde damit effektiv versuchen, 10 CT vom Café

Johns Transaktion
✓ Erzeugen (John)
✓ Bestätigen (Lisa)
– Verifizieren (jedermann)

Johns Transaktion
✓ Erzeugen (John)
✓ Bestätigen (Lisa)
✓ Verifizieren (jedermann)

zu stehlen (Abbildung 5.9).

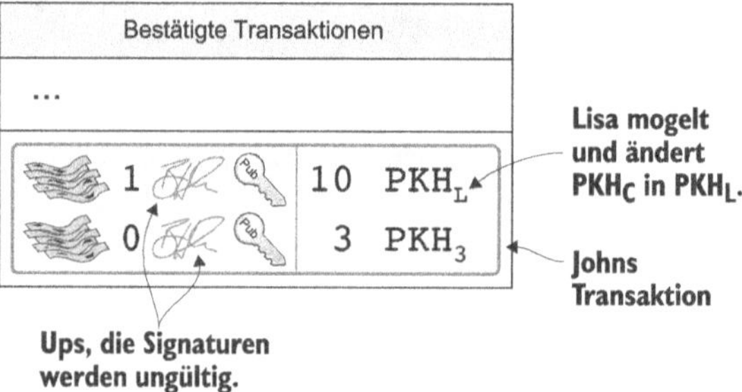

Abbildung 5.9: Lisa kann jetzt nicht mehr jemand anderem Geld stehlen. Wenn sie das täte, würden die Signaturen ungültig und damit würde ihr unmoralisches Handeln enthüllt.

Weil Lisa den Inhalt von Johns Transaktion geändert hat, sind die Signaturen nicht mehr gültig. Jeder mit Zugriff auf das Spreadsheet kann dies bemerken, weil alles super transparent ist.

5.2.3.1 KONSEQUENZEN ÖFFENTLICHER SIGNATUREN FÜR DIE SICHERHEIT

Das Gute an öffentlichen Signaturen ist, dass jeder alle Transaktionen verifizieren kann. Aber es gibt einen kleinen Nachteil.

Erinnerst du dich an Kapitel 3, wo wir PKHs eingeführt haben? Wenn du PKH benutzt hast, wurde der public Key im Spreadsheet nicht preisgegeben. Das hat das Geld mit zwei Lagen Sicherheit geschützt: der public Key Ableitungsfunktion und einer kryptografischen Hashfunktion (SHA256 RIPEMD160). Wenn der public Key irgendwie enthüllt wurde, war der private Key immer noch durch die public Key Ableitungsfunktion geschützt. Es war, wie wenn man Gürtel und Hosenträger gleichzeitig trägt.

Aber wenn man Transaktionen benutzt, wird der public Key im Input der ausgebenden Transaktion preisgegeben, wenn ein Output ausgegeben wird. Schau dir Johns Transaktion in Abbildung 5.10 noch einmal an.

Der Input enthält den public Key. Aber er enthüllt den public Key erst, wenn der Output ausgegeben wird. Dies bringt einen wichtigen Punkt hoch: benutze Adressen nie mehrmals. Wenn John noch andere UTXOs auf PKH_1 hat, dann sind diese Output jetzt weniger sicher, weil sie nicht mehr von der kryptografischen Hashfunktion gesichert werden–nur noch von der public Key Ableitungsfunktion.

> **Benutze Adressen nicht mehrfach**
>
> Bitcoin Adressen sollten nicht wiederbenutzt werden. Wiederbenutzung von Adressen verringert sowohl Sicherheit als auch Privacy.

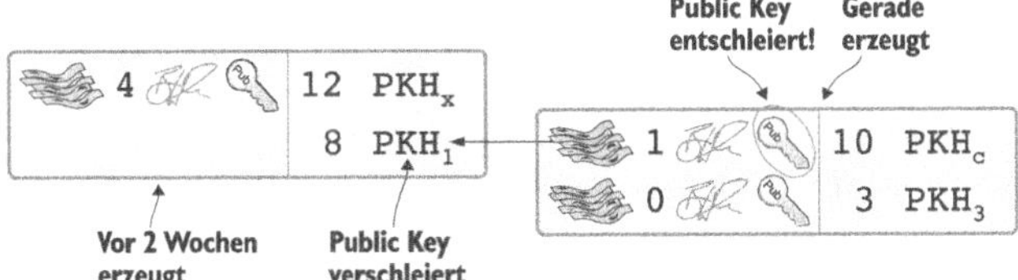

Abbildung 5.10: Der Input gibt den public Key preis. Wir trieben in Kapitel 3 aber einigen Aufwand, um das zu vermeiden.

Nicht nur verringert Adressen-Wiederbenutzung die Sicherheit deines private Keys. Es verschlechtert auch deine Privacy, wie in Kapitel 3 diskutiert. Nimm nochmal an, dass John weitere Output auf PKH$_1$ hat. Wenn die Acme Versicherung das Café zwingt zu sagen, dass es John war, der den Keks gekauft hatte, dann wüsste Acme auch, dass alle Output an PKH$_1$ John gehören. Dasselbe gilt für Change Outputs.

Glücklicherweise automatisieren die Wallets die Key Generierung für dich, sodass man sich normalerweise keine Sorgen um Key Wiederverwendung machen muss. Die meisten Bitcoin Wallets, die heute auf dem Markt sind, benutzen Einweg-Adressen für alle eingehenden Zahlungen.

5.2.4 KONTENBASIERTE UND WERTBASIERTE SYSTEME

Reflektieren wir nochmal über die Änderungen, die wir gemacht haben. Wir sind von einem *kontenbasierten* System zu einem *wertbasierten* System übergegangen.

Ein kontenbasiertes System führt Buch darüber, wie viel Geld auf jedem Konto liegt. Diesen Typ von System hatten wir vor diesem Kapitel. Lisa musste das Saldo einer PKH ausrechnen, bevor sie entschied, ob eine Zahlung durchgeht oder nicht.

Ein wertbasiertes System verfolgt stattdessen "Coins". In diesem Kapitel muss Lisa sicherstellen, dass spezielle Coins (UTXOs) existieren, bevor sie entscheidet, eine Zahlung zuzulassen. Sie braucht nicht den Kontostand irgendwelcher PKHs zu ermitteln. Bitcoin ist ebenfalls ein wertbasiertes System.

5.3 SCRIPT

Ich war nicht ganz ehrlich mit dem, was in einer Transaktion enthalten ist.
Ein Transaktions-Output enthält keinen PKH, sondern einen Teil eines
Computerprogramms, das den PKH *enthält*. Dieser Teil des Programms
wird als *Pubkey Script* bezeichnet. Der Input, der den Output ausgibt,
enthält den anderen Teil dieses Programmes. Dieser andere Teil, die Signatur und der public Key in Johns Transaktion, heisst das *Signature Script*
(Abbildung 5.11).

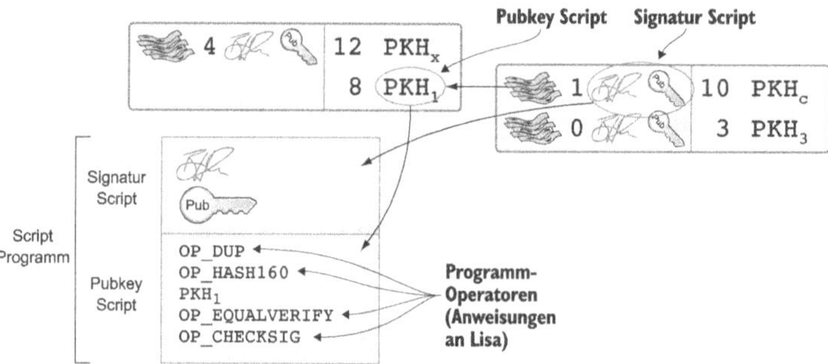

Abbildung 5.11: Die Signatur ist der vordere Teil eines Programms. Das Pubkey
Script im ausgegebenen Output ist der hintere Teil. Wenn der Ablauf des gesamten
Programms OK ergibt, dann ist die Zahlung autorisiert und darf den Output verwenden.

Dieses winzige Programm, in einer Programmiersprache namens *Script*
geschrieben, enthält die Befehle für Lisa dazu, wie sie verifizieren kann, dass
die ausgebende Transaktion authentisch ist. Wenn Lisa alle Instruktionen
in dem Programm fehlerfrei ausführt und das Endergebnis ist OK, dann ist
die Transaktion authentisch.

Die Fähigkeit, ein Computerprogramm innerhalb einer Transaktion zu
schreiben, ist für verschiedene Anwendungsfälle nützlich. Wir werden diverse Fälle von massgeschneiderten Programmen im Laufe dieses Buches
besprechen.

Angenommen, Lisa möchte Input 0 von Johns Transaktion verifizieren. Sie
wird dazu das Programm von oben nach unten durchlaufen lassen. Dabei
wird ein *Stack* oder Stapelspeicher benutzt, um die Zwischenergebnisse
zu verwalten. Dieser Stack ist wie ein Stapel Zeug. Man kann oben etwas
drauflegen oder von oben etwas wegnehmen.

Fangen wir an: schaue dir Abbildung 5.12 an. Das erste (Top) Element in
dem Programm ist eine Signatur, was einfach nur Daten sind. Wenn du
normalen Daten begegnest, dann tust du sie oben auf den Stack. Lisa legt

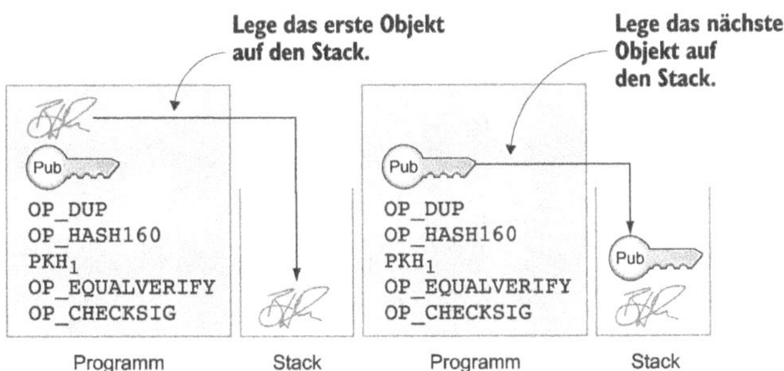

Abbildung 5.12: Hinzufügen einer Signatur und eines public Key auf den Stack.

die Signatur auf den anderweitig leeren Stack. Dann sieht sie einen public Key, was auch nur Daten sind. Sie tut den ebenfalls auf den Stack. Der Stack enthält jetzt eine Signatur und einen public Key, mit dem public Key oben.

Das nächste Element im Programm ist `OP_DUP` (Abbildung 5.13). Das sind jetzt nicht nur Daten–das ist ein Operator. Ein Operator führt Berechnungen durch auf Basis der Elemente auf dem Stack und, in manchen Fällen, der zu verifizierenden Transaktion. Dieser spezielle Operator ist einfach: er sagt "Kopiere das oberste Element auf dem Stack (aber lasse es dort liegen), und lege die Kopie obendrauf". Lisa befolgt den Befehl und kopiert den public Key auf dem Stack. Jetzt liegen zwei public Keys und eine Signatur auf dem Stack.

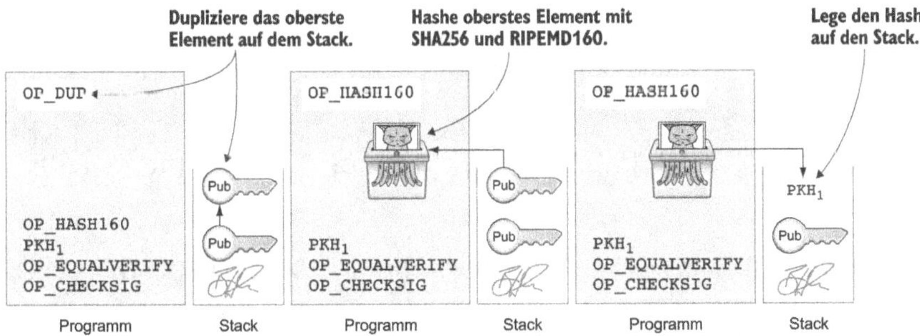

Abbildung 5.13: Kopieren des public Key auf dem Stack und Hinzufügen eines PKH.

Das nächste Element ist ebenfalls ein Operator, `OP_HASH160` (auch dargestellt in Abbildung 5.13). Dies bedeutet "Nimm das oberste Element vom Stack herunter, berechne dessen Hash mittels SHA256 + RIPEMD160, und lege das Ergebnis wieder auf den Stack."

Cool. Lisa nimmt den oberen public Key vom Stack, hasht ihn und legt den

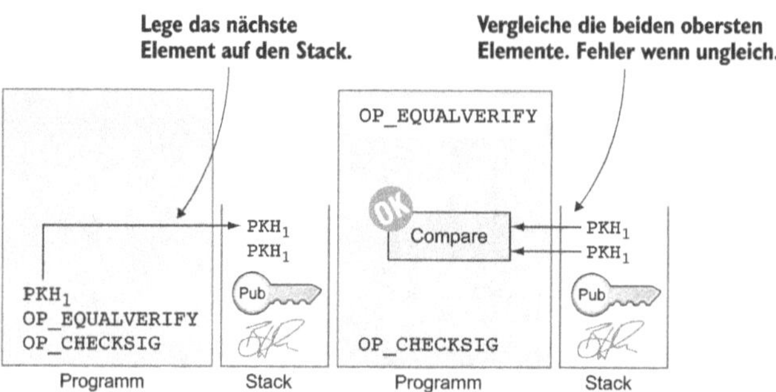

Abbildung 5.14: Ablegen von PKH_1 auf dem Stack und Vergleich der beiden PKH Elemente.

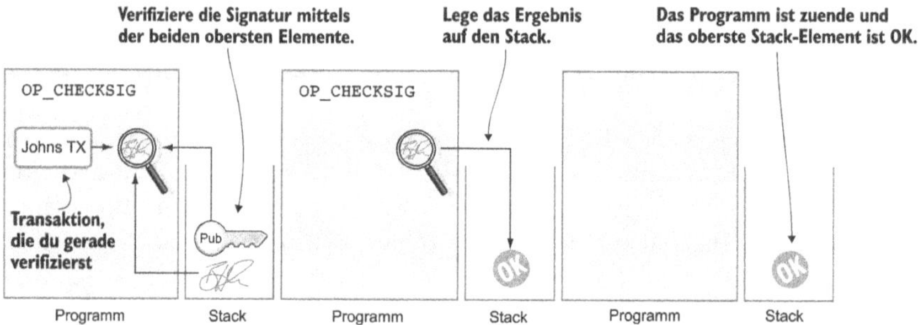

Abbildung 5.15: Prüfung der Signatur unter Benutzung von Johns Transaktion und dem Rest der Elemente auf dem Stack.

resultierenden PKH oben auf den Stack. Das ist natürlich gerade Johns PKH_1, weil es ja Johns public Key war, den Lisa gehasht hat.

Das nächste Element ist wieder nur Daten (Abbildung 5.14): es ist PKH_1, was der rechtmässige Empfänger der 8 CT ist. Lisa legt PKH_1 auf den Stack.

Als Nächstes kommt ein weiterer Operator, OP_EQUALVERIFY. Das bedeutet "Nimm die beiden obersten Elemente vom Stack und vergleiche sie miteinander. Wenn sie gleich sind, dann fahre beim nächsten Element mit dem Programm fort; ansonsten brich das Programm mit einem Fehler ab." Lisa nimmt die beiden PKH Elemente von der Spitze des Stacks und prüft, ob sie identisch sind. Sie *sind* identisch, was bedeutet, der public Key, den John im Signature Script seiner Transaktion mitgeliefert hatte passt zu dem PKH, der als Empfänger im Output gesetzt worden war.

Der letzte Operator, OP_CHECKSIG (Abbildung 5.15), bedeutet "Verifiziere, dass der public Key oben auf dem Stack und die Signatur darunter die Transaktion korrekt signieren. Lege true oder false oben auf den Stack,

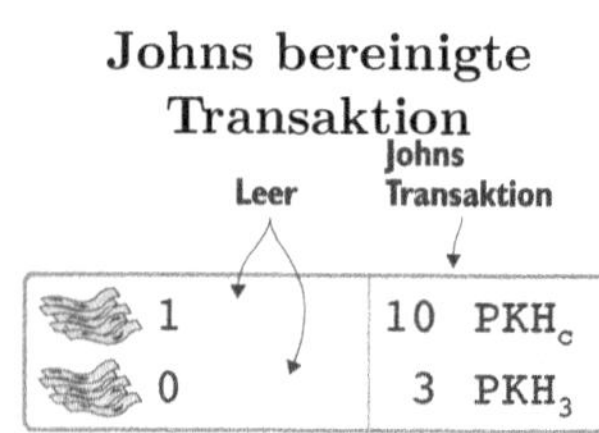

abhängig vom Ergebnis der Verifikation." Lisa nimmt Johns Transaktion und löscht alle Signaturen aus allen Inputs. Sie benutzt die beiden obersten Objekte, was Johns public Key und seine Signatur sind, um zu verifizieren, dass die Signatur die bereinigte Transaktion signiert. Als John seine Transaktion signierte, hat er das ohne Signaturdaten in den Inputs getan. Deshalb muss Lisa erstmal die Signatur-Scriptdaten aus der Transaktion entfernen, bevor sie die Transaktion verifiziert. Die Signatur war in Ordnung, also legt Lisa `true`, was so viel heisst wie 'OK´, zurück auf den Stack.

Schau, das Programm ist jetzt leer! Es gibt nichts mehr zu tun. Nachdem das Programm durchgelaufen ist, enthüllt das oberste Element auf dem Stack, ob das Ausgeben des Outputs authentisch ist. Wenn `true`–OK–dann ist das Ausgeben autorisiert. Wenn `false`–`nicht OK`– dann muss die Transaktion abgewiesen werden. Lisa schaut auf das oberste Stack-Element, und das ist ein `OK`. Lisa weiss jetzt, dass Johns Input mit Index 0 in Ordnung ist (Abbildung 5.16).

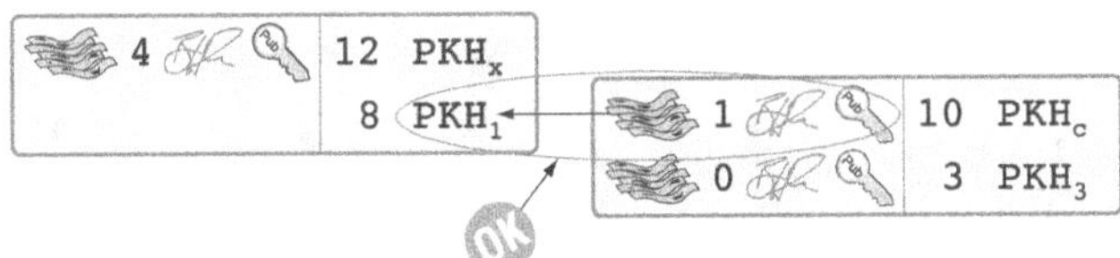

Abbildung 5.16: Der erste Input wird geprüft.

Lisa führt dieselben Checks für den anderen Input von Johns Transaktion durch, den mit Index 1. Wenn dieses Programm ebenfalls mit `OK` endet, dann ist die Transaktion gültig und sie kann die Transaktion an das Ende des Spreadsheets hängen.

5.3.1 WARUM EIN PROGRAMM BENUTZEN?

Der Pubkey Script Teil des Programmes schreibt vor, was die ausgebende Transaktion genau liefern muss, um einen Output auszugeben. Die einzige Methode, einen Output auszugeben ist, ein Signatur Script zu liefern, das für einen fehlerfreien Programmdurchlauf sorgt, bei dem am Ende ein `OK` auf dem Stack liegt.

In dem Beispiel, das ich gerade präsentiert habe, ist das einzige akzeptable Signatur Script eine gültige Signatur, gefolgt von dem public Key, der mit dem PKH im Pubkey Script korrespondiert.

Operatoren

Eine Menge nützlicher Operatoren können verwendet werden, um allerlei originelle Programme zu schreiben. Schau dir die komplette Liste an unter Web resource 13.

Eine Programmiersprache, Script, in den Transaktionen zu benutzen macht diese sehr flexibel. Du wirst mehrere verschiedene Typen von Script Programmen in diesem Buch zu sehen bekommen. Wenn die Transaktionen keine Programmiersprache benutzen würden, hätten alle Anwendungsfälle schon vorab erfunden werden müssen. Die Script Sprache lässt einen später nach Bedarf neue Anwendungsfälle einrichten.

Ich habe bereits erwähnt, dass "pay to PKH" nicht die einzige Art zu zahlen ist. Man kann in einem Pubkey Script beliebige Programme schreiben. Zum Beispiel kann man ein Pubkey Script schreiben, das mit OK nur dann endet, wenn das Signatur Script zwei Zahlen enthält, deren Summe 10 ist. Oder ein Programm, das nur dann mit OK endet, wenn das Signatur Script das SHA256 Pre-Image eines Hashes enthält. Schau dir folgendes Beispiel an:

```
OP_SHA256
334d016f755cd6dc58c53a86e183882f8ec14f52fb05345887c8a5edd42c87b7
OP_EQUAL
```

Dies gestattet jedem das Ausgeben des Outputs, der einen Input für SHA256 liefert, der als Hashwert `334d016f...d42c87b7` liefert. Du weisst zufälligerweise aus Kapitel 2, der Text "Hello!" genau diesen Wert erzeugt. Angenommen, dein Signatur Script ist

```
Hello!
```

Lass das Programm laufen um dich zu vergewissern, dass es funktioniert und dass alle Signatur Scripts, die kein korrektes Pre-Image enthalten, scheitern.

5.3.2 WESHALB SIGNATUR SCRIPT UND PUBKEY SCRIPT?

Merkwürdige Namen

Bitcoin Entwickler benutzen oft den Term *scriptPubKey* für das Pubkey Script und *script-Sig* für das Signatur Script, weil diese im Bitcoin Core Quellcode so heissen.

Du fragst dich vielleicht, warum wir den Output Script Teil *Pubkey Script* nennen, obwohl es doch keinen public Key enthält. Und ebenso, warum das Input Script *Signatur Script* heisst, obwohl es nicht nur aus einer Signatur besteht.

Das Pubkey Script in Bitcoin Transaktionen enthielt früher einen richtigen public Key, und das Signatur Script bestand nur aus der Signatur. Damals war es einfacher. Ein typisches Pubkey Script sah so aus

```
<public key> OP_CHECKSIG
```

und das Signature Script so:

```
<signature>
```

Die Dinge haben sich seitdem verändert, aber die Namen *Signatur Script* und *Pubkey Script* sind geblieben. Die meisten Entwickler betrachten das Ganze abstrakter: man kann das Pubkey Script als public Key betrachten und das Signatur Script als Signatur, aber nicht notwendigerweise als normale public Keys und Signaturen. In einer normalen Zahlung heute ist der "public Key" das Script, das durch die "Signatur" erfüllt werden muss, das Signatur Script. Natürlich enthält hier der "public Key" einige Operatoren und einen PKH, aber wir können ihn konzeptionell immer noch als public Key betrachten. Das gleiche gilt für das Signatur Script, das wir konzeptionell als Signatur betrachten können.

5.4 Wo waren wir?

Dieses Kapitel beleuchtet die meisten Aspekte von Transaktionen. Abbildung 5.17 ist ein Rückverweis aus Kapitel 1 darüber, wie eine typische Transaktion gesendet wird.

Wir sind durch die Anatomie einer Transaktion durchgegangen und diskutieren jetzt verschiedene Wege, Transaktionen zu authentisieren oder "signieren."

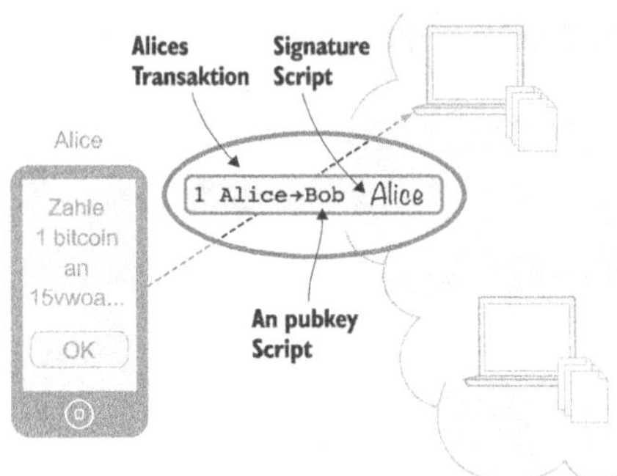

Abbildung 5.17: Dieses Kapitel betrachtet Transaktionen. Im Moment erforschen wir verschiedene Wege, Transaktionen zu authentisieren.

5.5 EINFALLSREICHE ZAHLUNGSWEISEN

Zahlung an Hash

`OP_SHA256 334d...87b7 OP_EQUAL`

Johns Transaktion hat gerade zwei *pay-to-public-key-hash* (p2pkh) Outputs ausgegeben. Aber wie vorher erwähnt, gibt es auch andere Arten zu zahlen– zum Beispiel pay-to-hash, wobei man an einen SHA256 Hash bezahlt. Um einen solchen Output auszugeben, muss man das Pre-Image des Hashes im Signatur Script des ausgebenden Inputs mitliefern. Wir untersuchen noch einige weitere interessante und nützliche Wege, Transaktionen zu authentisieren.

5.5.1 MEHRERE SIGNATUREN, MULTIPLE SIGNATURES

In p2pkh erzeugt der Empfänger eine Cookie Token Adresse, die dem Sender übergeben wird. Der Sender zahlt dann an diese Adresse.

Aber was, wenn der Empfänger sein Geld lieber mit etwas anderem absichern will als mit einem einfachen private Key? Angenommen Faiza, Ellen und John wollen Spenden von ihren Kollegen für einen guten Zweck sammeln.

Sie könnten eine normale p2pkh Adresse benutzen, an die die Spender zahlen würden. Sie könnten dann zum Beispiel Faiza den private Key geben, sadass nur sie das Geld ausgeben könnte. Dieser Ansatz hat ein paar Probleme:

Bug

Es gibt einen Bug in der Bitcoin Software, der verursacht, dass `OP_CHECKMULTISIG` ein zusätzliches Dummy-Element am Beginn des Signatur Scripts verlangt.

1. Wenn Faiza sterben würde, wäre das Geld für immer verloren. Ellen und John könnten nicht über die Spenden verfügen.

2. Wenn Faiza unvorsichtig mit ihrem Backup ist, könnte das Geld verlorengehen. Wieder wird niemand in der Lage sein, das Geld zu verwenden.

3. Wenn Faiza mit dem private Key unvorsichtig ist, könnte das Geld gestohlen werden.

4. Faiza könnte mit dem Geld abhauen.

In diesem Aufbau scheint eine Menge Risiko zu stecken, aber was, wenn Faiza den private Key ihren beiden Wohltätigkeits-Kollegen gibt? Dann kann jeder von denen das Geld ausgeben. Das löst Probleme 1 und 2, aber Probleme 3 und 4 würden schlimmer werden, weil jetzt jeder der drei den private Key nachlässig sichern oder mit dem Geld durchbrennen könnte.

Die Organisation besteht aus drei Leuten. Es wäre besser, wenn diese drei irgendwie *die Verantwortung und Kontrolle über das Geld teilen* könnten. Dank der Script Programmiersprache können sie dies tun.

Sie können je einen private Key erzeugen und verlangen, dass zwei der drei Keys die Transaktion signieren, bevor die Spenden ausgegeben werden können. (Abbildung 5.18).

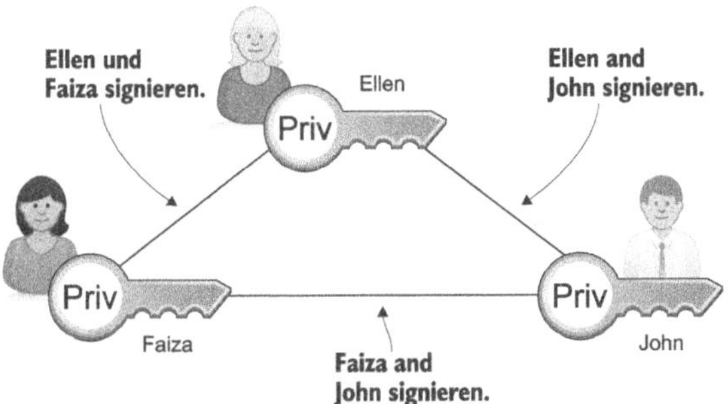

Abbildung 5.18: Multisignatur-Aufbau zwischen Faiza, Ellen und John. Zwei der drei Keys sind nötig, um auf das Geld zuzugreifen.

Dies führt einige gute Eigenschaften in den Wohltätigkeits-Fonds ein:

- Wenn einer der drei Keys gestohlen wird, kommt der Dieb trotzdem nicht an das Geld heran.

- Wenn einer der drei Keys aufgrund von Nachlässigkeit oder Tod verlorengeht, dann reichen die anderen beiden Keys aus, um das Geld zu verwenden.

- Von den dreien kann nicht einer einfach mit dem Geld verschwinden.

Abbildung 5.19 zeigt ein Script Programm, das die zwei-aus-drei Regel umsetzt.

Der OP_CHECKMULTISIG Operator instruiert Lisa, zu prüfen, dass die zwei Signaturen im Signatur Script mit den Keys im Pubkey Script erzeugt

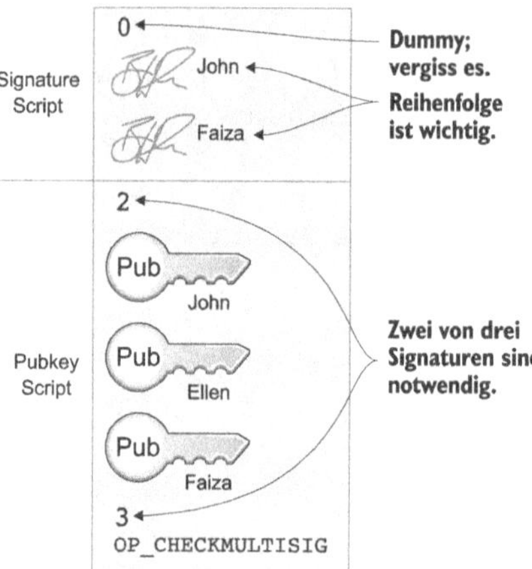

Abbildung 5.19: Ein Programm, das zwei Signaturen aus drei möglichen Keys erfordert. Das Geheimrezept ist `OP_CHECKMULTISIG`.

wurden. Lisa lässt das Programm in Abbildung 5.20 laufen.

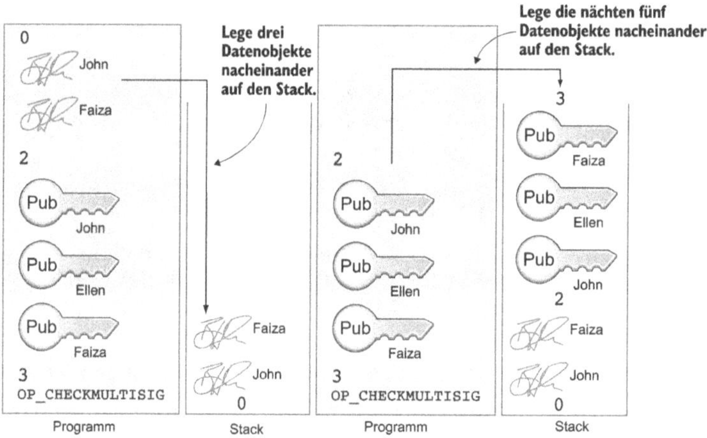

Abbildung 5.20: Ablegen einiger Datenelemente auf den Stack.

Die obersten acht Datenobjekte im Programm werden auf den Stack gelegt. Danach wird der einzige Operator, `OP_CHECKMULTISIG`, gestartet, wie in Abbildung 5.21 dargestellt. `OP_CHECKMULTISIG` nimmt eine Zahl, in diesem Fall 3, vom Stack herunter und erwartet dann diese Anzahl public Keys auf dem Stack, gefolgt von einer weiteren Zahl. Diese zweite Zahl gibt an, wie viele Signaturen zum Ausgeben des Geldes benötigt werden. In diesem Fall ist die Zahl 2. Der Operator nimmt dann die erwartete Anzahl Signaturen vom Stack, gefolgt von dem oben genannten Dummy. Das Dummy Objekt wird nicht benutzt.

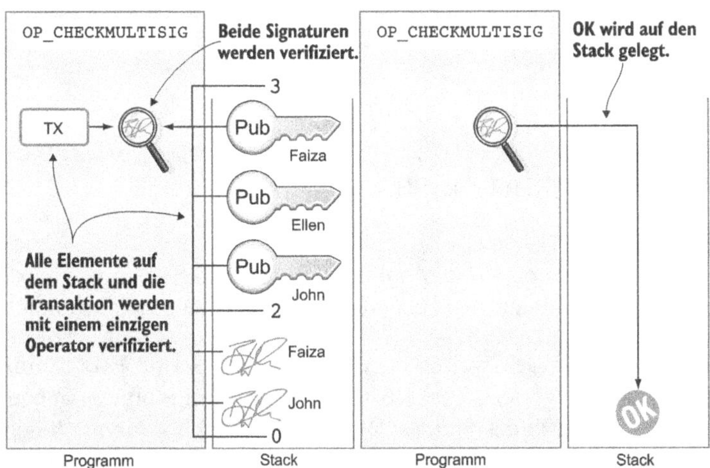

Abbildung 5.21: Ausführen des OP_CHECKMULTISIG Operators, was dieses Mal zu OK führt.

OP_CHECKMULTISIG benutzt all diese Informationen und die Transaktion, um festzustellen, ob genug Signaturen erstellt wurden, und verifiziert diese Signaturen. Wenn alles OK ist, tut er OK zurück auf den Stack. Damit endet das Programm. Weil auf dem Stack oben OK liegt, ist das Ausgeben des Outputs autorisiert.

Ein Kollege, der Cookie Tokens an den wohltätigen Fonds spenden möchte, muss sein Wallet dazu bringen, das Pubkey Script in Abbildung 5.19 in den Transaktions-Output zu schreiben. Das erzeugt ein paar Probleme:

- Das Wallet des Kollegen weiss nur, wie es p2pkh Outputs erzeugen kann. Das Wallet müsste modifiziert werden, um Multisignatur Outputs zu verstehen, und müsste eine Benutzerschnittstelle bekommen, die diese Art von Output für Benutzer verwendbar macht.

- Ein Sender muss normalerweise nicht wissen, wie der Empfänger sein Geld schützt. Dem Sender ist es egal, ob Multisignatur, p2pkh oder sonst irgendetwas. Sie wollen einfach bezahlen.

- Transaktionen müssen normalerweise eine Gebühr zahlen, um bearbeitet zu werden (mehr dazu in Kapitel 7). Diese Gebühr hängt davon ab, wie gross die Transaktion in Bytes ist. Für ein grosses Pubkey Script muss der Sender eine höhere Gebühr bezahlen. Das ist unfair, weil der Empfänger derjenige ist, der dieses extravagante, teure Feature benutzt. Der Empfänger, nicht der Sender, sollte für diesen Luxus zahlen.

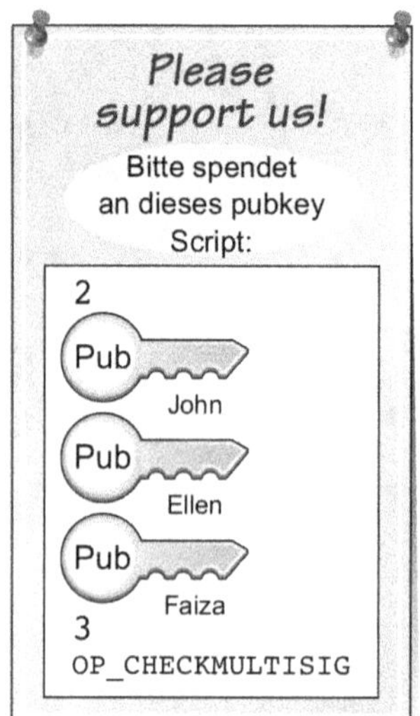

BIP16

Diese Art von Zahlung wurde 2012 mit BIP16 eingeführt.

Man kann dies mit einer kleinen Änderung in der Weise, wie die Programme laufen, korrigieren. Ein paar der Entwickler unter deinen Kollegen erfinden etwas namens *pay-to-script-hash* (p2sh).

5.5.2 PAY-TO-SCRIPT-HASH

Wir haben diskutiert, wie p2pkh den public Key vor dem Sender versteckt, der anstelle des public Key nur den Hash des public Key zu sehen bekommt.

p2sh spinnt diese Idee noch weiter–es versteckt das Script Programm. Anstatt dem Sender ein grosses, kompliziertes Script Programm zu geben, gibt man ihm nur den Hash des Scripts. Der Sender bezahlt dann an diesen Hash und überlässt es dem Empfänger, später das Script zu liefern, wenn er das Geld ausgeben möchte.

Nehmen wir wieder mal an, dass Faiza, Ellen und John Geld für eine Hilfsorganisation sammeln wollen, und sie wollen ein Multisignatur Setup benutzen, um das Geld zu sichern (Abbildung 5.22).

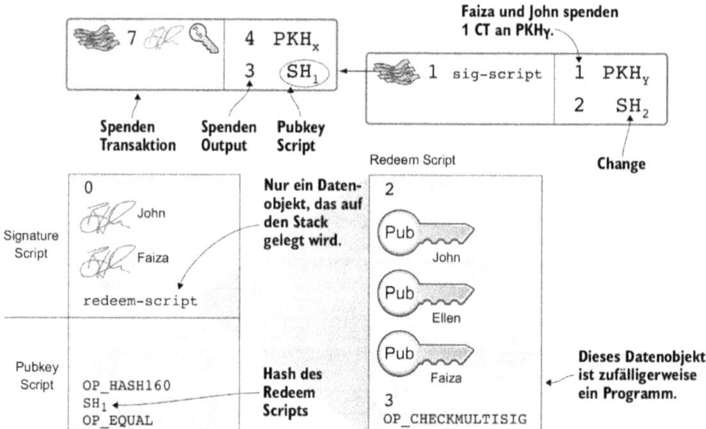

Abbildung 5.22: Überblick über p2sh. Das Pubkey Script ist einfach. Das Signatur Script ist etwas Besonderes, weil es ein Datenobjekt enthält, das ein Programm ist.

Um diese Transaktion vollständig zu validieren, brauchen wir neue Software. Wir sprechen gleich darüber, wie die neue Software diese Transaktionen verifiziert. Lass uns zuerst schauen, wie die alte Software es machen würde.

5.5.2.1 Alte Software

Was, wenn die Person, die die Transaktion verifiziert, ihre Software nicht auf die schillernde neue Version aktualisiert hat, die das Verifizieren von p2sh Zahlungen unterstützt? Die Entwickler haben das vorwärtskompatibel umgesetzt, das bedeutet, alte Software wird diese neuen Transaktionen nicht ablehnen.

Stellen wir uns vor, das Café führt alte Software aus, um diese Transaktion im Spreadsheet zu überprüfen (Abbildung 5.23). Alte Software macht das, was sie immer gemacht hat - das Zeug in das Signaturskript schieben und dann das Pubkey Script laufen lassen.

Wenn das Programm zu Ende ist, ist das oberste Objekt auf dem Stack `true`, oder `OK`. Das bedeutet, die Zahlung ist für die alte Software gültig.

Du erkennst vielleicht das Pubkey Script aus dem früheren Beispiel wieder, als du Geld an ein Pre-Image eines Hashes zahlen konntest. Das ist auch das, was hier passiert ist, nur mit einer anderen kryptografischen Hashfunktion.

Die alte Software interpretiert das Programm als Zahlung an einen Hash. Wer immer ein Pre-Image dieses Hashes zeigen kann, bekommt das Geld. Das eigentliche Multisignatur Programm, das in dem Einlöse-Script enthalten ist, läuft nie ab.

5.5.2.2 Neue Software

Angenommen das Café hat gerade ein Upgrade der Software gemacht und will die Transaktion erneut überprüfen. Schauen wir mal, was passiert.

Die neue Software schaut sich das Pubkey Script an, um festzustellen, ob diese Transaktion einen p2sh Output ausgibt. Sie sucht nach diesem Muster:

```
OP_HASH160
20 Byte Hash
OP_EQUAL
```

Wenn das Pubkey Script genau dieses Muster hat–das p2sh Muster, dann behandelt die Software das Programm anders. Zuerst führt es dieselben Schritte durch wie die alte Software, siehe Abbildung 5.23, aber sie wird den Stack nach Schritt 2 retten. Nennen wir das einmal den *geretteten Stack*. Wenn die ersten sieben Schritte ein `OK` ergeben, dann wird der

---

Wozu verifizieren?

Das Café ist in die Transaktion nicht involviert, warum sollte sie es also überhaupt verifizieren? Das Café will wissen, ob Lisa ihren Job macht. Es ist im Interesse des Café zu wissen, ob da irgendwo eine miese Geschichte abläuft.

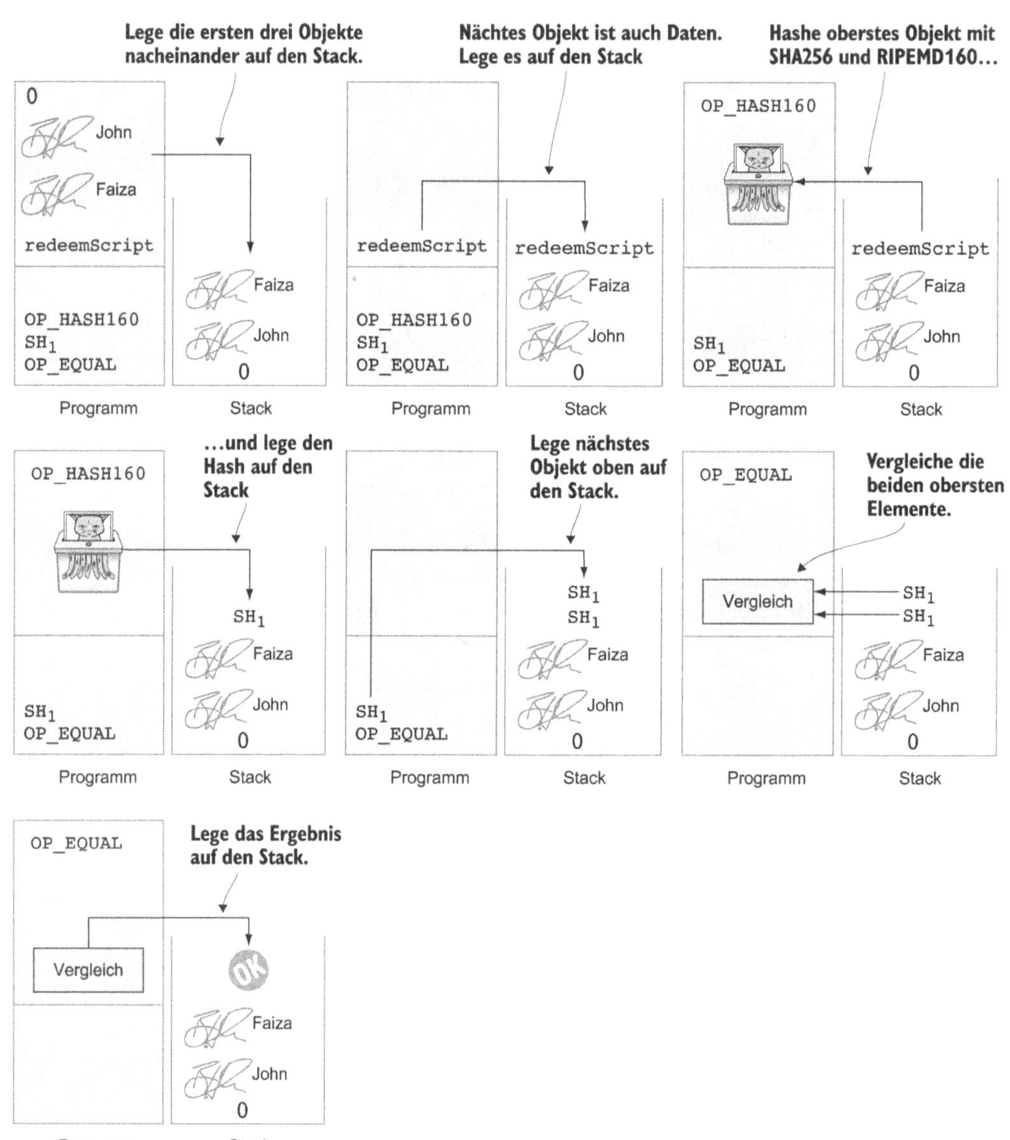

Abbildung 5.23: Überprüfung der p2sh Transaktion mit der alten Software.

Stack durch den geretteten Stack ersetzt; und das oberste Stack-Element,
`Einlöse-Script`, wird vom Stack genommen (Abbildung 5.24).

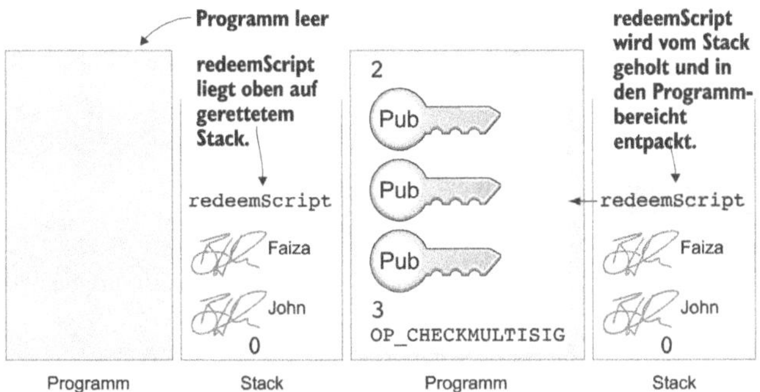

Abbildung 5.24: Der Stack wird durch den geretteten Stack ersetzt, und das
`Einlöse-Script` vom Stack genommen.

Das Einlöse-Script, wir bezeichnen es von jetzt an mit dem Fachbegriff
`Redeem Script`, ist ein Datenobjekt, das ein Programm beherbergt, wie
vorhin beschrieben. Dieses Programm wird jetzt in den Programmbereich
gelegt und beginnt zu laufen. Es läuft jetzt genau so ab, als wäre es eine
herkömmliche Zahlung (Abbildung 5.25).

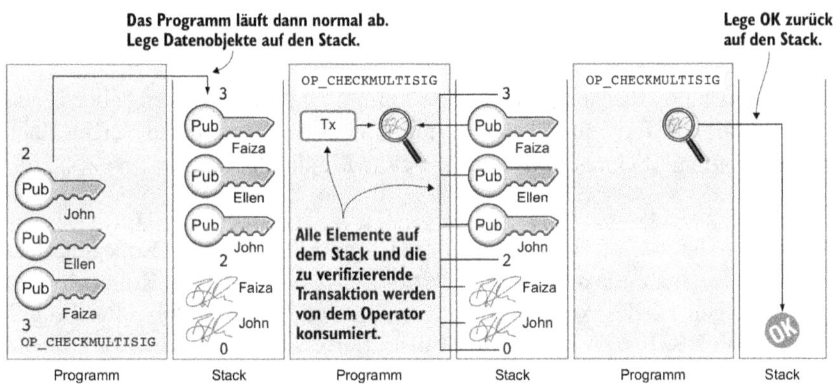

Abbildung 5.25: Ausführen des im Redeem Script enthaltenen Programms.

Es ist wichtig für Lisa, dass sie auf den letzten Stand der Software ist.
Würde Lisa alte Software laufen lassen, könnte sie nur verifizieren, dass der
Hash des Redeem Scripts dem Script Hash des Pubkey Scripts entspricht.
Jeder, der zufällig das Redeem Script kennt–zum Beispiel Faiza–könnte sich
das Geld im Spreadsheet aneignen. Lisa würde fröhlich die Transaktion
bestätigen. Das würde zu Problemen führen, wenn auf anderen verifizie-

renden Nodes neuere Software liefe. Diese Nodes würden die Transaktion im Spreadsheet ablehnen, weil sie gemäss der neuen Regeln unzulässig wäre. Das gesamte Spreadsheet wäre dann ungültig und für neue Nodes ab diesem Punkt inakzeptabel. Wir diskutieren diese Situation detaillierter in Kapitel 11.

5.5.3 PAY-TO-SCRIPT-HASH ADRESSEN

Faiza, Ellen und John haben ein zwei-aus-drei Multisignatur Redeem Script erzeugt:

```
2
022f52f2868dfc7ba9f17d2ee3ea2669f1fea7aea3df6d0cb7e31ea1df284bdaec
023d01ba1b7a1a2b84fc0f45a8a3a36cc7440500f99c797f084f966444db7baeee
02b0c907f0876485798fc1a8e15e9ddabae0858b49236ab3b1330f2cbadf854ee8
3
OP_CHECKMULTISIG
```

Sie wollen jetzt, dass Leute an den SHA256 + RIPEMD160 Hash des Redeem Scripts bezahlen:

```
04e214163b3b927c3d2058171dd66ff6780f8708
```

Wie sagen Faiza, Ellen und John den Leuten, wohin sie zahlen sollen? Was drucken sie auf die Flugblätter, damit die Kollegen an ihren Script Hash zahlen können? Schauen wir uns ein paar Möglichkeiten an:

- Drucke den Script Hash so, wie er ist, und informiere die Kollegen, dass dies der Hash eines Redeem Scripts ist. Das würde die Kollegen dem unnötigen Risiko von Tippfehlern aussetzen, genau wie bei Zahlungen an rohe PKHs, wie in Kapitel 3 diskutiert.

- Base58check-codiere den Script Hash genau wie in Kapitel 3, was eine Adresse erzeugen würde wie `1SpXyW...RMmEMZ`. Würde diese Adresse auf die Flugblätter gedruckt, dann müssten sie den Benutzern auch sagen, dass die einen p2sh Output statt eines normalen p2pkh Outputs erzeugen sollen.

In beiden Fällen, wenn der Spender irrtümlich eine p2pkh Zahlung mit dem gedruckten Hash oder der Adresse macht, kann niemand das Geld ausgeben, weil kein private Key mit diesem falschen PKH korrespondiert.

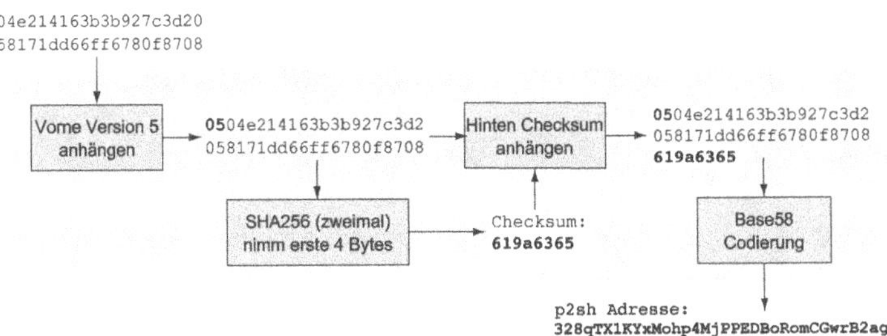

Abbildung 5.26: Erzeugen einer p2sh Adresse. Der Unterschied zu normalen Adressen ist die Version, die für p2sh Adressen 05 ist statt 00.

Diese zwei Optionen scheinen also weder sicher noch praktikabel. Lass uns stattdessen ein neues Adressformat für p2sh einführen, die *ps2h Adresse* (Abbildung 5.26). Dieses Format ist ähnlich wie die normalen p2pkh Adressen. Es benutzt das base58check Codierschema, genau wie normale Adressen dies tun.

Der Vorgang ist fast derselbe wie bei p2pkh Adressen. Der einzige Unterschied ist, dass die Version 05 ist statt 00. Das führt dazu, dass die Adresse mit einer 3 beginnt statt mit einer 1.

Wegen dieser Änderung und aufgrund der Funktionsweise von base58– wiederholte Integerdivision durch 58–wird der letzte Rest immer 2 sein. Wenn es dich interessiert, in Abbildung 5.27 siehst du die base58 Codierung des versionierten und mit Checksum versehenen Script Hashes von Faizas, Ellens und Johns Script.

Der letzte Rest 2 übersetzt sich zu 3 in der Zeichen-Lookup-Tabelle von base58. Dieses Zeichen 3 wird zum ersten Zeichen, wenn der base58 Prozess den Umkehrschritt durchführt. Daher beginnen alle p2sh Adressen mit 3. So können Benutzer sie als p2sh Adressen erkennen und nicht zum Beispiel als p2pkh Adressen.

Faiza, Ellen und John können jetzt `328qTX...wrB2ag` auf die Flugblätter drucken. Wenn ein Kollege den QR code ihres Flugblattes scannt, erkennt deren Wallet die Adresse als p2sh Adresse, weil sie mit 3 beginnt.Das Wallet wird die Adresse base58check-decodieren und einen korrekten ps2h Output erzeugen:

```
OP_HASH160
04e214163b3b927c3d2058171dd66ff6780f8708
OP_EQUAL
```

Dies beendet unsere Diskussion über programmierbare Transaktionen. Du

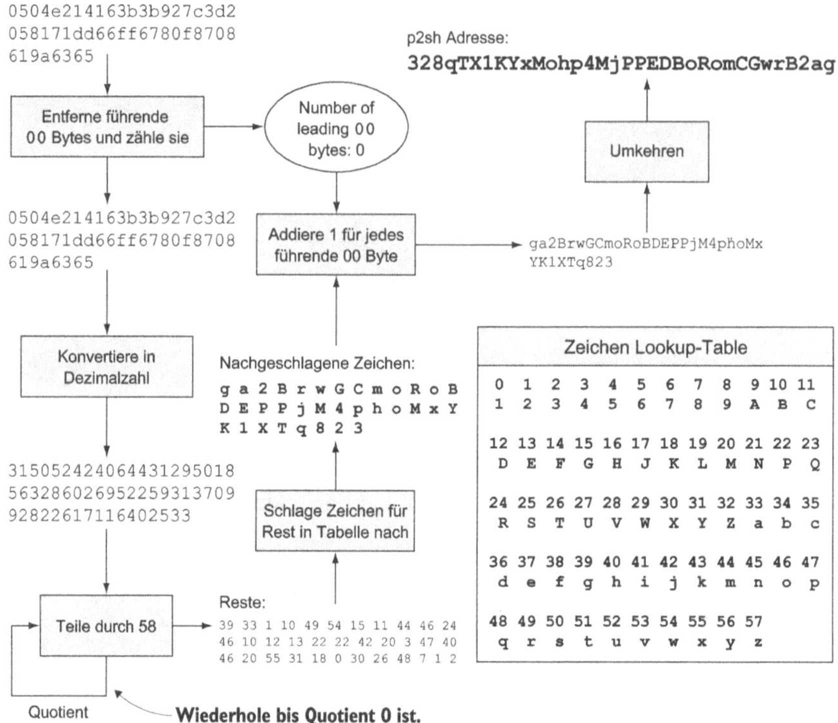

Abbildung 5.27: Codieren eines versionierten und mit Checksum versehenen Scripts mit base58. Das Ergebnis beginnt *immer* mit der Ziffer 3.

hast gelernt, dass Transaktionen eine Menge verschiedener Bedingungen für das Ausgeben des Geldes setzen können. Wohlgemerkt kann man nicht diktieren, wo das ausgegebene Geld hingehen soll, nur was der Input liefern muss, damit er das Geld ausgeben kann. Das Pubkey Script definiert die Regeln für das, was das Signatur Script liefern muss. Später im Buch werden wir Transaktionen noch einmal anschauen um über noch extravagantere Sachen zu reden, die man mit ihnen machen kann, wie zum Beispiel das Geld bis zu einem bestimmten Zeitpunkt einzufrieren.

5.6 Mehr Zeug in Transaktionen

Wir haben immer noch nicht alle Bestandteile einer Transaktion besprochen. Ein paar weitere Brocken Information gehören noch in Transaktionen, inklusive Version, Verwahrdauer und Sequenznummmern.

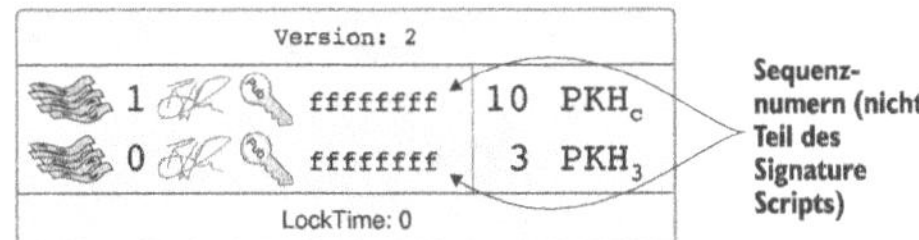

Version – Jede Transaktion hat eine Version. Derzeit gibt es zwei Versionen: 1 und 2.

Sequenznummer – Eine 4 Byte Zahl in jedem Input. Für die meisten Transaktionen ist diese auf den Maximalwert gesetzt: `ffffffff`. Dies ist ein altes, abgeschaltetes Feature, das für eine neue Funktionalität umgestaltet wurde.

Verwahrdauer (Lock time) – Ein Zeitpunkt, vor dem die Transaktion dem Spreadsheet nicht hinzugefügt werden kann. Wenn die Lock Time 0 ist, darf die Transaktion jederzeit ins Spreadsheet eingetragen werden.

Ich nenne diese knappe Information hier der Vollständigkeit halber. Wir diskutieren diese Features näher in Kapitel 9, wenn du mehr über die Grundlagen von Bitcoin weisst.

5.7 Belohnungen und Coin-Erzeugung

VON	AN	BETRAG CT
...	...	...
Cafe	Firma	10,000
Alice	Cafe	10
NEU	Lisa	7,200

Du fragst dich vielleicht, wo all die Cookie Tokens überhaupt erst herkommen. Erinnerst du dich an Kapitel 2, als ich beschrieben hatte, wie Lisa täglich mit 7.200 CT belohnt wird? Sie trägt jeden Tag eine Zeile ins Spreadsheet ein, die 7.200 an sie selbst zahlt.

Jetzt belohnt sie sich immer noch mit 7.200 CT täglich, allerdings auf eine etwas andere Weise. Jeden Tag fügt sie eine neue Transaktion an das

Spreadsheet an, die sie *Coinbase Transaktion* nennt (Abbildung 5.28).

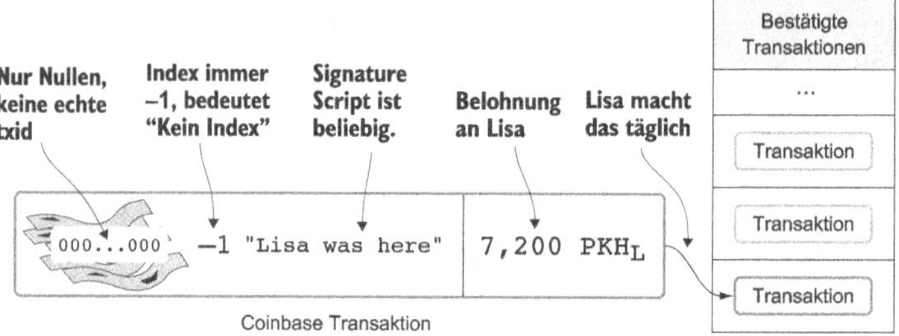

Abbildung 5.28: Lisa belohnt sich täglich mit einer Coinbase-Transaktion.

Belohnungen–Rewards

Belohnungen werden in Bitcoin ungefähr alle 10 Minuten mittels Coinbase-Transaktionen ausgeschüttet, und zwar an die Nodes, die die Bitcoin Blockchain absichern. Das wird in Kapitel 7 besprochen.

Der Input der Coinbase-Transaktion heisst *coinbase*. Die einzige Möglichkeit, neue Coins zu generieren, besteht darin, dem Spreadsheet eine Coinbase-Transaktion hinzuzufügen. Neue Coins werden an Lisa ausgeschüttet, als Belohnung für ihre wertvolle Arbeit.

Alle Transaktionen können zu einer oder mehreren Coinbase Transaktionen zurückverfolgt werden, indem man den txid Referenzen in den Transaktions-Inputs folgt. Die Transaktionen formen einen Transaktionsgraphen (Abbildung 5.29). Sie sind durch die txids miteinander verbunden.

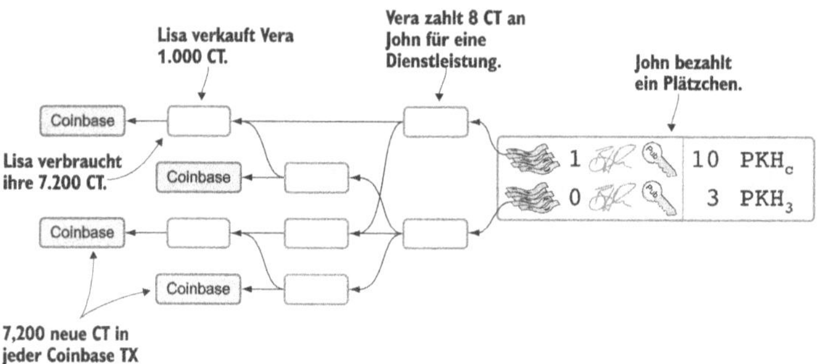

Abbildung 5.29: Der Transaktionsgraph. Alle Transaktionen stammen von einer oder mehreren Coinbase-Transaktionen ab.

Johns Transaktion stammt von vier verschiedenen Coinbase Transaktionen ab. Um Johns Transaktion zu verifizieren, muss man allen txids von Johns Transaktion zurück folgen und alle Transaktionen entlang des Weges prüfen, bis man bei den vier Coinbase Transaktionen angekommen ist. Das ist der Teil, wo das UTXO Set den Prüfern hilft. Es enthält alle bereits geprüften UTXOs. Die Prüfer müssen nur den txids folgen (normalerweise nur ein Schritt), bis sie an einen Output kommen, der schon im UTXO Set liegt.

Die Coinbase Transaktionen müssen ebenfalls verifiziert werden, damit es nur genau eine coinbase pro 24 Stunden gibt, und jede coinbase genau 7.200 neue Cookie Tokens erzeugt.

5.7.1 Übergang von Version 4.0

Du fragst dich vielleicht, wie die Kollegen vom alten Spreadsheet–wie es in Release 4.0 war–auf das neue umstellen konnten, das mit den Transaktionen. Was ist mit den existierenden Cookie Tokens im Spreadsheet passiert?

Sie hatten sich alle auf einen Zeitslot geeinigt, an dem der Upgrade stattfinden würde. Während dieser Zeit erzeugte Lisa eine einzelne, riesige Transaktion mit einem Output pro PKH im Spreadsheet. Die Transaktion sieht aus wie eine Coinbase Transaktion, aber mit einer Menge Outputs. Jeder kann eine Version des alten Spreadsheets vorhalten und verifizieren, dass diese Transaktion exakt dieselben Outputs enthält wie das alte UTXO Set. Neue Prüfer können jedoch nicht sicher sein, ob es gut gelaufen ist - sie müssen Lisa damit vertrauen.

Bedenke, dass dies in Bitcoin, das von Anfang an für Transaktionen konzipiert wurde, überhaupt nicht so ist. Der „Initialzustand" in Bitcoin war ein leeres UTXO Set. Niemand hatte Bitcoins.

5.8 Vertrauen in Lisa

In diesem Kapitel haben wir den Bezahlvorgang formalisiert–zum Beispiel muss die Transaktion aus dem Wallet als Anhang in einer Mail an Lisa geschickt werden. Lisa kann diese Formalisierung zur Automatisierung aller ihrer Aufgaben nutzen. Sie schreibt ein Computerprogramm, das die Transaktionen aus ihrer Mailbox holt und automatisch überprüft, das UTXO Set verwaltet und Transaktionen ans Spreadsheet anhängt. Lisa kann entspannt zuschauen, wie ihr Computerprogramm ihr die Routinearbeit abnimmt. Schön.

Aber jetzt fragt man sich vielleicht, ob Lisa die 7.200 CT Belohnung pro Tag noch wert ist. Sie arbeitet nicht mehr aktiv an den Überprüfungen; sie sitzt nur da und dreht Däumchen. Überlegen wir mal kurz, wofür Lisa eigentlich bezahlt wird. Sie wird nicht bezahlt, um langweilige, manuelle Arbeit zu verrichten, sondern um korrekte, ehrliche Bestätigungen von Transaktionen durchzuführen und sie nicht zu zensieren. Das ist es, was für dich und deine Kollegen wertvoll ist. Wenn Lisa ein Computerprogramm schreibt, um die Hauptarbeit zu erledigen, dann macht dies die Zahlungsabwicklung nicht weniger korrekt oder ehrlich.

Transaktionen lösen das Problem, dass Lisa beliebig Zeug im Spreadsheet ändern könnte. Das einzige, womit wir Lisa noch trauen müssen, ist, dass sie

> **Wir vertrauen Lisa, dass sie Transaktionen nicht...**
>
> – zensiert
> – rückabwickelt

Transaktionen nicht zensiert – Sie muss jede gültige Transaktion, die sie in einer Mail erhält, dem Spreadsheet anhängen.

Transaktionen nicht rückabwickelt – Eine Transaktion *rückabwickeln* bedeutet, sie aus dem Spreadsheet entfernen.

Wenn es Lisa einfällt, dass sie Faiza eigentlich nicht mag, und sie ausserdem zufälligerweise Kenntnis über Faizas UTXOs hat, kann sie sich weigern, Faizas Transaktionen abzuarbeiten, die versuchen, diese UTXOs auszugeben. Das bedeutet, Faiza kann ihr Geld nicht ausgeben. Lisa zensiert Faizas Transaktionen.

Wenn Lisa eine Transaktion aus dem Spreadsheet entfernt, deren Outputs alle unverbraucht sind, dann *könnte* das von bereits laufenden Prüfern festgestellt werden. Aber Prüfer, die nach dem Rückabwickeln angefangen haben zu verifizieren, werden es nicht feststellen, weil das Spreadsheet immer noch regelkonform gültig ist.

Angenommen, Lisa revertiert Johns Transaktion aus Abschnitt 5.2. Lisa entfernt Johns Transaktion aus dem Spreadsheet. Niemand hat einen der Output aus Johns Transaktion bisher ausgegeben, sodass das Spreadsheet keine Transaktionen enthält, die ungültig werden, wenn Johns Eintrag gelöscht wird.

Ein bereits laufender Verifizierer–zum Beispiel das Café– merkt davon nichts, weil es nur nach neuen Transaktionen am Ende des Spreadsheets schaut. Es hat bereits Johns Transaktion überprüft und sein UTXO Set aktualisiert. Das Café vertraut darauf, dass Lisa keine Transaktionen löscht und überprüft daher das Spreadsheet nicht immer wieder.

Weiter, angenommen eine neue Kollegin, Vera, fängt an ihr eigenes UTXO Set aus dem Spreadsheet aufzubauen, das jetzt Johns Transaktion nicht mehr enthält. Das UTXO Set wird sich von dem des Cafés unterscheiden. Aus Veras Perspektive hat John immer noch das Geld und hat nicht 10 CT an das Café bezahlt. Die Outputs, die John in der jetzt gelöschten Transaktion ausgegeben hatte, erscheinen Vera unverbraucht, weil sie in Veras UTXO Set liegen.

Wir haben jetzt Vera, die glaubt, dass John immer noch das Geld hat; Lisa, die die Transaktion gelöscht hat; und das Café, das glaubt es hat 10 CT von John bekommen. Bisher hat niemand das Vergehen von Lisa bemerkt. Es wird auch niemand bemerken, bis jemand versucht, einen Output von Johns Transaktion auszugeben. Das könnte das Café sein, das seine 10 CT ausgibt, oder John, der seine 3 CT Change ausgibt.

Sagen wir, das Café will die Miete an die Firma zahlen. Es muss dazu unter anderem die Outputs von Johns Transaktion benutzen. Das Café erzeugt eine Transaktion, die den Output ausgibt, signiert sie und schickt sie an Lisa. Lisa weiss, dass sie Johns Transaktion gelöscht hatte und dass ihr Vergehen bemerkt werden wird. Wenn Lisa sich entscheidet, die Transaktion des Cafés zu bestätigen, dann macht sie damit das ganze Spreadsheet ungültig, und Vera und alle anderen Verifikatoren werden das Spreadsheet komplett verwerfen. Nicht gut. Wenn Lisa sich entscheidet, die Transaktion abzuweisen, was das vernünftiger für sie ist, dann wird es das Café merken, weil die Transaktion nie bestätigt werden wird.

Wenn das Café das merkt, dann kann es nicht beweisen, dass Johns Transaktion je in dem Spreadsheet war. Lisa kann nicht beweisen, dass Johns Transaktion nie in dem Spreadsheet war. Es steht Aussage gegen Aussage. Wir lösen dieses Problem in Kapitel 6.

Es ist nicht klar, weshalb Lisa Johns Transaktion löschen sollte. Vielleicht bezahlt John Lisa dafür, dass sie es tut. Es wäre aber vermutlich vernünftiger, wenn Lisa stattdessen mit ihrem eigenen Geld betrügen würde. Sagen wir, sie kauft einen Keks im Café, und wenn das Café die Transaktion im Spreadsheet gesehen hat, gibt es Lisa den Keks. Lecker. Dann läuft Lisa zurück zu ihrem Arbeitsplatz und löscht ihre Transaktion. Jetzt hat sie einen Keks *und* behält das Geld. Das wird natürlich bemerkt, wenn das Café versucht, den Output von der gelöschten Transaktion auszugeben. Aber wie bei Johns Transaktion steht hier Aussage gegen Aussage. Lisa kann behaupten, dass die Transaktion nie im Spreadsheet war, und das Café kann behaupten, dass sie darin war. Niemand kann irgendetwas beweisen.

5.9 ZUSAMMENFASSUNG

Transaktionen machen es Lisa unmöglich, Cookie Tokens von anderen zu stehlen. Sie lösen dieses Problem dadurch, dass alle Signaturen öffentlich im Spreadsheet stehen. Die Wallets der Benutzer erzeugen und signieren Transaktionen, die Lisa verifiziert und an das Spreadsheet hängt.

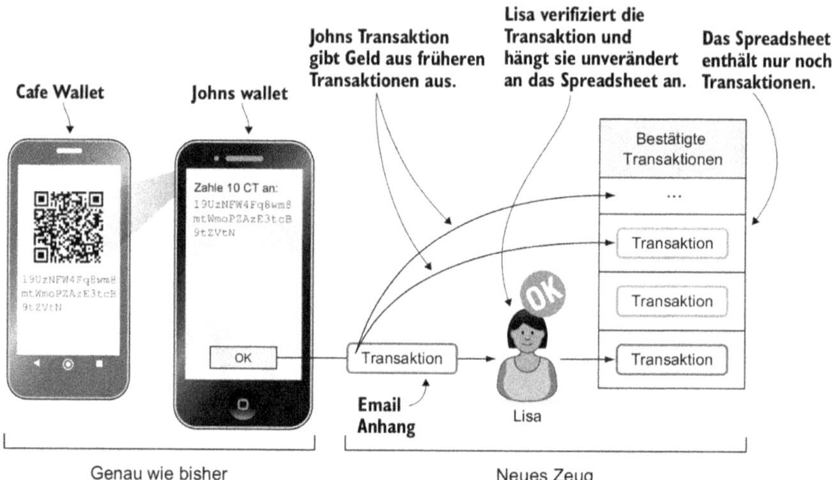

Transaktionen haben Inputs und Outputs. Ein Output einer Transaktion enthält den zweiten Teil eines Script Programms. Wenn der Output ausgegeben werden soll, muss der Input, der den Output ausgeben will, den ersten Teil des Programms liefern.

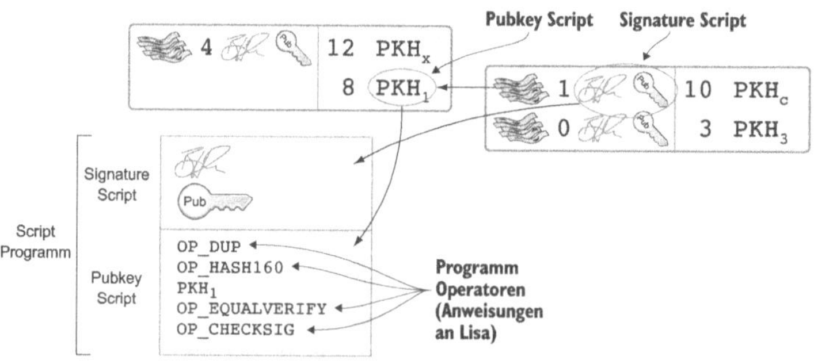

Lisa lässt das Programm laufen. Wenn das Programm mit OK endet, dann ist das Ausgeben *dieses* Outputs autorisiert. Wenn die Programme aller Inputs einer Transaktion mit OK enden, ist die gesamte Transaktion gültig, und Lisa hängt sie hinten an das Spreadsheet an.

Wenn die Transaktion einmal im Spreadsheet ist, kann jeder genau dieselben Checks machen, wie sie Lisa gemacht hat, weil sie die Transaktion genau so in das Spreadsheet eingetragen hat, wie sie sie bekommen hatte. Wenn Lisa die Transaktion verändern würde, würde man bemerken, dass das Spreadsheet nicht mehr gültig ist, weil es eine ungültige Transaktion enthält. Das einzige, was man nicht überprüfen kann ist, ob Transaktionen zensiert (nicht an das Spreadsheet angehängt) oder gelöscht werden. Mit diesen beiden Sachen muss man Lisa noch trauen.

5.9.1 SYSTEMÄNDERUNGEN

Transaktionen und die txid hast du jetzt in deinem Werkzeugkasten. Die Konzept-Tabelle (Tabelle 5.1) schrumpft um zwei Zeilen: Mails an Lisa und Zeilen im Spreadsheet werden durch Transaktionen ersetzt. Wir schicken wohlgemerkt immer noch Transaktionen an Lisa, aber die Transaktionen haben dasselbe Format wie in Bitcoin. Deshalb können wir sie jetzt entfernen.

Cookie Tokens	Bitcoin	Behandelt in
1 Cookie token	1 bitcoin	Kapitel 2
Das Spreadsheet	Die Blockchain	Kapitel 6
~~Email an Lisa~~	~~Eine Transaktion~~	~~Kapitel 5~~
~~Eine Zeile im Spreadsheet~~	~~Eine Transaktion~~	~~Kapitel 5~~
Lisa	Ein Miner	Kapitel 7

Tabelle 5.1: Transaktionen ersetzen Klartext-Mails an Lisa und Zeilen im Spreadsheet.

Das nächste Kapitel widmet sich dem Ersetzen des Spreadsheets, das jetzt die Transaktionen enthalt, durch eine Blockchain.

Geben wir Version 5.0 des Cookie Token Systems frei (Tabelle 5.2).

Version	Feature	Wie
NEU 5.0	Mehrere "Coins" in einer Zahlung.	Mehrere Inputs in Transaktionen.
	Jeder kann das Spreadsheet überprüfen.	Signaturen in Transaktionen öffentlich einsehbar.
	Sender legt Kriterien für das Ausgeben fest.	Script Programme in Transaktionen.
4.0	Einfacher, zu bezahlen und neue Adressen zu generieren	Mobile App "Wallet"
	Vereinfachte Backups.	EHD Wallets werden aus einem Seed erzeugt. Nur der Seed, 12 bis 24 englische Wörter, muss gesichert werden.
	Erzeugen von Adressen in unsicheren Umgebungen.	HD Wallets können public Key Bäume erzeugen, ohne je einen der private Keys zu sehen.
3.0	Sicher gegen teure Tippfehler	Cookie Token Adressen.
	Privacy Verbesserungen	Ein PKH statt eines Namens steht im Spreadsheet.

Tabelle 5.2: Release Notes, Cookie Tokens 5.0.

5.10 ÜBUNGEN

5.10.1 WÄRM DICH AUF

5.1 Angenommen, dein ganzes Geld ist auf drei UTXOs verteilt: einen mit 4 CT, einen mit 7 CT und einen mit 2 VT. Welche dieser Outputs würdest du für eine Zahlung von 10 CT verwenden? Welche Outputs hätte deine Transaktion und was wären ihre Werte in CT?

5.2 Für was werden in einer Transaktion txids benutzt?

5.3 Warum besitzt eine Transaktion normalerweise einen Change Output?

5.4 Wo liegen in einer Transaktion die Signaturen?

5.5 Warum wird der public Key im Input einer Transaktion benötigt, die einen p2pkh Output ausgeben will?

5.6 Warum werden die Signatur Scripts einer Transaktion bereinigt, wenn ein Wallet die Transaktion signiert?

5.7 Wo liegen innerhalb einer Transaktion die Pubkey Scripts und was enthalten sie?

5.8 Was muss ein Script Programm (Signatur Script + Pubkey Script) erfüllen, damit ein Input als authentisch gilt?

5.9 Woran kann man eine p2sh Adresse erkennen?

5.10.2 GRABE TIEFER

4.10 Angenommen, du hast 100 CT in einem einfachen Output an Index 7 einer Transaktion. Du möchtest 10 CT an die p2pkh Adresse @$_C$ des Cafés und 40 CT an Faizas, Ellens und Johns p2sh Wohltätigkeits-Spendenadresse @$_{FEJ}$ zahlen. Konstruiere eine einzige Transaktion, die das erledigt. Bitte schummele, indem du die genauen Operatoren und Programmvorlagen aus diesem Kapitel nachschlägst. Du brauchst die Inputs nicht zu signieren.

4.11 Das UTXO Set enthält alle UTXOs. Nimm an, es enthält 10.000 UTXOs und du schickst eine Transaktion an Lisa, die zwei Inputs und fünf Outputs enthält. Wie viele UTXOs enthält das UTXO Set, nachdem die Transaktion bestätigt wurde?

4.12 Erzeuge ein wirklich einfaches Pubkey Script, das jedem das Ausgeben des Outputs erlaubt. Was würde das Signatur Script des ausgebenden Inputs enthalten?

4.13 Erzeuge ein Pubkey Script, das von Ausgebenden verlangt, zwei Zahlen im Signatur Script zu liefern, deren Summe 10 beträgt, damit das Geld ausgegeben werden kann. Ein Operator namens OP_ADD nimmt die beiden obersten Elemente vom Stack und legt deren Summe wieder dort ab.

4.14 Angenommen, du betreibst einen Full Node und erhältst Geld von Faiza in einer bestätigten Transaktion. Kann du darauf vertrauen, dass das Geld von Faiza echt ist?

4.15 Ein public Key ist in dem Input, der einen p2pkh Output ausgibt, sichtbar. Was ist der Nachteil davon, wenn du mehrere UTXOs an derselben PKH Adresse besitzt? Was kannst du tun, um diesen Nachteil zu vermeiden?

5.11 ZUSAMMENFASSUNG

- Transaktionen haben Inputs und Outputs, sodass man in einer einzelnen Transaktion mehrere "Coins" ausgeben und an mehrere Empfänger zahlen kann.

- Die Outputs von Transaktionen sind "programmierbar". Das Sender-Wallet entscheidet, welches Programm in den Output kommt. Dies gibt die Bedingungen vor, die zum Ausgeben des Geldes nötig sind.

- Jeder kann das gesamte Spreadsheet verifizieren, weil die Signaturen öffentlich sind. Das verringert das Mass an notwendigem Vertrauen in Lisa.

- Scripts können benutzt werden, um Multisignatur-Fähigkeiten zu erreichen–zum Beispiel drei-von-sieben Tauglichkeit von Transaktionen. Das ist grossartig für Firmen und karitative Einrichtungen.

- Ein neuer Adresstyp, die mit 3 beginnende p2sh Adresse, wird zur Vereinfachung von Bezahlvorgängen bei einer Reihe von Bezahlarten verwendet, zum Beispiel für Multisignaturen.

- Alle Transaktionen stammen von einer oder mehreren Coinbase Transaktionen ab, Coinbase Transaktionen sind die einzige Art der Geldschöpfung.

- Die Geldschöpfung wird von jedem Kollegen geprüft um sicherzustellen, dass Lisa exakt so viel erzeugt wie vereinbart: 7.200 CT pro Tag, mit einer Halbierung alle vier Jahre.

- Lisa kann Transaktionen zensieren und umkehren. Damit musst du ihr immer noch vertrauen.

Kapitel 6

Die Blockchain

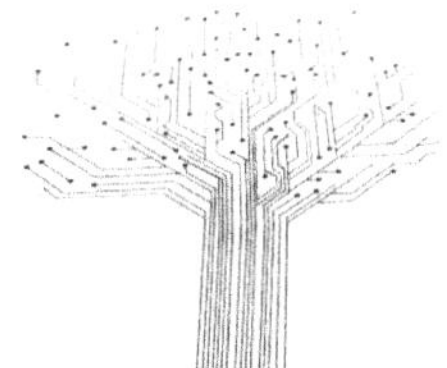

Dieses Kapitel behandelt

- Sicherheitsverbesserungen am Spreadsheet

- Lightweight (SPV) Wallets

- Verringerung des Bandbreitenbedarfs von Wallets

In Kapitel 5 haben wir Transaktionen diskutiert, die jedermann alle Transaktionen im Spreadsheet verifizieren lassen. Aber es bleiben immer noch zwei Dinge, die wir nicht überprüfen können–dass Lisa keine Transaktionen zensiert oder löscht. Wir werden Zensurfestigkeit in Kapitel 7 und 8 behandeln. Dieses Kapitel untersucht, wie es für Lisa unmöglich wird, Transaktionen zu entfernen oder zu ersetzen, ohne dass auffällt, dass sie an der Transaktionshistorie herumgespielt hat

Lisa tut dies, indem sie das Spreadsheet durch eine *Blockchain* (Abbildung 6.1) ersetzt. Die Blockchain enthält Transaktionen, die dadurch manipulationssicher gemacht werden, dass eine Gruppe von Transaktionen auf eine clevere Art gehasht und signiert wird. Diese Technik macht es einfach, einen Betrug kryptografisch zu beweisen, falls Lisa Transaktionen löscht oder ersetzt. Alle Prüfer behalten ihre eigenen Kopien der Blockchain und können diese vollständig validieren, um sicherzustellen, dass Lisa keine bereits bestätigten Transaktionen löscht.

Dieses Kapitel führt ausserdem ein leichtgewichtiges Wallet, oder *Simplified Payment Verification* (SPV, vereinfachte Zahlungsprüfung) Wallet, ein, das die Blockchain Verifikation auf jemand anderen verschiebt–einen Full Node–um Bandbreite und Speicherplatz zu sparen. Das wird dank der Blockchain möglich, kostet allerdings an anderer Stelle.

163

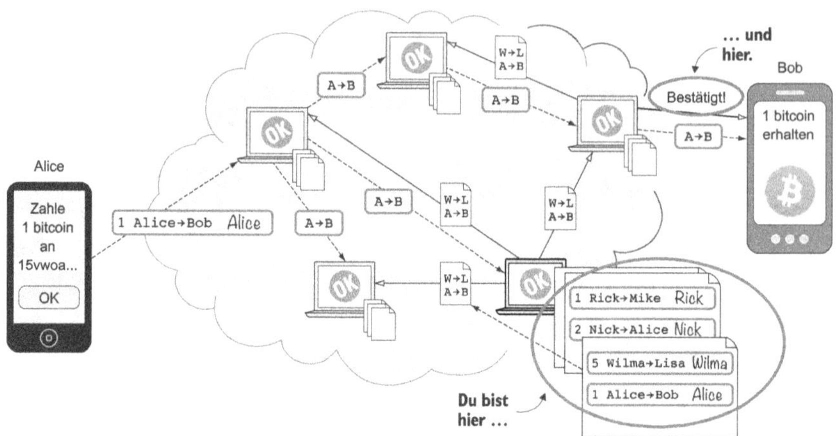

Abbildung 6.1: Die Bitcoin Blockchain

6.1 LISA KANN TRANSAKTIONEN LÖSCHEN

Wie zuvor mehrfach erwähnt, kann Lisa Transaktionen löschen. Zum Beispiel kann Lisa einen Keks vom Café kaufen, ihn essen und die Transaktion löschen. Natürlich würde sie das nie tun, weil sie vertrauenswürdigste Person der Welt ist, aber nicht alle ihre Kollegen wissen oder glauben dies. Nehmen wir mal an, sie löscht tatsächlich eine Transaktion, wie in Abbildung 6.2 gezeigt.

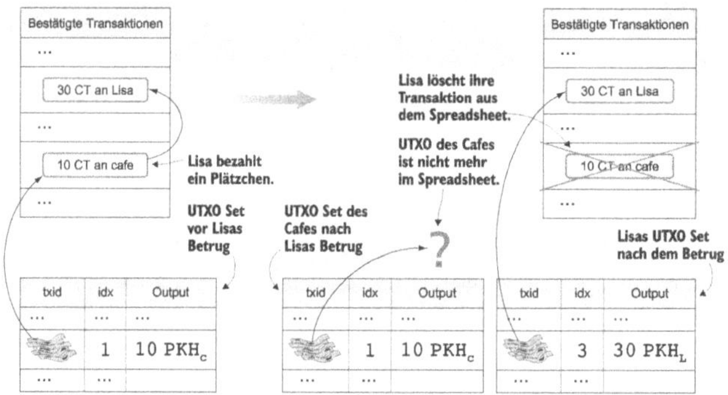

Abbildung 6.2: Lisa kauft einen Keks und rollt dann die Transaktion zurück. Sie hat dem Café gerade einen Keks gestohlen. Das Café und Lisa haben jetzt unterschiedliche UTXO Sets.

Später, wenn das Café merkt, dass die Transaktion verschwunden ist, kann es nicht beweisen, dass die Transaktion je im Spreadsheet enthalten war. Und Lisa kann nicht beweisen, dass die Transaktion nicht darin war. Die Situation ist lästig. Wenn es Aussage gegen Aussage steht, kann man sich auf einen langen, teuren Disput einlassen, möglicherweise mit Rechtsanwälten, Polizei, der Acme Versicherung und Privatdetektiven.

Wie kann man beweisen, dass eine Transaktion bestätigt war? Lisa braucht einen Weg, die Transaktionen und deren Reihenfolge so zu veröffentlichen, dass sie nicht mehr daran herumspielen kann.

6.2 DIE BLOCKCHAIN WIRD GEBAUT

Lisa kann Transaktionen löschen, weil niemand beweisen kann, dass sich die Liste der Transaktionen geändert hat. Was, wenn wir das System so ändern, dass nachweisbar wird, wenn sie an der Historie herumfummelt?

Unter deinen Kollegen schlagen einige Entwickler vor, das Cookie Token Spreadsheet wegzuschmeissen und es durch eine Blockchain zu ersetzen (Abbildung 6.3).

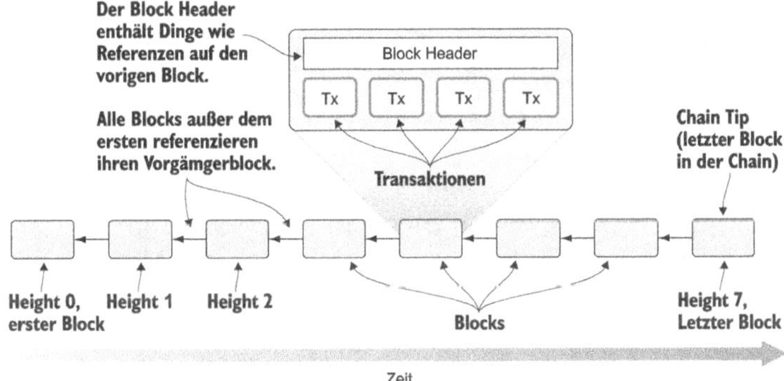

Abbildung 6.3: Eine Blockchain ist eine Kette von Blocks. Diese Blocks enthalten Transaktionen, und jeder Block referenziert seinen Vorgänger.

In der Blockchain zeigt jeder Block auf seinen Vorgängerblock und besitzt eine implizierte *Höhe*, die angibt, wie weit dieser Block vom ersten Block entfernt ist. Der erste Block besitzt Höhe 0, der zweite Höhe 1 und so weiter. In Abbildung 6.3 ist die *Chain Tip*, also das Kettenende oder der letzte Block bei Höhe 7, was bedeutet, die Blockchain ist 8 Blocks lang. Alle 10 Minuten steckt Lisa Unbestätigte Transaktionen zusammen in einen neuen Block und gibt ihn an alle Interessenten frei.

Blockchain Länge

Die Bitcoin Blockchain enthält hunderttausende von Blocks. Zum Zeitpunkt des Schreibens lag die Höhe der Kettenspitze bei 550.836.

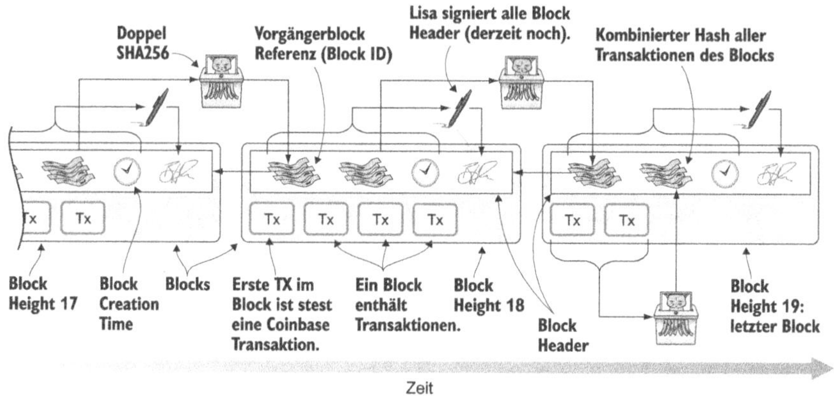

Abbildung 6.4: Jeder Block Header schützt die Integrität der in dem Block enthaltenen Transaktionen sowie die Blockchain vor diesem Block.

Die Blockchain speichert Transaktionen, genau wie das Spreadsheet das tat. Aber der Block enthält auch einen *Block Header*, um die Integrität der darin enthaltenen Transaktionen sowie der davor liegenden Blockchain zu schützen. Sagen wir mal, die Blockchain aus Abbildung 6.3 ist so gewachsen, dass sie 20 Blocks enthält, die Chain Tip also auf Höhe 19 liegt. Abbildung 6.4 zoomt in die letzten paar Blocks der Blockchain hinein.

Jeder Block enthält eine oder mehrere Transaktionen und einen Block Header. Der Block Header besteht aus

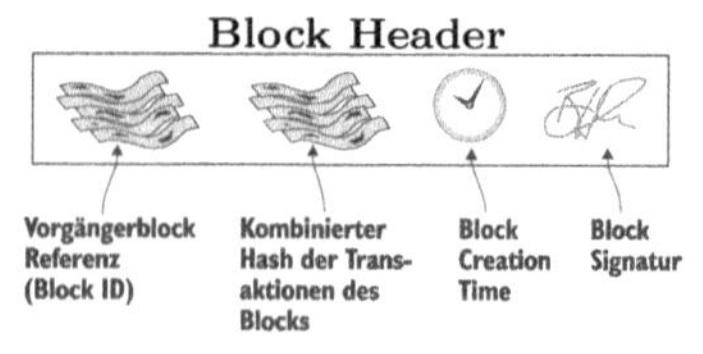

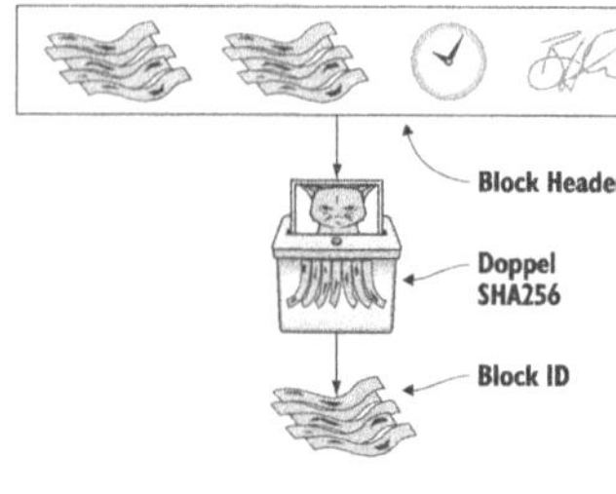

- Dem Doppel-SHA256 Hash des Vorgänger Block Headers.

- Dem kombinierten Hash der Transaktionen im Block, der Merkle'schen Wurzel oder *Merkle Root*.

- Einem Zeitstempel des Herstellungszeitpunkts dieses Blockes

- Lisas Signatur des Block Headers

Der Hash eines Block Headers ist eine Kennung, ein Identifier für den Block, genauso wie ein Transaction Hash, oder eine Transaktions-ID (txid) eine Kennung oder ein Identifier für eine Transaktion ist. Ich bezeichne Block Header auch gelegentlich als *Block ID*.

Der linke Teil des Block Headers ist die Block ID des Vorgängerblockes in der Blockchain. Deshalb heisst das Ganze dann *Blockchain*. Die vorigen Block Header Hashes bilden eine Kette, oder Chain, aus Block Headern.

Der zweite Teil von links ist der kombinierte Hash aller Transaktionen. Dies ist der *Merkle Root* von einem *merkle tree*, die Merkle'sche Wurzel eines Merkle'schen Baumes. Wir werden das in späteren Abschnitten dieses Buches besprechen, aber für den Moment sagen wir einfach, dass die Transaktionen im Block zu einem einzigen Hashwert zusammengehasht werden, der in den Block Header geschrieben wird. Man kann keine Transaktion im Block ändern, ohne damit den Merkle Root zu ändern.

Der dritte Teil von links ist die Herstellungszeit des Blockes. Diese Zeit ist nicht genau und steigt von Block zu Block nicht einmal in jedem Fall an, aber sie stimmt zumindest grob.

Der vierte Teil ist Lisas Block Signatur, die ein Genehmigungsstempel von Lisa ist, den jeder verifizieren kann. Lisas Signatur beweist, dass sie den Block einmal genehmigt hatte, was gegen sie verwendet werden könnte, falls sie einmal mogeln sollte. Du wirst gleich sehen, wie das funktioniert. Die digitale Signatur im Block Header führt neue Probleme ein, die wir in Kapitel 7 beheben werden, indem wir die digitale Signatur durch etwas ersetzen werden, das wir *Proof of Work* nennen werden.

6.2.1 LISA PRODUZIERT EINEN BLOCK

Lisa erzeugt grob alle 10 Minuten einen neuen Block, der unbestätigte Transaktionen enthält. Sie schreibt den Block in eine neue Datei in einem geteilten Ordner, oder *Share*. Jeder hat die Zugriffsrechte, um neue Dateien in dem Share anzulegen, aber niemand hat die Rechte, Dateien zu ändern oder zu löschen. Wenn Lisa einen Block in eine Datei in dem Share schreibt, *bestätigt* sie die Transaktionen in dem Block.

Angenommen, Lisa ist dabei, einen neuen Block auf Höhe 20 zu erstellen. Sie tut folgendes:

1. Erzeugt eine Blockschablone.

2. Signiert die Blockschablone, um sie zu vervollständigen.

3. Veröffentlicht den Block.

Geteilter Ordner? Ernsthaft?

Bitcoin benutzt keine geteilten Ordner. Der geteilte Ordner ist ein Platzhalter für Bitcoins Peer-to-Peer Netzwerk, das wir in Kapitel 8 näher betrachten werden.

6.2.1.1 BLOCKSCHABLONEN

Lisa beginnt, indem sie eine *Blockschablone* erstellt, einen Block ohne Signatur (Abbildung 6.5).

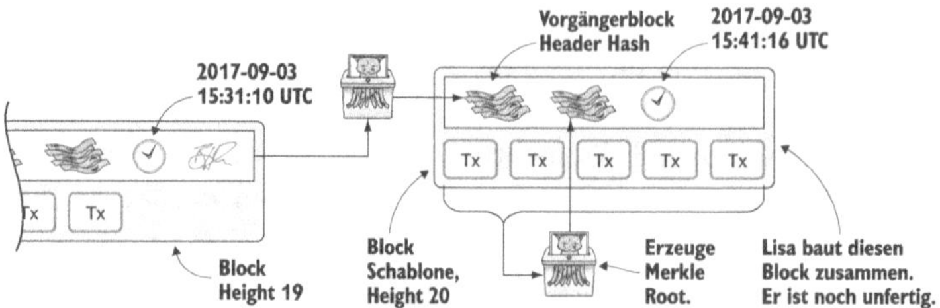

Abbildung 6.5: Lisa erstellt den neuen Block. Wir nennen ihn *Blockschablone* weil er noch nicht signiert ist.

Sie sammelt mehrere Transaktionen, die sie dem Block hinzufügen will. Dann erzeugt sie den Block Header. Sie erzeugt die Vorgänger-Block ID, indem sie den Block Header des Vorgängerblocks hasht und das Ergebnis in den neuen Block Header schreibt. Der Merkle Root wird anhand der Transaktionen in der Blockschablone ermittelt und die Zeit wird auf die aktuelle Zeit gesetzt.

Die erste Transaktion in ihrem Block ist die Coinbase Transaktion. Solche Coinbase Transaktionen erzeugen 50 CT pro Block anstatt 7.200 CT, wie es in Kapitel 5 der Fall war. Die Idee ist die, dass Lisa alle 10 Minuten einen neuen Block erzeugt, was bedeutet, dass ihre Tagesvergütung über 144 Blocks verteilt wird: es gibt 144 in 24 Stunden, und $144 \times 50CT = 7.200CT$. Wir sprechen mehr über Blockvergütungen und die Coinbase in Kapitel 7.

Blockvergütung

In Bitcoin enthält die Blockvergütung mehr als nur das neu geschaffene Geld. Es führt auch Transaktionsgebühren ein, die in Kapitel 7 diskutiert werden. Das neu erzeugte Geld in einem Block wird als *Blocksubvention* oder *block subsidy* bezeichnet.

6.2.1.2 SIGNIEREN DES BLOCKES

Bevor Lisa mit dem Block fertig ist, muss sie ihn erst noch mit einem private Key signieren, den nur sie kennt, wie in Abbildung 6.6 dargestellt.

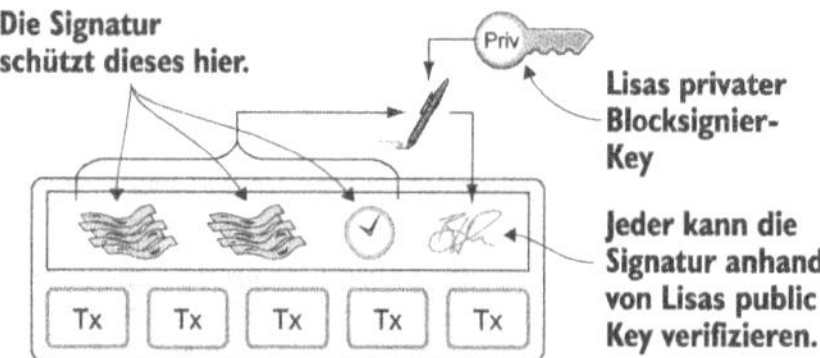

Abbildung 6.6: Lisa signiert einen Block mit ihrem Blocksignierer private Key. Der public Key ist unter den Kollegen allgemein bekannt.

Lisa verwendet ihren Blocksignierer private Key, um den Block Header zu signieren. Die digitale Signatur legt sich fest auf

- Die Vorgänger-Block ID, was bedeutet, Lisas Signatur legt sich auch auf die gesamte Blockchain vor diesem Block fest.

- Den Merkle Root, was bedeutet, die Signatur legt sich auf alle Transaktionen in diesem neuen Block fest.

- Den Zeitstempel

Würde sich irgendetwas in der Blockchain vor dem neuen Block oder in den Transaktionen innerhalb dieses Blockes ändern, so müsste sich auch der Inhalt dieses Block Headers ändern; dadurch würde die Signatur ungültig.

Der public Key, der zu Lisas Blocksignierer private Key gehört, muss allen öffentlich zugänglich sein. Die Firma kann den public Key auf ihrem Intranet veröffentlichen und an das schwarze Brett am Eingang hängen. Die Signatur wird benötigt, weil (zur Zeit) nur Lisa neue Blocks an die Blockchain hängen darf. Zum Beispiel kann John einen neuen Block erzeugen und in den Share legen. Aber er wird ihn nicht korrekt signieren können, da er nicht über Lisas private Key verfügt, also wird niemand sonst Johns Block akzeptieren.

Die Benutzung von private Keys zum Signieren von Blocks könnte sich aus zwei Gründen als schlechte Idee entpuppen:

- Lisas private Key kann gestohlen werden. Wenn das passiert, kann der Dieb gültige Blocks erzeugen und sie in den Share schreiben. Die Coinbase Transaktionen dieser Blocks würde der Dieb natürlich so abändern, dass sie an den PKH des Diebes gehen und nicht an Lisas.

- Die Quellen für Lisas public Key–zum Beispiel das schwarze Brett und das Intranet–könnten kompromittiert und die public Keys durch die von irgendeinem Bösewicht ersetzt werden. Wenn das passiert, werden einige Prüfer dahingehend hereingelegt werden, dass sie Blocks anerkennen, die mit einem anderen als Lisas Blocksignierer Key signiert wurden. Der Bösewicht kann einen Teil der Prüfer täuschen. Ein Kollege sollte der Notiz auf dem schwarzen Brett nicht trauen, weil es leicht ist, diese mit einer Notiz mit einem gefälschten public Key zu ersetzen. Kollegen müssen den public Key aus verschiedenen Quellen erhalten, zum Beispiel durch das schwarze Brett, das Intranet und indem sie andere Kollegen fragen. Eine einzelne Quelle könnte zu einfach von einem Bösewicht manipuliert werden.

Die Art, wie Blocks signiert werden, wird sich in Kapitel 7 ändern, von digitalen Signaturen auf Proof of Work.

Proof of Work, Arbeitsnachweis

Bitcoin Blocks werden nicht auf eine solche Weise signiert. Sie werden mit Proof of Work "signiert", was in Kapitel 7 beschrieben wird.

Lisa's public Key

```
020fe0e27cb1
d913c71970fc
07d1ce541c25
35e0d2d46828
9e3ec2ac66c8
78fd75
```

6.2.1.3 VERÖFFENTLICHEN EINES BLOCKS

Ist der Block einmal signiert, muss Lisa ihn den Prüfern zugänglich machen. Sie benutzt den Share dafür, indem sie eine neue Datei erzeugt, block_20.dat, in die sie ihren neuen Block speichern will (Abbildung 6.7).

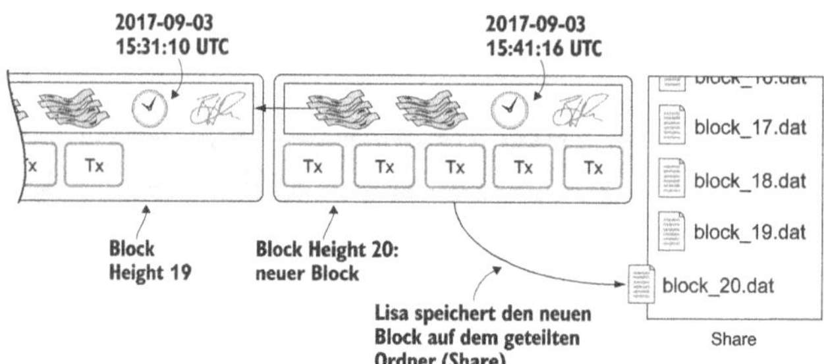

Abbildung 6.7: Lisa hat ihren neuen Block signiert und speichert ihn in eine neue Datei im Share.

Der Block ist jetzt veröffentlicht. Jeder, der Interesse hat, kann den Block aus dem Share lesen. Denk daran, dass keiner die Datei ändern oder löschen kann, weil die restriktive Rechtevergabe auf dem Share dies nicht zulässt. Nicht einmal Lisa selbst kann das. Es gibt aber einen Systemadministrator, der volle Rechte dazu hat und alles mit dem Share anstellen kann. Wir werden in Kapitel 8 den Systemadministrator loswerden, wenn wir das Peer-to-Peer Netzwerk einführen.

6.2.1.4 TRANSAKTIONSAUSWAHL

Wenn Lisa ihren Block zusammenbaut, sucht sie sich die Transaktionen aus, die sie darin einbetten will. Sie kann sich alles aussuchen, von null Transaktionen bis alle unbestätigten Transaktionen. Die Reihenfolge der Transaktionen ist nicht wichtig, solange alle Transaktionen nur Output ausgeben, die entweder in der Blockchain davor oder früher innerhalb dieses Blocks vorkommen. Zum Beispiel ist der Block in Abbildung 6.8 völlig in Ordnung.

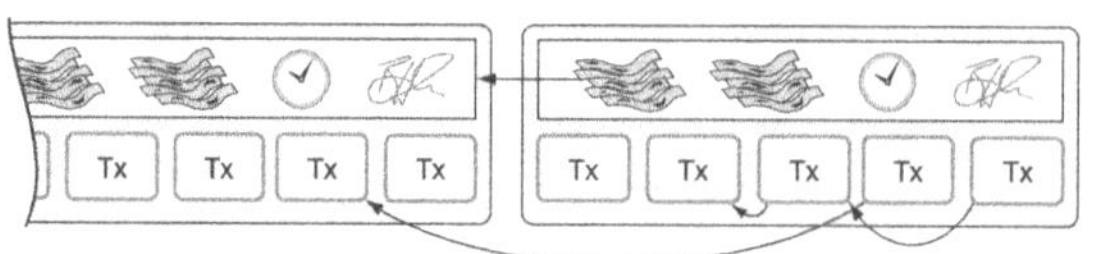

Abbildung 6.8: Transaktionen müssen lediglich in *Ausgabefolge*, oder *spending order* ausgegeben werden. Davon abgesehen gibt es keine Einschränkungen.

Alle Transaktionen in diesem Block geben Transaktionen aus, die schon in der Blockchain sind, was bedeutet, sie nehmen alle nur Bezug auf Transaktionen links von sich. Aber der Block in Abbildung 6.9 ist ungültig.

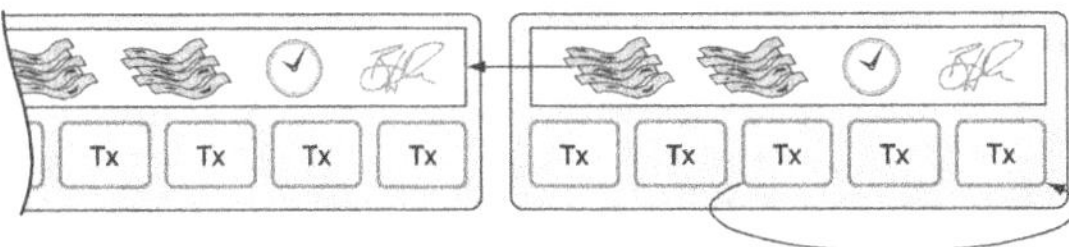

Abbildung 6.9: Dieser Block ist ungültig, weil eine Transaktion einen Output ausgibt, der noch nicht existiert.

Er ist ungültig, weil eine Transaktion einen Output ausgibt, der *nach*–rechts von der ausgebenden Transaktion–platziert ist.

6.2.2 Wie schützt uns das vor Löschungen?

Angenommen, Lisa will einen Keks essen, ohne dafür zu bezahlen. Sie erzeugt eine Transaktion und legt sie in den Block, an dem sie zur Zeit arbeitet, an Blockhöhe 21. Sie erzeugt den Block Header, signiert ihn und schreibt den Block in eine neue Datei (block_21.dat) im Share (Abbildung 6.10).

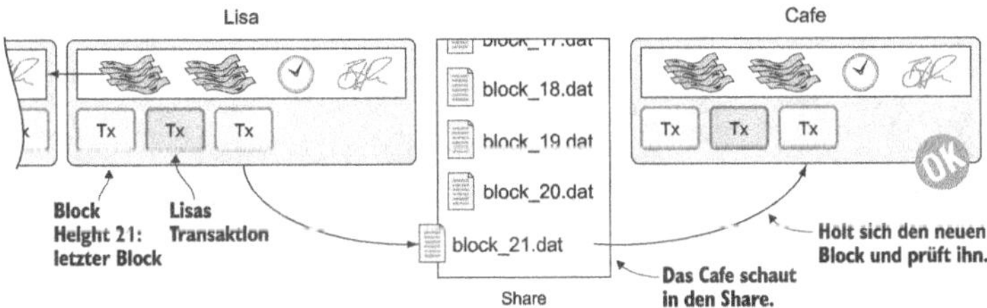

Abbildung 6.10: Lisa erstellt einen Block, der ihre Zahlung für einen Keks enthält.

Das Café schaut im Share nach eingehenden Zahlungen. Wenn Lisa die Blockdatei in den Share schreibt, lädt das Café den Block herunter und verifiziert ihn. Zum Verifizieren eines Blockes muss Folgendes überprüft werden:

- Die Block Header Signatur ist gültig. Die Signatur wird anhand von Lisas public Key verifiziert, der vom schwarzen Brett oder dem Intranet stammt.

- Die Vorgänger Block ID existiert. das ist in diesem Fall Block 20.

- Alle Transaktionen in dem Block sind gültig. Das wird mit dem gleichen Prüfverfahren festgestellt, wie in Kapitel 5, mit einem privaten Unverbrauchten Transaktions Output (UTXO) Set.

- Der kombinierte Hash aller Transaktionen passt zum Merkle Root im Block Header.

- Der Zeitstempel liegt in einem vernünftigen Bereich.

Lisa hat für den Keks bezahlt, und das Café hat den Block, der Lisas Transaktion enthält, heruntergeladen und überprüft. Das Café gibt Lisa den Keks, und sie isst ihn.

Kann Lisa die Zahlung rückgängig machen, ohne dass man ihr Betrug nachweisen kann? Ihre einzige Option ist, eine veränderte Version von Block 21 anzufertigen, der ihre Transaktion nicht enthält, und diesen neuen Block als neue Datei block_21b.dat in den Share zu schreiben (Abbildung 6.11).

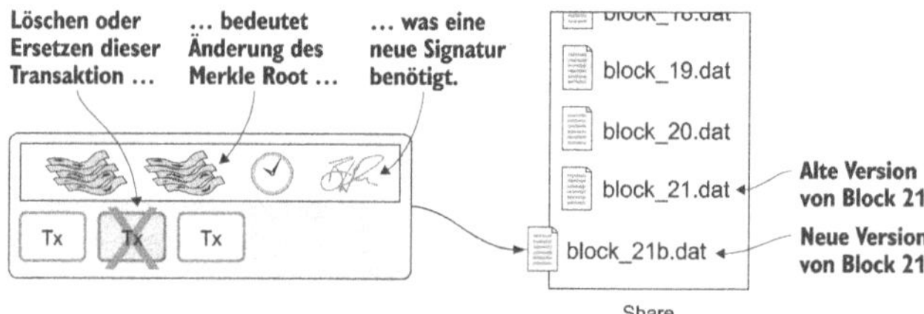

Abbildung 6.11: Lisa erzeugt einen alternativen Block auf Höhe 21, der ihre Transaktion nicht enthält.

Die neue Version gleicht der alten bis auf Lisas fehlende Transaktion. Weil sie an den Transaktionen im Block herumgepfuscht hat, muss sie den Merkle Root im Header mit einem Merkle Root aktualisieren, der zu dem neuen Satz an Transaktionen passt, die der Block jetzt enthält. Wenn sie den Header ändert, ist die Signatur nicht mehr gültig, und der Header muss neu signiert werden. Um den Block den Überprüfern zugänglich zu machen, muss sie den Block in den Share legen, zum Beispiel unter dem Dateinamen block_21b.dat.

Das Café hatte bereits die erste Version von Block 21 heruntergeladen. Wenn Lisa die neue Blockdatei schreibt, wird das Café herausfinden, dass es eine weitere Version des Blocks im Share gibt (Abbildung 6.12).

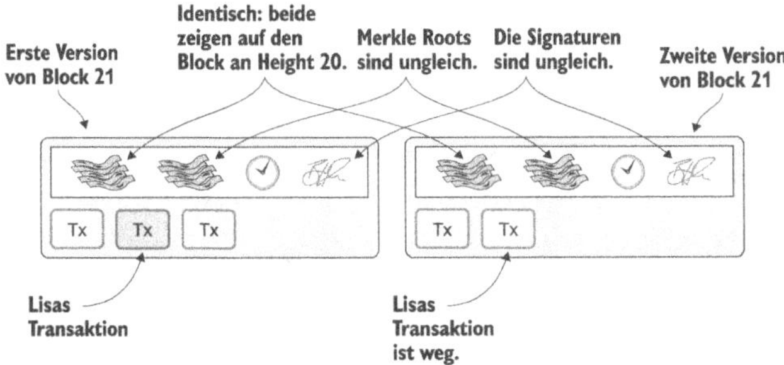

Abbildung 6.12: Das Café sieht zwei Versionen von Block 21, eine mit Lisas Transaktion und eine ohne.

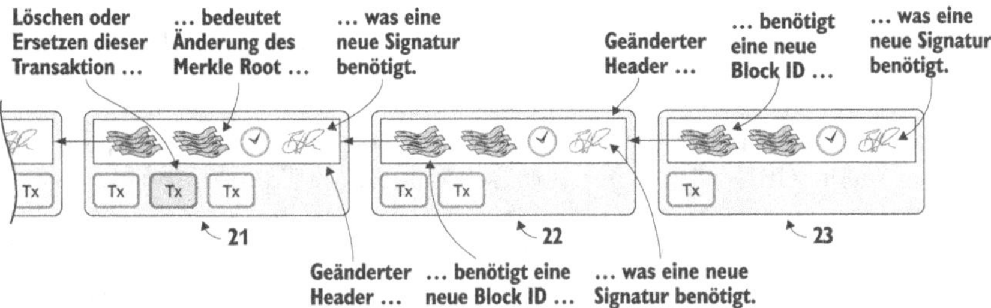

Abbildung 6.13: Lisa muss alternative Versionen des Blocks mit ihrer Transaktion und aller folgenden Blocks herstellen.

Jetzt sieht das Café zwei verschiedene Blocks auf Höhe 21, einen mit der 10 CT Transaktion zum Café und einen ohne. Beide Blocke sind gleichermassen gültig, und aus der Perspektive eines Prüfers ist kein Block richtiger als der andere. Aber das Gute ist, dass das Café beweisen kann, dass Lisa ein schmutziges Spiel spielt, weil sie zwei verschiedene *signierte* Versionen des Blocks erzeugt hat. Die Signaturen beweisen, dass Lisa gemogelt hat, und jetzt haben wir nicht mehr eine Aussage-gegen-Aussage Situation. Lisa wird gefeuert oder zumindest ihrer mächtigen Stellung als Transaktionsverarbeiterin enthoben.

Was wäre, wenn es noch weitere Blocks hinter Block 21 gegeben hätte, als Lisa gemogelt hat? Nimm an, Blocks 22 und 23 waren bereits erstellt, als Lisa sich entschieden hat, ihre Transaktion zu löschen (Abbildung 6.13).

Jetzt muss sie drei alternative Blocks erzeugen: 21, 22 und 23. Diese müssen alle durch gültige Blocks ersetzt werden.

Irgendetwas in einem Block zu ändern, macht den Block und alle Folgeblocks ungültig. Das liegt daran, dass jeder Block Header einen Zeiger auf den Vorgängerblock enthält–die Vorgänger Block ID–der ungültig wird, wenn sich der Vorgängerblock än-

dert.

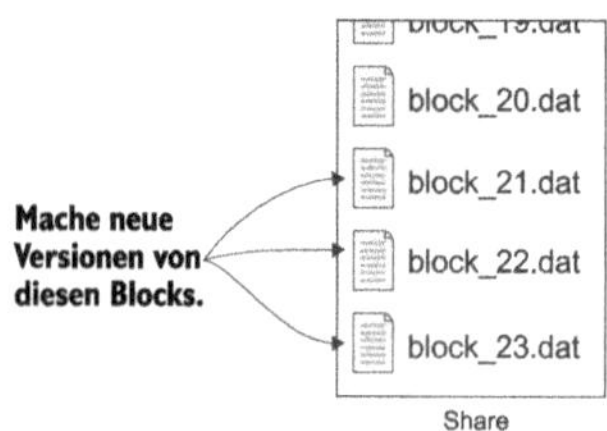

6.2.3 WESHALB EINE BLOCKCHAIN BENUTZEN?

Die Blockchain ist ein komplizierter Weg, einen Haufen Transaktionen zu signieren. Wäre es nicht viel einfacher, wenn Lisa schlicht alle Transaktionen, die je gemacht wurden, in einem riesigen Klumpen alle 10 Minuten signieren würde? Das würde dasselbe Ziel erreichen. Aber dieser Ansatz birgt einige Probleme:

- Mit wachsender Anzahl Transaktionen dauert es immer länger, die gesamte Menge zu signieren.

- Dasselbe gilt für die Überprüfenden–die Zeit, die zur Signaturprüfung gebraucht wird, wächst mit der Gesamtzahl an Transaktionen.

- Es ist schwer für Prüfer, zu wissen, was sich seit der letzten Signatur geändert hat. Diese Information ist aber wertvoll für das Vorhalten des UTXO Sets.

Indem sie eine Blockchain benutzt, braucht Lisa nur den letzten Block von Transaktionen zu signieren, womit sie aber stillschweigend, indirekt über den Vorgänger Block ID Zeiger, alle historischen Transaktionen mit signiert, wie Abbildung 6.14 zeigt.

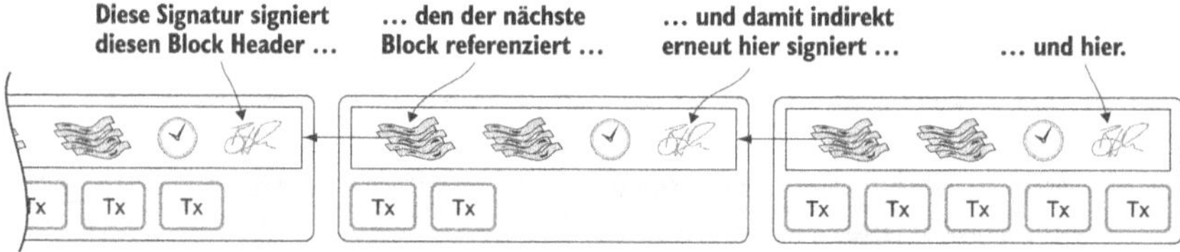

Abbildung 6.14: Jeder Block signiert alle Transaktionen, die je getätigt wurden, dank des Vorgänger Block ID Feldes im Header.

Die Signatur jedes Blocks erhärtet die Signaturen der Vorgängerblocks. Das wird sich als wichtig erweisen, wenn wir im nächsten Kapitel zu Proof of Work kommen werden.

Die Prüfer können auch leicht sehen, was sich seit dem letzten Block geändert hat, und ihre UTXO Sets entsprechend anpassen. Alle neuen Transaktionen stehen ja in dem neuen Block.

Die Blockchain liefert auch ein paar nette zusätzliche Features, die wir später besprechen werden, zum Beispiel den Merkle Tree.

6.3 LIGHTWEIGHT WALLETS

Kollegen, die die Blockchain verifizieren, um sicherzugehen, dass sie gültige Finanzinformationen haben, benutzen eine Software, die die gesamte Blockchain herunterlädt und das UTXO Set jederzeit aktuell hält. Diese Software muss mehr oder weniger permanent laufen, um mit den neu produzierten Blocks Schritt zu halten. Wir nennen diese laufende Software einen vollständigen Knoten, oder *Full Node*. Ein Full Node kennt alle Transaktionen seit Block 0, dem *Genesis Block*. Die Firma und das Café sind typische Full Node Benutzer. Sie brauchen sich nicht auf Dritte zu verlassen, die ihnen die Finanzinformationen liefern: sie bekommen ihre Information direkt aus der Blockchain. Jedem steht es frei, diese Software laufen zu lassen, wenn er will.

In Kapitel 4 hatte ich eine mobile App eingeführt, mit denen die Kollegen ihre private Keys verwalten und Geld senden und empfangen können. Diese Wallet App wurde inzwischen auf das neue Blockchain System angepasst.

Weil die meisten Wallet Benutzer einen mobilen Datenvertrag haben, möchten sie nicht so viel Bandbreite auf das Herunterladen all der–für die uninteressanten–Blockdaten vergeuden. Die überwältigende Mehrheit der Blocks enthält keine Transaktionen, die sie betreffen, also würde es nur sinnlos ihren Datentarif verbrauchen, wenn sie alle Blockdaten herunterladen würden.

Die Full Node Entwickler und die Wallet Entwickler kooperieren, um Wallets zu ermöglichen, sich über das Internet mit Full Nodes zu verbinden und die relevanten Blockdaten auf eine solche Weise von diesen Nodes zu holen, dass dazu kein grosser Datenverkehr nötig ist.

Angenommen, Johns Wallet enthält zwei Adressen, $@_a$ und $@_b$, und er möchte von einem Full Node bescheid bekommen, wenn Transaktionen bezügliche seines Wallets stattfinden. Er kann dazu eine NetzwerkVerbindung zu einem Full Node eröffnen–zum Beispiel zu dem des Cafés. Das Wallet und der Full Node beginnen dann, miteinander zu reden wie in Abbildung 6.15 dargestellt.

Wir betrachten in Kapitel 8 genauer, wie die Verbindung hergestellt wird und wie Wallet und Node Informationen zwischen sich austauschen. Ich liefere hier nur einen Überblick:

Alternative Namen

Ein Lightweight Wallet wird gelegentlich auch als *SPV Client* oder *SPV Wallet* bezeichnet. SPV steht für *simplified payment verification*, also vereinfachte Zahlungsprüfung.

BIP37

Die Beschreibung dieses Prozesses findet sich vollständig in BIP37, hier Web resource 9.

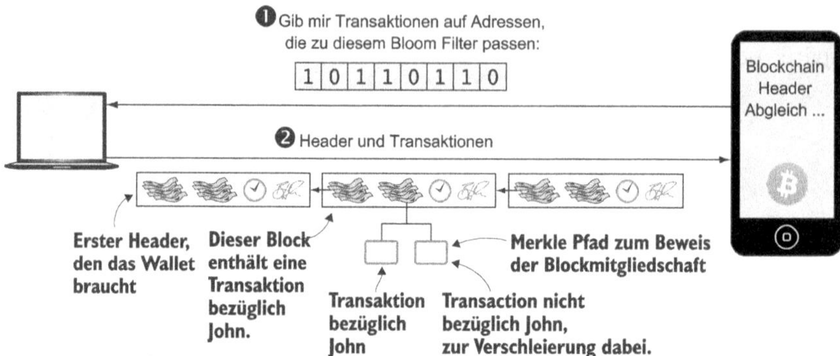

Abbildung 6.15: Informationsaustausch zwischen einem Lightweight Wallet und einem Full Node.Der Full Node schickt alle Block Header und einen Bruchteil der Transaktionen an das Wallet.

1. Johns Wallet bittet den Full Node um alle neuen Block Header seit dem letzten, den das Wallet kennt, und um alle Transaktionen, die Johns Adressen betreffen.

2. Der Full Node des Cafés schickt alle angefragten Block Header an das Wallet und mindestens alle Transaktionen, die Johns Adressen betreffen.

In Schritt 1 schickt das Wallet nicht die genaue Liste von Johns Adressen im Wallet. Das würde Johns Privacy beeinträchtigen, weil das Café dann wüsste, dass die ganzen Adressen von John zusammengehören, und könnte diese Information der Acme Versicherung verkaufen. Nicht nett. Johns Wallet schickt stattdessen einen Filter an den Full Node. Dieser Filter wird als *Bloom Filter* bezeichnet. Der Full Node benutzt ihn um festzustellen, ob er eine Transaktion an das Wallet schicken soll. Der Filter sagt dem Full Node, dass er alle Transaktionen bezüglich $@_a$ und $@_b$ schicken soll, aber auch, dass er andere Transaktionen schicken soll, die nicht zu Johns Wallet gehören, um zu verschleiern, welche Adressen tatsächlich zum Wallet gehören. Obwohl Bloom Filter nicht viel mit der Blockchain zu tun haben, widme ich ihnen hier dennoch einen Abschnitt, weil Lightweight Wallets sie intensiv benutzen.

In Schritt 2 werden Transaktionen und Block Header an Johns Wallet geschickt, aber nicht die kompletten Blocks (um Netzwerkbandbreite einzusparen). Johns Wallet genügt allerdings nicht nur die Transaktion und der Block Header, um zu überprüfen, dass die Transaktion im Block enthalten ist. Es wird etwas mehr benötigt: ein Teil des Merkle Baumes, ein sogenannter *partial Merkle Tree*, der beweist, dass eine oder mehrere Transaktionen in dem Block vorkommen.

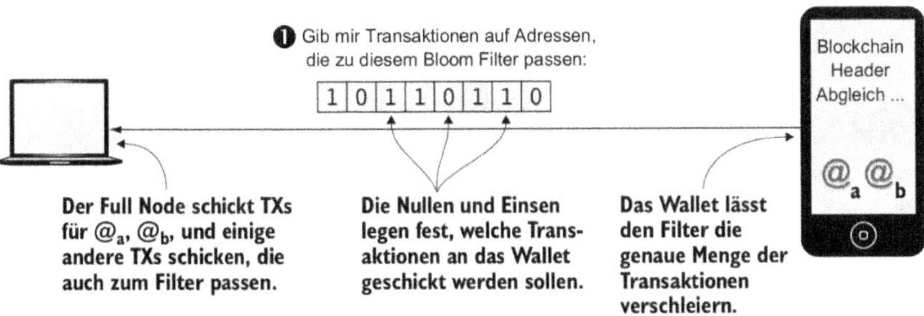

Abbildung 6.16: Der Client sendet einen Bloom Filter an den Full Node, um zu vernebeln, welche Adressen zu dem Wallet gehören.

Die beiden Schritte werden in einer Phase der Synchronisation direkt nach dem Verbindungsaufbau des Wallets zum Full Node des Cafés ausgeführt. Anschliessend werden an Johns Wallet immer dann, wenn Lisa neue Blocks generiert und das Café diese herunterlädt, die entsprechenden Block Header zusammen mit allen Transaktionen, die das Wallet betreffen, so wie vorhin beschrieben geschickt.

Als nächstes kommen Bloom Filter dran. Merkle Trees werden in Abschnitt 6.5 erklärt.

6.3.1 Bloom Filter verschleiern Adressen.

Johns Wallet enthält die zwei Adressen $@_a$ und $@_b$, aber John möchte niemandem gegenüber preisgeben, dass $@_a$ und $@_b$ zum selben Wallet gehören. Er hat auch Grund, misstrauisch zu sein, denn ihm ist zu Ohren gekommen, dass die Acme Versicherung viel Geld für solche Informationen bezahlt, um die Prämien auf Basis des Kekskonsums der Leute "anzupassen".

> **Weshalb drei Hashfunktionen?**
>
> Die Anzahl Hashfunktionen ist beliebig, ebenso wie die Grösse des Bloom Filters. Dieses Beispiel benutzt drei Hashfunktionen und 8 Bits.

6.3.1.1 Erzeugung des Bloom Filters

Um zu vernebeln, welche Adressen zusammengehören, erzeugt Johns Wallet einen Bloom Filter, den es dem Full Node schickt (Abbildung 6.16).

Der Bloom Filter ist eine Reihe von Bits, die, wie in Kapitel 2 erwähnt, einen Wert von 0 oder 1 haben können. Johns Bloom Filter ist 8 Bit lang. Abbildung 6.17 stellt dar, wie er erzeugt wurde.

Das Wallet erzeugt die Reihe von Bits (den Bloom Filter) und initialisiert sie vollständig mit Nullen. Dann addiert sie die public Key Hashes (PKH)

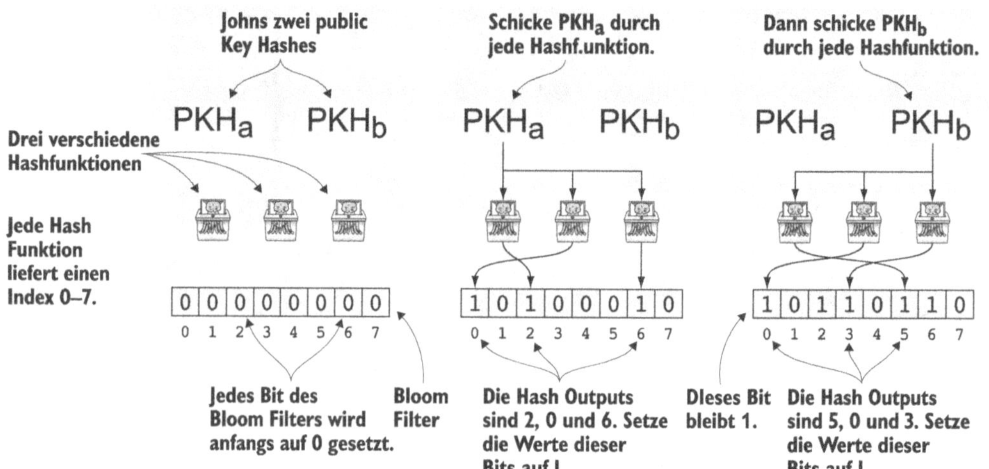

Abbildung 6.17: Das Lightweight Wallet generiert einen Bloom Filter, um ihn dem Full Node zu schicken. Jede Adresse wird zum Bloom Filter addiert.

von allen Adressen von John zum Bloom Filter, beginnend mit PKH_a, dem PKH von $@_a$.

Es schickt PKH_a durch die erste der drei Hashfunktionen. Diese Hashfunktion liefert als Ergebnis den Wert 2. Dieser Wert ist der Index in den Bloom Filter. Das Bit an Index 2 (das dritte von links) wird dann auf 1 gesetzt. Dann wird PKH_a durch die zweite Hashfunktion geschickt, die 0 als Resultat liefert, und das korrespondierende Bit (in der Abbildung das erste von links) wird auf 1 gesetzt. Schliesslich liefert die dritte Hashfunktion den Wert 6, und das Bit an Index 6 (das siebte von links) wird auf 1 gesetzt.

Als nächstes kommt der PKH_b an die Reihe, mit dem auf die genau gleiche Weise verfahren wird. Die drei Hashfunktionen liefern als Outputs 5, 0 und 3. Diese drei Bits werden alle auf 1 gesetzt. Wohlgemerkt war Bit 0 bereits durch PKH_a gesetzt, sodass dieses Bit hier nicht mehr geändert wird.

Der Bloom Filter ist fertig und kann an den Full Node geschickt werden.

6.3.1.2 BENUTZUNG DES BLOOM FILTERS

Der Full Node empfängt den Bloom Filter vom Wallet und möchte ihn benutzen, um die Transaktionen herauszufiltern, die er an das Wallet schicken soll.

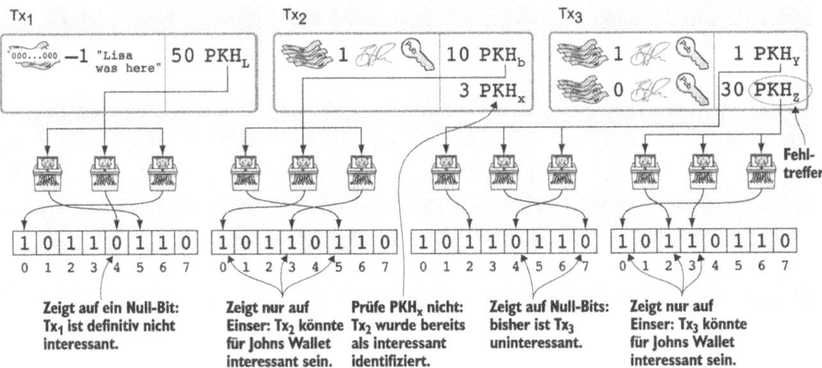

Abbildung 6.19: Der Full Node benutzt den Bloom Filter um festzustellen, welche Transaktionen für das Wallet "interessant" sind.

Angenommen, Lisa hat gerade einen neuen Block im Share veröffentlicht und der Full Node hat den Block verifiziert. Der Full Node will jetzt den neuen Block Header und alle darin enthaltenen relevanten Transaktionen an das Wallet schicken. Wie benutzt der Full Node den Bloom Filter, um herauszufinden, welche Transaktionen er schicken soll?

Der Block enthält drei Transaktionen: Tx_1, Tx_2, and Tx_3 (Abbildung 6.18).

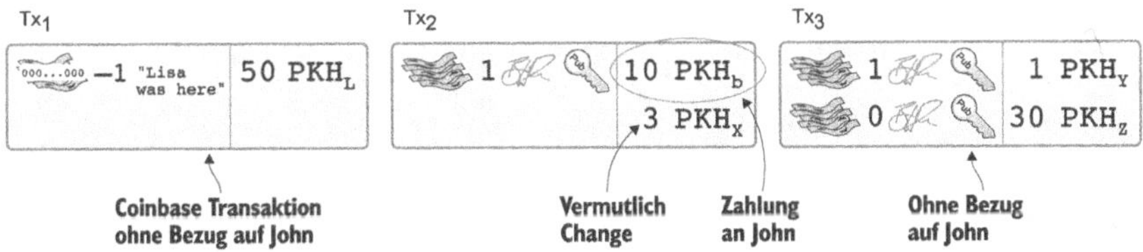

Abbildung 6.18: Der zu sendende Block enthält drei Transaktionen; nur eine betrifft John.

Tx_1 und Tx_3 haben nichts mit Johns Adressen zu tun, aber Tx_2 zahlt an Johns Adresse @$_b$. Schauen wir uns an, wie der Full Node den Bloom Filter benutzt (Abbildung 6.19).

Für jeden Output in einer Transaktion prüft der Node, ob irgendein PKH zu dem Filter passt. Er beginnt mit Tx_1, die einen einzelnen Output an PKH_L enthält. Um zu prüfen, ob PKH_L durch den Filter passt, schickt er PKH_L durch dieselben drei Hashfunktionen, die Johns Wallet beim Erzeugen des Filters benutzt hat. Die Hashfunktionen liefern die Indizes 5, 1 und 0. Die Bits an Index 5 und 0 sind beide 1, doch das Bit an Index 1 ist 0. Ein 0 Bit bedeutet, PKH_L interessiert Johns Wallet definitiv nicht. Wenn Johns Wallet Interesse am PKH_L hätte, hätte das Wallet ihn zu dem Filter hinzugenommen und damit Bit 1 auf 1 gesetzt. Weil PKH_L der einzige PKH in Tx_1 ist, ist Johns Wallet folglich nicht an dieser Transaktion interessiert.

Die nächste Transaktion ist Tx_2. Sie enthält zwei PKHs: PKH_b und PKH_X. Es beginnt mit PKH_b. Der Durchlauf durch die drei Hashfunktionen liefert die Indizes 5, 0 und 3. Alle drei Bits haben den Wert 1. Das heisst, der Code kann nicht sicher sagen, dass die Transaktion das Wallet wirklich interessiert, aber er kann auch nicht mit Sicherheit sagen, dass sie es *nicht* interessiert. Weitere PKHs in der Transaktion zu überprüfen ist sinnlos, weil der Node bereits beschlossen hat, dass Tx_2 an das Wallet geschickt werden sollte.

Die letzte Transaktion hat zwei Outputs an PKH_Y und PKH_Z. Es beginnt mit PKH_Y, was auf 2, 7 und 4 zeigt. Sowohl Bits 4 als auch 7 sind 0, was bedeutet, PKH_Y ist für das Wallet definitiv nicht von Interesse. Machen wir mit PKH_Z weiter, was als Resultat Bits 2, 3 und 0 liefert. Alle drei Bits haben den Wert 1. Das wiederum bedeutet, dass Tx_3 für das Wallet *vielleicht* von Interesse sein könnte, also schickt der Node auch diese Transaktion. Johns Wallet enthält PKH_Z zwar nicht, aber der Bloom Filter versucht, mehr zu finden als nötig um einen gewissen Grad an Privacy zu erreichen. Wir nennen dies einen *false positive* Treffer oder Scheintreffer.

Das Ergebnis der Bloom Filterung ist, dass der Node die Transaktionen Tx_2 und Tx_3 an das Wallet schicken wird. Wie die Transaktionen geschickt werden, ist eine völlig andere Geschichte, die in Abschnitt 6.5 beschrieben wird.

WARNUNG!
Im Folgenden wird es schwierig. Du kannst den Abschnitt ruhig überspringen und zu Abschnitt 6.4 springen.

Die obige Beschreibung ist eine Vereinfachung dessen, was tatsächlich passiert. Wir haben nur die PKHs der beschriebenen Transaktions Outputs getestet, was alle Transaktionen erwischen würde, die Cookie Token *an* irgendwelche von Johns Adressen zahlen. Aber was ist mit den Transaktionen, die Geld *von* Johns Adressen ausgeben? Wir könnten zwar sagen, dass der Full Node dies Transaktionen nicht an das Wallet zu senden braucht, weil es die ja selbst erzeugt hat und sie deshalb sowieso schon kennt. Leider muss man aber diese Transaktionen trotzdem übermitteln, und zwar aus zwei Gründen.

Erstmal kann es sein, dass nicht diese Wallet App die Transaktion erzeugt hat. John kann viele Wallet Apps benutzen, die Adressen aus demselben

Seed erzeugen. Erinnere dich zum Beispiel daran, wie in Kapitel 4 ein Wallet aus einem mnemonic sentence wiederhergestellt wurde? Dieser mnemonic sentence kann von vielen Wallets gleichzeitig benutzt werden. John möchte vielleicht von einem der Wallets eine Zahlung tätigen und einem anderen Wallet über die Zahlung auf informiert werden, damit er dort das Gesamtsaldo überschauen kann.

Zweitens möchte John bescheid bekommen, wenn die Zahlung bestätigt wurde. Die Wallet App mag die Transaktion zwar schon haben, aber sie wird in der App noch als *unconfirmed* angezeigt. John möchte wissen, wann die Transaktion in einen Block Eingang gefunden hat, also muss der Node ihm diese Transaktion schicken, sobald sie in einem Block gelandet ist.

Was der Node tatsächlich testet, sind die folgenden Dinge: (Abbildung 6.20):

- Die txid der Transaktion

- Alle Transaktions-Output Verweise (TXO) in den Inputs.

- Alle Datenobjekte in Signatur Scripts

- Alle Datenobjekte der Outputs

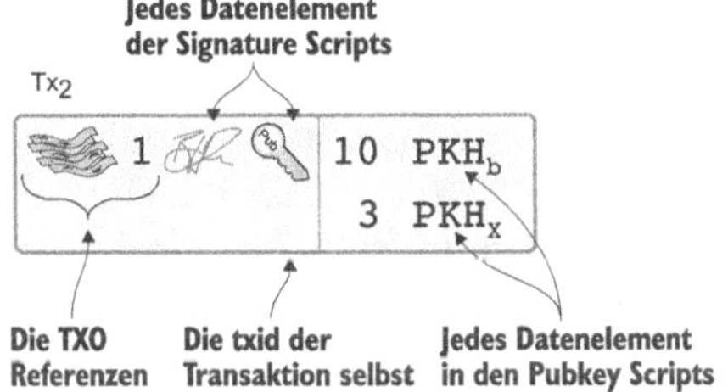

Abbildung 6.20: Mehrere Dinge in einer Transaktion werden durch den Bloom Filter getestet, um festzustellen, ob die Transaktion möglicherweise interessant ist.

Damit Johns Wallet über Geldausgaben informiert wird, muss es entweder alle seine public Keys oder alle seine UTXO Verweise zum Bloom Filter hinzufügen.

6.3.1.3 Drosseln von Privacy und Datenverkehr

Der Sinn der Bloom Filter ist die Verbesserung der Benutzer-Privacy. Der Level an Privacy kann durch das Verhältnis von 1en im Bloom Filter

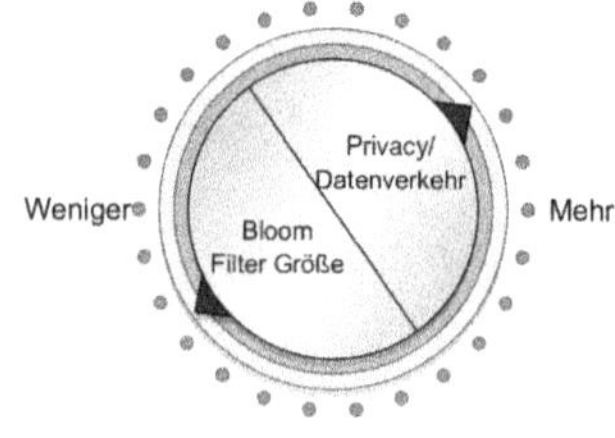

und durch dessen Grösse justiert werden. Je mehr 1en im Bloom Filter relativ zu seiner Grösse auftauchen, desto mehr Scheintreffer gibt es. Je mehr Scheintreffer, desto mehr unnötige Transaktionen muss der Full Node an das Wallet schicken. Mehr unnötige Transaktion bedeuten mehr verschwendeter Datenverkehr aber auch verbesserte Privacy.

Machen wir ein paar Überschlagsrechnungen. Der Bloom Filter im Beispiel vorhin hat 8 Bit, vom dem fünf 1en sind. Der Output einer einzelnen Hashfunktion hat daher eine 5/8 Wahrscheinlichkeit, eine dieser 1en zu treffen. Für einen einzelnen Test ist also die Wahrscheinlichkeit, dass alle drei Hashfunktionen eine 1 treffen, $(5/8)^3$. Die Wahrscheinlichkeit, dass ein einzelner Test negativ ist–mindestens eine der drei Hashfunktionen zeigt auf eine 0–ist dann $1 - (5/8)^3$. Der Full Node führt auf jeder Transaktion mehrere Tests aus, typischerweise neun für eine Transaktion mit zwei Inputs und zwei Outputs. Checken wir das gegen die Liste von Tests, die der Full Node abarbeitet:

- Die txid der Transaktion (1)

- Alle TXO Verweise in den Inputs (2)

- Alle Datenobjekte in Signatur Scripts (public Key und Signatur $\times 2 = 4$)

- Alle Datenobjekte in den Outputs (2)

Die Wahrscheinlichkeit, dass alle neun Tests negativ sind, ist $(1 - (5/8)^3)^9 \approx 0.08$. Es werden also fast alle—92/100—Transaktionen an das Wallet gesendet. Das zeigt, dass nur drei 0en in den 8 Bits des Bloom Filter zu haben nicht hilft, die Daten wesentlich zu reduzieren, aber es hilft besser, die Privacy zu schützen.

Um weniger Scheintreffer zu bekommen, muss Johns Wallet einen grösseren Bloom Filter benutzen, damit das Verhältnis (Anzahl Einsen / Grösse des Bloom Filters) sinkt.

Definieren wir ein paar Symbole:

t = Anzahl Tests auf einer Transaktion (9)

p = Wahrscheinlichkeit, dass eine Transaktion für uninteressant gehalten wird.

r = Verhältnis der Anzahl 1en / Grösse des Bloom Filters

Wir können unsere Berechnung wie folgt verallgemeinern:

$$(1 - r^3)^t = p \Rightarrow 1 - r^3 = p^{\frac{1}{t}} \Rightarrow r^3 = 1 - p^{\frac{1}{t}}$$

$$\Rightarrow r = \sqrt[3]{1 - p^{\frac{1}{t}}}$$

Sagen wir, du willst 1/10 aller Transaktionen bekommen (unter der Annahme, dass alle Transaktionen wie die vorige Transaktion aus zwei Inputs und zwei Outputs bestehen). Wie gross musst du den Bloom Filter machen?

$$t = 9, p = \frac{9}{10}$$

$$r = \sqrt[3]{1 - p^{\frac{1}{t}}} = \sqrt[3]{1 - (\frac{9}{10})^{\frac{1}{9}}} \approx 0.23$$

Diese Berechnung liefert, dass der Bloom Filter etwa $6/0.23 \approx 26$ sein sollte, um nur 1/10 aller Transaktionen zu bekommen. Der Bloom Filter muss aber ein Vielfaches von 8 Bit sein, also ist 26 nicht erlaubt. Wir können auf 32 Bit aufrunden.

Denk daran, dass diese groben Berechnungen ein wenig auf falschen Annahmen beruhen, was die Transaktions-Merkmale betrifft. Wir berücksichtigen auch nicht, das die Anzahl 1en im Beispiel nicht genau sechs ist, sondern alles zwischen drei und sechs sein kann, angesichts der Tatsache, dass Johns Adressen auch den selben Satz an Indizes für beide Adressen hätten generieren können. Aber dieser Vorgang sollte dir helfen, eine Idee davon zu bekommen, wie gross ein Bloom Filter sein muss.

6.3.1.4 Probleme mit Bloom Filterm

Bloom Filter werden schon lange bei vielen Lightweight Wallets benutzt, aber sie haben Probleme:

Privacy – Ein Node, der Bloom Filter von einem Lightweight Wallet bekommt, kann ziemlich genau feststellen, welche Adressen zu einem Wallet gehören. Je mehr Bloom Filter er sammelt, dest höher die Genauigkeit. Siehe Web resource 14 für Details.

Performance – Wenn ein Full Node zum ersten Mal einen Bloom Filter von einem Lightweight Wallet bekommt, muss der Node die gesamte

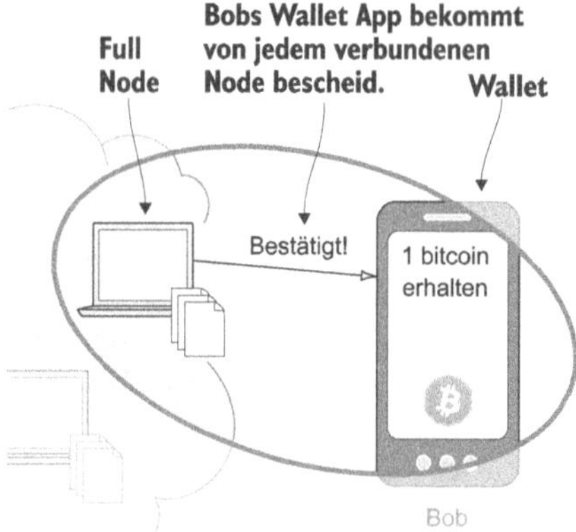

Abbildung 6.21: Ein Bitcoin Wallet wird von einem Full Node über eine eingehende Zahlung informiert.

Blockchain scannen und nach passenden Transaktionen suchen. Dieser Prozess ist I/O-Intensiv und kann mehrere Minuten dauern, je nachdem, auf was für Hardware der Node läuft. Dies kann bei einer *Denial-of-Service* (DoS) Attacke bösartig benutzt werden, um Full Node anzugreifen, sodass sie nicht mehr antworten.

Neue Bitcoin Improvement Proposals (BIPs), BIP157 und BIP158 sind zur Lösung vorgeschlagen worden, aber noch sind sie weder sehr verbreitet noch gut getestet. Die Idee dabei ist, den Vorgang so umzukehren, dass ein Full Node für jeden Block einen Filter zum Lightweight Wallet schickt. Dieser Filter enthält Informationen darüber, welche Adressen der Block betrifft. Das Lightweight Wallet prüft, ob seine Adressen auf den Filter passen und wenn ja, lädt er den ganzen Block. Der Block kann dabei von überall geladen werden, nicht nur von dem Full Node, der den Filter gesendet hat.

6.4 WO WAREN WIR?

Zu Orientierung, Abbildung 6.21 zeigt einen Teil dessen, was ich in Abbildung 1.7 in Kapitel 1 skizziert hatte, wo Bobs Wallet nicht über Alices Zahlung an Bob informiert wurde.

In dem Beispiel in diesem Kapitel hat John einen Bloom Filter an den Full Node des Cafés geschickt, um nur ihn betreffende Informationen zu bekommen. Der Full Node hat einen Block mit zwei Transaktionen erhalten, die John interessieren, zumindest laut Johns Bloom Filter.

Als nächstes werden der Header des neuen Blocks und die potenziell interessanten Transaktionen an Johns Wallet gesendet.

6.5 MERKLE TREES

Nachdem der vollständige Knoten festgelegt hat, welche Transaktionen an das Wallet gesendet werden sollen, muss er den neuen Blockheader und alle Transaktionen senden, an denen Johns Wallet interessiert sein könnte.

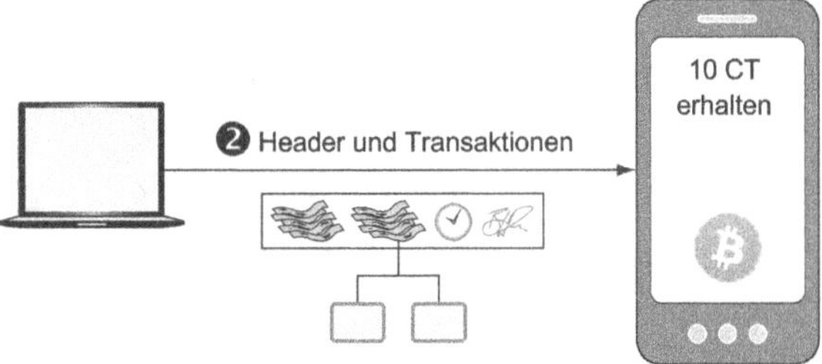

Abbildung 6.22: Der Full Node füttert dem Lightweight Wallet den Block Header und die potentiell relevanten Transaktionen.

Der Full Node hat festgestellt, dass die Transaktionen Tx_2 und Tx_3 an das Wallet geschickt werden müssen. Wenn der Node nur den Header und die beiden Transaktionen schickt, dann kann Johns Wallet aber nicht prüfen, dass die Transaktionen zu dem Block gehören. Der Merkle Root hängt von drei Transaktionen ab, Tx_1, Tx_2 und Tx_3, aber das Wallet bekommt nur Tx_2 und Tx_3 vom Full Node. So kann das Wallet den Merkle Root des Block Headers nicht wieder erstellen. Es braucht mehr Informationen, um zu prüfen, dass die Transaktionen in den Block wirklich eingebettet sind. Denke daran, dass wir sparsam mit dem Datenverkehr sein wollten, also alle Transaktionen im Block zu schicken ist nicht gut genug.

6.5.1 ERZEUGEN DES MERKLE ROOT

Es wird Zeit, aufzuklären, wie Lisa den Merkle Root erzeugt hat. Nimm an, Lisa fängt gerade an, den Block Header in Abbildung 6.22 zu erzeugen. Sie muss den kombinierten Hash aller Transaktionen berechnen, der als Merkle Root bezeichnet wird (Abbildung 6.23). Man berechnet den Merkle

Root, indem man eine Hierarchie von kryptografischen Hashes erzeugt, einen Merkle Tree.

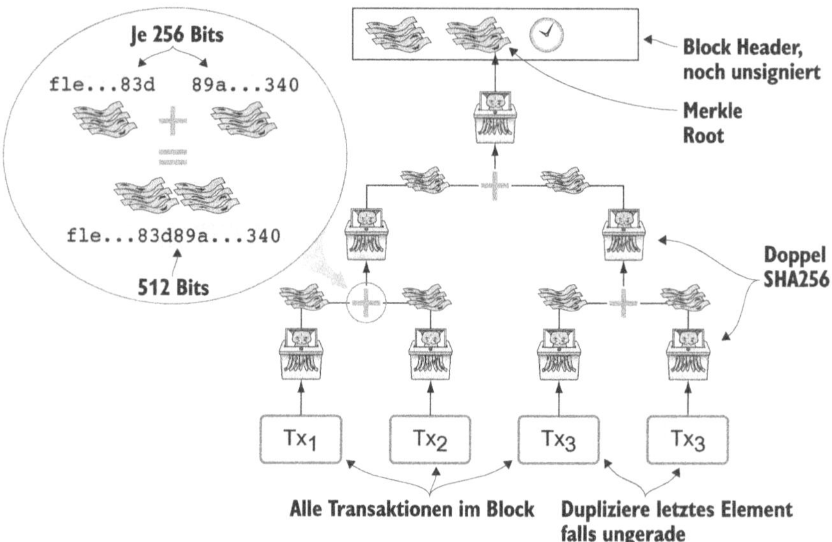

Abbildung 6.23: Lis erzeugt einen Merkle Root aus den Transaktionen in einem Block.

Die Transaktionen werden so sortiert, wie sie im Block liegen. Wenn die Anzahl Objekte ungerade ist, wird das letzte Objekt dupliziert und am Schluss angehängt. Dieses zusätzliche Objekt wird nicht zum Block hinzugenommen; es wir nur vorübergehend dupliziert zum Zwecke der Merkle Tree Berechnung.

Jedes Objekt (in diesem Falle Transaktionen) wird mit Doppel-SHA256 gehasht. Das resultiert in vier Hashwerten von je 256 Bits.

Die Hashwerte werden paarweise *concateniert*, zwei Hashes werden also verbunden, indem man den zweiten Hash an den Ersten hinten anhängt. Zum Beispiel ergibt `abc` concateniert mit `def` als Ergebnis `abcdef`.

Die vier Hashwerte sind jetzt zu zwei concatenierten Werten geworden. Weil zwei eine gerade Zahl ist, müssen wir kein zusätzliches Objekt ans Ende hängen. Die beiden concatenierten Werte werden separat voneinander gehasht, was zu zwei 256 Bit Hashes führt.

Diese zwei Hashwerte werden zu einem einzelnen 512 Bit Wert concateniert. Dieser Wert wird gehasht, was den 256 Bit Merkle Root liefert. Der Merkle Root wird in den Block Header geschrieben. Wenn eine Transaktion dazukommt, gelöscht oder geändert wird, muss der Merkle Root neu

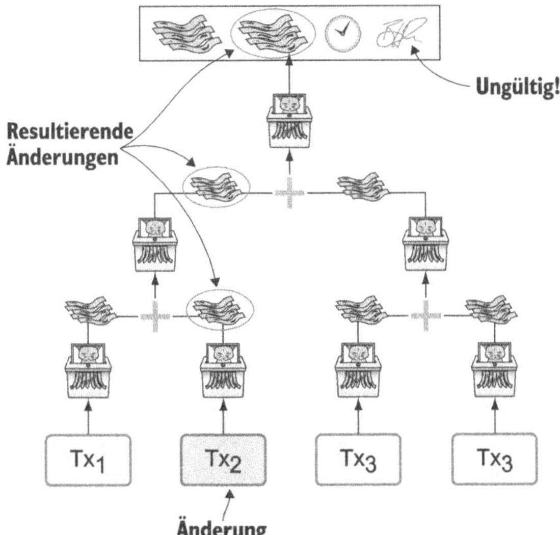

Abbildung 6.24: Eine Änderung in den Transaktionen verursacht eine Änderung im Merkle Root, wodurch die Signatur ungültig wird.

berechnet werden (Abbildung 6.24).

Das ist schön, denn wenn Lisa den Block Header signiert, weisst du, dass die Signatur ungültig wird, wenn jemand an den Transaktionen darin herumpfuscht.

6.5.2 BEWEISEN, DASS EINE TRANSAKTION IN EINEM BLOCK ENTHALTEN IST

Der Full Node möchte die Transaktionen Tx_2 und Tx_3 an Johns Wallet schicken, weil er glaubt, dass sie für Johns Wallet interessant sein könnten. Der Full Node möchte beweisen, dass sowohl Tx_2 als auch Tx_3 in dem Block enthalten sind. Aber fangen wir mit dem Beweis für eine einzelne Transaktion an, Tx_2. Wir schauen uns später im Kapitel ein grösseres, komplexeres Beispiel an.

Wie kann der Full Node dem Wallet beweisen, dass Tx_2 im Block enthalten ist? Es kann einen *partiellen Merkle Tree* liefern, der Tx_2 mit dem Merkle Root im Block Header verbindet. Die Idee dabei ist, das absolute Minimum an das Lightweight Wallet zu schicken–gerade genug, um zu verifizieren, dass Tx_2 wirklich im Block enthalten ist. In diesem Beispiel schickt der

Node das Zeug aus Abbildung 6.25 an das Lightweight Wallet.

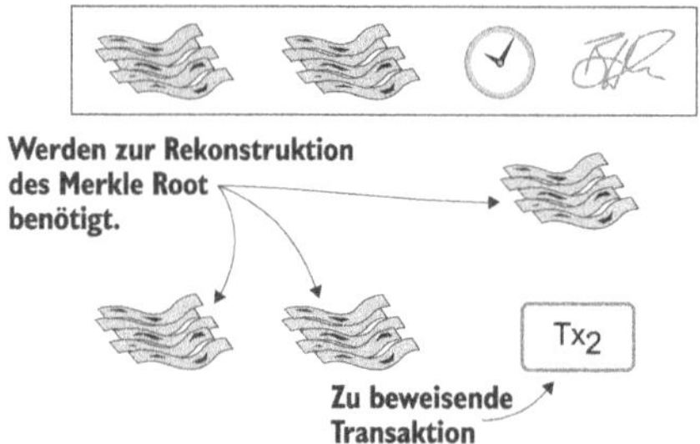

Abbildung 6.25: Das absolute Minimum, um zu beweisen, dass Tx_2 Teil des Blockes ist. Der Full Node schickt es an das Wallet.

Das Lightweight Wallet benutzt dann diese Information zur Überprüfung, ob Tx_2 in dem Block vorkommt, indem es die Zwischen-Hashes in Richtung Root berechnet und verifiziert, dass der Hash von Tx_2 unter den Hashes ist, die der Full Node geschickt hat (Abbildung 6.26).

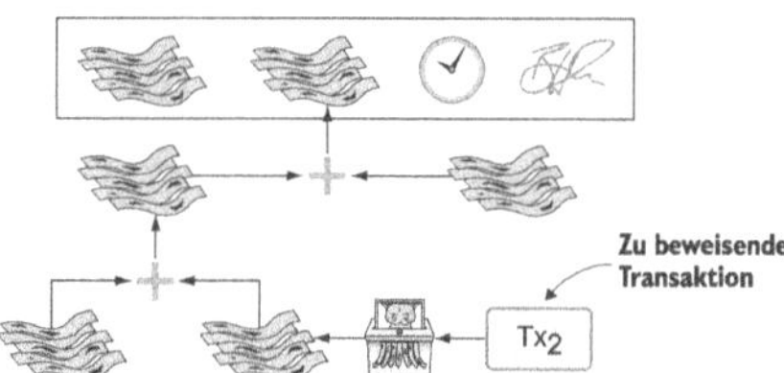

Abbildung 6.26: Das Lightweight Wallet verifiziert, dass Tx_2 im Block liegt, indem es den Merkle Root rekonstruiert.

Die Hashfunktionen sind aus dem Diagramm entfernt worden, damit es leichter zu lesen ist. Das Wallet kann jetzt sicher sein, dass Tx_2 in dem Block enthalten ist.

6.5.3 WIE ES WIRKLICH FUNKTIONIERT

WARNUNG!

Das folgende beschreibt detailliert, wie man einen partiellen Merkle Tree erzeugt und verifiziert. Wenn du willst, kannst du diesen Abschnitt überspringen und direkt zu Abschnitt 6.6 springen.

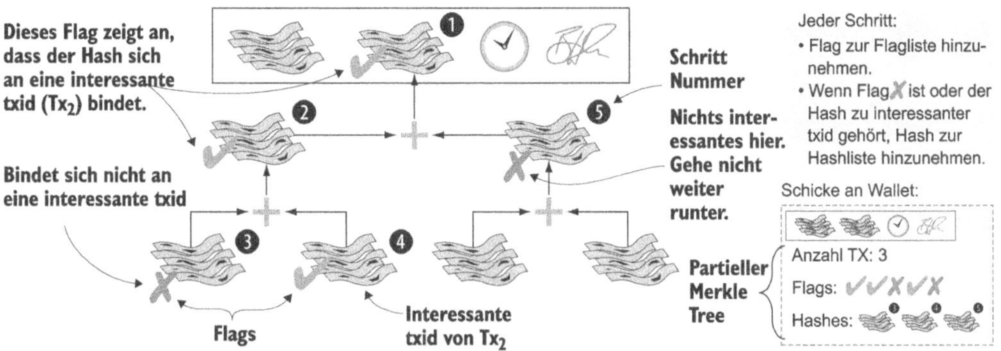

Abbildung 6.27: Der Full Node konstruiert einen partiellen Merkle Tree, der Tx$_2$ mit dem Merkle Root im Block Header verbindet.

6.5.3.1 ERZEUGEN EINES PARTIELLEN MERKE TREES

Der partielle Merkle Tree ist eine gestutzte Version des vollen Merkle Trees, die nur jene Teile enthält, welche zu dem Beweis nötig sind, dass Tx$_2$ zu dem Baum gehört. Der Full Node sendet dreierlei an das Wallet:

1. Den Block Header

2. Den partiellen Merkle Tree

3. Tx$_2$

Konstruieren wir den partiellen Merkle Tree. Der Full Node kennt die Anzahl Transaktionen im Block, also kennt er die Form des Merkle Trees. Um den partiellen Merkle Tree zu konstruieren inspiziert der Full Node die Hashes im Merkle Tree, beginnend am Merkle Root und in einer Abwärtsbewegung den Baum hinab, linker Ast zuerst (Abbildung 6.27).

Der partielle Merkle Tree besteht aus

- Einer Zahl, die die Gesamtzahl der Transaktionen im Block angibt

- Einer Liste Flags

- Einer Liste Hashes

Bei jedem Schritt macht man zweierlei mit dem aktuellen Hash, wie in der folgenden Tabelle dargestellt:

1. Füge das Flag zu der Liste von Flags hinzu. ✗ bedeutet, im Zweig dieses Hashes ist nichts Interessantes; ✓ heisst, dieser Zweig enthält eine interessante Transaktion.

2. Wenn das Flag ✗ ist oder der Hash eine interessante txid ist, füge den Hash der Liste von Hashes hinzu.

Schritt	Interessante txid?	Liste der Flags	Ist Flag ✗ oder Hash eine interessante txid?	Liste der Hashes
1	ja	✓	nein	–
2	ja	✓✓	nein	–
3	nein	✓✓✗	ja	3
4	ja	✓✓✗✓	ja	3 4
5	nein	✓✓✗✓✗	ja	3 4 5

Dieser Sortierschritt heisst *depth-first*, oder *erst abwärts*, was bedeutet, dass man im Baum erstmal so weit herunter geht wie möglich, bevor man sich seitwärts bewegt. Aber du gehst nicht in Zweige herunter, in denen sich keine interessanten Transaktionen befinden. Das wird in der Liste der Flags als ✗ markiert. Du hörst bei ✗ auf, weil du keine unnötigen Daten an das Wallet schicken willst, daher der Begriff *partieller* Merkle Tree.

Jetzt, wo der Full Node den partiellen Merkle Tree konstruiert hat, schickt der Node den Block Header und den partiellen Merkle Tree an das Wallet und schickt dann die eigentliche Transaktion Tx_2. Die Block Header zusammen mit dem partiellen Merkle Tree werden oft als *Merkle Proof* bezeichnet.

6.5.3.2 Verifizieren des partiellen Merkle Tree

Das Wallet hat einen Block Header, einen partiellen Merkle Tree und die Transaktion Tx_2 vom Full Node erhalten. Das ist alles, was das Wallet benötigt, um zu verifizieren, dass Tx_2 sich tatsächlich im Block befindet. Das Ziel ist, zu verifizieren, dass es einen Weg gibt, Tx_2 mit dem Merkle Root des Block Headers zu "verbinden". Es beginnt damit, den partiellen

Merkle Tree zu verifizieren (Abbildung 6.28).

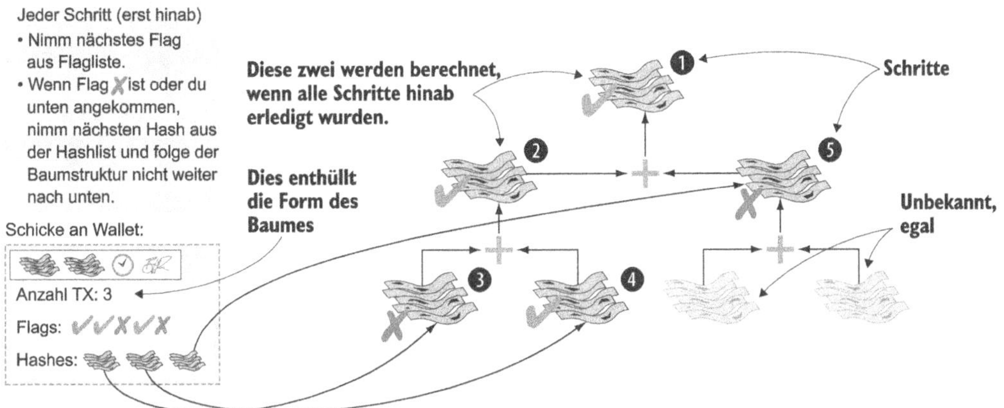

Abbildung 6.28: Das Wallet verifiziert den partiellen Merkle Tree.

Benutze die Anzahl Transaktionen (drei), die vom Full Node empfangen wurden, um die Merkle Tree Struktur aufzubauen. Das Wallet weiss, wie ein Merkle Tree mit drei Transaktionen aussieht.

Benutze die Liste der Flags und Hashes, um Hashes an den Merkle Tree zu heften, in depth-first Reihenfolge, wie folgt.

Schritt	Nächtes Flag aus Liste	Rest der Flag-Liste	Ist Flag ✗ oder bist du ganz unten?	Anzufügender Hash	Liste der
1	✓	✓✗✓✗	nein	–	3 4 5
2	✓	✗✓✗	nein	–	3 4 5
3	✗	✓✗	ja	3	4 5
4	✓	✗	ja	4	5
5	✗		ja	5	

Das Wallet hat jetzt genügend Hashes (3, 4 und 5) an den Merkle Tree gehängt, um die Leerstellen auf dem Weg nach oben im partiellen Merkle Tree auszufüllen. Zuerst wird den Hash von Schritt 2 aus 3 und 4 berechnet, und dann der Root aus 2 und 5.

Vergleiche den berechneten Merkle Root mit dem Merkle Root im Block Header–dem tatsächlichen Merkle Root–und überprüfe, dass beide identisch sind. Prüfe auch, dass der Hash von Tx$_2$ in der Liste von Hashes ist, die vom Full Node empfangen wurden (Abbildung 6.29).

Wenn die Transaktion zu einem der Hashes im partiellen Merkle Tree passt,

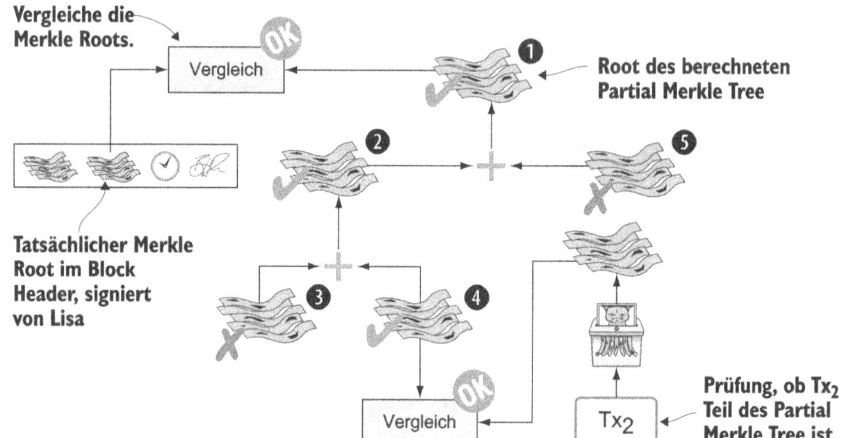

Abbildung 6.29: Das Wallet checkt, dass die Merkle Roots passen und dass Tx_2 in der Liste der Hashes enthalten ist. Wenn ja, ist bewiesen, dass Tx_2 sich tatsächlich in dem Block befindet.

und der partielle Merkle Tree Root zum Merkle Root im Block Header passt, dass hat der Full Node bewiesen, dass Tx_2 Teil des Blocks ist.

Aber der Full Node wollte zwei Transaktionen aus diesem Block schicken. Wie würde der Merkle Proof mit zwei Transaktionen aussehen? Schickt man mehrere Merkle Proofs? Nein–wir lassen das als Übung am Ende des Kapitels.

6.5.3.3 MIT TAUSENDEN VON TRANSAKTIONEN IN EINEM BLOCK UMGEHEN

Der Block im vorigen Beispiel hatte nur drei Transaktionen, Man hat nicht viel Platz gespart, indem man den Header, den partiellen Merkle Tree und Tx_2 geschickt hat. Man hätte genausogut alle drei txids schicken können anstatt den partiellen Merkle Tree–das wäre viel einfacher. Aber der Vorteil von Merkle Proofs werden erkennbar, wenn die Anzahl Transaktionen im Block steigt.

Angenommen, der Full Node hat gerade einen Block mit 12 Transaktionen verifiziert. Durch Testen aller Transaktionen gegen den Bloom Filter des Wallets hat er festgestellt, dass zwei der Transaktionen potentiell interessant für das Wallet sind. Abbildung 6.30 zeigt, wie das aussehen würde.

Der Full Node braucht nur den Block Header, die Zahl 12, 14 Flags und sieben Hashes zu übermitteln. Das summiert sich zu etwa 240 Bytes, viel

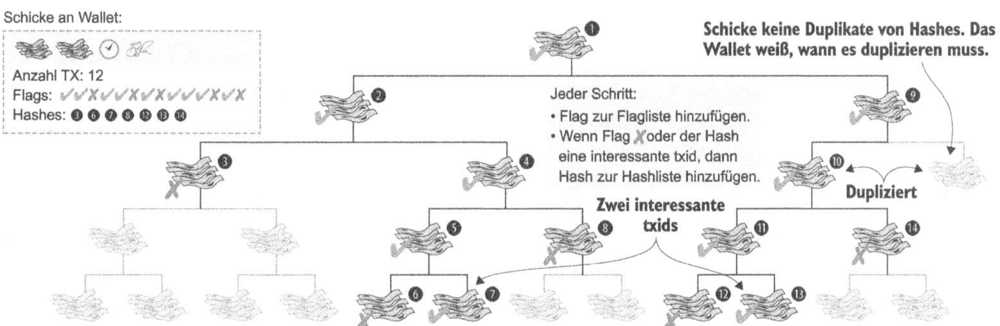

Abbildung 6.30: Konstruktion eines partiellen Merkle Tree aus 12 Transaktionen und zwei interessanten Transaktionen.

weniger Daten als den Block Header und alle 12 txids (etwa 464 bytes).

Checken wir mal ein paar grobe Zahlen, um zu sehen, wie der Merkle Proof grössenmässig dasteht im Vergleich zur Grösse des vollen Blocks und dem vereinfachten Ansatz, alle txids zu schicken, bei wachsender Anzahl Transaktionen (Tabelle 6.1).

Anzahl Transaktionen im Block	Blockgrösse (Bytes)	Grösse Einfachbeweis (Bytes)	Grösse Merkle Proof (Bytes)	Länge der Hashliste
1	330	112	112	1
10	2,580	400	240	5
100	25,080	3,280	336	8
1,000	250,080	32,080	432	11
10,000	2,500,080	320,080	560	15
100,000	25,000,080	3,200,080	656	18

> **80-Byte Header**
>
> Bitcoins Block Header ist immer 80 Bytes lang. Die Cookie Token Block Header sind wegen der Signatur ein wenig grösser. Im nächsten Kapitel ändern wir den Block Header, um dem von Bitcoin ähnlicher zu werden, und in Kapitel 11 sprechen wir über die Version, die ebenfalls im Block Header steht.

Tabelle 6.1: Grösse des Merkle Proofs verglichen mit der Blockgrösse und dem vereinfachten Beweis für verschiedene Blockgrössen

Tabelle 6.1 geht von einer einheitlichen Grösse aller Transaktionen von 250 Bytes aus, und dass man nur eine Transaktion beweisen möchte. Die Blockgrösse wird berechnet als der 80 Byte Block Header plus die Anzahl Transaktionen mal 250. Der einfache Beweis wird berechnet als der 80 Byte Block Header plus die Anzahl Transaktionen mal 32. Der Merkle Proof ergibt sich zu 80 Bytes Block Header plus die Länge der Hashliste mal 32. Ignoriere die Flags und Anzahl Transaktionen, weil diese vernachlässigbar sind.

Die Merkle Proofs wachsen nicht so schnell wie die vereinfachten Beweise, weil Merkle Proofs_logarithmisch_ mit der Anzahl Transaktionen wachsen, einfache Beweise hingegen *linear*. Wenn sich der Block in der Grösse *verdoppelt*, vergrössert sich der Merkle Proof ungefähr um einen konstanten Term von 32 Byte, wogegen sich der einfache Beweis in der Grösse verdoppelt.

6.6 SICHERHEIT VON LIGHTWEIGHT WALLETS

Lightweight Wallets scheinen ganz nett zu sein für das Cookie Token System. Das sind sie auch, aber die Benutzer sollten sich darüber klar sein, worauf sie im Gegensatz zu einem Full Node verzichten.

Full Node verifizieren die komplette Geschichte der Blockchain und wissen positiv, dass das Geld, das eine Transaktion ausgibt, existiert, und dass die Signaturen gültig sind.

Ein Lightweight Wallet kennt die gesamte Kette von Block Headern. Es kann verifizieren, dass Lisa jeden Block Header korrekt signiert hat. Wenn das Wallet eine Transaktion und einen Merkle Proof bekommt, kann es prüfen, ob die Transaktion in dem Block enthalten ist und ob der Block von Lisa signiert wurde. Aber es gibt eine Menge Dinge, die es nicht kann. Zu Beispiel:

- Dass die Script Programme in der Transaktion alle OK als Resultat haben, was normalerweise die Verifikation aller Signaturen aller Inputs bedeutet.

- Dass die ausgegebenen Outputs nicht bereits vorher ausgegeben wurden

- Dass es alle relevanten Transaktionen erhält

Das Lightweight Wallet weiss auch nicht, welchen Regeln der Full Node folgt. Der Full Node könnte eine Regel übernommen haben, die die doppelte Belohnung an Lisa ausschüttet. Ein typischer Full Node würde jeden Block, der Lisa zu viel bezahlt, als ungültig betrachten, weil das keine der Regeln ist, mit denen er einverstanden ist, und den Block verwerfen.

Das Lightweight Wallet muss darauf vertrauen, dass der Full Node an seiner Stelle verifiziert und dass der Full Node den Regeln folgt, die das Wallet von ihm erwartet.

Der Full Node kann relevante Information vor dem Wallet geheimhalten. Das bedeutet, das Wallet bekommt über bestimmte eingehende oder ausgehende Transaktionen nicht bescheid.

Trusted Node

Viele Bitcoin Wallets unterstützen Verbindungen zu einem Trusted Node. Frag dein Wallet Software Entwicklerteam, wenn du nicht sicher bist.

Ein Lightweight Wallet übergibt die Verantwortung für die Verifikation dem Full Node, mit dem es verbunden ist. Nimm an, Lisa produziert einen ungültigen Block–zum Beispiel einen Block mit einer Transaktion, die einen Output ausgibt, der nicht existiert. Wenn der Full Node diesen Block erhält, sollte er den Block prüfen und verwerfen, weil er ungültig ist. Aber es könnte Gelegenheiten geben, bei denen der Full Node, gewollt oder ungewollt, den Fehler nicht feststellt. Vielleicht macht das Café mit Lisa gemeinsame Sache, um John hereinzulegen–wer weiss? Das Café und Lisa können, zumindest vorübergehend, John glauben lassen, er hätte Geld bekommen das er in Wirklichkeit nicht bekommen hat.

John kann wenigstens zwei Massnahmen durchführen, um das Risiko, von einem Full Node hinter's Licht geführt zu werden, zu verringern:

Sich mit mehreren Full Nodes gleichzeitig verbinden – Die meisten Lightweight Wallet in Bitcoin tun dies automatisch. Alle Full Node, mit denen Johns Wallet verbunden ist, müssten zu einer Verschwörung gehören, um John zu übertölpeln (Abbildung 6.31).

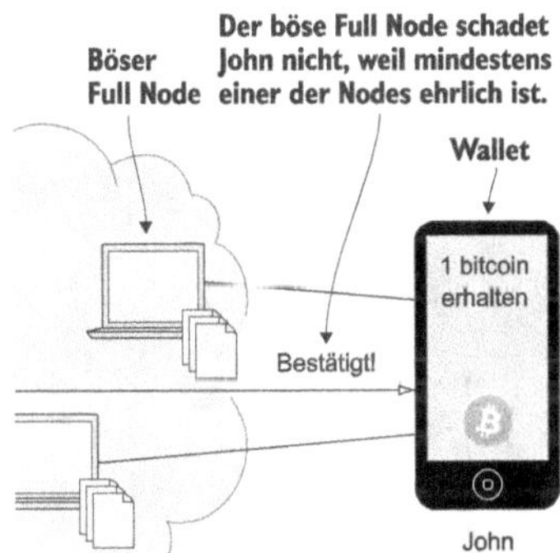

Abbildung 6.31: Johns Wallet ist mit mehreren Full Nodes verbunden. Hoffentlich kollaborieren sie nicht alle, um John zu täuschen.

Verbindung zu einem Trusted Node Ein *Trusted Node* ist ein Full Node, den John selbst auf einem Computer laufen lässt, den er kontrolliert (Abbildung 6.32). Auf diese Weise kann John ein Lightweight Wallet auf seinem Mobiltelefon benutzen, um Daten zu sparen, während er gleichzeitig sicher ist, dass er von seinem Full Node korrekte Informationen erhält.

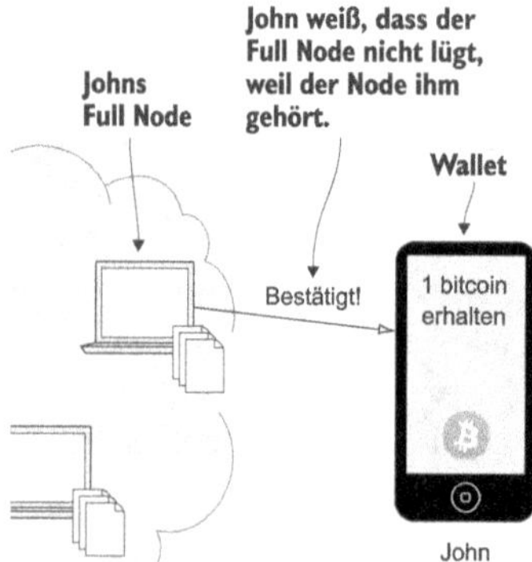

Abbildung 6.32: John hat einen Trusted Node aufgesetzt, mit dem sein Lightweight Wallet sich verbindet.

Diese letzte Option ist nützlich, wenn John besorgt ist, dass manche Nodes vielleicht Regeländerungen zustimmen würden, gegen die er etwas hätte. Der einzige Weg, absolut sicher zu sein, dass du den Regeln folgst, die *du* willst, ist, deinen eigenen Node laufen zu lassen.

6.7 ZUSAMMENFASSUNG

Dieses Kapitel hat die Blockchain beschrieben, und wie sie es Full Nodes ermöglicht, zu beweisen, wenn Lisa Transaktionen ändert oder löscht. Die Blockchain ist eine Abfolge von Blocks, die durch kryptografische Hashes miteinander verbunden sind.

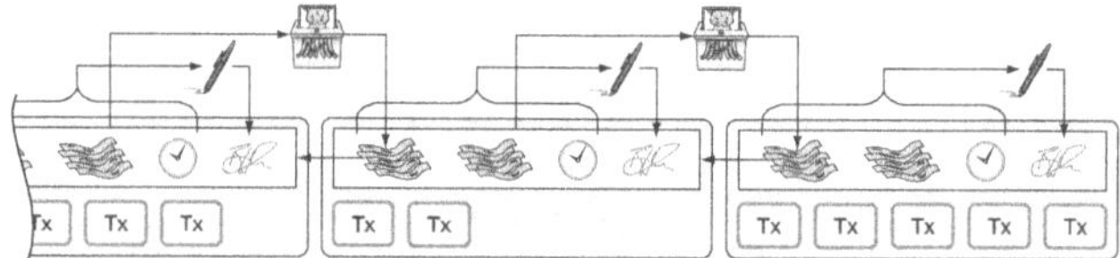

Der Merkle Root im Block Header ist der kombinierte Hash aller enthaltenen Transaktionen. Dieser Hash wird durch das Hashen der Transaktionen in einer Merkle Tree Struktur erzeugt. Hashes werden paarweise concateniert, und das Ergebnis wird gehasht, um eine Ebene näher an Root zu kommen.

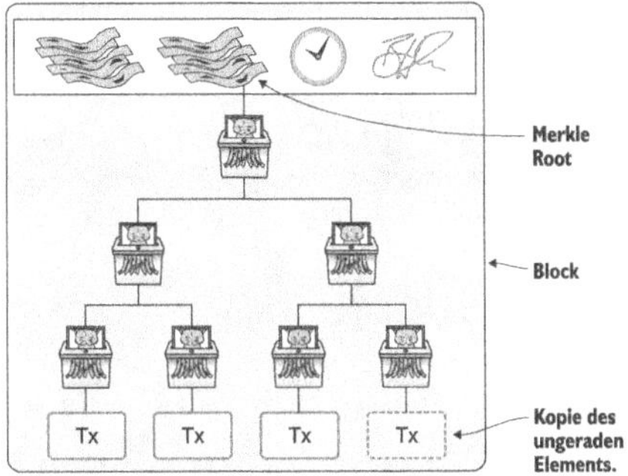

Ein Full Node kann einem Lightweight Wallet beweisen, dass eine bestimmte Transaktion in einem Block ist, indem er einen Merkle Proof an das Wallet schickt. Der Merkle Proof besteht aus dem Block Header und einem partiellen Merkle Tree. Der Merkle Proof wächst logarithmisch mit der Anzahl Transaktionen im Block.

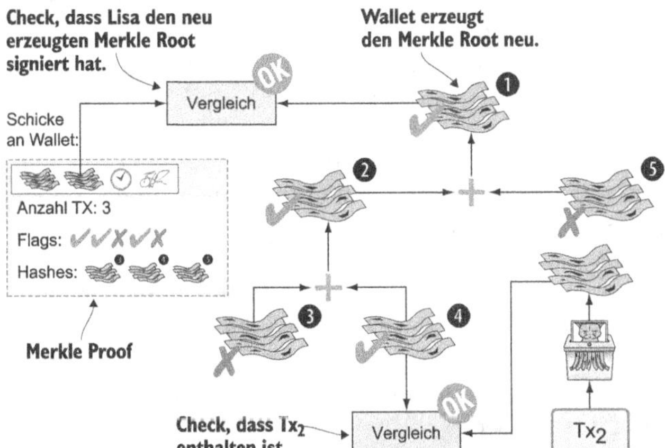

Aus Gründen der Privacy wollen Wallets nicht einfach die Transaktionen, welche für sie relevant sind. Um zu vernebeln, welche Adressen zu ihnen gehören, benutzt das Wallet Bloom Filter, um sich für mehr Transaktionen anzumelden als die, für die es sich eigentlich interessiert. Es erzeugt einen Bloom Filter und schickt ihn an den Full Node.

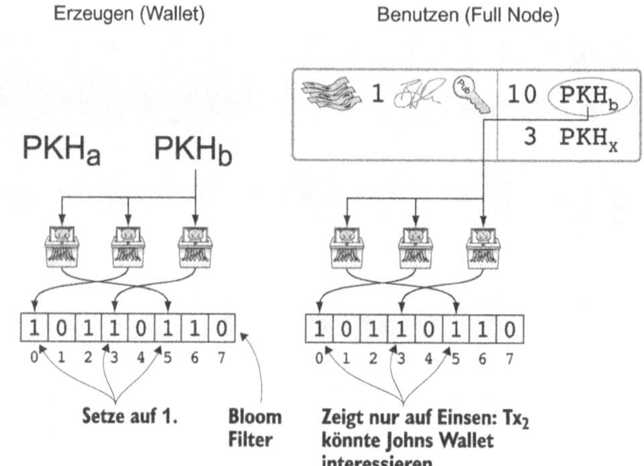

Der Full Node prüft verschiedene Dinge in den Transaktionen–zum Beispiel PKHs in Outputs–mit Hilfe von drei Hashfunktionen. Wenn eines der Objekte auf Indizes hasht, die auf 1 stehen, schickt der Node die Transaktion. Wenn nicht, schickt der Node die Transaktion nicht.

Diese Kapitel hat das Problem mit gelöschten oder veränderten Transaktionen gelöst. Lisa kann den Inhalt der Blockchain nicht mehr ändern, ohne dass man ihr den Betrug nachweisen kann.

Lisa kann immer noch Transaktionen zensieren. Sie kann sich weigern, Transaktionen zu bestätigen, die ihr geschickt werden. Sie hat die ultimative Macht über das, was in die Blockchain Eingang findet und was nicht. In Kapitel 7 machen wir es für einen einzelnen Akteur wie Lisa viel schwerer, solche Entscheidungen durchzusetzen.

6.7.1 SYSTEMÄNDERUNGEN

Wir haben die Blockchain eingeführt, die das Spreadsheet auf Lisas Computer ersetzt (Tabelle 6.2). Dieses Kapitel hat auch ein neues Konzept speziell für das Cookie Token System eingeführt: den Share. Dieser geteilte Ordner wird in Kapitel 8 durch ein Peer-to-Peer Netzwerk von Full Node ersetzt.

Die Blockchain ist jetzt fast schon so wie bei Bitcoin, aber mit einem wichtigen Unterschied: Lisa signiert die Blocks mit digitalen Signaturen, wogegen sie in Bitcoin mit Proof of Work signiert werden.

Es ist mal wieder Zeit, eine neue Version des Cookie Token Systems

Cookie Tokens	Bitcoin	Behandelt in
1 Cookie token	1 bitcoin	Kapitel 2
~~Das Spreadsheet~~	~~Die Blockchain~~	~~Kapitel 6~~
Lisa	Ein Miner	Kapitel 7
Block Signatur	**Block Signatur**	**Kapitel 7**
Der geteilte Ordner	**Das Bitcoin Netzwerk**	**Kapitel 8**

Tabelle 6.2: Das Spreadsheet ist durch die Blockchain ersetzt worden. Wir haben auch den geteilten Ordner, oder Share, eingeführt, der als Platzhalter für das Bitcoin Netzwerk dient.

freizugeben. Schaut euch die tollen neuen Features in Tabelle 6.3 an!

Version	Feature	Wie
NEU 6.0	Hindert Lisa am Löschen von Transaktionen.	Signierte Blöcke in einer Blockchain.
	Voll validierende Nodes.	Lädt und verifiziert die gesamte Blockchain.
	Lightweight Wallet spart Daten.	Bloom Filter und Merkle Proofs.
5.0	Mehrere "Coins" in einer Zahlung.	Mehrere Inputs in Transaktionen.
	Jeder kann das Spreadsheet überprüfen.	Signaturen in Transaktionen öffentlich einsehbar.
	Sender legt Kriterien für das Ausgeben fest.	Script Programme in Transaktionen.

Tabelle 6.3: Release Notes, Cookie Tokens 6.0.

6.8 ÜBUNGEN

6.8.1 WÄRM DICH AUF

6.1 Wie zeigt ein Block in der Blockchain auf den Vorgängerblock?

6.2 Auf welche Information legt sich der Merkle Root fest ("committet" er sich)?

6.3 Zu welcher Information committet sich Lisas Block Signatur?

6.4 Wie werden Cookie Tokens (oder Bitcoin) erzeugt?

6.5 Welche Transaktionen würden einen Bloom Filter passieren, er nur aus 1en (1) besteht?

6.6 Welches Zeug in einer Transaktion prüft der Full Node, wenn er bestimmt, ob er eine Transaktion an ein Lightweight Wallet schicken soll? Überspringe diese Übung, wenn du nicht die schwierige Passage über Bloom Filter gelesen hast.

6.7 Die Hashfunktionen, mit denen die Bloom Filter erstellt werden, sind keine *kryptografischen* Hashfunktionen. Weshalb nicht?

6.8.2 Grabe tiefer

6.8 Zeichne die Struktur eines Merkle Trees aus einem Block mit fünf Transaktionen.

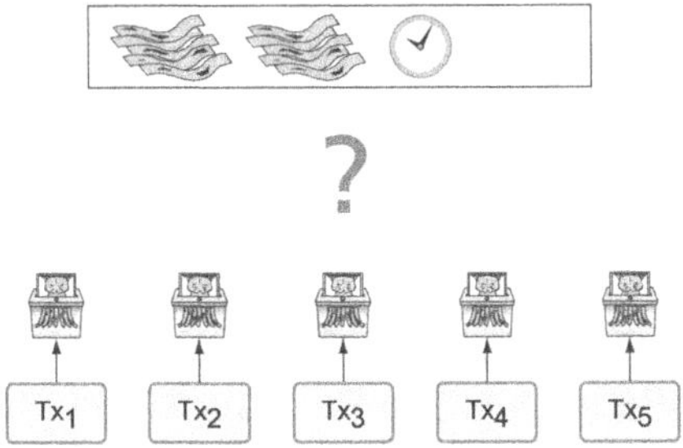

6.9 Lisa signiert alle Blöcke with ihrem Blocksignierer-private Key. Der public Key wird über mehrere Quellen veröffentlicht, wie das Intranet und das schwarze Brett. Nenne mindestens ein Sicherheitsrisiko, das dieses Modell hat. Es gibt im Wesentlichen zwei solche Risiken.

6.10 Es gibt zwei Stellen, an denen eine Einzelperson Transaktionen zensieren oder blocken kann. Welche zwei Stellen?

6.11 Angenommen, Lisa erzeugt einen Block im Share auf der gleichen Height wie ein anderer Block. Der neue Block enthält dieselben Transaktionen wie der andere Block, ausser dass eine Transaktion durch eine andere Transaktion ersetzt wurde, die dasselbe Geld ausgibt. Sie probiert eine Double-Spend Attacke. Würde das durch einen Full Node erkannt, der

   a. Den Originalblock noch nicht heruntergeladen hat?
   b. Den Originalblock bereits heruntergeladen hat?

WARNUNG!
Für die Übungen 12-15 musst du die schwierigen Passagen gelesen haben, vor denen ich dich früher im Kapitel gewarnt hatte.

6.12 Konstruiere einen Bloom Filter von 8 Bits für die beiden Adressen $@_1$ und $@_2$ wobei $@_1$ auf die Indizes 6, 1 und 7, und $@_2$ auf 1, 5, und 7 hasht. Nimm dann an, dass ein Full Node unseren Bloom Filter benutzen will um zu entscheiden, ob er die folgenden Transaktionen an unser Wallet schicken soll:

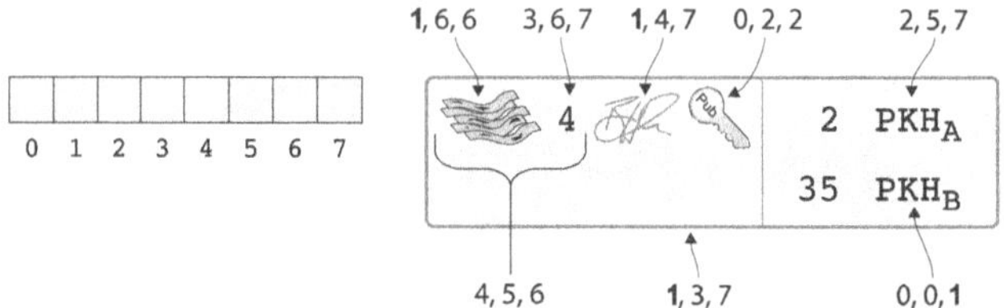

Dieses Bild zeigt die Ergebnisse der Hashfunktionen für verschiedene Teile der Transaktion. Würde der Full Node diese Transaktion an das Lightweight Wallet senden?

6.13 Als wir in Abschnitt 6.5.2 den Merkle Proof erzeugt hatten, hatten wir nur den Beweis für eine einzelne Transaktion erzeugt, Tx_2. Konstruiere in dieser Übung einen partiellen Merkle Tree für beide Transaktionen Tx_2 und Tx_3. Die Anzahl Transaktionen in diesem Block beträgt drei.

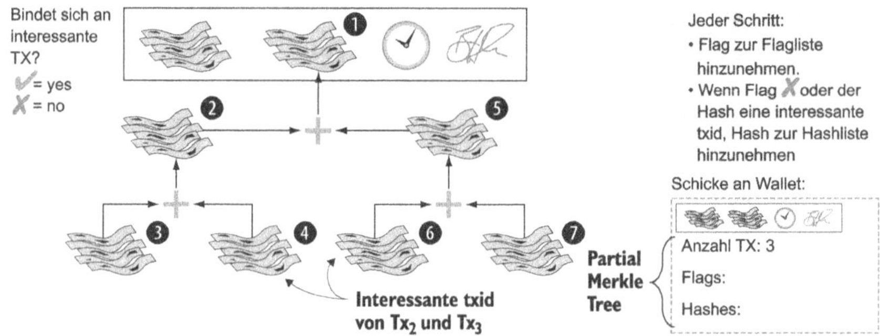

6.14 In Abschnitt 6.5.3.3 hatten wir einen partiellen Merkle Tree aus einem Block mit 12 Transaktionen konstruiert. Welche txids findet der Full Node interessant?

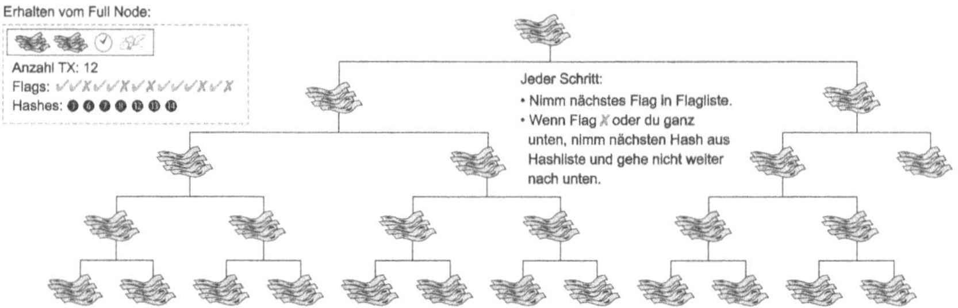

6.15 Angenommen du hast den Root eines partiellen Merkle Trees berechnet, wie in der vorigen Übung. Was musst du sonst noch tun, um zu verifizieren, dass eine bestimmte Transaktion in diesem Block enthalten ist?

6.9 Zusammenfassung

- Transaktionen werden in Blocks gepackt, die Lisa signiert, um sie zur Verantwortung ziehen zu können, wenn sie versucht, Transaktionen zu löschen.

- Jede Block Signatur committet sich auf die Transaktionen in dem Block und allen Vorgängerblocks, sodass die Historie nicht verfälscht werden kann, ohne dass man alle Blocks ab dem verfälschten Block erneut signiert.

- Die Transaktionen in einem Block werden kollektiv in eine Merkle Tree Struktur gehasht, um einen Merkle Root zu erzeugen, der in den Block Header geschrieben wird. Dies macht es möglich, ein Lightweight Wallet zu schreiben.

- Lightweight Wallets sparen Bandbreite, tun dies aber auf Kosten verringerter Sicherheit.

- Die Sicherheit eines Lightweight Walles ist reduziert, weil solche Wallets die Transaktionen nicht vollständig prüfen können, und weil ein Full Node Transaktionen vor ihnen geheim halten kann.

- Der einzige Weg, absolut sicher zu gehen, dass die Block Regeln eingehalten werden, ist, seinen eigenen Node zu betreiben.

- Die Sicherheit eines Lightweight Wallets kann verbessert werden, indem es sich zu mehreren Full Nodes verbindet.

- Lisa kann immer noch Transaktionen zensieren.

KAPITEL 7

PROOF OF WORK, ARBEITSNACHWEIS

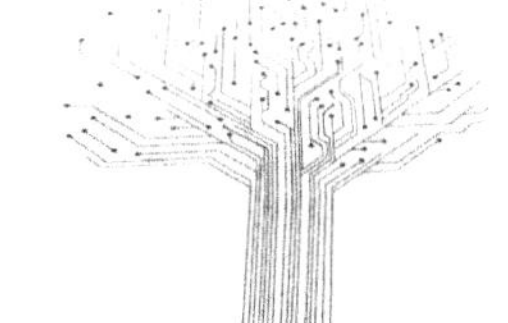

Dieses Kapitel behandelt

- Zensurfeste Transaktionen durch Zulassen vieler "Lisas"

- Wettbewerb um die Produktion des nächsten Blocks, oder *Mining*

- Miner Motivation verstehen

Das vergangene Kapitel hat es Lisa erschwert, Transaktionen zu löschen, indem wir eine Blockchain eingeführt haben, in der Lisa alle Blocks signieren muss. Dieses Kapitel geht einen Schritt weiter und macht das System *zensurresistent*, sodass Lisa keine Transaktionen zensieren kann.

Um das System zensurresistent zu machen, ersetzen wir die digitales Signaturen in den Block Headern durch *Proof of Work*, einen Leistungsnachweis (Abbildung 7.1), der viele Lisas, oder *Miner*, möglich macht. Diese Miner stehen im Wettbewerb um die Erzeugung des nächsten Blockes, indem sie versuchen, einen gültigen Proof of Work zu produzieren. Miner können diesen Proof of Work dadurch erzeugen, dass sie eine riesige Menge kryptografische Hashes berechnen. Wallets können ihre Transaktionen jetzt beliebig vielen Minern schicken, um sicherzugehen, dass ihre Transaktionen bearbeitet werden.

Mit dem neuen Proof of Work System wollen Miner die Blocks so klein wie möglich halten, um sie möglichst schnell in den Share hochladen zu können. Miner sind also motiviert, Transaktionen auszuschliessen, was genau das ist, was wir vermeiden wollten. Um die Miner zum Bearbeiten einer Transaktion zu motivieren, kann eine Transaktion eine *Transaktionsgebühr* oder *Transaction Fee* bezahlen, die an denjenigen Miner geht, der einen Block produziert, in dem die Transaktion bestätigt wird.

Das Proof of Work System ersetzt digitale Signaturen in den Block Headern. Aber digitale Signaturen waren eingeführt worden, um Lisa vom Löschen von Transaktionen abzuhalten. Keine Sorge– das Proof of Work System tut dies genau so gut, nur auf eine etwas andere Art. Anstatt es beweisbar

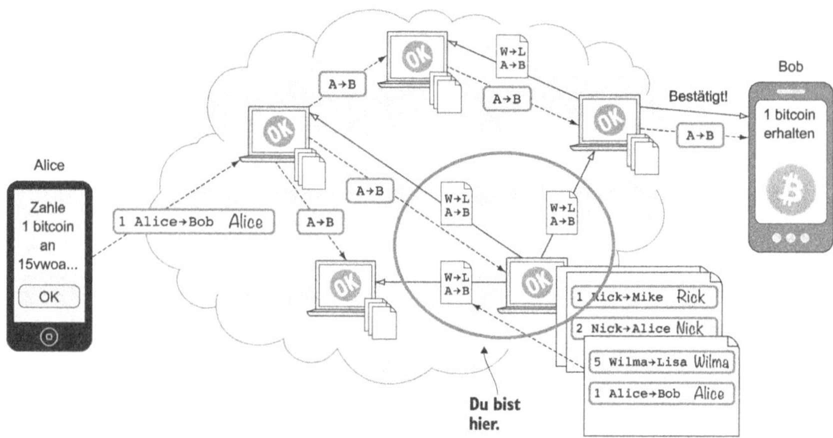

Abbildung 7.1: Proof of Work, Arbeitsnachweis.

zu machen, dass Lisa gemogelt hat, macht es das Mogeln schwierig und teuer.

In diesem Kapitel diskutieren wir die Motivationsstruktur der Miner. Warum sollten sie minen? Warum sollten sie Transaktionen nicht löschen, nachdem sie bestätigt wurden? Welchen Schaden kann ein Miner anrichten, wenn er den Grossteil oder die gesamte Hashleistung kontrolliert? Wir können eine Menge interessante Dynamiken bezüglich Miner Motivation diskutieren.

7.1 LISA KLONEN

Und was ist mit dem Share?

Richtig: Der Systemadministrator der Shares ist auch eine zentrale Autorität. Der Administrator kann sich weigern, gewisse Blocks hinzuzufügen, sodass niemand diese je sehen wird. Wir werden dies in Kapitel 8 beheben, wenn wir das Peer-to-Peer Netzwerk einführen.

Wir haben Privacy ein wenig in Abschnitt 1.3.2 und decentralizedAbschnitt 1.4.1 von Kapitel 1 besprochen. Ich habe angemerkt, dass in einem System mit einer zentralen Autorität diese Autorität die absolute Macht darüber besitzt, wer das System benutzen kann und zu welchem Zweck.

Lisa ist die zentrale Autorität, die jede Transaktion beliebig zensieren kann. Nimm an, Lisa hat gerade ein Buch von einer berühmten Dietätikerin gelesen, in dem stand, dass Kekse ungesund sind. Sie hat das Gefühl, etwas gegen die Keks-Orgie in der Firma unternehmen zu müssen. Sie fängt also an, die Bearbeitung von Zahlungen zu verweigern, von denen sie annimmt, dass sie zum Erwerb von Keksen dienen–zum Beispiel, indem sie nach Zahlungen mit einem Output in Höhe von 10 CT schaut (Abbildung 7.2).

Leuten, die einen Keks im Café bezahlen wollen, wird der Service verweigert

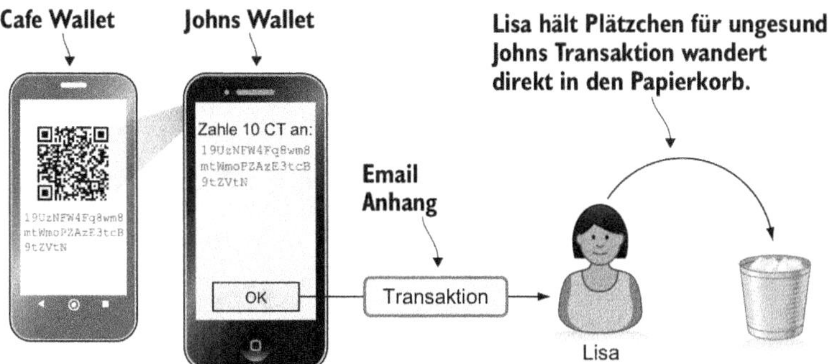

Abbildung 7.2: Lisa könnte Transaktionen wie ein Diktator zensieren. Keine Kekse für John!

weil ihre Zahlungen nicht durchgehen. Lisa könnte auch andere Zahlungen herausfiltern, die gar nichts mit Keksen zu tun haben, weil sie *glaubt*, sie würden zum bezahlen von Keksen verwendet.

Eine weitere Zensurmöglichkeit wäre, dass die Acme Versicherung Lisa zwingt oder besticht, verdächtige Kekskauf-Transaktionen zu verwerfen, weil sie nicht wollen, dass die Leute an Fettleibigkeit erkranken. Eine kranke Person bedeutet grosse Verluste für Acme.

Was wäre, wenn wir mehrere Leute wie Lisa hätten, sodass man sich nicht auf die Ehrlichkeit und stete Verfügbarkeit einer einzelnen Person verlassen müsste? Nimm an, du lässt Tom und Qi auch das machen, was Lisa tut. Wenn die Wallet alle Transaktionen an alle drei schicken würden, würde das das Zensurrisiko dramatisch verringern. Aber wie würden diese drei die Blocks kontrolliert erzeugen, sodass sie nicht ständig sich gegenseitig widersprechende Blocks auf der gleichen Höhe produzieren?

7.1.1 BLOCK-KOLLISIONEN

Angenommen, die aktuelle Blockhöhe ist 100. Tom und Qi haben gerade ihre Blocksignier-public Keys auf dem schwarzen Brett und im Firmen-Intranet veröffentlicht. Alle Wallets fangen an, die Transaktionen an alle drei Blockproduzenten, oder Miner, zu schicken. Abbildung 7.3 illustriert, was passiert.

> **Miner**
>
> Ein *Miner* ist jemand, der Blocks erzeugt. Lisa ist ein Miner, und ebenso Tom und Qi.

Wenn alle das tun, was Lisa tat, produziert jeder einen Block alle 10 Minuten, was zu drei verschiedenen Blocks mit ungefähr denselben Transaktionen führt. Die grössten Unterschiede zwischen den Blocks finden sich

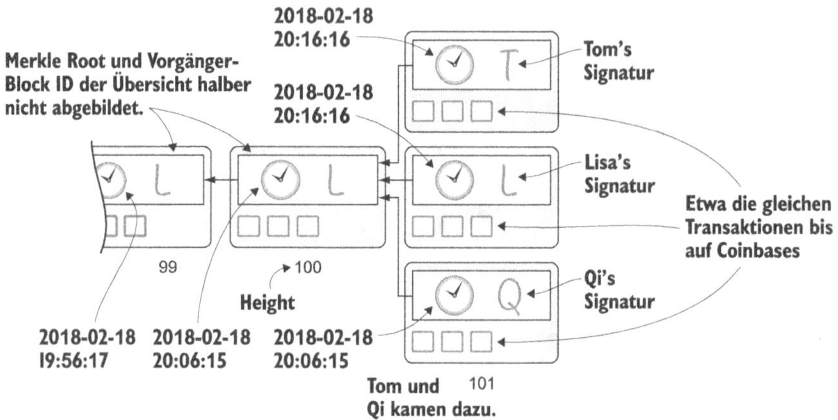

Abbildung 7.3: Tom und Qi fangen an, Blocks zu produzieren genau wie Lisa, was zu Block-Kollisionen führt. Die Block Header wurden der Klarheit halber vereinfacht.

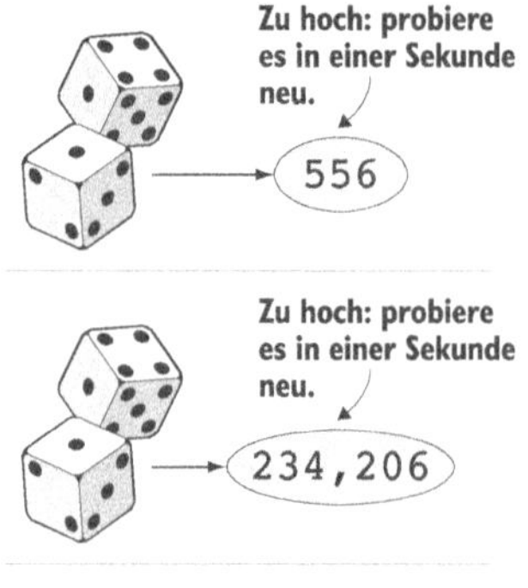

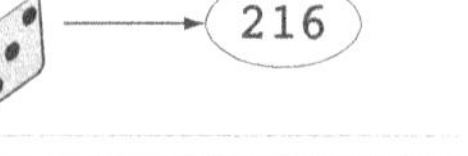

Ehrliche Miner

Dieser Ansatz ist naiv, weil wir annehmen, dass Miner Zufallszahlen ziehen, ohne zu mogeln.

---

in den Coinbase Transaktionen und den Signaturen. Die Coinbase von Toms Block würde die Blockbelohnung an Toms Cookie Token Adresse zahlen, wogegen die Coinbase von Lisas Block die Belohnung an Lisas Cookie Token Adresse zahlt.

7.1.2 GLÜCKSZAHLEN ZIEHEN

Um dieses Problem zu vermeiden, müssen die Miner irgendwie entscheiden, wer von ihnen den nächsten Block produziert. Sie könnten sich reihum abwechseln, aber das wäre kompliziert, weil vielleicht Lisas Computer einmal kaputtgeht, oder aus irgendeinem Grund sich Tom mal weigert, einen Block zu produzieren. In solch einem Szenario würde das System steckenbleiben.

Probieren wir einen anderen naiven Ansatz (Abbildung 7.4). Jede Sekunde zieht jeder Miner eine Zufallszahl zwischen 0 und 999.999. Wenn ein Miner zufällig eine Zahl im Bereich 0 bis 555 zieht, darf er sofort den Block signieren und veröffentlichen. Die Wahrscheinlichkeit, einen Treffer bei einem einzelnen Versuch zu landen, ist gering–556/1.000.000, oder grob 1 in 1.800 Versuchen. Die Miner ziehen sekündlich eine Zahl, also kann man für jeden Miner durchschnittlich einen Treffer in 30 Minuten (1.800 Sekunden) erwarten. Die drei Miner zusammen produzieren dann im Schnitt 1 Block alle 10 Minuten.

Wenn ein Miner einen Treffer zieht, ist die Chance gering, dass einer der anderen Miner gleichzeitig ebenfalls eine Glückszahl gezogen hat, Das be-

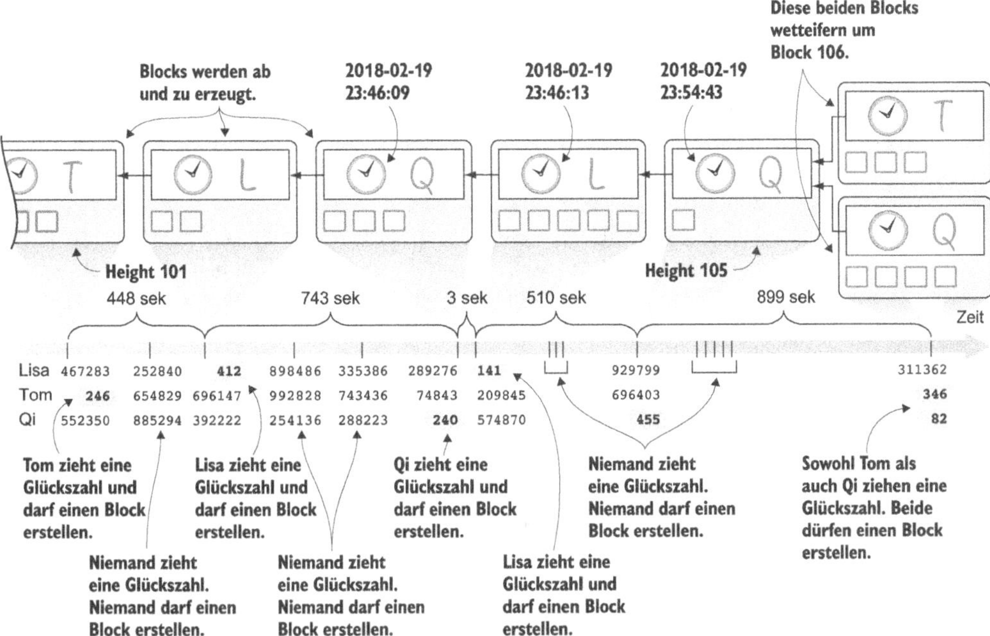

Abbildung 7.4: Drei Miner bauen Blocks. Normalerweise werden Blocks konfliktfrei erzeugt. einer nach dem anderen, aber manchmal gibt es Streit um den nächsten Block, wie auf Höhe 106.

deutet, normalerweise wird nur ein Miner den nächsten Block produzieren.

Die Miner speichern ihre Blocks als <_last-8-hexdigits-of-blockid_>.dat im Share, sodass mehrfache Block-IDs auf derselben Höhe sich nicht um Dateinamen sorgen müssen. Ein Beispiel für einen Dateinamen ist 9ce35c25.dat.

Dieses System klappt ganz gut, aber ab und zu ziehen zwei Miner gleichzeitig ein Glückslos. Sie wissen nichts davon, dass jemand anders auch einen Treffer gezogen hat, also produzieren beide einen Block auf derselben Höhe. Diese Situation kennt man als *Blockchain Aufspaltung*, oder *Blockchain Split*, weil sich die Blockchain in zwei Zweige aufspaltet. Beide Zweige sind genauso gültig, also welcher ist "korrekt"? Welcher Miner "gewinnt" den Block und bekommt die 50 CT Blockbelohnung?

Wir kennen den Gewinner noch nicht. Es kommt auf die Miner an, zu entscheiden, welchen Ast sie mit ihren eigenen Blocks verlängern wollen. In Abbildung 7.4 haben sowohl Tom als auch Qi einen Block auf Höhe 106 produziert. Die verschiedenen Miner denken sich wahrscheinlich folgendes:

Tom Ich erweitere meinen eigenen Block, denn wenn ich den nächsten Block gewinne, bekomme ich die Belohnung von 2 Blocks.

Qi Ich erweitere meinen eigenen Block, denn wenn ich den nächsten Block gewinne, bekomme ich die Belohnung von 2 Blocks.

Lisa Ich verlängere irgendeinen der 2 Blocks, welcher ist mir egal. Ich nehme einfach den ersten, den ich erfolgreich verifiziert habe: Toms Block. Die Blocks mögen nicht genau zeitgleich im Share gelandet sein, also ist es sinnvoll, den ersten zu verlängern, den man sieht.

Wenn sich die Miner den Block auf Höhe 106 ausgesucht haben, den sie verlängern wollen, bauen sie einen neuen Block auf Höhe 107 und fangen wieder an, Zahlen zu ziehen. Aus dieser Situation können sich mehrere Resultate ergeben, vorausgesetzt, alle sind ehrlich: sofortige Lösung, verzögerte Lösung, und ein Split eines Splits.

7.1.2.1 SOFORTIGE LÖSUNG

Im einfachsten und üblichsten Falle ist genau ein Miner der erste, der eine Glückszahl zieht. Dieses mal ist Lisa diejenige, die Glück hat (Abbildung 7.5).

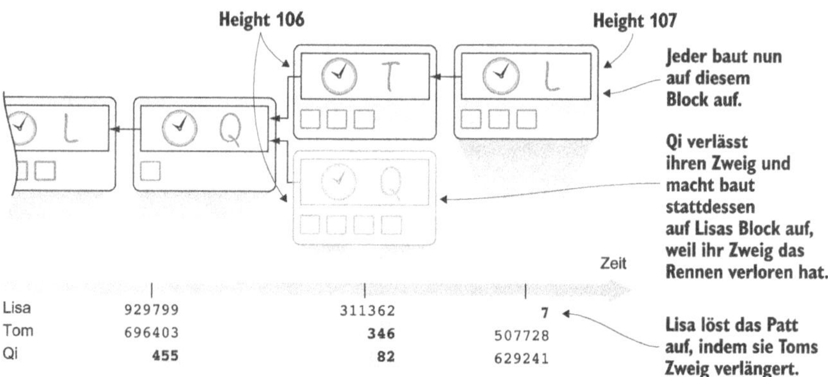

Abbildung 7.5: Eine sofortige Lösung: Lisa zieht eine Glückszahl.

Das UTXO Set wird aus einer einzigen Chain hergeleitet. Es kann nicht aus mehreren Zweigen gleichzeitig erstellt werden. Full Nodes müssen sich für einen Zweig entscheiden.

Lisa erweitert Toms Block, sodass der Ast, an dem Lisa und Tom arbeiten, 1 Block länger wird. Eine Regel für diese Blockchain lautet, dass die *längste* Blockchain die korrekte ist. Das wird sich später im Kapitel ändern, aber für jetzt folgen wir der längsten Chain.

Qi, die versucht hatte, ihren eigenen Zweig zu verlängern, stellt fest, dass der andere Zweig gerade verlängert wurde, weil Lisa einen neuen Block für diesen Zweig veröffentlich hat. Qi weiss, dass alle diesem Zweig folgen werden. Wenn sie auf ihrem kurzen Zweig bleibt, wird sie wahrscheinlich nie aufholen und länger werden als der andere Zweig. Sie hat mehr davon, wenn sie ihren eigenen, kurzen Zweig verwaisen lässt und auf den längeren Zweig wechselt. Jetzt arbeitet wieder jeder an demselben Zweig, und die Situation ist gelöst.

Wenn Qi auf den anderen Zweig herüberschwenkt, markiert sie alle Transaktionen ihres alten Zweigs (die nicht bereits im neuen Zeig enthalten sind) als schwebend, oder *pending*. Die sind jetzt für zukünftige Blocks auf dem neuen Zweig wieder zu haben. Nodes pflegen einen Pool von schwebenden Transaktionen, der üblicherweise als Speicherpool, *Memory Pool* oder *Mempool* bezeichnet wird. Eine Transaktion als schwebend zu markieren heisst, sie in den Mempool zu tun.

Indem Qi ihren Zweig aufgegeben hat, hat sie auch auf ihre Blockbelohnung verzichtet. Ihr Block wird niemals Teil der längsten Chain werden, also wird sie nie in der Lage sein, die Blockbelohnung in ihrem Block auszugeben.. Nur Blocks in der längsten Chain haben Einfluss auf das UTXO Set.

7.1.2.2 Verzögerte Lösung

Aber was wäre gewesen, wenn Lisa und Qi gleichzeitig eine Glückszahl gezogen hätten (Abbildung 7.6)? Das würde bedeuten, dass beide Zweige um 1 Block erweitert worden wären. Dann wüssten wir immer noch nicht, welcher Zweig der richtige ist. Die Miner würden sich wieder eine Seite aussuchen und versuchen, den Zweig ihrer Wahl zu verlängern.

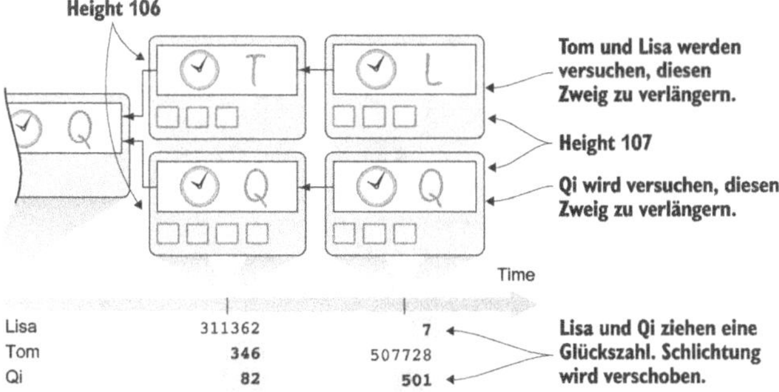

Abbildung 7.6: Lisa und Qi ziehen gleichzeitig eine Glückszahl. Die Situation ist immer noch nicht gelöst.

Sagen wir mal, Tom zieht als Nächster die Glückszahl. Er baut den nächsten Block auf seinem Zweig auf, der jetzt 3 Blocks lang ist. Er wird länger als der andere Zweig, der nur 2 Blocks lang ist (Abbildung 7.7).

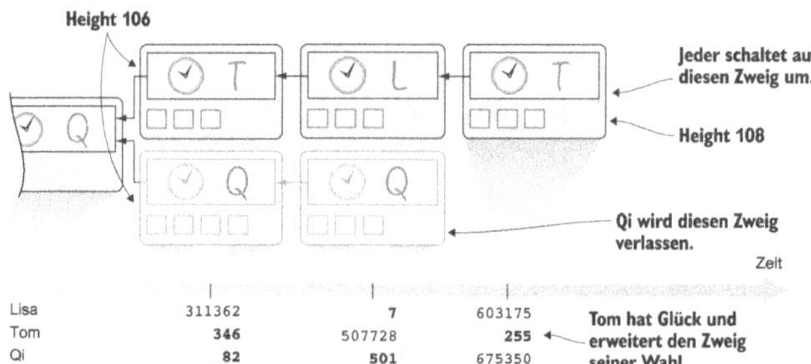

Abbildung 7.7: Tom ist der nächste glückliche Gewinner und darf "seinen" Zweig erweitern, der jetzt zum längsten wird.

Jeder Miner bestätigt das, indem er auf Toms Zweig umschwenkt und dort weitermacht. Endlich hat ein Zweig gewonnen. Wieder einmal ist Qi der Verlierer in diesem Kampf.

7.1.2.3   SPLIT EINES SPLITS

Nehmen wir stattdessen an, Tom und Lisa ziehen gleichzeitig eine Glückszahl. Sie würden dann beide Toms Zweig verlängern.Das Ergebnis wäre ein Split eines Splits (Abbildung 7.8).

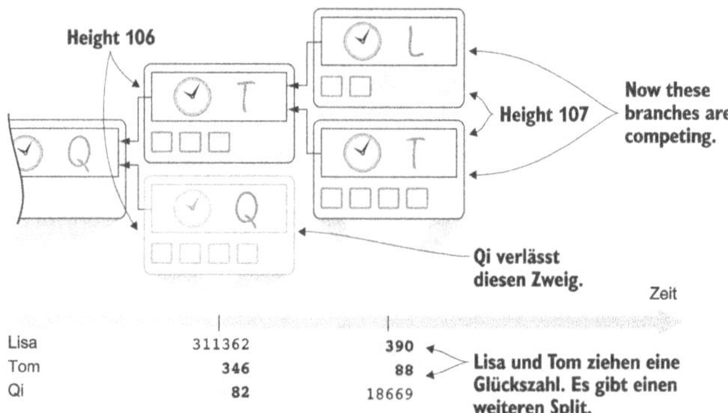

Abbildung 7.8: Einer der Zweige erfährt einen weiteren Split. Der neue Split wird genauso gelöst wie der vorige.

Jetzt haben wir drei Zweige. Qis Zweig wird wahrscheinlich verwaisen, weil er kürzer ist als die beiden neuen Zweige, Lisas Zweig und Toms Zweig. Dieser neue Wettbewerb wird sich auf die gleiche Weise lösen wie der erste Split. Er wird gelöst werden.

- Gleich beim nächsten Block

- Nach einer Verzögerung, weil 2 Blocks gleichzeitig erscheinen, einer pro Zweig

- Wenn auf einem der beiden Zweige ein neuer Split geschieht

7.1.3 WAHRSCHEINLICHKEIT VON SPLITS

Irgendwann wird ein Zweig in einem Split gewinnen. Die Wahrscheinlichkeit, dass zwei Zweige der Länge X als nächstes passieren sinkt rapide für steigende X:

Zweiglänge	Wahrscheinlichkeit	Passiert etwa alle ...
1	5.6e-4	2 Wochen
2	2.1e-7	90 Jahre
3	7.6e-11	250,000 Jahre
4	2.8e-14	700,000,000 Jahre

Dass ein Split von Länge 1 passiert, ist relativ wahrscheinlich, aber ein Split von Länge 2 passiert wahrscheinlich nicht mehr, solange Lisa lebt (sie ist 45). Egal wie lang Splits sind, irgendwann lösen sie sich mit einem Gewinner auf. Das sieht noch einem netten Verfahren aus. Aber es hat Probleme:

☐ Man kann bei Glückszahlen mogeln. Man kann nicht beweisen, dass man ehrlich durch Glück eine passende Zahl gefunden hat.

☐ Mit jedem neuen Miner wird das System robuster gegen Zensur, aber auch empfindlicher gegen private Key Diebstahl. Mehr Computer mit mehr private Keys bedeutet höhere Wahrscheinlichkeit, dass ein Key getohlen wird. Ein gestohlener Blocksignier-private Key lässt einen Dieb Blocks erzeugen, bei denen er mit den Glückszahlen betrügt und die Block-Belohnungen einkassiert.

☐ Mit jedem neuen Miner steigt das Risiko, dass ein Miner mit getürkten Glückszahlen mogelt.

☐ Man kann nicht einfach neue Miner zum System hinzufügen. Man muss den Schwellwert für die Glückszahlen mit anpassen, wenn mehr Miner

---

Wissenschaftliche Notation

$5.6e - 4 = 0.00056$
$2.1e - 7 = 0.00000021$
$Xe - Y$ ist die Kurzfassung von $X \times 10^{-Y}$

Splits

Splits in Bitcoin passieren seltener als einmal im Monat, und tendenziell werden sie im Laufe der Zeit weniger, weil die Verifikations- und Transportmechanismen effizienter werden.

dazukommen, damit der Durchschnitt von 10 Minuten pro Block und damit die Geldproduktion bei der gewünschten Rate bleibt.

Offensichtlich kann dieses System die Anzahl Miner nicht über eine kontrollierte Gruppe von vertrauenswürdigen Teilnehmern hinaus erweitern. Man würde mit Blocks geflutet werden, wenn Miner anfangen zu mogeln, aber man könnte ihnen nicht nachweisen, dass sie mogeln. Es kann ja immer sein, dass sie einfach unheimlich viel Glück haben.

7.2   WO WAREN WIR?

Dieses Kapitel behandelt *Proof of Work*. Ich habe diesen Begriff noch nicht richtig eingeführt, werde das aber im nächsten Abschnitt tun.

Im Bitcoin Überblick in Kapitel 1, Abschnitt 1.2.3 hast du gesehen, dass ein Miner die Führung übernimmt und entscheidet, welche Transaktionen in den nächsten Block kommen und in welcher Reihenfolge. Bitcoin benutzt Proof of Work zur Entscheidung darüber, wer die Führung übernimmt (Abbildung 7.9).

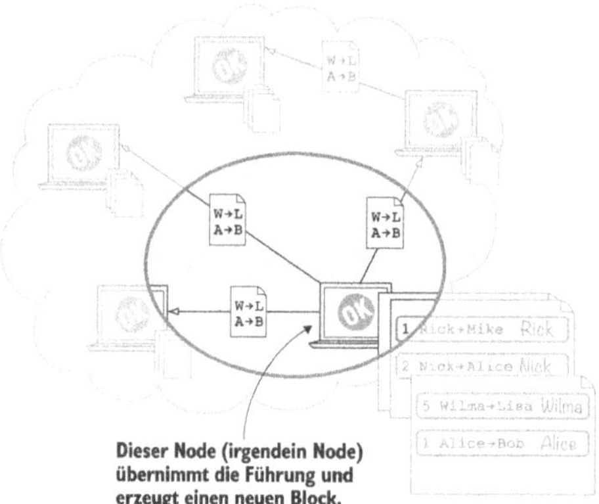

Abbildung 7.9: Proof of Work ist die Methode, wie man einen Anführer wählt, ohne einen Anführer zu haben.

Proof of Work lässt uns ohne zentrale Autorität einen Anführer zufällig unter allen Minern auswählen. Pass in diesem Kapitel gut auf, denn es ist die Essenz von Bitcoin. Es ist das, was Bitcoin wirklich *dezentralisiert* macht. Wir wollen das System dezentralisiert, weil es dadurch zensurresistent wird. Wenn das System eine zentrale Autorität hat, dann können Transaktionen zensiert werden.

Lisa zu klonen war der erste Schritt zur Dezentralisierung, aber es ist noch nicht perfekt, weil man den Minern trauen muss, dass sie beim Ziehen der Glückszahlen nicht schummeln.

7.3 Erzwingen von ehrlichen Glückszahlen

Was, wenn wir die Miner zwingen könnten, beim Glückszahlen ziehen nicht zu schummeln? Es stellt sich heraus, dass wir das können! Man kann sie zwingen, mit ihren Computern gigantische Mengen an Rechenleistung zu verbrauchen und dann zu beweisen, dass sie diese Arbeit tatsächlich erbracht haben. Man kann sie zwingen, so viel Rechenleistung einzubringen, dass es jeden der Miner im Durchschnitt 30 Minuten kosten würde, einen Block zu erzeugen, was zu 10-minütigen Blockintervallen führen würde, genau wie vorher.

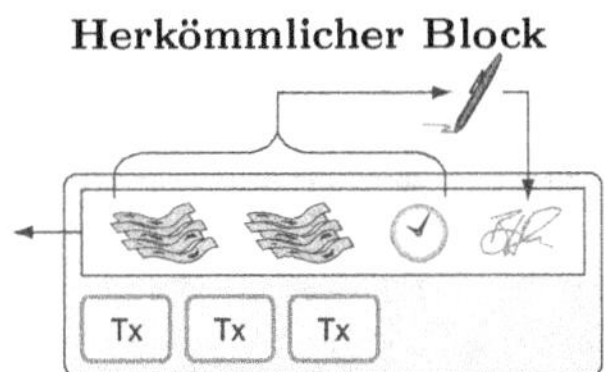

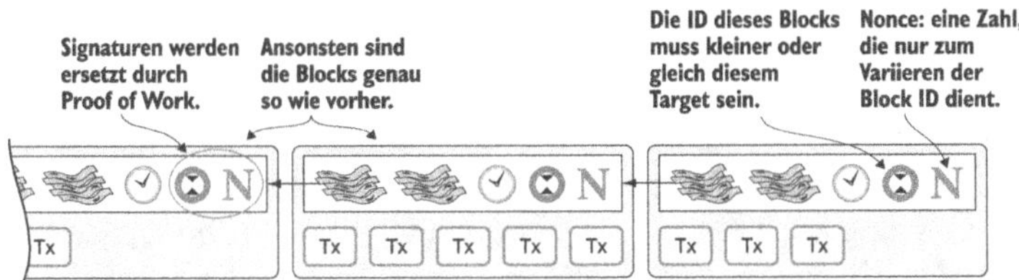

Abbildung 7.10: Die Block Signaturen werden durch Proof of Work ersetzt.

Der Trick ist, die digitalen Signaturen im Block Header durch Proof of Work zu ersetzen (Abbildung 7.10). Nimm an, Qi hat gerade einen Block veröffentlicht und das Café will verifizieren, ob der Block gültig ist. Ausser das übliche Zeug wie Transaktionen und den Merkle Root zu verifizieren, muss der Full Node noch prüfen, ob Qis Block einen gültigen Proof of Work enthält. Der Proof of Work ist dann gültig, wenn der hash des Block Headers–die Block ID–kleiner oder gleich einem vereinbarten Zielwert ist, der im Block Header steht, wie Abbildung 7.11 darstellt.

Die Nonce in diesem Block Header ist 492781982. Qi sucht sich diesen Wert durch Versuch und Irrtum aus. Der nächste Abschnitt erklärt, wie das funktioniert.

Um festzustellen, ob der Proof of Work eines Blocks gültig ist, vergleiche die 256 Bit Block-ID mit dem 256 Bit Ziel, das im Block Header steht. Das Ziel wird in Bitcoin als *Target* bezeichnet. In Abbildung 7.11 sind Block-ID und Ziel

> **Ziele in Bitcoin**
>
> Das Ziel wird als 4 Bytes in den Block Header geschrieben; $ABCD$; das 32 Byte Ziel wird berechnet als $BCD \times 2^{8*(A-3)}$. Der ergibt BCD mit $A-3$ Nullbytes dahinter. Das ist deshalb so unelegant, weil wir einen grossen Wertebereich, $1 - 2^{256}$, in nur 32 Bits ausdrücken müssen. Das Ziel in Qis Block steht da als $1c926eb9$, also $926eb9$ mit 25 Nullbytes danach ($1c - 3 = 19$, Hexcode für 25).

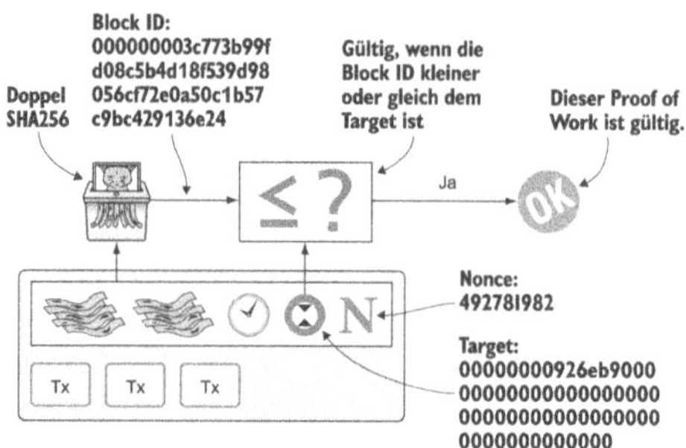

Abbildung 7.11: Die Block-ID muss kleiner oder gleich dem Zielwert im Header sein. Ansonsten ist der Block ungültig.

```
Block-ID: 000000003c773b99fd08c5b4d18f539d98056cf72e0a50c1b57c9bc429136e24
Target:   00000000926eb9000000000000000000000000000000000000000000000000000
```

In diesem Beispiel beginnt die Block-ID mit 000000003..., während das Target mit 000000009... beginnt. Die Block-ID ist also kleiner als das Target, was bedeutet, dass der Proof of Work des Blocks gültig ist.

Das Target ist eine Zahl, auf die sich alle Nodes und Miner geeinigt haben. Dieses Target ändert sich gelegentlich gemäss einiger gemeinsamer Regeln. Eine solche Änderung wird als *retarget* bezeichnet, und ich beschreibe es in einem späteren Abschnitt. Für den Moment kann man es als eine feste Zahl betrachten, die im Block Header gesetzt werden muss.

7.3.1 PRODUKTION EINES GÜLTIGEN PROOF OF WORK

Um einen neuen Block zu erzeugen, muss ein Miner ein gültigen Proof of Work für den Block produzieren, bevor der Block als gültig durchgeht. Um einen gültigen Proof of Work zu schaffen, muss der Miner einen Block Header Hash erzeugen, der kleiner oder gleich dem Target im Block Header ist.

Input	Hash
Hello1!	8264...6e64
Hello2!	493c...14f8
Hello3!	9048...0bae
...	...

Eine Block-ID ist ein Doppel-SHA256 des Block Headers. Wie wir in Kapitel 2 gelernt haben, besteht der einzige Weg, ein Pre-Image für einen kryptografischen Hash zu finden darin, immer wieder verschiedene Inputs durchzuprobieren, bis man ein passendes findet. Hier gilt dasselbe; der Miner muss verschiedene Block Header ausprobieren, bis er einen findet, der zu einem Hashwert führt, der kleiner oder gleich dem Target ist.

Springen wir mal in der Zeit zurück und schauen, wie Qi ihren Block erzeugt hat. Sie erzeugt den Block, setzt das Target auf 00000000926e..., und setzt die Nonce auf 0. Dann prüft sie, ob der Proof of Work gültig ist (Abbildung 7.12).

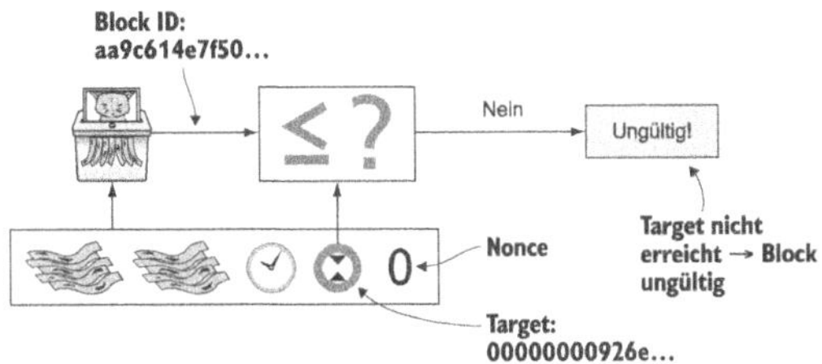

Abbildung 7.12: Qi testet, ob ihr Block gültig ist, indem sie ihren Proof of Work verifiziert.

Sie berechnet die Block-ID, indem sie ihren Block Header mit Doppel-SHA256 hasht. In diesem Fall ist die Block-ID `aa9c614e7f50....` Diese Zahl ist grösser als das Target.

```
Block-ID: aa9c614e7f5064ef11eedc51856cc7bfcdf71a1f2d319e56d4cc65bda939be79
Target:   00000000926eb900000000000000000000000000000000000000000000000000
```

Die Regel besagt, dass die Block-ID kleiner oder gleich dem Target sein muss, damit der Proof of Work gültig ist. Qi scheitert kläglich.

Hier kommt die Nonce ins Spiel. Eine *Nonce* ist einfach eine alberne Zahl, die nichts bedeutet. Sie kann auf jeden beliebigen Wert gesetzt werden. Qi setzt sie anfangs auf 0, aber sie könnte sie genausogut auf 123 oder 92178237' setzen. Die Nonce hilft, den Block Header abzuwandeln, ohne irgendwelche echten Daten zu ändern, wie Transaktionen oder Vorgänger Block-ID.

> **Nonce**
>
> Die Nonce ist eine 32 Bit Zahl, also gibt es "nur" $2^{32} = 4,294,967,296$ mögliche verschiedene Nonces zum durchprobieren.

Qi probiert jetzt wieder, einen gültigen Proof of Work zu erzeugen. Sie erhöht die Nonce von 0 auf 1 und prüft die Gültigkeit erneut (Abbildung 7.13).

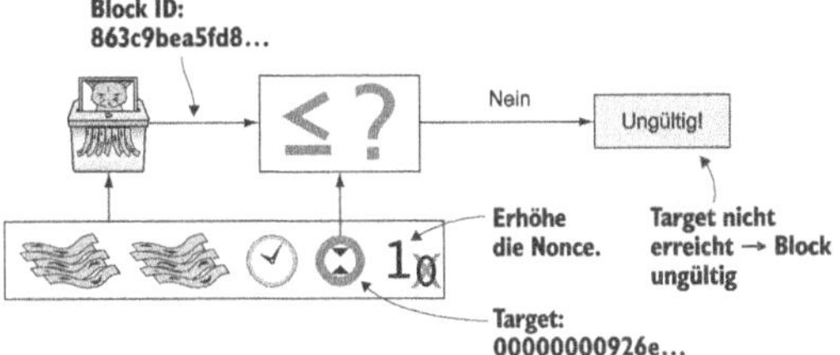

Abbildung 7.13: Qi erhöht die Nonce und unternimmt einen zweiten Versuch, einen gültigen Proof of Work zu finden. Auch dies scheitert.

Wenn Qi den Block Header durch Variieren der Nonce ändert, ändert sich die Block-ID–jede kleinste Änderung im Header führt zu einer völlig anderen Block-ID. Das ist dieselbe Eigenschaft, die in Abschnitt 2.2 in Kapitel 2 dargestellt wurde, als wir das Katzenbild geändert haben (Abbildung 7.14).

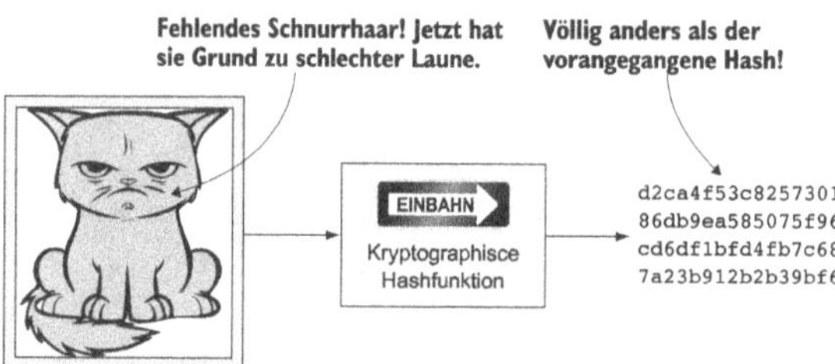

Abbildung 7.14: Änderungen am Input einer kryptografischen Hashfunktion führen zu einem völlig anderen Output.

Die neue Block ID ist `863c9bea5fd8`... Auch sie ist grösser als das Target. Qi scheitert erneut. Es tut mir leid, aber es führt kein Weg daran vorbei–Qi muss es erneut probieren. Sie erhöht die Nonce von 1 auf 2 und testet erneut (Abbildung 7.15).

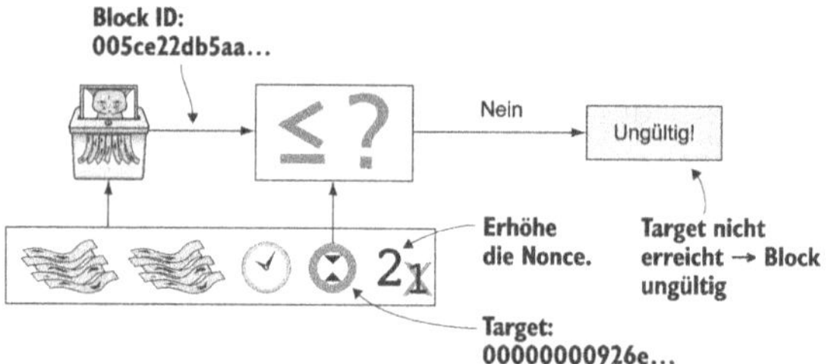

Abbildung 7.15: Qis dritter Versuch, einen gültigen Proof of Work zu finden. Sie scheitert schon wieder.

Das Resultat ist dasselbe: ein jämmerlicher Fehlschlag. Die Block ID war diesmal `005ce22db5aa`..., was immer noch grösser ist als das Target.

Sie wiederholt dies immer und immer wieder Zum Beispiel zeigt Abbildung 7.16 ihren 227.299.125ten Versuch.Es war knapp, aber knapp reicht nicht. Sie muss weiter probieren (Abbildung 7.17). Und schliesslich erhält sie das in Abbildung 7.18 dargestellte Ergebnis.

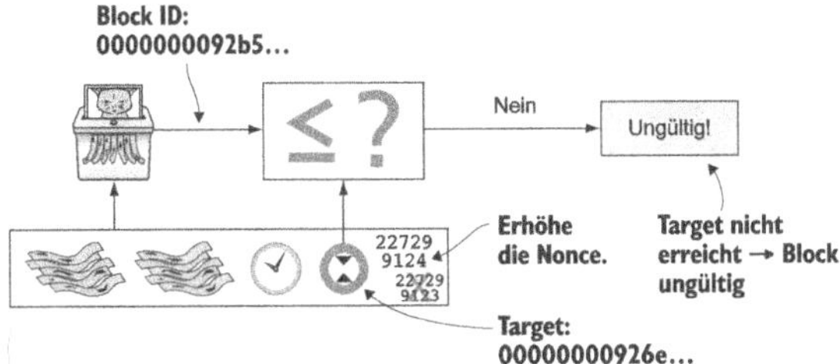

Abbildung 7.16: Qis Versuch mit Nonce 227.299.124. Knapp daneben ist auch vorbei!

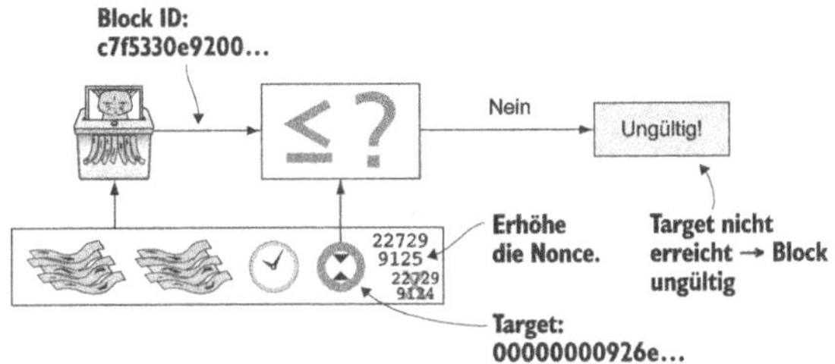

Abbildung 7.17: Qi arbeitet weiter.

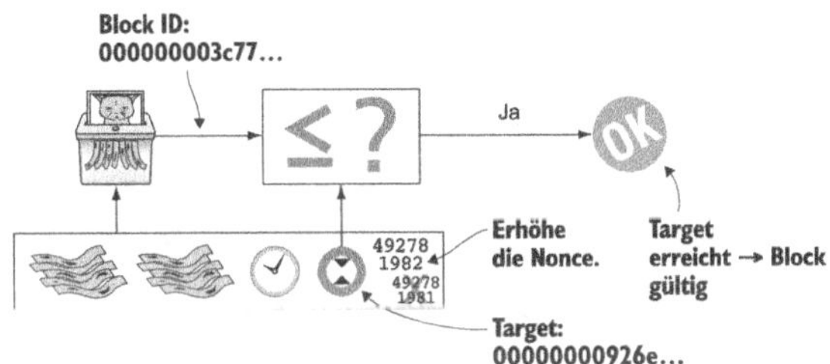

Abbildung 7.18: Die Nonce 492781982 ist der Gewinner!

Die Nonce 492781982 resultiert in der Block ID 000000003c77.... Sie vergleicht dies mit dem Target:

```
Block-ID: 000000003c773b99fd08c5b4d18f539d98056cf72e0a50c1b57c9bc429136e24
Target:   00000000926eb90000000000000000000000000000000000000000000000000000
```

Wow–diese Block ID ist kleiner als das Target! Qi hat einen Haufen Arbeit geleistet, um eine Nonce zu finden, die in einer Block ID kleiner als das

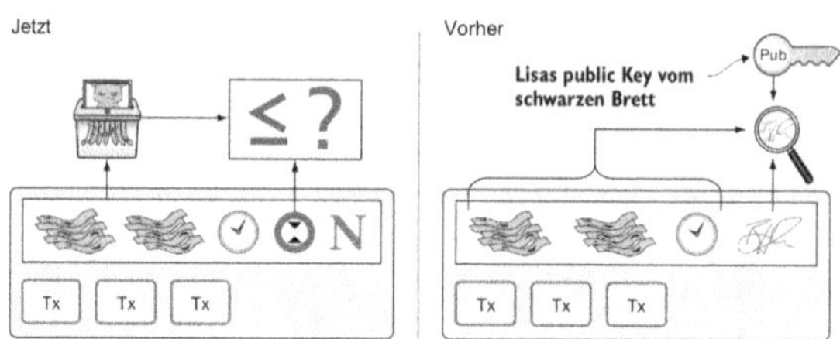

Abbildung 7.19: Die Blockverifikation hat sich geändert. Der Prüfer braucht nichts mehr ausser dem Block.

Target resultiert. Sie hat einen Block mit einem gültigen Proof of Work erzeugt. Toll, jetzt wird sie ihren Block im Share veröffentlichen.

Es ist wichtig, sich darüber klar zu sein, dass Miner ihre eigenen Blocks individuell zusammensetzen. Tom arbeitet zum Beispiel an seinem eigenen Block gleichzeitig mir Qi (und Lisa), aber seine Menge der Transaktionen ist anders als Qis, weil seine Coinbase Transaktion die Blockbelohnung an ihn zahlt, während Qis Coinbase Transaktion die Blockbelohnung Qi zukommen lässt. Dieser Unterschied sorgt dafür, dass der Merkle Root in ihren jeweiligen Block Headern sich unterscheidet. Wenn Tom Qis gewinnende Nonce, 492781982, in seinen eigenen Block einbaut, wird er das Target vermutlich nicht erreichen. Andere Dinge, die sich wahrscheinlich unterscheiden, sind der Zeitstempel und die Liste der ausgewählten Transaktionen.

7.3.2 WARUM IST DAS SO GUT?

Jeder kann einen Block aus dem Share nehmen und prüfen, dass die Regeln eingehalten wurden–die Block ID ist kleiner oder gleich dem vereinbarten Target. Block Verifizierung ist jetzt ein wenig anders als vorher (Abbildung 7.19).

Der Unterschied zum Verifizieren eines digital signierten Blocks ist, dass der Full Node prüft, ob der Blockproduzent einen gültigen Proof of Work geliefert hat, anstatt einer digitalen Signatur.

Mit Proof of Work braucht man nichts anderes als den Block selbst, um die Frage seiner Gültigkeit zu klären. Vorher hatte man Zeug von ausserhalb der Blockchain benötigt–den public Key des Miners vom schwarzen Brett. Das ist ein grosser Sprung Richtung Dezentralisierung. Keine zentralen Quellen für public Keys verbleiben, die manipuliert werden können.

Blocks sind in sich abgeschlossen

Man braucht nichts von ausserhalb der Blockchain, um den Block zu prüfen.

7.3.3 Vergleich mit Glückszahlen

Die Blockchain wird weiter so wachsen wie bisher, aber das Ziehen der Gewinnzahlen wird ersetzt durch das Hashen der Block Header (Abbildung 7.20). Tabelle 7.1 vergleicht die beiden Systeme.

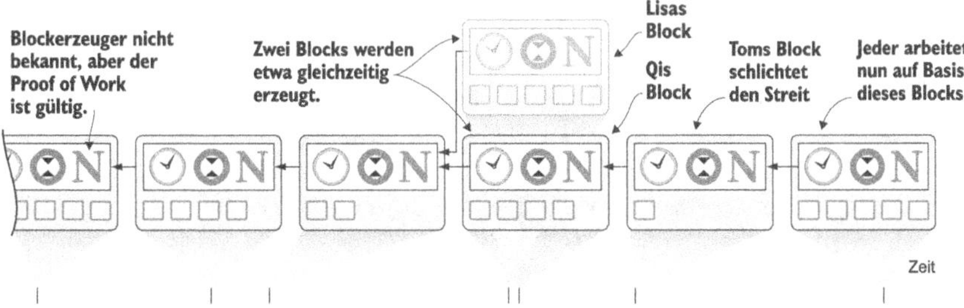

Abbildung 7.20: Die Blockchain arbeitet genauso wie mit den Glückszahlen.

Anstatt jede Sekunde eine Zufallszahl zu ziehen, ziehen die Miner etwa alle 0,02 Mikrosekunden eine Zahl durch einen kryptografischen Hash. Gleichzeitig wird die Grenze für die Glückszahl von 555 auf die 256 Bit Zahl $00000000926e\ldots = 926eb9 * 2^{200}$ angehoben.

> 0,02 Mikrosekunden sind nur ein Beispiel dafür, wie lange ein "Versuch" dauern kann. Das variiert von Miner zu Miner.

Verfahren	Target	Mögliche Werte	Ziehe alle	Blockinter-vall	Beste Chain bei Split
Glückszahlen	555	$1,000,000$	Sekunde	10 Minuten	Grösste Länge
Proof of Work	$926eb9 \times 2^{200}$	2^{256}	0.02 µs	10 Minuten	Meiste Arbeit

Tabelle 7.1: Vergleich des Glückszahlensystems mit dem Proof of Work System

Subtiler aber wichtiger Unterschied ist, dass bei Proof of Work die Chain mit dem *grössten gesammelten Proof of Work* als die beste Chain gilt, der man folgen soll. Im Fall der Glückszahlen folgen Nodes der längsten Chain. Der gesammelte Proof of Work für eine Blockchain ist die Summe der Schwierigkeit aller Einzelblocks der Chain.

Die Schwierigkeit oder *Difficulty* eines Blocks wird darin gemessen, wie viel schwieriger es ist, einen gültigen Proof of Work für diesen Block zu finden im Vergleich damit, einen für den Genesis Block zu finden.

Genauer gesagt wird die *Difficulty von Block B* wie folgt berechnet:

$$\frac{Target\_des\_Genesis\_Blocks}{Target\_von\_B} = \frac{(2^{16} - 1) \times 256^{26}}{Target\_von\_B}$$

Das Target des Genesis Blocks wird durch das Target von B geteilt, was die Difficulty des Genesis Blocks zu genau 1 macht.

Das Wesentliche daran ist, dass je höher das Target eines Blocks ist, desto niedriger seine Difficulty ist, und je niedriger das Target, desto höher die Difficulty. Also summieren wir die Difficulties aller Blocks auf, und erhalten den gesammelten Proof of Work.

Von nun an werde ich den Zweig mit dem grössten gesammelten Proof of Work als den *stärksten Zweig* oder die *stärkste Chain* bezeichnen. Ein anderer gebräuchlicher Begriff ist *Beste Chain*. Die Unterscheidung zwischen längster und stärkster Chain wird in Abschnitt 7.5.2 wichtig, wenn ich Anpassungen der Schwierigkeit, oder *difficulty adjustments*, vorgestellt haben werde.

> **Stärkste Chain**
>
> Die stärkste Chain ist diejenige mit dem grössten gesammelten Proof of Work.

7.3.4 WAS IST, WENN DIE NONCE NICHT REICHT?

Die Nonce ist eine 32 Bit Zahl. Das ist ziemlich klein. Wenn ein Miner alle 4.294.967.296 möglichen Zahlen erfolglos durchprobiert hat, muss er etwas anderes tun, um den Block Header zu ändern. Ansonsten würde er genau dieselben Versuche nochmal machen, die er schon probiert hat. Es gibt verschiedene Optionen für solche Änderungen (Abbildung 7.21):

- Kleine Änderung am Zeitstempel.

- Hinzufügen, Löschen, oder Rearrangieren von Transaktionen.

- Ändern der Coinbase Transaktion.

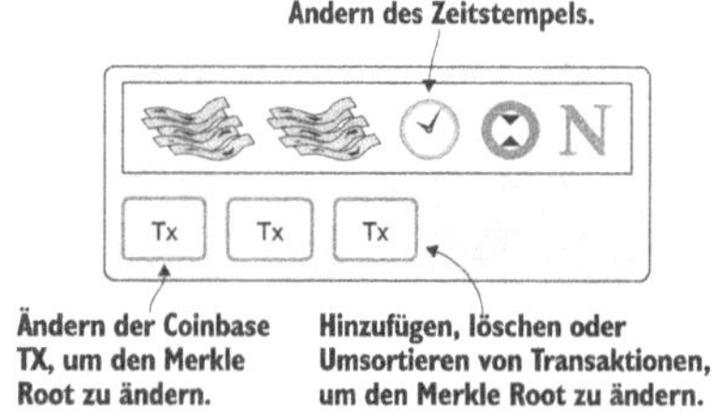

Abbildung 7.21: Der Block Header kann auf verschiedene Arten verändert werden.

Den Zeitstempel zu ändern ist recht geradlinig–addiere einfach eine Sekunde auf den Zeitstempel und der Header sieht anders aus. Wenn man eine der anderen Optionen benutzt, wird man den Merkle Root neu berechnen müssen, weil die Transaktionsdaten geändert wurden. Wenn der Merkle Root sich ändert, ändert sich auch der Header.

Führt man irgendeine dieser Änderungen am Block durch, so ändert sich der Header, sodass die Nonce wieder bei 0 anfangen und der Miner wieder mit dem Hashen beginnen kann.

7.4 MINER MÜSSEN AUSZIEHEN

Die Firma findet das Proof of Work System schön und gut, will aber nicht den Strom bezahlen, der für all diese Arbeit benötigt wird. Weil Computer mit Strom laufen, braucht ein Computer mehr Strom, je mehr Berechnungen er durchführt.

Die Firma entscheidet, dass die Miner ihre Mining Software woanders laufen lassen sollen, zum Beispiel bei ihnen zu Hause. Das ist fair. Schliesslich bekommen die Miner 50 CT für jeden Block, den sie finden. Der Strom, den es sie kostet, einen Block zu produzieren, kostet weniger als das. Der aktuelle Marktpreis von 50 CT sind 5 Kekse im Café, und jedes Cookie Token wird derzeit zu 20 Cent gehandelt. Jeder Block gibt einem Miner etwa $10 an Cookie Tokens, was angesichts der Tatsache, dass sie etwa 48 Blocks pro Tag produzieren, nicht schlecht ist.

Schauen wir uns kurz die *Hashrate* unserer drei Miner an. Die Hashrate ist eine Masseinheit dafür, wie viele Hashes (Versuche) sie pro Sekunde schaffen:

Miner	Hashrate (Millionen Hashes /s)	Erwartete Blocks /Tag
Lisa	100	48
Tom	100	48
Qi	100	48
Summe	**300**	**144**

Tabelle 7.2: Das System wird etwa 144 Blocks pro Tag produzieren, was im Durchschnitt etwa 1 Block alle 10 Minuten bedeutet.

7.4.1 Mehr Hashrate kommt dazu

Ein interessanter Aspekt dieses Systems ist, dass *jeder* ein Miner werden kann, ohne um Erlaubnis zu fragen. Jeder kann einfach einen Computer daheim aufstellen und anfangen, Blocks zu bauen. Blocks sind nicht mehr an eine Person gebunden, sondern an eine Menge an Computerleistung:

Lisa holt sich mehr Hashrate – Lisa findet das Geschäft, von zu Hause zu minen, lukrativ. Sie beschliesst, einen zweiten, ähnlichen Computer zuhause aufzustellen, was im Effekt ihre Hashrate verdoppelt.

Rashid wird Miner – Rashid möchte auch beim Minen mitmachen. Er stellt sich zuhause einen Computer auf, der im Wettbewerb um neue Blocks mitmacht. Sein Computer ist etwas schneller als die seiner Konkurrenten, daher erwartet er mehr Blocks pro Tag als, zum Beispiel, Qi.

Nach Lisas und Rashids zusätzlichen Hashrate hat sich die gesamte Hashrate im Cookie Token System deutlich erhöht:

Miner	Hashrate (Millionen Hashes /s)	Erwartete Blocks /Tag
Lisa	100	48
Tom	100	48
Qi	100	48
Rashid	150	72
Summe	**550**	**264**

Tabelle 7.3: Sieh mal: wir produzieren mehr Blocks pro Tag als geplant! Das Ziel ist 144 Blocks pro Tag, und 264 ist erheblich mehr als das. Die *Block Rate* ist zu hoch, fast das Doppelte des gewünschten Wertes.

7.4.2 Probleme bei hoher Blockrate

Eine höhere Blockrate mag vorteilhaft erscheinen, weil mit ihr die Bestätigungszeit für Transaktionen sinkt, birgt aber einige Probleme.

Gesamte Bitcoin Hashrate

Zum Zeitpunkt des Schreibens ist die Hashrate von Bitcoin etwa 50 Exahashes /s. das sind 50×10^{18} Hashes /s.

7.4.2.1 Zu schnelle Geldschöpfung

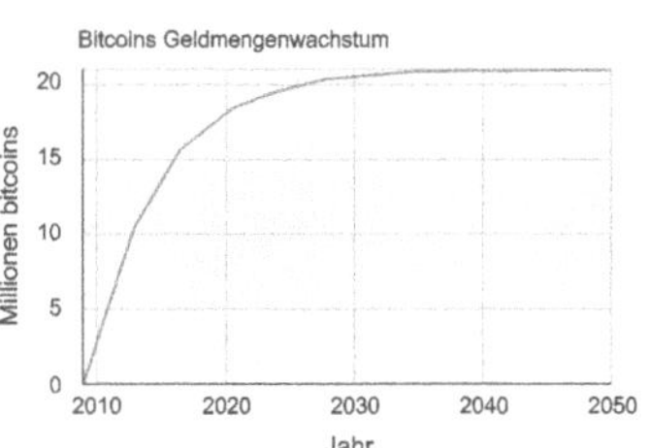

Erinnerst du dich an die Geldschöpfungskurve aus Kapitel 2? Der Plan war, die Hälfte des Geldes, 10,5 Millionen CT, während der ersten vier Jahre herauszugeben; während der nächsten vier Jahre die Hälfte dessen, 5,25 Millionen CT; und so weiter, bis sich die Emissionsmenge auf 0 abrundet. Dieser ganze Prozess würde etwa 131 Jahre dauern.

Jetzt, weil Lisa ihr Mining hochgerüstet und Rashid seinen Mining Computer eingebracht hat, ist die Emission zu schnell. Mit dieser hohen Blockrate wird es nur halb so lange dauern, bis alle Cookie Tokens erzeugt wurden.

Das bedeutet, die erhöhte Emissionsrate beträgt $264/144 = 1.8$ Mal die gewünschte Emissionsrate.

7.4.2.2 Mehr Splits

Spits kommen ganz natürlich ab und zu vor. Aber wenn die Blockrate steigt, nimmt das Risiko natürlicher Splits zu. Stell dir vor, wenn 3000 Leute daheim im Keller minen würden. Das würde die Blockrate um den Faktor 1000 erhöhen. Jede einzelne Sekunde würden mehrere Miner einen gültigen Proof of Work finden und einen Block veröffentlichen. Es gäbe fast auf jeder Blockhöhe einen Split. Das macht Transaktionen in jüngeren Blocks weniger zuverlässig, weil diese Blocks leichter von der besten Chain abgespalten werden können.

Es wäre auch aus Sicht der Verlässlichkeit oder *Security* problematisch, denn wenn zwei Zweige ungefähr 50% der gesamten Hashrate haben, ist die Security jedes Zweiges halbiert. Wir reden in Abschnitt 7.6 mehr über Security.

7.4.3 Was wurde behoben?

Wir haben auf eine interessante Weise das schwierige Problem gelöst, "ehrliche Glückszahlen" zu erzwingen . Lasst uns mal schauen, welche Probleme aus Abschnitt 7.1.3 verbleiben:

☑ Man kann bei Glückszahlen mogeln. Man kann nicht beweisen, dass man ehrlich durch Glück eine passende Zahl gefunden hat.

☑ Mit jedem neuen Miner wird das System robuster gegen Zensur, aber auch empfindlicher gegen private Key Diebstahl. Mehr Computer mit mehr private Keys bedeutet höhere Wahrscheinlichkeit, dass ein Key gestohlen wird. Ein gestohlener Blocksignier-private Key lässt einen Dieb Blocks erzeugen, bei denen er mit den Glückszahlen betrügt und die Block-Belohnungen einkassiert.

☑ Mit jedem neuen Miner steigt das Risiko, dass ein Miner mit getürkten Glückszahlen mogelt.

☐ Man kann nicht einfach neue Miner zum System hinzufügen. Man muss den Schwellwert für die Glückszahlen mit anpassen, wenn mehr Miner dazukommen, damit der Durchschnitt von 10 Minuten pro Block und damit die Geldproduktion bei der gewünschten Rate bleibt.

Es verbleibt nur noch ein Problem in der Liste. Das werden wir im nächsten Abschnitt ändern.

7.5 DIFFICULTY ANPASSUNGEN

Jetzt, da wir mehr Miner und mehr Hashrate zum System hinzugefügt haben, hat sich die Blockrate erhöht. Denn die Miner arbeiten gemeinsam mehr Versuche pro Sekunde ab als vorher, was zur Produktion von mehr Blocks pro Stunde führt.

Zwar haben sich alle auf ein Target im Block Header geeinigt, aber man muss noch den Schwierigkeitsgrad für das Minen eines Blocks anpassen, um einer erhöhten oder verringerten Hashrate Rechnung zu tragen. Das Target wird alle 2.016 Blocks neu kalibriert. Diese Neujustierung der Schwierigkeit wird *difficulty adjustment* oder *Retarget* genannt, und die 2.016 Block Periode heisst *Retarget Period*. Jeder Block enthält ja eine Coinbase Transaktion, die 50 neue Cookie Tokens erzeugt. Wir wollen im Durchschnitt 1 Block alle 10 Minuten, damit es bei der gewünschten Ausgaberate für neue Cookie Tokens bleibt. Das entspricht zwei Wochen für 2.016 Blocks.

War die letzte Retarget Period länger als zwei Wochen, muss das Target erhöht werden, um die Wahrscheinlichkeit zu erhöhen, dass ein Block Header Hash es erfüllt. Wir verringern also die Schwierigkeit. Wenn die Retarget Period weniger als zwei Wochen lang war, müssen wir das Target senken, um die Wahrscheinlichkeit zu senken, dass es erfüllt wird. Wir erhöhen also dann die Schwierigkeit.

Das neue Target, N, wird berechnet als $N = O \times F$, wobei O das alte

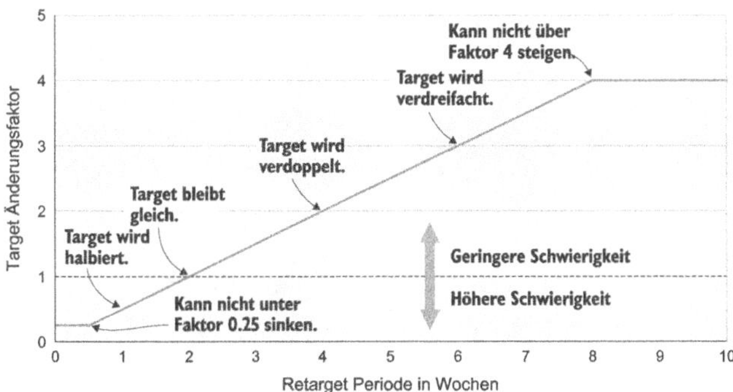

Abbildung 7.22: Kalibrierung des Targets auf Basis der letzten 2.016 Blocks. Das Ziel ist 2.016 Blocks in zwei Wochen.

Target ist und F ein Target-Änderungsfaktor, der von der letzten Retarget Period abhängt, wie Abbildung 7.22 zeigt.

Allgemein gesprochen, berechnen wir das neue Target, N, aus O und der Dauer T der letzten Retarget Period wie folgt:

$$N = O * \begin{cases} \frac{1}{4} & if \quad T < 0.5 \\[2mm] \frac{T}{2} & if \quad 0.5 \leqslant T \leqslant 8 \\[2mm] 4 & if \quad 8 < T \end{cases}$$

Das Target kann sich nicht um mehr als den Faktor 4 oder um weniger als den Faktor 1/4 verändern, um den Effekt gewisser Double-Spend Attacken zu begrenzen, bei denen jemand ein Opfer von den ehrlichen Netzwerkknoten isoliert, um die Difficulty zu ihren Gunsten zu verändern. Mehr darüber kannst du in Web resource 15 lesen.

7.5.1 Regeln für Timestamps

Der Block Header enthält einen *Timestamp*. Timestamps sind wichtig, weil das System das Target automatisch, ohne menschlichen Eingriff, so kalibrieren soll, dass alle 10 Minuten 1 Block produziert wird. Die Blockerzeugungsrate ist wichtig, weil wir eine vorhersehbare Ausgabegeschwindigkeit neuer Cookie Tokens haben wollen.

Timestamps werden auch für diverse Schnörkel in Transaktionen benutzt. Mehr dazu gibt es in Kapitel 9.

Der Miner, der einen Block erzeugt, setzt den Timestamp auf die aktuelle Zeit, bevor er einen Proof of Work produziert. Weil aber verschiedene Full

Nodes auf unterschiedlichen Computern laufen, sind deren Uhren nicht unbedingt vollständig synchron.

Angenommen Lisa produziert einen Block mit Timestamp 2017-08-13 07:33:21 UTC und veröffentlicht ihn auf dem Share. Tom produziert den nächsten Block, aber seine Uhr hinkt hinter Lisas Uhr hinterher.

Tom produziert einen Block mit einem früheren Timestamp als der vorherige Block. Das ist kein Problem, solange die Timestamps sich nicht zu sehr unterscheiden (Abbildung 7.23).

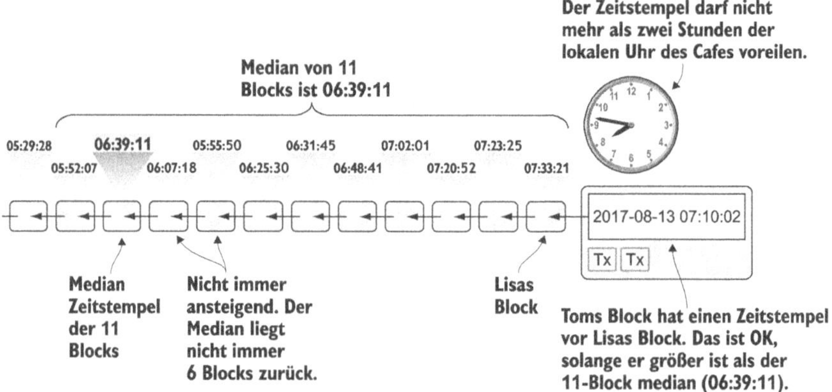

Abbildung 7.23: Zwei Blocks mit abnehmenden Timestamps werden produziert. Das ist OK.

Der Timestamp muss ein paar Regeln folgen. Angenommen der Full Node des Cafés ist dabei, Toms Block zu verifizieren:

- Der Timestamp muss strikt später sein als der *Median* der vorangegangenen 11 Timestamps. Dieser Median wird üblicherweise als die *Median Time Past*, der Vergangenheitsmedian, bezeichnet.

- Der Timestamp darf höchstens zwei Stunden in der Zukunft liegen, laut der Uhr des Cafés.

Diese Regeln garantieren, dass niemand die Timestamps seiner Blocks manipuliert, um die nächste Target Berechnung zu beeinflussen. Stell dir vor, der letzte Block vor einem Retarget hätte einen Timestamp sechs Wochen in der Zukunft. Das würde dazu führen, dass das nächste Target um den Faktor 4 erhöht wird, wie Tabelle 7.4 zeigt.

Block Height	Timestamp (ohne Sekunden)	Abgelaufene Timestamp Zeit
H	2017-07-31 06:31	0
H+1	2017-07-31 06:42	11:17
…	…	…
H+2013	2017-08-14 07:22	2 Wochen und 51 min
H+2014	2017-08-14 07:33	2 Wochen und 1h 2 min
H+2015	2017-09-25 08:51	8 Wochen und 2h 20 min

Tabelle 7.4: Ein böser Miner manipuliert den letzten Timestamp der 2.016 Blocks vor einem Retarget. H ist die erste Block Height einer Retarget Periode. Das neue Target wird um den Faktor 4 steigen.

Der letzte Timestamp ist sechs Wochen später als die Zeit, zu der der Block tatsächlich erzeugt wurde. Alle Full Nodes werden den Block zurückweisen, weil er die Timestamp Regeln verletzt. Jemand will das Target manipulieren. Würde dieser Block akzeptiert werden, wäre das nächste Target viermal so gross wie das jetzige, womit das Finden eines Proof of Work viermal so leicht wäre. Diese Art von Fehlverhalten wird wie beschrieben durch die Timestamp Regeln verhindert. Dadurch, dass man mit dem Timestamp nicht um mehr als zwei Stunden schummeln kann, kann das nächste Target höchstens marginal manipuliert werden.

7.5.2 Chain Stärke vs Chain Länge

Kommen wir zurück zu der Diskussion über Chain Stärke und darüber, weshalb es wichtig ist, nicht einfach auf die Länge der Chain zu schauen. Es ist intuitiv plausibel, dass je schwerer die Chain Historie zu ändern ist, desto besser, sodass man der stärksten Chain folgen sollte. Aber wann unterscheiden sich die stärkste und die längste Chain voneinander?

Sie können sich aus verschiedenen Gründen unterscheiden:

- Natürlicher Split direkt vor einem Retarget

- Versehentliche Splits aufgrund inkompatibler Software Versionen

- Absichtliche Splits als Angriff auf die ehrliche Chain

Wir betrachten hier nur die erste Option. Angenommen ein natürlicher

Split passiert (Abbildung 7.24).

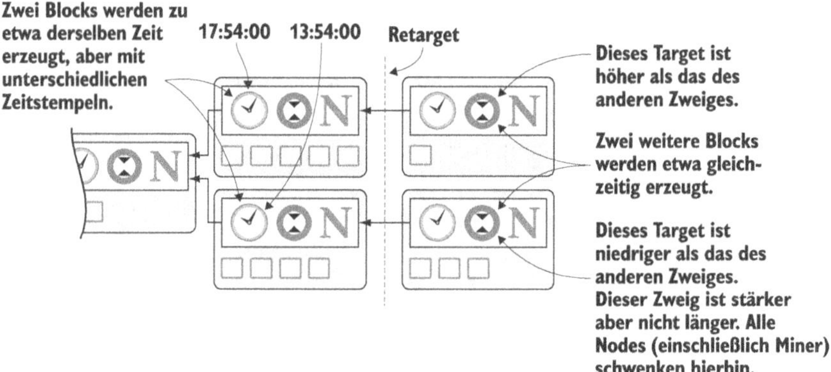

Abbildung 7.24: Ein natürlicher Split mit unterschiedlichen Timestamps zwischen den Zweigen wird im Fall eines Retarget einen Zweig stärker als den anderen werden lassen.

Timestamps

Timestamps dürfen der tatsächlichen Zeit nicht mehr als zwei Stunden vorauseilen.

Es ist ein unwahrscheinliches Szenario, aber wir müssen es betrachten, weil es passieren *kann*. Ein Split geschieht direkt vor einem Retarget, und die Timestamps der 2 Blocks unterscheiden sich um vier Stunden. Als nächstes werden gleichzeitig 2 neue Blocks produziert, einer auf jedem Zweig. Diese Blocks wurden auf Basis ihrer unterschiedlichen Historien mit neuen Targets versehen. Die letzten Timestamps in den jeweiligen Retarget Perioden unterscheiden sich um vier Stunden, was zu Unterschieden in den neuen Targets führt. Erinnern wir uns an die Retarget Formel:

$$
N = O * \begin{cases} \frac{1}{4} & if \quad T < 0.5 \\[2ex] \frac{T}{2} & if \quad 0.5 \leqslant T \leqslant 8 \\[2ex] 4 & if \quad 8 < T \end{cases}
$$

Weil die neuen Targets sich unterscheiden ist die neue Difficulty im letzten Block jedes Zweiges verschieden. Das bedeutet, die Chain Stärke unterscheidet sich, weil die beiden Zweige nun einen unterschiedlichen akkumulierten Proof of Work haben.

7.6 Was können Miner anstellen?

In Kapitel 6 haben wir dafür gesorgt, dass Lisa Transaktionen nicht rückgängig machen konnte, ohne dass ihre versuchte Schummelei aufflog. Das haben wir dadurch erreicht, dass Lisa die Blocks digital signieren muss, sodass jeder sehen kann, dass Lisa den Block akzeptiert hat. Wenn sie später einen konkurrierenden Block auf derselben Block Height signiert, der ihre Transaktion durch eine Transaktion ersetzt, die an sie selbst zahlt, wird das jeder merken und sie zur Rechenschaft ziehen.

Jetzt ist die Situation eine andere. Lisa signiert ihre Blocks nicht mehr. Die Blocks sind anonym–nichts verbindet Lisa mit einem bestimmten Block. Heisst das nicht, dass sie wieder double-spenden kann?

Naja, schon, wenn sie sehr viel Glück hat.

7.6.1 Double Spending

Angenommen Lisa ist gerade dabei, einen Keks im Cafe zu bezahlen. Aber gleichzeitig mit der Zahlung bereitet sie auch eine Double-Spend Transaktion vor (Abbildung 7.25).

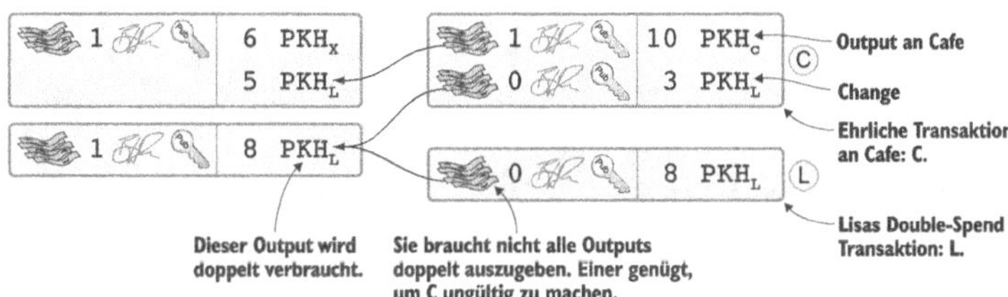

Abbildung 7.25: Lisa erzeugt zwei Transaktionen, die einen gemeinsamen Output ausgeben.

C ist die Transaktion zum Café. L ist Lisas Double-Spend Transaktion, die sie benutzen wird, um ihr Geld zurück zu stehlen. Beide Transaktionen sind für sich gesehen vollkommen gültig, aber beide können nicht gleichzeitig gültig sein, weil beide den gleichen Output ausgeben. Ein Output kann nur einmal ausgegeben werden.

List schickt die ehrliche Zahlung, C, an alle Miner. Während die anderen Miner versuchen, ihre ehrliche Transaktion in einen Block zu stecken und einen gültigen Proof of Work zu berechnen, tut Lisa die Double-Spend

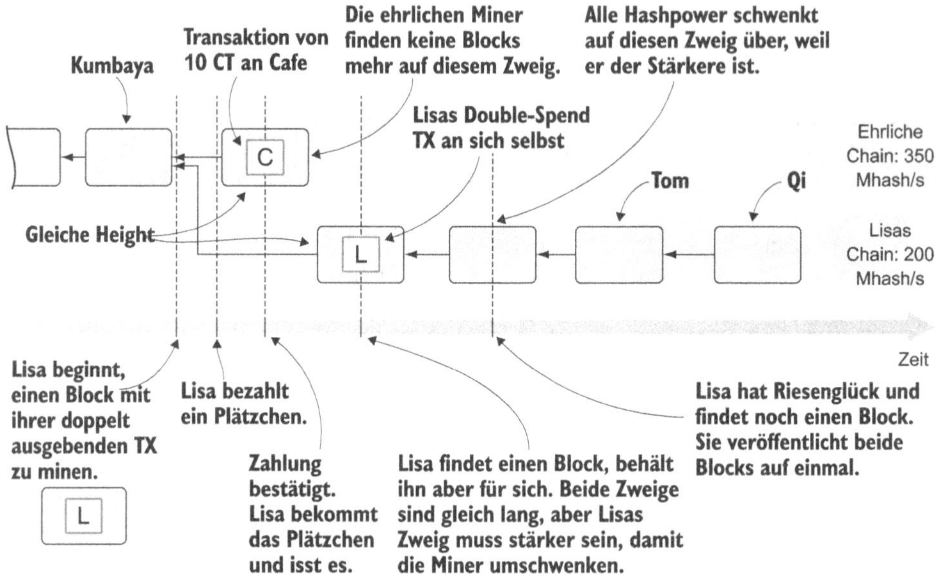

Abbildung 7.26: Lisa zieht eine Double-Spend Attacke durch—und ist trotz ihrer geringen Hashrate erfolgreich.

Transaktion in einen eigenen, geheimen Block und fängt an, auf diesem zu arbeiten (Abbildung 7.26).

Lisas Ziel ist, einen gültigen Proof of Work für ihren betrügerischen Zweig mit L zu finden, der grösser ist als der Proof of Work der ehrlichen Chain. Wenn sie das geschafft hat, wird sie alle Blocks in ihrem Zweig veröffentlichen und alle Miner werden auf ihren Zweig umschwenken und beginnen, ihren Zweig zu verlängern statt den bisherigen. Der Einfachheit halber nehmen wir an, dass all dies ohne Retargets (difficulty adjustments) geschieht; wir sind mitten in einer Retarget Periode. Das bedeutet, alle Blocks haben dasselbe Target (bzw. dieselbe Difficulty), sodass wir einfach die Zweiglänge betrachten anstatt der Zweigstärke (den akkumulierten Proof of Work).

Eine Gruppe Miner versuchen, Lisas ehrliche Transaktion C zu bestätigen, während Lisa am Proof of Work für ihren Block mit der Double-Spend Transaktion L arbeitet. Das Café wartet auf eine gültige Transaktion, bevor es den Keks herausgibt.

Irgendwann wird die ehrliche Transaktion auf der ehrlichen Chain bestätigt. Das Café sieht den Block, verifiziert ihn und gibt Lisa den Keks. Lisa isst ihn auf. Während sie die letzten Krümel herunterschluckt, findet ihr Computer zufällig einen gültigen Proof of Work für ihren Block. Sie veröffentlicht

---

Welchem Zweig soll man folgen?

Ein Miner muss nicht immer auf dem ersten gesehenen Block aufbauen. Aber die am weitesten verbreitete Bitcoin Software, Bitcoin Core, folgt dem zuerst gesehenen Block.

ihren Block noch nicht, weil ihr das nichts nützen würde. Die Miner sind auf der ehrlichen Chain bereits am weiterarbeiten, weil sie dort zuerst einen Block gesehen haben.

Die kombinierte Hashrate aller Miner auf der ehrlichen Chain ist 350 MHash/s, wogegen Lisa nur 200 MHash/s besitzt. Das bedeutet, die ehrliche Chain sollte Blocks häufiger finden als Lisa.

Aber jeder hat einmal Glück. Lisa hat glücklicherweise den Proof of Work für einen weiteren Block in ihrem betrügerischen Zweig gefunden. Jetzt hat sie 2 Blocks auf ihrem Zweig, wogegen der ehrliche Zweig nur 1 Block lang ist. Lisa hat mehr gesamten Proof of Work auf ihrer Chain als die ehrlichen Miner auf deren Zweig. Lisa veröffentlicht die 2 Blocks auf dem Share.

Andere Miner werden diese 2 Blocks sehen, und dass Lisas Zweig mehr Proof of Work als der ehrliche Zweig hat, und werden auf Lisas Zweig herüber schwenken. Die Miner, die schwenken, können nicht sehen, dass ein Betrug stattfand, oder wer den Block erzeugt hat; sie springen neutral auf die längste gültige Chain.

Das Resultat ist, dass Transaktion C an das Café effektiv annulliert wurde. Sie gehört nicht mehr zu der Chain mit dem meisten Proof of Work. Das Café hat die 10 CT verloren, die es glaubte bekommen zu haben, als es Lisa einen Keks gab.

Von diesem Punkt an werden neue Blocks Lisas Zweig verlängern und die Dinge werden normal weiterlaufen. Der Block mit Transaktion C wird verfallen.

7.6.2   Schutz vor Double-Spend Attacken

Obwohl die Chancen gegen Lisa stehen, *könnte* sie Glück haben und mit einer Double-Spend Attacke erfolgreich sein, wie in dem vorigen Beispiel. Einen Double-Spend von 10 CT durchzuziehen ist aus Lisas Sicht ökonomisch nicht plausibel. Sie riskiert, enorme Mengen Energie zu verbrauchen und ihren eigenen Block verfallen zu sehen, falls es nicht klappt. Sie würde die Blockbelohnung aus diesen verfallenen Blocks verlieren.

Aber was, wenn sie versucht, einen grösseren Betrag als 10 CT doppelt auszugeben, sagen wir 100.000 CT? Dann wäre es für Lisa die Sache wert, einen Double-Spend zu versuchen. Stell dir vor, sie würde das ganze Café kaufen und dabei eine Double-Spend Attacke abziehen. Dann würde sie das Café besitzen und hätte immer noch ihre 100.000 CT.

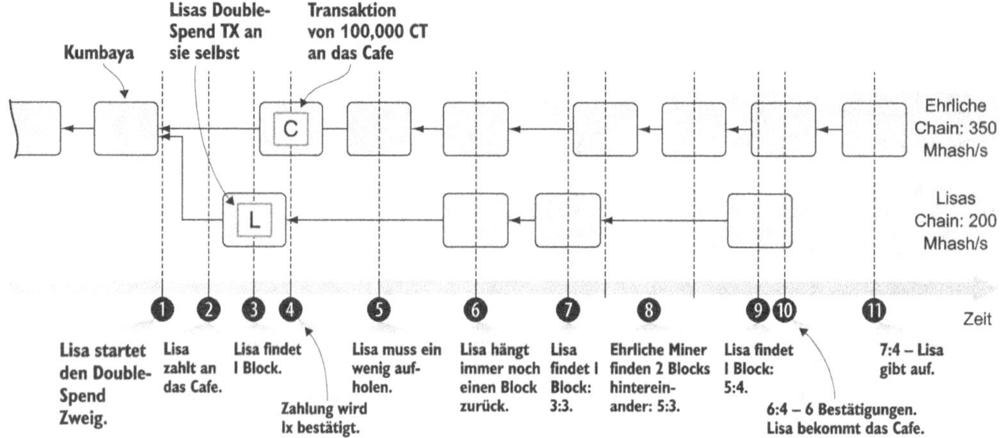

Abbildung 7.27: Lisa probiert eine Double-Spend Attacke mit sechs Bestätigungen. Sie scheitert.

Bestätigungen / Confirmations

Bei sechs Confirmations, also Bestätigungen in Form aufeinander aufbauender Blocks, kann man ziemlich sicher sein, dass niemand einen per Double-Spend Attacke angreift. Aber je höher der Transaktionswert, desto ökonomisch sinnvoller ist es, eine Double-Spend Attacke zu versuchen.

Der Cafébesitzer ist gewillt, Lisa das Café für 100.000 CT zu verkaufen. Aber das Café weiss natürlich um die Gefahr einer Double-Spend Attacke. Also sagt der Cafébesitzer, dass er bei so viel Geld Lisa das Café erst nach sechs Bestätigungen überschreiben wird.

Was bedeutet dies? Lisa muss dem Cafébesitzer 100.000 CT bezahlen und dann warten, bis die Transaktion in einem Block bestätigt wird und 5 weitere Blocks auf diesem Block aufbauend produziert worden sind. Erst dann wird der Besitzer das Café an Lisa übergeben.

Um eine Double-Spend Attacke durchzuziehen, muss Lisa insgeheim einen alternativen Zweig aufbauen, genau wie in ihrer vorherigen Attacke, während das Café sechs Bestätigungen abwartet. Wenn der Cafébesitzer sechs Bestätigungen gesehen und Lisa das Café übergeben hat, muss sie irgendwann einen stärkeren Double-Spend Zweig in den Share hochladen. Das bedeutet, Lisa muss eine längere Zeit Glück haben als im vorangegangenen Beispiel.

Schauen wir mal, wie es läuft (Abbildung 7.27).

Der Ausgang ist der Erwartete. Lisa konnte auf die Dauer nicht mehr Blocks als die ehrliche Chain produzieren. Sie hat bei 7–4 aufgegeben.

Die folgende Tabelle zeigt die Abfolge der Ereignisse in diesem Beispiel:

Lisa gibt aus verschiedenen Gründen auf:

Ereignis	Stand (C-L)	Kommentar
1, 2	0-0	Lisa beginnt auf ihrem geheimen Zweig zu minen, der die Double-Spend Transaktion enthält. Sie schickt auch eine Zahlung an die ehrlichen Miner.
3	0-1	Lisa findet einen Block, hält ihn aber geheim. Das Café soll nicht merken, dass eine Double-Spend Attacke im Gange ist.
4	1-1	Die ehrliche Zahlung, C, wird zum ersten Mal bestätigt. Das Café wird vor Abschluss des Deals 5 weitere Blocks abwarten.
5, 6, 7, 8, 9	5-4	Lisa kommt einigermassen mit, liegt aber einen Block zurück und muss 2 Blocks mehr als das Café produzieren.
10	6-4	Die ehrliche Transaktion hat sechs Bestätigungen. Lisa bekommt das Café. Die Eigentumsurkunde wird unterschrieben. Lisa versucht weiter, aufzuholen.
11	7-4	Lisa flucht leise. Die Wahrscheinlichkeit, 4 Blocks mehr als die ehrliche Chain zu finden, ist winzig.

- Ihr wird klar, dass sie nicht genug Hashrate hat, um aufzuholen und die ehrliche Chain zu überholen. Zu jedem Zeitpunkt beträgt die Wahrscheinlichkeit, dass Lisa den nächsten Block findet, $200/550 = 0{,}36$. Das bedeutet, die Wahrscheinlichkeit, dass die ehrlichen Miner den nächsten Block finden, bei $1 - 0{,}36 = 0{,}64$ liegt. Blocks werden auf der ehrlichen Chain viel schneller gefunden.

- In jeder Minute, die sie es versucht, verbraucht ihr Computer Strom, der Geld kostet. Wenn sie mit dem Double-Spend Versuch nicht durchkommt, sind die Stromkosten verschwendet.

- Für jeden Block, den sie auf ihrer eigenen Chain produziert, verliert sie die 50 CT Block Reward, wenn sie scheitert.

Das Entscheidende ist hier, dass das Café sechs Confirmations verlangt hatte. Je mehr Confirmations verlangt werden, desto schwieriger ist es für Lisa, einen stärkeren Zweig als die ehrlichen Miner zu bauen. Sie bräuchte mehr Glück.

Als das Café seine sechs Confirmations bekommen hatte, lag Lisa 2 Blocks zurück. Sie hätte schneller als die ehrliche Chain wachsen und 1 Block länger als die ehrliche Chain werden müssen. Ihre Chancen waren gering. Je mehr Blocks sie aufholen musste, desto geringer wurden die Chancen, wie Tabelle 7.5 zeigt.

Die Wahrscheinlichkeit q_z ergibt sich aus

Wahrscheinlichkeit q_z des Angreifers aufzuholen, wenn er q Hashrate besitzt

Aufzuholende Blocks (z)	1%	10%	(Tom) 18%	(Lisa) 36%	45%	50%
1	0.010101	0.111111	0.219512	0.562500	0.818182	1.000000
2	0.000102	0.012346	0.048186	0.316406	0.669421	1.000000
3	1.0e-06	0.001372	**0.010577**	0.177979	0.547708	1.000000
4	1.0e-08	0.000152	0.002322	**0.100113**	0.448125	1.000000
5	1.1e-10	0.000017	0.000510	0.056314	0.366648	1.000000
6	1.1e-12	1.9e-06	0.000112	0.031676	0.299985	1.000000
10	1.1e-20	2.9e-10	2.6e-07	0.003171	0.134431	1.000000

Tabelle 7.5: Wahrscheinlichkeit, dass ein Angreifer aufholt, aus Sicht des Angreifers.

q = angreifende hashrate
p = ehrliche hashrate
z = aufzuholende Blocks

$$q_z = \begin{cases} 1 & if \quad p \leqslant q \\ (\frac{q}{p})^z & if \quad q > p \end{cases}$$

Schauen wir in die Spalte für die 36% Hashrate, die Lisa hat. Wenn sie 3 Blocks zurück liegt, muss sie in der nächsten Zeit 4 Blocks mehr als die ehrlichen Miner produzieren. Damit hat sie eine 0,10 Chance, mit diesem Double-Spend jemals durchzukommen–sofern sie bereit ist, die Attacke unbegrenzt fortzuführen. Sie wird aber wahrscheinlich nicht ewig weiter probieren, was ihre Aussichten auf Erfolg weiter schmälert.

7.6.2.1 Tom probiert auch einen Double-Spend

Stell dir vor, Tom versucht einen Double-Spend anstatt Lisa (Abbildung 7.28). Er hat nur die Hälfte der Hashrate von Lisa, 100 MHash/s.

Toms Chancen stehen schlechter als Lisas. Er hat ein bisschen Glück und findet früh 2 Blocks, aber nachdem er 2 Blocks hinter die ehrlichen Miner zurückfällt, hält er seine Chancen für zu gering und gibt auf. Noch 3 weitere Blocks produzieren zu müssen als die ehrlichen Miner, mit einer Erfolgswahrscheinlichkeit von etwa $0,011 (z = 3)$ ist ein schrecklicher Gedanke.

Tom ist ein schlauer Bursche und weiss, dass er das nicht probieren sollte.

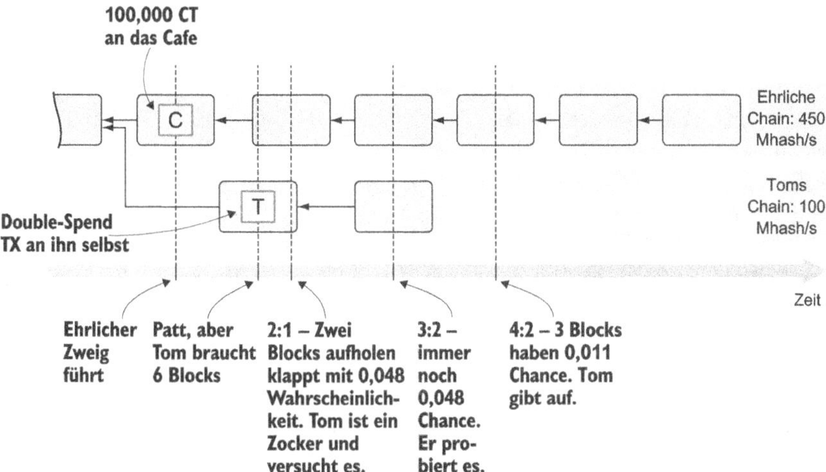

Abbildung 7.28: Tom probiert einen Double-Spend mit 18% Hashrate und gibt auf. Mit Glück finder er 2 Blocks in ungefähr der gleichen Zeit, in der die ehrlichen Miner 3 Blocks finden.

Ihm ist klar, dass er besser damit bedient ist, mit allen anderen zusammen die Blockchain abzusichern und seinen fairen Anteil zu bekommen, als zu versuchen, sich anzugreifen. Mit seinen 18% bekommt er schliesslich fast jeden fünften Block Reward. Das sind mehr als 50 CT pro Stunde. Nach 2.000 Stunden, oder 12 Wochen, hätte er mehr als 100.000 ehrliche Cookie Tokens verdient, anstatt zu versuchen, welche zu stehlen.

7.6.2.2 TOM UND LISA KOLLABORIEREN BEIM DOUBLE-SPEND

Gemeinsam haben Tom und Lisa 300 MHash/s. Sie kontrollieren mehr als 50% (54,5%) der gesamten Hashrate (Abbildung 7.29).

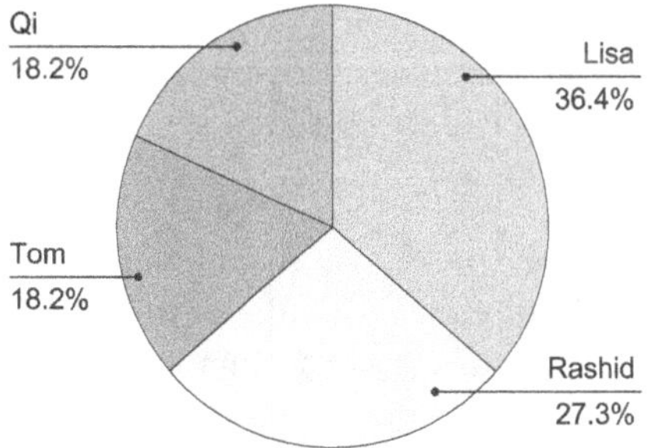

Abbildung 7.29: Verteilung der Hashrate. Zwei Miner kollaborieren, um die Mehrheit der Hashrate zu kontrollieren.

Wenn sie bei einer Double-Spend Attacke kooperieren, und bereit sind, dies unbegrenzte Zeit fortzusetzen, sind ihre Chancen auf Erfolg 100% (Tabelle 7.5). Wenn sie es nur, sagen wir, 50 Blocks lang probieren wollen, liegen ihre Chancen immer noch sehr nahe bei 100%. Dieses erschreckende Szenario bedeutet, Tom und Lisa können beliebig die Geschichte neu schreiben. Sie sind schneller als die gesamte Hashrate aller ehrlichen Miner. Sie können einen Zweig von einem beliebigen Block in der Blockchain Historie erzeugen, ihren Weg zur Spitze der ehrlichen Chain hoch bahnen, und diese überholen. Dann werden alle Miner zu Tom und Lisas Zweig umschwenken. Sie können wohlgemerkt immer noch nicht das Geld von irgendjemandem in der Blockchain stehlen, aber sie können so viele Double Spends durchführen, wie sie wollen.

Spielen wir mal mit der Idee, dass Tom und Lisa anfangen mit dem Double-Spending. Zum Beispiel kaufen sie das Café und Double-Spenden die Transaktion sodass sie sowohl das Café als auch die 100.000 CT haben. Immer ab und zu werden Leute merken, dass sich die Geschichte in der Blockchain geändert hat. Sechs Confirmations waren für Transaktionen früher zuverlässig, aber jetzt kann man ihnen nicht mehr trauen. Was geschieht mit dem Wert der Cookie Tokens, wenn die Blockchain unzuverlässiger wird? Und was geschieht mit dem Wert der Cookie Tokens, wenn die Leute von den Angriffen durch Double-Spend Attacken hören?

Panik! Die Leute wollen nichts mehr mit diesem unzuverlässigen, unsicheren Cookie Token System zu tun haben. Viele Leute werden all ihre Cookie Tokens auf dem Cookie Token Markt ausserhalb des Cafés verkaufen. Das Problem ist, dass es nicht viele Käufer gibt. Was passiert mit dem Dollarpreis der Cookie Tokens, wenn die Nachfrage niedrig und das Angebot hoch sind? Der Preis stürzt ab.

Was passiert, wenn der Preis abstürzt? Mehr Panik. Mehr Leute wollen verkaufen, was zu noch grösseren Preisstürzen führt.

Das Mining Geschäft von Tom, Lisa und den anderen Minern wird weniger profitabel, weil der Wert der Block Rewards so gering ist, dass sie ihre Cookie Tokens nicht für genug Dollars verkaufen können, um die Stromrechnung zu bezahlen. Sie müssen den Mining Betrieb schliessen, weil sie mit Verlust arbeiten.

Tom und Lisa sollten sich zweimal überlegen, ob sie das System angreifen wollen, auch wenn sie das könnten. Allein die Tatsache, dass zwei Miner zusammen mehr als 50% der gesamten Hashrate kontrollieren, könnte schon ausreichen, einen Preissturz auszulösen, weil die Leute nervös werden bezüglich *Mining Centralization*–wenn wenige Leute einen grossen Teil der gesamten Hashrate kontrollieren. Sie brauchen das System nicht einmal anzugreifen, um die Cookie Tokens im Wert sinken zu lassen.

7.6.2.3 Mining Centralization entschärfen

Was können die Leute gegen Toms und Lisas Machtfülle tun? Sie können anfangen, zuhause zu minen. Sagen wir, fünf weitere Leute steigen ins Mining Geschäft ein, und jeder bringt einen Computer mit 150 MHash/s ein. Dann ergibt sich eine völlig neue Situation (Abbildung 7.30).

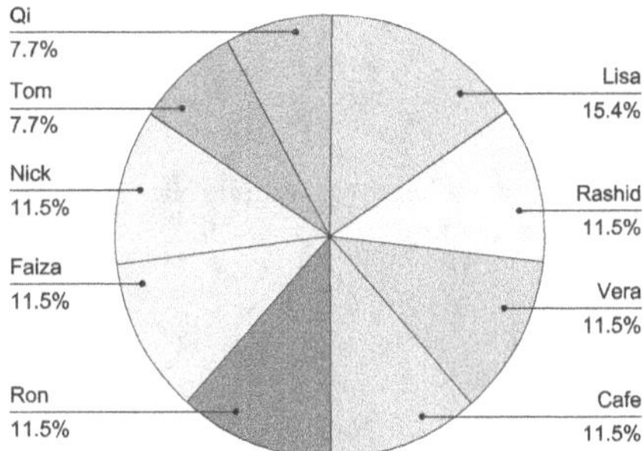

Abbildung 7.30: Neue Hashratenverteilung. Es ist viel schwieriger, Kontrolle über die Mehrheit der Hashrate zu erlangen.

Die Verteilung wandelt sich ständig, aber das sollte uns eine Idee davon geben, wie es in der Realität aussehen kann.

Die gesamte Hashrate erhöht sich von 550 MHash/s auf 1.300 MHash/s. Lisa, als grösster Miner mit 200 MHash/s, hat jetzt nur noch circa 15% der gesamten Hashrate. Mindestens fünf Miner müssten zusammenarbeiten, um die Mehrheit der Hashrate zu kontrollieren, weil die grössten vier Miner zusammen 49.9% kontrollieren.

Die Motivation für die Leute, mit dem Mining anzufangen, ist hoch. Sie haben Cookie Tokens, und sie wollen, dass das System stark bleibt, um ihr Geld vor Panik-Preiseinbrüchen aufgrund von Miner Centralization zu bewahren.

Wohlgemerkt sinken mit zunehmender Anzahl Miner die Rewards pro Miner. An irgendeinem Punkt wird ein Miner–wahrscheinlich ein ineffizienter–der Ansicht sein, dass sich Mining nicht mehr lohnt, und seine Mining Computer abschalten. Der Markt verdrängt dann die ineffizienten Miner zugunsten der effizienten.

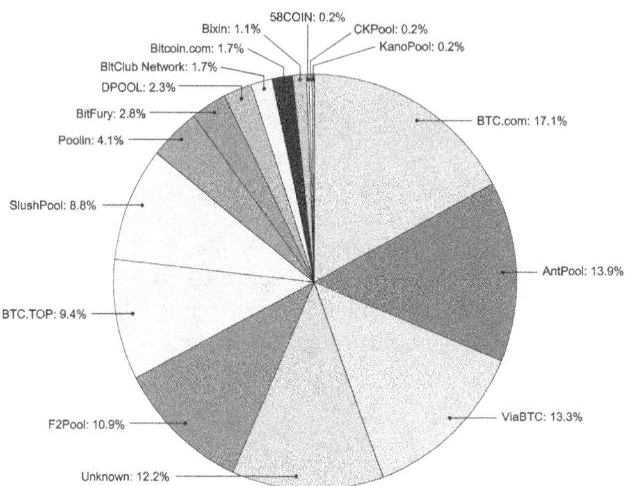

Abbildung 7.31: Bitcoin Hashratenverteilung: Zum Zeitpunkt des Schreibens waren Bitcoins 50 EHash/s wie folgt verteilt (Quelle: blockchain.info).

7.7 TRANSAKTIONSGEBÜHREN

Das jetzt bestehende System lässt viele Miner unabhängig voneinander Blocks erzeugen. Das ist ein gewaltiger Zuwachs an Zensurfestigkeit. Alle Miner müssten kollaborieren, um Transaktionen am Eingang in die Blockchain zu hindern. Ein einzelner Miner oder ein Teil der Miner kann nur dafür sorgen, dass Transaktionen länger brauchen, bis sie bestätigt werden, aber irgendwann wird einer der nicht zensierenden Miner einen gültigen Proof of Work für einen Block finden, der die bisher zensierte Transaktion enthält, und den Block veröffentlichen.

Alles gut. Aber es gibt zwei Probleme:

- Grössere Blocks sind langsamer.

- Die Blockgrösse ist begrenzt.

Diese beiden Eigenschaften haben Einfluss darauf, wie die Miner sich die Transaktionen für ihre Blocks aussuchen. Betrachten wir zunächst das erste dieser Probleme, und diskutieren wir dann, welchen Effekt die Begrenzung der Blockgrösse haben wird.

7.7.1 GRÖSSERE BLOCKS SIND LANGSAMER

Angenommen, Lisa und Tom finden gleichzeitig einen gültigen Proof of Work für ihren jeweiligen Block. Lisas Block ist 200 KB gross und enthält 400 Transaktionen, wohingegen Toms Block 100 KB gross ist und 200 Transaktionen enthält. Beide wollen, dass ihr Block Teil der stärksten Chain wird, aber nur einem der beiden kann das gelingen. Sie beginnen genau gleichzeitig damit, ihre jeweiligen Blocks in den Share hochzuladen (Abbildung 7.32).

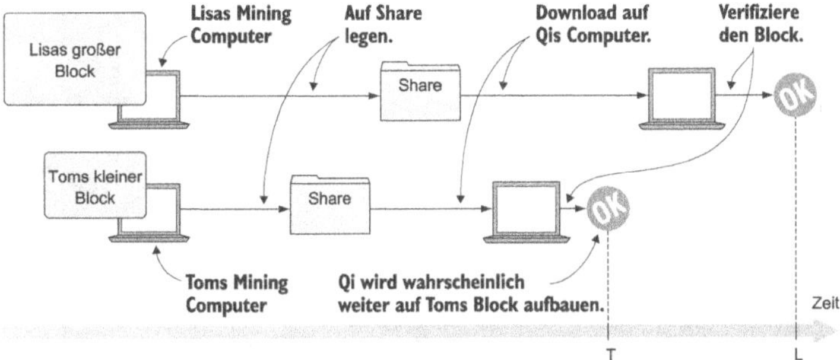

Abbildung 7.32: Lisa und Tom wetteifern darum, dass Qi und die anderen Miner auf Basis ihres Blocks weitermachen. Tom gewinnt das Rennen, weil sein Block kleiner ist.

Toms Block ist kleiner als Lisas. Das bedeutet, Tom wird seinen Block schneller in den Share hochladen als Lisa ihren. Es ist auch schneller für Qi, Toms Block herunterzuladen als Lisas. Und schliesslich muss Qi die Blocks, die sie herunterlädt, verifizieren, bevor sie darauf aufbaut. Ein kleiner Block ist typischerweise schneller zu verifizieren als ein grosser, sodass auch hier Toms Block schneller ist als Lisas.

Das Ergebnis ist, dass Qi zur Zeit T Toms Block als aktuell Beste Chain Tip auswählt und beginnt, auf Basis von Toms Block zu minen. Lisas Block existiert für Qi zum Zeitpunkt T eigentlich gar nicht, weil sie ihn noch nicht verifiziert hat. Sie lädt Lisas Block immer noch vom Share herunter. Wenn Qi zum Zeitpunkt L endlich Lisas Block verifiziert, hat sie bereits entschieden, Toms Block zu benutzen und Lisas Block wird für den Fall einer späteren Chain Reorganisation abgespeichert.

Miner haben einen klaren Anreiz, ihre Blocks klein zu halten. Für jede zusätzliche Transaktion, die sie zu ihren Blocks hinzunehmen, verlieren sie ein wenig an Wettbewerbsfähigkeit im Block Rennen.

7.7.2 ABER GING ES NICHT UM TRANSAKTIONSGEBÜHREN?

Hier kommen die Transaktionsgebühren ins Spiel. Wenn die Miner ein bisschen extra Geld für jede Transaktion bekommen, die sie in den Block mit hineinnehmen, würden sie dadurch für den Verlust an Wettbewerbsfähigkeit entschädigt werden.

Zahlende Kunden möchten ihre Transaktionen gern in der Blockchain bestätigt bekommen. Wäre es nicht schön, wenn John ein bisschen Geld in der Transaktion hinterlegen würde für den Miner, der sie einbaut? Auf diese Weise könnte der Zahlende den Miner für den Verlust an Wettbewerbsfähigkeit entschädigen.

Wenn wir die Transaktionen ein bisschen anders verwenden, können wir diese Eigenschaft anbieten. Sagen wir mal, John will einen Keks kaufen. Um den Minern einen Anreiz zu geben, seine Transaktion einzubetten, fügt er eine Transaktionsgebühr hinzu. Er konstruiert seine Transaktion wie in Abbildung 7.33 dargestellt.

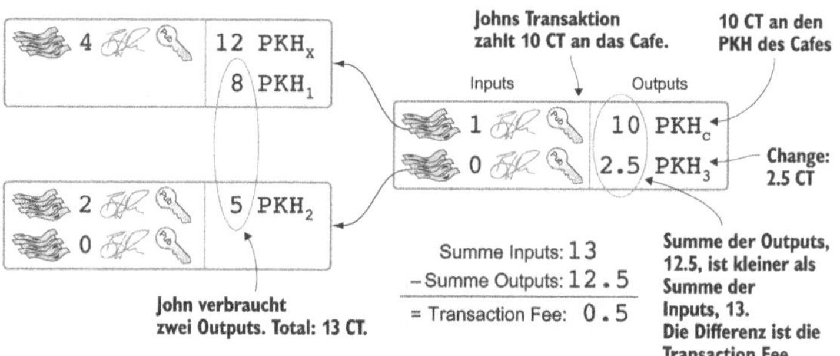

Abbildung 7.33: John bringt eine Gebühr, oder Fee, für den Miner ein, der den Block mit seiner Transaktion produziert.

Als John eine ähnliche Transaktion in Kapitel 5 erzeugt hat, war die Summe der Inputs gleich der Summe der Outputs. Er hatte keine Transaktionsgebühr bezahlt.

Diesmal will John eine kleine Transaktionsgebühr zu seiner Transaktion hinzunehmen. Er gibt zwei Inputs im Wert von zusammen 13 CT aus, und fügt der Transaktion einen Output von 10 CT an das Café und einen Change Output von 2,5 CT an sich selbst hinzu. Dann signiert er die Transaktion ganz wie gewohnt und schickt sie an alle Miner.

Lisa, die Minerin, erhält die Transaktion von John. Sie bemerkt, dass

---

Ein halber CT?

Cookie Tokens und bitcoins können in winzige Bruchteile aufgeteilt werden. Die kleinste mögliche Bitcoin Einheit ist der *satoshi*: 1 sat = 10^{-8} bitcoin.

eine Transaction Fee von 0,5 CT darin ist. Sie möchte diese Fee haben und beschliesst, dass diese Gebühr sie mehr als genug für den winzigen Verlust an Wettbewerbsfähigkeit im Blockrennen entschädigt, der durch die Vergrösserung ihres Blockes um diese Transaktion entsteht.

John kann den Anreiz für die Miner, seine Transaktion hinzuzunehmen, fein steuern. Ist es ihm wichtig, dass diese Transaktion in einem der nächsten Blocks bestätigt wird, so sollte er eine relativ hohe Fee bezahlen. Wenn er keine Eile hat, kann er eine geringe Gebühr bezahlen, muss aber vorsichtig sein. Bezahlt er zu wenig, so wird gar kein Miner gewollt sein, die Transaktion zu bestätigen.

Wir sprechen mehr über Fees und darüber, wie man die Gebühr einer Transaktion ändern kann, wenn sie im Zustand ausstehend, oder *pending*, hängen bleibt–das wird auch als *fee bumping* bezeichnet—in Kapitel 9.

Das einzige, was Lisa interessiert, wenn sie entscheidet, ob sie eine Transaktion in den aktuellen Block mit hineinnehmen soll, ist die Grösse der Transaktion und die Fee, die sie ihr zahlt. Im Grunde ist es die *Fee pro Byte*, die sie interessiert. Johns Transaktion ist etwa 400 Bytes gross und bezahlt eine Gebühr von 0,5 CT. Das sind 0,00125 CT/Byte. Das ist für Lisa einfach zu rechnen, und sie tut dasselbe mit allen Transaktionen. Wenn die Fee pro Byte oberhalb eines gewissen Schwellwerts liegt, nimmt sie die Transaktion in den Block mit hinein.

Sie kann sich auf beliebigem Wege die Transaktionen heraussuchen, wie in Abschnitt 6.2.1.4 beschrieben. Zum Beispiel kann sie ihre eigene Transaktion ohne Fee mit dazu nehmen, oder sie kann alle Transaktionen ausschliessen, mit denen Kekse bezahlt werden, egal wie hoch die Fee auch sein mag. Andere Miner werden andere Strategien für die Transaktionsauswahl benutzen. Die meisten werden wohl auf Basis der Fee pro Byte entscheiden.

Wie bekommt Lisa die Fee? Indem sie ihre Coinbase Transaktion benutzt (Abbildung 7.34).

Lisa summiert alle Gebühren von allen Transaktionen in ihrem Block auf und erhöht den Coinbase Output um diesen Betrag. Der Betrag in diesem Coinbase Output–der Block Reward–ist die Summe aus der Block Subvention, also die 50 neuen Cookie Tokens, die dieser Block erzeugt, und allen Transaction Fees der Transaktionen in diesem Block. Merke, dass wir den Begriff *Block Reward* so erweitert haben, dass er sowohl die *Block Subvention* (das neu geschaffene Geld) als auch die Transaction Fees enthält.

Wenn der Block korrekt vorbereitet ist, beginnt Lisa damit, einen gültigen

---

Fees (Gebühren) in Bitcoin

Zur Zeit der Drucklegung wird normalerweise eine Fee von 4 sat/Byte benötigt, um eine Transaktion in einen der nächsten 6 Blocks zu bekommen. Eine normale Transaktion, 500 Bytes, würde also 0,00002 ₿ oder etwa 20 Cent kosten.

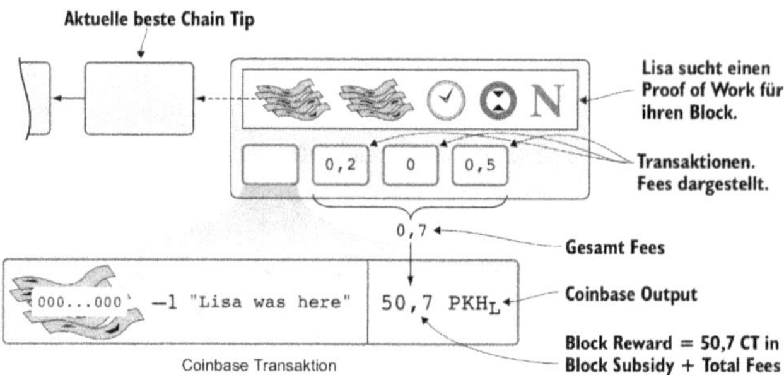

Abbildung 7.34: Lisa arbeitet an einem Block, und sie hat Johns Transaktion und ein paar andere mit in den Block hineingenommen. Sie sammelt die Gebühren im Coinbase Output.

Proof of Work für den Block zu suchen.

7.7.3 BLOCKGRÖSSE IST BESCHRÄNKT

Blocks dürfen nicht beliebig gross werden. Einfach gesagt ist die maximale Blockgrösse 1.000.000 Bytes, aber wir diskutieren die Feinheiten in Abschnitt 10.5.1. Wenn mehr Transaktionen auf Bestätigung warten als Blockplatz, oder *Block Space*, verfügbar ist, müssen die Miner aussuchen, welche Transaktionen sie in einen Block hereinnehmen und welche sie aussen vor lassen.

Die Transaktionsgebühr spielt hierbei eine wichtige Rolle, weil eine höhere Transaktionsgebühr den Minern mehr Anreiz gibt, diese Transaktion gegenüber anderen bevorzugt in den Block zu integrieren. Die Gebühr dient, zusätzlich zu seiner Funktion als Kompensation für verringerte Wettbewerbsfähigkeit, auch zum Wettbewerb mit den anderen Transaktionen um den Blockplatz. Diese Situation wird als Gebührenmarkt oder *Fee Market* (Abbildung 7.35). bezeichnet.

Steht mehr Block Space zur Verfügung, als Transaktionsdaten auf Bestätigung warten, konkurrieren Transaktionen nicht im gleichen Sinne miteinander (Abbildung 7.36).

In dieser Situation wird jede Transaktion bestätigt, die die Kosten für verlorene Wettbewerbsfähigkeit zahlt.

Derzeit entstehen gelegentlich Gebührenmärkte, wenn das Interesse an Bitcoin gerade hochschnellt. Aber es gibt auch Zeiten, in denen wenige oder gar keine Transaktionen auf Bestätigung warten, in welchen Fällen die Gebühren dann niedrig sind, typischerweise 1 sat/Byte, 0der 0,000.000.01

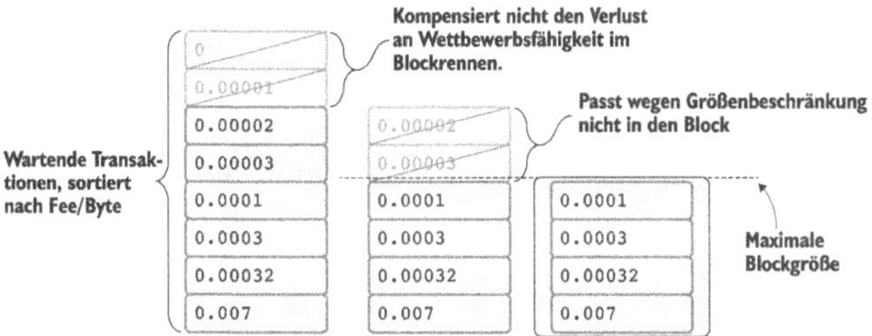

Abbildung 7.35: In einem Fee Market konkurrieren Transaktionen um Block Space. Die Zahlen in den Transaktionen bezeichnen den Gebührenpegel, oder *Fee Level*, in CT/Byte.

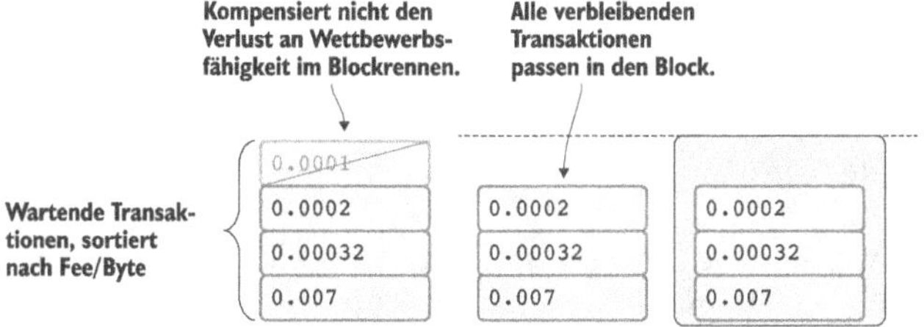

Abbildung 7.36: Ohne Fee Market konkurrieren Transaktionen nicht miteinander. Sie müssen lediglich für den Verlust an Wettbewerbsfähigkeit kommen.

BTC/Byte.

7.7.4 WENN DIE BLOCK SUBSIDY 0 IST

Wie wir in Kapitel 2 besprochen haben, halbiert sich die Block Subvention ungefähr alle vier Jahre. Irgendwann wird die Blocksubvention allein nicht mehr ausreichen, um den Minern einen Anreiz zum Minen zu geben. Wenn der Wert des Block Rewards unter der Stromrechnung liegt, wozu soll man dann minen?

Transaction Fees werden mit abnehmender Blocksubvention eine immer grössere Rolle spielen. Der typische Miner will, dass seine Einkünfte vom Minen mindestens die Stromkosten abdeckt (Abbildung 7.37).

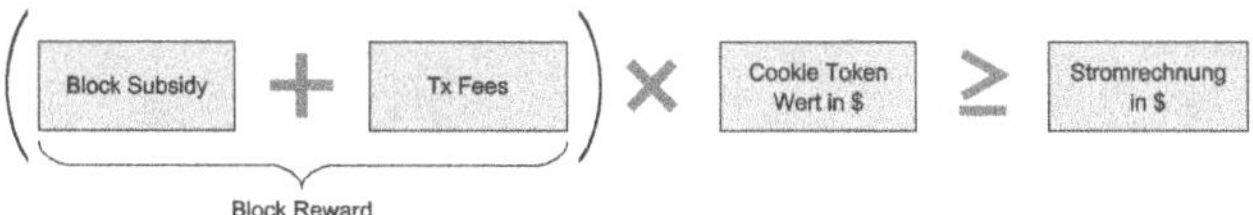

Abbildung 7.37: Ein Miner muss mindestens ausreichend Geld erwirtschaften, um die Stromkosten zu decken.

Beachte, dass der *Wert* der Blocksubvention im Laufe der Zeit nicht unbedingt abnehmen muss. Tabelle 7.6 zeigt ein paar Beispiele.

Block Subvention	Wert von 1 CT	Wert der Block Subvention
50 CT	$0,10	$5
25 CT	$0,25	$6,24

Tabelle 7.6: Die Blocksubvention mag sich halbieren, aber ihr Wert hängt vom Preis der Cookie Tokens ab.

Dies zeigt, dass die Blocksubvention allein kein Mass des Mining Einkommens darstellt. Wir müssen den *Wert* der Blocksubvention und den *Wert* der Transaktionsgebühren betrachten. Eines ist sicher: Wenn die Subvention auf Null fällt, ist der Wert der Subvention auch Null. An *irgendeinem* Punkt wird die Bocksubvention nicht mehr genug Ansporn sein, zu minen.

Wenn das passiert, werden die Transaction Fees den effizienten Minern helfen, Umsatz zu machen. Wenn John seine Transaktion bestätigt haben will, muss er eine Gebühr zahlen, die hoch genug ausfällt, dass einer oder mehrere Miner sie in ihren Block aufnehmen. Das ist ein Markt für Blockplatz in Aktion.

<table>
<tr><td>

Lightning Network

Mehr Information über das Lightning Network gibt es auf Web resource 16. Leider ist in diesem Buch kein Platz für dieses interessante und komplexe Thema.

</td><td>

Wir können über die zukünftigen Gebührenhöhen nur spekulieren. Manche argumentieren, dass die Gebühren von Bitcoin bereits zu hoch sind für die Art und Weise, wie sie es benutzen wollen. Wenn Transaction Fees steigen, dann werden einige Anwendungsfälle für Bitcoin–zum Beispiel Zahlungen von Kleinbeträgen–andere Wege finden müssen, um zu funktionieren. Derzeit werden auf Basis von Bitcoin neue Systeme entwickelt, die es ermöglichen, nahezu unbegrenzte Mengen von Zahlungen zu nur ein oder zwei Transaktionen zusammenzufassen. Ein solches System, Lightning Network, ist besonders interessant. Wenn mit einer einzigen Bitcoin Transaktion eine Million Zahlungen abgewickelt werden können, dann teilen sich alle Transaktionen die Kosten für die Transaktionsgebühr.

</td></tr>
</table>

7.8 ZUSAMMENFASSUNG

Dieses Kapitel hat das Problem der Zensur gelöst. Lisa hatte absolute Macht darüber, welche Transaktionen Eingang in die Blockchain finden. Wir haben dies gelöst durch den Einsatz mehrerer "Lisas," oder Miner. Weil wir das taten, können Wallets ihre Transaktionen an mehrere oder alle Miner schicken, und einer dieser Miner wird die Transaktion hoffentlich verarbeiten.

Die Miner konkurrieren um die Produktion des nächsten Blocks in den Blockchain. Sie wetteifern darum, der erste zu sein, der einen gültigen Proof of Work für seinen Block findet.

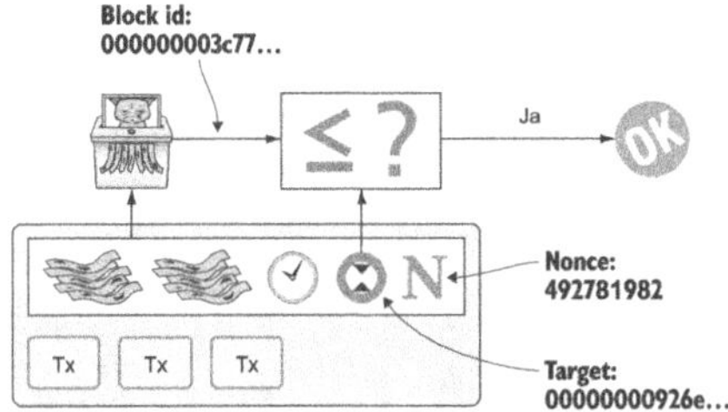

Der Miner, der das Rennen macht, veröffentlicht seinen Block und kassiert den Block Reward, der aus der Blocksubvention und den Transaction Fees besteht. Der Reward wird in der Coinbase Transaktion gesammelt.

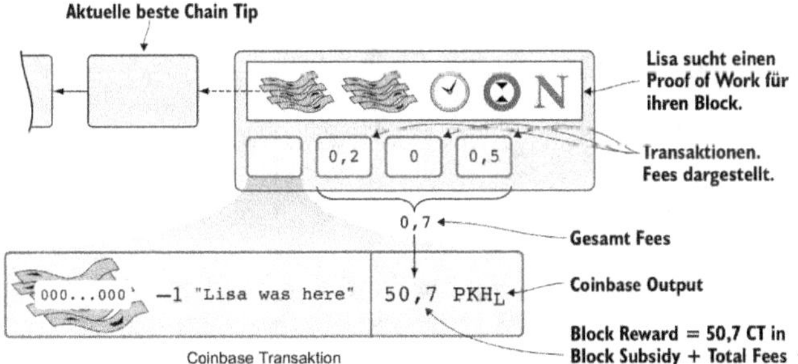

Die Blocksubvention dient zur fairen Verteilung neuen Geldes in das Wirtschaftssystem, bis alle 21.000.000 neuen Cookie Tokens erzeugt sind. Der Absender einer Transaktion fügt dieser eine Transaktionsgebühr bei, um den Minern einen Anreiz zu geben, die Transaktion in ihren Block hineinzunehmen.

Dieser Wettbewerb führt zu natürlichen Splits, wenn zwei Miner ungefähr gleichzeitig einen Block finden. Diese Splits lösen sich irgendwann auf.

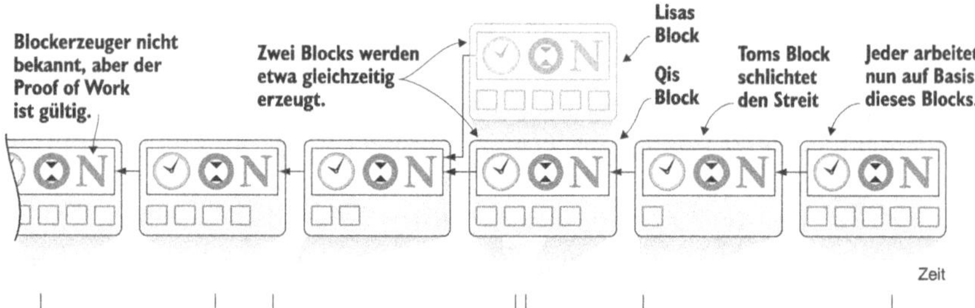

Die Lösung hängt davon ab, welchen Zweig die Miner zum weiterarbeiten auswählen. Normalerweise arbeiten sie auf dem ersten Block weiter, den sie sehen.

Ein Händler sollte einer Transaktion von hohem Wert nicht trauen, bis eine ausreichend hohe Anzahl Blocks produziert worden ist auf Basis des Blocks, der die fragliche Transaktion enthält. Das verringert das Risiko von Double-Spends.

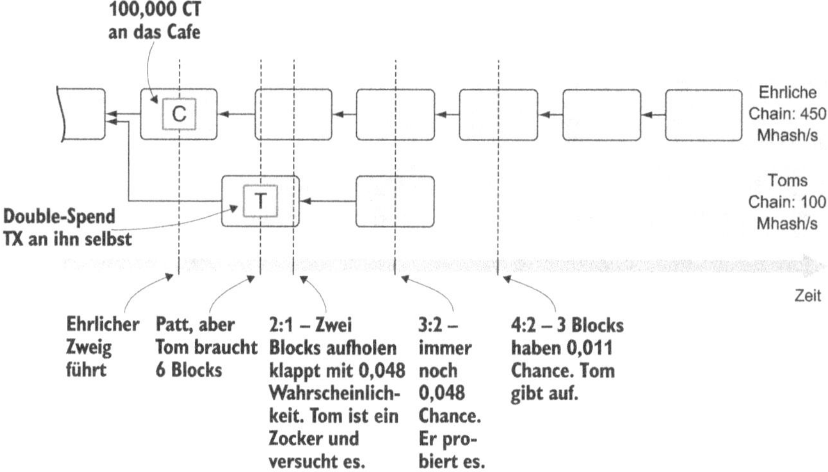

Es kann für einen Miner teuer sein, einen Double-Spend zu versuchen. Wenn es schiefgeht, wird der Miner eine Menge Strom verschwendet und all seine Block Rewards verloren haben. Die Wahl der Anzahl Confirmations hängt vom Händler ab und sollte den Transaktionswert in Betracht ziehen.

7.8.1 SYSTEMÄNDERUNGEN

Proof of Work ersetzt die Block Signaturen, die wir in Kapitel 6 eingeführt hatten, und wir können diese aus der Konzept-Mapping-Tabelle entfernen

(Tabelle 7.7).

Cookie Tokens	Bitcoin	Behandelt in
1 Cookie token	1 bitcoin	Kapitel 2
~~Lisa~~	~~Ein Miner~~	~~Kapitel 7~~
~~Block Signatur~~	~~Block Signatur~~	~~Kapitel 7~~
Der geteilte Ordner	Das Bitcoin Netzwerk	Kapitel 8

Tabelle 7.7: Die Block Signaturen sind durch das Bitcoin Konzept des Proof of Work ersetzt worden. Lisa hat sich in einen von mehreren Minern verwandelt.

Lisa erledigt exakt dieselben Arbeiten wie ein Bitcoin Miner, weshalb wir Lisa ebenfalls aus der Tabelle entfernt haben. Der Shared Folder wird das letzte Stück vom Cookie Token System sein, dessen wir uns annehmen. Das kommt im nächsten Kapitel.

Es ist Zeit, eine schillernde neue Version des Cookie Token Systems vorzustellen (Tabelle 7.8).

Version	Feature	Wie
NEU 7.0	Zensurresistent.	Multiple Miner, "Lisas," ermöglicht durch Proof of Work.
	Jeder darf beim Mining mitmachen.	Automatische Difficulty Anpassungen
6.0	Hindert Lisa am Löschen von Transaktionen.	Signierte Blöcke in einer Blockchain.
	Voll validierende Nodes.	Lädt und verifiziert die gesamte Blockchain.
	Lightweight Wallet spart Daten.	Bloom Filter und Merkle Proofs.
5.0	Mehrere "Coins" in einer Zahlung.	Mehrere Inputs in Transaktionen.
	Jeder kann das Spreadsheet überprüfen.	Signaturen in Transaktionen öffentlich einsehbar.
	Sender legt Kriterien für das Ausgeben fest.	Script Programme in Transaktionen.

Tabelle 7.8: Release Notes, Cookie Tokens 7.0.

7.9 ÜBUNGEN

7.9.1 WÄRM DICH AUF

7.1 Inwiefern war Lisa eine zentrale Autorität in Kapitel 6?

7.2 Warum sollte die Möglichkeit der Zensur von Transaktionen bei mehreren Minern, oder "Lisas," abnehmen?

7.3 Zufallszahlen zu ziehen funktionierte ganz gut, aber wir haben die Idee verworfen. Warum war die Idee naiv?

7.4 Wie prüft man die Gültigkeit eines Proof of Work?

7.5 Wie erzeugt ein Miner einen validen Proof of Work?

7.6 Was bedeutet *Stärkste Chain*?

7.7 Was bedeutet es, wenn ein Miner eine Hashrate von 100 MHash/s hat?

7.8 Eine Retarget-Periode ist gerade zu Ende gegangen, und die Produktion der letzten 2.016 Blöcke dauerte 15 Tage. Wird das Ziel zunehmen oder abnehmen?

7.9 Bei welchem Prozentsatz der Hashrate kann man sich sicher sein, einen Double Spend erfolgreich durchführen zu können, wenn du bereit bist, es beliebig lang zu probieren?

7.9.2 GRABE TIEFER

7.10 Angenommen ein grosser Block und ein kleiner Block werden gleichzeitig erzeugt. Warum ist es für den grossen Block weniger wahrscheinlich, in die Blockchain aufgenommen zu werden als für den kleinen?

7.11 Angenommen die Block Rate verdoppelt sich plötzlich genau in der Mitte einer Retarget Periode. Sie springt von durchschnittlich 6 Blocks pro Stunde auf 12 Blocks pro Stunde. Sonst passieren keine weiteren Änderungen während der Retarget Periode. Was passiert mit dem Target nach Ablauf dieser Periode?

7.12 Angenommen Selma besitzt 52% der Hashrate. Sie beschliesst, die Retarget Periode ihres Software Programms von 2.016 Blocks (zwei Wochen) auf 144 Blocks (ein Tag) zu ändern. Niemand sonst hält das für eine gute Idee, und sie lassen weiter ihre alte Software laufen. Was passiert nach ihrer nächsten Retarget Periode von einem Tag, wenn sie ihr Target neu justiert? Wird der Rest der Miner und Full Nodes Selmas Blocks akzeptieren? Wer wird unter dieser Situation leiden?

7.13 Warum würde ein Miner entscheiden, eine Transaktion nicht zu bestätigen, die eine sehr kleine Transaction Fee zahlt?

7.10 Zusammenfassung

- Mehrere Miner zu haben, vermeidet eine zentrale Autorität, die Transaktionen zensieren könnte.

- Proof of Work wird benutzt, um zu finden, wer einen Block an die Blockchain hängen darf.

- Proof of Work ermöglicht es jedem, zu minen, ohne um Erlaubnis zu fragen.

- Das Target wird automatisch alle 2.016 Blocks kalibriert, um die Geldausgabe auf der festgelegten Rate zu halten.

- Eine Transaction Fee gibt den Minern einen Anreiz, die Transaktion in einen Block zu integrieren.

- Um das Risiko von Double Spends niedrig zu halten, legt der Empfänger von Cookie Tokens, oder bitcoins, fest, wie viele Confirmations benötigt werden.

- Ein Miner bekommt so viel in Block Rewards, wie er verdient. Je mehr Hashrate er in das System steckt, desto grösser wird sein Anteil an den Rewards.

- Je stärker eine Chain ist–je mehr gesammelten Proof of Work sie enthält–desto schwerer ist es, die Chain nachträglich zu ändern.

KAPITEL 8

PEER-TO-PEER NETZWERK

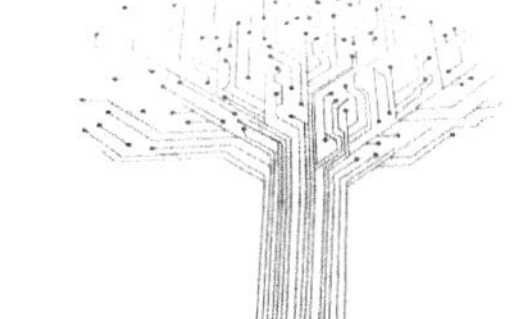

Dieses Kapitel behandelt

- Entfernen der letzten zentralen Autorität: der Shared Folder

- Verfolgen einer Transaktion im Peer-to-Peer Netzwerk

- Abschied von den albernen Cookie Tokens

- Bootstrappen des Peer-to-Peer Netzwerks

Reden wir mal Tacheles: Reden wir von dem Shared Folder, den alle von den Minern produzierten Blocks auf ihrem Weg zu den anderen Minern und Full Nodes passieren müssen. Dieses Kapitel wird den zentralen Share entfernen und ihn durch ein dezentralisiertes Netzwerk von Gleichen, ein sog. Peer-to-Peer Netzwerk, ersetzen (Abbildung 8.1). Das Peer-to-Peer Netzwerk ermöglicht es den Full Nodes (einschliesslich Minern) sich einander die Blocks direkt zu schicken. Wenn Nodes direkt miteinander sprechen, brauchen wir zur Kommunikation keinen zentralen Autoritätspunkt mehr.

Ein weiteres Problem, von dem wir noch nicht gesprochen haben ist, wie Wallets Transaktionen via Mail an die Miner schicken. Wenn ein neuer Miner dem System beitritt, müssen alle Wallets ihre Miner-Liste aktualisieren. Nicht cool. Mit diesem schicken Peer-to-Peer Netzwerk von Nodes können Wallets ihre Transaktionen an alle Miner übermitteln, ohne zu wissen, wer oder wo diese sind.

Wir werden eine Transaktion auf ihrem Weg durch das Netzwerk betrachten, sowohl als unbestätigte Transaktion als auch, irgendwann später, als Teil eines produzierten Blocks. Die Transaktion wird in Johns Wallet anfangen und als bestätigte Transaktion in der Blockchain enden, wobei Bobs Wallet davon in Kenntnis gesetzt wird.

Nachdem wir die Transaktion durch das System begleitet haben, werden wir das Cookie Token System zum Verständnis von Bitcoin nicht mehr benötigen. Ab da werden wir nur noch von Bitcoin sprechen. Es existieren

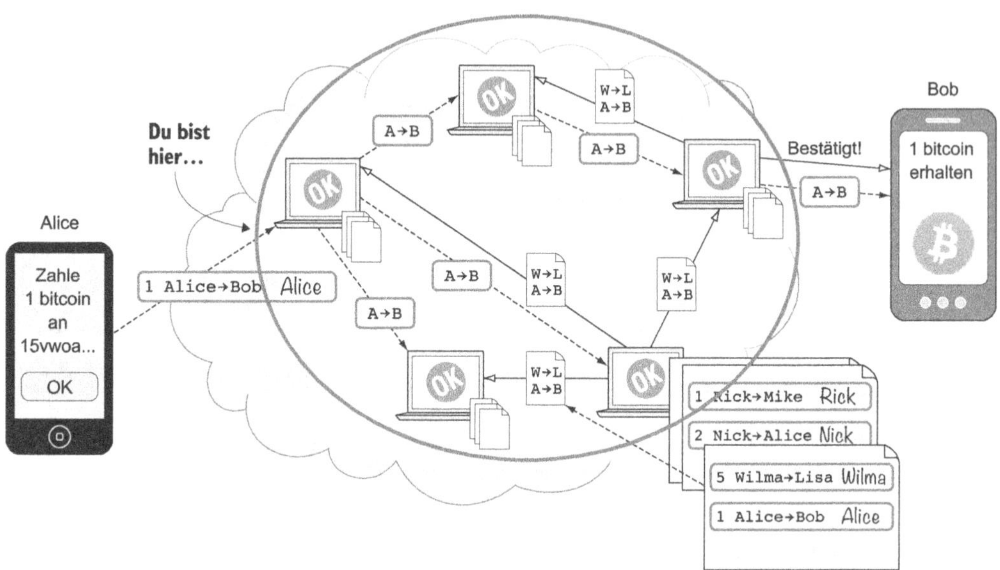

Abbildung 8.1: Bitcoins Peer-to-Peer Netzwerk.

dann praktisch keine Unterschiede mehr zwischen dem Cookie Token System und Bitcoin, sodass es sinnlos ist, von Cookie Tokens zu reden, wenn wir doch eigentlich Bitcoin lernen wollen.

Das letzte Thema in diesem Kapitel behandelt, wie sich ein neuer Node mit dem Netzwerk verbindet und zu einem Teil desselben wird. Das ist alles andere als trivial. Wie findet er Nodes zum Verbinden? Wie lädt er die Blockchain bis zum jüngsten Block? All dies wird klargestellt. Gegen Ende des Kapitels lernst du dann, wie du deinen eigenen Node einrichtest.

8.1 DER SHARED FOLDER

Der Administrator des Shares, Luke, ist eine zentrale Autorität (Abbildung 8.2). Schlussendlich entscheidet er, welche Blocks im Share Folder gespeichert werden können. Er entscheidet auch darüber, wer Lese- und wer Schreibberechtigung auf dem Share hat.

Bisher hatten wir angenommen, das Luke ein völlig neutraler, netter Kerl ist–aber was, wenn nicht, oder was, wenn er durch die Acme Versicherung gezwungen wird, bestimmte Blocks abzulehnen? Wozu der Proof of Work, wenn das System auf der Blockebene zensiert werden kann? Proof of Work hat die *Transaktionen* zensurfest gemacht, weil es Benutzern erlaubte,

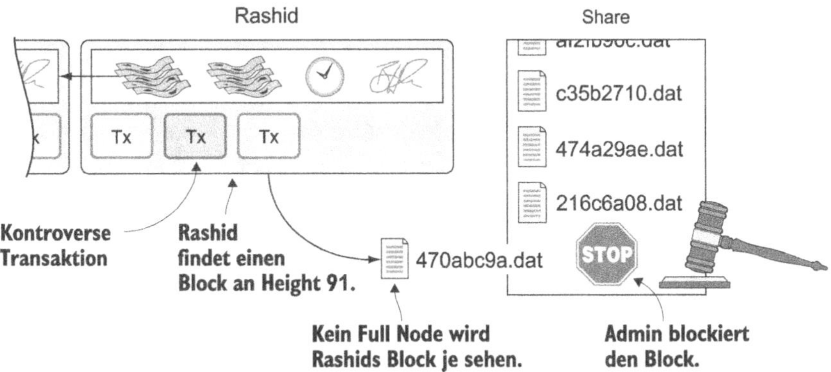

Abbildung 8.2: Der Shared Folder ist ein zentraler Punkt der Machtbefugnis.

ihre Transaktionen an mehrere Miner zu schicken. Aber die *Blocks*, die die Transaktionen enthalten, können immer noch von jemandem zensiert werden, der Administratorrechte auf dem Share besitzt. Einfach gesagt, ist das System noch nicht zensurresistent. Solange irgendeine Einheit entscheiden kann, welche Blocks oder Transaktionen erlaubt sind, ist das System nicht zensurfest.

Der Shared Folder stellt ein weiteres Problem dar. Nimm an, Rashid hat einen 1 MB Block erzeugt und ihn auf den Share gelegt. Jeder, der den Share im Auge behält, also alle Full Nodes, werden Rashids Block auf einmal herunterladen. Wenn wir 100 Full Nodes haben, ist der Gesamtbedarf an Daten, der vom Share heruntergeladen werden muss, 100 MB. Das macht die Verteilung des Blocks vom Erzeuger zu allen anderen Nodes–die *Block Propagation*–entsetzlich langsam. Je mehr Nodes, desto langsamer die Block Propagation.

8.2 Bauen wir ein Peer-to-Peer Netzwerk

Was wäre, wenn die Full Node und Miner direkt miteinander reden könnten, anstatt sich auf einen zentralen Share zu verlassen? Sie könnten sich die Blocks in einem Peer-to-Peer Netzwerk gegenseitig direkt schicken (Abbildung 8.3).

Stell dir das Peer-to-Peer Netzwerk wie eine grosse Menge Leute vor. Einer allein weiss nicht alles, kennt aber vielleicht drei Leute. Wenn etwas Interessantes passiert–zum Beispiel, dass Rashid einen Block findet–dann erzählt er seinen drei Freunden davon, die ihrerseits wiederum all ihren Freunden davon erzählen, und das geht so weiter, bis jeder von dem neuen

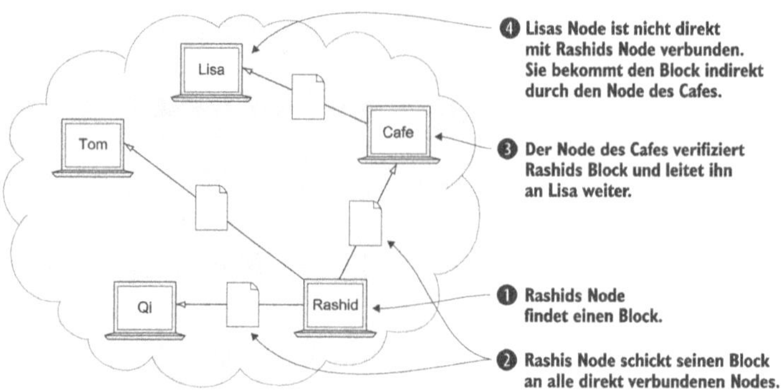

Abbildung 8.3: In einem Peer-to-Peer Netzwerk werden Blocks von einem Node zum nächsten geschickt, so wie sich Tratsch, oder *Gossip*, unter Menschen verbreitet.

<table>
<tr><td>

Relay

Einen Block zu *relayen* bedeutet, den Block an andere weiterzugeben.

</td></tr>
</table>

Block weiss. Wir nennen solche Netzwerke aus einleuchtenden Gründen *Gossip Networks*.

Blocks können jetzt nicht mehr einfach gestoppt werden. Ein Node kann sich entscheiden, einen Block nicht an seine Peers weiterzugeben, nicht zu *relayen*, aber die Peers sind noch mit mehreren anderen Peers verbunden, die ihnen den Block gerne geben. Ein einzelner Node kann nicht viel an Zensur ausrichten.

Angenomen Rashid findet einen Block und er möchte diesen Block an alle Nodes verteilen. Rashid schickt seinen Block an Qi, To und das Café. Aus irgendeinem Grund leitet das Café den Block nicht an Lisa weiter (Abbildung 8.4). Aber Lisa hat mehrere Peers in ihrem Netzwerk. Sie ist mit Tom und Qi vernetzt. Tom erzählt Lisa von diesem neuen Block und schickt ihn ihr. Das Café kann die Information nicht vor Lisa verbergen, solange diese gut verbunden ist–viele verschiedene Peers hat.

Jetzt, wo wir dieses schicke Netzwerk haben, können die Wallets das benutzen, um ihre Transaktionen an die Miner zu schicken. Dann werden sie nicht mehr die Liste der Mail-Adressen der Miner pflegen müssen. Die Transaktionen werden über das Peer-to-Peer Netzwerk ausgestrahlt, oder *broadcast* und erreichen innerhalb von Sekunden alle Full Nodes. Darunter auch die Miner, denn diese sind ebenfalls Full Nodes. Wir haben dies kurz in Kapitel 1 behandelt und hier in Abbildung 8.5 nochmals dargestellt.

Hier gilt dasselbe wie für Blocks: ein einzelner Node kann Transaktionen nicht an einer Verbreitung über das Netzwerk hindern. Ein weiterer angenehmer Effekt der Benutzung des Peer-to-Peer Netzwerks für Transaktionen ist, dass der Empfänger einer Transaktion Bescheid bekommen kann, dass eine Transaktion aussteht, oder *pending* ist, also auf Bestätigung

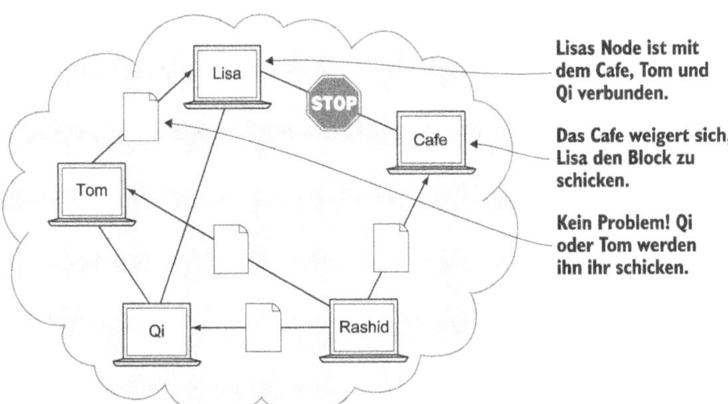

Abbildung 8.4: Wenn das Café sich weigert, einen Block an Lisa weiterzuleiten, dann macht es jemand anders.

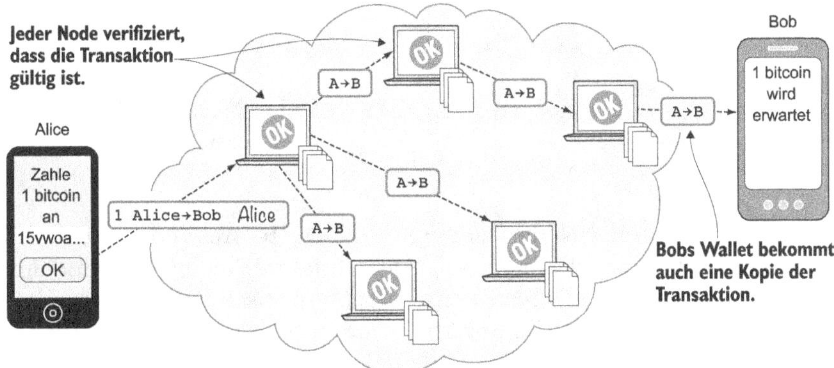

Abbildung 8.5: Transaktionen durchqueren das Peer-to-Peer Netzwerk, genau wie Blocks dies tun. Wallets brauchen die Miner nicht mehr zu kennen.

durch Minen eines ihn enthaltenden Blocks wartet. Wir schauen uns später an, wie das funktioniert.

8.3 WIE REDEN PEERS?

TCP

Wenn man eine Webseite auf https://bitcoin.org öffnet, baut der Web Browser eine TCP Verbindung zu bitcoin.org auf, lädt eine Web Page über diese Verbindung herunter und zeigt sie an.

Schauen wir uns an, wie die Kommunikation zwischen Peers geschieht. Wir betrachten konkret, wie Tom sich mit Lisa verbindet, und wie sie über ihren Kommunikationskanal miteinander reden, der als Transmission Control Protocol (TCP) Verbindung bezeichnet wird (Abbildung 8.6).

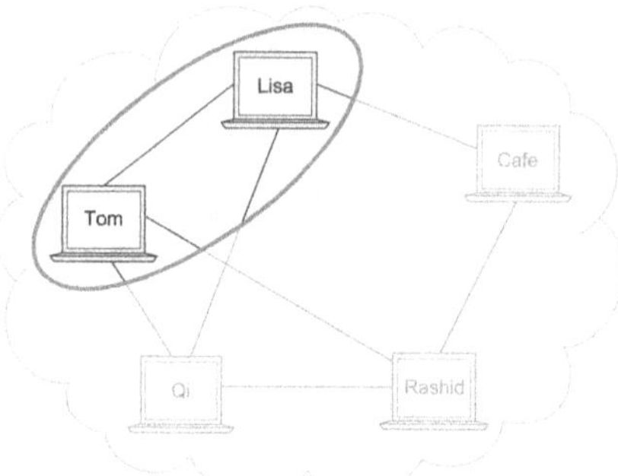

Abbildung 8.6: Tom und Lisa kommunizieren über das Internet durch einen Kommunikationskanal.

Port 8333

Port 8333 ist der Default Listening Port in Bitcoin Core, der verbreitetsten Full Node Software.

Angenommen, Toms Node kennt Lisas Node. In Abschnitt 8.7 werde ich zeigen, wie Tom von anderen Nodes erfährt. Nehmen wir für den Moment an, dass er *IP Adresse* und *Port* von Lisas Node kennt. Jetzt möchte er sich mit Lisas Node verbinden, um mit ihr zu kommunizieren. Jeder Computer im Internet hat eine Internet Protocol (IP) Adresse; auf diese Weise können alle Computer Informationen zueinander schicken. Ein Computerprogramm, das nach eingehenden Verbindungen lauscht, führt ein *listen* auf einer bestimmten Portnummer seiner IP Adresse aus. Lisas Computer hat die IP Adresse 142.12.233.96, und es läuft darauf ein Cookie Token Programm, das auf Port 8333 horcht.

Toms Node verbindet sich mit Lisas Node über die IP Adresse 142.12.233.96 und den TCP Port 8333. Sein Node (Computerprogramm) fängt an, indem es sein Betriebssystem (OS für Operating System) um den Aufbau einer Verbindung zu Lisa bittet (Abbildung 8.7). Das OS schickt eine Message an Lisa's Computer, dass Tom mit einem Computerprogramm auf Lisas Port 8333 sprechen möchte. Ihr Computer weiss, dass ein Programm auf Port 8333 hört, schickt also eine "Gern, willkommen" Meldung. Tom's Computer quittiert das indem er eine "OK, cool. Reden wir …" Message schickt.

Die Node Software auf Toms und Lisas Computern war an diesem Austausch nicht beteiligt–er wurde durch ihre Betriebssysteme erledigt, wie Linux,

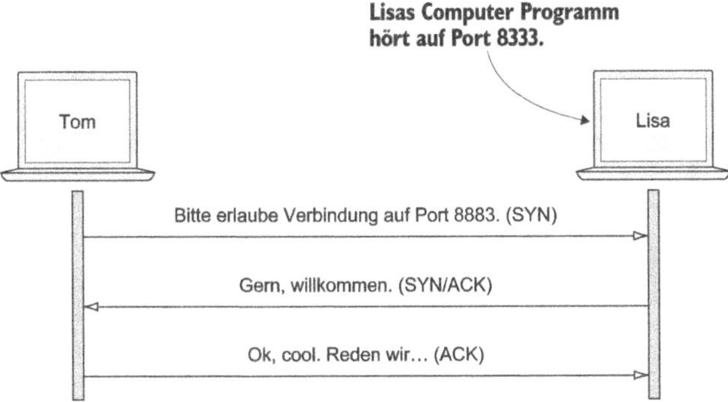

Abbildung 8.7: Toms Computerprogramm stellt eine TCP Verbindung mit Lisas Computer her. Danach können die beiden Daten miteinander austauschen.

Windows oder macOS. Wenn die Nachrichtenabfolge erledigt ist, reicht das OS die Verbindung an die Node Software weiter. Lisas und Toms Nodes können jetzt frei miteinander sprechen. Über den Kommunikationskanal, die *TCP Connection*, kann Tom Daten an Lisa senden, und Lisa kann Daten an Tom schicken.

8.4 Das Netzwerkprotokoll

Tom und Lisa können jetzt über einen Kommunikationskanal Daten senden und empfangen. Aber wenn Toms Node eine Sprache spricht, die Lisas Node nicht versteht, ist die Kommunikation nicht sinnvoll (Abbildung 8.8). Die Nodes müssen eine gemeinsame Sprache benutzen: ein *Protokoll*.

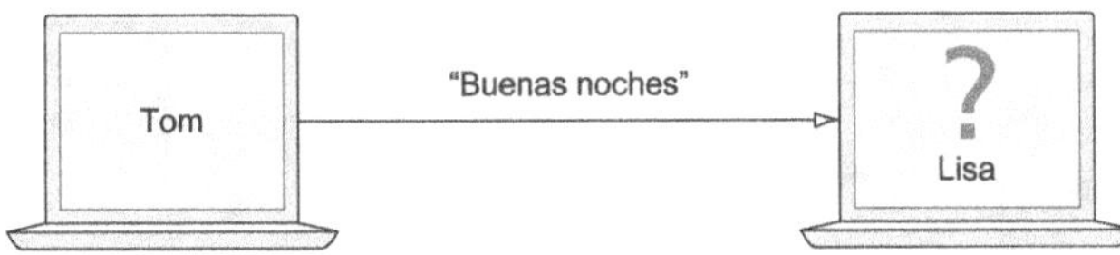

Abbildung 8.8: Lisa muss verstehen können, was Tom im Kanal schreibt.

Das Cookie Token Netzwerk Protokoll definiert eine Menge erlaubter Nachrichtentypen. Eine typische Nachricht im Cookie Token (naja, Bitcoin)

Netzwerk ist die `inv` Message (Abbildung 8.9).

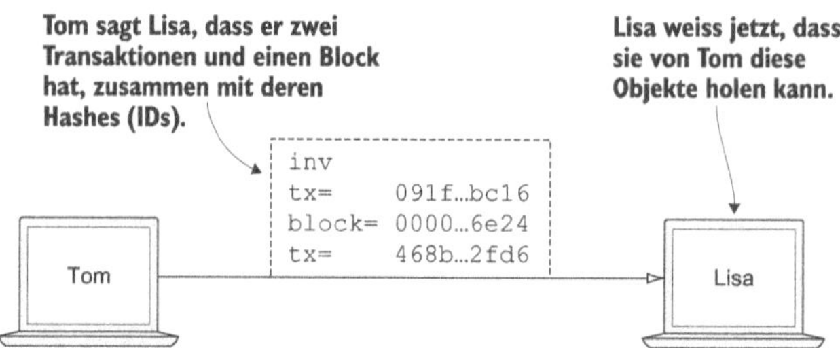

Abbildung 8.9: Eine typische Netzwerkmessage.

Ein Node benutzt die `inv`–kurz für *inventory*–Message, um andere Nodes über etwas zu informieren, was er besitzt. In Abbildung 8.9 informiert Toms Node Lisas Node, dass Tom Lisa drei Dinge anzubieten hat: zwei Transaktionen und einen Block. Die Message enthält eine ID für jedes dieser Objekte.

> **Es ist eine Abstraktion**
>
> Echte Netzwerkmessages sehen nicht genau so aus; ich stelle eine abstrakte Sicht auf die Messages dar. Das genaue Format der Netzwerknachrichten zu behandeln, würde den Umfang dieses Buches sprengen.

8.4.1 JOHN SCHICKT DIE TRANSAKTION

Folgen wir einer Transaktion vom Anfang bis zum Ende durch das Netzwerk, um zu sehen, welche Netzwerkmessages benutzt werden. Wir gehen von einem bereits etablierten Peer-to-Peer Netzwerk aus. Wir kommen später darauf zurück, wie das *Bootstrapping* des Netzwerks vonstatten geht.

In Abschnitt 6.3 hatten wir gesagt, dass Wallets sich mit Full Nodes verbinden und Informationen über alle Block Header und Transaktionen bekommen können (Abbildung 8.10).

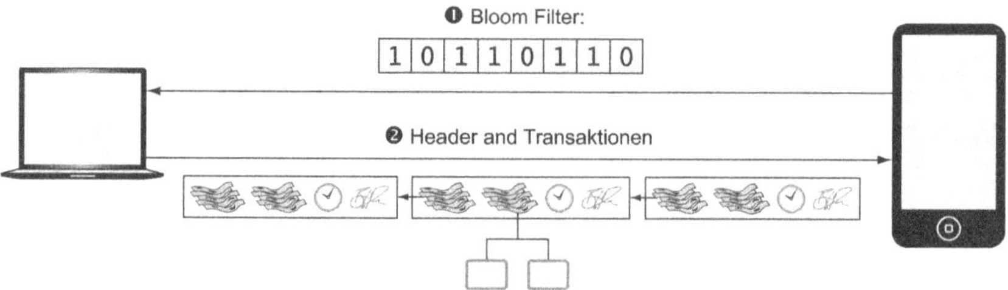

Abbildung 8.10: Lightweight Wallets kommunizieren mit Nodes mit Hilfe des Bitcoin Protokolls.

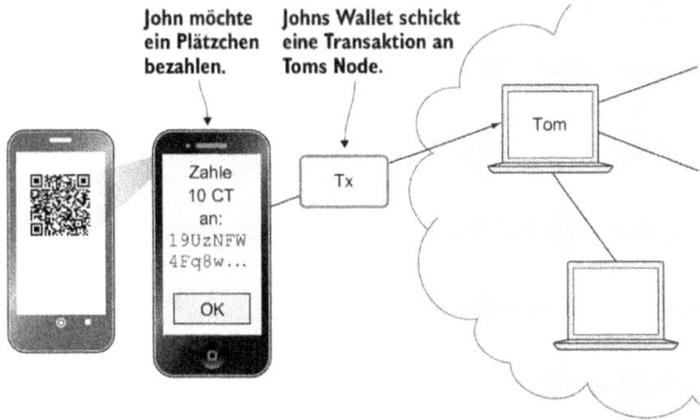

Abbildung 8.11: Die Transaktion wird über eine TCP Verbindung an Toms Node geschickt.

Ich bin dort nicht ins Detail darüber gegangen, wie diese Kommunikation funktioniert. Sie benutzt dasselbe Protokoll, das die Nodes zur Kommunikation untereinander benutzen. Die Wallets und Full Nodes (einschliesslich der Miner) sprechen alle dieselbe "Sprache."

Angenommen John möchte einen Keks vom Café kaufen. Johns Wallet ist mit Toms Node über einen TCP Kommunikationskanal verbunden. Er scannt die Zahlungs-URI vom Wallet des Cafés. Johns Wallet erzeugt und signiert dann die Transaktion. Das kennst du ja schon. Dann ist es Zeit, die Transaktion an Toms Node zu schicken (Abbildung 8.11).

Das geschieht in einem dreistufigen Prozess. Johns Wallet schickt die Transaktion nicht einfach ungefragt lost: es informiert zunächst Toms Node, dass eine Transaktion abgeholt werden kann (Abbildung 8.12).

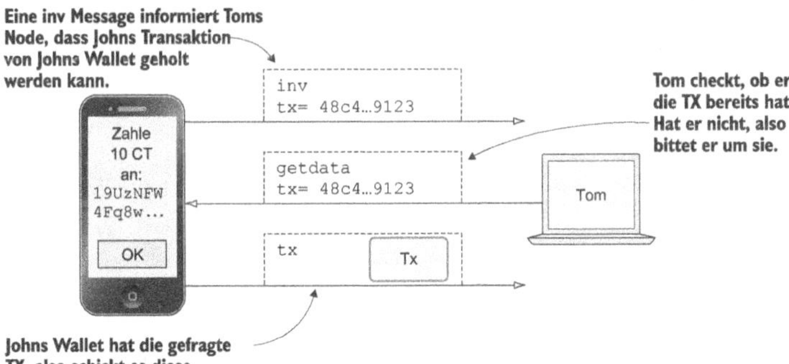

Abbildung 8.12: Toms Node wird über Johns Transaktion informiert, sodass Tom sie abholen kann.

Die erste Nachricht ist eine inv Message, wie im vorangegangenen Abschnitt erklärt. Johns Wallet schickt das `inv` an Toms Full Node. Tom schaut nach, ob er die Transaktion bereits hat. Er hat sie noch nicht, weil Johns Wallet sie gerade erst erzeugt und noch niemandem geschickt hat. Toms Node will diese Transaktion haben, also fordert er sie mit einer `getdata` Message an, die aussieht wie eine `inv` Message, aber mit einer anderen Bedeutung: `getdata` heisst "Ich will dieses Zeug," wogegen `inv` heisst "Ich habe dieses Zeug."

Johns Wallet empfängt die `getdata` Message und schicht eine `tx` Message, in der die ganze Transaktion enthalten ist, an Toms Node. Tom wird die Transaktion verifizieren und behalten. Ausserdem wird er sie an seine Netzwerknachbarn relayen.

Du fragst dich vielleicht, weshalb Johns Wallet die Transaktion nicht gleich komplett schickt. Warum der Quatsch mit `inv` und `getdata`? Das wird später klarer, aber es liegt daran, dass Nodes die Transaktion vielleicht schon haben; wir sparen Bandbreite, indem wir nur die Transaktions-Hashes anstelle der gesamten Transaktion schicken.

8.4.2   TOM LEITET DIE TRANSAKTION WEITER

Wenn die Transaktion gültig ist, informiert Toms Node seine Nachbarn darüber mit einer `inv` Message (Abbildung 8.13), genau wie Johns Wallet es getan hat, als es Toms Node über die Transaktion informiert hatte.

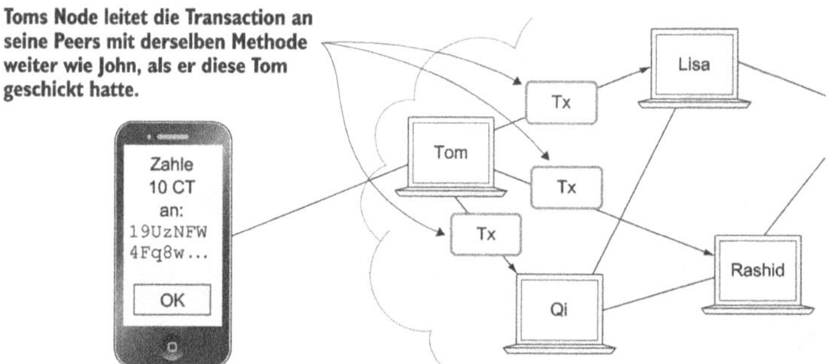

Abbildung 8.13: Tom leitet die Transaktion an seine Peers weiter.

Der Prozess ist für diese drei Nachrichtenwechsel derselbe wie der, den John benutzt hat, als er die Transaktion zuerst an Tom geschickt hat (Abbildung 8.14). Lisa, Qi und Rashid werden eine `inv` Message von Tom erhalten.

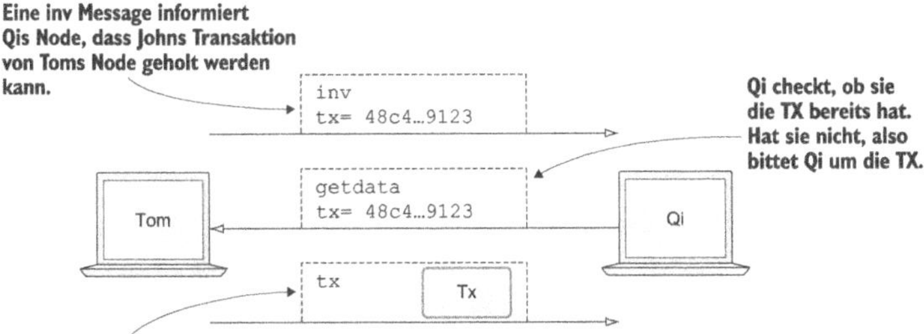

Abbildung 8.14: Toms Node schickt die Transaktion mit dem bekannten dreiteiligen Verfahren an Qis Node.

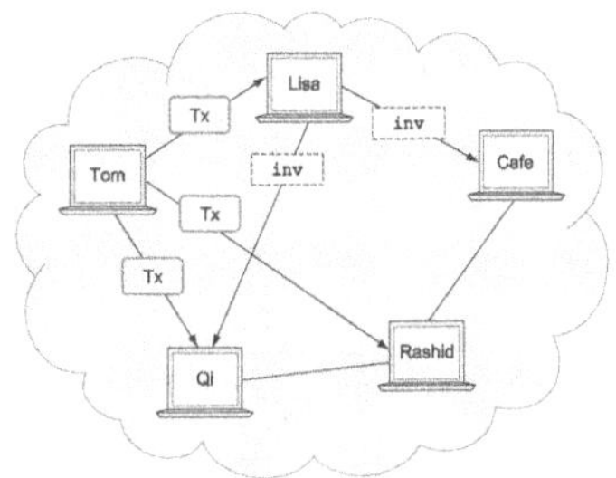

Wenn Lisa, Qi und Rashid die Transaktion bekommen haben, werden auch sie ihre Peers darüber informieren, sobald sie sie verifiziert haben. Qis und Rashids Nodes sind ein wenig langsamer, also dauert es bei ihnen ein bisschen länger, die Transaktion zu überprüfen; wir kommen später auf die beiden zurück.

Lisa war schnell mit dem überprüfen der Transaktion, also ist sie die erste beim relayen. Sie weiss bereits, dass sie die Transaktion von Tom bekommen hat, wird also Toms Node nicht mit einer **inv** Message informieren. Aber Lisa weiss nicht, dass Qi die Transaktion bereits hat, und sie weiss nicht, ob das Café sie hat. Sie sendet diesen beiden Nodes eine **inv** Nachricht. Der Nodes des Cafés wird ein **getdata** zurückschicken, weil er die Transaktion noch nicht gesehen hat. Qis Node hat die Transaktion bereits und wird überhaupt nicht antworten (Abbildung 8.15). Sie merkt sich allerdings, dass Lisa die Transaktion hat.

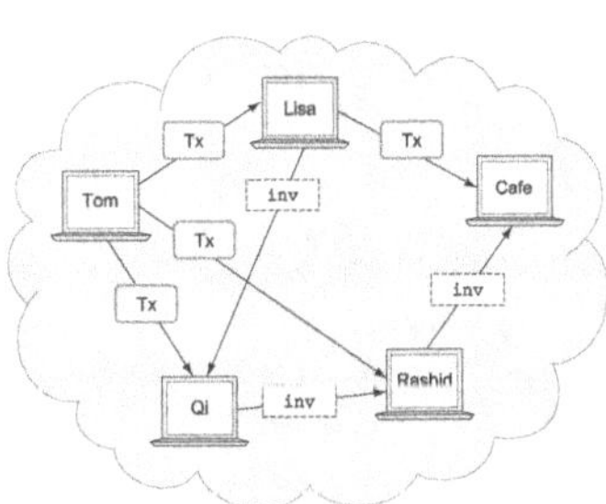

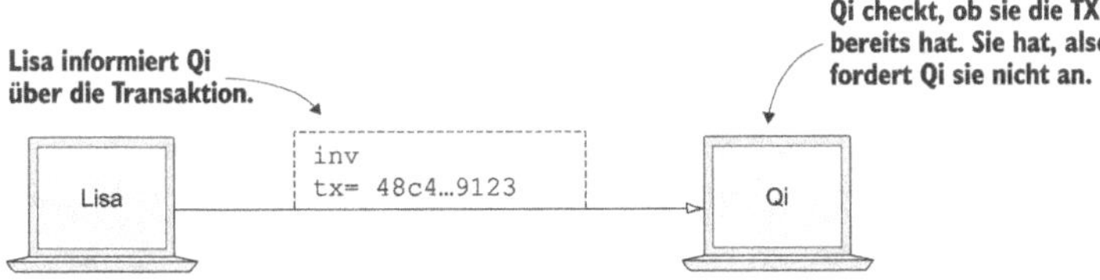

Abbildung 8.15: Lisas Node schickt ein **inv** an Qis Node, aber Qis Node hat die Transaktion bereits.

Qi hat gerade die Transaktion fertig geprüft. Sie weiss, dass Lisas Node sie schon hat, also braucht sie kein **inv** an Lisas Node zu schicken. Aber sie weiss nicht, ob Rashid sie hat, also schickt sie ein **inv** an Rashids Node.

Rashids war der langsamste Node beim Verifizieren von Johns Transaktion, also hat er schon ein `inv` von Qis Node bekommen, als es für ihn Zeit ist, das `inv` zu seinen Nachbarn zu schicken. Und er weiss von früher, dass Tom die Transaktion bereits hat. Er schickt nur einen `inv` an den Node des Cafes, der das `inv` ignorieren wird, weil er die Transaktion bereits besitzt.

8.4.3   DAS LIGHTWEIGHT WALLET DES CAFÉS WIRD BENACHRICHTIGT

Ich hatte zuvor erwähnt, dass eine gute Sache daran, die Transaktionen durch das Peer-to-Peer Netzwerk wandern zu lassen, die ist, dass ein Empfänger-Wallet eine frühe Benachrichtigung über eine ausstehende Transaktion erhalten kann. Schauen wir uns das einmal genauer an.

Der Full Node des Cafés hat die Transaktion erhalten und sie geprüft. Das Café hat auch ein Lightweight Wallet auf einem Mobiltelefon, das es zum Senden und Empfangen von Geld verwendet. Das Café macht sich Sorgen um die Sicherheit, also ist das Lightweight Wallet so konfiguriert, dass es sich nur mit dem Full Node des Cafés verbindet, seinem vertrauten Node oder *Trusted Node* (Abbildung 8.16).

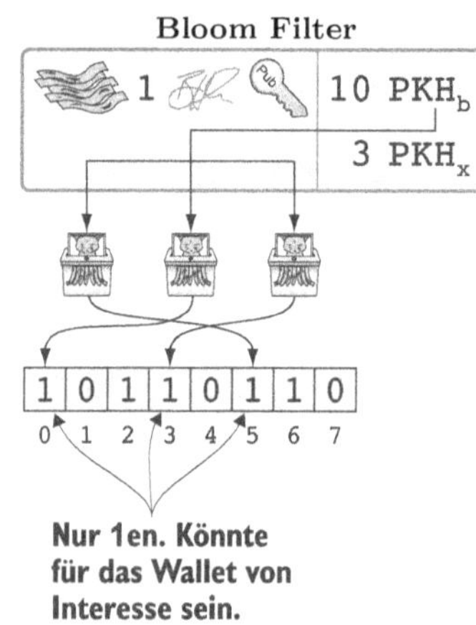

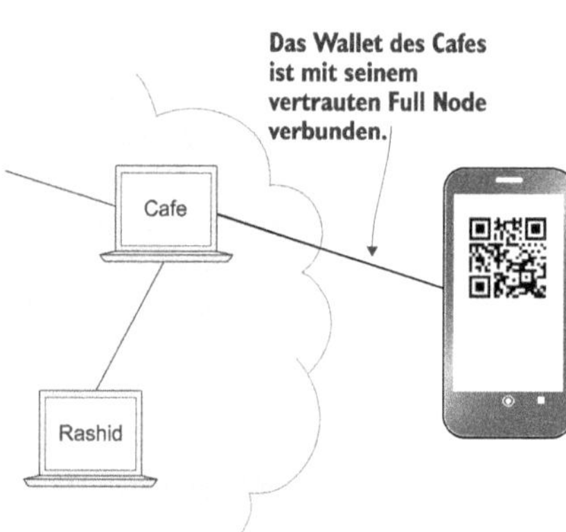

Abbildung 8.16: Das Lightweight Wallet des Cafés verfügt über eine TCP-Verbindung zu einem eigenen Full Node.

Dieses gängige Setup gibt dem Café die völlige Sicherheit eines Full Nodes, kombiniert mit der Flexibilität und Mobilität eines Lightweight Wallets. Ich habe dieses Setup in Abschnitt 6.6 beschrieben.

Der Full Node des Cafés hat gerade Johns Transaktion verifiziert. Er möchte nun seine Nachbarn über die neue Transaktion informieren. Er ist mit Lisas Node, Rashids Node und dem Lightweight Wallet des Cafés verbunden. Der Full Node weiss bereits, dass Lisas und Rashids Nodes diese Transaktion haben, schickt also kein `inv` an diese beiden Nodes. Der Full Node weiss nicht, ob das Wallet die Transaktion hat, aber es wird nicht sofort eine `inv` Message an das Wallet schicken.

Das Wallet ist ein Lightweight Wallet, das Bloom Filter benutzt, wie sie in Abschnitt 6.3.1 beschrieben wurden. Der Full Node testet die Transaktion gegen den Bloom Filter, und wenn sie auf den Filter passt, schickt er eine `inv` Message an das Wallet. Wenn es nicht passt, schickt er keine `inv` Message.

Johns Transaktion geht an das Café, also passt der Bloom Filter auf die Transaktion und der Full Node wird ein `inv` senden. Das Wallet wird die volle Transaktion mittels `getdata` anfordern, wie in Abbildung 8.17 dargestellt.

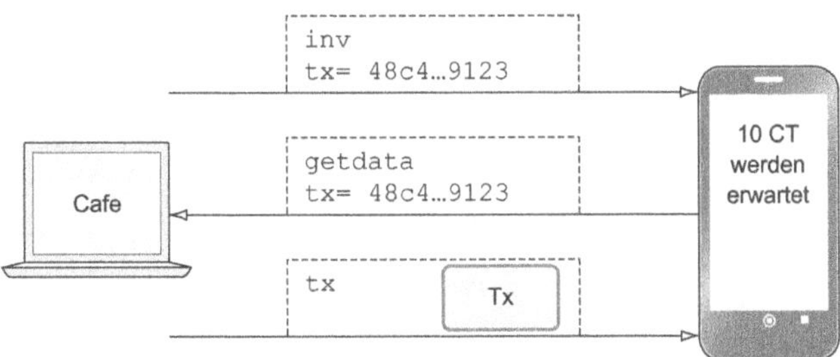

Abbildung 8.17: Das Wallet des Cafes bekommt Johns Transaktion vom Trusted Node des Cafes, nachdem die Transaktion gegen den Bloom Filter geprüft wurde.

Das Wallet hat jetzt die Transaktion erhalten. Es kann dem Cafébesitzer eine Message anzeigen, dass eine Transaktion aussteht. Der Cafébesitzer hat nun die Wahl:darauf vertrauen, dass die Transaktion–eine sogenannte *0-conf Transaktion*–irgendwann bestätigt wird, oder warten bis sie bestätigt ist. Wenn das Café die 0-conf Transaktion akzeptiert, dann vertraut es darauf, dass John eine ausreichend hohe Transaction Fee bezahlt hat und dass die Transaktion nicht doppelt ausgegeben wird.

Diesmal entscheidet das Café, dass es warten muss bis die Transaktion in einen gültigen Block Eingang gefunden hat. Dies bringt uns zur nächsten Phase: die Einbettung der Transaktion in einen Block in der Blockchain.

8.4.4 EINBETTEN DER TRANSAKTION IN EINEN BLOCK

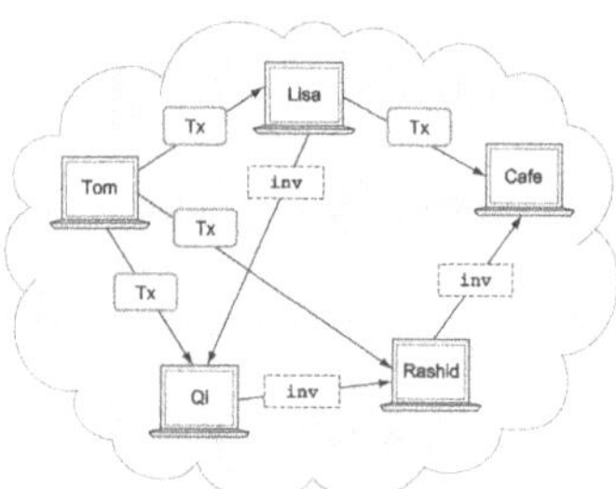

Denken wir zurück an die Miner im System. Am Ende von Abschnitt 7.6.2.3 gab es 10 verschiedene Miner; aber drehen wir die Zeit zurück und tun so, als wären Qi, Tom, Lisa und Rashid zur Zeit die einzigen Miner im System.

Die Transaktion hat alle diese Miner im Rahmen der Transaction Propagation erreicht. Johns Wallet hat früher die Transaktion via Mail an alle Miner geschickt. Jetzt schickt er sie an irgendeinen Full Node, und sie pflanzt sich durch das gesamte Peer-to-Peer Netzwerk fort. Miner können wählen, Johns Transaktion in den Block, den sie gerade minen, zu integrieren. Angenommen, die Transaction Fee der Transaktion ist hoch genug, dass alle Miner gewillt sind, sie einzubetten, und dass Rashid als nächster Miner einen gültigen Proof of Work für seinen Block findet, der Johns Transaktion enthält (Abbildung 8.18).

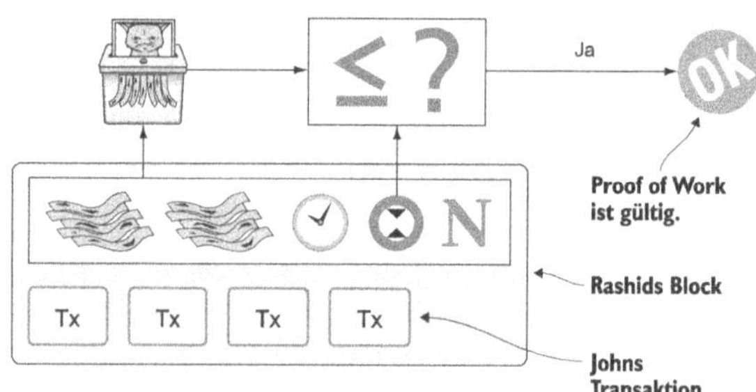

Abbildung 8.18: Rashids Block enthält Johns Transaktion.

BIP130

Der Prozess ist in BIP130 definiert, der den alten Block Propagation Mechanismus ersetzt, der `inv` Messages verwendet hat.

Rashid möchte möglichst schnell seinen Block zu den anderen Minern bekommen und so das Risiko minimieren, dass ein anderer Miner vor Rashid einen Block propagiert.

Er erzeugt eine `headers` Message und schickt sie an alle seine Peers: Tom, das Café und Qi. Rashid Peers werden eine `getdata` Nachricht zurückschicken und Rashid wird darauf mit dem eigentlichen Block antworten. Der Nachrichtenaustausch zwischen Rashid und Qi wird aussehen wie der in

Abbildung 8.19.

Abbildung 8.19: Rashids Node schickt Rashids Block zu Qis Node.

Der eigentliche Block wird in einer `block` Message verschickt, die den ganzen Block enthält.

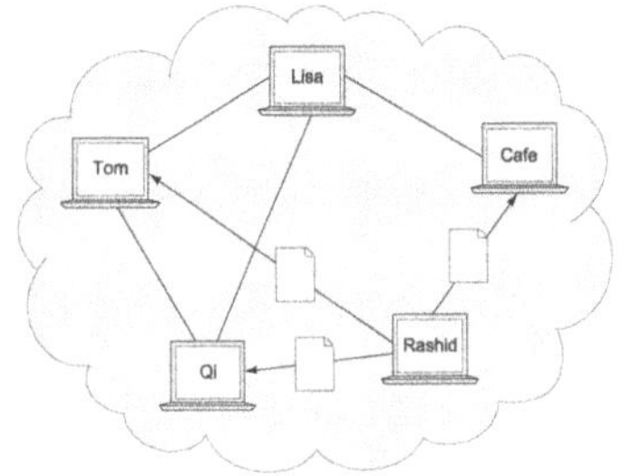

Verfolgen wir weiter die Block Propagation durch das Peer-to-Peer Netzwerk. Rashid hat seinen Block an Tom geschickt, and das Café und an Qi. Jetzt prüfen diese drei Nodes den Block und verschicken, falls er gültig ist, `headers` Messages an alle ihre Peers, die den Block vielleicht noch nicht haben (Abbildung 8.20).

Qi und Tom schicken einander zufällig gleichzeitig ihre `headers` Messages. Das ist kein Problem; weil beide den Block haben, ignorieren sie die `headers` Message von Peers. Lisa wird den Block von einem ihrer Peers anfragen, genauso wie Qi den Block von Rashid angefordert hat.

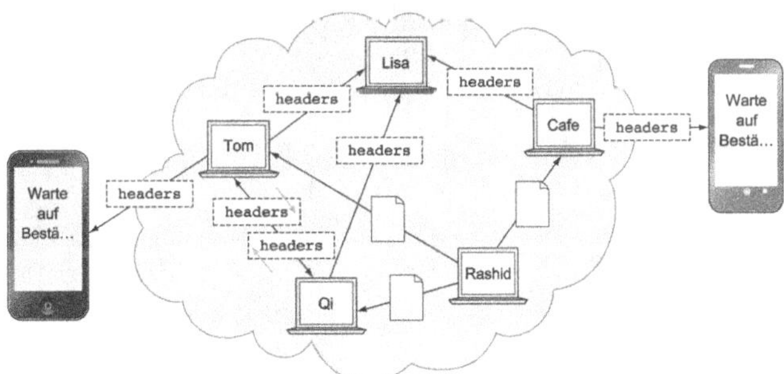

Abbildung 8.20: Alle ausser Lisa haben den Block. Tom, das Café und Qi schicken `headers` Messages.

Damit endet die Propagation dieses Blocks–fast. Die Lightweight Wallets müssen noch über den Block informiert werden.

8.4.5 WALLET BENACHRICHTIGUNG

Toms Node ist mit Johns Wallet verbunden, also schickt Tom eine `headers` Message an John. Ebenso schickt der Full Node des Cafés eine `headers` Message an das Lightweight Wallet des Cafés. Die Full Nodes von Tom und dem Café testen den Block in keiner Weise auf Bloom Filter. Sie schicken die `headers` Message auf jeden Fall, aber das Lightweight Wallet wird den vollen Block nicht anfordern.

Wie dir vielleicht noch aus Kapitel 6 in Erinnerung ist, laden Lightweight Wallets die vollen Blocks nicht herunter. Meistens ist Johns Wallet nur an den Block Headern interessiert, damit es den Proof of Work überprüfen kann. Aber ab und zu sind Transaktionen in einem Block, die für Johns Wallet interessant sind, und das Wallet will den Beweis, dass die Transaktion wirklich in dem Block enthalten sind. Um herauszufinden, ob relevante Transaktionen vorliegen, schickt er eine `getdata` Message an Tom und fordert eine `merkleblock` Message für den Block an.

John bekommt eine `merkleblock` Message, die den Block Header und einen partiellen Merkle Tree enthält, der seine Transaktions-ID (txid) an den Merkle Root im Block Header bindet (Abbildung 8.21).

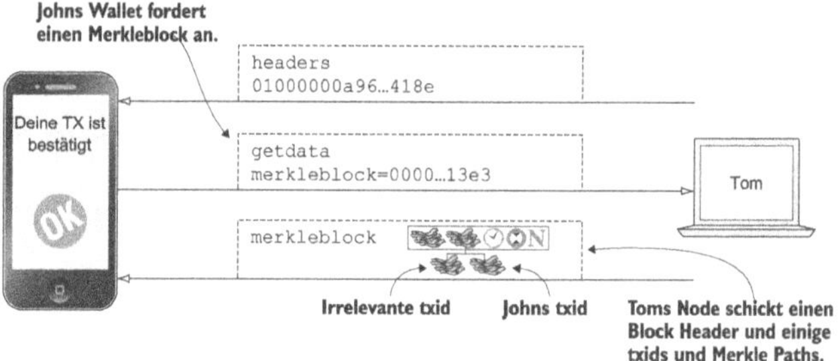

Abbildung 8.21: Tom schickt einen `merkleblock` mit dem Merkle Proof, dass Johns Transaktion Teil des Blocks ist.

Abbildung 8.22 ist eine kleine Wiederholung von Kapitel 6.

Johns Wallet wird verifizieren, dass

- Der Block Header korrekt ist und gültigen Proof of Work hat.

- Der Merkle Root im Header mittels des partiellen Merkle Tree rekonstruiert werden kann.

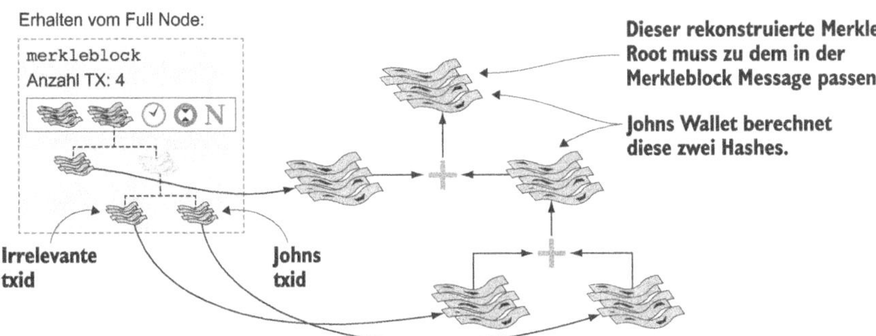

Abbildung 8.22: Die `merkleblock` Message enthält einen Block Header und einen partiellen Merkle Tree.

- Die txid von Johns Transaktion ist in den partiellen Merkle Tree eingebunden. Um die irrelevanten Transaktionen, die ja nur vertuschen sollen, was zu John gehört, kümmert er sich nicht.

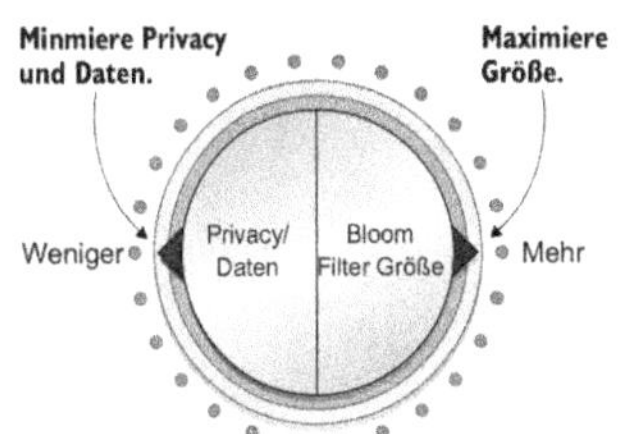

Johns Wallet ist jetzt sicher, dass sich seine Transaktion in dem neuen Block befindet. Das Wallet kann John eine Nachricht einblenden, die sagt "Deine Transaktion hat 1 Confirmation."

Das Lightweight Wallet des Cafés wird auf die gleiche Weise benachrichtigt.

Weil das Wallet des Cafés einen Trusted Node verwendet ist Privacy kein grosses Problem (Abbildung 8.23). Das Wallet kann einen grossen Bloom Filter benutzen, um die Anzahl irrelevanter Transaktionen zu verringern, womit auch der Bedarf an Mobildaten sinkt. Je knapper der Bloom Filter, desto weniger Verschleierung + Datenverkehr wird an das Wallet geschickt.

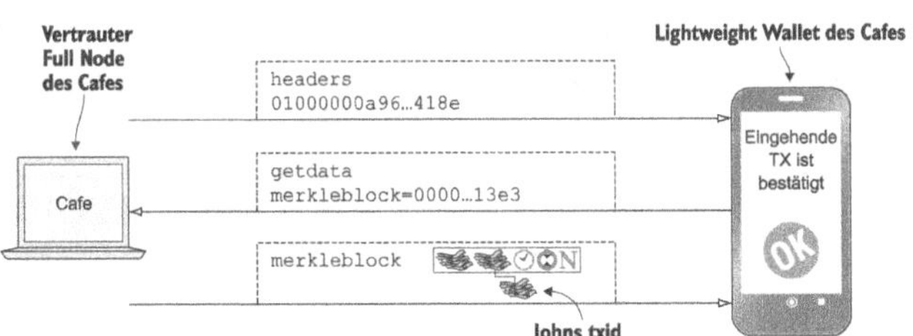

Abbildung 8.23: Das Café fordert einen Merkle Block von seinem Trusted Full Node an.

Der Besitzer des Cafés kann John jetzt beruhigt den Keks übergeben. John isst ihn auf. Der Handel ist erledigt.

8.4.6 MEHR CONFIRMATIONS

Im Laufe der Zeit werden von den Minern mehr Blocks produziert. Diese Blocks propagieren durch das Netzwerk und landen bei jedem Full Node. Die Lightweight Wallets bekommen Merkle Blocks, um Bandbreite zu sparen.

Für jeden neuen Block, der hereinkommt, wird Johns Transaktion unter mehr und mehr Proof of Work begraben (Abbildung 8.24). Das macht Johns Transaktion schwerer und schwerer doppelt auszugeben. Mit jedem neuen Block bekommt Johns Transaktion eine weitere Confirmation.

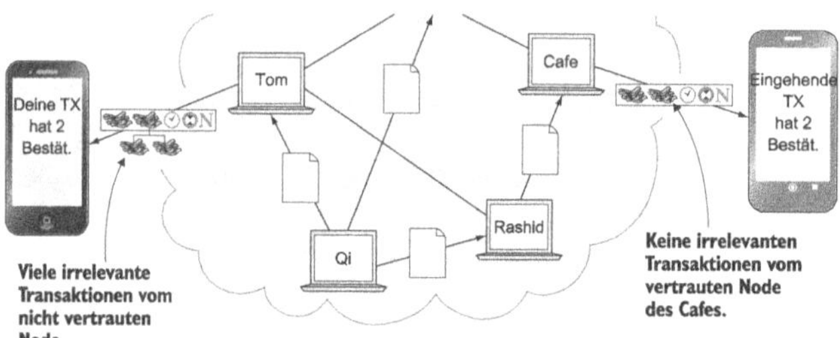

Abbildung 8.24: Je mehr Blocks ankommen, desto sicherer wird Johns Transaktion.

8.5 WIR VERLASSEN DAS COOKIE TOKEN SYSTEM

Ich glaube nicht, dass das Cookie Token System jetzt noch zum Verständnis von Bitcoin beiträgt. Es ist Zeit, das Cookie Token System loszulassen und zu beginnen, nur noch über Bitcoin zu sprechen. Wir haben das Cookie Token System bis zu einem Punkt weiterentwickelt, an dem es keine Unterschiede mehr zu Bitcoin gibt. Tabelle 8.1 zeigt die Konzept-Mapping-Tabelle.

Cookie Tokens	Bitcoin	Behandelt in
1 Cookie token	1 bitcoin	Kapitel 2
~~Der geteilte Ordner~~	~~Das Bitcoin Netzwerk~~	~~Kapitel 8~~

Tabelle 8.1: Der Shared Folder wurde zugunsten des Peer-to-Peer Netzwerk verworfen.

Das letzte Cookie Token Konzept, das sich von Bitcoin unterscheidet, der Shared Folder, wurde eliminiert. Schauen wir, wie sich alles entwickelt hat, in Abbildung 8.25.

Wir behalten unsere Freunde im Büro noch eine Weile. John wird vermutlich ein paar weitere Kekse kaufen müssen, aber er wird die jetzt mit bitcoins bezahlen.

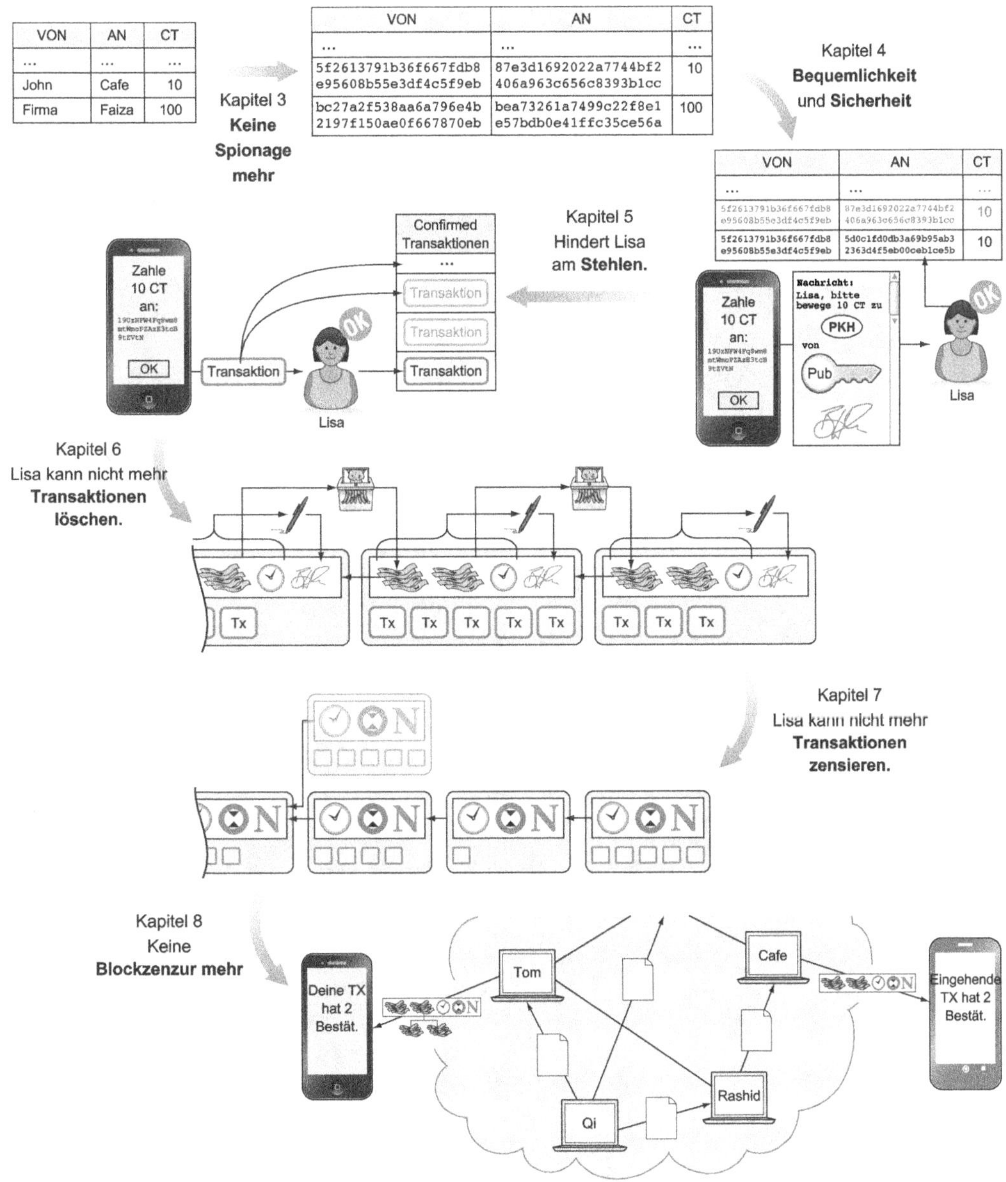

Abbildung 8.25: Die Evolution des Cookie Token Systems.

8.5.1 ÜBERBLICK ÜBER BITCOIN

Das Bitcoin Peer-to-Peer Netzwerk ist riesig. Zum Zeitpunkt des Schreibens:

- Gibt es rund 10.000 öffentlich zugängliche Full Nodes.

- Beträgt Bitcoins Geldmenge rund 17.400.000 BTC.

- Ist jedes bitcoin rund $6.500 wert.

- Arbeitet Bitcoin etwa 250.000 Transaktionen pro Tag ab.

- Wird täglich ein Volumen von geschätzt 100.000 BTC mit einem Wert von $630 Millionen bewegt.

- Beträgt die gesamte Mining Hashrate rund 50 EHash/s, or 50×10^{18} Hash/s. Ein typischer Desktop Computer schafft rund 25 MHash/s.

- Werden pro Tag rund 17 BTC in Transaction Fee gezahlt. Das sind durchschnittlich 6.800 satoshis pro Transaktion, oder rund $0.40 pro Transaktion.

- Benutzen Leute überall auf der Welt Bitcoin, um Probleme in ihrem Alltag zu umschiffen.

8.6 WO WAREN WIR?

In diesem Kapitel geht es um Bitcoins Peer-to-Peer Netzwerk. Die erste Hälfte des Kapitels beschreibt das Netzwerk in Aktion, nachdem es aufgesetzt wurde, wie in Abbildung 8.26 dargestellt, einer Wiederholung aus Kapitel 1.

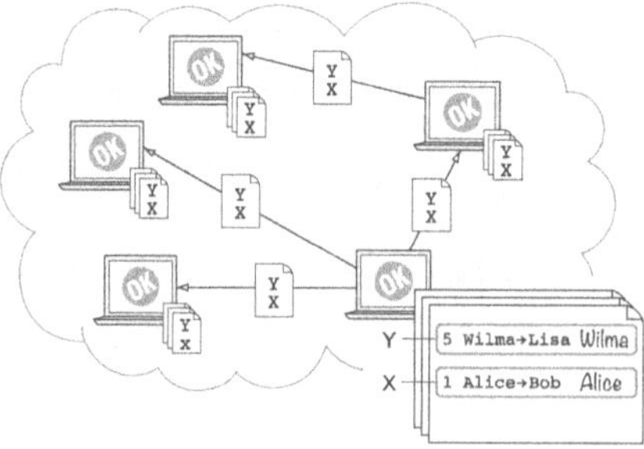

Abbildung 8.26: Das Bitcoin Netzwerk verteilt Blocks (und Transaktionen) an alle Teilnehmer.

Die zweite Hälfte des Kapitels betrachtet einen Node, der dem Netzwerk neu beitritt.

8.7 BOOTSTRAPPEN DES NETZWERKS

Das Szenario in Abschnitt 8.4 ging davon aus, dass alle involvierten Nodes bereits miteinander verbunden waren. Aber wie beginnt ein neuer Node? Wie findet er andere Nodes, zu denen er sich verbinden kann? Wie lädt er die volle Blockchain ab dem Genesis Block, Block 0, bis zum letzten Block? Woher weiss er, was der letzte Block ist?

Klären wir das.

Nehmen wir an, Selma möchte einen eigenen Full Node starten. Folgendes würde typischerweise geschehen (Abbildung 8.27):

1. Selma lädt, verifiziert und startet das Full Node Computerprogramm.

2. Das Computerprogramm verbindet sich mit einigen Nodes.

3. Selmas Node lädt Blocks von ihren Peers.

4. Selmas Node geht in den normalen Betrieb über.

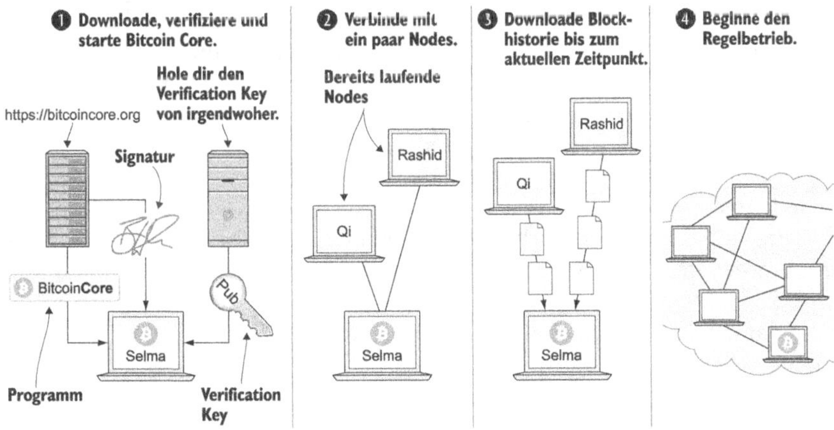

Abbildung 8.27: Der Betrieb eines Full Nodes involviert das Herunterladen und Laufenlassen der Software, das Verbinden zu anderen Nodes, Herunterladen von alten Blocks und den Übergang in den normalen Betrieb.

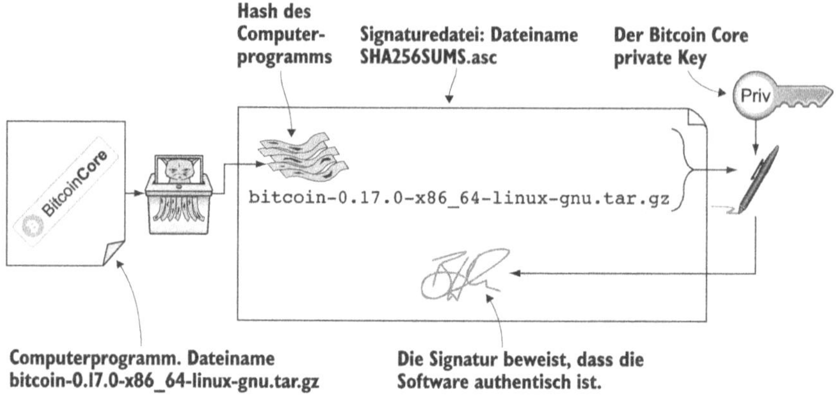

Abbildung 8.28: Das Bitcoin Core Team signiert das freigegebene Programm mit seinem private Key.

8.7.1 SCHRITT 1–STARTE DIE SOFTWARE

Selma braucht ein Computerprogramm, um einen Full Node laufen zu lassen. Das am häufigsten benutzte solche Programm ist Bitcoin Core. Einige andere sind verfügbar, wie libbitcoin, bcoin, bitcoinj und btcd. Wir fokussieren und nur auf Bitcoin Core, aber du kannst gern die anderen selbst ausprobieren.

Um Bitcoin Core herunterzuladen, besucht Selma dessen Webseite, https://bitcoincore.org, und findet dort den Download Link. Aber sie trifft auf ein mögliches Problem: Selma ist sich nicht sicher, ob das Programm, das sie herunterlädt, wirklich die Version ist, die von den Bitcoin Entwicklern freigegeben wurde. Jemand könnte Selma getäuscht haben, sodass sie das Programm von bitconcore.org herunterlädt statt von bitcoincore.org, oder jemand könnte bitcoincore.org gehackt haben und die Download Dateien durch andere Programme ersetzt haben.

Das Bitcoin Core Team signiert deshalb alle freigegebenen Versionen des Programms mit einem private Key–nennen wir ihn den *Bitcoin Core Key*. Sie liefern die Signatur in einer herunterladbaren Datei namens SHA256SUMS.asc. Diese Datei enthält den Hashwert der freigegebenen Bitcoin Core Software und eine Signatur, die den Inhalt von SHA256SUMS.asc signiert (Abbildung 8.28).

Selma hat sowohl das Programm heruntergeladen, in einer Datei namens bitcoin-0.17.0-x86_64-linux-gnu.tar.gz, und die Signaturdatei, SHA256SUMS.asc. Um zu verifizieren, dass das Programm in der Tat mit dem Bitcoin Core private Key signiert wurde, muss sie den korrespondierenden public Key kennen. Aber woher soll sie den kennen?

Das ist ein schwieriges Problem. Weisst du noch, als Lisa Blocks mit ihrem private Key signiert hat? Wie haben die Full Node verifiziert, dass die Blocks wirklich von Lisa signiert waren? Sie hatten mehrere Quellen benutzt, um Lisas public Key zu holen–zum Beispiel das schwarze Brett am Eingang zum Büro, das Intranet der Firma, und das Befragen von Kollegen. Dasselbe gilt hier; man sollte nicht einer einzelnen Quelle glauben, sondern sollte mindestens zwei verschiedene Quellen heranziehen. Der Key, der zur Zeit zum Signieren der Bitcoin Core Releases benutzt wird, heisst

```
Wladimir J. van der Laan (Bitcoin Core binary release signing key) <laanwj@gmail.com>
```

und hat den folgenden 160-bit SHA1 Hash, oder *Fingerprint*:

```
01EA 5486 DE18 A882 D4C2  6845 90C8 019E 36C2 E964
```

Dieses Buch kann als *eine* von Selmas Quellen dienen. Sie beschliesst

- Den Fingerprint des Keys von https://bitcoincore.org zu holen.

- Den Fingerprint mit dem *Bitcoin Begreifen* Buch zu verifizieren.

- Den Fingerprint mit einem Freund zu verifizieren.

Die Fingerprints der drei Quellen stimmen überein, also lädt Selma den public Key von einem *Key Server* herunter. Ein Key Server ist ein Computer im Internet, der eine Datenbank von Keys bereitstellt. Key Server werden üblicherweise benutzt, um Keys anhand ihrer Fingerprints herunterzuladen. Selma vertraut dem Key Server nicht, also muss sie verifizieren, dass der Fingerprint ihres heruntergeladenen Keys dem erwarteten Fingerprint entspricht, was er tut.

> **Wo bekommt man den Key?**
>
> Es ist eigentlich ziemlich egal, wo du den public Key herbekommst, aber es ist wichtig zu verifizieren, dass der Fingerprint der ist, den du erwartest.

Nun, da sie den Bitcoin Core public Key besitzt, kann sie die Signatur der Datei SHA256SUMS.asc überprüfen (Abbildung 8.29).

Sie benutzt den Bitcoin Core public Key, um die Signatur in der Signaturdatei zu überprüfen. Sie muss auch verifizieren, dass das Programm denselben Hashwert hat, wie er in SHA256SUMS.asc steht. Die Signatur ist gültig und die Hashes passen, was bedeutet, Selma kann sicher sein, dass die Software, die sie laufen lassen will, authentisch ist.

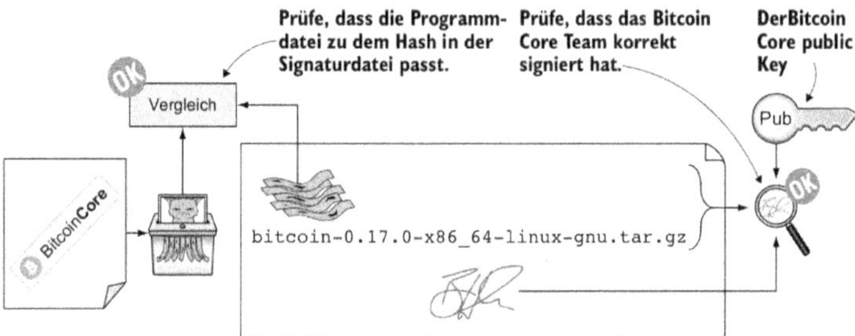

Abbildung 8.29: Selma verifiziert die Bitcoin Core Signatur, und dass der Hash in der Signaturdatei zum Hash des eigentlichen Programms passt.

Selma startet das Programm auf ihrem Computer.

8.7.2 Schritt 2–Verbindung zu Nodes

Als Selmas Full Node Programm startet, ist es noch mit keinem anderen Node verbunden. Sie ist noch nicht Teil des Bitcoin Netzwerks. In diesem Schritt wird der Node versuchen, Peers zum Verbinden zu finden.

Um sich mit einem Peer zu verbinden, braucht der Full Node die IP Adresse und die TCP Portnummer für diesen Peer. Zum Beispiel:

```
IP: 142.12.233.96 Port: 8333
```

Eine IP Adresse und Portnummer werden oft geschrieben als

```
142.12.233.96:8333
```

8.7.2.1 Finden der ersten Peers

Wo findes Selmas Node die ersten Adressen anderer Peers? Mehrere Quellen sind verfügbar (Abbildung 8.30):

- Man konfiguriert den Full Node mit benutzerdefinierten Adressen. Selma kann eine Adresse bekommen, indem sie einen Freund fragt, der einen Node am laufen hat.

- Man benutzt das Domain Name System (DNS), um die ersten Adressen nachzuschlagen, zu denen man sich verbindet.

- Man benutzt hartkodierte Peer Adressen im Full Node Programm.

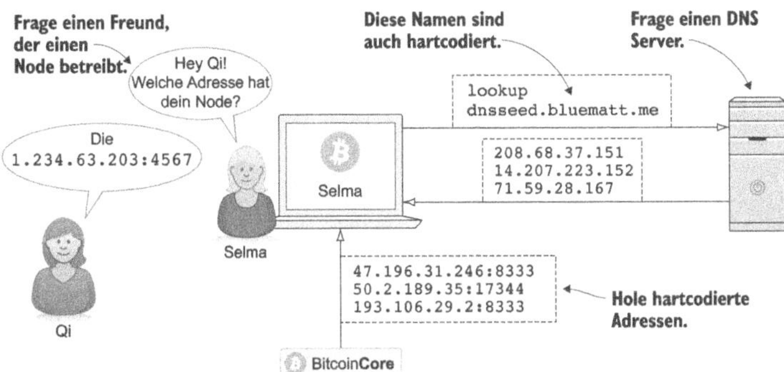

Abbildung 8.30: Selmas Full Node hat drei verschiedene Arten von Quellen, um initiale Peers zu finden.

Selmas Node sollte sich nicht anfangs mit nur einem Node verbinden. Falls dieser einzelne Node bösartig wäre, könnte sie das unmöglich feststellen. Wenn man sich gleich zu Beginn mit mehreren Nodes verbindet, kann man überprüfen, dass die Daten, die diese senden, miteinander konsistent sind. Wenn nicht, dann lügen eine oder mehrere Nodes dich an, oder sie sind selbst hereingefallen.

Der normale Weg, initiale Node Adressen zu finden ist, sie im DNS System nachzuschlagen. DNS ist ein globales Namen Nachschlagesystem, das benutzt wird, um die IP Adressen zu Computernamen zu finden. Zum Beispiel, wenn du https://bitcoin.org mit deinem Web Browser besuchst, wird er DNS benutzen, um die IP Adresse zu dem Namen bitcoin.org zu finden. Die Bitcoin Core Software tut dasselbe. Die nachzuschlagenden Namen sind in Bitcoin Core hartkodiert, genau wie die hartkodierten IP Adressen und Ports. Mehrere DNS Seeds sind in die Software hineincodiert. Ein Nachschlagen im DNS kann mehrere IP Adressen zurückliefern, und jedes neue Nachschlagen könnte einen anderen Satz von IP Adressen liefern. Die dritte und letzte Option wird als letzter Ausweg benutzt.

Bedenke von Abbildung 8.30, dass DNS Nachschlageresultate keine Portnummern enthalten. Die anderen beiden Methoden, initiale Peers zu finden, enthalten normalerweise eine, aber die DNS Antwort kann lediglich IP Adressen liefern. Von den Nodes dieser IP Adressen kann man annehmen, dass sie auf den Default Port von Bitcoin Core horchen, und der ist 8333.

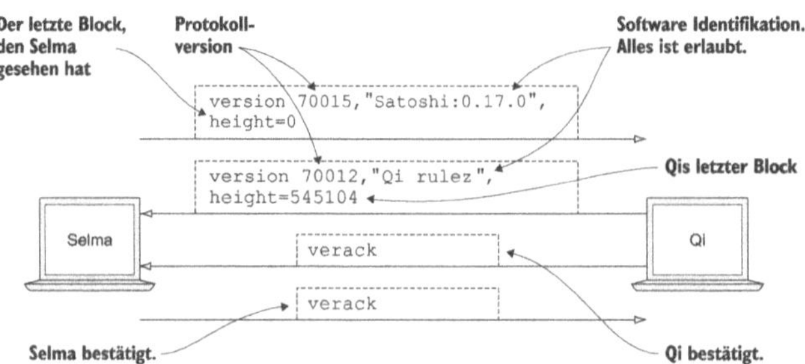

Abbildung 8.31: Selma tauscht eine `version` Message mit Qi aus.

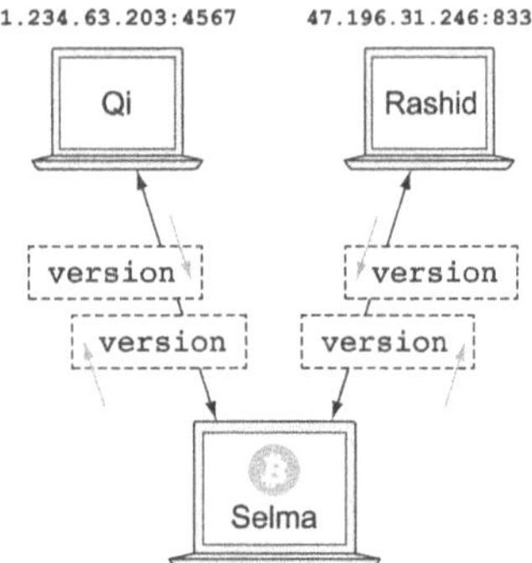

8.7.2.2 HANDSHAKING

Angenommen Selmas Node verbindet sich mit Qis Node, 1.234.63.203:4567 und mit Rashids Node, 47.196.31.246:8333. Selma richtet eine TCP Verbindung zu jedem der beiden Nodes ein und schickt eine initiale Message an jede der beiden über die neuen TCP Verbindungen. Schauen wir uns an, wie sie mit Qis Node spricht (Abbildung 8.31).

Der Austausch, genannt *Handshake*, beginnt bei Selma, die eine `version` Message an Qi schickt. Der Handshake wird benutzt, um sich auf eine Protokollversion zu einigen und um einander mitzuteilen, welche Block Heights sie jeweils haben. Die `version` Messsage enthält eine Menge Information, die nicht im Bild gezeigt wird, aber das Wichtigste ist da:

Protokollversion – Die Version des Netzwerkprotokolls, oder der "Sprache," die Peers benutzen, um miteinander zu reden. Selma und Qi werden version 70012 benutzen, weil das die höchste Version ist, die Qi versteht. Selma kennt alle Protokollversionen bis hinauf zu ihrer eigenen.

User Agent – Das wird im Bild als "Software Identifikation" bezeichnet, weil "User Agent" etwas kryptisch klingt. Es wird als Hinweis an den anderen Node benutzt, welche Software bei uns läuft, kann aber beliebig sein.

Height – Dies ist die Höhe, die Height der Spitze der besten Chain, die der Node hat.

Sonstige nützliche Informationen in der `version` Message sind unter anderem

278

Services Eine Liste von Features, die dieser Node unterstützt, wie die von Lightweight Clients benutzten Bloom Filter.

Meine Adresse Die IP Adresse und Portnummer des Nodes, der die `version` Message schickt. Ohne sie wüsste Qi nach einem Restart nicht, wie sie sich wieder mit Selmas Node verbinden könnte.

Wenn Qis Node Selmas `version` Message empfängt, antwortet Qi mit ihrer eigenen `version` Message. Ausserdem schickt sie eine `verack` Message direkt am Anschluss an die `version` Message. Das `verack` enthält keine weitere Information; es wird nur benutzt um Selma zu bestätigen, dass Qi die `version` Message erhalten hat.

Sobald Selmas Node Qis `version` Message erhalten hat, antwortet sie Qis Node mit einer `verack` Message. Der Handshake ist erledigt. Selma geht dieselbe Prozedur mit Rashids Node durch.

8.7.2.3 Die Peers der Peers finden

Wenn Selmas Node sich mit Rashids Node verbunden hat, bittet er diesen Node um weitere Peer Adressen, mit denen er sich verbinden kann. So kann Selma ihre Menge an Peers erweitern (Abbildung 8.32).

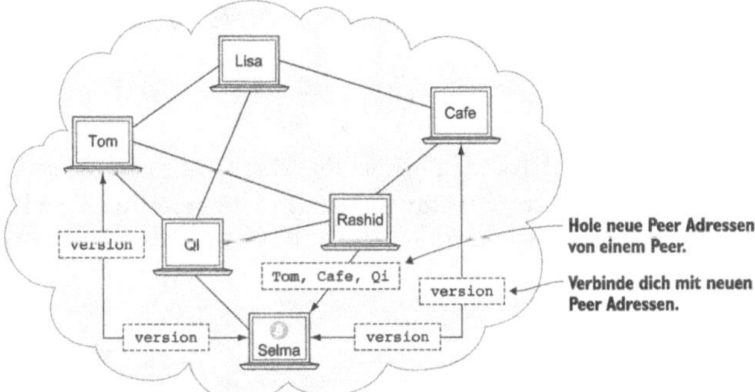

Abbildung 8.32: Selma bittet ihre Peers um zusätzliche Peer-Adressen.

Selma ist erst mit zwei Peers verbunden: Qis Node und Rashids Node. Aber sie findet, dass sie Verbindung zu mehr Nodes braucht. Nur mit zwei Nodes verbunden zu sein hat einige Implikationen:

- Qi und Rashid könnten kollaborieren, um Transaktionen und Blocks vor Selma geheimzuhalten.

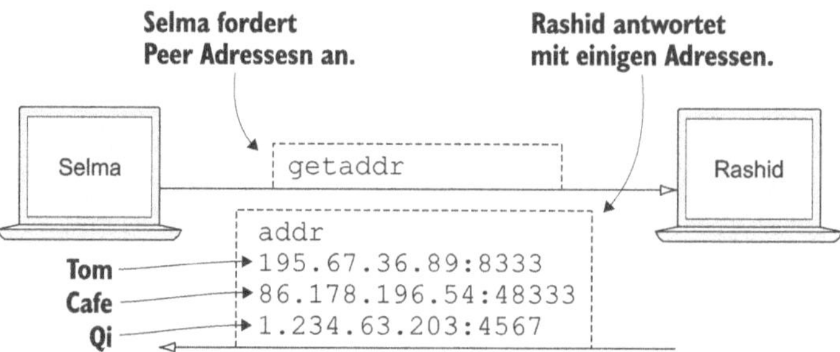

Abbildung 8.33: Selma erbittet mehr Peer-Adressen von Rashids Node. Er antwortet mit einem ganzen Bündel.

- Qis Node könnte ausfallen, womit Selma dann auf Rashids Node angewiesen ist und dieser könnte den Informationsfluss an Selma beliebig einschränken.

- Sowohl Qis als auch Rashids Nodes könnten ausfallen, womit dann Selma vollständig vom Netzwerk getrennt wäre, bis sie sich über den initialen Peer-Nachschlage-Mechanismus wieder mit ein paar anderen Nodes verbindet.

Abbildung 8.33 zeigt, wie Selma Rashid um mehr Peer-Adressen zum Verbinden bittet.

Selma schickt eine `getaddr` Message an einen Peer, Rashids Node. Rashid antwortet mit einem Satz IP Adressen und TCP Ports, die Selma zum Verbinden mit weiteren Peers benutzen kann. Rashid bestimmt, welche Adressen er Selma schickt, aber normalerweise sind es die Adressen, mit denen Rashid bereits verbunden ist und vielleicht noch ein paar, die Rashid von seinen Peers aufgesammelt, aber nicht selbst verwendet hat.

Initiale Nodes

Nach Empfang einer `addr` Message trennen sich Nodes von den Initialnodes wieder (ausser von den manuell konfigurierten), um deren Überlastung zu verhindern. Sie dienen schliesslich vielen weiteren Nodes als Initialnodes.

Selma verbindet sich mit einigen der empfangenen Adressen, um ihren Verbindungsgrad, ihre *Connectivity*, zu erhöhen. Mit je mehr Peers man verbunden ist, desto höhere Connectivity hat man. Ein hoher Grad an Connectivity verringert das Risiko, Informationen zu verpassen, weil sich Peers schlecht benehmen. Ausserdem verbreitet sich Information schneller, wenn mehr Nodes eine höhere Connectivity haben. Ein typischer Bitcoin Full Node hat etwa 100 aktive Verbindungen gleichzeitig. Davon sind nur acht (in der Standardeinstellung, dem *Default*) ausgehende Verbindungen oder *outbound Connections*, also Verbindungen, die von diesem Node ausgehend aufgebaut wurden. Der Rest sind einkommende Verbindungen oder *inbound connections*, die von anderen Nodes aufgebaut wurden. Demzufolge wird ein Full Node, der nicht auf Port 8333 aus dem Internet erreichbar ist–zum Beispiel aufgrund einer Firewall–insgesamt nicht mehr als acht Verbindungen haben.

8.7.3 Schritt 3–Synchronisieren

Jetzt, da Selma gut verbunden mit, und Teil von, dem Bitcoin Netzwerk ist, ist es Zeit für sie, die volle Blockchain bis zum letzten verfügbaren Block herunterzuladen und zu verifizieren.Dieser Prozess heisst *Synchronisierung*, *sync* oder *Initial Block Download*.

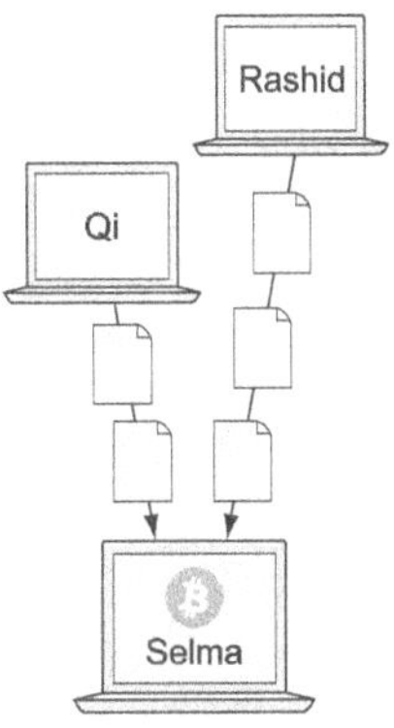

Selma hat nur einen einzigen Block: den Genesis Block. Der Genesis Block ist in der Bitcoin Core Software hartcodiert, sodass alle Nodes ihn beim Start bereits haben.

Sie muss alle historischen Blocks von ihren Peers herunterladen, bevor sie neu erzeugte Blocks verifizieren kann. Denn sie hat keine Ahnung, wie die aktuelle Menge an unbenutzten Transaktions Outputs (unspent transaction outputs, UTXO Set) aussieht. Um sich das aktuelle UTXO Set zusammen zu bauen, muss sie mit einem leeren UTXO Set beginnen, alle historischen Blocks beginnend bei Block 0 durchgehen und das UTXO Set mit den Informationen aus den Transaktionen in den Blocks aktualisieren.

Der Prozess ist wie folgt:

1. Lade alle historischen Block Header von einem Peer herunter und verifiziere den Proof of Work.

2. Alle Blocks der stärksten Chain von mehreren Peers gleichzeitig herunterladen.

Selma sucht Tom als den Peer aus, von dem sie alle Block Header herunterladen möchte. Abbildung 8.34 zeigt, wie Selmas Node die Block Header von Toms Node lädt.

Sie schickt eine `getheaders` Message mit Selmas jüngster Block ID, die zufälligerweise der Genesis Block, Block 0, ist. Tom schickt eine Liste mit 2.000 Block Headern zurück; jeder Block Header ist 80 Bytes. Selma verifiziert den Proof of Work von jedem Header und fordert ein neues Bündel Header von Tom an. Dieser Prozess setzt sich fort, bis Selma ein

Vereinfacht

Die `getheaders` Message enthält eine Liste einiger Block IDs von Selmas Blockchain, sodass Tom auch dann einen gemeinsamen Block mit Selma finden kann, wenn Tom nicht Selmas Chain Tip hat. Kümmern wir uns aber nicht gross darum.

Bündel von weniger als 2.000 Headern von Tom erhält, was das Signal dafür ist, dass er keine weiteren Header für Selma hat.

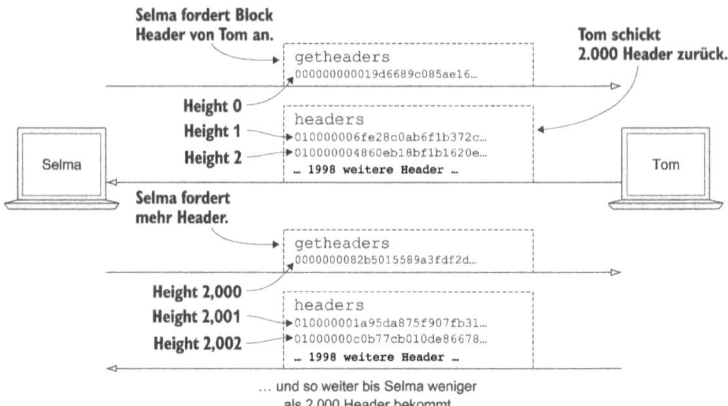

Abbildung 8.34: Selma lädt die Block Header von Tom, indem sie wiederholt `getheaders` Messages mit ihrer jüngsten Block ID schickt.

Wenn Selma alle Header von Tom bekommen hat, bestimmt sie, welcher Zweig der stärkste ist und fängt an, die eigentlichen Blockdaten dieses Zweiges von ihren Peers zu laden. Sie kann von mehreren Peers gleichzeitig Daten holen, um die Geschwindigkeit zu erhöhen. Abbildung 8.35 zeigt ihre Kommunikation mit Rashids Node.

Es beginnt mit Selma, die eine `getdata` Message an Rashid schickt. Diese Message spezifiziert, welche Blocks sie von Rashid laden will, und dieser schickt die angeforderten Blocks einzeln in `block` Messages. Selma lädt wohlgemerkt nur einige der Blocks von Rashid. Sie lädt gleichzeitig auch Blocks von Tom, weshalb es in der Abfolge von Blocks Lücken gibt. Dieser Prozess wiederholt sich, bis Selma keine weiteren Blocks mehr von Rashid will.

Während Selma Blocks lädt, wird Rashid wahrscheinlich weitere neue Blocks von seinen Peers erhalten. Angenommen er bekommt einen neuen Block während Selma die ersten 100 Blocks von Rashid erhält. Dann wird Rashid eine `headers` Message an seine Peers, einschliesslich Selma, schicken, wie in Abschnitt 8.4.4 beschrieben. Auf diese Weise bleibt Selma über alle neuen Blocks informiert, die während ihrer initialen Synchronisation erscheinen, und kann sie später von irgendeinem Peer anfordern.

Während Selma Blocks empfängt, verifiziert sie diese, aktualisiert ihr UTXO Set und fügt die Blocks ihrer eigenen Blockchain hinzu.

Grössere Brocken

In diesem Beispiel fordert Selma 3 Blocks auf einmal an, aber in Wirklichkeit würde Bitcoin Core eine Liste von mindestens 16 Blocks pro Bündel anfordern.

Initialer Download

Der Initial Blockchain Download, ungefähr 210 GB zum Zeitpunkt des Schreibens, dauert einige Stunden bis Tage, abhängig von der Hardwareleistung und Internetgeschwindigkeit.

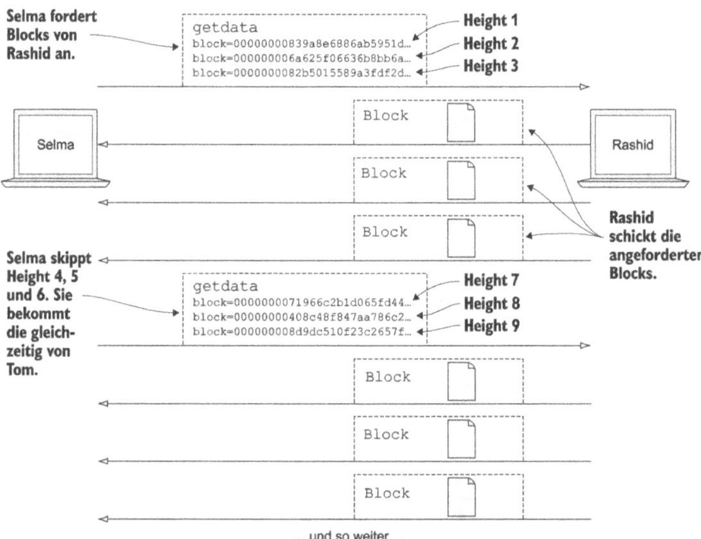

Abbildung 8.35: Selma lädt Blocks von Rashid, indem sie wiederholt `getdata` Messages mit einer Liste von Block IDs schickt, zu denen sie die Blocks braucht.

8.7.3.1 Verifikation früher Blocks

Der zeitraubendste Teil an der Verifikation eines Blocks ist die Verifikation der Transaktions-Signaturen. Wenn man irgendeine Block ID kennt, die Teil der gültigen Blockchain ist, dann kann man das Verifizieren der Signaturen aller Blocks bis einschliesslich zu diesem überspringen (Abbildung 8.36). Das beschleunigt den Initial Blockchain Download bis zu diesem Block stark.

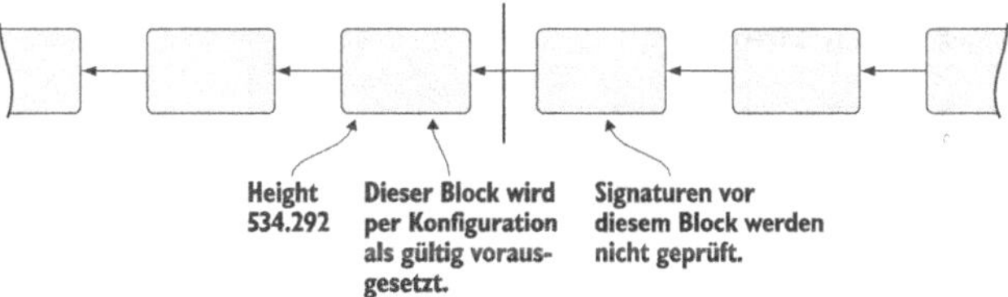

Abbildung 8.36: Um den Initial Block Download zu beschleunigen, werden die Signaturen hinreichend alter Transaktionen nicht verifiziert.

Andere Dinge, wie die Prüfung, dass keine Double-Spends passieren oder dass die Block Rewards korrekt sind, werden immer noch durchgeführt. Der synchronisierende Node muss sein eigenes UTXO Set aufbauen, also muss er immer noch durch alle Transaktionen gehen, um das UTXO Set entsprechend zu aktualisieren.

Bitcoin Core kommt mit der vorkonfigurierten Block ID eines Blocks von einigen Wochen vor dem Release Datum. Für Bitcoin Core 0.17.0 ist dieser Block

```
Height: 534292
Hash: 0000000000000000002e63058c023a9a1de233554f28c7b21380b6c9003f36a8
```

Das ist ungefähr 10.000 Blocks älter als das Release Datum. Das ist natürlich ein Konfigurationsparameter, und der erwähnte Block ist nur ein vernünftiger Defaultwert. Selma hätte das ändern können, als sie ihren Node gestartet hat, oder sie hätte mit Freunden und anderen vertrauten Quellen verifizieren können, dass dieser Block in der Tat eine "alle Transaktionen sind gültig Blockchain" repräsentiert. Sie hätte das Feature auch sperren können, um alle Transaktionssignaturen seit Block 0 zu überprüfen.

Nach einer Weile ist Selma endlich auf gleicher Höhe mit den anderen Nodes und bereit zum Übergang in den Normalbetrieb.

8.7.4 SCHRITT 4–NORMALBETRIEB

Online Anleitungen

Detailliertere Instruktionen für alle grösseren Betriebssysteme findest du auf Web resource 18.

Dieser Schritt ist einfach, denn wir haben ihn bereits in Abschnitt 8.4 besprochen. Selma beginnt den Normalbetrieb. Von nun an wird sie bei der Block- und Transaktionsverbreitung mitmachen und jede einkommende Transaktion verifizieren (Abbildung 8.37).

Selma hat jetzt einen ausgewachsenen Full Node.

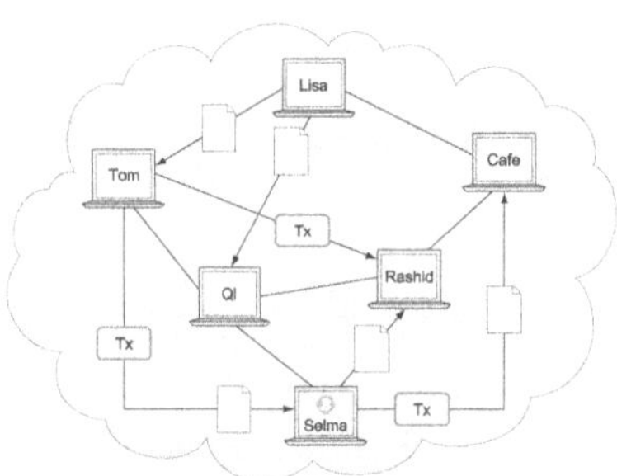

Abbildung 8.37: Selma ist endlich ein aktiver Teil des Bitcoin Peer-to-Peer Netzwerks.

8.8 Betrieb eines eigenen Full Nodes

WARNUNG!

Dieser Abschnitt führt dich durch das Aufsetzen deines eigenen Bitcoin Full Nodes auf einem Linux OS. Es richtet sich an Leser, die sich mit Linux und der Kommandozeile auskennen.

Du hast gesehen, wie in der Theorie ein Bitcoin Full Node heruntergeladen, gestartet und synchronisiert wird. Dieser Abschnitt hilft dir, deinen eigenen Full Node zu installieren.

Dieser Abschnitt setzt voraus, dass du

- Einen Computer mit mindestens 2 GB RAM und einem Linux OS hast.

- Eine Menge freien Platz auf der Festplatte hast, etwa 210 GB werden benötigt.

- Eine Internetverbindung ohne eingeschränkten Datenvolumen.

- Weisst, wie man zu einer Kommandozeile kommt und wie man sie bedient.

Wenn du kein Linux OS hast, kannst du diese Anweisungen trotzdem benutzen; aber du musst die Version von Bitcoin Core installieren, die zu deinem Betriebssystem passt, und die Kommandos werden anders aussehen. Ich schlage vor, du gehst auf Web resource 18 um aktuelle Anweisungen für dein nicht-Linux OS zu bekommen.

Im allgemeinen ist der Prozess, um seinen eigenen Node aufzusetzen, folgender:

1. Lade Bitcoin Core von https://bitcoincore.org/en/download herunter.

2. Verifiziere die Software.

3. Entpacke und starte sie.

4. Warte, bis der Initial Blockchain Download fertig ist.

8.8.1 Bitcoin Core downloaden

Um deinen eigenen Bitcoin Full Node zu betreiben, musst du das Softwarereprogramm laufen lassen. In diesem Beispiel lädst du Bitcoin Core von

Web resource 19 herunter. Zum Zeitpunkt des Schreibens ist die jüngste Version von Bitcoin Core 0.17.0. Laden wir sie herunter:

```
$ wget https://bitcoincore.org/bin/bitcoin-core-0.17.0/
↳ bitcoin-0.17.0-x86_64-linux-gnu.tar.gz
```

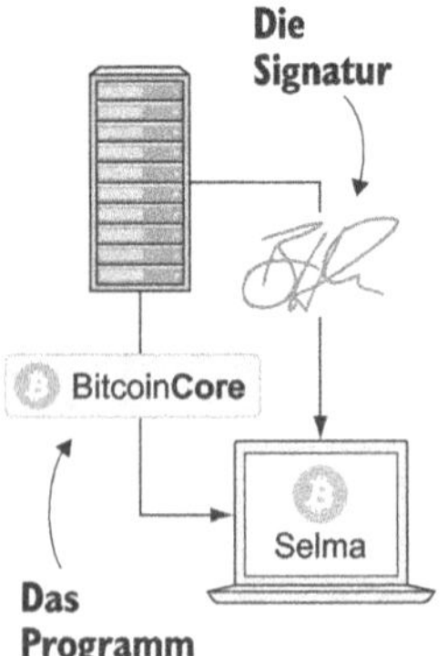

Wie der Dateiname bitcoin-0.17.0-x86_64-linux-gnu.tar.gz andeutet, lädt das Kommando die Version 0.17.0 für 64-bit (x86_64) Linux (linux-gnu). Zu der Zeit, wo du dies hier liest, sind wahrscheinlich schon neuere Versionen von Bitcoin Core freigegeben worden. Schaue auf Web resource 19 nach, um die jüngste Version von Bitcoin Core zu bekommen. Und falls du ein anderes Betriebssystem oder eine andere Computerarchitektur benutzt, dann suche bitte die richtige Datei für dich aus.

8.8.2 VERIFIZIEREN DER SOFTWARE

WARNUNG!

Dieser Abschnitt ist schwierig und verlangt eine ganze Menge Arbeit auf der Kommandozeile. Wenn du die Bitcoin Core Software nur zum experimentieren installieren und laufen lassen willst, kannst du diesen Abschnitt überspringen und zu Abschnitt 8.8.3 springen. Wenn du es nicht nur zum experimentieren nimmst, dann verstehe bitte zunächst die Risiken die weiter vorne in diesem Kapitel unter Abschnitt 8.7.1 besprochen wurden, bevor du weiterspringst.

Dieser Abschnitt zeigt dir, wie du verifizieren kannst, dass die heruntergeladene .tar.gz Datei nicht irgendwie verfälscht worden ist. Die Datei ist mit dem private Key des Bitcoin Core Teams signiert worden. Der Überprüfungsprozess besteht aus den folgenden drei Schritten:

1. Lade die Signaturdatei herunter

2. Verifiziere, dass der Hash der .tar.gz Datei zum Hash im Message Teil der Signaturdatei passt.

3. Lade den public Key des Bitcoin Core Teams herunter.

4. Installiere den public Key als vertrauenswürdig auf deinem Computer.

5. Verifiziere die Signatur.

Fangen wir an.

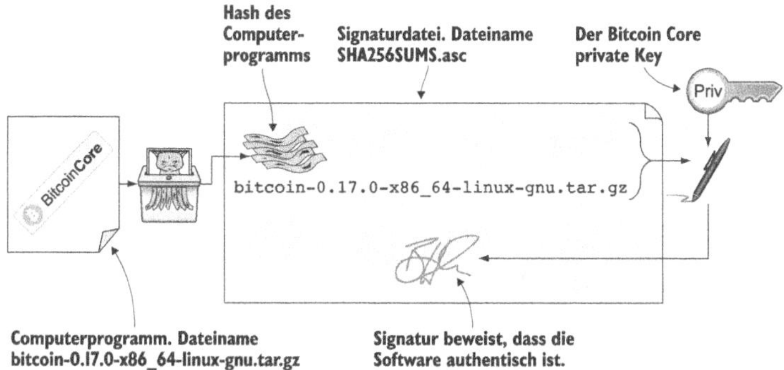

Abbildung 8.38: Das Bitcoin Core Team signiert das freigegebene Programm mit seinem private Key.

8.8.2.1 HERUNTERLADEN DER SIGNATURDATEI

Um zu prüfen, dass dein heruntergeladenes Bitcoin Paket tatsächlich vom Bitcoin Core Team stammt, muss du die Signaturdatei namens SHA256SUMS.asc herunterladen. Abbildung 8.38, wiederholt von Abschnitt 8.7.1, erklärt den Aufbau der SHA256SUMS.asc Datei.

Lade die Signaturdatei SHA256SUMS.asc von demselben Server, von dem du das Programm geladen hast:

```
$ wget https://bitcoincore.org/bin/bitcoin-core-0.17.0/SHA256SUMS.asc
```

Die Datei wird benutzt, um zu überprüfen, dass das geladene .tar.gz File vom Bitcoin Core Team signiert wurde. Beachte, dass diese Datei nur für Version 0.17.0 gilt. Wenn du eine andere Version von Bitcoin Core benutzt, dann hol dir die passende Signaturdatei von Web resource 19.

Das folgende Listing zeigt, wie der Inhalt der Datei aussieht (die eigentlichen Hashes sind abgekürzt worden):

```
-----BEGIN PGP SIGNED MESSAGE-----
Hash: SHA256

1e43...35ed  bitcoin-0.17.0-aarch64-linux-gnu.tar.gz
a4ff...7585  bitcoin-0.17.0-arm-linux-gnueabihf.tar.gz
967a...f1b7  bitcoin-0.17.0-i686-pc-linux-gnu.tar.gz
e421...5d61  bitcoin-0.17.0-osx64.tar.gz
0aea...ac58  bitcoin-0.17.0-osx.dmg
98ef...785e  bitcoin-0.17.0.tar.gz
1f40...8ee7  bitcoin-0.17.0-win32-setup.exe
402f...730d  bitcoin-0.17.0-win32.zip
```

```
b37f...0b1a  bitcoin-0.17.0-win64-setup.exe
d631...0799  bitcoin-0.17.0-win64.zip
9d6b...5a4f  bitcoin-0.17.0-x86_64-linux-gnu.tar.gz
-----BEGIN PGP SIGNATURE-----
Version: GnuPG v1.4.11 (GNU/Linux)

iQIcBAEBCAAGBQJbtIOFAAoJEJDIAZ42wulk5aQP/0tQp+EwFQPtSJgtmjYucw8L
SskGHj76SviCBSfCJOLKjBdnQ4nbrIBsSuwOoKYLVN6OIFIp6hvNSfxin1S8bipo
hCLX8xBOFuG4jVFHAqo8PKmF1XeB7ulfOkYg+qF3VR/qpkrjzQJ6S/nnrgc4bZu+
1XzyUBH+NNqqlMeTRzYW92gOzGMexig/ZEMqigMckTiFDrTUGkQjJGzwlIy73fXI
LZ/KtZYDUw82roZINXlp4oNHDQb8qT5R1L7ACvqmWixbq49Yqgt+MAL1NG5hvCSW
jiVX4fasHUJLlvVbmCH2L42Z+W24VCWYiy691XkZ2D0+bmllzOAPMSPtgVEWDFEe
wcUeLXbFGkMtN1EDCLctQ6/DxYk3EM2Ffxkw3o5ehTSD6LczqNC7wG+ysPCjkV1P
O4oT4AyRSm/sP/o4qxvx/cpiRcu1BQU5qgIJD0+sPmCKzPn7wEG7vBoZGOeybxCS
UUPEOSGan1ElcOJv4/bvbJOXLVJPVCOAHk1dDE9zg/OPXof9lcFzGffzFBI+WRT3
zf1rBPKqrmQ3hHpybg34WCVmsvG94Zodp/hiJ3mGsxjqrOhCJO3PByk/F5LOyHtP
wjWPoicI2pRin2Xl/YTVAyeqex519XAnYCSDEXRpe+W4BdzFoOJwm5S6eW8Q+wkN
UtaRwoYjFfUsohMZ3Lbt=H8c2
-----END PGP SIGNATURE-----
```

Die signierte Message im oberen Teil der Datei listet mehrere Dateien
zusammen mit ihren jeweiligen SHA256 Hashes auf. Die aufgezählten
Dateien sind Installationspakete für alle Betriebssysteme und Architekturen,
für die Bitcoin Core freigegeben worden ist. Der untere Teil der Datei ist
die Signatur der Message im oberen Teil. Die Signatur bindet sich an die
gesamte Message und damit an alle Hashes und Dateien, die in der Message
aufgelistet werden.

8.8.2.2 ÜBERPRÜFEN DES HASHES DER HERUNTERGELADENEN DATEI

Die Datei, die du heruntergeladen hast, heisst bitcoin-0.17.0-x86_64-linux-
gnu.tar.gz, also erwartest du, dass der SHA256 Hash dieser Datei mit
`9d6b...5a4f` übereinstimmt. Schauen wir mal nach:

```
$ sha256sum bitcoin-0.17.0-x86_64-linux-gnu.tar.gz
9d6b472dc2aceedb1a974b93a3003a81b7e0265963bd2aa0acdcb17598215a4f
↳ bitcoin-0.17.0-x86_64-linux-gnu.tar.gz
```

Das Kommando berechnet den SHA256 Hash deines heruntergeladenen
Files. Er stimmt tatsächlich mit dem Hash in der Datei SHA256SUMS.asc
überein. Wenn die beiden nicht übereinstimmen würden, dann würde
irgendetwas nicht stimmen und du solltest mit der Installation aufhören
und nachschauen, was da los ist.

8.8.2.3 Den Bitcoin Core Signier Key holen

Um zu prüfen, dass die Signatur in der Signaturdatei mit dem Bitcoin Core Key geleistet wurde, brauchst du den dazugehörigen public Key. Wie in Abschnitt 8.7.1 erwähnt, musst du nachschauen, welchen Fingerprint der Bitcoin Core Key besitzt, und dann diesen Key von irgendwo herunterladen.

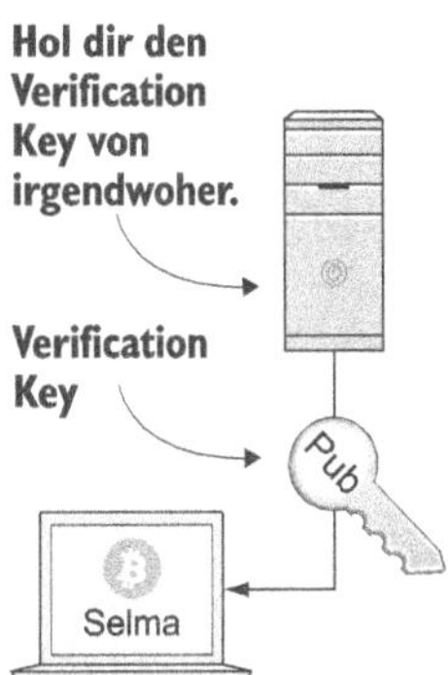

Du könntest zum Beispiel:

- Den Fingerprint des Bitcoin Core Teams von https://bitcoincore.org holen, der offiziellen Webseite des Bitcoin Core Teams.

- Im Buch *Bitcoin Begreifen* nachschauen, um den Fingerprint zu prüfen.

- Den Fingerprint mit einem Freund zu verifizieren.

Fang damit an, dass du den Bitcoin Core Team public Key Fingerprint auf deren Webseite suchst. Du findest den folgenden Fingerprint auf der Download Seite:

```
01EA5486DE18A882D4C2684590C8019E36C2E964
```

Jetzt schau in das Buch *Bitcoin Begreifen*, um zu prüfen, dass der Fingerprint im Buch zu dem auf https://bitcoincore.org passt. Schau in Abschnitt 8.7.1 von Kapitel 8. Dort steht

```
01EA 5486 DE18 A882 D4C2  6845 90C8 019E 36C2 E964
```

Das ist derselbe Fingerprint (wenn auch etwas anders formatiert). Das Buch und die Webseite https://bitcoincore.org behaupten beide, dass dieser Key zum Bitcoin Core Team gehört. Verlassen wir uns aber nicht darauf. Du rufst ausserdem einen Freund an und lässt dir den Fingerprint vorlesen:

Du: "Hallo, Donna! Wie lautet der Fingerprint des aktuellen Bitcoin Core Signatur Keys?"

Donna: "Hi! Ich habe den selbst erst vor ein paar Monaten verifiziert und ich weiss, dass der Fingerprint `01EA 5486 DE18 A882 D4C2 6845 90C8 019E 36C2 E964.` ist"

Du: "Danke, das stimmt mit meinem überein. Tschüss!"

Donna: "Bitteschön. Tschüss!"

Donnas Aussage verstärkt dein Vertrauen in diesen Key. Jetzt glaubst du, genügend Beweise dafür zu haben, dass dies in der Tat der korrekte Key ist.

Fangen wir damit an, den Key herunterzuladen. Um dies zu tun, kannst du ein Tool namens gpg benutzen, was für GnuPG steht, was wiederum eine Abkürzung für Gnu Privacy Guard ist. Dieses Programm entspricht einem Standard namens OpenPGP (Pretty Good Privacy). Dieser Standard spezifiziert, wie Keys ausgetauscht werden können, und wie Verschlüsselung und digitale Signaturen in kompatibler Weise zu erledigen sind.

GnuPG ist auf den meisten Linux Computern per Default installiert. Um einen public Key mit einem bestimmten Fingerprint zu laden, gibst du das folgende **gpg** Kommando ein:

```
$ gpg --recv-keys 01EA5486DE18A882D4C2684590C8019E36C2E964
gpg: key 90C8019E36C2E964: public key "Wladimir J. van der Laan (Bitcoin
↳ Core binary release signing key) <laanwj@gmail.com>" imported
gpg: no ultimately trusted keys found
gpg: Total number processed: 1
gpg:               imported: 1
```

Je nachdem, welche Version von gpg du benutzt, kann der Output variieren. Dieses Kommando lädt den public Key von einem verfügbaren Key Server und verifiziert, dass der geladene public Key tatsächlich den Fingerprint besitzt, den du angefordert hast. Der Besitzer des Keys ist "Wladimir J. van der Laan (Bitcoin Core binary release signing key)."

Der vorangegangene Befehl lädt den Key in gpg und fügt ihn deiner Liste bekannter Keys hinzu. Aber im Output des Befehls steht "no ultimately trusted keys found," also "keine ultimativ vertrauenswürdigen Keys gefunden." Dies bedeutet, dass dieser Key nicht von irgendeinem Key, dem du vertraust, signiert worden ist. Du hast den Key nur importiert. In gpg können Keys andere Keys signieren, um deren Legitimität zu bezeugen.

8.8.2.4 SIGNIERE DEN PUBLIC KEY AUF DEINEM COMPUTER ALS VERTRAUENSWÜRDIG

Du hast verifiziert, dass der Key zum Bitcoin Core Team gehört und ihn mittels gpg auf deinem System installiert.

Du wirst jetzt diesen Key mit einem private Key signieren, der dir gehört. Das tust du, um dir zu merken, dass du diesem Key vertraust. Das Bitcoin Core Team wird wahrscheinlich künftig weitere Versionen von Bitcoin Core

freigeben. Wenn GnuPG sich diesen public Key als vertrauenswürdig merkt,
musst du nicht mehr durch all diese Key-Verifikations-Schritte gehen, wenn
du einen Upgrade installierst.

Der Prozess ist wie folgt:

1. Erzeuge deinen eigenen Key.

2. Signiere den Bitcoin Core public Key mit deinem eigenen private Key.

GnuPG lässt dich mit folgendem Befehl einen eigenen Key erzeugen:

```
$ gpg --gen-key
gpg (GnuPG) 2.1.18; Copyright (C) 2017 Free Software Foundation, Inc.
This is free software: you are free to change and redistribute it.
There is NO WARRANTY, to the extent permitted by law.

Hinweis: Gib "gpg --full-generate-key" ein und du bekommst einen vollständigen Key-Erzeugungs-Dialog.

GnuPG muss eine Benutzer ID konstruieren, um deinen Key zu identifizieren.
```

GnuPG fragt nach deinem Namen und deiner Mailadresse. Beantworte
diese Fragen, denn sie dienen zur Identifizierung deines Keys:

```
Real name: Kalle Rosenbaum
Email address: kalle@example.com
You selected this USER-ID:
    "Kalle Rosenbaum <kalle@example.com>"

Change (N)ame, (E)mail, or (O)kay/(Q)uit?
```

Mach weiter, indem du O drückst (den Grossbuchstaben "oh"). Dann musst
du dir ein Passwort ausdenken, mit dem der private Key verschlüsselt wird.
Such das Passwort aus, und sorge dafür, dass du es nicht vergisst oder
verlierst.

Die Key Erzeugung kann eine Weile dauern, weil es etwas Zeit braucht,
für den Key gute Zufallszahlen zu erzeugen. Wenn es fertig ist, solltest du
einen Output wie diesen sehen:

```
public and secret key created and signed.

pub   rsa2048 2018-04-27 [SC] [expires: 2020-04-26]
      B8C0D19BB7E17E5CEC6D69D487C0AC3FEDA7E796
      B8C0D19BB7E17E5CEC6D69D487C0AC3FEDA7E796
```

```
uid                       Kalle Rosenbaum <kalle@example.com>
sub   rsa2048 2018-04-27 [E] [expires: 2020-04-26]
```

Jetzt hast du einen eigenen Key, mit dem du Keys signieren kannst, denen du vertraust. Signieren wir den Bitcoin Core Team Key:

```
$ gpg --sign-key 01EA5486DE18A882D4C2684590C8019E36C2E964

pub   rsa4096/90C8019E36C2E964
      created: 2015-06-24  expires: 2019-02-14  usage: SC
      trust: unknown         validity: unknown
[ unknown] (1). Wladimir J. van der Laan (Bitcoin Core binary release
↳ signing key) <laanwj@gmail.com>


pub   rsa4096/90C8019E36C2E964
      created: 2015-06-24  expires: 2019-02-14  usage: SC
      trust: unknown         validity: unknown
 Primary key fingerprint: 01EA 5486 DE18 A882 D4C2  6845 90C8 019E 36C2 E964

     Wladimir J. van der Laan (Bitcoin Core binary release signing key)
↳ <laanwj@gmail.com>

This key is due to expire on 2019-02-14.
Are you sure that you want to sign this key with your
key "Kalle Rosenbaum <kalle@example.com>" (8DC7D3846BA6AB5E)

Really sign? (y/N)
```

Gib y ein. Dann wirst du nach dem Passwort des private Keys gefragt. Gib es ein und drücke Enter. Der Bitcoin Core Key sollte jetzt von gpg als vertrauenswürdig eingestuft worden sein. Das vereinfacht den Ablauf, wenn du künftig einen Upgrade der Node Software einspielen willst.

Schauen wir uns den neu signierten Key einmal an:

```
$ gpg --list-keys 01EA5486DE18A882D4C2684590C8019E36C2E964
pub   rsa4096 2015-06-24 [SC] [expires: 2019-02-14]
      01EA5486DE18A882D4C2684590C8019E36C2E964
uid           [ full ] Wladimir J. van der Laan (Bitcoin Core binary
↳ release signing key) <laanwj@gmail.com>
```

Das Wort, das wir suchen, ist `full` in eckigen Klammern. Das bedeutet, dass gpg und du, ihr beide dem Key vollständig vertraut.

8.8.2.5 Verifizieren der Signatur

Es ist Zeit, die Signatur der SHA256SUMS.asc Datei zu verifizieren:

```
$ gpg --verify SHA256SUMS.asc
gpg: Signature made Wed 03 Oct 2018 10:53:25 AM CEST
gpg:                using RSA key 90C8019E36C2E964
gpg: Good signature from "Wladimir J. van der Laan (Bitcoin Core binary
↳ release signing key) <laanwj@gmail.com>" [full]
```

Da steht, dass die Signatur **Good** ist und mit einem Schlüssel signiert ist, dem du voll und ganz vertraust, **[full]**.

Zusammenfassend hast du Folgendes getan:

1. Bitcoin Core und die Signaturdatei heruntergeladen

2. Überprüft, ob der Hash der Datei .tar.gz mit dem in SHA256SUMS.asc angegebenen Hash übereinstimmt

3. Einen public Key heruntergeladen und überprüft, ob er zu Bitcoin Core gehört

4. Den Key mit deinem eigenen private Key signiert, damit GnuPG und du sich merken, dass der Bitcoin Core Key legitim ist

5. Die Signatur der Datei SHA256SUMS.asc verifiziert

Wenn du das Programm später upgraden willst, kannst du mehrere dieser Schritte überspringen. Der Prozess beschränkt sich dann auf diese Schritte

1. Bitcoin Core und die Signaturdatei herunterladen.

2. Prüfen, dass der Hash der .tar.gz Datei mit dem Hash in SHA256SUMS.ac übereinstimmt.

3. Die Signatur der SHA256SUMS.asc Datei überprüfen.

8.8.3 AUSPACKEN UND STARTEN

Packen wir die Software aus:

```
tar -zxvf bitcoin-0.17.0-x86_64-linux-gnu.tar.gz
```

Das erzeugt ein Verzeichnis namens bitcoin-0.17.0. Gehe in das Verzeichnis bitcoin-0.17.0/bin und schau dich um:

```
$ cd bitcoin-0.17.0/bin
$ ls
bitcoin-cli  bitcoind  bitcoin-qt  bitcoin-tx  test_bitcoin
```

Hier hast du mehrere ausführbare Programme:

- bitcoin-cli ist ein Programm, mit dem sowohl man Informationen über den Node, der auf dem Computer läuft, herauskriegen kann, als auch das eingebaute Wallet verwalten kann, das bei Bitcoin Core mitgeliefert wird.

- Das Programm bitcoind benutzt man, wenn man den Node im Hintergrund ohne grafische Benutzerschnittstelle (GUI) laufen lassen will.

- Das Programm bitcoin-qt benutzt man, wenn man ein GUI für den Node braucht. Das ist nützlich, wenn man das eingebaute Wallet benutzt.

- Das Programm bitcoin-tx ist ein kleines Hilfsprogramm zum Erzeugen und Modifizieren von Bitcoin Transaktionen.

- Und es gibt noch test_bitcoin, was eine Test-Suite für Bitcoin ist.

In diesem Tutorial benutzen wir bitcoind, was für "Bitcoin daemon" steht. In UNIX Systemen wie Linux bezeichnet das Wort *daemon* Computerprogramme, die im Hintergrund laufen.

Starten wir den Bitcoin Core Daemon im Hintergrund und schauen, was passiert:

```
$ ./bitcoind -daemon
Bitcoin server starting
```

Das startet den Node. Er wird automatisch anfangen, sich mit Peers zu verbinden und die Blockchain für dich herunterzuladen.

8.8.4 Initial Blockchain Download

Dieser Prozess braucht Zeit. In Abhängigkeit von deiner Internetverbindung, Prozessor und Massenspeicher kann es von mehreren Tagen bis hinab zu wenigen Stunden dauern.

Du kannst das bitcoin-cli Programm benutzen, um den laufenden Node bezüglich des Download Prozesses abzufragen, wie hier:

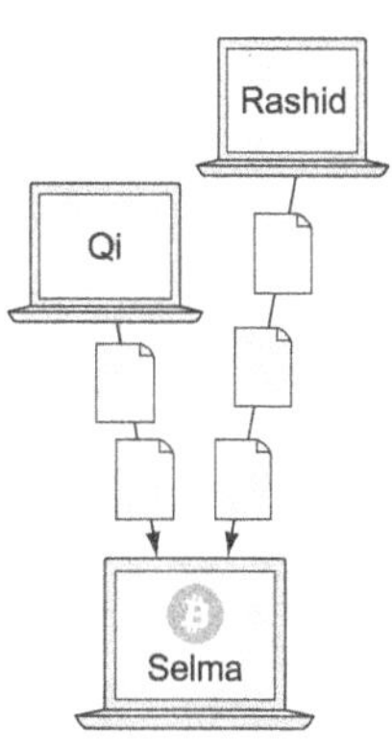


```
$ ./bitcoin-cli getblockchaininfo

  "chain": "main",
  "blocks": 207546,
  "headers": 549398,
  "bestblockhash":
  ↳ "00000000000003a6a5f2f360f02a3b8e4c214d27bd8e079a70f5fb630a0817c5",
  "difficulty": 3304356.392990344,
  "mediantime": 1352672365,
  "verificationprogress": 0.0249296506976196,
  "initialblockdownload": true,
  "chainwork": "0000000000000000000000000000000000000000000000000202ad90c17
  ↳ ec6ea33c",
  "size_on_disk": 11945130882,
  "pruned": false,
  "softforks": [

      "id": "bip34",
      "version": 2,
      "reject":
        "status": false

    ,

      "id": "bip66",
      "version": 3,
      "reject":
        "status": false

    ,

      "id": "bip65",
      "version": 4,
      "reject":
        "status": false

  ],
  "bip9_softforks":
    "csv":
      "status": "defined",
      "startTime": 1462060800,
      "timeout": 1493596800,
      "since": 0
```

```
  ,
  "segwit":
    "status": "defined",
    "startTime": 1479168000,
    "timeout": 1510704000,
    "since": 0


  ,
  "warnings": ""
```

Das Kommando zeigt eine Menge Information über die Blockchain an. Merke, dass die Blocks bis zu einer Blockhöhe von 207546 heruntergeladen und verifiziert worden sind. Bitcoin Core wird vor dem Laden der vollen Blocks immer erst die Block Header herunterladen, um den Proof of Work zu verifizieren. Dieser Node hat Header bis 549398 heruntergeladen, was alle derzeit verfügbaren Header sind. Eine weitere interessante Sache ist das `initialblockdownload` Feld, das bis zum Ende des Initial Block Download auf `true` bleibt.

Lasse diesen Daemon weiterlaufen. Wir kommen in Anhang A darauf zurück, wo ich ein kleines Tutorial darüber gebe, wie man bitcoin-cli zum Untersuchen der Blockchain verwendet und wie man das eingebaute Wallet benutzt.

Wenn du den Node stoppen willst, setze folgendes Komando ab:

```
$ ./bitcoin-cli stop
```

Du kannst den Node wieder starten, wann immer es dir beliebt, und der Node macht dort weiter, wo er vorher aufgehört hatte.

8.9 ZUSAMMENFASSUNG

Wir haben den letzten zentralen Punkt der Autorität, den Shared Folder, durch ein Peer-to-Peer Netzwerk ersetzt. In einem Peer-to-Peer Netzwerk kommunizieren die Full Nodes direkt miteinander. Jeder Node ist mit mehreren (möglicherweise hunderten) anderen Nodes verbunden. Dies macht es extrem schwierig, Blocks und Transaktionen an der Verbreitung durch das Netzwerk zu hindern.

Dieses Kapitel hatte zwei Hauptteile:

- Wie Transaktionen und Blocks durch das Netzwerk fliessen

- Wie neue Nodes dem Netzwerk beitreten

8.9.1 Part 1–Verfolgen einer Transaktion

Im ersten Teil des Kapitels sind wir einer Transaktion durch das System gefolgt. Es begann mit John, der einen Keks kaufen wollte. Seine Transaktion wurde über das Peer-to-Peer Netzwerk verbreitet und kam am Wallet des Cafés an.

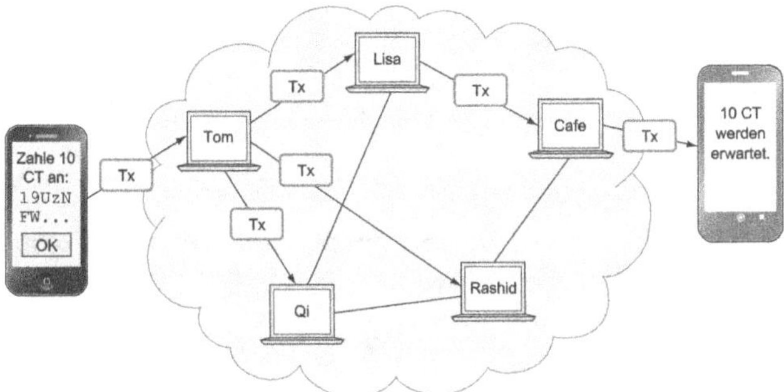

Das Café sieht zwar fast sofort, dass eine Transaktion auf dem Weg ist, aber diese ist noch nicht bestätigt. Die nächste Stufe ist, den Block zu minen. Rashid ist der glückliche Miner, der den nächsten Block findet, in dem Johns Transaktion enthalten ist.

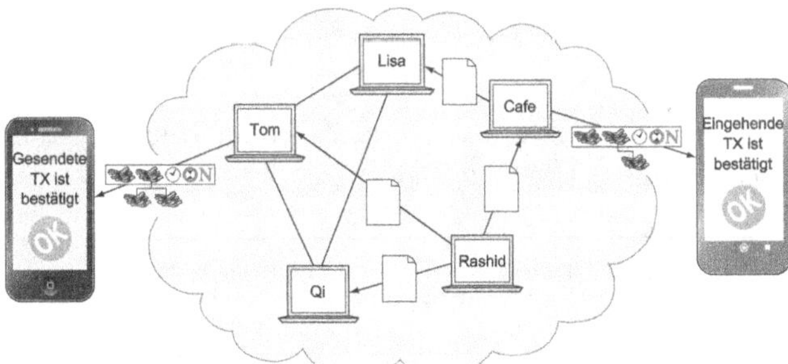

Rashid schickt den Block an seine Peers, die sie an deren Peers relayen und so weiter, bis der Block das gesamte Netzwerk erreicht hat. Teil dieser Verbreitung beinhaltet das Senden der Transaktion an Lightweight Wallets. Diese Lightweight Wallets fordern `merkleblock` Messages vom Full Node an, damit sie nicht den ganzen Block herunterladen müssen.

8.9.2 TEIL 2–BEITRITT ZUM NETZWERK

Der Start eines Nodes involviert vier Schritte:

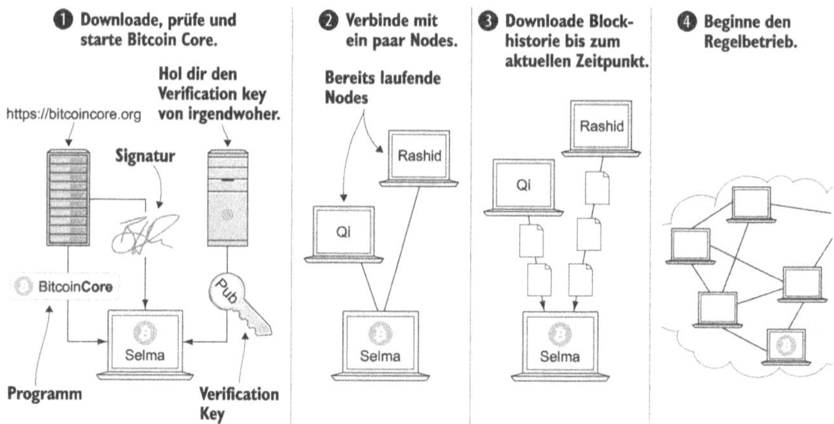

1. Laden und Verifizieren einer Full Node Software, zum Beispiel Bitcoin Core. Anschliessender Start dieser Software.

2. Verbindung zu anderen Nodes.

3. Download historischer Blocks

4. Übergang in den Regelbetrieb.

8.9.3 SYSTEMÄNDERUNGEN

Die Tabelle der Konzept-Mappings zwischen dem Cookie Token System und Bitcoin ist winzig geworden (Tabelle 8.2).

Cookie Tokens	Bitcoin	Behandelt in
1 Cookie token	1 bitcoin	Kapitel 2

Tabelle 8.2: Der Shared Folder ist zugunsten des Peer-to-Peer Netzwerks verworfen worden.

Angesichts fehlender technischer Unterschiede zwischen dem Cookie Token System und dem Bitcoin System lassen wir das Cookie Token System jetzt fallen und arbeiten ab sofort nur noch mit Bitcoin.

Dieses wird das Finale Release des Cookie Token Systems sein. Ein anderes, viel weiter verbreitetes System, nämlich Bitcoin, hat die Welt im Sturm erobert und wir haben uns entschieden, das Cookie Token Projekt einzustampfen. Viel Spass mit der letzten Version (Tabelle 8.3).

Version	Feature	Wie
NEU 8.0	Zensurresistent; diesmal wirklich.	Shared Folder durch Peer-to-Peer Netzwerk ersetzt.
	Transaktions Broadcasting.	Transaktionen werden an Miner und andere Netzwerkteilnehmer über das Peer-to-Peer Netzwerk versendet.
7.0	Zensurresistent.	Multiple Miner, "Lisas," ermöglicht durch Proof of Work.
	Jeder darf beim Mining mitmachen.	Automatische Difficulty Anpassungen
6.0	Hindert Lisa am Löschen von Transaktionen.	Signierte Blöcke in einer Blockchain.
	Voll validierende Nodes.	Lädt und verifiziert die gesamte Blockchain.
	Lightweight Wallet spart Daten.	Bloom Filter und Merkle Proofs.

Tabelle 8.3: Release Notes, Cookie Tokens 8.0.

8.10 ÜBUNGEN

8.10.1 WÄRM DICH AUF

8.1 Warum ist der Shared Folder keine gute Idee?

8.2 Was bedeutet es, einen Block zu relayen?

8.3 Wozu werden `inv` Messages verwendet?

8.4 Wie entscheidet der Full Node, welche Transaktionen er an Lightweight Wallets schicken soll?

8.5 Wie benachrichtigt ein Node ein Lightweight Wallet über eine eingehende, noch offene Transaktion?

8.6 Blocks werden nicht komplett an Lightweight Wallets geschickt. Welcher Teil des Blocks wird aber immer an das Wallet geschickt?

8.7 Warum schickt das Café einen sehr grossen Bloom Filter an seinen Trusted Node?

8.8 Was würde eine sicherheitsbewusste Person nach dem Herunterladen und vor dem Starten von Bitcoin Core tun?

8.9 Welche Arten von Quellen für Peer Adressen stehen einem frisch gestarteten Node zur Verfügung?

8.10 Woher weiss ein Full Node, ob neu erzeugte Blocks zum Download bereitstehen, wenn er mit der Synchronisation fertig ist?

8.11 Das Bitcoin Peer-to-Peer Netzwerk besteht aus den folgenden Nodes:

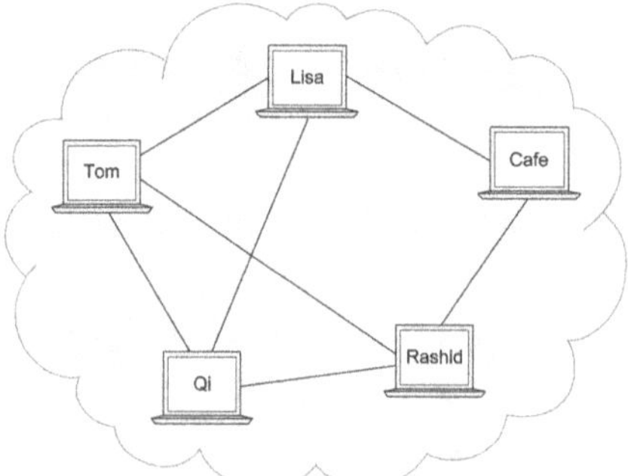

Welche Node Besitzer musst du bedrohen, um Lisa daran zu hindern, irgendwelche Blocks zu bekommen, ausser denjenigen, die sie selbst erzeugt hat?

8.10.2 GRABE TIEFER

8.12 Angenommen, Qi hat gerade zwei Transaktionen mit den Transaktions IDs $TXID_1$ und $TXID_2$ erhalten. Sie möchte jetzt Rashid über diese neuen Transaktionen informieren. Sie weiss nicht, on Rashid bereits von den Transaktionen weiss. Was tut sie?

8.13 Angenommen, du betreibst einen Full Node, und für 18 Minuten fällt der Strom aus. Wenn der Stromausfall vorbei ist, startest du deinen Node wieder. Während dieser 18 Minuten sind zwei Blocks, B_1 und B_2, erzeugt worden. Dein letzter Block ist B_0. Was tut dein Node nach erneuter Verbindung zum Netzwerk? Der Einfachheit halber nehmen wir an, dass keine neuen Blocks während der Synchronisation gefunden

Typ	Daten	Zweck
block	Voller Block	Schickt einen Block an einen Peer.
getheaders	Block ID	Fordert darauffolgende Block Header nach der gegebenen Block ID von einem Peer an.
getdata	txids oder Block IDs	Fordert Daten von einem Peer an.
headers	Liste von Headern	Schickt eine Liste von Headern an einen Peer.

werden, und dass du nur einen Peer hast. Benutze diese Tabelle der Message Typen, um das folgende Formular auszufüllen:

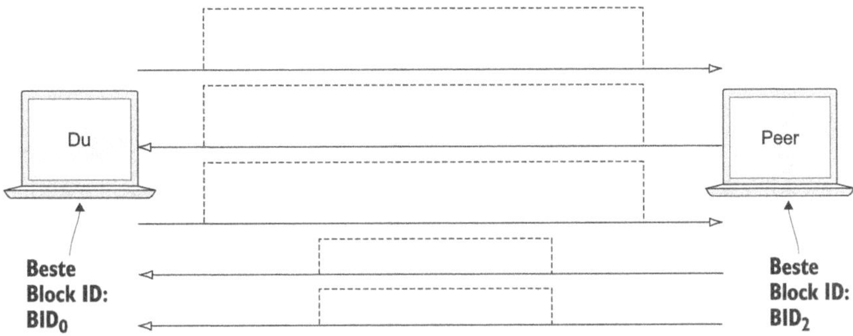

8.11 ZUSAMMENFASSUNG

- Das Peer-to-Peer Netzwerk macht Blocks zensurresistent.

- Ein Node verbindet sich mit mehreren Peers, um deren Anfälligkeit für das Verbergen von Information zu verringern.

- Das Bitcoin Netzwerkprotokoll ist die "Sprache", in der sich Nodes miteinander unterhalten.

- Transaktionen werden auf dem Bitcoin Peer-to-Peer Netzwerk per Broadcast verbreitet, um sowohl Miner als auch die Empfänger von Zahlungen schnell zu erreichen.

- Neue Nodes synchronisieren sich mit dem Bitcoin Netzwerk, um mit den anderen Nodes auf die gleiche Ebene zu kommen. Dies dauert Stunden bis Tage.

- Nodes brauchen nicht 24/7 online zu bleiben. Sie können ausfallen und wieder hochkommen und sich wieder auf den neuesten Stand synchronisieren.

- Signaturverifikation kann für ältere Blocks zur Beschleunigung der initialen Synchronisation übersprungen werden. Das ist nützlich, wenn man definitiv weiss, dass ein bestimmter Block gültig ist.

Kapitel 9

Nochmal zurück zu Transaktionen

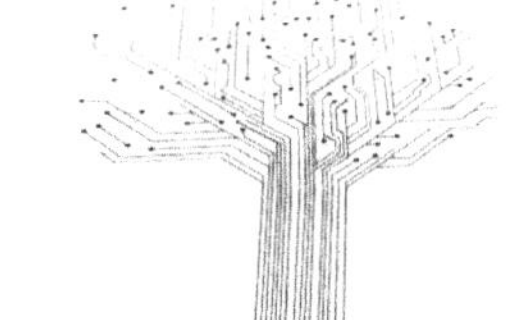

Dieses Kapitel behandelt

- Bitcoins mit Zeitschloss

- Tauschgeschäfte zwischen Blockchains

- Anhängen beliebiger Daten an Transaktionen

- Erhöhen der Fee für eine ausstehende Transaktion

Wir haben jetzt die Kernkapitel des Buches hinter uns, in denen du die Grundlagen von Bitcoin gelernt hast. In diesem Kapitel scheuen wir tiefer in die Funktionalitäten hinein, die Transaktionen anbieten können.

Wir beginnen mit der Betrachtung von Zeitschlössern, oder *Time Locks*. Ein Time Lock ist eine Methode, eine Transaktion bis zu einem bestimmten Zeitpunkt ungültig zu machen. Das bedeutet, die Transaktion kann nicht bestätigt werden, bevor die zeitliche Bedingung erfüllt ist. Ausserdem kann ein Output einer Transaktion so programmiert werden, dass er nicht ausgegeben werden kann, bevor eine zeitliche Bedingung erfüllt ist. Das ist für digitale Verträge nützlich, wie atomare Tauschgeschäfte, die später im Kapitel behandelt werden.

Manchmal ist es nützlich, eine paar Daten in der Blockchain zu speichern. Zum Beispiel könnte ein Automobilhersteller die Besitzverhältnisse eines Autos dadurch verfolgen, dass er die Fahrgestellnummer in eine Bitcoin Transaktion packt und damit effektiv ein Token auf der Bitcoin Blockchain erzeugt. Der aktuelle Besitzer kann dann das Eigentum am Auto übertragen, indem er das Token an den neuen Besitzer sendet.

Wie in Abschnitt 1.6 erwähnt, gibt es mehrere alternative Kryptowährungen. Manchmal möchte man, zum Beispiel, namecoins gegen bitcoins tauschen. Das Naheliegende wäre, auf einer Exchange bitcoins zu verkaufen und namecoins zu kaufen. Aber es gibt andere, dezentralisiertere Methoden, das zu tun. Atomare Tauschgeschäfte, oder *Atomic Swaps* lassen dich bitcoins direkt mit jemandem tauschen, der namecoins hat, ohne dass eine vertrauenswürdige Drittpartei wie eine Exchange benötigt wird.

Wenn du eine zu geringe Transaction Fee bezahlst, könnten die Miner sich weigern, die Transaktion innerhalb einer akzeptablen Zeit zu bestätigen. In dieser Situation kann es hilfreich sein, die Transaktion durch eine eine andere zu ersetzen, die eine etwas höhere Gebühr zahlt. Dies wird als Gebührenerhöhung oder *Fee-Bumping* bezeichnet.

Schliesslich untersuchen wir einige komplizierte Details von Signaturen. Man kann Signaturen je nach Anwendungsfall auf verschiedene Weisen erzeugen. Man kann justieren, woran sich die Signatur bindet: mit anderen Worten, wie der Signaturalgorithmus die Transaktion hasht.

9.1 TIME-LOCKED TRANSAKTIONEN

Keine Gebühr?

Der Einfachheit halber zahlen die meisten Beispiele in diesem Kapitel keine Gebühren.

Folgenummern

Folgenummern sind immer in Inputs enthalten, aber ich habe sie nicht gezeigt, weil sie für die bis jetzt behandelten Transaktionen keine Bedeutung hatten.

Wenn du eine Transaktion erzeugst und signierst, ist sie gültig und bereit für die Einbindung in einen künftigen Block. Du kannst sie sofort broadcasten und minen lassen. Dies ist der Normalfall.

Aber in manchen Fällen willst du vielleicht eine Transaktion signieren mit einer Garantie, dass sie frühestens nächstes Jahr oder, sagen wir, nach Ablauf eines Jahres, in einem Block landen kann.

Angenommen du hast 100 bitcoins, und du willst, dass deine Tochter das Geld auf ihrer Adresse @$_D$ erbt, aber erst nachdem du tot bist. Du kannst dafür eine Transaktion erzeugen, die ein Zeitschloss trägt. Man bezeichnet eine solche Transaktion als *zeitverriegelt* oder *time-locked* (Abbildung 9.1).

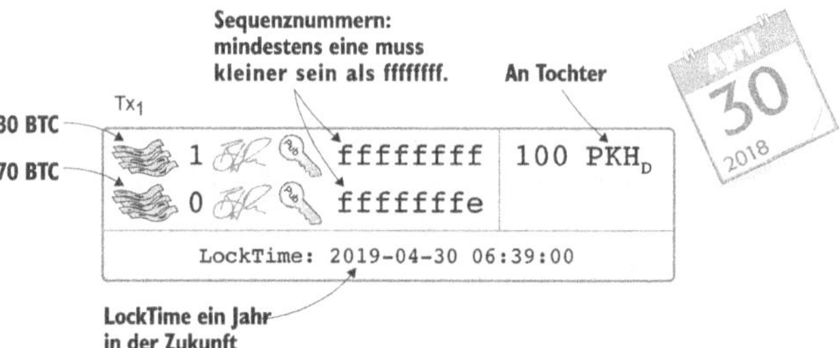

Abbildung 9.1: Eine Zahlung an deine Tochter, die am 30. April 2019 gültig wird.

Was diese Transaktion besonders macht sind die Folgenummern, Sequenznummern oder *Sequence Numbers*, in den Inputs, und die Transaktions Lock Time. Ich hatte die Folgenummern bereits in Kapitel 5 kurz erwähnt.

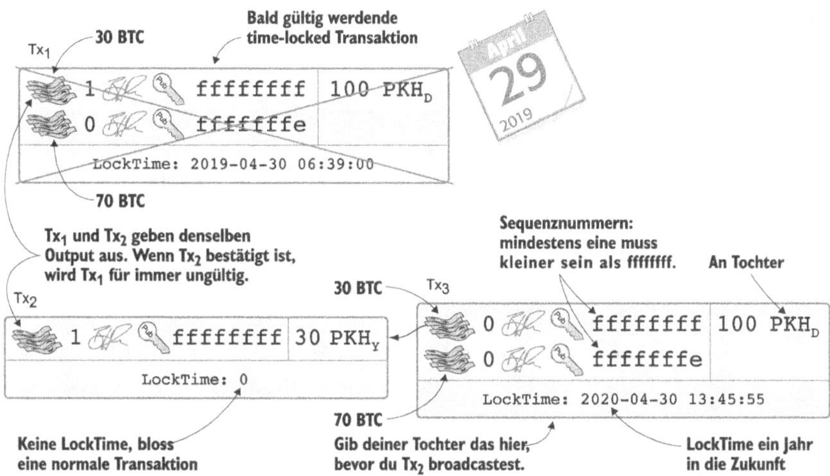

Abbildung 9.2: Mache Tx$_1$ ungültig, indem du einen Output ausgibst, den auch Tx$_1$ ausgibt, und erzeuge eine neue time-locked Transaktion für deine Tochter.

Sie werden benutzt, um die Lock Time zu entsperren, sie zu enablen: besitzt irgendein Input eine Sequenznummer kleiner als `ffffffff`—zum Beispiel `fffffffe`—dann ist die auf der Transaktion gesetzte Lock Time wirksam. Wenn alle Sequenznummern `ffffffff` sind, besitzt die Lock Time keine Wirkung.

Du gibst diese Transaktion, Tx$_1$, deiner Tochter. Die Transaktion ist momentan ungültig; deine Tochter speichert sie in ihrem Computer ab und druckt ein Backup aus, das sie anderswo aufbewahrt. Die Transaktion wird nicht ins Netzwerk gesendet; kein Full Node wird jetzt schon einen Block akzeptieren, der diese Transaktion enthält. Die Transaktion wird erst am Morgen des 30. April 2019 gültig. Wenn du vorher stirbst, muss deine Tochter bis nach der Lock-time warten und dann das Geld anfordern, indem sie die Transaktion sendet, die dann endlich gültig geworden ist.

Wenn du bis zu diesem Tag nicht stirbst, möchtest du sichergehen, dass die time-locked Transaktion nutzlos wird, damit deine Tochter sich nicht nach Ablauf des Datums einfach das Geld nehmen kann.

Du kannst eine Transaktion Tx$_2$ erzeugen, aber noch nicht senden, die einen Output, den Tx$_1$ ausgibt, doppelt ausgibt (Abbildung 9.2). Dann erzeugst du eine neue Transaktion für deine Tochter, die für ein weiteres Jahr time-locked ist. Nachdem sie die Transaktion sicher abgespeichert hat, sendest du Tx$_2$.

Du musst

> **Transaktions-Umformbarkeit, Transaction Malleability**
>
> Es gibt hier ein Problem. Die txid von Tx_2 *kann* sich ändern, während sie gesendet wird, wodurch Tx_3 für immer ungültig wird. Dieses Problem wird als Transaktions-Umformbarkeit oder *Transaction Malleability* bezeichnet und durch Segregated Witness behoben, was in Kapitel 10 diskutiert wird.

1. Eine Transaktion Tx_2, erzeugen, die mindestens einen der Outputs ausgibt, die von Tx_1 ausgegeben werden. Tx_2 ist eine normale, nicht time-locked Transaktion. Sende diese Transaktion aber noch nicht.

2. Eine neue time-locked Transaktion Tx_3 erzeugen, die alle deine Outputs so ausgibt, als wäre Tx_2 confirmed. Tx_3 ist für ein weiteres Jahr gesperrt. + Gib die Transaktion deiner Tochter.

3. Broadcaste Tx_2. Wenn Tx_2 bestätigt ist, wird Tx_1 für immer ungültig, weil einer der Inputs von Tx_1 durch Tx_2 ausgegeben wird.

Beachte, wie die Reihenfolge der Ereignisse hier wichtig ist. Wenn Tx_2 gesendet wird *bevor* du Tx_3 deiner Tochter gibst, könnte es sein dass du stirbst, bevor du ihr Tx_3 geben kannst. Dann kann deine Tochter das Geld nicht bekommen, weil sie keine gültige Transaktion hat, mit der sie das Geld einfordern kann. Tx_1 wurde durch Tx_2 in der Blockchain ungültig gemacht, und Tx_3 ist noch nicht im Besitz deiner Tochter.

9.1.1 ZEITMESSUNGEN

Du kannst die Verschlusszeit auf zwei Weisen angeben. Erstens durch Setzen von Datum und Zeit wie im vorangegangenen Beispiel. Zweitens durch Setzen einer Blockhöhe oder Block Height.

9.1.1.1 BLOCKZEIT

Das erste Beispiel drückte die Lock Time als Datum und Zeit aus. Das bedeutet, die *Median Time Past* musste grösser sein als die Lock Time in der Transaktion. In Kapitel 7 habe ich angemerkt, dass der Timestamp eines Blocks grösser sein muss als der Median der letzten 11 Block Timestamps, die *Median Time Past* des Blocks. Wir verwenden Median Time Past, um zu entscheiden, ob eine Transaktion bezüglich der Lock Time gültig ist. Angenommen, du stirbst am 24. Januar 2019. Deine trauernde Tochter wäre bis zum 30. April 2019 nicht in der Lage, dein Geld zu beanspruchen. Abbildung 9.3 illustriert dies deutlicher.

Die Transaktion deiner Tochter kann in keinem Block vor dem letzten gezeigten bestätigt werden. Vor diesem Block ist die Median Time Past zu früh.

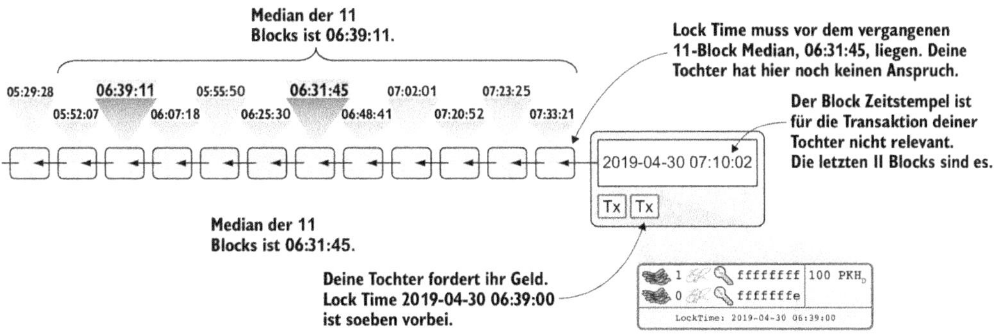

Abbildung 9.3: Deine Tochter kann dein Geld beanspruchen, nachdem die Median Time Past vor deiner Lock Time liegt.

Ihre Transaktion würde sich nicht einmal durch das Bitcoin Netzwerk verbreiten, bis das Time Lock abgelaufen ist. Die Nodes wollen keine zeitgebundenen Transaktionen im Speicher halten, weil es bessere Anwendungen für ihren kostbaren Speicher gibt, als ihn mit Transaktionen zu füllen, die (noch) nicht einmal gültig sind. Es liegt an deiner Tochter, die Transaktion zu senden, nachdem die Lock Time vergangen ist.

9.1.1.2 Block Height

Man kann Zeit auch als Block Height ausdrücken. Man kann zum Beispiel sagen, dass eine Transaktion nicht gültig ist bis nach Block Height 571019. Das bedeutet, die Transaktion in Abbildung 9.4 kann nicht bestätigt werden, bis Block 571019 erzeugt worden ist.

BIP68

Dieser Bitcoin Verbesserungsvorschlag (Bitcoin Improvement Proposal, BIP) beschreibt, wie ein Input einen bestimmten Abstand in Form von Zeit oder Blocks vom ausgegebenen Transaktions Output angeben kann. Er gilt für Transaktionen mit einer Versionsnummer von mindestens 2.

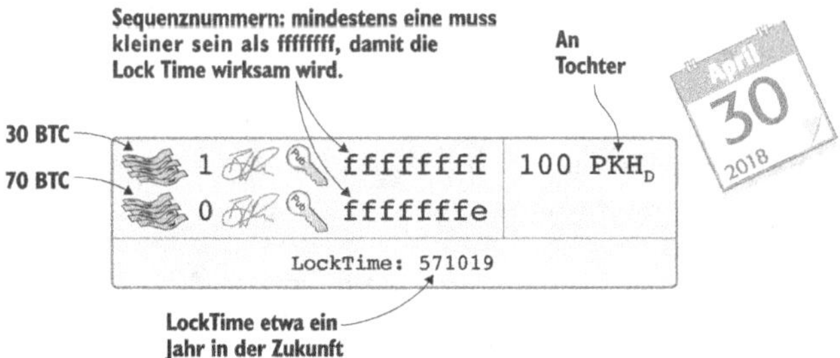

Abbildung 9.4: Eine time-locked Transaktion basierend auf Block Height. Die Transaktion wird erst gültig bei Block Height 571020.

Der früheste Block, in den die Transaktion eingebunden werden kann, ist auf Höhe 571020. Es ist schwer vorauszusagen, wann dieser Block genau produziert werden wird, aber dank der Difficulty Adjustments, welche die durchschnittliche Blockzeit auf rund 10 Minuten einregeln, kann man etwa 52.596 Blocks pro Jahr erwarten.

9.1.2 Relative Time Locks

Das frühere Beispiel zeigte einen Anwendungsfall von absoluten Time Locks auf Transaktionen. Man kann den Input einer Transaktion aber auch so lange blockieren, bis sein ausgegebener Output alt genug ist. Das wird als *relativer Time Lock* bezeichnet. Das geschieht auf Basis der einzelnen Inputs (Abbildung 9.5).

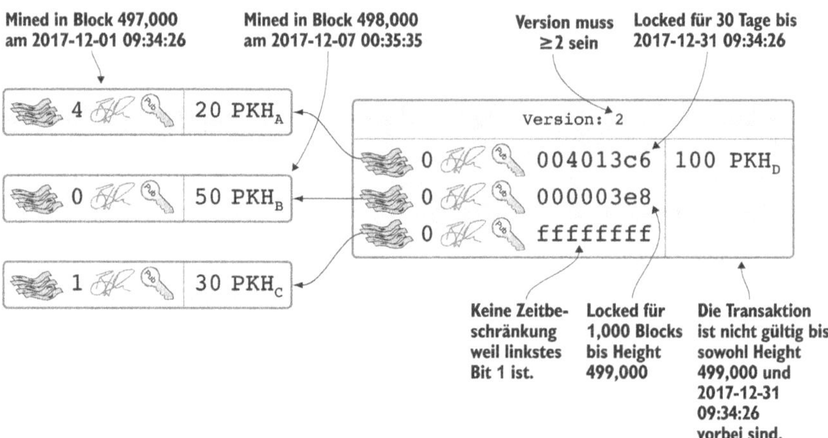

Abbildung 9.5: Relative Time Locks können entweder als Anzahl Blocks oder als Anzahl Zeiteinheiten angegeben werden. Dafür wird die Sequenznummer der Inputs benutzt.

Die Folgenummer des ersten Inputs der Transaktion lautet 004013c6. Das bedeutet, dass der Input erst 30 Tage nach Bestätigung des ausgegebenen Outputs gültig wird (Abbildung 9.6).

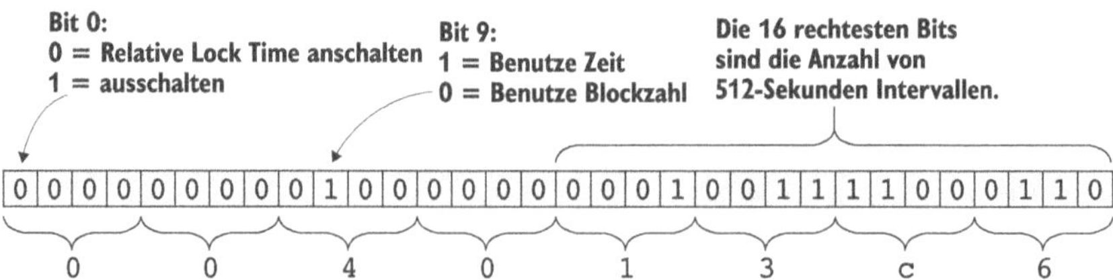

Abbildung 9.6: Der erste Input blockiert die Transaktion bis 30 Tage nach Bestätigung des ausgegebenen Outputs.

Das am weitesten links stehende Bit der Folgenummer ist 0, was bedeutet, dass hier relative Time Locks benutzt werden. Das Bit an Position 9 von links ist 1, was bedeutet, dass die rechten 16 Bits interpretiert werden sollten als "Anzahl Intervalle zu je 512-Sekunden." Die 16 rechten Bits sind 13c6, was in dezimaler Form 5.062 lautet; 5.062 Intervalle zu je 512 Sekunden entspricht rund 30 Tagen.

Der zweite Input hat eine Sequenznummer von 000003e8 (Abbildung 9.7). Das bedeutet, die Transaktion ist solange ungültig, bis 1.000 Blocks produziert wurden, nachdem der ausgegebene Output bestätigt wurde.

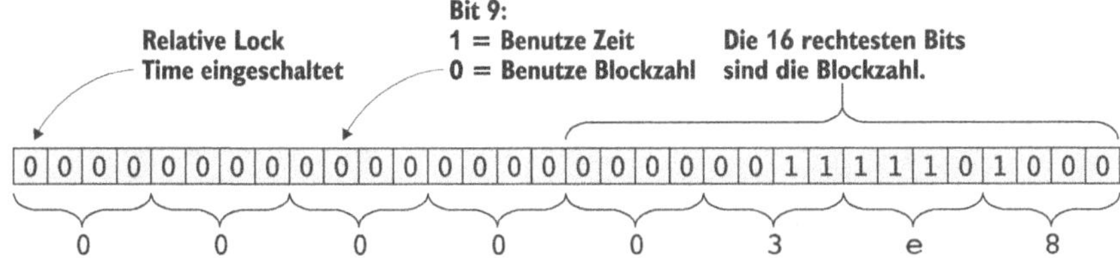

Abbildung 9.7: Der zweite Input blockiert die Transaktion für 1.000 Blocks ab dem ausgegebenen Output.

Das ganz links stehende Bit ist auch hier 0, was bedeutet, dass relative Time Locks für diesen Input eingeschaltet sind. Das Bit an Stelle 9 von links ist 0, was bedeutet, die 16 Bits ganz rechts sollen als Blocknummer interpretiert werden. Der Hex Code 03e8 entspricht 1.000 im Dezimalsystem.

Die Transaktionsversion muss mindestens 2 sein, damit relative Time Locks funktionieren. Wenn die Version 1 ist, haben die Folgenummern keine Wirkung auf die relative Lock Time, aber sie beeinflussen die absolute Lock Time und das Replace-by-Fee Feature, die wir beide später in Abschnitt 9.4 besprechen.

9.2 ZEITVERRIEGELTE OUTPUTS

Zeitschlösser oder Time Locks sind an und für sich nicht sonderlich nützlich. Das einzige, was man mit ihnen machen kann ist, Transaktionen zu erzeugen, die irgendwann gültig werden.

Es ist wohl nützlicher, so etwas zu sagen wie: "Das Geld in diesem Output kann erst nach Neujahr ausgegeben werden." Das wäre ein Beispiel für einen zeitverriegelten Output, oder *time-locked Output*. Ein Output kann absolut oder relativ verriegelt werden, und die Schlösser können zeitbasiert oder blockhöhenbasiert sein.

BIP65

Dieser BIP beschreibt detailliert den Script Operator `OP_CHECKLOCK-TIMEVERIFY`, der den Absolutzeit-verriegelten Output implementiert.

9.2.1 ABSOLUTZEIT-VERRIEGELTE OUTPUTS

> **"OP_DROP?"**
>
> Die Benutzung von OP_CHECKLOCKTIME VERIFY verlangt ein anschliessendes OP_DROP aufgrund der Art, wie der Operator in Bitcoin umgesetzt wurde. Du lernst darüber mehr in Kapitel 10. Ignoriere es im Moment noch.

Angenommen, du willst deiner Tochter 1 BTC Taschengeld zum 1. Mai geben. Dann kannst du dafür eine Transaktion erzeugen wie in Abbildung 9.8 dargestellt.

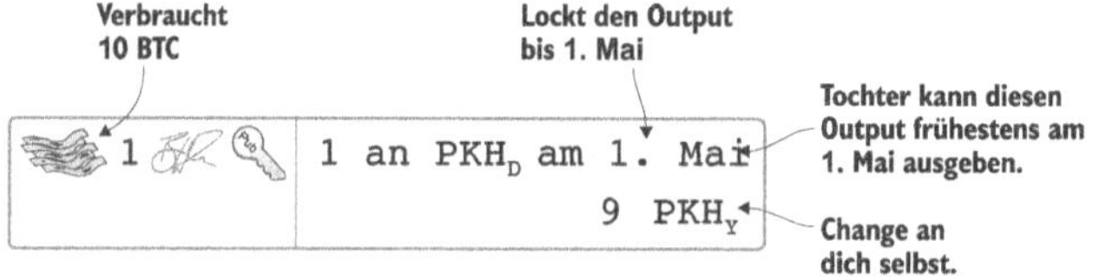

Abbildung 9.8: Taschengeld an die Tochter zahlen. Sie kann es nicht vor dem 1. Mai ausgeben.

Du kannst diese Transaktion sofort an das Bitcoin Netzwerk senden, und sie bestätigen oder minen lassen. Der erste Output ist der interessante Teil. In ihm steht, dass der Output nicht vor dem 1. Mai ausgegeben werden kann. Für die Neugierigen lautet das genaue Pubkey Script

```
<may 1 2019 00:00:00> OP_CHECKLOCKTIMEVERIFY OP_DROP
OP_DUP OP_HASH160 <PKHD> OP_EQUALVERIFY OP_CHECKSIG
```

> **BIP112**
>
> Dieser BIP beschreibt Relativzeit-verriegelte Outputs. Der Script Operator heisst OP_CHECKSEQUENCEVERIFY.

Dieses Script garantiert, dass die Transaktion, die den Output ausgibt, zeitgebunden ist, wie Abbildung 9.9 zeigt.

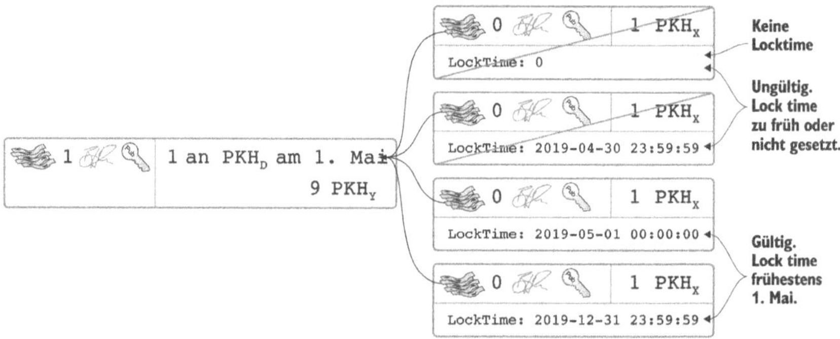

Abbildung 9.9: Verschiedene ausgebende Transaktionen und ihre Gültigkeit.

Die ersten beiden Transaktionen werden nie gültig, weil deren Zeitschlösser nicht spät genug sind. Die erste ist gar nicht verriegelt, was laut Pubkey Script ungültig ist. Die zweite ist zwar wenigstens zeitverriegelt, aber nicht spät genug–1 Sekunde vor dem 1. Mai ist zu früh.

Die dritte Transaktion ist OK, weil das Zeitschloss mindestens so spät ist wie die Zeit im Pubkey Script, nämlich 2019-05-01 00:00:00. Diese Transaktion wird ab dem 1. Mai gültig sein. Die letzte Transaktion wird an Sylvester direkt vor dem Feuerwerk gültig. Beachte aber, dass die letzten Transaktionen nicht beide bestätigt werden können–man kann höchstens eine davon bestätigen lassen–da sie beide denselben Output ausgeben.

Das Ergebnis des Beispiels ist, dass deine Tochter den Output ab dem 1. Mai nach Belieben ausgeben kann.

9.2.2 Relativzeit-verriegelte Outputs

Ein Relativzeit-verriegelter Output funktioniert ähnlich wie ein Absolutzeit-verriegelter Output, aber relative Locks fordern, dass eine gewisse Menge Zeit zwischen dem Block mit dem auszugebenden Output und dem Block mit der ausgebenden Transaktion *vergangen* ist (Abbildung 9.10).

Abbildung 9.10: Das Ausgeben eines Relativzeit-verriegelten Outputs wird nach Ablauf einer gewissen Anzahl Blocks erlaubt.

Relative Zeitschlösser werden am häufigsten in *Digitalen Verträgen* verwendet. Ein digitaler Vertrag kann als herkömmlicher Vertrag angesehen werden, der aber mit Hilfe der Regeln des Bitcoin Netzwerks durchgesetzt wird und nicht durch nationale Gesetze. Verträge werden als Bitcoin Pubkey Scripts ausgedrückt. Wir verdeutlichen die Verwendung von zeitverriegelten Outputs bei einem atomaren Tauschgeschäft, einem *atomic Swap*, im nächsten Abschnitt. Ein atomic Swap bedeutet, zwei Leute tauschen Coins miteinander über verschiedene Kryptowährungen hinweg aus.

> **Atomar**
>
> In der Informatik wird das Wort *atomar* für Vorgänge benutzt, die entweder vollständig oder gar nicht ablaufen. Bei atomaren Tauschgeschäften bedeutet das, entweder der Tausch läuft vollständig durch, oder beide Seiten behalten ihre alten Coins. Andere Ergebnisse sind ausgeschlossen.

9.2.3 Atomare Tauschgeschäfte / Atomic Swaps

Ein häufig erwähnter digitaler Vertrag ist der *atomic Swap*, bei dem zwei Parteien Coins über Blockchains hinweg miteinander tauschen wollen.

Angenommen, John chattet mit Fadime auf einem öffentlichen Forum im

Internet. Sie kennen einander nicht und haben keine gemeinsame Vertrauensbasis. Aber sie wollen miteinander handeln.

Sie einigen sich darauf, dass John 2 BTC gegen 100 von Fadimes namecoins (NMC) eintauscht. Namecoin ist eine Alt-Coin, die als dezentralisiertes Namenssystem, ähnlich DNS, benutzt wird. Wir haben Alt-Coins schon kurz in Kapitel 1 besprochen. Es ist jetzt nicht wichtig zu wissen, wofür Namecoin eigentlich benutzt wird; wir belassen es dabei, dass es eine andere Kryptowährung auf einer anderen Blockchain als der von Bitcoin ist.

Die Unterhaltung zwischen John und Fadime fängt etwa so an:

John: Möchtest du 100 NMC gegen meine 2 BTC eintauschen? Mein Namecoin public Key ist `02381efd...88ca7f23`. Ich habe eine geheime Zufallszahl erzeugt, die den SHA256 Hashwert H hat. Ich sage dir aber die Geheimzahl noch nicht.

Fadime: Klar John, machen wir! Mein Bitcoin public Key ist `02b0c907...df854ee8`.

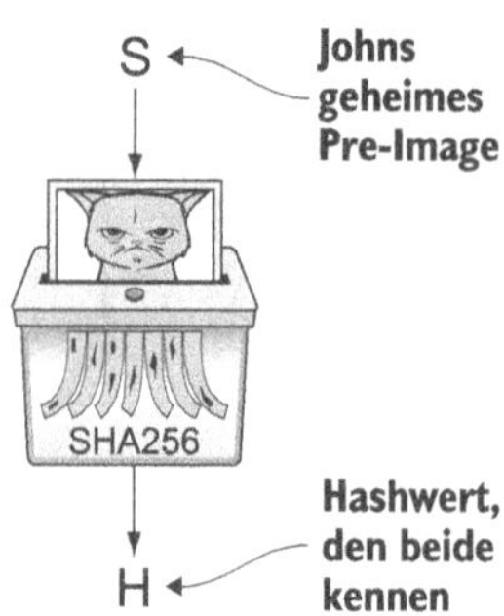

Wir nennen die Geheimzahl S. Nur John kennt momentan S, aber er gibt den Hash von S–das ist H–an Fadime weiter. Jetzt haben beide genug Information, um loszulegen.

Sie erzeugen jeder eine Transaktion (Abbildung 9.11). John erzeugt eine Bitcoin Transaktion, die 2 BTC ausgibt. Fadime erzeugt eine Namecoin Transaktion, die 100 NMC ausgibt. Sie übermitteln ihre Transaktionen noch nicht.

Der Output von Johns Vertragstransaktion kann in einer von zwei Weisen ausgegeben werden:

- Indem das Pre-Image von H und Fadimes Signatur mitgeliefert wird. John kennt dieses Pre-Image–die geheime Zahl S aus der vorhin beschriebenen Unterhaltung–aber Fadime kennt diese Zahl S nicht.

- Mit Johns Signatur nach 48 Stunden.

Ebenso kann der Output von Fadimes Transaktion auf zwei Arten ausgegeben werden:

- Durch Angabe des Pre-Images von H und Johns Signatur.

- Mit Fadimes Signatur nach 24 Stunden.

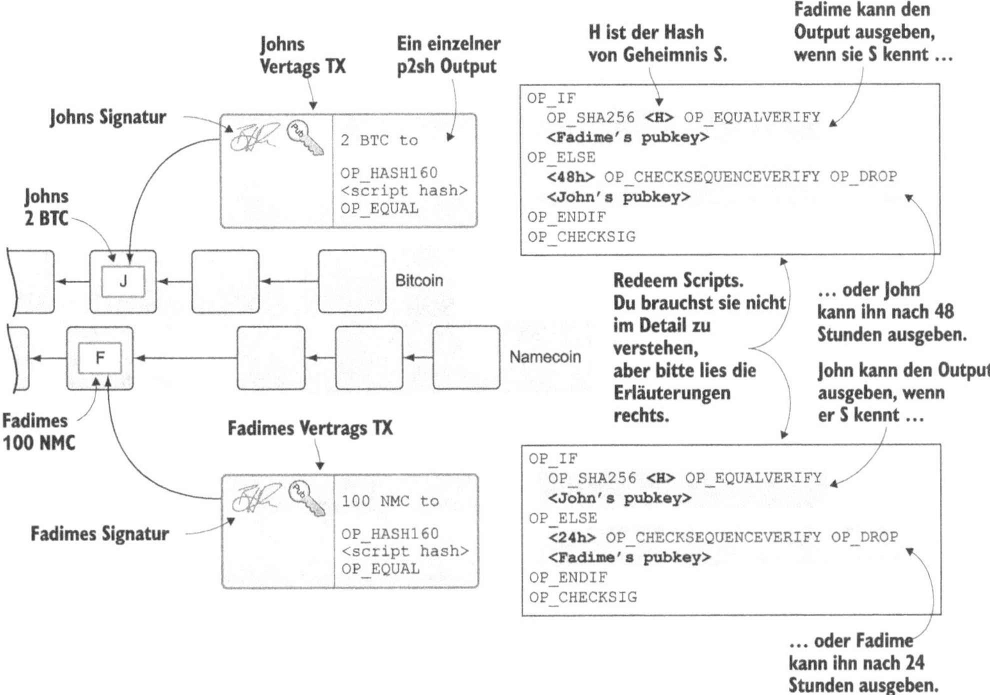

Abbildung 9.11: John und Fadime erzeugen jeweils eine Transaktion. Das Redeem Script des p2sh Outputs enthält die Vertragsdetails.

Die relative Lock Time wird durch den Script Operator `OP_CHECKSEQUENCEVERIFY` erzwungen. Der Operator stellt sicher, dass der Output von Johns Transaktion durch John nicht ausgegeben werden kann, bevor 48 Stunden nach Bestätigung der Vertragstransaktion vergangen sind. In Fadimes Vertragstransaktion garantiert der Operator, dass Fadime den Output nicht ausgibt, bevor 24 Stunden abgelaufen sind.

Fadime weiss, dass John die Geheimzahl kennt. Wenn Fadime jetzt ihre Vertragstransaktion übermittelt, kann John das Geld nehmen und seinen Teil des Vertrags unerfüllt lassen. Deshalb sendet sie ihre Transaktion nicht, bis sie gesehen hat, dass Johns Transaktion sicher in der Blockchain bestätigt wurde. Weil Fadime die Geheimzahl S nicht kennt, kann John seine Vertragstransaktion beruhigt übermitteln, ohne dass Fadime sich das Geld schnappen kann.

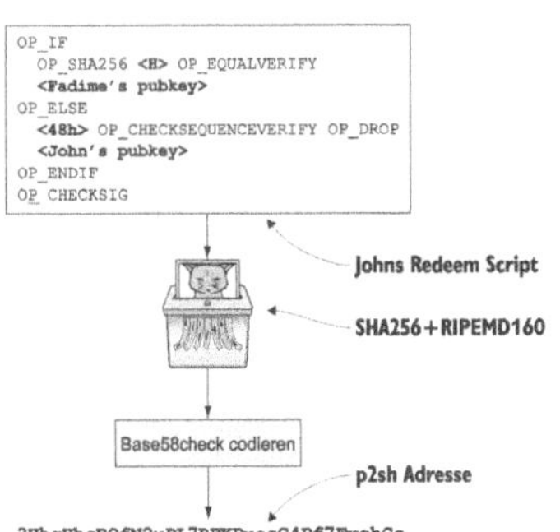

John übermittelt seine Vertragstransaktion. Denke daran, dass der Output der Vertragstransaktion in diesem Beispiel ein pay-to-script-hash (p2sh) Output ist. Der Output enthält eine p2sh Adresse, die nichts darüber sagt, dass dies Johns Vertragsoutput ist. Damit Fadime Johns Vertragstransak-

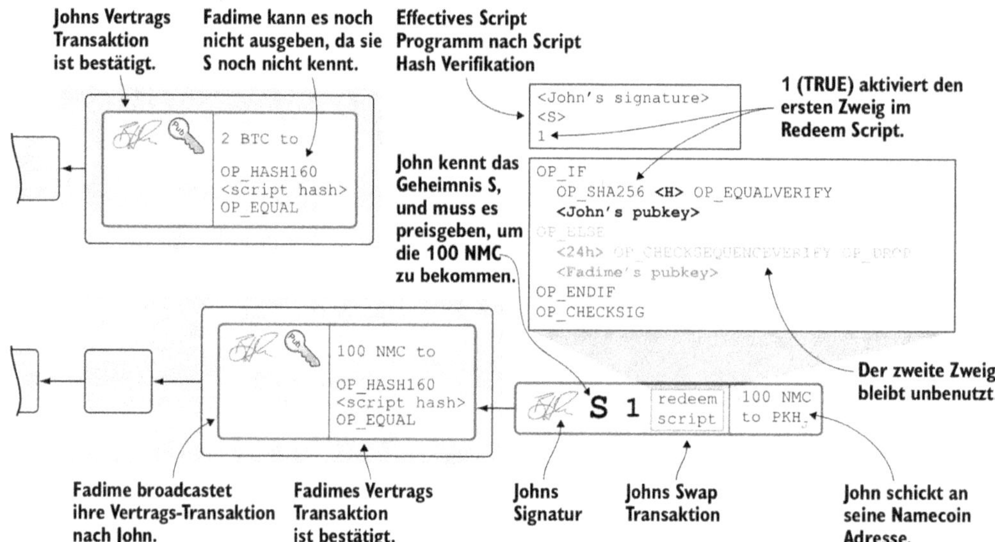

Abbildung 9.12: Der erste Schritt des eigentlichen Tauschgeschäfts. John holt sich Fadimes 100 NMC, indem er das Geheimnis S preisgibt.

tion auf der Bitcoin Blockchain findet, wird sie dasselbe Redeem Script bauen, das John für seine Vertragstransaktion generiert hat, und erzeugt die p2sh Adresse, an die Johns Vertragstransaktion gezahlt hat. Sie kann dann in der Bitcoin Blockchain nach der p2sh Adresse schauen.

Wenn Fadime sieht, dass Johns Transaktion bestätigt wurde, übermittelt sie ihre eigene Transaktion. John wartet, bis Fadimes Transaktion hinreichend tief in der Namecoin bestätigt wurde. Dann geschieht der eigentliche Tausch in zwei Schritten. Abbildung 9.12 zeigt den ersten Schritt.

John übermittelt seine Swap Transaktion. Johns Swap Transaktion gibt Fadimes Vertragstransaktions Output aus, indem es das Geheimnis S und seine Signatur liefert. Beachte wieder, dass John einen p2sh Output ausgibt. Das bedeutet, dass während der Script-Validierung als erstes das Redeem Script, das John im Signatur Script geliefert hat, gehasht und mit dem Hash im Pubkey Script verglichen wird. Danach läuft das eigentliche Redeem Script.

Wir gehen das Programm nicht detailliert durch. Aber wenn das Redeem Script zu laufen anfängt, liegt oben auf dem Stack eine 1. Das bedeutet true in Namecoin ebenso wie in Bitcoin. Dieser Wert führt dazu, dass das Programm den Teil des Scripts laufen lässt, der das Pre-Image und Johns Signatur benötigt. Der andere Teil läuft überhaupt nicht ab.

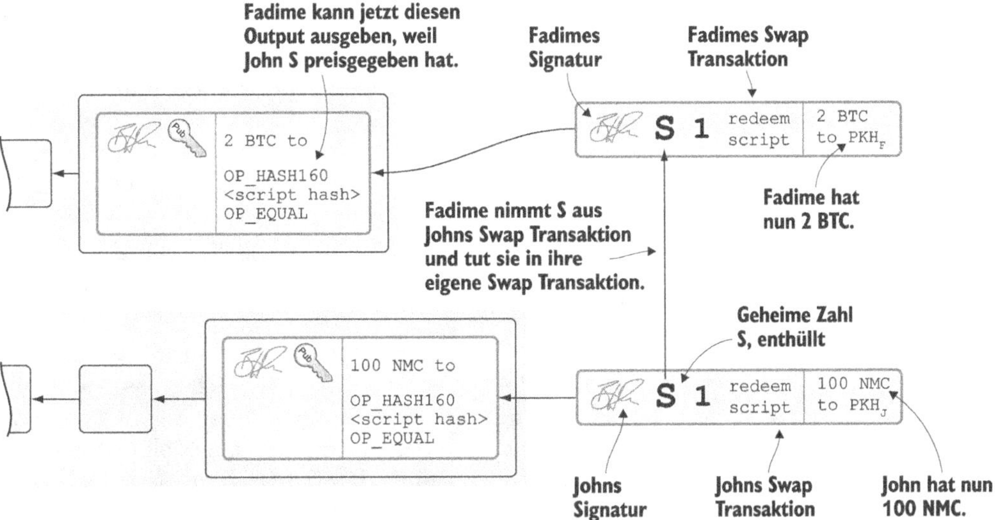

Abbildung 9.13: Fadime komplettiert den Atomic Swap, indem sie ihre Swap Transaktion an das Bitcoin Netzwerk sendet.

Das Script hinterlässt **true** auf dem Stack, weil John beide benötigten Objekte in der richtigen Reihenfolge geliefert hat–seine Signatur und das Pre-Image S. Er holt sich erfolgreich die 100 NMC.

Sobald Fadime Johns Swap Transaktion auf dem Namecoin Netzwerk sieht, kann sie ihre eigene Swap Transaktion für das Bitcoin Netzwerk erzeugen (Abbildung 9.13).

Sie nimmt das Pre-Image, S, aus Johns Swap Transaktion, und tut es in ihre eigene Swap Transaktion, die 2 BTC an Fadimes public Key Hash PKH_F zahlt. Mit Bestätigung der beiden Swap Transaktionen ist der Atomic Swap erledigt. Der Effekt all dessen ist, dass John 2 BTC an Fadime unter der Bedingung geschickt hat, dass Fadime ihm 100 NMC schickt, und dass Fadime 100 NMC an John schickt, sofern er + 2 BTC an sie schickt.

9.2.3.1 Atomic Swap Fehlschlag

Die Abfolge von Ereignissen in diesem Atomic Swap Beispiel illustriert einen Fall, in dem beide Seiten, John und Fadime, sich an die Regeln halten. Niemand musste auf die time-locked Zweige der Vertragstransaktions-Outputs zurückgreifen. Dieser Abschnitt bespricht einige der Arten, auf die der Swap vielleicht schiefgehen könnte:

- *Fadime übermittelt ihre Vertragstransaktion nicht.* Das bedeutet, John kann den Output von Fadimes Vertragstransaktion nicht ausgeben, was wiederum bedeutet, dass Fadime S nie zu Gesicht bekommt. Ohne S kann sie Johns Vertragsoutput nicht ausgeben. Das einzige mögliche Ergebnis ist, dass John 48 Stunden warten muss, damit das relative Time Lock ausläuft, und er dann sein Geld wiederholen kann.

- *John gibt Fadimes Vertragsoutput 24 Stunden lang nicht aus.* Fadime kann ihre Coins zurückholen und John muss noch weitere 24 Stunden warten, bis er seine Coins auch wiederbekommt.

- *John gibt Fadimes Coinbase Output aus, kurz nach Ablauf der 24 Stunden aber bevor Fadime ihre Coins zurückholt.* Glücklicherweise hat Johns Vertragsoutput eine 48 Stunden relative Lock Time, im Gegensatz zu den 24 Stunden in Fadimes Vertragsoutput, also kann John seine Coins erst zurückholen, nachdem er weitere 24 Stunden abgewartet hat. Während dieser Zeit kann Fadime ihre BTC aus Johns Vertragsoutput holen, indem sie S und ihre Signatur liefert.

- *Fadime wird kurz nach Übermittlung ihres Vertragsoutputs vom Bus überfahren.* Das ist nicht gut. John kann sich die NMC aus Fadimes Vertragsoutput holen und nach 48 Stunden Wartezeit auch seine BTC zurückholen. Hier hat Fadime verloren.

Im letzten Fall könnten wir argumentieren, dass der Swap nicht atomar ablief. Schliesslich ist er nicht durchgegangen und John hat am Ende alle Coins bekommen. Das ist eine etwas philosophische Frage. Aber wir können Swaps als atomar bezeichnen unter der Bedingung, dass Fadime agieren kann. Wir haben diese Bedingung aber nicht für John. Es hängt davon ab, wer das Geheimnis S erzeugt.

9.3 Speichern von Zeug in der Bitcoin Blockchain

In der Anfangszeit von Bitcoin wurde klar, dass Leute Zeug in Transaktionen auf der Bitcoin Blockchain speichern wollten, das nichts mit Bitcoin zu tun hatte: zum Beispiel Listing 1, was eine Blockchain Ehrung des Kryptografen Sassama darstellt, die angeblich von Dan Kaminsky gepostet wurde (die Nachricht wurde in drei Kolumnen umgebrochen, um Platz zu sparen.)

```
---BEGIN TRIBUTE---        LEN "rabbi" SASSAMA        P.S.  My apologies,
#./BitLen                       1980-2011             BitCoin people.  He
::::::::::::::::::::        Len was our friend.        also would have
:::::::.::.::.:.::         A brilliant mind,           LOL'd at BitCoin's
:.: :.' ' ' ' '  : :       a kind soul, and           new dependency upon
:.:'' ,,xiW,"4x, ''        a devious schemer;            ASCII BERNANKE
:   ,dWWWXXXXi,4WX,        husband to Meredith         :':::.::::::.:::.::.:
' dWWWXXX7"        'X,      brother to Calvin,         : :.: ' ' ' ' : :':
  1WWWXX7     __    _ X     son to Jim and             :.:       _.__      '.:
:WWWXX7 ,xXX7' "^^X        Dana Hartshorn,            :   _,^"    "^x,    :
1WWWX7, _.+,, _.+.,         coauthor and              '  x7'           '4,
:WWW7,. '^"-" ,^-'          cofounder and              XX7              4XX
  WW",X:         X,         Shmoo and so much          XX                XX
  "7^^X1.    _(_x7'         more.  We dedicate         X1 ,xxx,    ,xxx,XX
  1 ( :X:       __ _        this silly hack to        ( ' _,+o, | ,o+,"
  '. " XX  ,xxWWWWX7        Len, who would have        4   "-^' X "^-'" 7
   )X- "" 4X" .___.         found it absolutely        1,      ( ))       ,X
,W X       :Xi _,,_         hilarious.                 :Xx,_ ,xXXXxx,_,XX
WW X        4XiyXWWXd       --Dan Kaminsky,             4XXiX'-___-'XXXX'
"" ,,       4XWWWWXX        Travis Goodspeed            4XXi,_    _iXX7'
, R7X,         "^447^                                  , '4XXXXXXXXX^ _,
R, "4RXk,        _, ,                                  Xx,   ""^^^XX7,xX
TWk  "4RXXi,    X',x                                  W,"4WWx,_ _,XxWWX7'
1TWk,  "4RRR7' 4 XH                                   Xwi, "4WW7""4WW7',W
:1WWWk,   ^"      '4                                  TXXWw, ^7 Xk 47 ,WH
::TTXWWi,_  X11 :..                                   :TXXXWw,_ "), ,wWT:
=-=-=-=-=-=-=-=-=-=                                   ::TTXXWWW 1X1 WWT:
                                                      ----END TRIBUTE----
```

Listing 9.1: Eine Ehrung in einer Transaktion

Obwohl dies sicher interessant und originell war, hatte es ein paar Implikationen für Bitcoins Full Nodes.

Die Nachricht in Listing 1 wurde in der Blockchain verewigt mit einer einzigen Transaktion mit der txid

930a2114cdaa86e1fac46d15c74e81c09eee1d4150ff9d48e76cb0697d8e1d72

Der Autor hat eine Transaktion mit 78 Outputs erzeugt, eine pro 20-Zeichen
Zeile in der Nachricht. Jede Zeile endet mit einem Leerzeichen, sodass nur
19 Zeichen sichtbar sind.

Das Pubkey Script des letzten Outputs sieht zum Beispiel so aus:

```
OP_DUP OP_HASH160 2d2d2d2d454e4420545249425554452d2d2d2d20
↳ OP_EQUALVERIFY OP_CHECKSIG
```

Der interessante Teil ist der PKH. Dies ist kein eigentlicher PKH, sondern
ein erfundener. Vielleicht kannst du das Muster erkennen, wenn du ihn
mit der Zeile "----END TRIBUTE---- " vergleichst:

```
2d 2d 2d 2d 45 4e 44 20 54 52 49 42 55 54 45 2d 2d 2d 2d 20
 -  -  -  -  E  N  D     T  R  I  B  U  T  E  -  -  -  -  -
```

Blockchain Explorer

Du kannst dir die Transaktion mit Hilfe eines Blockchain
Explorers anscheuen, zum Beispiel dem hier Web resource
17.

Dieser "public Key Hash" kodiert eine 20-Zeichen Zeile in der Nachricht.
Er benutzt die *ASCII Tabelle*, um Zeichen zu kodieren. Zum Beispiel wird
das Zeichen – als Byte 2d kodiert. Die Zeichen A-Z werden durch die Bytes
41-5a kodiert, und die Leerstelle als das Byte 20.

Schauen wir uns die PKHs der letzten 10 Zeilen der Nachricht an, zusammen
mit dem ASCII-kodierten Text:

```
20203458586958272d5f5f5f2d60585858582720  4XXiX'-___-'XXXX'
202020345858692c5f2020205f69585837272020   4XXi,_   _iXX7'
20202c20603458585858585858585858585e205f2c20 , '4XXXXXXXXX^ _,
202058782c202022225e5e5e5858372c78582020  Xx, ""^^^XX7,xX
572c22345757782c5f205f2c5878575758372720 W,"4WWx,_ _,XxWWX7'
5877692c20223457573722234557573727 2c5720 Xwi, "4WW7""4WW7',W
54585857772c205e3720586b203437202c574820 TXXWw, ^7 Xk 47 ,WH
3a5458585857772c5f2020292c202c7757543a20 :TXXXWw,_ "), ,wWT:
3a3a5454585857575720 6c586c205757543a2020 ::TTXXWWW lXl WWT:
2d2d2d2d454e4420545249425554452d2d2d2d20 --END TRIBUTE--
```

9.3.1 AUFGEBLÄHTES UTXO SET

Weil die PKHs erfunden sind, haben sie keine bekannten Pre-Images. Das
bedeutet auch, dass keine bekannten public/private Key Paare mit ihnen
assoziiert sind, sodass niemand jemals diese Outputs wird ausgeben können.
Sie sind nicht verwendbar, oder *unspendable*. Die Bitcoin Adresse des letzten
PKHs ist 157sXYpj...QnHB6FGU. Jeder, der Geld an diese Adresse zahlt,

wirft dieses Geld in den Mülleimer. Das Geld ist für immer verloren. Es entspricht dem Verbrennen eines Dollarscheins.

Unspendable Outputs wie diese sind von normalen, verwendbaren Outputs nicht zu unterscheiden. Man kann nicht beweisen, dass sie unspendable sind. Full Nodes müssen sie als verwendbar betrachten, was bedeutet, sie müssen auf ewig diese unspendable Outputs in ihrem Unausgegebenen Transaktions Output (UTXO) Set halten. Das belastet die Nodes unnötig, weil sie all diese Outputs im Speicher halten müssen.

Bitcoin Entwickler haben eine partielle Lösung für dieses Problem entwickelt- Statt Geld an nicht beweisbar unspendable Outputs zu schicken, können Benutzer *beweisbar unspendable* Outputs erzeugen. Wenn ein Full Node feststellen kann, ob ein Output unspendable ist + dann muss er diesen nicht zum UTXO Set hinzufügen.

Die teilweise Lösung involviert einen neuen Script Operator namens `OP_RETURN`. Dieser Operator bricht die Ausführung des Scripts sofort ab. Ein typisches `OP_RETURN` Script kann zum Beispiel so aussehen:

```
OP_RETURN "Ich begreife Bitcoin"
```

Wenn jemand versucht, diesen Output auszugeben, wird das Script abbrechen, sobald es auf den `OP_RETURN` Operator trifft. Wenn das Pubkey Script diesen Operator enthält, kann ein Full Node feststellen, dass der Output nicht verwendbar ist und ihn ignorieren, um zu verhindern, dass das UTXO Set für immer von diesem Unsinn aufgebläht wird. Ein typischer `OP_RETURN` Outpus zahlt 0 BTC, aber er kann auch einen Wert grösser als 0 BTC zahlen, um Geld zu "verbrennen."

Es gibt ein paar Policies hinsichtlich `OP_RETURN`:

- Das gesamte Pubkey Script darf nicht grösser als 83 Bytes sein.

- Es ist nur ein `OP_RETURN` Output pro Transaktion erlaubt.

Diese beiden Policies sind genau das–Policies, also Grundsätze. Full Nodes, die sich an diese Policies halten, relayen keine Transaktionen, die die Policies verletzen. Aber wenn sie einem Block begegnen, der Transaktionen enthält, die die Policies verletzen, dann wird der Block akzeptiert und weitergeleitet. Ich spreche mehr über Policies und *Konsensregeln*, strenge Regeln, die für Blocks gelten, in Kapitel 10 und Kapitel 11.

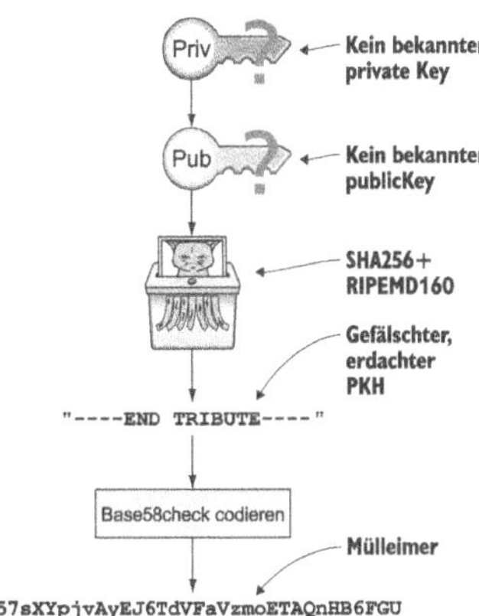

9.3.2 ERZEUGUNG EINES TOKENS IN BITCOIN

Ich bin in Kapitel 1 kurz auf das Protokollieren von Eigentumsrechten auf der Blockchain eingegangen. Angenommen ein Autohersteller, nennen wir ihn mal Ampere, beschliesst, dass er die Eigentumsrechte an seinen Autos auf digitalem Wege auf der Bitcoin Blockchain verfolgen will. Dies kann durch Erzeugung eines Tokens in Bitcoin erreicht werden.

Angenommen Ampere möchte für ein neu hergestelltes Auto mit der Fahrgestellnummer 123456 ein Token erzeugen. Es übermittelt dazu eine Bitcoin Transaktion wie in Abbildung 9.14 gezeigt.

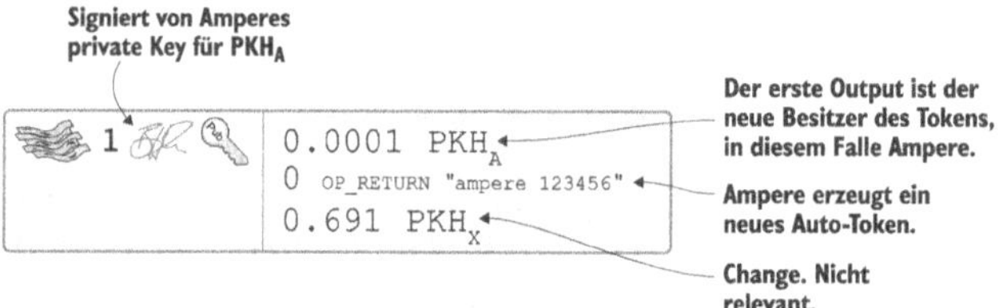

Abbildung 9.14: Ampere erzeugt ein neuen Token für ein neu gebautes Auto. Ampere gibt das Token an sich selbst heraus, weil die Firma das Auto immer noch besitzt.

Das "Ampere Token Protokoll" spezifiziert, dass ein neues Token generiert wird, wenn

- Ampere eine Coin von PKH~ A~ ausgibt.

- Die Transaktion einen `OP_RETURN` Output mit dem Text `"ampere <chassis number>"` enthält.

- Der erste Output ist der initiale Tokenbesitzer.

Ampere hat eine wohlbekannte Webseite auf https://www.ampere.example.com, wo es seinen public Key, der mit PKH$_A$ korrespondiert, veröffentlicht hat. Die Firma verbreitet ausserdem den public Key durch Werbung und über Facebook und Twitter. Es tut all dies, damit Leute sicherstellen können, dass PKH$_A$ tatsächlich Ampere gehört.

Angenommen Ampere verkauft dieses Auto an einen Händler. Der Händler hat einen public Key Hash, PKH$_D$. Abbildung 9.15 zeigt, wie Ampere das digitale Eigentum an den Händler übergibt.

Gemäss unserem einfachen Protokoll wird das Eigentum am Auto übertragen, indem der Output des alten Besitzers ausgegeben wird. Hierbei gelten folgende Regeln:

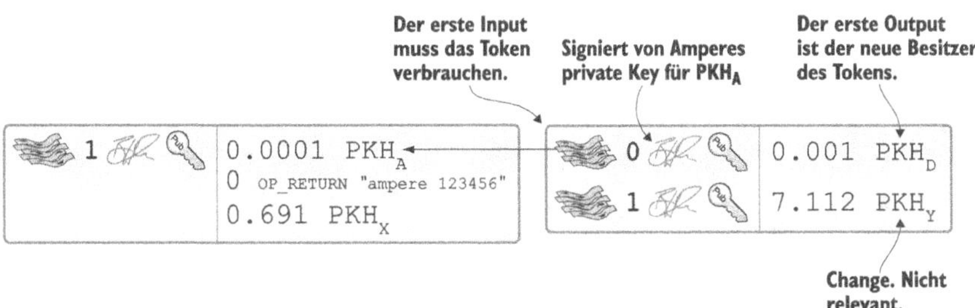

Abbildung 9.15: Ampere verkauft das Auto an der Händler mit dem public Key Hash PKH_D.

- Die ausgebende Transaktion gibt den Output des vorigen Besitzers aus.

- Der erste Output der ausgebenden Transaktion ist der neue Besitzer der Autos.

Der Autohändler ist nun der neue Besitzer, weil PKH_D der erste Output der ausgebenden Transaktion ist. Das ist alles. Wenn der Händler das Auto an eine Kundin verkauft, Fadime, überträgt er die Eigentumsrechte auf Fadimes Adresse PKH_F (Abbildung 9.16).

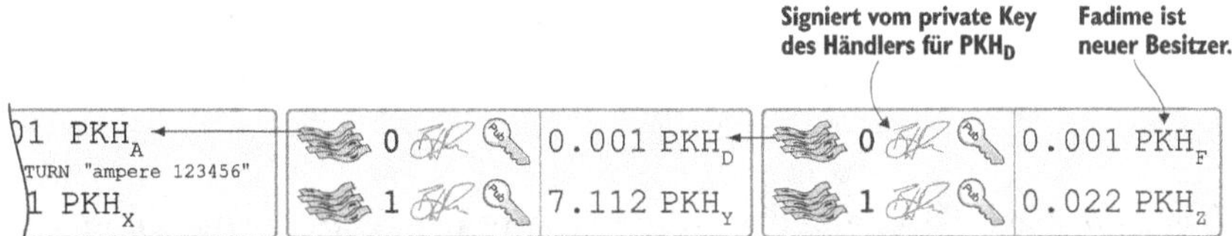

Abbildung 9.16: Der Autohändler überträgt die Eigentumsrechte an dem Auto an Fadimes PKH_F.

9.3.3 Anlassen des Autos mit Proof of Ownership

Nun, da Fadime die rechtmässige Besitzerin des Autos ist, wäre es da nicht toll, wenn sie es anlassen könnte, indem sie beweist, dass sie die Eigentümerin ist? Das kann sie. Der Wagen ist mit einem Zündschloss versehen, das den Motor startet, wenn Fadime den Beweis des Eigentums, den *Proof of Ownership*, an das Auto schickt (Abbildung 9.17).

Fadime bittet zunächst den Wagen, zu starten. Das Auto startet aber nicht, wenn es nicht weiss, dass Fadime den private Key hat, der zu PKH_F gehört. Daher erzeugt das Auto eine sehr grosse Zufallszahl und schickt sie an Fadime, welche diese Zufallszahl mit ihrem private Key signiert und die Signatur und ihren public Key an das Auto zurückschickt. Man nennt diese Zufallszahl eine *Challenge*.

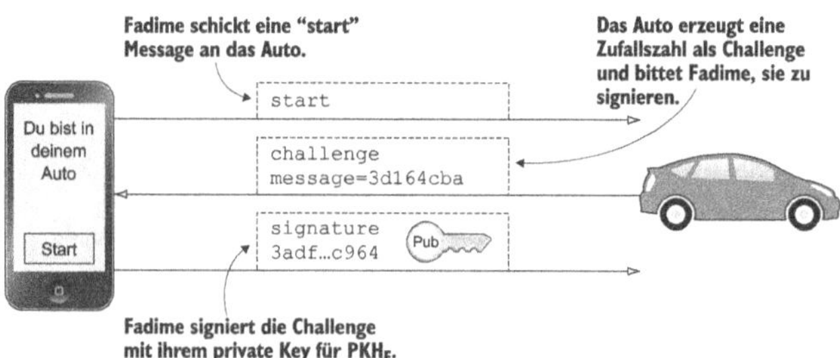

Abbildung 9.17: Fadime startet ihr Auto, indem sie eine Aufforderung des Autos, oder *Challenge*, signiert.

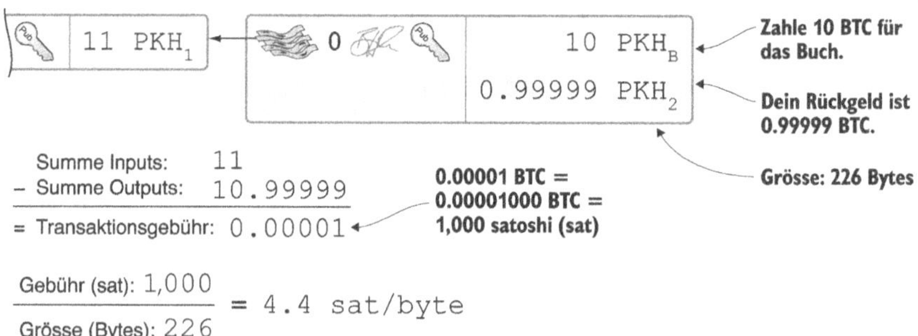

Abbildung 9.18: Du bezahlst ein Buch und setzt die Transaction Fee auf 0,00001 BTC.

Das Auto benötigt den public Key, um zu prüfen, dass er mit dem in der Blockchain gespeicherten PKH_F korrespondiert. Das Fahrzeug bleibt über die Eigentumsrechte an ihm im Bilde, indem es ein Lightweight Wallet beherbergt, welches das Ampere Token Protokoll versteht.

Wenn der Wagen überprüft hat, dass die Signatur gültig ist und vom korrekten private Key stammt, startet es die Maschine.

9.4 ERSETZEN AUSSTEHENDER TRANSAKTIONEN

Wenn du eine Bitcoin Transaktion schickst, um ein Buch online zu kaufen, wartet der Buchladen, bis die Transaktion bestätigt wurde, bevor er dir das Buch schickt. Normalerweise wird deine Transaktion innerhalb von einer Stunde oder so bestätigt. Aber was, wenn nicht? Was, wenn kein Miner jemals deine Transaktion in einen Block hineinnehmen will? Das kann sicherlich passieren, wenn die Transaktionsgebühr zu gering ist (Abbildung 9.18).

Du erinnerst dich vielleicht aus Abschnitt 7.7, dass die Transaction Fee der Summe der Input Werte minus der Summe der Output Werte entspricht. Die Fee pro Byte, die die Miner interessiert, wird durch Division dieser Fee durch die Transaktionsgrösse berechnet–in diesem Fall sind das 1.000 satoshi geteilt duch 226 Bytes, was etwa 4,4 sat/Byte entspricht.

Wenn kein Miner bereit ist, die Transaktion für diese Gebühr zu minen, bleibt deine Transaktion beim Warten auf die Bestätigung stecken. Wird die Transaktion nicht bestätigt, bekommst du dein Buch nicht. Du würdest jetzt wahrscheinlich gerne Abhilfe schaffen. Vielleicht kannst du eine neue, ähnliche Transaktion erzeugen, die aber eine höhere Gebühr zahlt. Probieren wir es (Abbildung 9.19).

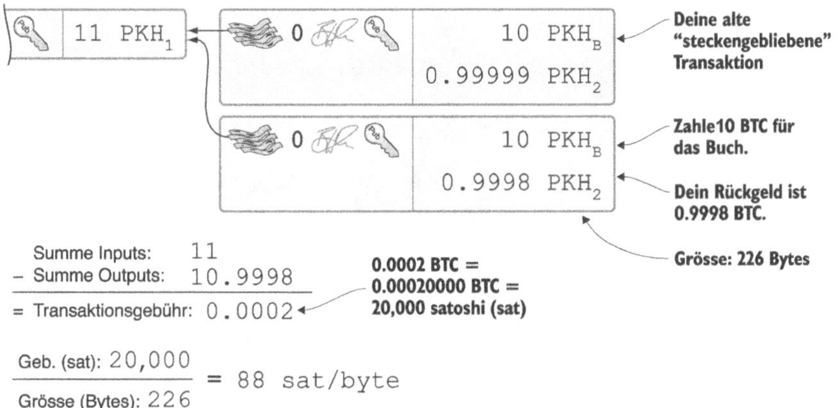

Abbildung 9.19: Du versuchst deine alte, festgefahrene Transaktion durch eine neue mit einer höheren Gebühr zu ersetzen.

Das ist schick: du hast eine neue Transaktion erzeugt und signiert, die eine 20 mal höhere Fee zahlt. Die wird ganz sicher bestätigt, denkst du, und übermittelst die Transaktion.

Das Problem ist, dass deine neue Transaktion wahrscheinlich von den meisten Nodes als Double-Spend Versuch gewertet und fallengelassen wird. Die werden denken, dass die erste Transaktion diejenige ist, die zählt, und sie werden alle weiteren Transaktionen ignorieren, die denselben Output ausgeben. Wie sie mit der zweiten Transaktion umgehen, ist völlig den Nodes überlassen, aber die verbreitetste Policy besteht darin, die Transaktion zu verwerfen. Das ist das, was Bitcoin Core tut, und das ist die am weitesten verbreitete Bitcoin Software. Diese Policy heisst zuerst-gesehen-Policy, oder *first-seen policy*.

Du könntest es schaffen, diese Policy zu umschiffen, indem du die zweite

Hinweis zu den Übungen

Behalte dies im Hinterkopf für Exercise 11.

Transaktion direkt an einen oder mehrere Miner schickst. Miner haben andere Anreize als Full Nodes. Minende Full Nodes wollen Block Rewards verdienen, wogegen nicht minende Full Nodes ihren Verbrauch an Speicher- und Verarbeitungsressourcen niedrig halten wollen. Würde sich ein Miner die zweite, hoch bezahlte Transaktion schnappen, würde er sie höchstwahrscheinlich in seinen Block tun, obwohl die wenig zahlende Transaktion die zuerst gesehene war. Transaktionen auf solche Weise zu ersetzen ist impraktikabel, weil du die Adressen von Minern nicht kennst, solange sie nicht irgendwo veröffentlicht worden sind. Ausserdem gibst du den Minern gegenüber deine IP Adresse preis, und damit werden die Miner zum Ziel für diverse Überwachungsorganisationen oder Firmen, die Informationen über dich zu Geld machen wollen.

9.4.1 OPTIONALER GEBÜHRENERSATZ / REPLACE-BY-FEE

BIP125

Dieser BIP beschreibt, wie Transaktionen sich selbst für ersetzbar erklären können.

Im Jahre 2016 wurde eine Policy für das Ersetzen von Transaktionen ausgerollt. Sie wird im Allgemeinen als *opt-in replace-by-fee*, oder opt-in RBF bezeichnet (Abbildung 9.20). Sie funktioniert durch Verwendung der Sequenznummern in den Transaktionsinputs.

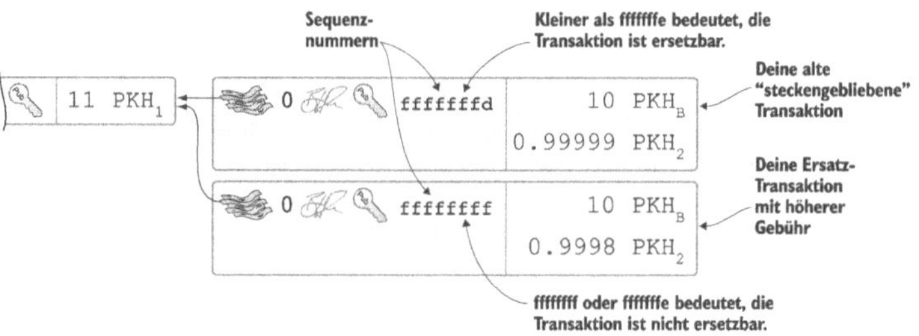

Abbildung 9.20: Benutze Opt-In RBF, um eine Transaktion auf einfachem Wege zu ersetzen, bevor sie confirmed ist.

Wieder einmal angenommen, dass du ein Buch in einem Online Buchladen kaufen willst. Wenn du die Transaktion erzeugst, sorgst du dafür, dass einer der Inputs (in diesem Beispiel gibt es nur einen) eine Folgenummer kleiner als `fffffffe` besitzt. Dies signalisiert den Nodes, dass du diese Transaktion als ersetzbar markieren möchtest.

Wenn ein Node diese Transaktion empfängt, behandelt er sie wie eine normale Transaktion, aber er merkt sich die Ersetzbarkeit.

Wenn dir später klar wird, dass die Transaktion wegen zu geringer Gebühren

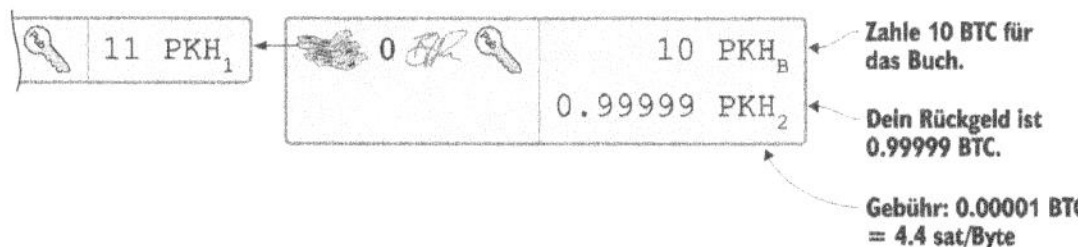

Abbildung 9.21: Du hast keine ausreichende Transaction Fee bezahlt. Die Transaktion ist im *pending* Zustand steckengeblieben, weil die Miner sie nicht in einen Block hineintun wollen.

nicht bestätigt wird, erzeugst eine neue Ersatztransaktion mit einer höheren Gebühr. Wenn du diese Ersatztransaktion sendest, werden die Nodes, die diese empfangen–sofern sie die opt-in RBF Policy umgesetzt haben–die alte Transaktion freundlicherweise durch die neue ersetzen und die neue an ihre Peers weiterleiten. Die alte Transaktion wird verworfen. Auf diesem Weg wird die Ersatztransaktion irgendwann bei allen Nodes ankommen und hoffentlich innerhalb einer vernünftigen Zeit bestätigt werden.

In diesem Beispiel setzt du die Folgenummer des Transaktionsinputs auf ` fffffff`. Das bedeutet, die Ersatztransaktion ist nicht selbst wieder ersetzbar. Wenn du die Ersatztransaktion wiederum ebenfalls ersetzbar haben willst, musst du ihre Folgenummer auf `fffffffd` oder weniger setzen, genau wie du es mit der ersetzten Transaktion getan hast.

Du magst dich vielleicht fragen, wo diese Folgenummern herkommen. Die Intention mit den Folgenummern oder Sequenznummern war von Anfang an, eine andere Art von Transaktionsersatz zu erlauben. Dieses Feature wurde in Bitcoin früh disabled, aber die Folgenummern in den Transaktionsinputs blieben. Diese Nummern wurden seitdem zur Benutzung für absolute und relative Lock Time und replace-by-fee umgewidmet, wie im Laufe dieses Kapitels besprochen. Wenn du jetzt verwirrt bist, mach dir keine Sorgen; Ich summiere die verschiedenen Anwendungen von Folgenummern in Abschnitt 9.6 auf.

9.4.2 KIND ZAHLT FÜR ELTERN, CHILD PAYS FOR PARENT

Es gibt noch eine Art, eine Gebühr nachträglich zu erhöhen. Angenommen du hast die in Abbildung 9.18 beschriebene Situation und merkst, dass die Transaktion steckenbleibt (Abbildung 9.21).

Du kannst eine weitere Transaktion erstellen, die dein Wechselgeld, deine Change, ausgibt und eine extra hohe Gebühr zahlt, um die zu geringe Gebühr in der originalen Transaktion zu kompensieren (Abbildung 9.22).

Angenommen, ein Miner sieht diese beiden Transaktionen. Wenn der Miner

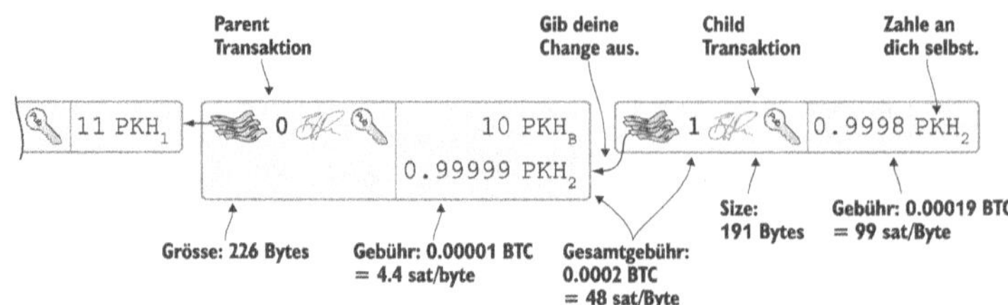

Abbildung 9.22: Deine Change ausgeben und eine extra hohe Gebühr für die "Parent" Transaktion zahlen.

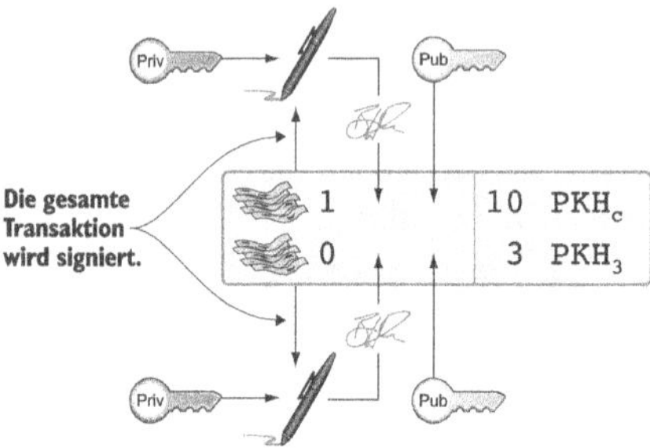

Abbildung 9.23: Normalerweise wird eine ganze Transaktion signiert. Alle Inputs und alle Outputs sind abgedeckt.

die Fee von der Child Transaktion einsammeln will, muss er sowohl Parent als auch Child Transaktion in seinen Block einbringen. Versucht er, nur die Child Transaktion einzubringen, wäre der Block ungültig, weil die Child Transaktion Geld ausgibt, das in der Blockchain nicht existiert.

Sowohl du als auch der Buchladen können diesen Trick anwenden. Wenn du die Gebühr nicht hochschraubst, kann der Buchladen seinen Output von 10 BTC ausgeben und sich selbst davon 9,9998 BTC schicken, was 0,0002 BTC zu der gesamten Gebühr der beiden Transaktionen hinzufügt.

9.5 VERSCHIEDENE SIGNATURTYPEN

Wenn du eine typische Bitcoin Transaktion signierst, signierst du die gesamte Transaktion bis auf das Signatur Script (Abbildung 9.23).

Diese Transaktion enthält zwei Inputs, und jeder Input signiert die komplette Transaktion. Eine Signatur bindet, oder *committet*, sich an alle Inputs und alle Outputs. Wenn irgendwelche Inputs oder Outputs sich ändern, wird die Signatur ungültig.

Abbildung 9.24: Eine Signatur kann sich, je nach SIGHASH Typ, an verschiedene Teile der Transaktion binden. Die Signatur beinhaltet nicht die ausgegrauten Teile.

Du kannst dieses Signaturverhalten ändern, indem du einen Parameter in der Signatur namens SIGHASH Typ verwendest. Du kannst die Signatur auf drei Arten an die Outputs binden (ALL, SINGLE und NONE) und auf zwei Arten an die Inputs (ANYONECANPAY gesetzt oder nicht gesetzt). Jede beliebige Kombination eines Input SIGHASH Typs mit einem Output SIGHASH Typ ist verwendbar, was sechs verschiedene Kombinationen ergibt, wie Abbildung 9.24 zeigt.

Für die Outputs kannst du dich an das folgende binden:

- *Alle Outputs (ALL)*—Niemand darf irgendeinen Output ändern.

- *Ein einzelner Output an derselben Stelle wie der Input (SINGLE)*—Dir geht es nur um einen bestimmten Output. Die anderen Outputs können sich ändern.

- *Keine Outputs (NONE)*—Dir ist egal, wo das Geld hingeht. Jeder kann Outputs hinzufügen, ohne dass deine Signatur ungültig wird.

Für die Inputs kannst du dich wie folgt binden:

- *Alle Inputs (ANYONECANPAY ist nicht gesetzt)*—Niemand kann irgendeinen Input verändern, ohne dass deine Signatur ungültig wird.

- *Nur der aktuelle Input (ANYONECANPAY ist gesetzt)*—Andere Inputs können sich ändern, entfernt oder hinzugefügt werden. Dir ist egal, wer zahlt. Jeder darf zahlen.

Für die überwältigende Mehrheit der Signaturen wird `ALL` zusammen mit einem nicht gesetzten `ANYONECANPAY` benutzt, um sich an die gesamte Transaktion zu binden. Das entspricht dem, was du aus den früheren Kapiteln dieses Buches gewohnt bist. Andere Typen sind selten und werden in erster Linie für spezielle digitale Verträge verwendet.

9.6 Zusammenfassung

Dieses Kapitel war ein Potpourri von Dingen, die man mit Transaktionen anstellen kann.

Transaktionen und Transaktions Outputs können auf verschiedene Arten zeitgesperrt werden, um zu verhindern, dass Geld vor einem bestimmten Datum oder vor Ablauf einer bestimmten Zeitspanne ausgegeben wird, wie die folgende Tabelle zeigt.

Aktion	Ergebnis
Setze die Lock Time einer Transaktion.	Die Transaktion wird erst bei einer bestimmten Block Height gültig.
Setze das relative Time Lock auf einem Input mittels der Folgenummer.	Die Transaktion wird erst nach Ablauf einer bestimmten Zeit oder Anzahl Blocks gültig.
Verwende `OP_CHECKLOCKTIMEVERIFY` in einem Pubkey Script.	Der Output kann erst ab einer bestimmten Zeit oder Block Height ausgegeben werden.
Verwende `OP_CHECKSEQUENCEVERIFY` in einem Pubkey Script.	Der Output kann erst nach Ablauf einer bestimmten Zeit oder Anzahl Blocks ausgegeben werden.

All diese Varianten können entweder in Form von Block Height oder Zeit angegeben werden. Time Locks sind am nützlichsten in digitalen Verträgen wie Atomic Swaps. Ein Atomic Swap erlaubt es Leuten, die sich gegenseitig nicht trauen, ohne vertrauenswürdige Drittpartei Coins miteinander zu tauschen.

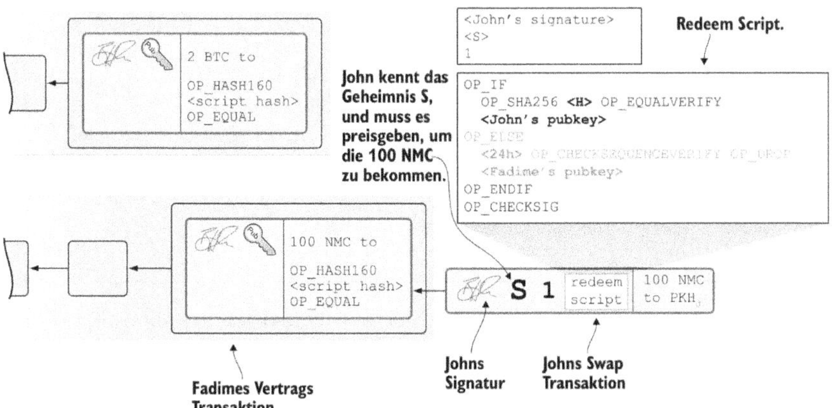

Die allgemeine Idee ist die, dass John das Geheimnis, S, preisgeben muss,
um seine Coins zu bekommen. Fadime kann dann S benutzen, um den
Anspruch auf ihre Coins geltend zu machen.

In OP_RETURN Outputs können beliebige Daten gespeichert werden, ohne
die UTXO Sets der Nodes zu belasten. Das kann zur Erzeugung von Tokens
benutzt werden. Zum Beispiel könnten die Eigentumsrechte an einem Auto
auf der Bitcoin Blockchain geführt und verifiziert werden.

Manchmal kann eine Transaktion im Zustand pending steckenbleiben,
weil kein Miner sie in einen Block hineinnehmen will. Das geschieht üblicherweise, weil du eine zu geringe Gebühr zahlst. Um dieser Situation
vorzubeugen, kannst du die Transaktion als ersetzbar markieren, indem du
die Sequenznummer von mindestens einem Input auf einen Wert kleiner
als fffffffe setzt. Wenn diese Transaktion steckenbleibt, kannst du die
Gebühr nachträglich dadurch erhöhen, dass du eine Ersatztransaktion
sendest, die eine höhere Gebühr bezahlt.

Die Sequenznummern von Inputs werden für verschiedene Zwecke verwendet. Wir haben viele verschiedene Verwendungen für Sequenznummern in
diesem Kapitel kennengelernt und es ist schwer, den Überblick zu behalten.
Tabelle 9.1 fasst die Bedeutung der Werte verschiedener Sequenznummern
zusammen.

Sequenznummernwert	Lock Time, jeder Input	Replace-by-fee (BIP125), jeder Input	Relative Lock Time auf Input (BIP68)*
00000000-7fffffff	✓	✓	✓
80000000-fffffffd	✓	✓	✗
fffffffe	✓	✗	✗
ffffffff	✗	✗	✗

Tabelle 9.1: Sequenznummern werden zum An- und Abschalten diverser Features benutzt. ✓ = angeschaltet, ✗ = abgeschaltet. *Tx Version 2 benötigt.

9.7 ÜBUNGEN

9.7.1 WÄRM DICH AUF

9.1 Was wird vom Input einer Transaktion verlangt, um absolute Lock Time anzuschalten?

9.2 Angenommen, eine Transaktion ist absolut time-locked (absolute time lock) bis zum 25. Dezember 2019 00:00:00. Wie überprüft ein Miner, ob es OK ist, die Transaktion in einen Block einzubauen?

9.3 Wo liegt die relative Lock Time in einem Input?

9.4 Angenommen, Adam und Eva wollen über einen Atomic Swap Coins miteinander austauschen. Wie viele Transaktionen würden bis zum Abschluss auf jeder Blockchain erzeugt?

9.5 Warum ist es schlecht für das UTXO Set, willkürliche Daten wie "HELLO WORLD" als gefälschte PKHs in Outputs zu speichern anstatt in `OP_RETURN` Outputs?

9.6 Warum würdest du eine gesendete Transaktion ersetzen wollen, die noch nicht bestätigt wurde?

9.7.2 GRABE TIEFER

9.7 Erkläre die Unterschiede zwischen absolute Lock Time und relative Lock Time.

9.8 (Diese Übung ist schwer. Du kannst sie gerne überspringen.) Nimm an, du willst 1 BTC darauf wetten, dass es in London am Weihnachtsabend schneit, und Ruth wettet 1 BTC, dass es das nicht tut. Ihr bestimmt eine Person, Beth, der ihr beide damit vertraut, einen eventuell auftretenden Konflikt zu lösen. Du und Ruth kollaborieren bei der Erzeugung und dem Senden einer Transaktion, die jeweils 1 BTC ausgibt und an einen Output von 2 BTC schickt, mit dem folgenden Redeem Script. (Das Redeem Script *kann* kleiner gemacht werden, aber um es leichter lesbar zu machen, habe ich eine etwas grössere Version benutzt.) Erkläre auf konzeptioneller Ebene, wie das Redeem Script funktioniert.

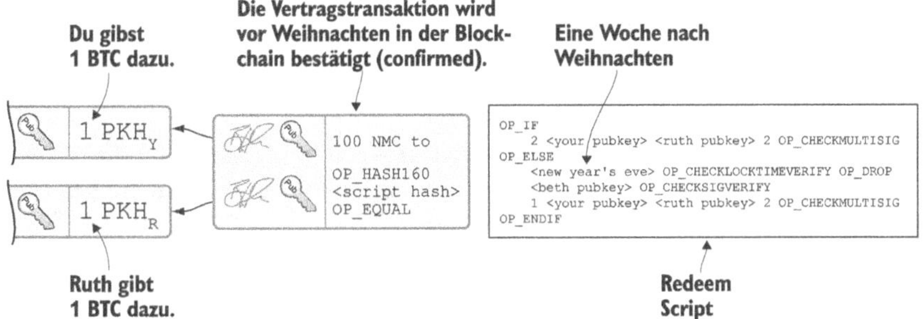

9.9 Wenn ein p2sh Output an den Hash eines Redeem Scripts zahlt, das ausschliesslich aus einem `OP_RETURN` mit 32 zufälligen Bytes besteht, könnten Full Nodes dann wissen, dass der Output unspendable, also unverwendbar ist?

```
OP_RETURN 53a1e411...b4e6d949
```

9.10 Erläutere, wie die first-seen Policy funktioniert. Und sind Nodes verpflichtet, der Policy zu folgen?

11. Opt-in RBF bietet eine Methode zum Ersetzen von Transaktionen. Gibt es irgendeinen fundamentalen Unterschied bezüglich der Sicherheit von Transaktionen, die opt-in RBF angeschaltet haben und solchen, die es abgeschaltet haben? Erläutere deine Argumentation.

9.8 ZUSAMMENFASSUNG

- Transaktionen können ja nach Bedarf der Anwendung in Bezug auf Zeit oder Block Height gesperrt werden. Die Sperren können entweder absolut oder relativ sein.

- Ein Transaktions Output kann verlangen, dass die sie ausgebende Transaktion eine Zeitsperre besitzt. Das ist in vielen digitalen Verträgen nützlich.

- Atomic Swaps sind ein nützlicher Weg, Kryptowährungen zwischen zwei Parteien auszutauschen, die sich gegenseitig nicht trauen.

- Beliebige Daten–zum Beispiel das Eigentums-Token für ein Auto–können in `OP_RETURN` Outputs gespeichert werden, ohne das UTXO Set zu belasten.

- Eine Transaktion kann als ersetzbar markiert werden. Das lässt dich die Transaktion ersetzen, falls sie nicht innerhalb einer vernünftigen Zeitspanne bestätigt wird.

- Signaturen können sich mit sechs verschiedenen `SIGHASH` Typen an verschiedene Teile der Transaktion binden. Das kann in bestimmten digitalen Verträgen praktisch sein.

KAPITEL 10

SEGREGATED WITNESS

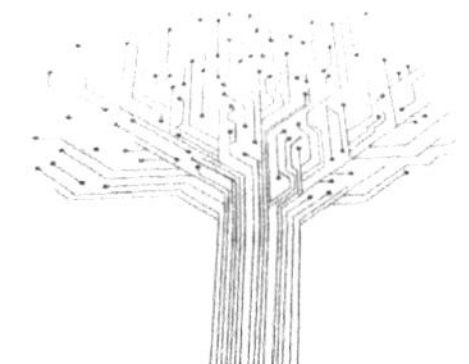

Dieses Kapitel behandelt

- Bitcoins Probleme begreifen

- Entfernung von Signaturen aus Transaktionen

Bitcoin ist bei weitem nicht perfekt. Es hat einige Schwächen, die wir angehen sollten. Der erste Abschnitt dieses Kapitels wird einige dieser Defizite erklären. Unter den kritischsten sind Transaktions-Umformbarkeit oder *transaction malleability* und Ineffizienzen in der Verifikation von Signaturen. Wir haben *transaction malleability* bereits in Abschnitt 9.1 erwähnt–jemand könnte eine Transaktion auf eine subtile, aber gültige, Weise verändern, während diese gesendet wird, was zu einer Änderung der txid führen würde.

Eine Lösung für dieses Problem wurde 2015 bei einer Konferenz über die Skalierung von Bitcoin präsentiert. Die Lösung wird *segregated witness* (SegWit) genannt, was ein merkwürdiger Name dafür ist, dass man Signaturdaten aus den Transaktionen herausnimmt. Ich werde die Lösung im Detail beschreiben: es beinhaltet Änderungen in so ziemlich allen Teilen von Bitcoin, einschliesslich Bitcoin Adressen, Transaktionsformat, Blockformat, lokalem Speicher und Netzwerkprotokoll.

Weil SegWit eine ziemlich grosse Änderung an Bitcoin war, war es nicht einfach auszurollen, ohne das Netzwerk zu erschüttern. Es wurde sorgfältig so gestaltet, dass alte Software weiterhin funktionieren und SegWit Transaktionen und Blocks akzeptieren würde, auch wenn sie einige Teile davon nicht verifizieren würde.

10.1 DURCH SEGWIT GELÖSTE PROBLEME

In diesem Abschnitt besprechen wir die Probleme, die SegWit löst.

10.1.1 TRANSAKTIONS-UMFORMBARKEIT, TRANSACTION MALLEABILITY

Um Transaktions-Umformbarkeit zu erklären, gehen wir zurück zu dem Beispiel in Kapitel 9, in dem du deiner Tochter eine time-locked Transaktion gegeben hast. Wenn knapp ein Jahr vergangen ist, seitdem du deine time-locked Transaktion erzeugt hast, musst du die Transaktion ungültig machen und eine neue time-locked Transaktion generieren, wie in Abbildung 10.1 dargestellt.

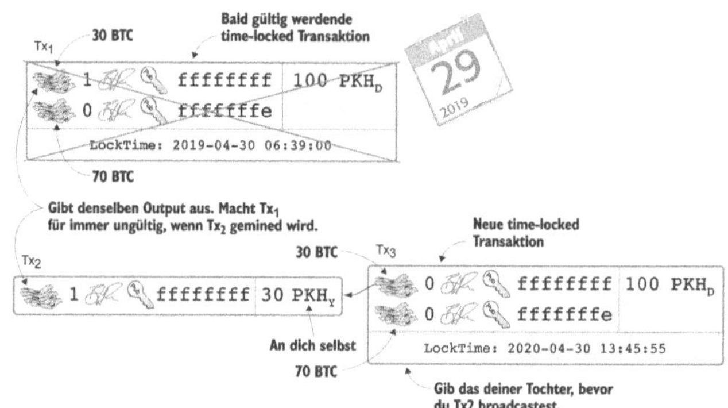

Abbildung 10.1: Du gibst einen der Outputs aus, den die vorige zeitgesperrte Transaktion ausgibt, und erzeugst eine neue zeitgesperrte Transaktion, die du deiner Tochter gibst.

Malleability

Das Wort *malleate* bedeutet umformen–zum Beispiel Metall mit einem Hammer. Dieser Term wird in der Kryptografie benutzt, wenn eine Signatur geändert wird, ohne ungültig zu werden, oder eine verschlüsselte Nachricht geändert wird, ohne völlig unleserlich zu werden.

Es ist wichtig, deiner Tochter die neue zeitgesperrte Transaktion Tx_3 zu geben, bevor du Tx_2 sendest, die die vorhergehende zeitgesperrte Transaktion Tx_1 ungültig macht. Ansonsten kann deine Tochter, wenn du es andersherum machst und zwischen den beiden Schritten von einem Bus überfahren wirst, ihren Anspruch auf das Geld nicht anmelden.

Angenommen du machst das korrekt und gibst zunächst Tx_3 deiner Tochter und sendest dann Tx_2. Tx_3 gibt den Output von Tx_2 aus, was bedeutet, Tx_3 enthält die txid von Tx_2 in einer ihrer Inputs. Schauen wir mal, was passiert, wenn du Tx_2 sendest (Abbildung 10.2).

Qi will Ärger machen. Wenn sie deine Transaktion Tx_2 bekommt, ändert

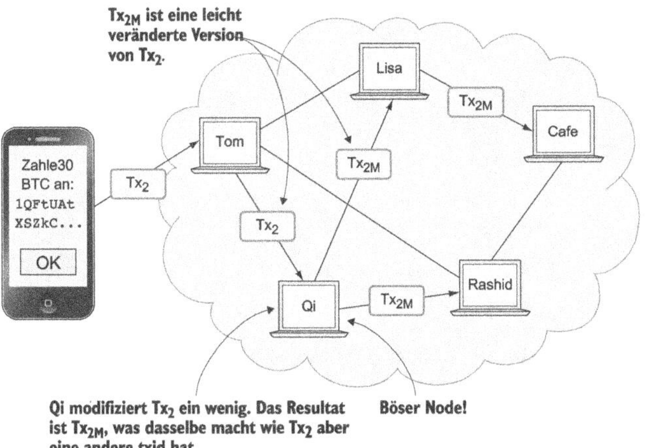

Abbildung 10.2: Deine Transaktion wird auf ihrem Weg durch das Netzwerk von Qi abgeändert.

sie sie auf eine bestimmte Weise zu Tx_{2M} ab, sodass Tx_{2M} zwar immer noch gültig ist und denselben Effekt hat wie die originale Transaktion Tx_2. (Du siehst gleich ein paar verschiedene Wege, wie sie das erreichen kann.) Das Ergebnis ist, dass jetzt zwei verschiedene Transaktionen durch das Netzwerk laufen, die dieselben Outputs ausgeben und dasselbe Geld in derselben Höhe an die selben Empfänger schicken–aber sie haben *unterschiedliche txids*.

Weil Tx_2 und Tx_{2M} dieselben Outputs ausgeben, stehen sie im Konflikt miteinander, und höchstens einer von beiden wird bestätigt. Nehmen wir an, Tx_{2M} gewinnt und findet Eingang in den nächsten Block. Was passiert mit der Erbschaft deiner Tochter? Siehe Abbildung 10.3.

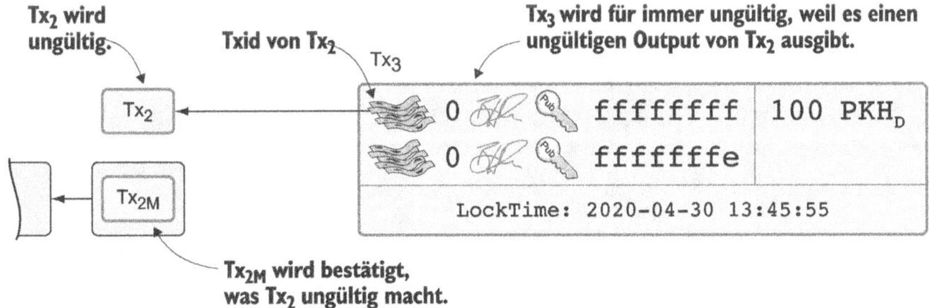

Abbildung 10.3: Die Erbschaft schlägt fehl, weil die zeitgesperrte Transaktion deiner Tochter auf ewig ungültig ist, wegen der Transaktionsumformbarkeit.

Die *umgeformte* Transaktion, Tx_{2M}, wird in der Blockchain gespeichert.

Dadurch wird Tx_2 ungültig, weil die denselben Output wie Tx_{2M} ausgibt. Der erste Input der zeitgesperrten Transaktion, Tx_3, referenziert Tx_2 mittels txid, wenn also der 30. April 2020 vorbei ist, wird deine Tochter nicht in der Lage sein, ihr Erbe anzutreten: Sie würde versuchen, einen Output einer ungültigen Transaktion auszugeben.

10.1.1.1 WIE KANN QI DIE TXID ÄDERN?

BIP66

BIP66 behebt die erste Klasse von Umformbarkeitsproblemen.

Qi hat mehrere Möglichkeiten, die Transaktion zu ändern, ohne sie ungültig zu machen. Alle haben damit zu tun, dass auf die eine oder andere Art das Signatur Script verändert wird. Abbildung 10.4 zeigt drei Klassen von Transaktionsumformung.

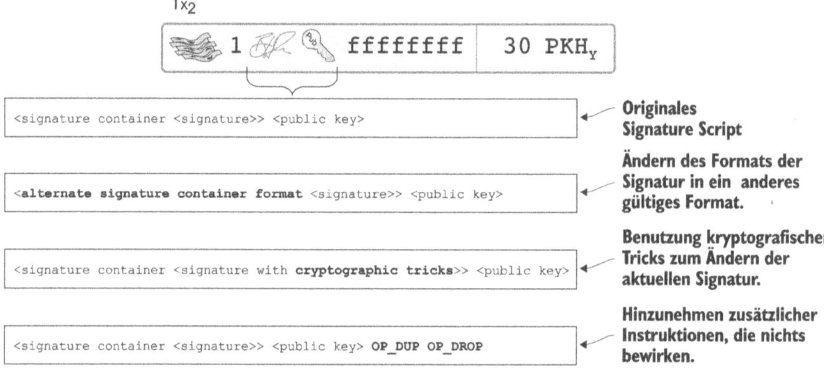

Abbildung 10.4: Drei Klassen von Transaktions-Umformbarkeit.

Die erste modifiziert das Signatur Container Format, was verändert, wie die Signatur im Signatur Script *codiert* wird. Man kann die Signatur auf ein paar verschiedene Weisen codierenn, die alle gültig sind. Dieses Problem wurde bei einem Systemupgrade durch BIP66 behoben, was die Codierung von Signaturen in einer ganz bestimmten Art festschreibt. Der Fix wurde in Block 363724 aktiviert.

Die zweite Art, eine Transaktion umzuformen, ist mittels kryptografischer Tricks. Ich gehe hier nicht in die Details, aber die Signatur kann unabhängig von ihrem Containerformat auf ein paar Weisen verändert werden, ohne dass sie ungültig wird. Nur ein solcher Trick ist bekannt, aber wir können nicht ausschliessen, dass es weitere gibt.

Beim letzten Ansatz geht es darum, das Script Programm selbst zu ändern. Das kann man auf verschiedenen Wegen erledigen. Der in Bild Abbildung

10.4 dargestellte dupliziert (`OP_DUP`) zunächst das oberste Element auf dem Stack und entfernt (`OP_DROP`) anschliessend das duplizierte Element sofort wieder. Im Ergebnis ändert das nichts, und das ganze Programm läuft einwandfrei ab.

Die zweite und dritte Form von Transaktionsumformung werden durch die *relay Policies* ein wenig eingeschränkt. Das bedeutet, Nodes werden verlangen, dass Signaturen bestimmten Regeln unterliegen und dass sich keine Script Operatoren ausser dem Ablegen von Daten im Signatur Script befinden. Andernfalls würde der Node die Transaktion nicht relayen. Aber nichts hält einen Miner davon ab, umgeformte Transaktionen zu minen. Relay Policies wurden implementiert, um Transaktionsumformung zu erschweren, aber sie können sie nicht verhindern.

10.1.2 Unzureichende Signatur Verifikation

Wenn ein Transaktions Script signiert wird, hasht der Signatur Algorithmus die Transaktion auf eine bestimmte Weise.

Erinnere dich an Abschnitt 5.2.1.3 und wie du alle Signatur Scripts vor dem Signieren bereinigt hast. Wenn du aber nur das tätest, dann würden alle Signaturen genau denselben Hash benutzen. Wenn die Transaktion zwei verschiedene Outputs ausgibt, die an dieselbe Adresse zahlen, könnte die Signatur von einem der Inputs in dem anderen Input wiederverwendet werden. Diese Eigenschaft könnte von einem Bösewicht ausgenutzt werden.

Um dieses Problem zu vermeiden, lässt Bitcoin jede Signatur sich an eine leicht veränderte Version der Transaktion binden, indem es das ausgegebene Pubkey Script in das Signatur Script des Inputs kopiert, der gerade signiert wird.

Zoomen wir ein bisschen in das hinein, was da vor sich geht. Nimm an, du willst eine Transaktion mit zwei Inputs signieren. Der erste Input wird

> **Warum benutzt man kein Dummy Byte?**
>
> Das Pubkey Script in das Signatur Script einzufügen scheint überflüssig. Es wäre einfacher, ein einzelnes Dummy Byte in das Signatur Script zu legen, um eine Wiederverwendung der Signatur auszuschliessen. Niemand weiss so richtig, weshalb das Pubkey Script dafür benutzt wird.

signiert wie in Abbildung 10.5 dargestellt.

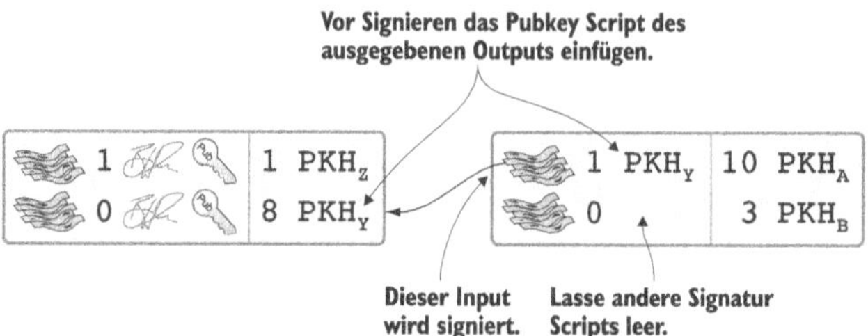

Abbildung 10.5: Signieren des ersten Inputs. Du bereitest es durch Kopieren des Pubkey Scripts in das Signatur Script vor.

Die Signatur Scripts aller Inputs sind leer, aber du kopierst das Pubkey Script des ausgegebenen Outputs und fügst es in das Signatur Script des ausgebenden Inputs ein. Dann erzeugst du die Signatur für den ersten Input und machst mit dem zweiten Input weiter (Abbildung 10.6).

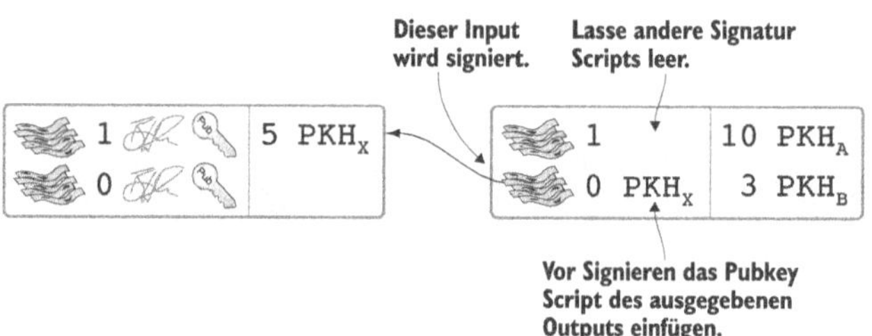

Abbildung 10.6: Signieren des zweiten Inputs.

Hier sind alle Signatur Scripts ausser dem zweiten leer. Das zweite Signatur Script wird mit dem Pubkey Script des ausgegebenen Outputs gefüllt. Dann wird die Signatur erstellt.

Indem man diese Übung für alle Inputs durchführt, stellt man sicher, dass Signaturen nicht für andere Inputs wiederverwendbar sind, auch wenn sie vom selben private Key signiert wurden. Aber das führt auch ein neues Problem ein: Signaturverifikation wird ineffizient.

Angenommen du willst die Signaturen der oben genannten Transaktion verifizieren. Dann musst du im Grunde für jeden Input dasselbe Vorgehen abarbeiten wie als die Transaktion signiert wurde: alle Signatur Scripts aus der Transaktion bereinigen und dann, eins nach dem anderen, die Pubkey Scripts in das Signatur Script des Inputs, den du verifizieren willst, einfügen. Und danach die Signatur für diesen Input verifizieren.

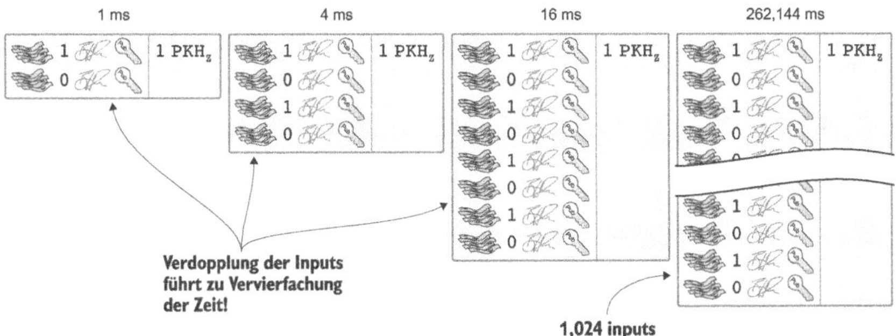

Abbildung 10.7: Gesamtdauer zum Hashen während der Signaturverifikation. Die Zeit vervierfacht sich etwa, wenn sich die Anzahl Inputs verdoppelt.

Das mag harmlos erscheinen, aber wenn die Anzahl Inputs zunimmt, wächst die Menge an Daten, die für jede Signatur gehasht werden müssen. Wenn du die Anzahl Inputs verdoppelst wirst du grob

- Die Anzahl an Signaturen verdoppeln

- Die Grösse der Transaktion verdoppeln

Wenn die Zeit zur Verifikation der Transaktion mit zwei Inputs in Abbildung 10.7 1 ms beträgt, dann dauert es 4 ms um eine Transaktion mit vier Inputs zu verifizieren. Verdopple die Anzahl Inputs erneut, und du bekommst 16 ms. Eine Transaktion mit 1.024 Inputs würde über 4 Minuten brauchen!

Diese Schwäche kann ausgenutzt werden, indem eine grosse Transaktion mit einer Menge Inputs erzeugt wird. Alle Nodes, die verifizieren, werden minutenlang blockiert, wodurch sie während dieser Zeit nicht mehr in der Lage sind, andere Transaktionen und Blocks zu verifizieren. Das Bitcoin Netzwerk als Ganzes verlangsamt sich dadurch.

Es wäre viel besser, wenn die Transaktions-Verifikationszeit linear wachsen würde statt quadratisch.: die Zeit zur Verifikation einer Transaktion würde sich verdoppeln, wenn sich die Anzahl Inputs verdoppelt. Dann würde es nur ungefähr 512 ms dauern, die 1024 Inputs zu verifizieren, anstatt 4 Minuten.

> **Warum 1 ms?**
>
> Die Zeit von 1 ms ist nur ein Beispiel. Die eigentliche Zeit zur Verifikation einer Transaktion variiert von Node zu Node.

10.1.3 Bandbreitenverschwendung

Wenn ein Full Node eine Transaktion an ein Lightweight Wallet sendet, schickt er die komplette Transaktion, die alle Signaturdaten enthält. Aber

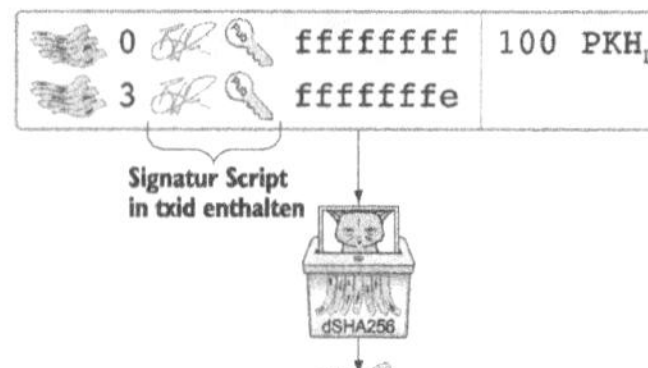

ein Lightweight Wallet kann die Signaturen nicht verifizieren, weil es die ausgegebenen Outputs nicht kennt.

Die Signatur Scripts machen einen erheblichen Teil der Transaktionsgrösse aus. Ein typisches Signatur Script, das einen p2pkh ausgibt, belegt 107 Bytes. Betrachten wir ein par verschiedene Transaktionen mit zwei Outputs, wie in Tabelle 10.1 gezeigt.

Inputs	Gesamte Signatur Script Grösse (Bytes)	Tx Grösse (Bytes)	Relativer Signatur Script Anteil
1	107	224	47%
2	214	373	57%
3	321	521	61%
8	856	1255	68%

Tabelle 10.1: Durch Signatur Script Daten belegter Platz verschiedener typischer Transaktionen.

Wäre es nicht schön, wenn ein Full Node nicht die Signatur Script Daten an das Lightweight Wallet schicken müsste? Du würdest vermutlich über 50% an Datenvolumen einsparen. Es gibt nur ein Problem: diese Daten werden benötigt, um die txids zu berechnen. Wenn du das Senden von Signatur Scripts von Transaktionen überspringst, kann das Lightweight Wallet nicht mehr verifizieren, dass die Transaktion im Block enthalten ist, weil sie den Merkle Proof nicht verifizieren kann (Abbildung 10.8).

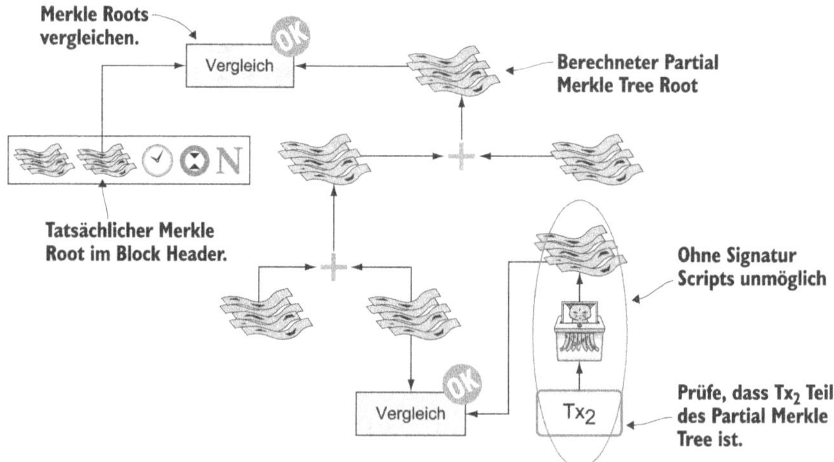

Abbildung 10.8: Ohne die Signatur Scripts könnte das Lightweight Wallet nicht verifizieren, dass sich die Transaktion im Block befindet.

Wir würden das wirklich gerne irgendwie lösen.

10.1.4 Script Upgrades sind schwer

Gelegentlich wollen wir die Script Sprache mit neuen Operationen erweitern. Zum Beispiel wurden OP_CHECKSEQUENCEVERIFY (OP_CSV) und OP_CHECKLOCKTIMEVERIFY (OP_CLTV) der Sprache 2015 and 2016 hinzugefügt. Schauen wir uns an, wie OP_CLTV eingeführt wurde.

Wir beginnen damit, was OP_ Codes sind. Sie sind nichts als ein einzelnes Byte. OP_EQUAL wird zum Beispiel durch den Hex Code 87 repräsentiert. Jeder Node weiss, dass er, wenn er Byte 87 im Script Programm sieht, die beiden obersten Elemente auf dem Stack vergleichen und das Ergebnis auf dem Stack ablegen muss. OP_CHECKMULTISIG ist auch nur ein einzelnes Byte, ae. Alle Operatoren werden durch verschiedene Bytes repräsentiert.

Als Bitcoin erfunden wurde, wurden mehrere NOP Operatoren spezifiziert, OP_NOP1–OP_NOP10. Diese werden durch die Bytes b0–b9 repräsentiert. Sie sind dafür gemacht, nichts zu tun. Der Name NOP kommt von No OPeration, was im Grunde bedeutet "Wenn diese Instruktion auftaucht, ignoriere sie und mach weiter."

Diese NOPs können zur Erweiterung der Script Sprache verwendet werden. Der OP_CLTV Operator ist eigentlich OP_NOP2, oder Byte b1. OP_CLTV wurde durch Freigabe einer neuen Bitcoin Core Version eingeführt, die neu definiert, wie OP_NOP2 funktioniert. Aber es musste auf eine kompatible Art geschehen, damit wir nicht dic Kompatibilität mit altcn, nicht aktualisierten Nodes kaputtmachen.

Gehen wir zurück zum Beispiel von Abschnitt 9.2.1, wo wir deiner Tochter im voraus ein Taschengeld gegeben haben, das sie ab dem 1. Mai einlösen konnte (siehe Abbildung 10.9).

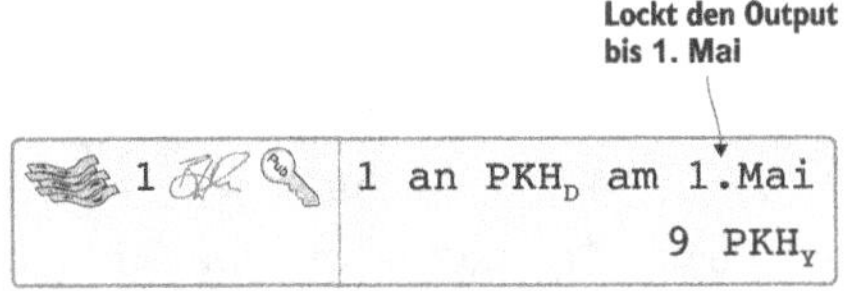

Abbildung 10.9: Benutzung von OP_CLTV, um einen Output bis zum 1. Mai zu verriegeln.

Das Pubkey Script für diesen Output ist

```
<may 1 2019 00:00:00> OP_CHECKLOCKTIMEVERIFY OP_DROP
OP_DUP OP_HASH160 <PKHD> OP_EQUALVERIFY OP_CHECKSIG
```

So interpretiert ein neuer Node–der die neue Bedeutung des Byte b1 kennt–das Script. Er macht folgendes:

1. Legt die Zeit `<1 may 2019 00:00:00>` auf den Stack.

2. Prüft, dass die Lock Time der ausgebenden Transaktion mindestens den Wert hat, der oben auf dem Stack liegt, oder bricht sonst sofort ab.

3. Nimmt den Zeitwert wieder vom Stack herunter.

4. Macht mit der normalen Signatur Verifikation weiter.

Ein alter Node andererseits wird das Script wie folgt interpretieren:

```
<may 1 2019 00:00:00> OP_NOP2 OP_DROP
OP_DUP OP_HASH160 <PKHD> OP_EQUALVERIFY OP_CHECKSIG
```

Er wird

1. Legt die Zeit `<1 may 2019 00:00:00>` auf den Stack.

2. *Nichts tun.*

3. Nimmt den Zeitwert wieder vom Stack herunter.

4. Macht mit der normalen Signatur Verifikation weiter.

ALte Nodes behandeln `OP_NOP2` wie bisher–indem sie nichts tun und weitermachen. Die wissen nichts von den neuen Regeln, die mit dem Byte b1 assoziiert sind.

Die alten und neuen Nodes werden sich gleich verhalten, wenn der `OP_CLTV` auf dem neuen Node gelingt. Aber wenn er auf dem neuen Node fehlschlägt, wird er das auf dem alten Node nicht tun, da "tu nichts" nie fehlschlägt. Die neuen Nodes schlagen häufiger fehl als die alten Nodes, weil die neuen Nodes strengeren Regeln folgen. Die alten Nodes beenden das Script immer erfolgreich, wenn die neuen Nodes das Script erfolgreich beenden. Dies wird als *Soft Fork* bezeichnet_ein System Upgrade, das nicht von allen Nodes verlangt wird. Wir sprechen mehr über Forks, System Upgrades und alternative Währungen, die von Bitcoins Blockchain abstammen, in Kapitel 11.

Du fragst dich vielleicht, wozu die `OP_DROP` Instruktion da ist. `OP_DROP` nimmt das oberste Element vom Stack und wirft es weg. `OP_CTLV` ist so gemacht, dass es sich genau wie `OP_NOP2` benimmt, wenn es erfolgreich ist. Wenn `OP_CTLV` ohne Rücksicht auf alte Nodes entworfen worden wäre, dann würde es vermutlich das oberste Element vom Stack nehmen. Aber weil wir an die anderen Nodes denken müssen, tut `OP_CTLV` dies nicht. Wir brauchen den zusätzlichen `OP_DROP` hinter `OP_CTLV`, um das oberste Element auf dem Stack loszuwerden.

Dies war ein Beispiel dafür, wie alte Script Operatoren so umfunktioniert werden können, dass sie etwas Eingeschränkteres tun, ohne das ganze Netzwerk zu stören.

Diese Methode für Script Upgrades wurde bis jetzt für zwei Operatoren verwendet:

Byte	Alter Code	Neuer Code	Neue Bedeutung
b1	OP_NOP2	OP_CLTV	Verifiziere, dass die ausgebende Transaktion eine ausreichend hohe absolute Lock Time hat.
b2	OP_NOP3	OP_CSV	Verifiziere, dass die ausgebende Transaktion eine ausreichend hohe relative Lock Time hat.

Nur 10 `OP_NOP` Operatoren sind für Script Upgrades verfügbar, und solche Upgrades sind darauf beschränkt, im Erfolgsfalle genau das Verhalten von `OP_NOP` nachzubilden.

Früher oder später werden wir einen weiteren Script Upgrade Mechanismus benötigen, sowohl weil wir irgendwann keine `OP_NOPs` mehr haben als auch weil wir wollen, dass die neuen Script Operatoren sich anders benehmen als `OP_NOP`, wenn sie erfolgreich sind.

10.2   LÖSUNGEN

Eine Lösung für all diese Probleme wurde 2015 auf einer Konferenz präsentiert. Die Lösung war, die Signatur Scripts komplett aus den Transaktionen herauszunehmen.

Schauen wir uns nochmal die Anatomie einer normalen Transaktion an, wie in Abbildung 10.10 gezeigt.

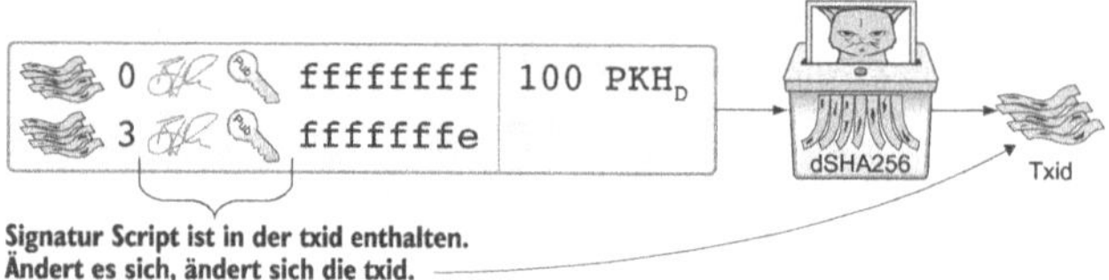

Abbildung 10.10: Die txid wird aus der gesamten Transaktion berechnet, einschliesslich der Signatur Scripts.

> **BIP141**
>
> Die von Segregated Witness definierten neuen Regeln sind spezifiziert in BIP141, "Segregated Witness (Consensus layer)."

Wenn wir das System so ändern könnten, dass die txid nicht das Signatur Script beinhaltet, würden wir alle bekannten Möglichkeiten von unbeabsichtigter Transaktionsumformung eliminieren. Unglücklicherweise würden wir damit auch alte Software inkompatibel machen, weil diese die txid auf die herkömmliche Art berechnet.

SegWit löst dieses Problem und alle vorher genannten Probleme auf vorwärts- und rückwärtskompatible Weise:

- Vorwärtskompatibel, weil Blocks, die von der neuen Software erzeugt wurden, mit der alten Software funktionieren.

- Rückwärtskompatibel, weil Blocks, die durch die alte Software erzeugt wurden, auf der neuen funktionieren.

Im Kryptojargon heisst *Witness*, also Zeuge, im Grunde so viel wie Signatur. Etwas, das die Authentizität von irgendetwas bezeugt. Für eine Bitcoin Transaktion ist der Witness der Inhalt der Signatur Scripts, denn das ist das, was bezeugt, dass die Transaktion authentifiziert wurde. *Segregated* heisst abgetrennt, weil wir den Inhalt der Signatur Scripts von der Transaktion abtrennen und im Effekt die Signatur Scripts leer lassen, wie Abbildung 10.11 zeigt.

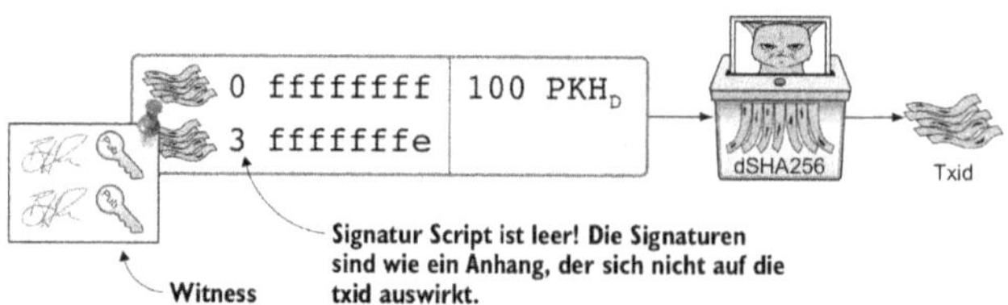

Abbildung 10.11: Eine SegWit Transaktion enthält keine Signaturdaten. Die Signaturen werden stattdessen angehängt. Die txid bindet sich nicht an die Signaturen.

Segregated Witness bedeutet also, der Inhalt der Signatur Scripts wurde aus der Transaktion entfernt und in eine externe Struktur namens Witness eingebracht.

Wir folgen ein paar SegWit Transaktionen, um zu sehen, wie diese verschiedene Teile des Bitcoin Systems tangieren. Aber zuerst tun wir ein wenig bitcoin in unser SegWit Wallet.

10.2.1 SEGWIT ADRESSEN

Angenommen, dein Wallet benutzt SegWit und du verkaufst einen Laptop an Amy. Dein Wallet muss eine Adresse erzeugen, die du Amy geben kannst. So weit nichts Neues.

Aber SegWit definiert einen neuen Adresstyp, der mittels *Bech32* statt base58check codiert wird. Nimm an, dein Wallet erzeugt die folgende SegWit Adresse:

> **BIP173**
>
> Dieser BIP definiert das mit Checksum versehene Codierungsschema Bech32 und wie SegWit Adressen mit Hilfe von Bech32 zusammengesetzt und codiert werden.

```
bc1qeqzjk7vume5wmrdgz5xyehh54cchdjag6jdmkj
```

Dieses Adressformat bietet im Vergleich zu den bereits geläufigen base58check Adressen mehrere Verbesserungen:

- Alle Zeichen sind im gleichen *case*, also gross oder klein, was bedeutet

  - QR Codes können kleiner dargestellt werden.
  - Adressen lassen sich leichter vorlesen.

- Die von Bech32 verwendete Checksumme stellt bis zu 4 Zeichenfehler mit 100% Wahrscheinlichkeit fest. Wenn es mehr Zeichenfehler gibt, beträgt die Wahrscheinlichkeit, das nicht festzustellen, weniger als eins zu einer Milliarde. Das ist eine erhebliche Verbesserung zu der 4 Byte Checksumme in base58check, die keinerlei Garantien bietet.

Deine SegWit Adresse besteht aus zwei Teilen. Die ersten beiden Zeichen, bc (kurz für bitcoin) sind der *menschenlesbare Teil*. Die 1 ist ein begrenzer zwischen dem menschenlesbaren Teil und dem *Datenteil*, der die eigentliche Information codiert, die Amy benuzten wird, um den Transaktionsoutput zu erzeugen.

- Eine Version, 0 in diesem Falle.

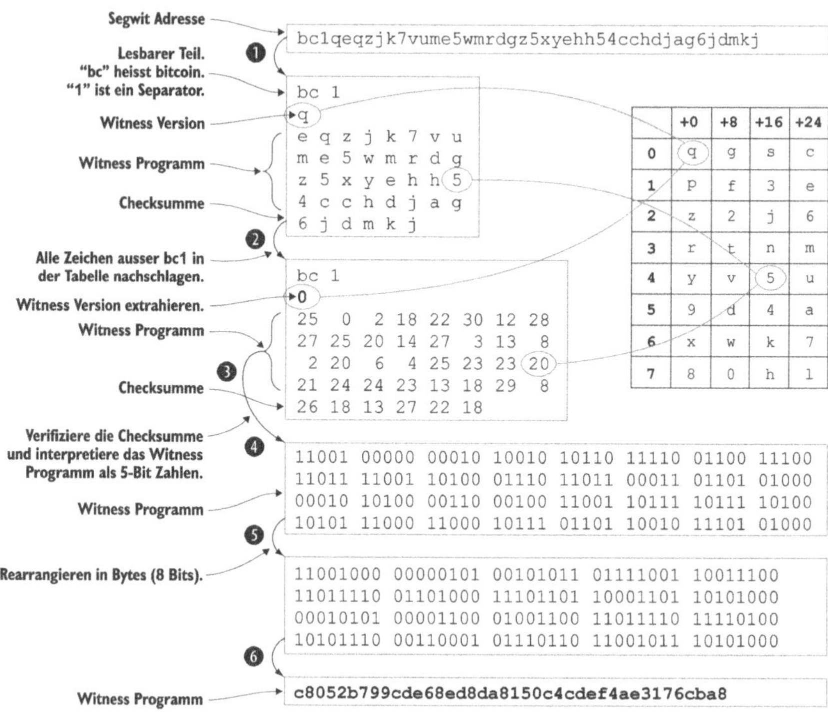

Abbildung 10.12: Amy decodiert die SegWit Adresse, um die Witness Version und das Witness Programm zu erhalten.

- Ein *Witness Programm*. In diesem Fall ist das Witness Programm ein PKH, `c8052b79...3176cba8`.

Wir klären ein bisschen später, was das Witness Programm ist. Stell es dir im Moment einfach als PKH vor. Die Version und das Witness Programm lassen sich aus der Adresse nicht direkt herausziehen, denn sie sind mittels Bech32 codiert. Du gibst die Adresse `bc1qeqzj...ag6jdmkj` Amy, indem du ihr einen QR Code zeigst. Sie hat ein modernes Wallet, das dieses Adressformat versteht, also scannt sie deine Adresse und extrahiert Version und Witness Programm, wie Abbildung 10.12 illustriert.

Dies geschieht in mehreren Schritten:

Checksumme

Ich gehe nicht in Details auf die Checksumme ein. Dafür ermuntere ich die Leser, sich BIP173 anzuschauen.

1. Der menschenlesbare Teil und der Datenteil werden getrennt.

2. Der Datenteil der Adresse wird mit Hilfe der bech32 Nachschlagetabelle Zeichen für Zeichen in Zahlen konvertiert. Die erste dieser Zahlen ist die

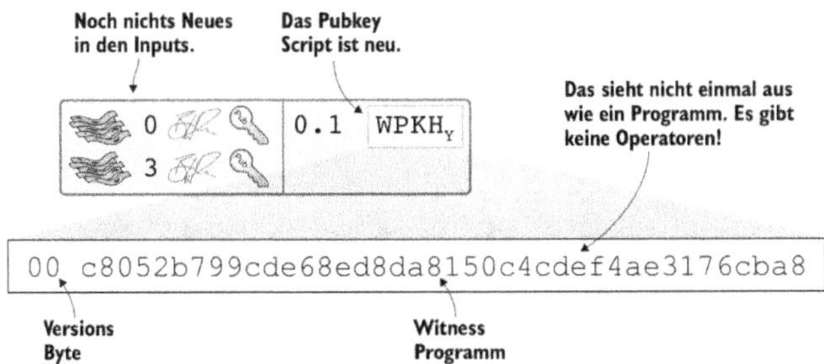

Abbildung 10.13: Amy schickt 0,1 BTC an deine SegWit Adresse. Das Pubkey Script enthält keine Script Operatoren, nur Daten.

Witness Version, 0. Die folgenden Zahlen, bis auf die letzten sechs, sind das Witness Programm. Die letzten sechs Zahlen sind die Checksumme.

3. Die Checksumme wird verifiziert; in diesem Beispiel werden keine Fehler festgestellt.

4. Das Witness Programm wird neu geschrieben, indem jede zahl als 5 Bit Zahl geschrieen wird.

5. Die Bits werden in Gruppen von 8 Bits neu angeordnet. Jede solche Gruppe repräsentiert ein Byte des Witness Programms.

6. Amy extrahiert das Witness Programm als `c8052b7...3176cba8`.

Amy erzeugt eine Transaktion mit einer neuen Art von Pubkey Script, das du noch nicht gewöhnt bist (Abbildung 10.13).

Sie sendet diese Transaktion an das Bitcoin Netzwerk. Das Netzwerk wird die Transaktion akzeptieren, weil sie auf die herkömmliche Weise korrekt signiert ist. Irgendwann wird sie in einen Block eingebaut. Dein Wallet wird bestätigen, dass du das Geld bekommen hast, und du gibst Amy den Laptop.

10.2.2 Ausgeben des Segwit outputs

Jetzt wo du das Geld bekommen hast, möchtest du es für eine gebrauchte Popcorn Maschine ausgeben. Sie kostet nur 0,09 BTC. Es ist ein Schnäppchen! Nehmen wir an, der Besitzer der Popcorn Maschine hat die SegWit Adresse `bc1qlk34...ul0qwrqp`.

Deine Transaktion schickt das Geld an die SegWit Adresse des Besitzers der Popcorn Maschine und zahlt eine 0,01 BTC Transaktionsgebühr (Abbildung

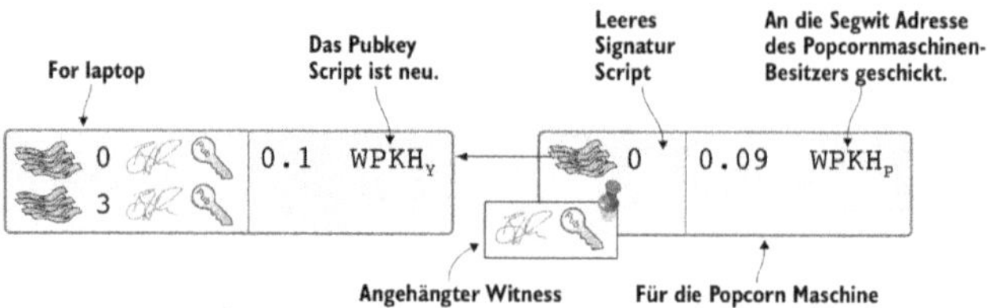

Abbildung 10.14: Du erzeugst und sendest eine Zahlung an den Popcornmaschinen-besitzer.

10.14). Der Input hat ein leeres Signatur Script; die Signaturdaten sind stattdessen als *Witness Feld* im angehängten Witness eingetragen.

Wären mehrere Inputs in dieser Transaktion gewesen, gäbe es mehrere Witness Felder im Witness, eines für jeden Input. Du kannst SegWit Inputs und herkömmliche Inputs mischen, in diesem Fall sind die Witness Felder für die herkömmlichen Inputs leer, weil deren Signaturen im jeweiligen Signatur Script liegen, so wie sie das immer taten.

10.2.3 VERIFIZIEREN DER SEGWIT TRANSAKTION

Kennst du noch p2sh

Ein SegWit Output wird durch Mustererkennung festgestellt, genau so wie ein p2sh Output in Kapitel 5.

Du hast deine Transaktion für die Popcorn Maschine an das Bitcoin Peer-to-Peer Netzwerk zur Verarbeitung geschickt. Schauen wir, wie ein aktueller Full Node diese Transaktion verifiziert, bevor er sie an andere Nodes weiterleitet (Abbildung 10.15). Weil er die letzte und tollste Softwareversion benutzt, weiss er, wie man mit SegWit Transaktionen umgehen muss.

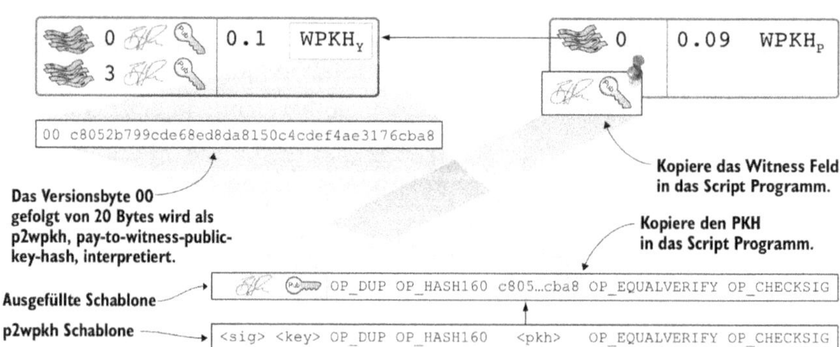

Abbildung 10.15: Ein Full Node verifiziert den Witness deiner Transaktion, Das Muster 00 gefolgt von genau 20 Bytes erfährt eine Sonderbehandlung.

Der Full Node, der SegWit kennt, sucht nach einem Muster im Pubkey

Script, das mit einem einzelnen Versionsbyte beginnt und von einem 2- bis 40-Byte Witness Programm gefolgt wird. In diesem Fall passt das Muster, was bedeutet, es ist ein SegWit Output.

Der nächste Schritt für den Full Node ist, zu verstehen, welche *Art* von SegWit Output es ist. Zum Zeitpunkt des Schreibens gibt es nur eine Version von SegWit Output: Version 00. Diese Version kommt in zwei verschiedenen Geschmacksrichtungen:

- *Pay-to-witness-public-key-hash (p2wpkh)*, gekennzeichnet durch ein 20 Byte Witness Programm, wie in diesem Beispiel

- *Pay-to-witness-script-hash (p2wsh)*, gekennzeichnet durch ein 32 Byte Witness Programm. p2wsh wird später in diesem Kapitel erklärt.

> **Wieso "Witness Programm"?**
>
> Es wird als Witness Programm bezeichnet, da es als Programm einer seltsamen Sprache angesehen werden kann. In der Version "00" ist das Witness Programm ein einzelner Operator, dessen Länge sein Verhalten definiert.

In diesem Fall haben wir das Versionsbyte 00, gefolgt von genau 20 Bytes, was bedeutet, dies ist eine p2wpkh Zahlung. Wenn dem Node das Versionsbyte unbekannt ist, akzeptiert er diesen Input sofort, ohne weitere Bearbeitung. Diese Akzeptanz unbekannter Versionen wird bei späteren, vorwärtskompatiblen Upgrades der Script Sprache nützlich sein. Alle SegWit Nodes erkennen Version 00.

Das p2wpkh ist der einfachste der beiden Typen, weil es ähnlich dem bekannten p2pkh ist. Schauen wir uns an, wie die beiden funktionieren:

- *p2pkh*—Das Pubkey Script enthält das eigentliche Script, welches die Signatur im Signatur Script überprüft.

- *p2wpkh*—Das eigentliche Script ist eine vordefinierte Schablone, ein Template, und das Witness Programm *ist* der PKH, der in die Schablone eingetragen wird. Die Signatur und der public Key werden dem Witness entnommen.

Am Ende ist es augenscheinlich genau dasselbe Programm, das für beide Typen abläuft. Der Unterschied liegt darin, woher die Komponenten kommen. Aber es gibt andere Unterschiede zwischen SegWit Scripts und herkömmlichen Scripts–zum Beispiel hat sich die Bedeutung von `OP_CHECKSIG` geändert, wie wir in Abschnitt 10.2.6 sehen.

Warum überhaupt p2wpkh benutzen, wenn wir sowieso dasselbe Programm laufen lassen wie bei p2pkh? Denk daran, dass wir Transaction Malleability reparieren wollen. Wir tun dies, indem wir die Signaturdaten aus den Transaktion Inputs herausnehmen, sodass niemand die txid durch subtile Änderungen am Signatur Script verändern kann.

Der Full Node hat diese Transaktion verifiziert und schickt sie an seine Peers. Es gibt nur ein Problem: einer der Peers hat keine Ahnung, was SegWit ist. Es ist ein alter Node, der schon eine ganze Weile nicht aktualisiert wurde.

10.2.3.1 "VERIFIZIEREN" AUF ALTEN NODES

Ein alter Node hat gerade deine Transaktion bekommen, und möchte sie verifizieren. Alte Nodes wissen nichts von SegWit, oder dass Witnesses an Transaktionen dranhängen. Der alte Node lädt die Transaktion so wie immer, also ohne den Witness-Anhang. Abbildung 10.16 zeigt, was der Node sieht.

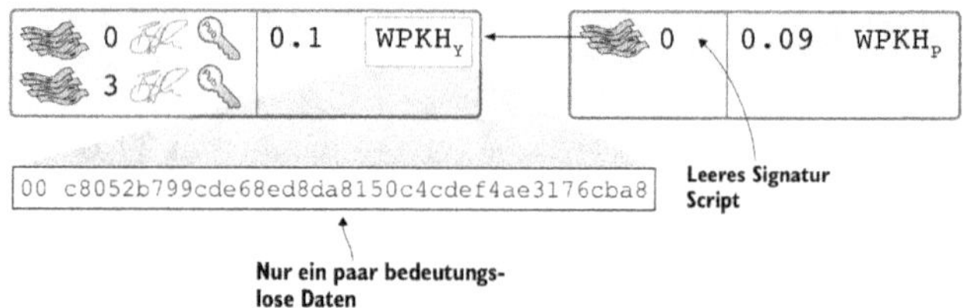

Abbildung 10.16: Ein alter Node sieht nur zwei Datenobjekte im Pubkey Script und ein leeres Signatur Script.

Weil der Node es nicht besser weiss, erzeugt er das Script Programm indem er das leere Signatur Script nimmt und das Pubkey Script daranhängt. Das resultierende Programm sieht so aus:

```
00 c8052b799cde68ed8da8150c4cdef4ae3176cba8
```

Nonstandard Transaktionen

Ein Node, der den ausgebenden Script Typ nicht kennt, leitet die Transaktion normalerweise nicht weiter. Sie wird als nicht standardkonforme Transaktion betrachtet. Diese Relay Policy verringert das Risiko, dass eine Transaktion, die den SegWit Output als anyone-can-spend verwendet, in einem Block landet.

Der Node startet dieses Programm. Das Programm legt zwei Datenobjekte auf den Stack–zuerst 00 und dann c805...cba8. Wenn das fertig ist, ist nichts mehr zu tun als zu prüfen, ob das oberste Element des Stacks, c805...cba8, true ist. Bitcoin definiert alles, was nicht null ist, als true, also läuft dieses Script durch und die Transaktion ist autorisiert.

Das wirkt nicht besonders sicher. Es ist bekannt als *anyone-can-spend*, was bedeutet, dass jeder eine Transaktion erzeugen kann, die den Output ausgibt. Es bedarf keiner Signatur. Man muss nur einen Input mit einem leeren Signatur Script erzeugen, um sich das Geld zu holen.

In Kapitel 11 besprechen wir, auf welche Weise Upgrades wie SegWit sicher ausgerollt werden können. Für den Moment kannst du annehmen, dass 95% der Hashrate (Miner) mit SegWit laufen. Wenn eine Transaktion

deinen Output als anyone-can-spend verwendet und ein non-SegWit Miner
sie in einen Block einbaut, dann wird dieser Block von 95% der Hashrate
abgelehnt und daher aus der stärksten Chain ausgeschlossen. Der Miner
verliert seinen Block Reward.

10.2.4 Einbindung der SegWit Transaktion in einen Block

Deine SegWit Transaktion hat sich über das Netzwerk verbreitet und
alle Nodes haben sie auf dem Weg verifiziert. Jetzt will ein Miner die
Transaktion in einen neuen Block einfügen. Angenommen, der Miner benutzt moderne Software und weiss daher von SegWit. Schauen wir, wie
die Transaktion in den Block eingetragen wird (Abbildung 10.17).

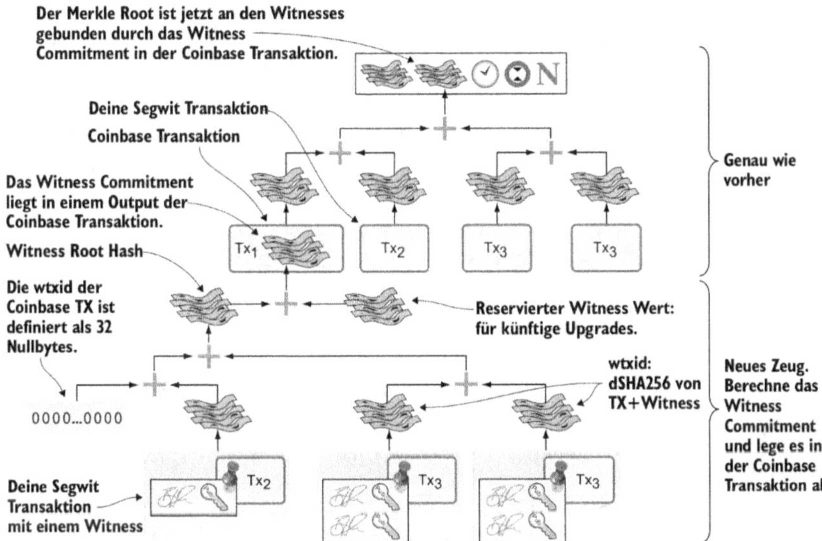

Abbildung 10.17: Deine SegWit Transaktion wird in einen Block integriert. Der Block
bindet sich an den Witness, indem er das Witness Commitment in einen Output der
Coinbase Transaktion legt.

Der Block ist wie zuvor gebaut, aber mit einem wichtigen Unterschied. Eine
neue Blockregel wird mit SegWit eingeführt: wenn es SegWit Transaktionen
in dem Block gibt, dann muss die Coinbase Transaktion einen Output mit
einem *Witness Commitment* enthalten. Dieses Witness Commitment ist
der kombinierte Hash vom *Witness Root Hash* und einem *Reservierten
Witness Wert*. Der Witness Root Hash ist der Merkle Root der *Witness
txids* (*wtxids*) aller Transaktionen in dem Block. Die wtxid ist der Hash
der Transaktion *einschliesslich Witness*, wenn es einen gibt. Es gibt eine

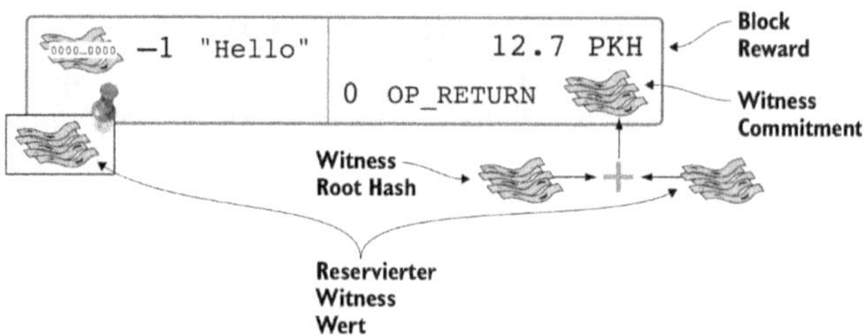

Abbildung 10.18: Der Witness der Coinbase Transaktion enthält den reservierten Witness Wert, und ein OP_RETURN Output enthält das Witness Commitment.

Ausnahme für die Coinbase, deren wtxid immer als 32 Nullbytes definiert ist. Der reservierte Witness Wert ist für zukünftige Systemerweiterungen vorgesehen.

Das Witness Commitment wird in einen OP_RETURN Output geschrieben (Abbildung 10.18).

Der reservierte Witness Wert kann ein beliebiger Wert sein. Aber ein Full Node, der den Block verifiziert, muss eine Methode haben, diesen Wert herauszufinden. Wenn der Node den reservierten Witness Wert nicht kennen würde, dann könnte er das Witness Commitment nicht rekonstruieren, um es mit dem OP_RETURN Output des Witness Commitments zu vergleichen. Der Witness der Coinbase Transaktion enthält den reservierten Witness Wert, damit Full Nodes das Witness Commitment verifizieren können.

10.2.4.1 ALTE NODES VERIFIZIEREN DEN BLOCK

Der Block in Abbildung 10.17 ist für neue, SegWit-fähige Full Nodes gültig, also muss er auch für alte Nodes gültig sein, die nicht wissen, was SegWit ist. Ein alter Node wird keine Witnesses von seinen Peers laden, weil er nicht weiss, dass es so etwas gibt (Abbildung 10.19).

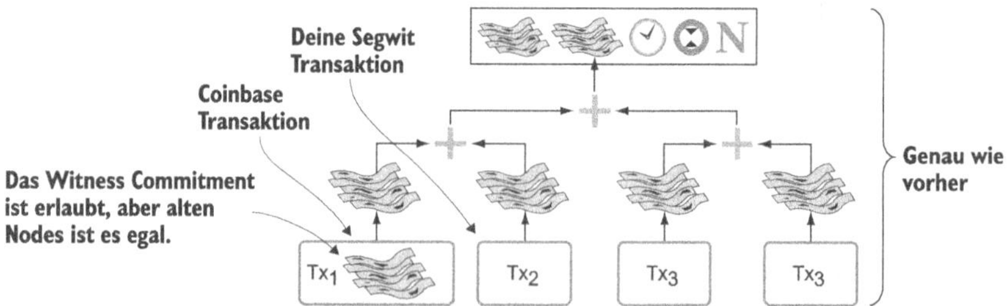

Abbildung 10.19: Ein alter Node verifiziert den Block mit deiner Transaktion. Er wird weder die Signatur noch das Witness Commitment verifizieren.

Dieser Node macht das, was er immer gemacht hat–die Scripts der Transaktion ausführen, die genau so aussehen wie anyone-can-spend Outputs. Das ist in Ordnung, mach weiter. Wenn einige der Transaktionen in dem Block non-SegWit sind, werden diese Transaktionen vollständig verifiziert.

Wir haben jetzt den Kreis mit deiner Transaktion an den Besitzer der Popcorn Maschine geschlossen, der die Maschine an dich übergibt.

10.2.5   PAY-TO-WITNESS-SCRIPT-HASH

Erinnerst du dich daran, wie wir p2sh in Abschnitt 5.5.2 eingeführt haben? p2sh schiebt den Pubkey Script Teil des Programms in den ausgebenden Output. Schauen wir uns nochmal das Wohlfahrts-Wallet an, das John, Ellen und Faiza eingerichtet haben (Abbildung 10.20).

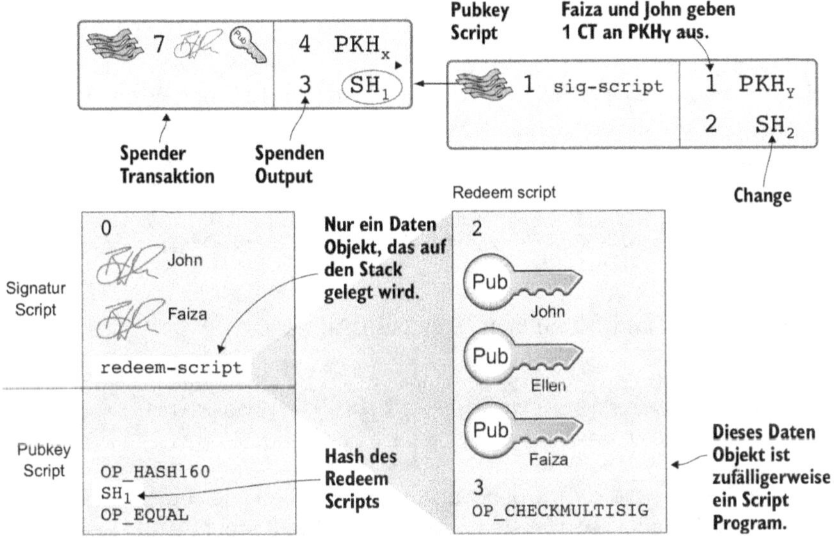

Abbildung 10.20: John und Faiza verbrauchen einen Output aus ihrem Multisig Wallet.

Ihre Idee war, dass der Zahler–in diesem Falle der Spender–keine höhere Gebühr für ein grosses, komplexes Script zahlen sollte. Stattdessen sollte der Empfänger, der dieses extravagante Modell benutzen will, für die Komplexität bezahlen.

Mit SegWit kannst du ungefähr dasselbe mittels pay-to-witness-script-hash erledigen, was die SegWit Version von p2sh ist. Ist die Namensvergabe in Bitcoin nicht fantastisch?

Angenommen, John, Ellen und Faiza benutzen SegWit für ihr Wohlfahrts-Wallet, und dass der vorherige Popcornmaschinenbesitzer das Geld, das er für die Popcornmaschine bekommen hat, der Wohlfahrt spenden möchte.

John, Ellen und Faiza müssen dem Popcorntypen eine p2wsh Adresse geben. Ihr *Witness Script* ist dasselbe wie das p2sh *Redeem Script* war als sie p2sh verwendet haben (Abbildung 10.21).

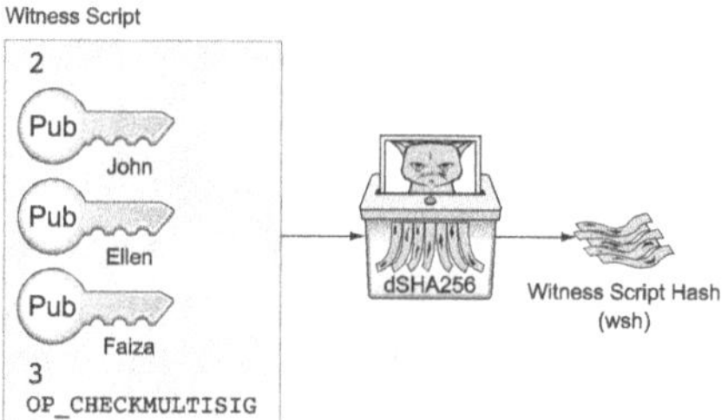

Abbildung 10.21: Das Witness Script wird zu einem Witness Script Hash gehasht.

Sie verwenden diesen Witness Script Hash zur Erzeugung einer p2wsh Adresse auf die gleiche Weise, wie du deine p2wpkh Adresse generiert hast. Sie codieren

```
00 983b977f86b9bce124692e68904935f5e562c88226befb8575b4a51e29db9062
```

mittels bech32 und bekommen die p2wsh Adresse:

```
bc1qnqaewluxhx7wzfrf9e5fqjf47hjk9jyzy6l0hpt4kjj3u2wmjp3qr3lft8
```

Diese Adresse wird dem Popcorntypen übergeben, der eine Transaktion erzeugt und sendet, so wie sie in Abbildung 10.22 steht.

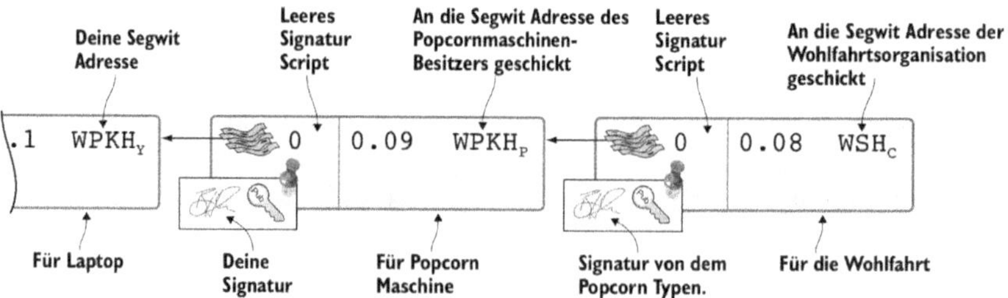

Abbildung 10.22: Der Popcorntyp schickt das Geld an die p2wsh Adresse der Wohlfahrt.

An der Transaktion hängt der Witness dran, genau wie bei deiner Transaktion mit dem Popcorn Typen. Der einzige Unterschied zwischen deiner Transaktion und der des Popcorn Typen ist, dass deren Outputs eine unterschiedliche Witness Programm Länge haben. Deine Transaktion hatte ein 20 Byte Witness Programm, weil es der SHA256+RIPEMD160 Hash eines public Keys war, und die Transaktion des Popcorn Typen hat ein 32 Byte Witness Programm, weil es der SHA256 eines Witness Scripts ist.

Diese Transaktion wird verifiziert und eventuell in einen Block integriert.

10.2.5.1 AUSGEBEN DER P2WSH TRANSAKTION

Angenommen, John und Faiza wollen die 0,08 BTC, die sie vom Popcorntypen bekommen haben, ausgeben, indem sie sie an eine Obdachlosen-Unterkunft der Wohlfahrt schicken. Die Unterkunft hat zufälligerweise auch schon eine p2wsh Adresse. John und Faiza arbeiten zusammen, um die neue Transaktion zu erzeugen, die Abbildung 10.23 zeigt.

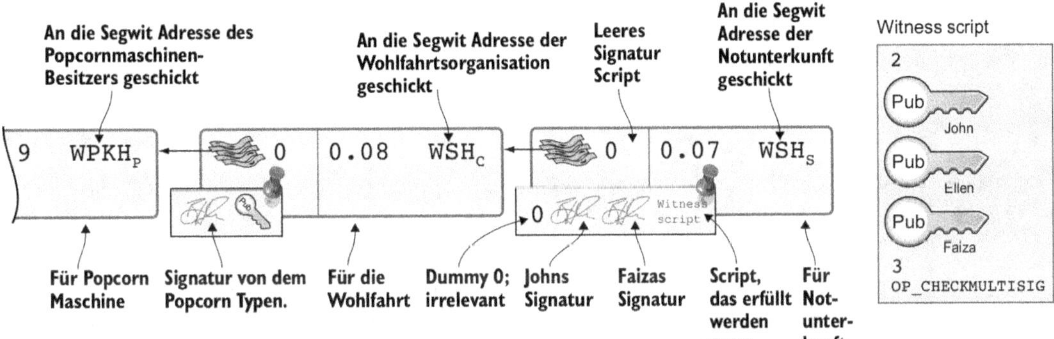

Abbildung 10.23: Die Wohlfahrt bezahlt 0,07 BTC an die Adresse der Unterkunft. Der Witness sind die Signaturen, gefolgt von einem Datenobjekt, das das eigentliche Witness Script enthält.

Beachte, dass im Signatur Script nichts steht. Als wir p2sh in Abschnitt 5.5.2 benutzt haben, wurde das Signatur Script wirklich gross, weil es zwei Signaturen und das Redeem Script enthielt, welches wiederum drei public Keys enthielt. Bei SegWit werden stattdessen alle Daten im Witness zusammengefasst.

10.2.5.2 Verifizieren des p2wsh Inputs

Ein Full Node, der die Transaktion verifizieren will, muss den Typ des ausgegebenen Outputs feststellen (Abbildung 10.24). Er schaut sich den Output an, findet das Muster `<version byte> <2 to 40 bytes data>`, und schliesst daraus, dass dies ein SegWit Output ist. Als nächstes muss er den Wert des Versionsbytes prüfen.

Das Versionsbyte ist 00. Ein Version 00 SegWit Output kann zwei verschiedene Längen des Witness Programms haben, 20 oder 32 Bytes. Wir haben den ersten Fall im vorangegangenen Abschnitt über p2wpkh betrachtet. Das Witness Programm in diesem Beispiel ist 32 Bytes, was bedeutet, es ist ein p2wsh Output.

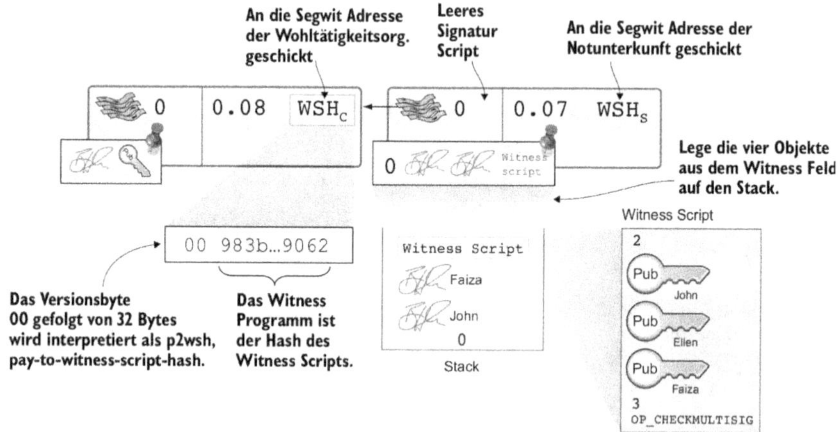

Abbildung 10.24: Vorbereitung zur Verifikation des p2wsh Inputs.

Für das Ausgeben eines p2wsh Outputs gelten besondere Regeln. Zuerst werden die Datenobjekte im Witness Feld des ausgebenden Inputs auf den Programm Stack gelegt. Dann wird das oberste Stack-Element, das Witness Script, anhand des Witness Programms im Output geprüft (Abbildung 10.25).

Das Witness Script wird gehasht und mit dem Witness Programm im ausgegebenen Output verglichen, bevor es mit den drei Elementen auf dem Stack ausgeführt wird. Dieser Prozess ist ähnlich wie der der Verifikation einer p2sh Zahlung.

Miner und Blockverifizierer behandeln alle SegWit Transaktionen auf dieselbe Art, es gibt also keinen Unterschied darin, wie eine Transaktion in einen Block integriert wird gegenüber p2wpkh Transaktionen.

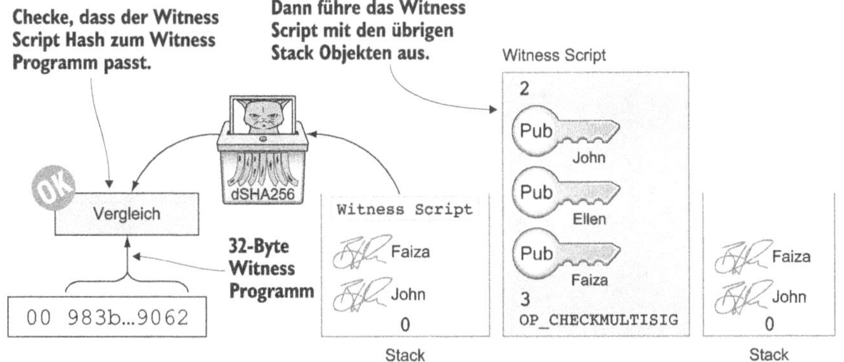

Abbildung 10.25: Verifizieren des Witness einer p2wsh Zahlung.

10.2.6 NEUES HASHVERFAHREN FÜR SIGNATUREN.

Ein Problem, das mit SegWit gelöst wird, ist das ineffiziente Hashing von Signaturen. Wie in Abschnitt 10.1.2 erklärt, führt eine Verdopplung der Inputs zu einer runden Vervierfachung der Verifikationszeit der Transaktion. Das liegt daran, dass man

- Die Anzahl an Signaturen verdoppeln

- Die Transaktionsgrösse verdoppelt

Wenn du die Anzahl berechneter Hashes *und* die Datenmenge verdoppelst, die jeder Hash verarbeiten muss, vervierfacht man effektiv die Gesamtzeit, die für das Hashen gebraucht wird.

Die Lösung ist, die Signaturen schrittweise zu machen. Nimm an, du willst alle vier Inputs einer Transaktion signieren, wie in Abbildung 10.26 gezeigt.

Zuerst generierst du einen Zwischenhash der kompletten Transaktion. Wenn die Transaktion non-SegWit Inputs enthält, werden diese Signatur Scripts vor dem Hashen bereinigt. Der Zwischenhash bindet sich an alle Inputs und Outputs dieser Transaktion. Dann fügst du für jeden Input den Zwischenhash zu bestimmten Input-spezifischen Daten hinzu:

- *Spent Outpoint*—Die txid und der Index des Outputs, den dieser Input ausgibt

- *Spent Script*—Das Witness Script oder p2wpkh Script, das zu dem ausgegebenen Output gehört

> **BIP143**
>
> Diese Lösung wird in BIP143, "Transaction Signature Verification for Version 0 Witness Program," spezifiziert.

> **Dieser Algorithmus ist vereinfacht**
>
> In Wirklichkeit werden drei verschiedene Zwischenhashes erzeugt: einer für alle Outpoints, einer für alle Sequenznummern und einer für alle Outputs. Der Effekt ist aber derselbe. Lies BIP143 für Näheres.

Altes Hashing
262,144 ms

1,024 Inputs

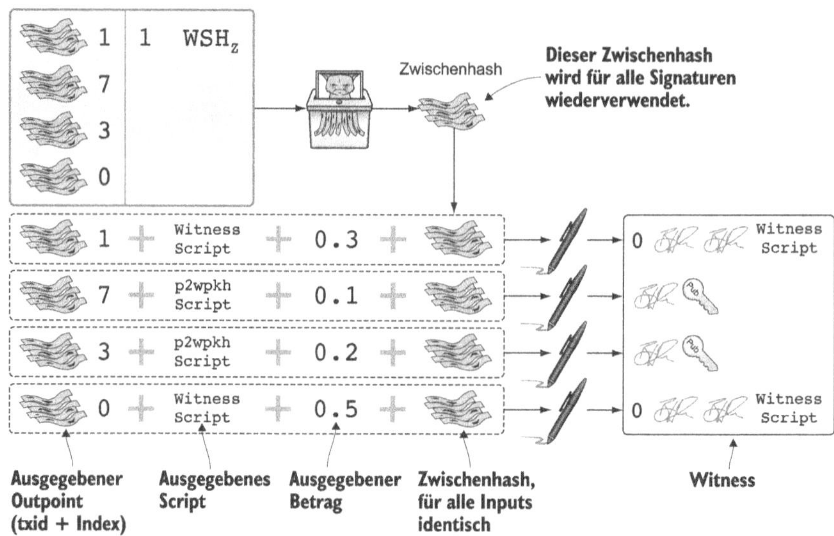

Abbildung 10.26: Hashen wird in zwei Schritten erledigt. Der Zwischenhash wird für jeden Input wiederverwendet.

- *Spent Amount*—Der Wert an BTC des ausgegebenen Outputs

Der Grossteil der Transaktion wird nur einmal gehasht, um einen Zwischenhash zu erzeugen. Das reduziert den für das Hashen benötigten Aufwand drastisch. Wenn die Anzahl Inputs sich verdoppelt, verdoppelt sich lediglich der benötigte Aufwand für das Hashen. Das lässt den den Aufwand des Hash-Algorithmus *linear mit der Anzahl Inputs* wachsen anstatt quadratisch. Die Zeit, eine Transaktion mit 1.024 Inputs zu verifizieren, wie es in Abbildung 10.7 besprochen wurde, wird von 262.144 ms auf 512 ms verringert.

10.2.6.1 DIE SIGNATUR BINDET SICH AN DEN BETRAG

Hardware Wallets

Ein *Hardware Wallet* ist ein elektronisches Gerät, das zum gesicherten Aufheben von private Keys entworfen wurde. Unsignierte Transaktionen werden zur Signatur an das Gerät geschickt. Das Gerät benötigt normalerweise einen PIN Code zum Signieren.

Warum nehmen wir den ausgegebenen Betrag mit dazu? Das haben wir im alten Signatur-Hashverfahren nicht getan. Das hat nichts mit der Hash-Effizienz zu tun, sondern behebt ein weiteres Problem, mit dem offline Wallets und einige Lightweight Wallets konfrontiert sind.

Ein offline Wallet–zum Beispiel ein Hardware Wallet–kann nicht wissen, wie viel Geld ausgegeben wird. Wenn das offline Wallet eine Transaktion signieren soll, kann es dem Benutzer die Gebührenhöhe der Transaktion

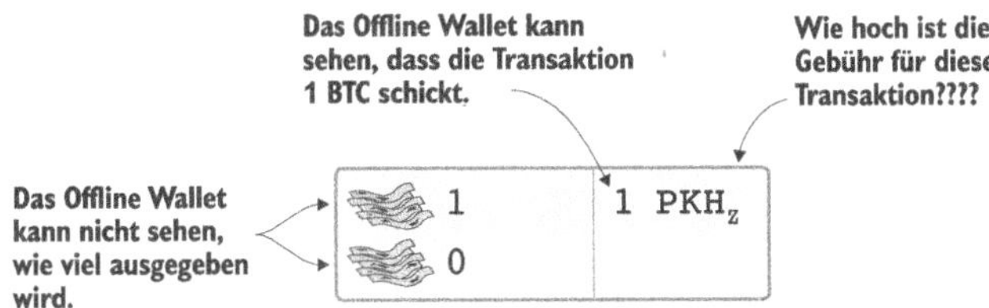

Abbildung 10.27: Ein offline Wallet kann die Transaktionsgebühr nicht kennen.

nicht anzeigen, da es die Werte der Outputs, die die Transaktion ausgibt, nicht sehen kann (Abbildung 10.27). Es hat keinen Zugang zur Blockchain.

Das gilt sowohl für SegWit als auch für non-SegWit Transaktionen. Da sich bei SegWit Transaktionen die Signaturen aber an die ausgegebenen Beträge binden, muss das Wallet die Beträge von irgendwoher bekommen, um signieren zu können. Angenommen, die Inputbeträge werden dem offline Wallet irgendwie übermittelt, zusammen mit der zu signierenden Transaktion. Dann kann das Wallet die Transaktion mit Hilfe dieser Beträge signieren, und sogar dem Benutzer anzeigen, welche Fee bezahlt wird, bevor es signiert.

Wenn das offline Wallet den falschen Betrag übermittelt bekommt, kann es das nicht feststellen. Es kann ja die Inputwerte nicht überprüfen. Aber weil die Signaturen sich jetzt an die Beträge binden, wäre dann die Transaktion ungültig. Denn ein verifizierender Node kennt die korrekten Beträge und benutzt diese beim Verifizieren der Signaturen. Der Signaturcheck wird scheitern. Der neue Signaturhashing-Algorithmus macht es also unmöglich, ein Wallet dazu zu bringen, eine gültige Transaktion mit einer Gebühr zu signieren, die der Benutzer nicht wollte.

10.2.7 Bandbreitenersparnisse

SegWit entfernt die Signaturdaten aus der Transaktion, sodass immer dann, wenn ein Lightweight Wallet eine Transaktion von einem Full Node anfordert, der Full Node die Transaktion ohne die Witness Daten schicken kann. Das bedeutet, pro Transaktion wird weniger Datenvolumen verbraucht. Diese Tatsache kann verwendet werden, um entweder

- Behalte die Grösse des Bloom Filter bei und erhalte eine Einsparung im Datenvolumen von etwa 50%.

- Die Privacy zu verbessern, indem die Grösse des Bloom Filters verringert wird, um mehr Fehltreffer zu erzeugen, ohne mehr Datenvolumen zu verbrauchen

10.2.8 Upgradebares Script

Das Versionsbyte wird für künftige Scriptsprachen-Upgrades benutzt. Vor SegWit mussten wir `OP_NOPs` benutzen, um der Sprache neue Features hinzuzufügen–zum Beispiel `OP_CSV`. Das war aus folgenden Gründen nicht optimal:

- Irgendwann haben wir keine `OP_NOPs` mehr—es gibt nur noch acht.

- Die `OP_NOPs` können nicht beliebig umdefiniert werden; sie müssen sich immer noch so benehmen wie `OP_NOPs`, wenn das neue Verhalten erfolgreich ist.

Das Versionsbyte erlaubt viel leistungsfähigere zukünftige Upgrades. Wir können alles machen, von leichten Modifikationen bestimmter Operatoren bis zur Implementation vollständig neuer Sprachen.

10.3 Wallet Kompatibilität

Die meisten alten Wallet werden das Senden von bitcoin an eine SegWit Adresse nicht unterstützen. Sie erlauben normalerweise nur p2pkh und p2sh Adressen. Daher haben die SegWit Entwickler zwei Wege geschaffen, die SegWit Verifikation anstelle der herkömmlichen Verifikation auszulösen: *p2wsh eingebettet in p2sh* und *p2wsh eingebettet in p2wpkh*.

Angenommen, du hast ein SegWit Wallet und willst deine Popcornmaschine an deinen Nachbarn Nina verkaufen. Aber Nina hat kein SegWit-fähiges Wallet. Sie kann nur an normale Adressen zahlen, wie p2pkh und p2sh. Du kannst aber eine p2sh Adresse machen, an die Nina zahlen kann (Abbildung

10.28).

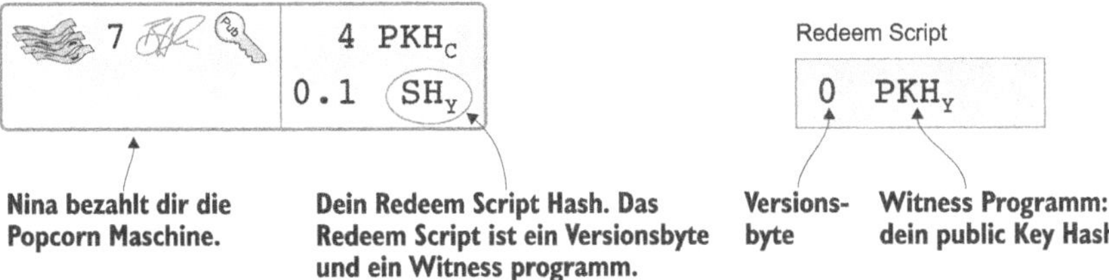

Abbildung 10.28: Nina schickt 0,1 BTC an dein SegWit Wallet mit Hilfe einer in p2sh eingebetteten p2wpkh Adresse.

Nina bezahlt an `3KsJCgA6...k2G6C1Be`, was eine klassische p2sh Adresse ist, die den Hash des Redeem Scripts `00 bb4d4977...75ff02d1` enthält. Dieses Redeem Script ist ein Versionsbyte `00`, gefolgt von einem 20 Byte Witness Programm. Es entspricht damit dem Muster für p2wpkh, das wir vorher besprochen haben. Ninas Wallet weiss davon nichts. Es sieht nur eine p2sh Adresse und führt eine Zahlung an diesen Script Hash aus.

Später, wenn du deinen Output ausgeben willst, erzeugst du eine Transaktion wie die in Abbildung 10.29.

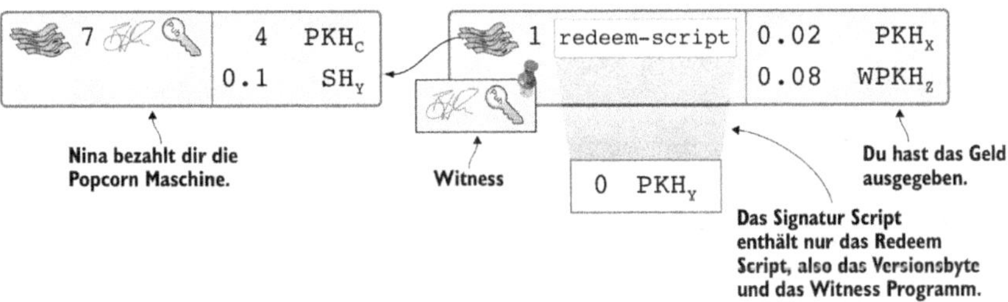

Abbildung 10.29: Du gibst das von Nina erhaltene Geld aus, indem du das Versionsbyte und Witness Programm als Redeem Script in das Signatur Script deines Inputs einträgst.

Du generierst einen Witness, so wie du es mit einem normalen p2wpkh Input tun würdest, aber du legst das Redeem Script als einzelnes Datenobjekt in das Signatur Script. Das Redeem Script ist zufällig ein Versionsbyte `00` gefolgt von deinem 20 Byte PKH. Mit diesem Signatur Script können alte Nodes verifizieren, das der Script Hash im ausgegebenen Output zu dem Hash des Redeem Scripts im Signatur Script passt. Neue Nodes erkennen, dass das Redeem Script ein Versionsbyte und ein Witness Programm ist, und verifizieren den Witness entsprechend.

Diese Art der Einbettung von SegWit Zahlungen in p2sh Zahlungen kann auf ähnliche Weise auch für p2wsh Zahlungen benutzt werden: ein p2wsh eingebettet in p2sh.

10.4 ZUSAMMENFASSUNG DER ZAHLUNGSARTEN

Wir haben mehrere Zahlungsarten besprochen. Die Abbildungen Abbildung 10.30–Abbildung 10.35 fassen die Häufigsten noch einmal zusammen.

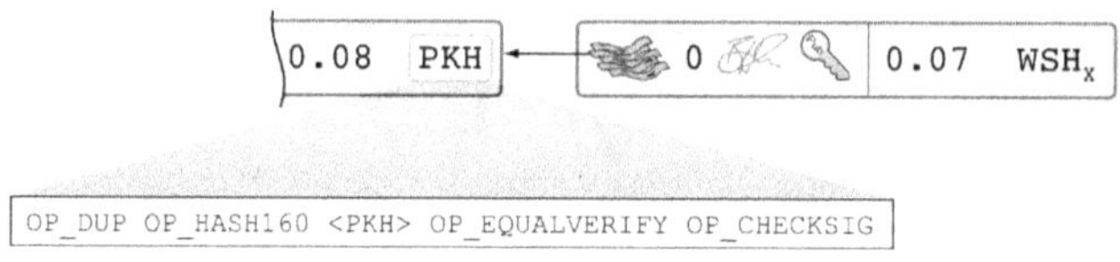

Abbildung 10.30: p2pkh: Adressformat 1`<some base58 characters>`

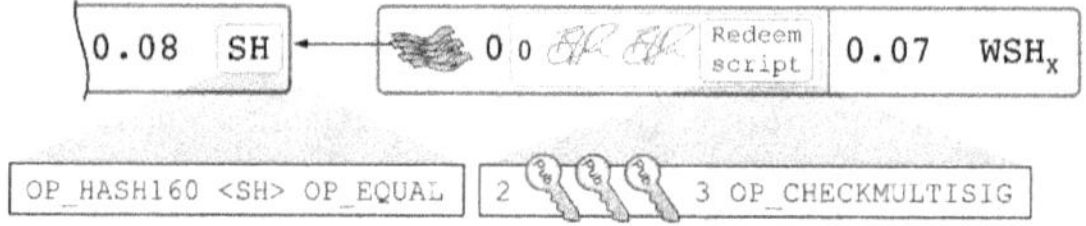

Abbildung 10.31: p2sh: Adressformat 3`<some base58 characters>`

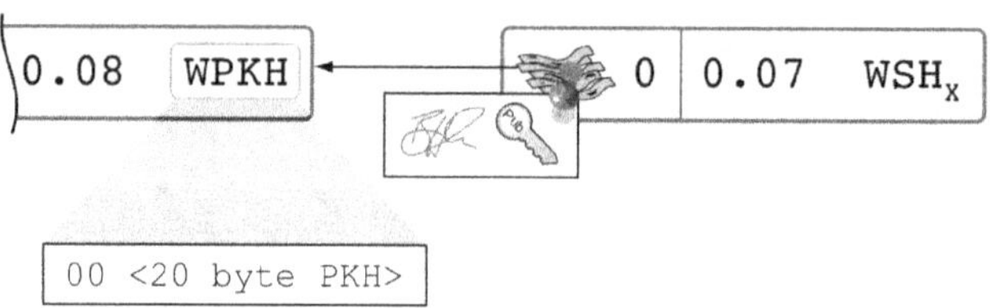

Abbildung 10.32: p2wpkh: Adressformat bc1q`<38 base32 characters>`

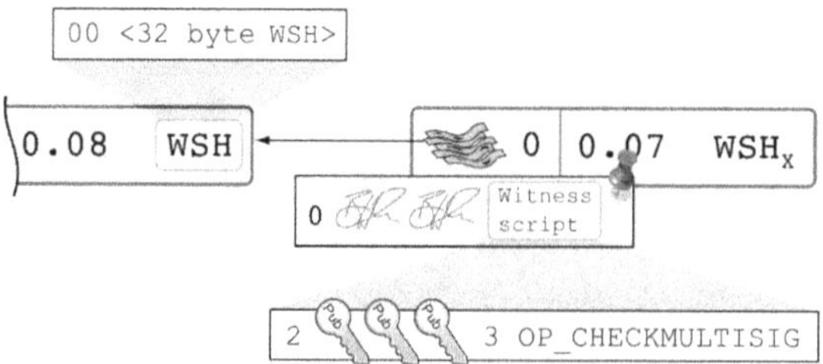

Abbildung 10.33: p2wsh: Adressformat bc1q`<58 base32 characters>`

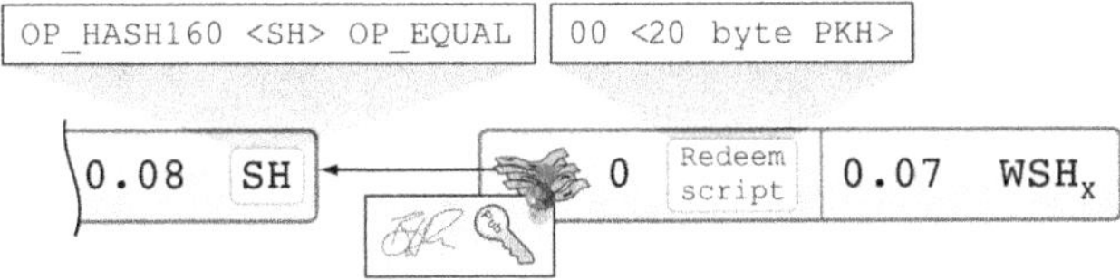

Abbildung 10.34: p2wpkh eingebettet in p2sh: Adressformat `3<some base58 characters>`

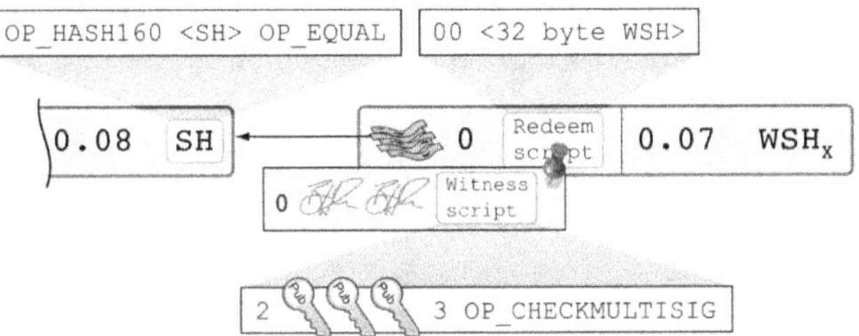

Abbildung 10.35: p2wsh eingebettet in p2sh: Adressformat `3<some base58 characters>`

10.5 Block Limits

Bitcoin Blocks sind auf 1.000.000 Byte und 20.000 Signaturoperationen begrenzt.

10.5.1 Blockgrössen Limit

Im Jahr 2010 wurde die Bitcoin Software auf ein Blockgrössenlimit von 1.000.000 Bytes erweitert. Es ist nicht vollkommen klar weshalb dies geschah, aber die meisten nehmen an, dass die Begrenzung eingeführt wurde, um den Effekt bestimmter Denial-of-Service (DoS) Attacken zu verringern. DoS Attacken zielen darauf ab, Bitcoin Nodes zu verlangsamen oder abstürzen zu lassen, sodass das Netzwerk nicht ordentlich funktionieren kann.

Ein Weg, mit dem Netzwerk herumzupfuschen ist, einen sehr grossen Block zu erzeugen, der schon bei einer guten InternetVerbindung 10 Sekunden zum Herunterladen braucht. Das mag schnell genug erscheinen, aber den Block an fünf Peers zu schicken würde 50 Sekunden dauern. Das führt dazu, dass sich der Block sehr langsam über das Peer-to-Peer Netzwerk verbreitet, was das Risiko eines unabsichtlichen Chain Splits vergrössert. Unabsichtliche

Splits lösen sich im Laufe der Zeit von selbst, wie in Abschnitt 7.1.2 gezeigt, aber die Sicherheit von Bitcoin verringert sich während solcher Splits.

Ein weiteres potentielles Problem mit grossen Blocks, das Angreifer ausnutzen könnten, ist, dass Leute mit schlechter Internetverbindung völlig aussen vor bleiben, weil sie mit dem Netzwerk nicht mithalten können oder nicht das benötigte Mindestmass an Rechenleistung, RAM oder Massenspeicher zum Betrieb eines Full Nodes haben. Diese Leute werden auf Systeme umschwenken müssen, die weniger Sicherheit bieten, wie Lightweight Wallets, was die Sicherheit für das gesamte Netzwerk verringert.

Egal weshalb, dieses Limit ist gesetzt.

10.5.2 SIGNATUR-OPERATIONSLIMIT

Die Begrenzung der Signaturoperationen wurde eingeführt, weil Signaturverifikationen relativ langsam sind, besonders in non-SegWit Transaktionen. Ein Angreifer könnte eine Transaktion mit einer ungeheuren Menge von Signaturen vollstopfen, was die verifizierenden Nodes dann für eine lange Zeit beschäftigt halten würde. Das Limit von 20.000 solcher Operationen pro Block wurde mehr oder weniger willkürlich getroffen, um eine solche Attacke zu verhindern.

10.5.3 VERGRÖSSERN DER LIMITS

Die Entfernung oder Vergrösserung solcher Limits benötigt eine *Hard Fork*. Eine Hard Fork ist eine Regeländerung, die zu Meinungsverschiedenheiten zwischen alten und neuen Nodes darüber führt, was die stärkste Chain ist. Wir betrachten Forks und Upgrades in Kapitel 11. Für den Moment, lass uns annehmen, dass neue Nodes beschliessen, dass 8.000.000 Bytes pro Block OK sind. Wenn ein Miner einen Block veröffentlicht, der grösser als 1.000.000 Byte ist, dann akzeptieren die neuen Nodes diesen, aber die alten Nodes tun dies nicht. Ein permanenter Chain Split würde passieren, und wir hätten im Effekt zwei Kryptowährungen.

SegWit bietet eine Gelegenheit, die Limits ohne eine Hard Fork zu erhöhen.

10.5.3.1 Erhöhen des Blockgrössenlimits

Die alte Regel von 1.000.000 Bytes bleibt, damit alte Nodes wie gewohnt weiterarbeiten können. Neue Nodes zählen die Blockgrösse anders, aber auf kompatible Art. Witness Bytes werden mit einem "Rabatt" gegenüber den anderen Bytes, wie Block Header oder Transaktion Outputs, gezählt. Eine neue Messgrösse, das Blockgewicht oder *Block Weight*, wird eingeführt. Das maximale Blockgewicht ist 4.000.000 Gewichtseinheiten oder *Weight Units* (WU; Abbildung 10.36).

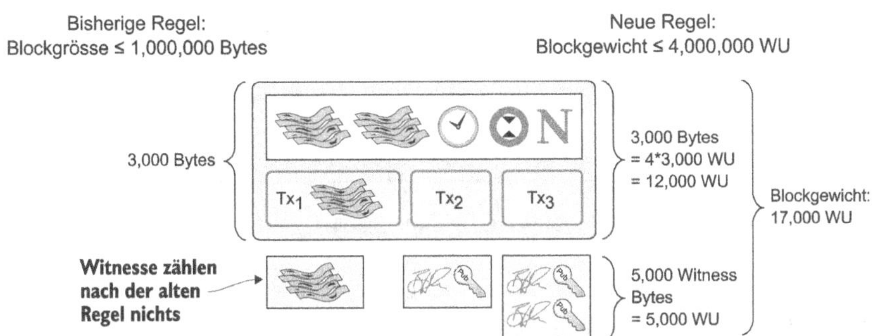

Abbildung 10.36: Witness Bytes und nicht-Witness Bytes werden unterschiedlich gezählt. Witness Bytes tragen weniger zum Blockgewicht bei und überhaupt nicht zur bisherigen Blockgrösse, der Basis-Blockgrösse.

Nennen wir den Block ohne die Witnesses den Basisblock oder *Base Block*:

- 1 Byte Base Block Daten zählt als 4 WU.

- 1 Byte Witness Daten zählt als 1 WU.

Der Effekt ist, dass das alte 1.000.000 Byte Block Limit bleibt, weil die neuen und die alten Regeln bezüglich des Basis Blocks gleich sind. Aber je mehr SegWit benutzt wird, desto mehr Daten können aus dem Basis Block in die Witnesses verschoben werden, was eine grössere Gesamtblockgrösse erlaubt.

Angenommen die Witnesses in einem Block machen das Verhältnis r der Daten in einem Block aus. Das maximale Blockgewicht ist 4.000.000 und die gesamte Blockgrösse: T ergibt sich aus:

$$4(1 - r)T + rT \leqslant 4 \times 10^6$$
$$(4 - 3r)T \leqslant 4 \times 10^6$$

$$T \leqslant \frac{4 \times 10^6}{4 - 3r}$$

Einsetzen von Werten für r in diese Formel ergibt verschiedene maximale Gesamtblockgrössen, wie Tabelle 10.2 zeigt.

r (Witness Bytes/Gesamt Bytes)	Max Gesamtblockgrösse (Bytes)
0	1.000.000
0,1	1.081.081
0,3	1.290.323
0,5	1.600.000
0,6	1.818.182
0,7	2.105.263
0,8	2.500.000

Tabelle 10.2: Maximale Blockgrössen für verschiedene Verhältnisse von Witness Daten.

Wenn die relative Witness Datenmenge im Block zunimmt, können wir mehr Transaktionen hineinstopfen. Der Effekt ist eine echte Zunahme der Blockgrösse.

Der Witness Rabatt wurde aus verschiedenen Gründen implementiert:

- Das Signatur Script und die Witnesses landen nicht im UTXO Set. Daten, die in das UTXO Set eingehen, haben höhere Kosten, weil das UTXO Set zur schnellen Verifikation der Transaktionen vorzugsweise im RAM gespeichert wird.

- Es gibt Wallet Entwicklern, Exchanges und Smart Contract Entwicklern einen höheren Anreiz, weniger Outputs zu erzeugen, was die Grösse des UTXO Sets verringert. Zum Beispiel könnte eine Exchange wählen, ihre vielen Outputs zu wenigen Outputs zu konsolidieren.

- Die Witnesses brauchen nicht an Lightweight Wallets geschickt zu werden.

10.5.3.2 VERGRÖSSERN DER GRENZE FÜR SIGNATUROPERATIONEN

Weil wir die Blockgrösse mit SegWit vergrössern, müssen wir auch die Anzahl erlaubter Signaturoperationen erhöhen; mehr Transaktionsdaten pro Block sollte implizieren, dass wir auch mehr Signaturoperationen erlauben müssen. Wir können das Limit auf dieselbe Weise erhöhen, wie wir das Blockgrössenlimit erhöht haben.

Wir erhöhen die Anzahl erlaubter Signaturoperationen von 20.000 auf 80.000 und zählen jede herkömmliche Signatur als vier Operationen und jede SegWit Operation als eine Operation. Eine SegWit Signaturoperation zählt weniger als eine herkömmliche Operation, weil diese effizienter ist, wie in Abschnitt 10.2.6 besprochen.

Das wird denselben Effekt haben wie die Blockgrössenerweiterung. Enthält ein Block nur herkömmliche Inputs, bleibt das alte Limit von 20.000 Operationen. Wenn der Block nur aus SegWit Transaktionen besteht, ist das Limit effektiv 80.000 Operationen. Jede Kombination von herkömmlichen und SegWit Inputs führt zu einer Grenze irgendwo zwischen 20.000 und 80.000 tatsächlichen Signaturoperationen.

10.6 Zusammenfassung

Dieses Kapitel hat SegWit durchgenommen, was einige Probleme löst:

- *Transaction Malleability, Transaktions-Umformbarkeit*–Eine txid könnte sich ändern, ohne den Effekt der Transaktion zu verändern. Das könnte zu kaputten Verbindungen zwischen Transaktionen führen, womit die Child Transaktion ungültig wird.

- *Ineffiziente Signaturverifikation*–Wenn sich die Anzahl Inputs in einer Transaktion verdoppelt, nimmt die zur Verifikation dieser Transaktion benötigte Zeit quadratisch zu. Das liegt daran, dass sich sowohl die Transaktionsgrösse als auch die Anzahl Signaturen verdoppelt.

- *Bandbreitenverschwendung*–Lightweight Wallets müssen die Transaktionen einschliesslich aller Signaturen herunterladen, um den Merkle Proof verifizieren zu können, aber die Signaturdaten sind nutzlos für sie, weil sie nicht die ausgegebenen Outputs kennen, gegen die sie prüfen müssten.

- *Schwierige Upgrades*–Es gibt wenig Raum für Upgrades der Script Sprache. Eine Handvoll `OP_NOP`s sind noch übrig, und man kann einen `OP_NOP` nicht nach Belieben abändern. In den Fällen, in denen der neue Operator erfolgreich ist, muss er sich genau wie `OP_NOP` verhalten.

10.6.1 Lösungen

Durch das Verschieben der Signaturdaten aus der Basistransaktion heraus, sind diese Daten nicht mehr Teil der txid.

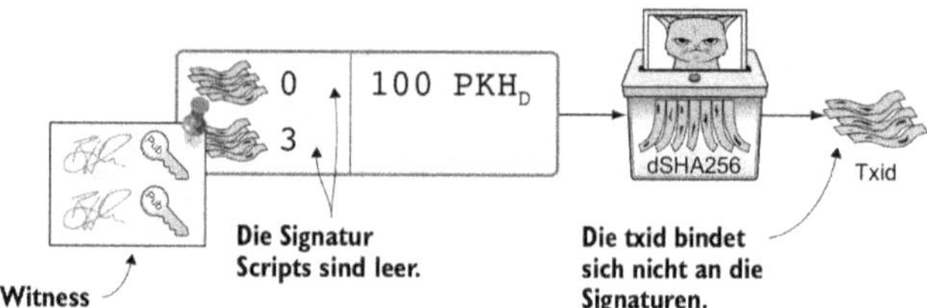

Wenn die Signatur umgeformt wird, betrifft das nicht mehr die txid. Unbestätigte Verkettungen von Transaktionen werden unzerbrechlich.

Ein neuer Signatur-Hashing-Algorithmus wird benutzt, der für ein *lineares* Anwachsen der für die Verifikation benötigten Zeit bei wachsender Anzahl Inputs sorgt. Der alte Signatur-Hashing-Algorithmus hasht die gesamte Transaktion für jede Signatur.

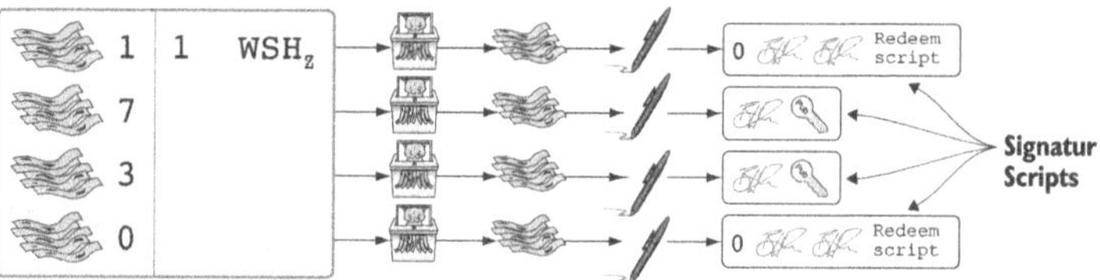

Signaturen in Witnesses hashen die Transaktion nur einmal.

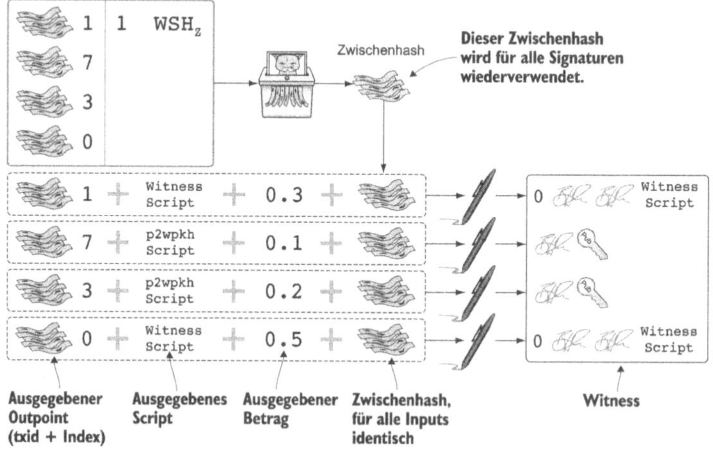

Der Zwischenhash wird für jede Signatur wiederverwendet, was den Gesamtaufwand für das Hashen stark verringert.

Die Bandbreite, die Lightweight Wallets brauchen, verringert sich, weil sie die Witnesses nicht herunterladen müssen, um zu verifizieren, dass die Transaktion Teil eines Blocks ist. Sie können die Ersparnisse pro Transaktion zur Verbesserung ihrer Privacy verwenden, indem sie ihren Bloom Filter verkleinern, oder bei gleichbleibender Privacy ihren Datenverbrauch verringern.

Die Witness Version im Pubkey Script erlaubt zukünftige Upgrades der Script Sprache. Diese Upgrades können beliebig komplex werden, ohne Einschränkungen der Funktionalität.

Neue Regeln gelten für Blocks, die SegWit Transaktionen enthalten. Ein Output in der Coinbase Transaktion muss sich an alle Witnesses des Blocks binden.

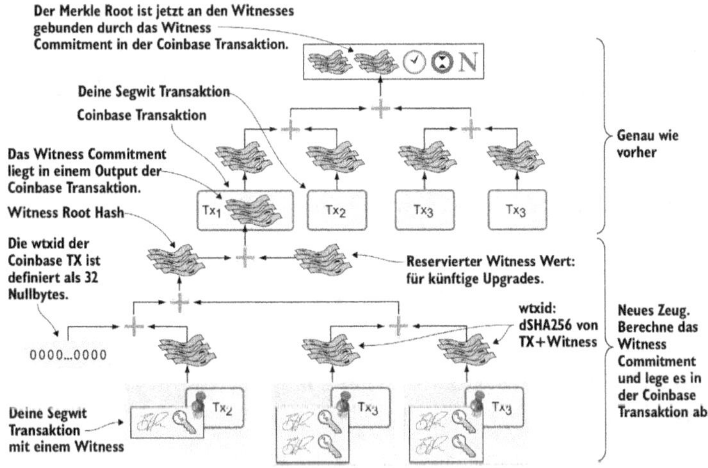

Alte Nodes funktionieren weiter, weil sie von dem Commitment in der Coinbase Transaktion nichts wissen. Das lässt uns SegWit einführen, ohne die Blockchain in zwei verschiedene Kryptowährungen aufzuspalten.

10.7 ÜBUNGEN

10.7.1 WÄRM DICH AUF

10.1 Welcher Teil der Transaktion ist der Grund für die Transaction Malleability?

10.2 Warum ist Transaction Malleability ein Problem?

10.3 Warum sagen wir, dass die Zeit zur Verifikation herkömmlicher Transaktionen mit der Anzahl Inputs quadratisch wächst?

10.4 Warum brauchen Lightweight Wallets die Signaturen einer herkömmlichen Transaktion, um zu verifizieren, dass sie Teil eines Blocks ist?

10.5 Angenommen, du willst ein neues Feature zu Bitcoin Script hinzufügen, und du möchtest dazu das Verhalten von `OP_NOP5` neu definieren. Woran musst du unbedingt denken, wenn du das neue Verhalten entwirfst, um einen Blockchain Split zu verhindern (denn nicht alle Nodes werden gleichzeitig upgraden)?

10.6 Welche der folgenden sind Segwit Adressen? Um welche Art von Segwit Adresse handelt es sich?

   a. `bc1qeqzjk7vume5wmrdgz5xyehh54cchdjag6jdmkj`

   b. `c8052b799cde68ed8da8150c4cdef4ae3176cba8`

   c. `bc1qnqaewluxhx7wzfrf9e5fqjf47hjk9jyzy6l0hpt4kjj3u2wmjp3`
      `↳qr3lft8`

   d. `3KsJCgA6ubxgmmzvZaQYR485tsk2G6C1Be`

   e. `00 bb4d49777d981096a75215ccdba8dc8675ff02d1`

10.7 Wofür wird die Witness Version benutzt? Die Witness Version ist die erste Zahl in einem SegWit Output–zum Beispiel die 00 in

`00 bb4d49777d981096a75215ccdba8dc8675ff02d1`

10.7.2 GRABE TIEFER

10.8 Erläutere, wie eine SegWit Transaktion für einen alten Node gültig ist, der nichts von SegWit weiss. Das hier sieht der alte Node:

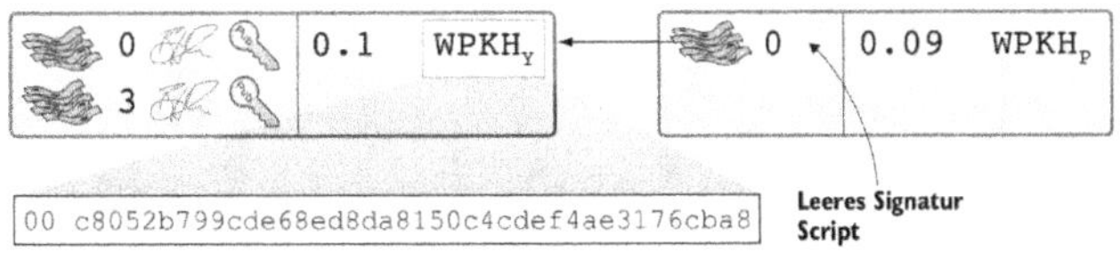

10.9 Erkläre, wie eine SegWit Transaktion von einem neuen Node verifiziert wird, der SegWit kennt. Der Node sieht das hier:

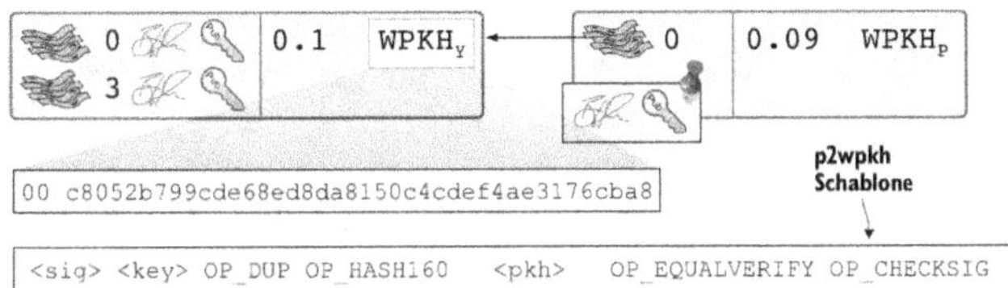

10.10 Angenommen, du willst das Bitcoin System upgraden. Du möchtest, dass sich das Witness Commitment zusätzlich zum Witness Root Hash auch an die Transaction Fees bindet, indem du einen Merkle Tree aller Transaction Fees baust. Schlage vor, wie man sich an den Fee Merkle Root im Block binden könnte, ohne die Kompatibilität mit alten Nodes zu verlieren. Du brauchst zukünftige Upgrades hierbei nicht zu berücksichtigen, denn das wäre zu komplex. Benutze die folgende Abbildung als Hinweis:

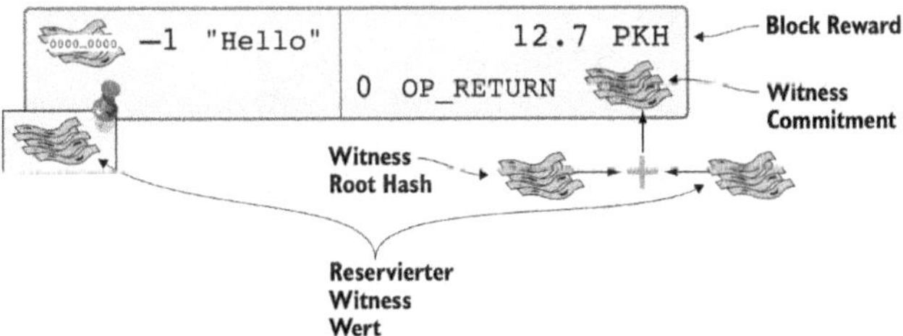

10.11 Wie würden alte und neue Nodes Blocks verifizieren, die das Commitment aus der vorangegangenen Übung enthalten?

10.8 ZUSAMMENFASSUNG

- SegWit löst Signatur Script Daten aus den Transaktionen heraus, um Probleme mit Transaktions-Umformbarkeit, oder Transaction Malleability, zu lösen.

- SegWit führt einen neuen Signatur-Hashing-Algorithmus ein, der die Verifikation von Transaktionen schneller macht. Das hilft Nodes dabei, mit weniger Ressourcen auf dem aktuellen Stand zu bleiben.

- Lightweight Wallets bekommen bessere Privacy mit eingespartem Datenvolumen, weil sie keine Witnessdaten mehr herunterladen müssen.

- Das Witness Versionsbyte des Pubkey Scripts macht Upgrades der Scriptsprache einfacher.

- Wir können die maximale Blockgrösse twas vergrössern, indem wir die Witness Bytes mit einem Rabatt zählen.

- Ein neues Adressformat hilft Wallets dabei, zwischen herkömmlichen und SegWit Zahlungen zu unterscheiden.

- SegWit kann in herkömmliche p2sh Adressen "eingebettet" werden, damit alte Wallets Geld an SegWit Wallets schicken können.

Kapitel 11

Bitcoin Upgrades

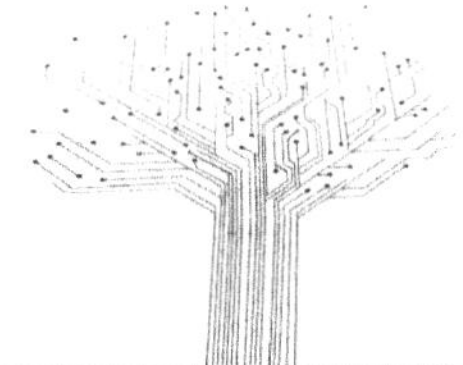

Dieses Kapitel behandelt

- Verstehen von Hard Forks und Soft Forks

- Bitcoin sicher upgraden

- Verstehen, dass die Benutzer die Regeln machen

Um dieses Kpaitel zu verstehen, solltest du dich mit Konzepten wie Blockchain (Kapitel 6), Proof of Work (Kapitel 7), und dem Peer-to-Peer Netzwerk (Kapitel 8) auskennen. Wenn du mit diesen Kapiteln Schwierigkeiten hattest, schlage ich vor, du liest sie noch mal durch, bevor du mit diesem Kapitel hier weitermachst. Natürlich kannst du auch einfach versuchen, weiterzulesen.

Bitcoins Konsensregeln können sich auf zwei Arten ändern: entweder per Soft Fork oder per Hard Fork. Diese zwei Typen von Änderung sind grundverschieden. In Abschnitt 11.1 wirst du die Unterschiede zwischen Hard Forks und Soft Forks kennenlernen und was geschieht, wenn verschiedene Nodes unterschiedliche Konsensregeln verwenden. Du musst das verstehen, bevor du lernen kannst, wie man sicher Bitcoins Konsensregeln upgraden kann.

Eine Änderung der Konsensregeln über das ganze Bitcoin Netzwerk auszurollen, kann schwierig sein. Jeder Bitcoin Node ist selbständig, und niemand kann vorschreiben, was für Software die Leute laufen lassen sollen–jeder Benutzer entscheidet für sich selbst. Das macht es schwierig, Änderungen an Konsensregeln auszurollen, zu *deployen*, ohne breiten Support der Benutzer und der Miner zu haben. Die *Deployment Mechanismen* haben sich im Laufe der Zeit entwickelt und wir gehen durch diese Entwicklung durch und untersuchen den aktuellen Stand der Deployment Mechanismen.

Zum Zeitpunkt des Schreibens dieser Zeilen sind die meisten (unkritischen) Updates an Bitcoins Konsensregeln durch *Miner-aktivierte Soft Forks* ausgerollt worden, bei denen Miner Unterstützung für neue Regeln signalisieren und irgendwann auch anfangen, die neuen Regeln durchzusetzen. Aber dieser Ansatz bietet einige Probleme–zum Beispiel kann ein grosser Miner trotz weitgehender Benutzerakzeptanz ein Veto gegen einen Upgrade einlegen. Man versucht, dies durch Benutzer-aktivierte Soft Forks, also *User Activated Soft Forks*, UASF, zu lösen. Das bedeutet, die Macht ist dort, wo sie hingehört: bei den Benutzern von Bitcoin, der *wirtschaftlichen Mehrheit*. Es ist die wirtschaftliche Mehrheit, die schlussendlich und kollektiv über die Konsensregeln entscheidet, und diese Einsicht wurde mit Benutzer-aktivierten Soft Forks in die Praxis umgesetzt.

11.1   BITCOIN FORKS

Open Source Software ist Software, die jeder nach Belieben herunterladen, benutzen, untersuchen, ändern und weiter verteilen kann. Eine Menge der Software, die du täglich benutzt, ist wahrscheinlich Open Source. Vielleicht benutzt du den Google Chrome Web Browser oder ein Android Mobiltelefon. Das sind Beispiele für Software, die auf Basis von Open Source Projekten entstanden ist.

Open Source Projekte können abgespalten, oder *forked*, werden. Wenn du eine Kopie des Source Codes von Linux machst, ein paar Änderungen vornimmst, und es als deine Version vom Linux Source Code vertreibst, hast du eine *Fork* des Projekts erzeugt.

Bitcoin ist ein Open Source Projekt, das genau wie jedes andere Open Source Projekt, wie etwa Linux, geforkt werden kann. Aber in diesem Buch bedeutet *Fork* etwas anders.

Im Bitcoin Kontext bezeichnet der Begriff *Fork* eine Änderung der Konsensregeln. Die Konsensregeln definieren, was eine gültige Blockchain ist. Wenn eine Gruppe Nodes dieselben Konsensregeln benutzt, entsteht unter ihnen ein Konsens darüber, was der aktuelle Satz unverbrauchter Transaktions Outputs (UTXO Set)–"wem gehört was"–ist. Kurz, eine Fork ändert die Definition einer gültigen Blockchain.

Zum Beispiel ist die Regel, die das Blockgewicht auf 4.000.000 WU begrenzt, eine Konsensregel. Dieses Limit zu ändern, wäre eine Fork. Aber eine Relay Policy, die Transaktionen mit einzigen Gebühren am weitergeleitet werden hindert, ist nicht Teil der Konsensregeln. Diese Policy zu ändern ist keine Fork.

Du kannst die Konsensregeln in Bitcoin Core ändern, in einer kopierten

Abweichende Definitionen

Man definiert den Begriff *Fork* auf verschiedene Weisen. In diesem Buch benutze ich die Definition, die mir a, meisten zusagt, und die lautet, eine "Änderung der Konsensregeln."

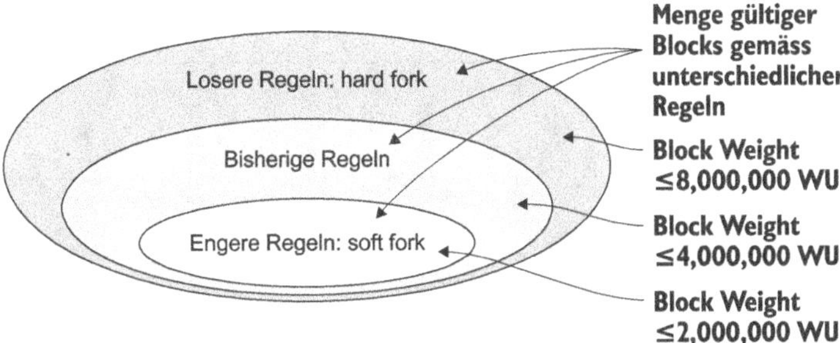

Abbildung 11.1: Soft Forks engen die Konsensregeln ein, wogegen Hard Forks sie erweitern–zum Beispiel Verkleinern respektive Vergrössern des maximalen Blockgewichts.

Version von Bitcoin Core, oder in irgendeiner alternativen Bitcoin Full Node Software. Wenn jemand dein modifiziertes Programm laufen lässt, betreibt diese Person eine Fork.

Wir kategorisieren Forks in Bitcoin allgemein wie folgt (Abbildung 11.1):

Hard Forks Eine Hard Fork lockert die Konsensregeln. Einige Blocks, die von ALT Nodes als ungültig eingestuft werden, werden von NEU Nodes für gültig betrachtet. Verdoppeln des maximalen Blockgewichts wäre eine Hard Fork.

Soft Forks Eine Soft Fork strafft die Konsensregeln. Alle Blocks, die NEU Nodes als gültig betrachten, werden auch von ALT Nodes als gültig angesehen, aber einige Blocks, die ALT Nodes für gültig halten, werden von NEU Nodes für ungültig erklärt. Eine Verringerung des maximalen Blockgewichts wäre eine Soft Fork.

Änderungen, die nicht die Konsensregeln ändern, wie das Ändern der Farben in der grafischen Benutzerschnittstelle, oder das Hinzufügen neuer Features zum Peer-to-Peer Netzwerkprotokoll, sind keine Bitcoin Forks. Sie könnten aber als Forks eines Software Projekts im herkömmlichen Sinne betrachtet werden. Von hier an werde ich den Begriff *Fork* nur im Sinne von Änderungen der Konsensregeln benutzen.

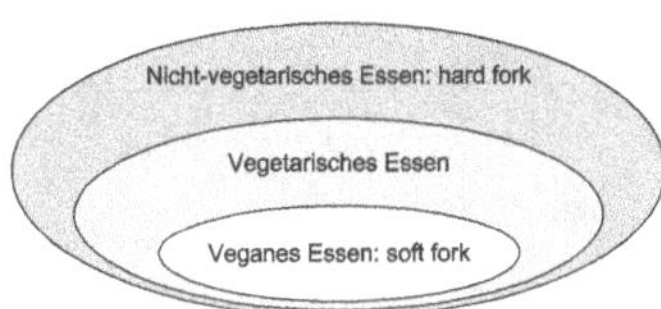

Als Analogie zu Soft und Hard Forks stell dir ein beliebtes vegetarisches Restaurant von, wo viele Vegetarier zum Essen hingehen. Dieses Restaurant hat nur ein einziges Menü auf der Speisekarte. Stell dir das Restaurant als einen Miner vor, die Gäste als Full Nodes und die servierten Portionen als Blocks. Das Restaurant produziert Mahlzeiten, die die Gäste verspeisen–die Miner produzieren Blocks, die Full Nodes akzeptieren diese.

Stell dir vor, das Restaurant ändert seine Karte so wie in Tabelle 11.1 illustriert.

Vegetarisches Restaurant serviert ...	Akzeptieren die Gäste das?	Fork Typ	Weshalb
Vegetarisches Essen	Ja	Keiner	Vegetarier essen vegetarisches Essen.
Nichtvegetarisches Essen	Nein	Hard Fork	Die Regeln wurden gelockert. Vegetarier können hier nicht mehr essen.
Veganes Essen	Ja	Soft Fork	Die Regeln wurden gestrafft. Vegetarierregeln gelten weiter.

Tabelle 11.1: Das Restaurant kann eine Hard Fork erzeugen, indem es Fleisch auf die Speisekarte schreibt, oder eine Soft Fork, indem es seine Speisen auf den veganen Bereich einschränkt.

Wenn du eine Fork erzeugst, egal ob Soft oder Hard, riskierst du einen Chain Split, wenn irgendwer dein geforktes Programm betreibt. Einige Nodes werden der stärksten Chain folgen, die gemäss der alten Regeln gültig ist, und einige Nodes–die mit deiner Software–folgen der stärksten Chain, die gemäss der neuen Regeln gültig ist. Das Resultat kann ein Split in der Blockchain sein.

Wir gehen ein paar Beispiele durch, um zu illustrieren, was in den verschiedenen Szenarien passiert. Wir fangen mit dem einfachsten Fall an: eine Änderung, die die Konsensregeln nicht betrifft. Der Name *Bitcoin ALT* bezieht sich auf die bisherige Version des Programms und *Bitcoin NEU* auf die geänderte Version des Programms. Ein Node mit Bitcoin ALT wird *ALT Node* und ein Node mit Bitcoin NEU wird *NEU Node* genannt. Wir bezeichnen Daten–zum Beispiel einen Block–, die von einem NEU Node erzeugt wurden, als *ein NEU Block*. Analog dazu heisst eine Transaktion, die von einem ALT Node erzeugt wurde, eine *ALT Transaktion*.

11.1.1 NICHT-KONSENSREGEL ÄNDERUNGEN

Angenommen du willst ein neues "Feature" zu Bitcoin Cores Netzwerkcode hinzufügen. Du willst eine Netzwerkmessage einführen namens `kill`, die ein Bitcoin Node einem anderen Bitcoin Node schicken kann. Der Empfängernode dieser Nachricht wird sich augenblicklich selbst herunterfahren. Nur NEU Nodes werden wissen, wie man mit einer einkommenden `kill` Message umgeht. ALT Nodes werden die–für sie–unbekannte Message ignorieren (Abbildung 11.2).

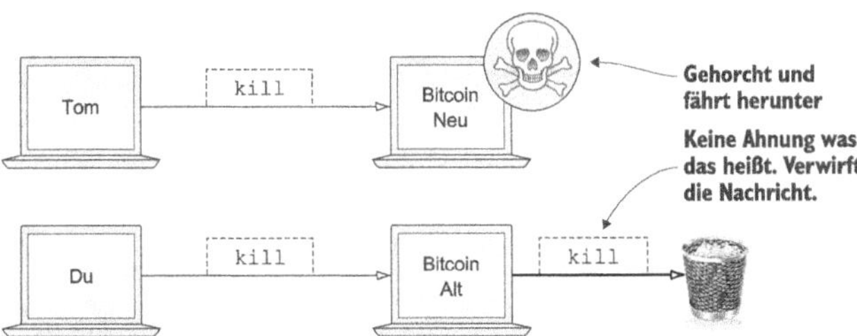

Abbildung 11.2: Deine neue Message wird von NEU Nodes akzeptiert und von ALT Nodes ignoriert.

Die meisten Leute betrachten deine Änderung als riesiges Sicherheitsrisiko. Sie wollen nicht, dass sich ihr Node wegen irgendeinem unbekannten Fremden im Internet abschaltet. Du wirst es schwer haben Leute zu überzeugen, Bitcoin NEU zu benutzen. Du kannst niemanden zwingen; die Leute müssen es aktiv wollen und installieren, damit Bitcoin NEU netzwerkweit angenommen wird.

Dumme Änderungen wie die `kill` Nachricht schaffen es nicht in der Welt von Open Source.

11.1.1.1 MACH STATTDESSEN ETWAS NÜTZLICHES

Angenommen, du willst stattdessen etwas Nützliches machen: kompakte Blocks oder *Compact Blocks*. Compact Blocks lassen einen Peer einen Block zu einem anderen Peer schicken, aber ohne den vollen Block zu schicken. Stattdessen baut diese Technik auf der Tatsache auf, dass der Empfängernode die meisten der Transaktionen im Block bereits empfangen hat. Vergiss nicht, dass eine Transaktion zuerst während der Transaktionspropagation das Netzwerk durchwandert und dann nochmal während der Blockpropagation, nachdem die Transaktion bestätigt worden ist.

> **BIP152**
>
> Dies wurde 2016 in Bitcoin Core implementiert und verbesserte die Blockpropagationszeit im Bitcoin Netzwerk erheblich. BIP152, "Compact Block Relay," beschreibt es im Detail. Ich beschreibe hier nur eine vereinfachte Version.

Wenn Rashid einen Block an Qi schickt (Abbildung 11.3), wäre es da nicht toll, wenn der Block nicht die Transaktionen enthalten müsste, die Qi bereits hat? Der Bandbreitenverbrauch würde dramatisch sinken.

Rashid kann stattdessen nur den Block Header und eine Liste von txids schicken (Abbildung 11.4). Qi kann dann den Block anhand der Transaktionen, die sie bereits im Speicher hat, und der Message von Rashid, rekonstruieren. Falls Qi eine der Transaktionen nicht hat, kann sie sie von

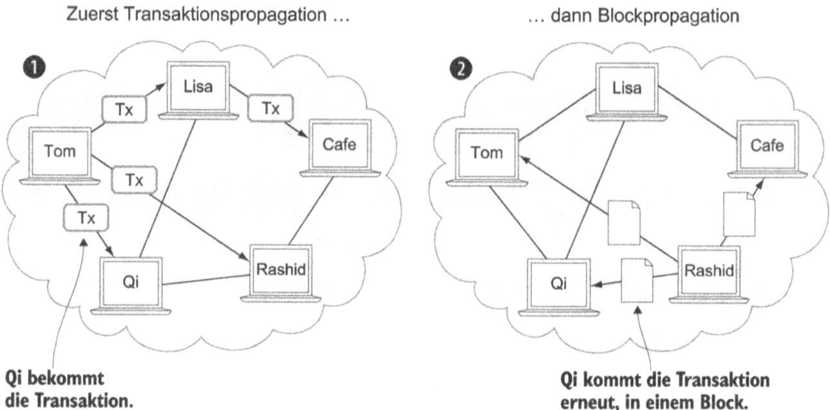

Abbildung 11.3: Qi bekommt eine Transaktion zweimal: zuerst während der Transaktionspropagation und dann während der Blockpropagation.

Rashid anfordern.

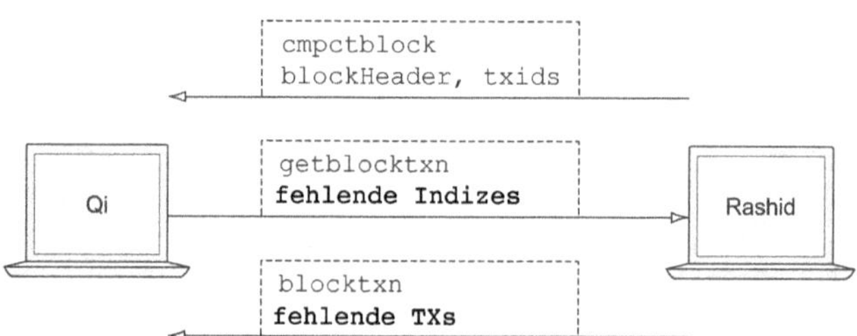

Abbildung 11.4: Compact Blocks in Aktion. Rashid schickt nur die nötigsten Daten an Qi.

Das Protokoll beginnt damit, dass Rashid an Qi eine `cmpctblock` Nachricht schickt. Qi benutzt diese Nachricht, um den Block mittels der Transaktionen, die sie schon im Speicher hat, zu rekonstruieren. Ist sie erfolgreich, so ist sie fertig und kann damit beginnen, den Block zu verifizieren. Wenn ihr Transaktionen fehlen, so wird sie diese von Rashid mit einer `getblocktxn` Message anfordern, die eine Liste von Indizes dieser Transaktionen enthält. Rashid wird dann mit einer `blocktxn` Message antworten, die die fehlenden Transaktionen enthält.

Beachte, dass dies eine vereinfachte Version davon ist, wie es tatsächlich funktioniert. Die Hauptunterschiede sind folgende:

- Die `cmpctblock` Message kann auch einige vollständige Transaktionen enthalten–zum Beispiel die Coinbase Transaktion des Blocks.

- Compact Blocks funktionieren in zwei verschiedenen Modi:

  - Im hochbandbreiten-Modus werden `cmpctblock` Nachrichten unaufgefordert gesendet, ohne zuerst eine `inv` oder `headers` Nachricht zu schicken.

  - Im niedrigbandbreiten-Modus wird die `cmpctblock` Message nur nach Bedarf geschickt, nachdem eine `inv` oder `headers` Nachricht empfangen wurde.

- Die Liste von txids in den `cmpctblock` Messages sind keine volle txids, sondern abgekürzte Versionen, um Datenvolumen zu sparen. Sie sind immer noch lang genug, um fast immer eindeutig die eigentliche Transaktion zu identifizieren.

Das ist eine wirklich nützliche Änderung, die viele Leute wertvoll finden. Du gibst deine Software frei und Leute fangen an, sie zu benutzen. Nicht jeder muss auf die neue Version upgraden. Wenn nur ein Peer sie benutzt, dann profitierst du davon, wenn du sie auch laufen lässt, weil die Bandbreitenanforderungen zwischen dir und dem Peer sich verringern. Während mehr und mehr Nodes anfangen, die Compact Blocks zu benutzen, sinkt deine gesamte Bandbreitenanforderung noch mehr.

Du hast keine Änderungen an den Konsensregeln gemacht. Blocks werden mit deiner Software genauso verifiziert wie zuvor. ALT Nodes akzeptieren NEU Blocks und umgekehrt.

11.1.2 Hard Forks

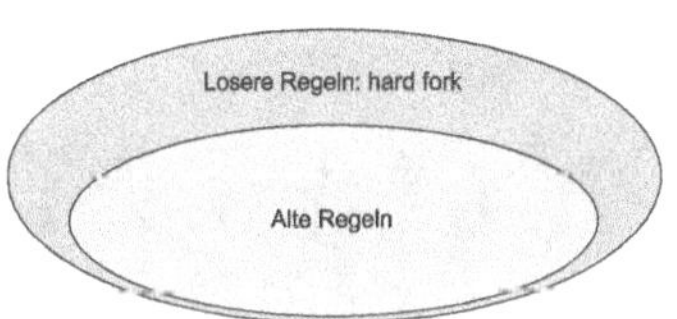

Wie in Abschnitt 11.1 beschrieben ist eine Hard Fork eine Softwareänderung, die die Konsensregeln lockert. NEU Blocks, die durch NEU Nodes erzeugt wurden, könnten von ALT Nodes abgelehnt werden. Im Beispiel des vegetarischen Restaurants wäre es eine Hard Fork, wenn das Restaurant anfinge, Fleisch zu servieren.

Stell dir vor du willst eine Fork erzeugen, der das maximal erlaubte Blockgewicht–diskutiert in Abschnitt 10.5.3.1—von 4.000.000 WU auf 8.000.000 WU anhebt. Das würde es erlauben, noch mehr Transaktionen in einen Block zu stopfen. Andererseits könnte ein höheres Limit einige Nodes im Bitcoin Netzwerk beeinträchtigen, wie wir in Kapitel 10 besprochen haben.

Jedenfalls ziehst du diese Änderung durch und beginnst, sie im Bitcoin Netzwerk zu benutzen. Wenn dein Node einen Block von einem Bitcoin ALT Node bekommt, dann akzeptierst du ihn, weil der Block definitiv $\leqslant$

8.000.000 WU ist; der ALT Node würde ja keine Blocks erzeugen oder weiterleiten, die grösser als 4.000.000 WU sind.

Angenommen, du bist ein Miner, der Bitcoin NEU betreibt. Du hast das Glück, einen gültigen Proof of Work zu finden, und veröffentlichst deinen Block. Dieser Block wird definitiv $\leq$ 8.000.000 WU sein, muss aber nicht $\leq$ 4.000.000 WU sein. Wenn er $\leq$ 4.000.000 WU ist, dann wird er von den ALT Nodes akzeptiert. Aber wenn nicht, dann werden ALT Nodes deinen Block ablehnen. Deine Blockchain wird von der Bitcoin ALT Blockchain abweichen. Du hast einen Blockchain Split erzeugt (Abbildung 11.5).

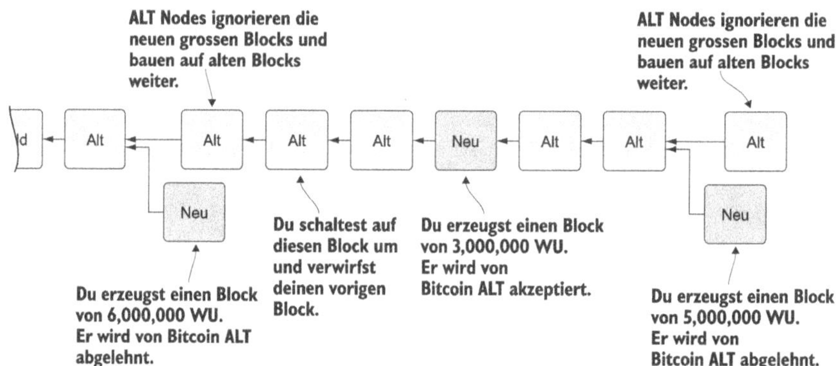

Abbildung 11.5: Dein Node mit Bitcoin NEU ist ein Verlierer gegen die Bitcoin ALT Nodes. Bitcoin ALT wird all deine Blocks verwerfen, welche die $\leq$ 4.000.000 WU Regel verletzen.

Wenn dein NEU Node einen neuen Block erzeugt, kann dieser von den ALT Nodes abgelehnt werden, je nachdem, ob er $\leq$ 4.000.000 WU ist. Für die Blocks, die abgelehnt werden, wirst du eine Menge Energie und Zeit für das Mining von Blocks verschwendet haben, die es nicht in die Haupt Chain schaffen.

Aber nimm an, einer Mehrheit der Hashrate gefällt dein Bitcoin NEU Programm, und sie beginnt, es anstelle von Bitcoin ALT zu benutzen. Was passiert dann? Schauen wir mal, wie es ausgeht (Abbildung 11.6).

Wenn ein NEU Node einen grossen Block erzeugt, werden alle NEU Nodes versuchen, die Chain auf Basis dieses Blocks zu erweitern, aber alle ALT Nodes werden versuchen, auf Basis des letzten für sie gültigen Blocks–gemäss ALT Regeln–weiterzumachen.

NEU Nodes gewinnen im Laufe der Zeit mehr Blocks als ALT Nodes, weil sie zusammengenommen mehr Hashrate haben als die ALT Nodes. Es scheint, als würde der NEU Zweig intakt bleiben, weil er eine beruhigende

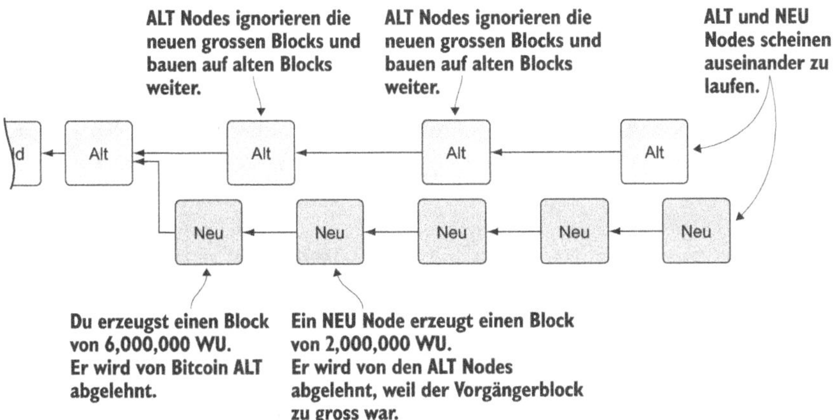

Abbildung 11.6: Eine Mehrheit der Hashrate betreibt Bitcoin NEU. Es scheint einen dauerhaften Chain Split verursacht zu haben.

Führung im gesammelten Proof of Work aufbaut.

NEU Nodes haben anscheinend einen dauerhaften Chain Split erzeugt. Aber wenn ein paar Miner sich entschliessen, zu Bitcoin ALT zurückzugehen, oder wenn zusätzliche Miner dem Rennen mit ALT Nodes beitreten, sodass ALT die Mehrheit der Hashrate wiederbekommt, dann könnte die NEU Chain Probleme bekommen, wie Abbildung 11.7 zeigt.

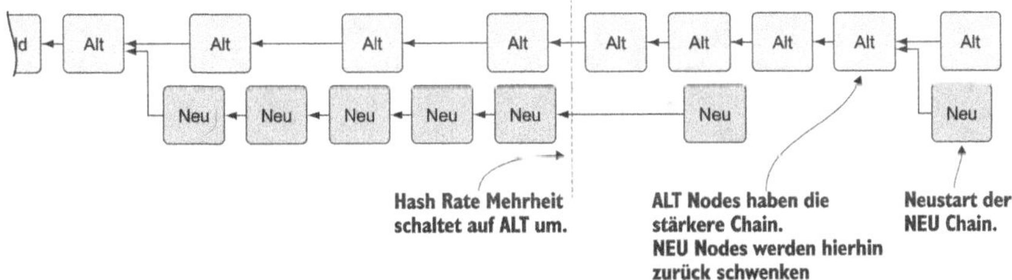

Abbildung 11.7: Die Bitcoin NEU Chain wird ausgelöscht, weil die Bitcoin ALT Chain stärker wird.

Wenn ALT Nodes die Mehrheit der Hashrate haben, werden sie schneller als die NEU Nodes sein und irgendwann aufholen und die NEU Nodes überholen. NEU Nodes erkennen diese Tatsache an und schwenken zurück zum Minen auf der ALT Chain. Wir sagen, dass der Zweig, den die NEU Nodes gebaut haben, durch eine Chain Reorganisation–üblicherweise als *Reorg* bezeichnet–ausgelöscht wurde, ein *Wipeout*.

11.1.2.1 Wipeout Schutz

Blocks, die von den ALT Nodes in der gerade beschriebene Hard Fork erzeugt wurden, sind immer mit den NEU Nodes kompatibel. Das bedeutet, es gibt ein höheres Risiko für einen Reorg auf der NEU Chain.

Das ist nicht bei allen Hard Forks der Fall. Nimm zum Beispiel an, dass du die Proof of Work Hashfunktion von Doppel-SHA256 auf einfaches SHA256 umstellen willst. Deine NEU Blocks werden immer von den ALT Nodes abgelehnt; und umgekehrt werden ALT Blocks auch immer von NEU Nodes abgelehnt. Eine solche Änderung verhindert daher garantiert einen Reorg durch den ALT Zweig. Sie besitzt einen natürlichen Wipeout-Schutz–aber viele Änderungen haben den nicht.

Ein Beispiel für eine Änderung ohne eingebauten Wipeout-Schutz ist eine alternative Kryptowährung namens *Bitcoin Cash*. Sie wurde durch einen Hard Fork Versuch von Bitcoin Core auf Block Height 478559 am 1. August 2017 erzeugt. 2017. Die Hauptänderung von Bitcoin Cash war eine Vergrösserung der Blockgrösse und die Entfernung von SegWit aus dem Code. Das machte die ALT Chain inkompatibel mit den NEU Nodes und anfällig für Wipeout. Um sich dagegen zu schützen, dass Bitcoin NEU durch einen Wipeout in einem Reorg ausgelöscht würde, hat Bitcoin Cash eine *Wipeout Protection* hinzugefügt, indem verlangt wurde, dass der erste Block nach dem Split grösser als 1.000.000 Bytes (1 MB) sein musste. Siehe Abbildung 11.8.

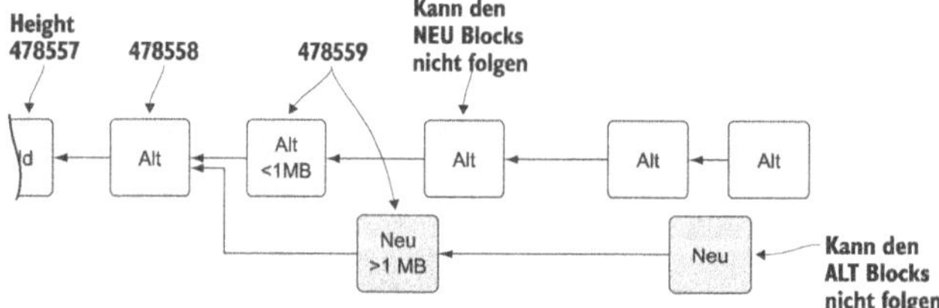

Abbildung 11.8: Bitcoin Cash schützt sich gegen Wipeout, indem es verlangt, dass der erste Block nach dem Chain Split >1 MB ist.

Das Resultat ist, dass Bitcoin NEU Nodes nicht zurück zum Bitcoin ALT Zweig *können*, weil dieser Zweig einen Block kleiner oder gleich 1 MB auf Height 478559 hat.

11.1.3 Soft Forks

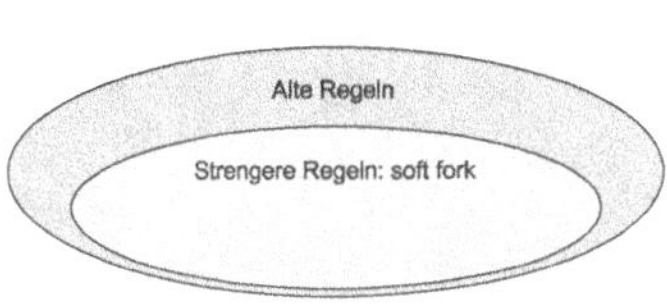

Wir haben Soft Fork in diesem Buch mehrfach diskutiert. Eine Soft Fork ist eine Änderung an den Konsensregeln, bei der NEU Blocks von den ALT Nodes akzeptiert werden. Die Konsensregeln werden gestrafft. Im Falle des vegetarischen Restaurants wäre es eine Soft Fork, wenn das Restaurant sein Essen auf Vegan umstellte.

SegWit ist ein Beispiel für eine Soft Fork. Die Änderung wurde sorgfältig geplant, sodass ALT Nodes beim Verifizieren von Blocks, die SegWit Transaktionen enthalten, nie scheitern. Alle ALT Nodes akzeptieren jeden gültigen NEU Block und bauen ihn in die Blockchain ein.

Auf der anderen Seite *könnte* ein ALT Node einen Block generieren, der gemäss Bitcoin NEU ungültig ist. Zum Beispiel könnte ein nicht-SegWit Miner in seinen Block eine Transaktion einbauen, die einen SegWit Output ausgibt, als wäre es ein anyone-can-spend Output (Abbildung 11.9).

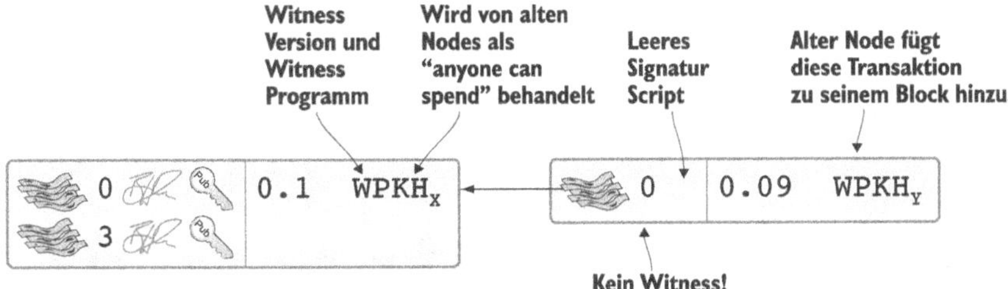

Abbildung 11.9: Ein ALT Miner betrachtet einen SegWit Output als anyone-can-spend und fügt dem Block eine Transaktion hinzu, die den Output als solchen ausgibt.

Angenommen, es gibt nur einen einzigen Miner mit einer geringen Hashrate, der Bitcoin NEU betreibt. Nimm weiterhin an, dass die ALT Miner einen Block produzieren, der gemäss der NEU Regeln ungültig wäre, wie in dem früheren Beispiel mit der nicht-SegWit Transaktion. Das Ergebnis wäre, dass die ALT Nodes einen Block bauen, der von dem NEU Miner nicht akzeptiert würde. Der NEU Miner würde den für ihn ungültigen ALT Block ablehnen. Dies ist der Punkt, an dem die Blockchain sich in zwei Chains aufspaltet (Abbildung 11.10).

In dieser Situation riskiert die ALT Chain, per Wipeout durch einen Reorg ausgelöscht zu werden. Nimm an, mehr Miner entschliessen sich, zu Bitcoin NEU zu upgraden, wodurch eine Mehrheit der Hashrate Bitcoin NEU unterstützt. Nach einer Weile würden wir wahrscheinlich einen Reorg sehen

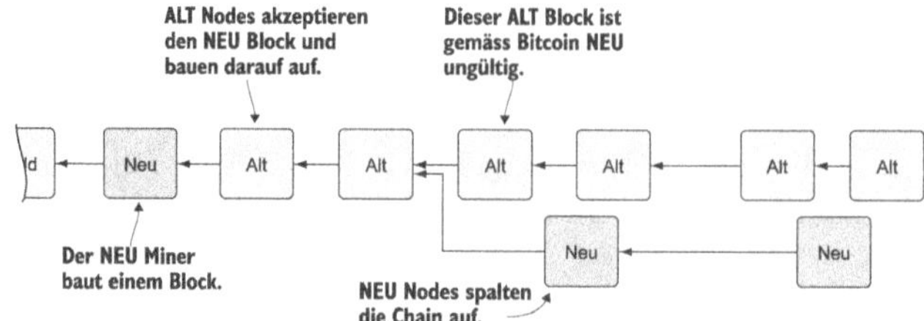

Abbildung 11.10: Die Soft Fork könnte einen Chain Split verursachen, wenn die Bitcoin ALT Nodes einen Block produzieren, den Bitcoin NEU Miner nicht akzeptieren.

(Abbildung 11.11).

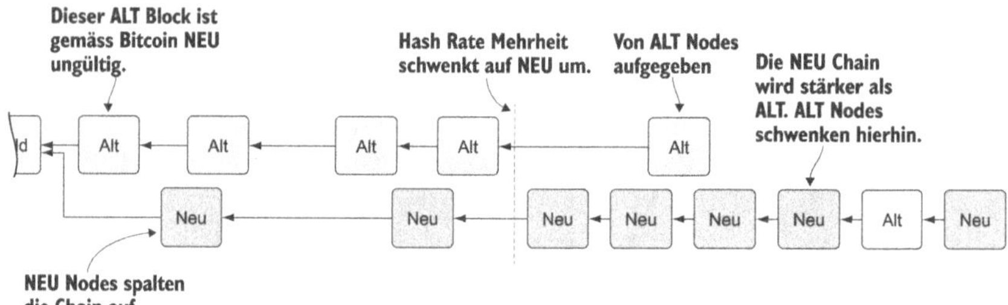

Abbildung 11.11: Wenn mehr Leute Bitcoin NEU übernehmen, wird der Zweig einen Reorg für die ALT Nodes auslösen.

Der Bitcoin NEU Zweig wird der stärkere Zweig, sodass die verbleibenden ALT Miner deren Zweig verlassen und anfangen werden, an demselben Zweig wie die NEU Nodes zu arbeiten. Aber sobald ein ALT Node einen Block produziert, der auf den NEU Nodes ungültig ist, verliert er seinen Block Reward, weil der Block nicht auf dem NEU Zweig akzeptiert wird.

11.1.4 UNTERSCHIEDE ZWISCHEN HARD UND SOFT FORKS.

Schauen wir noch einmal, was Soft Forks von Hard Forks unterscheidet, als allgemeine Regel:

- Eine Hard Fork *lockert* die Regeln. Vergrössern des maximalen Blockgewichts ist ein Hard Fork. Ein vorab invalider Block wird valide.

- Ein Soft Fork strafft die Regeln. SegWit ist ein Soft Fork. Ein vorab valider Block wird invalide.

Das ist eine einfache, aber wahre, Unterscheidung. Wir können die Effekte eines Chain Splits durch Soft Fork oder Hard Fork wie folgt zusammenfassen:

- *Hard Fork*–Der NEU Zweig könnte in einem Reorg ausgelöscht werden. Verwende Wipeout Schutz, um dies zu verhindern. Der ALT Zweig kann nicht ausgelöscht werden.

- *Soft Fork*–Der NEU Zweig könnte in einem reorg ausgelöscht werden. Du kanst den ALT Zweig nicht vor einem Wipeout schützen, denn das würde aus diesem Fork einen Hard Fork machen. Denke daran, dass die Definition eines Soft Fork ist, dass ALT Nodes NEU Blocks akzeptieren.

11.2 TRANSACTION REPLAY

Egal wodurch der Chain Split verursacht wurde, es betrifft dieselben Benutzer. Benutzer haben am Schluss zwei Versionen ihrer UTXO: eine, die auf der ALT Chain und eine, die auf der NEU Chain verwendbar ist. Wir haben effektiv zwei kryptowährungen, Bitcoin ALT und Bitcoin NEU (Abbildung 11.12).

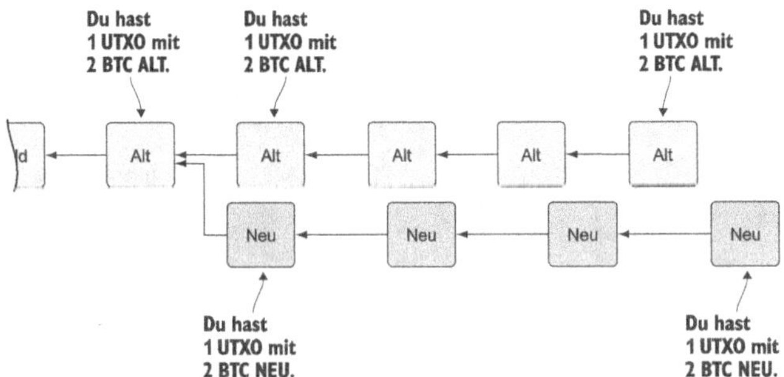

Abbildung 11.12: Nach einem Chain Split hast du effektiv zwei Versionen deinen UTXOs.

Angenommen, der Chain Split aus Abbildung 11.12 ist passiert und du willst ein Buch in einem Online Buchladen bezahlen. Du willst das mittels Bitcoin ALT tun, denn das ist die Währung, die der Buchhändler verlangt.

Du erzeugst deine Transaktion und sendest sie. Die ALT Nodes im Netzwerk werden deine Transaktion akzeptieren, weil du eine UTXO ausgibst, die auf diesen Nodes existiert. Aber deine Transaktion ist *auch gültig auf NEU*

> **Wertschwankungen**
>
> Wenn ein Chain Split passiert, könnte es erheblichen Einfluss auf den Wert der bitcoins auf dem ALT Zweig haben. Der Wert pro Coin auf dem NEU Zweig könnte oder könnte nicht bekannt sein; das hängt davon ab, ob diese Coins bereits verbreitet gehandelt werden.

Nodes, weil diese Nodes ebenfalls denselben UTXO Set habenl (Abbildung 11.13).

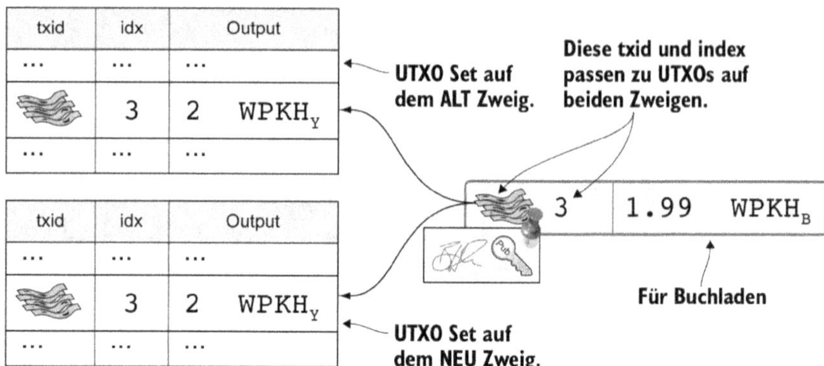

Abbildung 11.13: Deine Transaktion mit dem Buchladen ist sowohl auf der Bitcoin ALT als auch auf dem Bitcoin NEU Zweig gültig.

Wenn deine Transaktion sowohl zu einem ALT als auch zu einem NEU Miner propagier wird, dann wird sie wahrscheinlich in beiden Zweigen der Blockchain landen. Das ist nicht das, was du vorhattest. Deine Transaktion ist auf dem neuen Zweig wiederholt oder *replayed*, worden (Abbildung 11.14).

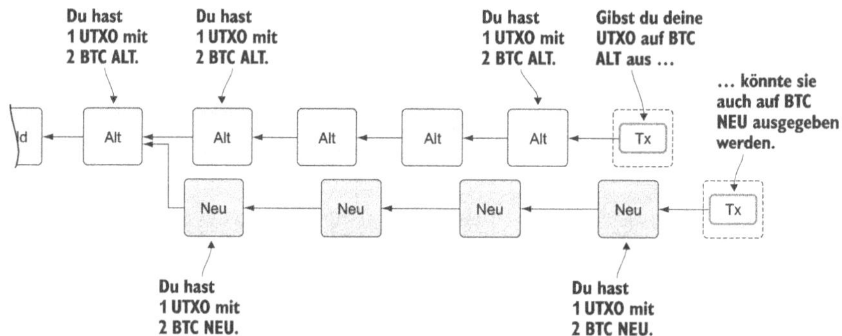

Abbildung 11.14: Transaktion Replay sorgt dafür, dass du in beiden Währungen zahlst.

11.2.1 REPLAY PROTECTION

Um Benutzer während eines Chain Splits vor Replay wegen einer Hard Forks zu schützen, kann das Transaktionsformat auf der NEU Chain so geändert werden, dass die Transaktion höchstens auf einem der Zweige gültig ist.

Als Bitcoin Cash seinen Chain Split durchgeführt hat, wurde sichergestellt, dass ALT Transaktionen nicht auf NEU Nodes gültig waren und NEU Transaktionen nicht auf ALT Nodes (Abbildung 11.15).

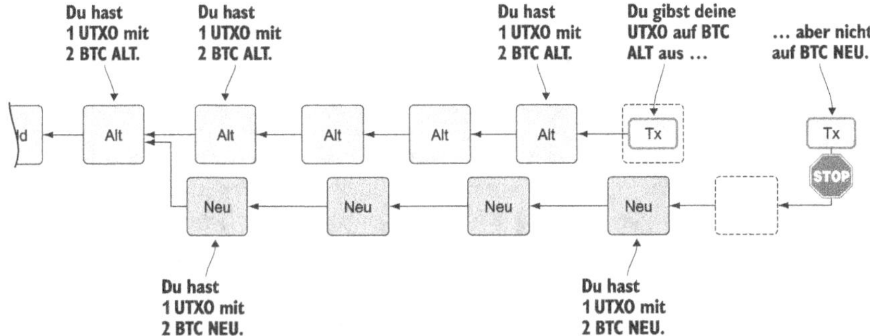

Abbildung 11.15: Mit Replay Protection ist eine Transaktion nur auf einem der beiden Zweige gültig.

Um das zu erreichen, muss eine Transaktion auf dem NEU Zweig einen neuen `SIGHASH` Typ, `FORKID`, in den Transaktionssignaturen verwenden. Dieser Typ tut zwar aktiv überhaupt nichts, macht aber die Transaktion im ALT Zweig ungültig und im NEU Zweig gültig. Wenn eine Transaktion `FORKID` nicht benutzt, ist sie auf dem ALT Zweig gültig und auf dem NEU Zweig ungültig.

Einen neuen `SIGHASH` Typ für Signaturen zu benutzen ist natürlich nicht die einzige Methode, Replay Protection zu erreichen. Jede Änderung, die Transaktionen auf dem einen Zweig gültig und auf dem anderen ungültig macht, ist erlaubt. Man könnte zum Beispiel auch verlangen, dass NEU Transaktionen jeweils 1 von der txid der Inputs abziehen. Angenommen die UTXO, die du ausgeben willst, hat diese txid:

```
6bde18fff1a6d465de1e88b3e84edfe8db7daa1b1f7b8443965f389d8decac08
```

Wenn du die UTXO auf dem ALT Zweig ausgeben willst, benutzt du diesen Hash im Input deiner Transaktion. Wenn du die UTXO auf dem NEU Zweig ausgeben willst, benutzt du stattdessen das hier:

```
6bde18fff1a6d465de1e88b3e84edfe8db7daa1b1f7b8443965f389d8decac07
```

Beachte, dass dies nur ein albernes Beispiel ist, kein vollwertiger Vorschlag.

11.3 Upgrade Mechanismen

Alle nicht dringenden Upgrades von Bitcoin wurden bisher mittels Soft Fork erledigt. Eine Soft Fork sicher durchzuziehen ist ein schwieriges Problem, und die Mechanismen dafür haben sich im Laufe der Zeit entwickelt.

Die Hauptsorge, wenn man eine Soft Fork macht, ist, dass die Blockchain sich aufspaltet und über eine erhebliche Zeitspanne so bleibt. Wenn dies passiert, haben wir effektiv zwei Kryptowährungen.

Das würde zu Konfusion führen: Exchanges müssten entscheiden, welchen Zweig sie als "Bitcoin" betrachten und welche Zweige sie mit ihren Exchange Diensten unterstützen. Benutzer müssten informiert werden, dass ein Split passiert ist, damit sie vermeiden können, Geld an den falschen Zweig zu schicken. Händler müssten sicherstellen, dass sie Rechnungen in der beabsichtigten Währung ausstellen. Ein Blockchain Split könnte auch den Wert der Kryptowährung drastisch fallen lassen.

> **Benutzer-aktivierte Soft Fork**
>
> Eine Deployment Methode, bei der die Benutzer, nicht nur die Miner, mit der Durchsetzung der Regeln beginnen, ist als *User Activated Soft Fork* bekannt geworden. Wir besprechen dies später in diesem Kapitel.

11.3.1 Coinbase Signalisierung—BIP16

Als p2sh 2012 eingeführt wurde, hatte die Bitcoin Gemeinde keine Erfahrung mit Upgrades. Sie musste sich etwas einfallen lassen, um einen Blockchain Split zu vermeiden. Die Gemeinde implementierte Soft Fork Signalisierung, oder *Signaling*, mittels der Coinbase. NEU Miner signalisierten Unterstützung für p2sh, indem sie den String /P2SH/ in die Coinbase der von ihnen produzierten Blocks schrieben (Abbildung 11.16).

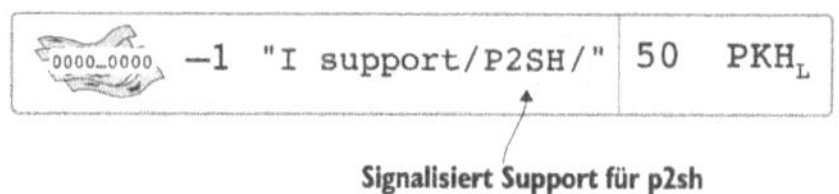

Abbildung 11.16: Ein Miner signalisiert Unterstützung für p2sh, indem er /P2SH/ in das Signatur Script der Coinbase Transaktion einträgt.

An einem bestimmten Tag schauten die Bitcoin Entwickler nach, ob mindestens 550 der letzten 1.000 Blocks /P2SH/ enthielten. Das war der Fall, und so stellten die Entwickler am 1. April 2012 eine neue Software Release zur Verfügung, die die p2sh Regeln verlangt. Dieser Tag wurde als "Flag Day" bezeichnet, als Signaltag.

Das funktionierte gut; Miner übernahmen schnell die Soft Fork und das gesamte Netzwerk installierte innerhalb einer vernünftigen Zeit das Upgrade.

Es geschah kein Split, weil mindestens 50% der Hashrate vor dem Signaltag den Upgrade installiert hatte.

11.3.2 Signalisierung durch erhöhte Block Versionsnummern–BIP34, 66 und 65

Ich habe nicht viel darüber gesprochen, aber der Block Header hat eine eigene Versionsnummer (Abbildung 11.17). Diese Version wird in den ersten 4 Byte vor dem eigentlichen Block Hash codiert.

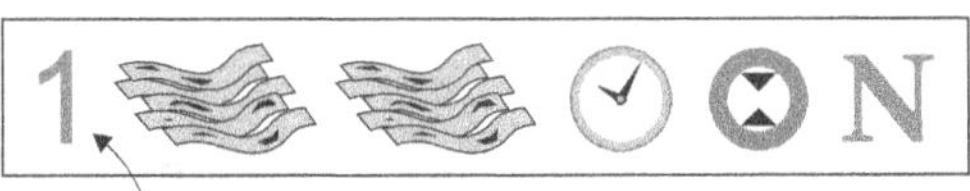

Abbildung 11.17: Der Block Header enthält eine Blockversion. Die ersten Blocks benutzten Version 1.

Die Version ist das einzige, was bei unseren früheren Block Headern fehlt. Dies ist der eigentliche 80 Byte Bitcoin Block Header.

```
4 Bytes   Version
32 Bytes  Vorgänger Block ID
32 Bytes  Merkle Root
4 Bytes   Timestamp
4 Bytes   Target
4 Bytes   Nonce

Gesamt 80 Bytes
```

> **BIP34**
>
> Dieser BIP, "Block v2, Height in coinbase," beschreibt sowohl, wie die Block Height in der Coinbase gespeichert wird, als auch, wie die Änderung mittels Versionsnummern ausgerollt werden soll.

Die Blockversion kann verwendet werden, um Unterstützung für gewisse neue Features zu signalisieren.

Das erste Soft Fork Deployment mittels Blockversions-Signalisierung geschah 2013. Diese Soft Fork fügte eine Regeln hinzu, dass alle neuen Blocks die Block Height in ihrer Coinbase Transaktion enthalten müssen (Abbildung 11.18).

Die *Aktivierung* der Soft Forks geschah schrittweise durch Signalisierung mittels Blockversionsnummern, um einen Split der Blockchain zu verhindern:

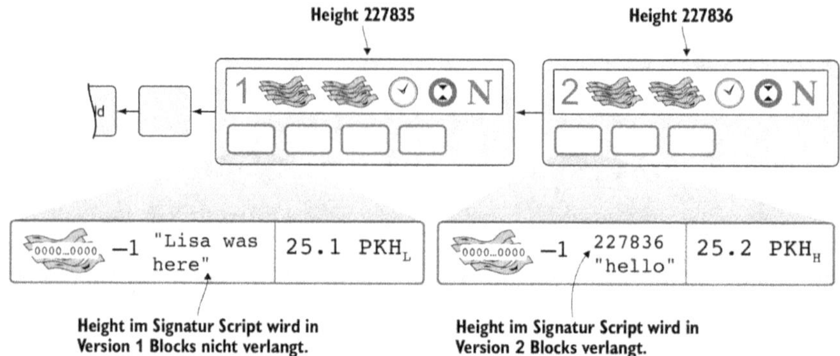

Abbildung 11.18: BIP34 verlangt, dass alle Blocks die Block Height in der Coinbase enthalten.

1. NEU Miner erhöhen die Blockversion von 1 auf 2 (Abbildung 11.19). Beachte, dass dies graduell passiert, weil im Laufe der Zeit zunehmend mehr Nodes auf Bitcoin NEU umschwenken.

Abbildung 11.19: Minder, die die Soft Fork betreiben, signalisieren Unterstützung für diese, indem sie die Blockversion erhöhen.

2. Warte, bis mindestens 750 der letzten 1.000 Blocks eine Versionsnummer von mindestens 2 haben. Wenn diese Schwelle erreicht ist, haben die NEU Miner wahrscheinlich ungefähr 75% der Hashrate.

3. Beginne neuproduzierte Version 2 Blocks abzulehnen, die nicht die Height in der Coinbase tragen. Diese Blocks signalisieren falsch bezüglich BIP34.

4. Warte, bis 950 der letzten 1.000 Blocks eine Version ≥ 2 haben. Wenn das passiert, haben die NEU Miner ungefähr 95% der Hashrate.

5. Beginne, alle neuen Blocks mit Version 1 abzulehnen. Alle Miner, die Version 1 Blocks produzieren, werden verlieren, weil 95% der Hashrate diese Blocks ablehnt. Die Hoffnung ist, dass Miner, die immer noch nicht den Upgrade durchgeführt haben, das nun schnell nachholen, um nicht noch mehr Geld durch das Minen wertloser Blocks zu verlieren.

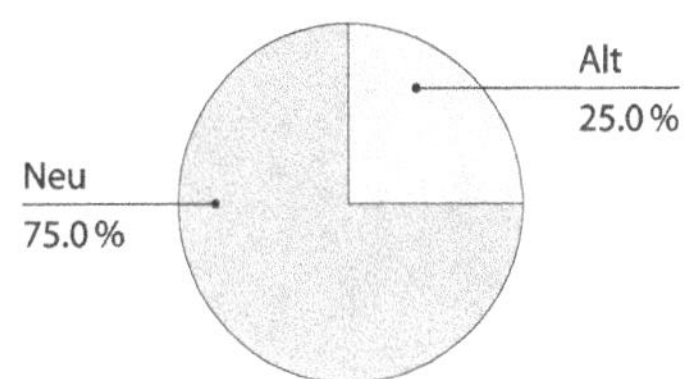

Im Laufe von Schritt 1 hat sich nichts geändert. Es gelten nur die Bitcoin ALT Regeln. Aber wenn 750 der letzten 1.000 Blocks Version 2 haben, betreten wir die nächste Stufe. Hier sorgen die Nodes, auf denen die Soft Fork Software läuft, dafür, dass alle Version 2 Blocks die Block Height in der Coinbase haben. Ansonsten wird der Block fallengelassen. Ein Grund dafür ist, dass Nodes vielleicht absichtlich oder versehentlich aus anderen Gründen als für diese Fork Blockversion 2 signalisieren. Die 75% Regel entfernt solche Fehltreffer, bevor sie die 95% Regel auswertet.

Ab diesem Punkt *könnten* einige ALT Miner eine Chain Split erzeugen, indem sie einen Block mit Version 2 erzeugen, der die "Height in Coinbase" Regel verletzt (Abbildung 11.20).

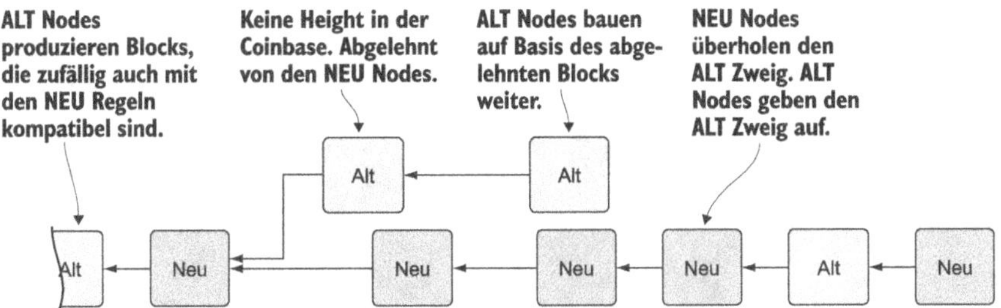

Abbildung 11.20: Die ALT Nodes könnten für einen Chain Split sorgen, der aber wohl nicht lange anhalten würde.

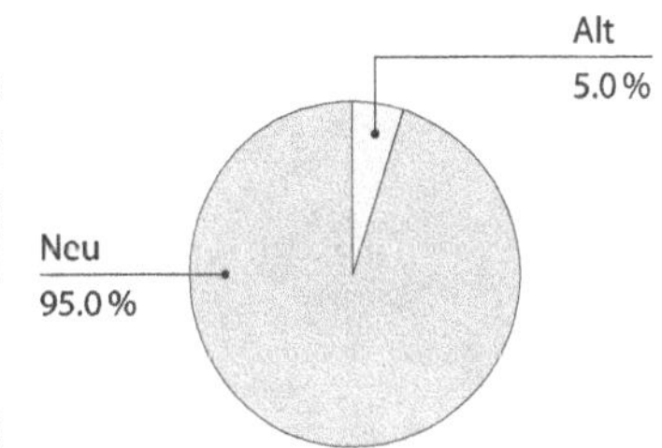

Die ALT Miner würden auf Basis dieses Blocks weiterbauen, während die NEU Miner auf dem vorigen Block aufbauen würden. Aber die NEU Miner haben *wahrscheinlich*–abhängig von der Menge an falscher Signalisierung für Version 2–mehr Hashrate und werden die ALT Miner abhängen und den Bitcoin ALT Zweig auslöschen.

Wenn ein grösserer Anteil der Blocks–95% der letzten 1.000–mit Version 2 Blocks Unterstützung signalisiert, gehen wird den letzten Schritt, Schritt 5. Von diesem Punkt an werden alle Blocks mit Version < 2 fallengelassen.

Warum sind wir durch diese Phasen gegangen? Es ist nicht völlig klar, weshalb die 75% Regel benutzt wurde, aber es entfernt *False Positives*, also Fehltreffer, wie beschrieben. Das Deployment hätte auch nur mit der 95% Regel funktionieren können. Wir werden den Gedankengang hinter der 75% Regel nicht ergründen–akzeptieren wir, dass es für dieses und ein paar andere Deployments benutzt wurde. Tabelle 11.2 listet Soft Forks auf, die mit diesem Mechanismus eingeführt wurden.

Dieser Upgrademechanismus heisst *Miner-aktivierte* Soft Fork. Die Miner beginnen mit der Durchsetzung der neuen Regeln, und alle oder die meisten

BIP	Name	Datum	Block Version
BIP34	Block v2, Height in Coinbase	März 2013	2
BIP66	Striktes DER Encoding	Juli 2015	3
BIP65	OP_CHECKLOCKTIMEVERIFY	Dezember 2015	4

Tabelle 11.2: Per hochgezählter Blockversion ausgerollte Features.

Full Nodes werden dem folgen, weil die NEU Blocks von sowohl NEU als auch ALT Nodes akzeptiert werden.

11.3.3 BLOCK-VERSIONSBITS-SIGNALISIERUNG–BIP9

Die Bitcoin Entwickler haben in früheren Soft Forks eine Menge Erfahrung gesammelt. Ein paar Probleme müssen adressiert werden:

- Man kann nur eine Soft Fork auf einmal ausrollen.

- Benutzte Blockversionen können nicht für andere Zwecke erneut verwendet werden.

Das lästigste Problem ist, dass man nicht mehrere Soft Forks auf einmal ausrollen kann. Das liegt daran, dass frühere Deployment Mechanismen, wie das für BIP34 verwendete, geprüft haben, ob eine Blockversion grösser oder gleich einer bestimmten Zahl war, zum Beispiel 2.

Angenommen, du möchtest sowohl BIP34 als auch BIP66 gleichzeitig ausrollen. BIP34 würde Blockversion 2 benutzen und BIP66 Blockversion 3. Das würde bedeuten, dass man nicht selektiv Unterstützung nur für BIP66 signalisieren könnte; man müsste auch Unterstützung für BIP34 signalisieren, weil die Blockversion 3 grösser oder gleich 2 ist.

Die Entwickler liessen sich ein Bitcoin Improvement Proposal, BIP9, einfallen, das einen Prozess beschreibt, wie man mehrere Soft Forks gleichzeitig ausrollen kann.

Der Prozess benutzt ebenfalls die Blockversion, aber auf eine andere Weise. Die Entwickler entschieden, die Interpretation der Blockversions-Bytes zu verändern. Blockversionen, die die obersten 3 Bit genau auf 001 gesetzt haben, werden anders behandelt.

BIP9

Dieser BIP spezifiziert einen Standard dafür, wie das Versions Feld im Block Header verwendet wird, um mehrere gleichzeitige Deployments vorzunehmen.

Zunächst sind alle solchen Blockversionen grösser als 4, weil die kleinste solche Blockversion 20000000 ist, also erheblich grösser als 00000004. Also werden Blocks, die BIP9 benutzen, immer die bereits ausgerollten BIP34, 66 und 65 unterstützen. Gut.

Als nächstes können die 29 Bits rechts von den ganz links stehenden 001 Bits benutzt werden, um Unterstützung für höchstens 29 gleichzeitige Soft Forks zu signalisieren. Jedes der 29 rechten Bits kann verwendet werden, um unabhängig ein einzelnes Feature oder eine Gruppe von Features auszurollen (Abbildung 11.21). Wenn ein Bit auf 1 steht, dann unterstützt der Miner, der den Block produziert hat, das Feature, das von diesem Bit repräsentiert wird.

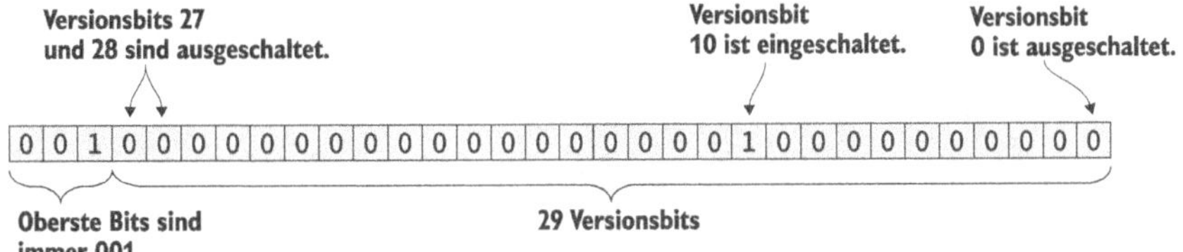

Abbildung 11.21: Die Blockversion wird anders behandelt. Jedes der 29 Bits kann Support für verschiedene Vorschläge signalisieren.

Mehrere Parameter müssen für jedes ausrollbare Feature definiert werden:

- *Name*—Ein kurzer aber beschreibender Name für das Feature

- *Bit*—Die Nummer der Bits, die für das Signalisieren benutzt wird

- *Startzeit*—Wann die Überwachung der Miner Unterstützung beginnen soll

- *Timeout*—Die Zeit, zu der das Deployment als gescheitert betrachtet werden soll

Das Deployment durchläuft eine Anzahl *Zustände* (siehe Abbildung 11.22). Der Status wird *nach jeder Retarget Period* aktualisiert.

- DEFINED—Der Anfangszustand. Das bedeutet, seit der Startzeit ist noch kein Retarget geschehen.

- STARTED—Warte, bis mindestens 1.916 (95%) Blocks in der letzten Retarget Periode Unterstützung signalisieren.

Zeitvergleich

Wenn Blockzeiten mit den Start und Endzeiten verglichen werden benutzen wir immer die Median Time Past, wie in Abschnitt 7.5.1 beschrieben.

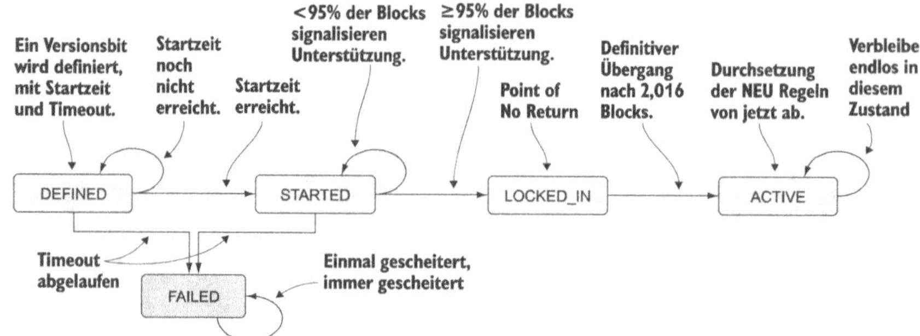

Abbildung 11.22: Zustandsübergänge geschehen alle 2.016 Blocks.

- LOCKED_IN—Eine Karenzzeit, um den verbleibenden nicht signalisierenden Minern eine Chance zum Upgrade zu geben. Tun sie das nicht, werden ihre Blocks abgelehnt.

- ACTIVE—Die neuen Regeln sind aktiv.

- FAILED—Der Timeout ist abgelaufen, bevor der Ausrollvorgang den Zustand LOCKED_IN erreicht hatte. Bei gleichzeitigem Eintreten mehrerer Bedingungen hat der Timeout Vorrang vor anderen Bedingungen wie der 95% Regel.

Wenn der Ausrollvorgang ACTIVE oder FAILED ist, wird das Bit, das Support signalisiert, auf 0 zurückgesetzt werden, damit es für spätere Ausrollvorgänge wiederverwendet werden kann.

11.3.4 BENUTZEN VON BIP9 ZUM AUSROLLEN RELATIVER LOCK TIME

BIPs 68, 112 und 113

Dieses "Feature" ist eigentlich eine Gruppe von BIPs, die zusammen die relative Lock Time ans Laufen bringen.

Schauen wir uns ein Beispiel dafür an, wie ein Deployment mittels Versionsbits ablaufen kann. Wir betrachten, wie relative Lock Time ausgerollt wurde. Die Entwickler dieses neuen Features hatten die folgenden BIP9 Parameter definiert:

```
Name:       csv
Bit:        0
Startzeit:  2016-05-01 00:00:00
Timeout:    2017-05-01 00:00:00
```

Der Timeout lag ein Jahr hinter der Startzeit, was den Minern etwa ein Jahr Zeit gab, auf die Soft Fork umzustellen, die das Feature implementiert.

Abbildung 11.23 zeigt die Zustandsübergänge, die geschahen.

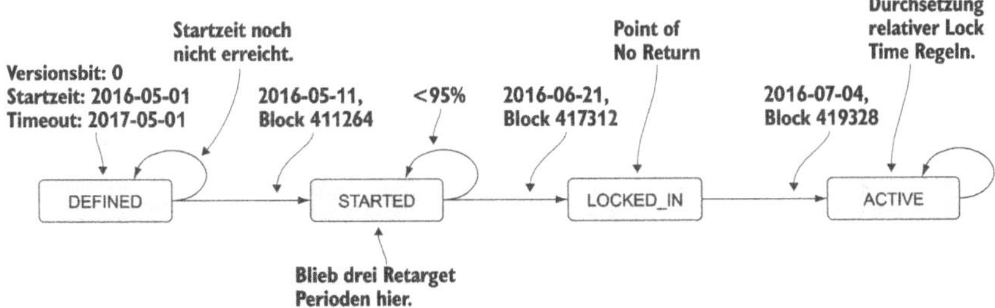

Abbildung 11.23: BIP9 Deployment von `csv`. Es lief glatt.

Dieses Deployment lief schnell und glatt durch. Es brauchte nur drei Retarget Perioden, bis 95% der Miner auf die neue Software umgestellt hatten.

Unglücklicherweise gingen nicht alle Deployments so glatt.

11.3.5 Benutzung von BIP9 zum Deployment von SegWit

SegWit, beschrieben in Kapitel 10, verwendete auch BIP9 für sein Deployment, aber die Dinge liefen nicht wie vorgesehen. Es begann zunächst genau wie mit dem `csv` Deployment. Die Parameter für dieses Deployment waren:

```
Name:       segwit
Bit:        1
Startzeit:  2016-11-15 00:00:00
Timeout:    2017-11-15 00:00:00
```

Eine neue Version von Bitcoin Core wurde mit diesen SegWit Deployment Parametern freigegeben. Benutzer übernahmen diese Version ziemlich zügig, aber aus irgendwelchen Gründen blieben die Miner zögerlich. Das Signaling flachte bei ungefähr 30% ab und der Deployment Prozess blieb im STARTED Zustand stecken, wie Abbildung 11.24 zeigt.

Dem SegWit Deployment drohte ein Scheitern–der Übergang in den FAILED Zustand nach dem Timeout. In diesem Fall müsste ein ganzer neuer Deployment Zyklus eingerichtet und ausgeführt werden, was ein weiteres Jahr dauern könnte.

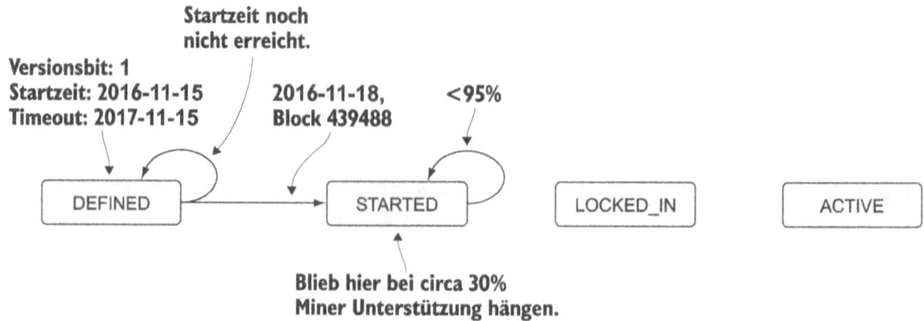

Abbildung 11.24: Das SegWit Deployment lief nicht wie erwartet.

11.3.5.1 INTERESSENSKONFLIKTE

Gleichzeitig wurde ein anderer Vorschlag diskutiert. Dieser Vorschlag wurde
als *SegWit2x* bezeichnet. Es war ein Vorschlag, erst SegWit zu aktivieren
und dann das maximale Blockgewicht mittels einer Hard Fork zu erhöhen,
zusätzlich zur Erhöhung der maximalen Blockgrösse, die SegWit selbst
bot. Dieser Vorschlag würde BIP9 mit Versionsbit 4 zur Signalisierung
von Unterstützung benutzen. Bitcoin Core zeigte kein Interesse an diesem
Vorschlag, aber das Bitcoin Core Software Repository wurde unter dem
Namen btc1 von einer Gruppe von Leuten kopiert, die es zur Umsetzung
ihres Vorschlags benutzten. Der Schwellwert zum einrasten von SegWit
sollte 80% der letzten 2.016 Blocks betragen. Dieser Vorschlag bekam eine
Menge Zustimung von den Minern.

Es schien eine Diskrepanz zwischen dem zu geben, was Full Nodes wollten
und dem, was Miner wollten. Gerüchte und Theorien über die Gründe für
diese Diskrepanz schwirrten herum. Wir werden auf diese nicht eingehen,
sondern bei dem bleiben, was wir wissen.

11.3.5.2 EINE BENUTZERAKTIVIERTE SOFT FORK

Mitten in all dem kam plötzlich ein neuer Vorschlag auf, BIP148, der
anfangen würde, Blocks fallenzulassen, wenn diese nicht ab 1. August 2017
Bit 1 (SegWit) signalisieren würden. Der Effekt wäre, dass Nodes mit
BIP148 eine 100% Adoption von BIP141 erleben würden, was BIP141
nach höchstens zwei Retarget Perioden einrasten lassen würde. Dieses
Verfahren wurde unter dem Namen *User Activated Soft Fork* bekannt.
User–die Betreiber von Full Nodes–entscheiden kollektiv, dass sie neue
Regeln anwenden werden, und wenn die Miner sich nicht daran halten,
werden ihre Blocks verworfen. Wir sprechen gegen Ende dieses Kapitels
noch ein bisschen über User Activated Soft Forks.

BIP148 war ein Versuch, SegWit Deployment trotz zögernder Miner durch-zusetzen.

Einige Gruppen, besonders das Bitcoin Core Team, hielten diesen Vorschlag für zu riskant. Es führt zu einem Chain Split, wenn ein Miner einen nicht SegWit signalisierenden Block verbreitet. Aber es gab auch eine Gruppe von Leuten, die mit BIP148 auf jeden Fall weitermachen wollten. Dies verursachte einige Sorge in der Bitcoin Gemeinde.

11.3.5.3 Ein Vorschlag, die Gruppen zusammenzubringen

Wir hatten ein festgefahrenes SegWit Deployment, eine alternative Seg-Wit2x Fork auf dem Weg, den viele Miner zu wollen schienen und eine Gruppe ungeduldiger Benutzer, die SegWit mit BIP148 durchsetzen woll-ten.

Um einen Timeout des SegWit Deployment–der SegWit weiter verzögern würde–zu vermeiden und einen möglichen Chain Split durch BIP148 zu verhindern und die SegWit2x Menge zu besänftigen, wurde ein neuer BIP geschrieben. BIP91 würde all diese Gruppen zufriedenstellen. Es würde BIP9 mit einem benutzerdefinierten Schwellwert verwenden:

```
Name:          segsignal
Bit:           4
Startzeit:     2017-06-01 00:00:00
Timeout:       2017-11-15 00:00:00
Periode:       336 blocks
Schwellwert:   269 blocks (80%)
Hört auf, aktiv zu sein, wenn SegWit (Bit 1) LOCKED_IN oder FAILED ist.
```

Dieser BIP tat Dinge anders als normale BIP9 Deployments. Es verwendete eine kürzere Periode–336 Blocks statt 2.016 Blocks–und einen niedrigeren Schwellwert–80% statt 95%.

In seiner aktiven Phase benahm sich dieser BIP wie BIP148. Alle Blocks, die nicht Bit 1 (SegWit) signalisieren, wurden zurückgewiesen. Beachte, dass dies kompatibel mit BIP148 und SegWit2x war. Es signalisierte mittels Bit 4, dem selben Bit, das SegWit2x benutzen würde, und es erzwang das Einrasten von SegWit durch Abweisen von nicht-Bit-1-signalisierenden Blocks.

Der BIP wurde nicht in Bitcoin Core implementiert, sondern in einer kopierten Version davon. Diese Version erreichte schnell grosse Verbreitung unter den Minern, und am 21. Juli 2017 ging der BIP in den Zustand `LOCKED_IN` über. Siehe Abbildung 11.25.

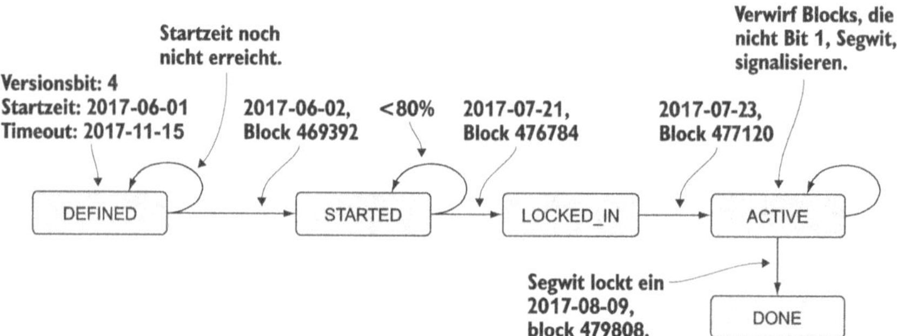

Abbildung 11.25: P91 aktualisiert seinen Zustand alle 336 Blocks statt der üblichen 2.016. Das ging schnell.

Es aktivierte drei Tage nach dem `LOCKED_IN`. Beachte, dass hauptsächlich Miner BIP91 übernommen hatten. Normale Benutzer verwendeten typischerweise Bitcoin Core, was BIP91 nicht implementiert hatte.

Als die Miner BIP91 aktivierten, begannen sie damit, Blocks zu verwerfen, die nicht Bit 1 signalisierten, was das Bit für das SegWit Deployment war. Als Resultat schafften es die nicht-Bit-1-Blocks nicht in die stärkste Chain, was die verbleibenden Miner dazu zwang, auf SegWit umzustellen, um zu vermeiden, dass sie ungültige Blocks minen.

Miner begannen damit, SegWit zu signalisieren, den originalen SegWit Vorschlag, der Bit 1 zum Deployment benutzte, und der ging am 9. August 2017 in `LOCKED_IN` über und wurde am 24. August 2017 `ACTIVE`, wie Abbildung 11.26 zeigt.

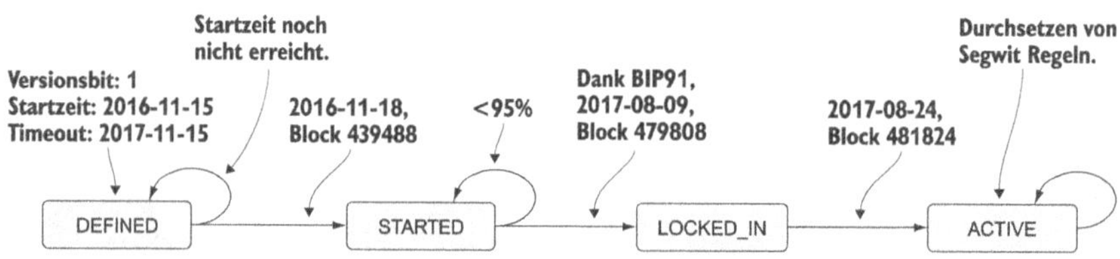

Abbildung 11.26: SegWit aktiviert sich dank BIP91 endlich.

Normale nicht-minende Benutzer, Händler und Exchanges mussten nichts besonderes tun, um auf der stärksten Chain zu bleiben, weil deren Software (normale SegWit-fähige Software) der stärksten gültigen Chain folgt. Das bedeutete, dass BIP141 in den Zustand `LOCKED_IN` einrastete und dann für alle Benutzer und Miner gleichzeitig `ACTIVE` wurde.

11.3.5.4 Lessons Learned

Die Ereignisse während des SegWit Deployments waren unvorhergesehen. Wenige dachten, dass Miner sich weigern würden, BIP141 zu übernehmen. Und doch geschah genau dies.

Es wurde klar, dass BIP9 kein ideales Verfahren zum Deployment einer Soft Fork ist. Es räumt 5% der Hashrate ein Vetorecht ein. Angesichts dessen, dass mehrere Miner jeweils mehr als 5% der gesamten Hashrate kontrollieren, konnte jeder dieser individuellen Teilnehmer ein Systemupgrade blockieren.

Wie in Abschnitt 5.8 behandelt, bezahlen wir MIner für die korrekte, ehrliche Bestätigung von Transaktionen. Wir bezahlen sie nicht dafür, über die Regeln zu *entscheiden*, wir bezahlen sie dafür, den Regeln zu *folgen*. Über die Regeln wird kollektiv von allen, dir und mir, durch die Benutzung der entsprechenden Bitcoin Software entschieden.

Denk darüber nach.

11.3.6 User Activated Soft Forks

Um die Wichtigkeit der wirtschaftlichen Mehrheit (du, ich und alle anderen Bitcoin Benutzer) zu unterstreichen und um zu vermeiden, dass Miner gegen Vorschläge, die von der wirtschaftlichen Mehrheit verlangt werden, Veto einlegen dachten die Leute eingehender über User Activated Soft Forks nach.

Schauen wir uns ein fiktives Beispiel für eine User Activated Soft Fork an.

Angenommen, 99% der Bitcoin Benutzer (Endbenutzer, Exchanges, Händler und so weiter) wünschen eine Regeländerung–zum Beispiel kleinere Blocks–, dann wäre dies eine Soft Fork. Nimm weiter an, dass kein Miner kleinere Blocks will, also weigern sie sich alle, mitzumachen. Und nimm ausserdem an, dass 99% der nicht-minenden Full Nodes ihre Software so ändern, dass diese ab einer bestimmten Block Height grosse Blöcke ablehnt.

Was wird passieren, wenn ein Block diese Height passiert? Miner, die grosse

Blocks produzieren, bauen dann eine Blockchain, die Benutzer als ungültig erachten (Abbildung 11.27).

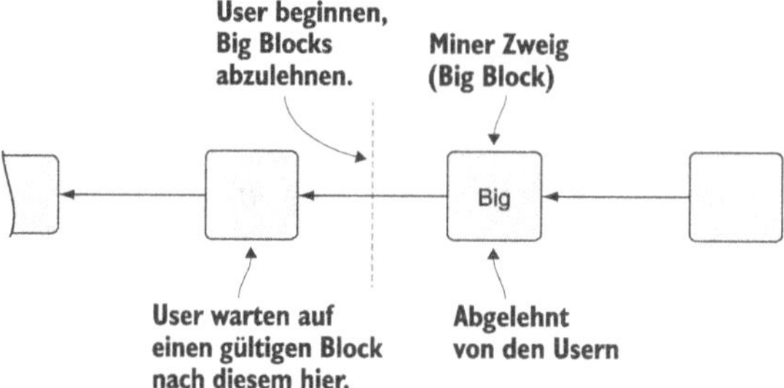

Abbildung 11.27: Benutzer beginnen, grosse Blocks zurückzuweisen. Sie sehen keine gültigen Blocks, aber jede Menge ungültige (zu grosse) Blocks.

Der Wert der Block Rewards in der "Miner" Chain wäre unbekannt, weil die Exchanges nicht mit der Miner Chain handeln. Miner werden nicht in der Lage sein, ihre Block Rewards zu verkaufen, um ihre Stromrechnungen zu bezahlen. Selbst wenn der Stromlieferant Bitcoin akzeptiert, können die Miner dennoch nicht mit ihren Block Rewards bezahlen, weil der Stromlieferant die Blocks der Miner nicht als gültig anerkennt. Denke daran, dass der Stromlieferant auch ein Bitcoin Benutzer ist.

Aber wenn ein einziger Miner sich entschliesst, auf die Forderungen der Benutzer einzugehen, dann werden seine Blocks die einzigen sein, die die Benutzer schlussendlich akzeptieren (Abbildung 11.28).

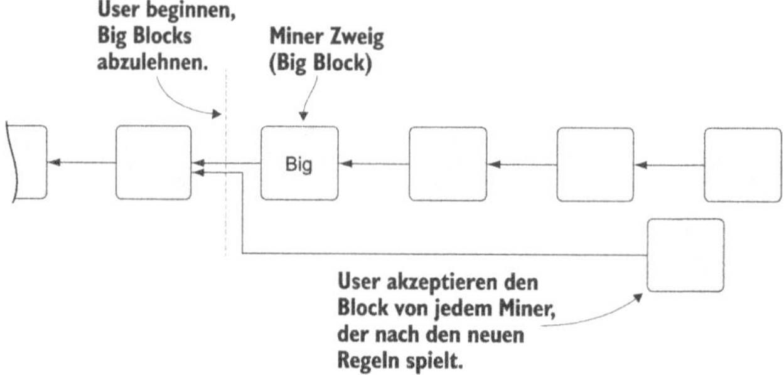

Abbildung 11.28: Ein Miner entschliesst sich, dem Willen der User zu folgen und nur kleine Blocks zu bauen. Dieser Miner wird seine Rechnungen bezahlen können.

Dieser einzelne Miner wird für den Block, den er erzeugt, belohnt, weil die wirtschaftliche Mehrheit seinen Block akzeptiert. Die Blocks auf der Miner (grosse Blocks) Chain sind immer noch ziemlich wertlos, weil kein

User sie akzeptiert. Darüberhinaus kann der einzelne klein-Block Miner mehr Gebühren verlangen, weil die Gesamtmenge an Blockplatz geringer ist–sowohl weil das maximale Blockgewicht kleiner ist, als auch weil die gesamte Anzahl Blocks geringer ausfällt.

Einige weitere gross-Block Miner werden vermutlich merken, dass ihnen schnell das Geld ausgeht, und beschliessen, zu dem User-akzeptierten Zweig hinüber zu schwenken (Abbildung 11.29).

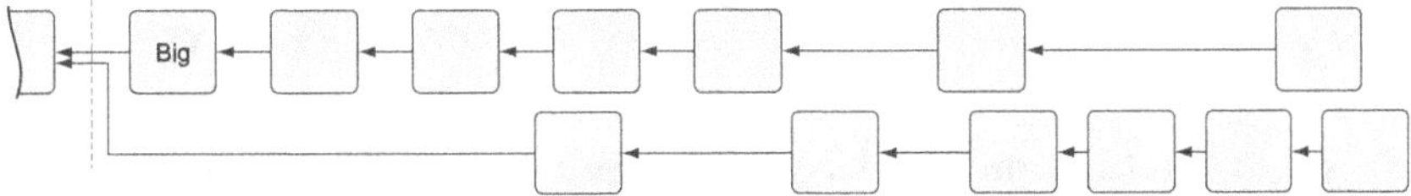

Abbildung 11.29: Ein paar weitere Miner merken, dass es profitabler ist, auf dem User-Zweig weiterzuarbeiten.

Wenn mehr Miner zum User-Zweig wechseln, wird dieser Zweig irgendwann stärker als die gross-Block Chain. Wenn das passiert, wird die gross-Block Chain ausgelöscht (Abbildung 11.30) und die verbleibenden Miner werden automatisch auf den klein-Block Zweig umschalten, weil die Änderung eine Soft Fork ist

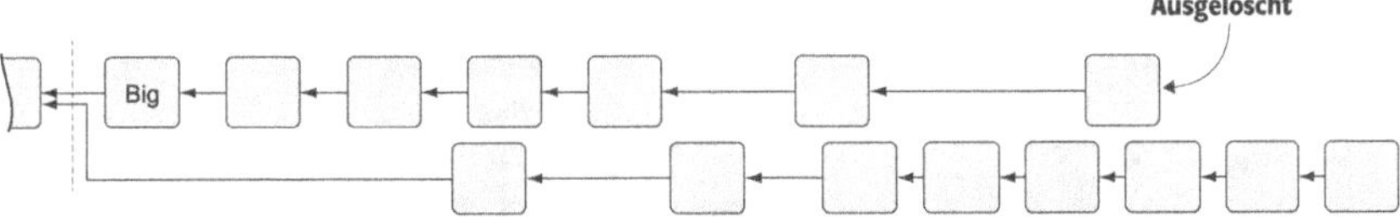

Abbildung 11.30: Der Zweig der User ist stärker und löscht den gross-Block Zweig aus.

Die Benutzer gewinnen.

Eine der ersten Soft Forks in Bitcoin, das Deployment von BIP16 (p2sh), war eine User Activated Soft Fork. Das Deployment war insofern manuell, als die Entwickler an einem bestimmten Tag manuell die Anzahl Blocks zählen mussten, welche Unterstützung signalisierten und sich dann auf einen Signaltag, einen *Flag Day* einigen mussten, um ihn in das nächste Release der Bitcoin Software einzubauen. Nach diesem Datum wurden alle Blocks, die sich nicht an die neuen Regeln hielten, von den Nodes mit dieser Software abgelehnt.

Um die Einsichten aus dem kürzlichen Deployment von SegWit zu benutzen, ist ein neuer Deployment Mechanismus in Arbeit. Er wird allgemein als User Activated Soft Fork bezeichnet. Die Idee ist, mit einem BIP9-artigen

Deployment anzufangen, aber mit der Ausnahme, dass wenn das Deployment nicht lange vor dem Timeout in den Zustand `LOCKED_IN` übergeht, solche Blocks abgelehnt werden, die nicht die Fork signalisieren. Das wird im Effekt für 100% Unterstützung sorgen, weil nicht konforme Blocks nicht mehr zählen werden und das Deployment dann schnell zu `LOCKED_IN` wird.

11.4 Zusammenfassung

Dieses Kapitel hat dir Hard Forks und Soft Forks beigebracht, und wie Soft Forks ohne Chain Split ausgerollt werden können. Wir haben über mehrere Miner-aktivierte Soft Forks und ein paar User-aktivierte Soft Forks gesprochen.

Wir können Hard Forks und Soft Forks wie hier gezeigt verdeutlichen.

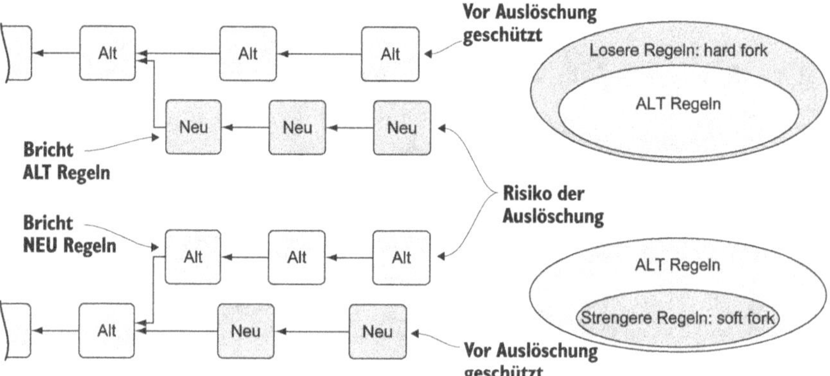

Bei einer Hard Fork werden die Regeln *gelockert*, sodass ein NEU Block anhand der ALT Regeln ungültig sein könnte. Im Fall eines Blockchain Splits könnte der NEU Zweig durch den ALT Zweig ausgelöscht werden.

In einer Soft Fork werden die Regeln *eingeengt*. ALT Blocks könnten, gemäss der NEU Regeln ungültig sein. Im Falle eines Blockchain Split riskiert der ALT Zweig seine Auslöschung.

Man kann eine Hard Fork gegen Auslöschung schützen, indem man vorsätzlich den NEU Zweig zum ALT Zweig inkompatibel macht. Zum Beispiel verlangt Bitcoin Cash, dass der erste Block nach dem Split eine Basisgrösse > 1.000.000 Byte haben muss, was laut der ALT Regeln ungültig ist. Man kann aber nicht den ALT Zweig in einer Soft Fork vor Auslöschung schützen.

Um eine Soft Fork auszurollen muss man aufpassen, die Blockchain nicht zu splitten. Wenn ein Split passiert, und beide Zweige eine längere Zeit aktiv bleiben, verursacht das eine Menge Schmerzen für die User, Exchanges, Miner und so weiter.

In einer Miner-aktivierten Soft Fork signalisieren Miner ihre Unterstützung; wenn zum Beispiel 95% der Blöcke Unterstützung signalisieren, fangen die neuen Regeln nach einer Schonfrist an durchgesetzt zu werden. BIP9 standardisiert diesen Prozess.

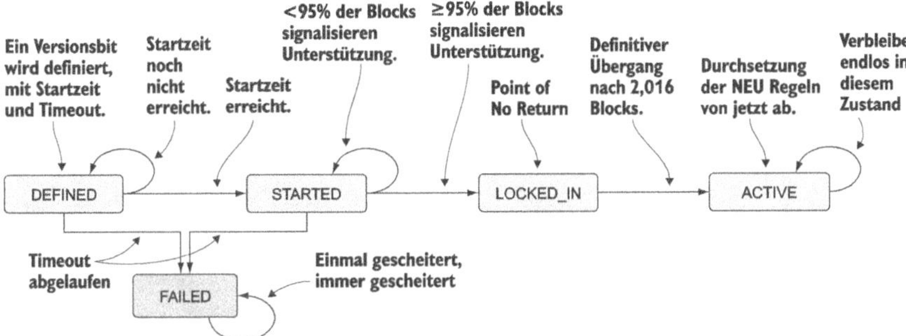

Bei einer *User Activated Soft Fork* fangen die User ab einem bestimmten Tag (oder einer bestimmten Block Height) an, die neuen Regeln anzuwenden. Ein Standard dafür wird zum Zeitpunkt des Schreibens gerade erarbeitet, und wird wahrscheinlich ein Hybrid aus BIP9 und User Activated Soft Fork werden.

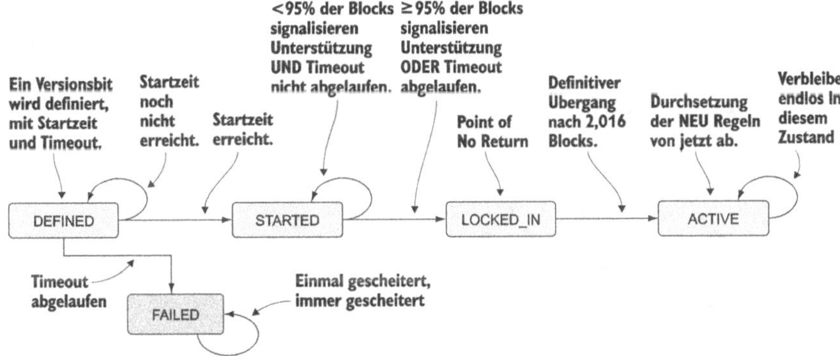

Der Unterschied zu einem reinen BIP9 Deployment ist, dass die User Activated Soft Fork Prozess garantiert in den ACTIVE Zustand übergeht, wenn der Node einmal in den STARTED Zustand geht. Im STARTED Zustand haben Miner die Chance, das Deployment in einen LOCKED_IN Zustand zu befördern; aber wenn sie das nicht tun, und der Timeout abgelaufen ist, dann fangen die unterstützenden Full Nodes (und die Miner, die den

Upgrade unterstützen) trotzdem damit an, die Regeln durchzusetzen.

Eine User Activated Soft Fork wurde benutzt, um BIP16, p2sh, auszurollen, aber das wurde manuell erledigt. Abgesehen davon hat die Gemeinde keine Erfahrung mit User Activated Soft Forks.

11.5 ÜBUNGEN

11.5.1 WÄRM DICH AUF

11.1 Eine Soft Fork ist eine Änderung der Konsensregeln, aber was charakterisiert die Änderungen, die in einer Soft Fork gemacht werden?

11.2 Angenommen, eine Hard Fork verursacht einen Blockchain Split, und der NEU Zweig hat 51% der Hashrate. Nimm ausserdem an, dass die Hashrate auf dem NEU Zweig auf ungefähr 45% absinkt.

    a. Was wird irgendwann passieren?

    b. Warum habe ich gesagt, das Ereignis wird *eventuell* passieren? Wann passiert es?

    c. Was können die Entwickler von Bitcoin NEU tun, um das Ereignis zu verhindern?

11.3 Angenommen, ein ALT Node verursacht einen Blockchain Split wegen einer Soft Fork, bei der 80% der Hashrate Bitcoin NEU benutzt. Wird der ALT Zweig des Splits lange überleben? Erläutere deine Antwort.

11.4 Angenommen, du versuchst, eine Soft Fork mittels BIP9 auszurollen. Dein Deployment hat gerade den `LOCKED_IN` Zustand erreicht. Wie lange musst du warten, bevor deine Regeln anfangen durchgesetzt zu werden?

11.5.2 GRABE TIEFER

11.5 Angenommen, eine Fork ändert die Konsensregeln so, dass ALT Nodes Blocks erzeugen können, die für NEU Nodes ungültig sind, und NEU Nodes können Blocks produzieren, die für ALT Nodes ungültig sind.

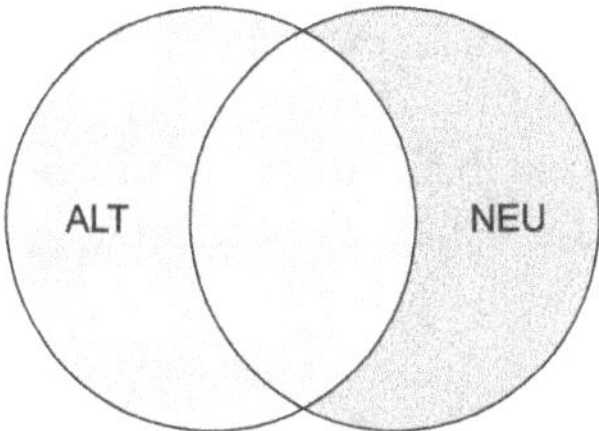

Welche Nodes (NEU, ALT, beide oder keine) könnten einen Blockchain Split verursachen, wenn diese Fork ausgerollt wird?

11.6 Warum ist es wünschenswert, eine beruhigende Mehrheit der Hashrate zu haben, die Bitcoin NEU bei einer Soft Fork unterstützt, bevor man damit anfängt, die neuen Regeln durchzusetzen?

11.7 Angenommen, eine Hard Fork hat einen dauerhaften Blockchain Split verursacht und du bist dabei, eine Zahlung mittels Bitcoin NEU durchzuführen. Warum ist Replay Protection in diesem Fall wünschenswert?

11.8 Angenommen, du willst eine Soft Fork mittels BIP9 ausrollen mit folgenden Parametern:

```
Bit:        12
Startzeit: 2027-01-01 00:00:00
Timeout:    2028-01-01 00:00:00
```

Weiter angenommen, dass das Deployment im STARTED Zustand ist, alle 2016 Blocks in der aktuellen Retarget Periode produziert worden sind, und alle Blocks Unterstützung mittels Bit 12 signalisieren. Der letzte (2016te) Block, B_1, in der aktuellen Retarget Periode hat folgende Eigenschaften:

```
Timestamp T1:             2027-12-31 23:59:59
Median Time Past MTP1: 2027-12-31 23:59:58
```

Wird dieses Deployment irgendwann in den Zustand ACTIVE gehen?

11.9 Angenommen, du willst eine User Activated Soft Fork machen. Du findest es schwer, andere User zur Benutzung deiner Software zu überzeugen. Was würde am Flag Day passieren, wenn nur ein kleiner wirtschaftlicher Prozentsatz ($<30\%$) deine Software ausführen würde?

11.10 Angenommen, du willst eine User Activated Soft Fork machen. Viele andere Nutzer scheinen deine Soft Fork zu mögen. Sagen wir, 80% der Wirtschaft installiert deine Fork. Warum werden Miner (auch diejenigen, denen Ihre Änderung nicht gefällt) während dieser vom Benutzer aktivierten Soft Fork wahrscheinlich zu den neuen Regeln wechseln?

11.11 In der vorangegangenen Übung hatte deine Soft Fork eine Unterstützung von 80% der Wirtschaft. Nimm ausserdem an, dass eine Mehrheit der Hashrate beschliesst, deinen NEU Regeln zu folgen. Was passiert mit nicht-minenden Nodes, die deiner Fork nicht folgen?

11.6 Zusammenfassung

- Du willst keinen Blockchain Split beim Ausrollen einer Fork, weil das eine Störung in der Bitcoin Wirtschaft bedeuten würde.

- Eine Hard Fork ist eine Änderung der Konsensregeln, die jeden Miner zum Upgrade zwingt. Ansonsten erfolgt ein Blockchain Split.

- Eine Soft Fork ist eine Änderung der Konsensregeln, die kein gleichzeitiges Upgrade des gesamten Netzwerks verlangt.

- Während eines Blockchain Splits wegen einer Hard Fork möchtest du Wipeout Protection haben, um sicherzustellen, dass der NEU Zweig nicht von den ALT Nodes weg reorganisiert wird.

- Bei einem Blockchain Split möchtest du Replay Protection, um den Zweig auswählen zu können, auf dem deine Transaktionen durchgeführt werden.

- Eine Miner-activierte Soft Fork–zum Beispiel, eine die BIP9 zum Ausrollen benutzt–lässt Miner eine nicht kontroverse Soft Fork ausrollen.

- Eine User Activated Soft Fork lässt User eine Soft Fork ausrollen. Wenn eine Hashrate Mehrheit irgendwann folgt, ist die Soft Fork ohne bleibenden Blockchain Split erfolgreich.

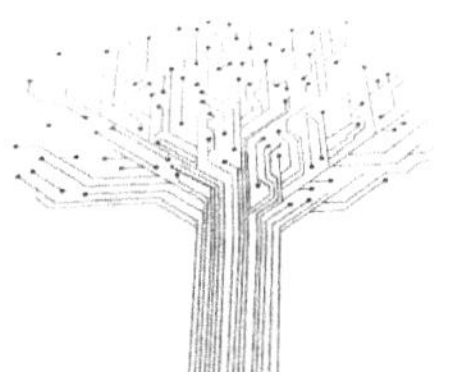

Dieser Anhang führt Abschnitt 8.8 weiter. Ich zeige dir, wie du ein Bitcoin Wallet aufsetzt, bitcoin empfängst und verschickst, und die Blockchain mit dem `bitcoin-cli` Kommandozeilen Tool erforschst.

Beachte, dass dieser Anhang `bitcoin-cli` nicht in grosser Tiefe behandelt. Er sollte nur als Quelle der Inspiration verstanden werden; er wird dich mit den Grundlagen ausstatten, damit du anfangen kannst. Ich ermuntere dich ausdrücklich, weiter herum zu forschen.

KOMMUNIKATION MIT BITCOIND

Wenn `bitcoind` startet, startet es auch einen Web Server, der defaultmässig auf TCP Port 8332 horcht. Wenn du `bitcoin-cli` benutzt, verbindet der sich an diesen Web Server schickt dein Kommando an ihn über HTTP, und zeigt dir relevante Teile der Antwort an.

Zum Beispiel angenommen, du willst die Block ID des Genesis Blocks (Block an Height 0) wissen, und schickst das folgende Kommando ab:

```
$ ./bitcoin-cli getblockhash 0
```

`bitcoin-cli` erzeugt einen HTTP `POST` Request mit dem Body

```
{"method":"getblockhash","params":[0],"id":1}
```

und schickt ihn an den Web Server, den `bitcoind` laufen lässt. Die `method` Property des Request-Inhalts ist das Kommando, das du ausführen willst, und das Argument 0 wird an den Web Server als Array mit einem einzelnen Element übergeben.

Der Web Server arbeitet den HTTP Request ab, indem er in der Blockchain den Block Hash nachschaut, und antwortet mit einer HTTP Antwort mit dem folgenden Body:

```
"result":"000000000019d6689c085ae165831e934ff763ae46a2a6c172b3f1b60a8ce26f",
↳ "error":null,"id":"1"
```

`bitcoin-cli` zeigt dann den Wert der `result` Property auf dem Terminal an:

```
000000000019d6689c085ae165831e934ff763ae46a2a6c172b3f1b60a8ce26f
```

Dieser Body des HTTP Requests folgt einem Standard namens JSON-RPC, der beschreibt, wie ein Client Funktionen auf einem Remote Prozess mittels JavaScript Object Notation (JSON) aufrufen kann.

BENUTZUNG VON CURL

Mehr Parameter

Bitcoin Core bietet eine Menge Optionen. Gib `./bitcoind --help` ein, um die vollständige Liste zu bekommen.

Weil die Kommunikation mit `bitcoind` über HTTP geht, kann jedes Programm, das `HTTP POST` Requests schicken kann, wie das Kommandozeilen Tool `curl`, zum kommunizieren mit `bitcoind` benutzt werden. Aber um andere Tools als `bitcoin-cli` zu verwenden, musst du einen Usernamen und Passwort definieren, mit denen du dich gegenüber dem Web Server authentifizierst.

Stoppe den Node mit `./bitcoin-cli stop`. Öffnen oder erstelle die Konfigurationsdatei ~ / .bitcoin / bitcoin.conf von Bitcoin Core, falls diese nicht vorhanden ist, und füge die folgenden Zeilen hinzu:

```
rpcuser=<a username that you select>
rpcpassword=<a password that you select>
```

Nachdem du die Datei ~/.bitcoin/bitcoin.conf geändert und abgespeichert hast, starte deinen Node wieder mit `bitcoind -daemon`, um die Änderungen wirksam zu machen.

So habe ich `getblockhash` mit `curl` aufgerufen (Das Backslash \ Zeichen bedeutet, die Kommandozeile setzt sich auf der nächsten Zeile fort):

```
curl -user kalle -data-binary \
```

```
  '{"method":"getblockhash","params":[0],"id":1}' \
    -H 'content-type: text/plain;' http://127.0.0.1:8332/
Enter host password for user 'kalle':
{"result":"000000000019d6689c085ae165831e934ff763ae46a2a6c172b3f1b60a8ce26f", "error":null,"id":1}
```

Denk daran, den Usernamen von `kalle` auf den Usernamen zu ändern, den du in bitcoind.conf konfiguriert hast.

Das Kommando fordert zur Eingabe des Passworts auf. Gib das Passwort ein und drücke Enter. Die Antwort vom Webserver ist dieselbe wie bei Verwendung von "bitcoin-cli", du musst jedoch den Antworttext durchsuchen, um das Ergebnis zu erkennen, bei dem es sich um den Hash von Block 0 handelt.

GRAPHISCHES USER INTERFACE

Bitcoin Core kommt mit einem grafischen User Interface (GUI). Dieser Anhang beschäftigt sich hauptsächlich mit dem Kommandozeilen-Interface `bitcoin-cli` zur Kontrolle und Abfrage deines laufenden `bitcoind`. Aber wenn du Bitcoin Core als Bitcoin Wallet benutzen willst (und nicht nur als Full Node), dann kann es nützlich sein, sich mit dem GUI vertraut zu machen. Die GUI Version von Bitcoin Core lässt dich die meisten gängigen Aufgaben erledigen, die von einem Bitcoin Wallet erwartet werden, aber um den vollen Satz an Features von Bitcoin Core zu benutzen, musst du `bitcoin-cli` verwenden.

Um die GUI Version von Bitcoin Core zu benutzen, musst du den laufenden Node stoppen und die GUI Version starten, die `bitcoin-qt` heisst.

```
$ ./bitcoin-cli stop
Bitcoin server stopping
$ ./bitcoin-qt &
```

> **Warum -qt?**
>
> Das Bitcoin Core GUI wurde mit einer GUI Programmierbibliothek geschrieben, die QT heisst. Daher der Name `bitcoin-qt`.

Wenn `bitcoind` nicht genügend Zeit zum Herunterfahren hatte, bevor du `bitcoin-qt` gestartet hast, bekommst du eine Fehlermeldung von `bitcoin-qt`. In diesem Fall, klicke auf OK und versuche es damit, `./bitcoin-qt &` in ein paar Sekunden nochmal zu starten.

`bitcoin-qt` benutzt dasselbe Datenverzeichnis, ~/.bitcoin/, wie `bitcoind`, was bedeutet, `bitcoin-qt` wird die bereits heruntergeladene und verifizierte Blockchain und dasselbe Wallet wie `bitcoind` benutzen. Es ist nur das User Interface, das anders ist.

Per Default wird `bitcoin-qt` den Web Server zum Akzeptieren von JSON-RPC Requests nicht starten, so wie `bitcoind` das tut. Um `bitcoin-cli` zu verwenden, starte `bitcoin-qt` stattdessen wie folgt:

```
$ ./bitcoin-qt -server &
```

BITCOIN-CLI KENNENLERNEN

Du hast Bitcoin Core im Hintergrund gestartet, indem du eingegeben hast

```
$ ./bitcoind -daemon
```

Das wichtigste Kommando, das man kennen muss, ist das `help` Kommando. Starte es ohne Argumente, um eine Liste aller möglichen Kommandos zu bekommen:

```
$ ./bitcoin-cli help
```

Dir wird eine lange Liste von Kommandos angezeigt, die nach Thema gruppiert sind–zum Beispiel `Blockchain`, `Mining` und `Wallet`. Einige Kommandos sind selbsterklärend, aber wenn du mehr über ein bestimmtes Kommando wissen willst, kannst du `help` mit dem Kommandonamen als Argument eingeben, zum Beispiel:

```
$ ./bitcoin-cli help getblockhash
getblockhash height

Returns hash of block in best-block-chain at height provided.

Arguments:
1. height           (numeric, required) The height index

Result:
"hash"          (string) The block hash

Examples:
> bitcoin-cli getblockhash 1000
> curl --user myusername --data-binary '{"jsonrpc": "1.0", "id":"curltest",
↳  "method": "getblockhash", "params": [1000] }' -H 'content-type:
↳  text/plain;' http://127.0.0.1:8332/
```

Du kannst `bitcoin-cli` auf zwei Arten aufrufen:

- *Mit Positions-Argumenten*–Die Bedeutungen der Argumente basieren auf deren relativer Position: zum Beispiel `./bitcoin-cli getblockhash 1000`. Dies ist der gängigste Weg, `bitcoin-cli` zu verwenden.

- *Mit benannten Argumenten*–Die Argumente werden auf der Kommandozeile namentlich genannt: zum Beispiel `./bitcoin-cli -named getblockhash height=1000`. Das ist manchmal nützlich, wenn das Kommando optionale Argumente nimmt, und du das zweite optionale Argument angeben willst, aber nicht das erste. Du wirst später Beispiele dazu sehen. ´

An die Arbeit

Erzeugen wir ein verschlüsseltes Wallet und machen ein Backup davon. Dann bekommst du etwas bitcoin und gibst das Geld an eine andere Adresse weiter, während wir die Details der Transaktionen auseinandernehmen–alles mit `bitcoin-cli`.

Erzeugen eines verschlüsselten Wallets

Wenn `bitcoind` (oder `bitcoin-qt`) startet, erzeugt es automatisch ein Wallet und speichert es in der Datei ~/.bitcoin/wallet.dat. Aber dieses Wallet ist nicht verschlüsselt, was bedeutet, die private Keys darin und der Seed, der wie in Kapitel 4 besprochen zur Ableitung von Keypaaren dient, werden im Klartext auf deiner Festplatte gespeichert. Schauen wir uns ein paar Daten zu solch einem Wallet an:

```
$ ./bitcoin-cli getwalletinfo
{
  "walletname": "",
  "walletversion": 169900,
  "balance": 0.00000000,
  "unconfirmed_balance": 0.00000000,
  "immature_balance": 0.00000000,
  "txcount": 0,
  "keypoololdest": 1541941001,
  "keypoolsize": 1000,
  "keypoolsize_hd_internal": 1000,
  "paytxfee": 0.00000000,
  "hdseedid": "bb989ad4e23f7bb713eab0a272eaef3d4857f5e3",
  "hdmasterkeyid": "bb989ad4e23f7bb713eab0a272eaef3d4857f5e3",
  "private_keys_enabled": true
}
```

Der Output des Befehls "getwalletinfo" zeigt verschiedene Informationen zu der aktuell verwendeten Wallet an. Diese automatisch erstellte Wallet ist unbenannt, weshalb "walletname" leer ist.

`balance` ist die Summe der bestätigten bitcoins, die du hast (einschliesslich unbestätigten ausgehenden Transaktionen), und `unconfirmed_balance` ist die Summe der eingehenden Zahlungen. `immature_balance` ist nur für Miner relevant und gibt die Anzahl neu erzeugter bitcoins an, die nicht vor Ablauf von 100 Blocks ausgegeben werden können. Schaue in den Hilfeabschnitt über `getwalletinfo` für mehr Details zum Output.

Um ein verschlüsseltes Wallet zu generieren, musst du ein *neues* Wallet mit dem Kommando `encryptwallet` erzeugen:

```
$ ./bitcoin-cli -stdin encryptwallet
secretpassword<ENTER>
<CTRL-D>
wallet encrypted; Bitcoin server stopping, restart to run with encrypted
↳ wallet. The keypool has been flushed and a new HD seed was generated
↳  (if you are using HD). You need to make a new backup.
```

Dieses Kommando erzeugt ein neues verschlüsseltes Wallet. Die `-stdin` Option wird benutzt, um das Passwort-Argument vom Standard Input zu lesen, was in diesem Falle heisst, du tippst das Passwort in dein Terminal, nachdem du das Kommando abgeschickt hast. Beende die Eingabe durch Drücken von Enter und Ctrl-D. Der Grund für die Benutzung von `-stdin` ist, dass du das Passwort nicht direkt in das Kommando schreiben möchtest, weil die meisten Shell Interpreter, wie bash, die Historie der Kommandos in einer Datei speichern. Die '-stdin' Option stellt sicher, dass das Passwort nicht in solchen History-Files auftaucht.

Es ist wichtig, ein neues verschlüsseltes Wallet zu erzeugen, statt einfach das bestehende Wallet zu verschlüsseln, da das alte Wallet möglicherweise schon auf deiner Festplatte kompromittiert wurde. Wie im Output erwähnt, wurde `bitcoind` gestoppt. Bitcoin Core kann derzeit nicht im laufenden Betrieb das Wallet wechseln.

Starten wir `bitcoind` erneut und schauen uns das Wallet an. Du wirst etwasAähnliches wie hier sehen:

```
$ ./bitcoind -daemon
Bitcoin server starting
$ ./bitcoin-cli getwalletinfo
{
  "walletname": "",
  "walletversion": 169900,
```

```
  "balance": 0.00000000,
  "unconfirmed_balance": 0.00000000,
  "immature_balance": 0.00000000,
  "txcount": 0,
  "keypoololdest": 1541941063,
  "keypoolsize": 1000,
  "keypoolsize_hd_internal": 1000,
  "unlocked_until": 0,
  "paytxfee": 0.00000000,
  "hdseedid": "590ec0fa4cec43d9179e5b6f7b2cdefaa35ed282",
  "hdmasterkeyid": "590ec0fa4cec43d9179e5b6f7b2cdefaa35ed282",
  "private_keys_enabled": true
}
```

Dein altes, unverschlüsseltes wallet.dat ist von dem neuen, verschlüsselten
wallet.das überschrieben worden. Aber zur Sicherheit wurde dein alter
Seed in dem neuen, verschlüsselten Wallet abgelegt, falls du tatsächlich
Geld in dem alten Wallet hattest oder in Zukunft versehentlich Geld auf
dieses alte Wallet geschickt bekommst. Der `unlocked_until` Wert von 0
bedeutet, deine private Keys sind mit dem Passwort verschlüsselt, das du
beim Verschlüsseln des Wallets eingegeben hattest. Von jetzt an musst du
deine private Keys entschlüsseln, wenn du sie benutzen willst. Du wirst
das später tun, wenn du bitcoin schickst.

Backup des Wallets

Du hast ein leeres Wallet generiert, und bevor du es anfängst zu benutzen, solltest du davon ein Backup machen. In Kapitel 4 haben wir über
mnemonische Sätze, wie definiert in BIP39, gesprochen, die das Anfertigen
von Backups für hierarchische deterministische (HD) Wallet Seeds einfach machen. Aber dieses Feature ist *nicht* in Bitcoin Core implementiert,
aus ein paar Gründen–hauptsächlich dem, dass dem mnemonischen Satz
Informationen fehlen über das folgende:

- Die Version des Seed Formats

- Der *Geburtstag*, was der Zeitpunkt ist, zu dem der Seed generiert wurde.
  Ohne einen Geburtstag musst du die gesamte Blockchain scannen, um
  deine alten Transaktionen zu finden. Mit einem Geburtstag musst du
  die Blockchain erst ab dem Geburtstag durchsuchen.

- Die Ableitungspfade, die zur Wiederherstellung benutzt werden sollen.
  Das kann zu einem gewissem Grade dadurch behoben werden, dass
  man die Standard Ableitungspfade benutzt, aber nicht alle Wallets
  implementieren den Standard.

- Sonstige beliebige Metadaten, wie Labels auf Adressen.

Um ein Backup von deinem Bitcoin Core Wallet zu machen, musst du eine Kopie der wallet.dat Datei machen. Pass auf, dass du die Datei nicht mit den Kopierprogrammen deines Betriebssystems sicherst, während `bitcoind` oder `bitcoin-qt` laufen. Wenn du das tust, könnte dein Backup in einem inkonsistenten Zustand sein, weil `bitcoind` vielleicht gerade Daten hineinschreibt, während du kopierst. Um sicherzustellen, dass du eine konsistente Kopie der Datei bekommst, während Bitcoin Core läuft, benutze das folgende Kommando:

```
$ ./bitcoin-cli backupwallet ~/walletbackup.dat
```

Dies instruiert `bitcoind`, eine Kopie der wallet.dat Datei in walletbackup.dat in deinem Heimatverzeichnis zu sichern (man kann den Namen und Pfad nach Belieben ändern). Die Backup Datei wird eine exakte Kopie der Original wallet.dat Datei sein. Lege die walletbackup.dat Datei an einer sichern Stelle ab–zum Beispiel auf einem USB Stick in einem Bankschliessfach oder auf einem Computer im Appartement deines Bruders.

GELD ERHALTEN

Du hast ein verschlüsseltes, gesichertes Wallet. Grossartig! Tun wir etwas bitcoin hinein. Um dies zu tun, brauchst du eine Bitcoin Adresse, an der du die Bitcoin bekommen willst, also holen wir uns eine:

```
$ ./bitcoin-cli -named getnewaddress address_type=bech32
bc1q2r9mql4mkz3z7yfxvef76yxjd637r429620j75
```

Im Web

Gehe auf Web resource 20, um mehr darüber herauszufinden, wie man bitcoins dort bekommen kann, wo du wohnst.

Das Kommando erzeugt eine bech32 p2wpkh Adresse für dich. Wenn dir eine andere Adressart lieber ist, kannst du `bech32` in ' legacy' ändern für eine p2pkh Adresse oder in `p2sh-segwit` um eine p2wpkh eingebettet ist p2sh Adresse zu bekommen. Schlag in Abschnitt 10.4 nach, um deine Erinnerung an die verschiedenen Zahlungs- und Adresstypen aufzufrischen.

Jetzt schicken wir bitcoin an diese Adresse. Pass auf, dass du kein Geld an die in diesem Buch abgedruckte Adresse schickst (obwohl ich das natürlich fröhlich nehmen würde), sondern stattdessen an die Adresse, die du selbst mit deinem eigenen Full Node Wallet generiert hast.

Das wirft die Frage auf, wie du bitcoins bekommst, die du an dein Wallet senden kannst. Du kannst bitcoins auf verschiedenen Wegen bekommen:

- Kaufe bitcoins auf einer Echange.

- Frage Freunde, die bitcoins haben, ob sie dir welche geben oder verkaufen können.

- Verdiene bitcoins als Bezahlung für deine Arbeit.

- Mine bitcoins.

Ich überlasse es dir, wo du bitcoins herbekommst, und nehme an, dass du irgendwie bitcoins an die Adresse bekommen wirst, die du vorhin erzeugt hast.

Ich habe eine Zahlung an meine neue Adresse geleistet und dann mein Wallet gecheckt:

```
$ ./bitcoin-cli getunconfirmedbalance
0.00500000
```

Dies zeigt einen ausstehenden Zahlungseingang von 5 mBTC (0,005 BTC). Ich muss jetzt warten, bis es in der Blockchain bestätigt ist. In der Zwischenzeit kannst du dich in die Transaktion vertiefen, indem du das `listtransactions` Kommando ausführst. Hier sind meine Ergebnisse:

```
$ ./bitcoin-cli listtransactions
[
 {
  "address": "bc1q2r9mql4mkz3z7yfxvef76yxjd637r429620j75",
  "category": "receive",
  "amount": 0.00500000,
  "label": "",
  "vout": 1,
  "confirmations": 0,
  "trusted": false,
  "txid": "ebfd0d14c2ea74ce408d01d5ea79636b8dee88fe06625f5d4842d2a0ba45c195",
  "walletconflicts": [
  ],
  "time": 1541941483,
  "timereceived": 1541941483,
  "bip125-replaceable": "yes"
 }
]
```

Diese Transaktion hat 0 Confirmations und zahlt 0,005 BTC. Du kannst auch sehen, dass die txid dieser Transaktion `ebfd0d14...ba45c195` ist.

Schauen wir uns die Transaktion näher an, und zwar mit dem Kommando `getrawtransaction`:

```
$ ./bitcoin-cli getrawtransaction
↳ ebfd0d14c2ea74ce408d01d5ea79636b8dee88fe06625f5d4842d2a0ba45c195 1

 "txid": "ebfd0d14c2ea74ce408d01d5ea79636b8dee88fe06625f5d4842d2a0ba45c195",
 "hash": "ebfd0d14c2ea74ce408d01d5ea79636b8dee88fe06625f5d4842d2a0ba45c195",
 "version": 1,
 "size": 223,
 "vsize": 223,
 "weight": 892,
 "locktime": 549655,
 "vin": [

   "txid": "8a4023dbcf57dc7f51d368606055e47636fc625a512d3481352a1eec909ab22f",
   "vout": 0,
   "scriptSig":
     "asm": "3045022100cc095e6b7c0d4c42a1741371cfdda4f1b518590f1af0915578d3966
     ↳ fee7e34ea02205fc1e976edcf4fe62f16035a5389c661844f7189a9eb45adf59e061ac
     ↳ 8cc6fd3[ALL] 030ace35cc192cedfe2a730244945f1699ea2f6b7ee77c65c83a2d7a3
     ↳ 7440e3dae",
       "hex": "483045022100cc095e6b7c0d4c42a1741371cfdda4f1b518590f1af0915578
     ↳ d3966fee7e34ea02205fc1e976edcf4fe62f16035a5389c661844f7189a9eb
     ↳ 45adf59e061ac8cc6fd30121030ace35cc192cedfe2a730244945f1699ea2f
     ↳ 6b7ee77c65c83a2d7a37440e3dae"
     ,
     "sequence": 4294967293

 ],
 "vout": [

     "value": 0.00313955,
     "n": 0,
     "scriptPubKey":
       "asm": "OP_DUP OP_HASH160 6da68d8f89dced72d4339959c94a4fcc872fa089
   ↳ OP_EQUALVERIFY OP_CHECKSIG",
       "hex": "76a9146da68d8f89dced72d4339959c94a4fcc872fa08988ac",
       "reqSigs": 1,
       "type": "pubkeyhash",
       "addresses": [
         "1AznBDM2ZfjYNoRw3DLSR9NL2cwwqDHJY6"
       ]

     ,

     "value": 0.00500000,
     "n": 1,
     "scriptPubKey":
       "asm": "0 50cbb07ebbb0a22f11266653ed10d26ea3e1d545",
       "hex": "001450cbb07ebbb0a22f11266653ed10d26ea3e1d545",
```

```
      "reqSigs": 1,
      "type": "witness_v0_keyhash",
      "addresses": [
        "bc1q2r9mql4mkz3z7yfxvef76yxjd637r429620j75"
      ]
```

```
],
"hex":
↳ "01000000012fb29a90ec1e2a3581342d515a62fc3676e455606068d3517fdc57cfdb23408a00000
↳ 0006b483045022100cc095e6b7c0d4c42a1741371cfdda4f1b518590f1af0915578d3966fee7e34e
↳ a02205fc1e976edcf4fe62f16035a5389c661844f7189a9eb45adf59e061ac8cc6fd30121030ace3
↳ 5cc192cedfe2a730244945f1699ea2f6b7ee77c65c83a2d7a37440e3daefdffffff0263ca0400000
↳ 000001976a9146da68d8f89dced72d4339959c94a4fcc872fa08988ac20a10700000000001600145
↳ 0cbb07ebbb0a22f11266653ed10d26ea3e1d54517630800"
```

Dieses Kommando gibt die gesamte Transaktion in menschenlesbarer (naja,
zumindest in Entwickler-lesbarer) Form aus. Fangen wir oben an und
gehen durch die offensichtlich relevantesten Teile der Transaktion durch.
Die `txid` ist die Transaktions-ID. Der `hash` ist der Doppel-SHA256 Hash
der gesamten Transaktion, einschliesslich des Witness. Für non-SegWit
Transaktionen ist `hash` dasselbe wie `txid`.

Die `size` der Transaktion ist 223 Bytes, und `vsize` (die virtuelle Grösse)
ist ebenfalls 223 vBytes; `vsize` ist die Anzahl der Weight Units (892) dieser
Transaktion, dividiert durch 4, sodass die virtuelle Grösse einer non-SegWit
Transaktion (was diese hier ist, weil sie nur non-SegWit Outputs ausgibt)
so gross ist wie ihre tatsächliche `size`.

Die Lock Time dieser Transaktion steht auf **549655**, was die Height der
stärksten Chain war zu dem Zeitpunkt, als die Transaktion generiert wurde.
Daher kann die Transaktion nicht bestätigt werden vor Block Height 549656.
Das verringert die Attraktivität einer Attacke, in der ein Miner vorsätzlich
versucht, die Blockchain zu reorganisieren und die Transaktion in eine
Block Height zu integrieren, die schon mined wurde.

Als nächstes kommt die Liste der Inputs. Diese Transaktion hat einen
einzelnen Input, der einen Output an Index 0 (`vout`) von der Transaktion
mit der `txid 8a4023db...909ab22f` ausgibt. Der Input gibt einen p2pkh
Output.

Die Sequenznummer des Inputs lautet **4294967293**, was `fffffffd` in Hex
Code ist. Das bedeutet Lock Time ist enabled ($\leqslant$ `fffffffe`) und die
Transaktion ist ersetzbar ($\leqslant$ `fffffffd`) gemäss BIP125. Die Bedeutung
der Sequenznummer wurde in Tabelle 29 zusammengefasst.

Hinter der Liste der Inputs kommt die Liste der Transaktions Outputs. Diese Transaktion hat eine Liste von zwei Outputs. Der erste zahlt 0,00313955 BTC an eine p2pkh Adresse, die du noch nicht gesehen hast. Das ist *vermutlich* ein Change Output. Der zweite Output schickt 0,005 BTC an die p2wpkh Adresse, die wir vorhin erzeugt hatten.

Schauen wir mal, ob die Transaktion inzwischen bestätigt wurde. Du kannst das zum Beispiel mit `getbalance` checken. In meinem Fall, wenn es 0.00500000 zeigt, dann heisst das, die Transaktion wurde bestätigt.

```
$ ./bitcoin-cli getbalance
0.00500000
```

Cool, das Geld ist confirmed! Machen wir weiter.

VERSENDEN VON GELD

Du hast ein einige bitcoins erhalten. Jetzt möchtest du die bitcoins an jemand anderen schicken. Um bitcoins zu schicken, kannst du das `sendtoaddress` Kommando benutzen. Du musst aber erst ein paar Entscheidungen treffen:

- Zieladresse

- Zu sendender Betrag: 0,001 BTC

- Wie dringend die Transaktion ist: nicht dringend (du bist schon froh, wenn sie innerhalb von 20 Blocks bestätigt wird)

Ich sende die bitcoins an Adresse `bc1qu456...5t7uulqm`, aber du solltest dir eine andere Adresse zum schicken aussuchen. Wenn du kein anderes Wallet hast, kannst du auch in Bitcoin Core eine neue Adresse generieren, an die du zum Experimentieren schicken kannst. Ich habe meine Adresse unten unkenntlich gemacht, damit du nicht versehentlich an meine Adresse schickst.

```
$ ./bitcoin-cli -named sendtoaddress \
    address="bc1qu456w7a5mawlgXXXXXXu03wp8wc7d65t7uulqm" \
    amount=0.001 conf_target=20 estimate_mode=ECONOMICAL
error code: -13
error message:
Error: Please enter the wallet passphrase with walletpassphrase first.
```

Oh, nein! Ein Fehler. Wie in der Fehlermessage angegeben, liegen die private Keys in der verschlüsselten wallet.dat Datei. Bitcoin Core braucht aber die private Keys, um die Transaktion zu signieren. Um die private Keys nun zugreifbar zu machen, musst du sie entschlüsseln. Das tust du mit dem `walletpassphrase` Kommando mit der `-stdin` Option, um zu verhindern, dass der Passphrase von deinem Kommandointerpreter, wie bash, gespeichert wird.

```
$ ./bitcoin-cli -stdin walletpassphrase
secretpassword<ENTER>
300<ENTER>
<CTRL-D>
```

Das letzte Argument, 300, ist die Anzahl Sekunden, die das Wallet entschlüsselt bleiben soll. Nach 300 Sekunden wird das Wallet automatisch wieder verschlüsselt, für den Fall dass du vergisst, es manuell wieder zu verschlüsseln. Probieren wir das `sendtoaddress` Kommando:

```
$ ./bitcoin-cli -named sendtoaddress \
    address="bc1qu456w7a5mawlgXXXXXXu03wp8wc7d65t7uulqm" \
    amount=0.001 conf_target=20 estimate_mode=ECONOMICAL
a13bcb16d8f41851cab8e939c017f1e05cc3e2a3c7735bf72f3dc5ef4a5893a2
```

Das Kommando hat eine txid für die neu erzeugte Transaktion ausgegeben. Das bedeutet, es ist gut gegangen. Du kannst das Wallet mit dem `walletlock` Kommando wieder verschlüsseln:

```
$ ./bitcoin-cli walletlock
```

Das Wallet ist jetzt verschlüsselt. Ich werde meine Transaktionen nochmal auflisten:

```
\index{listtransactions}
$ ./bitcoin-cli listtransactions
[
  {
    "address": "bc1q2r9mql4mkz3z7yfxvef76yxjd637r429620j75",
    "category": "receive",
    "amount": 0.00500000,
    "label": "",
    "vout": 1,
    "confirmations": 1,
    "blockhash": "00000000000000000000240eec03ac7499805b0f3df34
\linebreakarrow a7d5005670f3a8fa836ca",
    "blockindex": 311,
```

```
    "blocktime": 1541946325,
    "txid": "ebfd0d14c2ea74ce408d01d5ea79636b8dee88fe06625f5d
    \linebreakarrow 4842d2a0ba45c195",
    "walletconflicts": [
    ],
    "time": 1541941483,
    "timereceived": 1541941483,
    "bip125-replaceable": "no"
  },
  {
    "address": "bc1qu456w7a5mawlg35y00xu03wp8wc7d65t7uulqm",
    "category": "send",
    "amount": -0.00100000,
    "vout": 1,
    "fee": -0.00000141,
    "confirmations": 0,
    "trusted": true,
    "txid": "a13bcb16d8f41851cab8e939c017f1e05cc3e2a3c7735bf72f3dc5ef4a58
    \linebreakarrow 93a2",
    "walletconflicts": [
    ],
    "time": 1541946631,
    "timereceived": 1541946631,
    "bip125-replaceable": "no",
    "abandoned": false
  }
]
```

Die neue Transaktion ist die letzte der beiden. Sie ist noch nicht bestätigt,
was durch `"confirmations": 0` angezeigt wird. Die bezahlte Fee betrug
141 satoshis. Schauen wir uns die Transaktion noch einmal im Detail an:

```
$ ./bitcoin-cli getrawtransaction
a13bcb16d8f41851cab8e939c017f1e05cc3e2a3c7735bf72f3dc5ef4a5893a2 1
{
  "txid": "a13bcb16d8f41851cab8e939c017f1e05cc3e2a3c7735bf72f3dc5ef4a5893a2",
  "hash": "554a3a3e57dcd07185414d981af5fd272515d7f2159cf9ed9808d52b7d852ead",
  "version": 2,
  "size": 222,
  "vsize": 141,
  "weight": 561,
  "locktime": 549665,
  "vin": [
    {
      "txid": "ebfd0d14c2ea74ce408d01d5ea79636b8dee88fe06625f5d4842d2a0ba45
      ↳ c195",
      "vout": 1,
      "scriptSig": {
        "asm": "",
        "hex": ""

      "txinwitness": [
        "30440220212043afeaf70a97ea0aa09a15749ab94e09c6fad427677610286666a3
```

```
          ↳ decf0b022076818b2b2dc64b1599fd6b39bb8c249efbf4c546e334bcd7e1874115
          ↳ da4dfd0c01",
            "020127d82280a939add393ddbb1b8d08f0371fffbde776874cd69740b59e098866"
          ],
          "sequence": 4294967294
          ],
      "vout": [
        {
          "value": 0.00399859,
          "n": 0,
          "scriptPubKey": {
            "asm": "0 4bf041f271bd94385d6bcac8487adf6c9a862d10",
            "hex": "00144bf041f271bd94385d6bcac8487adf6c9a862d10",
            "reqSigs": 1,
            "type": "witness_v0_keyhash",
            "addresses": [
              "bc1qf0cyrun3hk2rshttetyys7kldjdgvtgs6ymhzz"
            ]

        {
          "value": 0.00100000,
          "n": 1,
          "scriptPubKey": {
            "asm": "0 e569a77bb4df5df446847bcdc7c5c13bb1e6ea8b",
            "hex": "0014e569a77bb4df5df446847bcdc7c5c13bb1e6ea8b",
            "reqSigs": 1,
            "type": "witness_v0_keyhash",
            "addresses": [
              "bc1qu456w7a5mawlg35y00xu03wp8wc7d65t7uulqm"
            ]
                ],

      "hex": "0200000000010195c145baa0d242485d5f6206fe88ee8d6b6379ead5
      ↳ 018d40ce74eac2140dfdeb0100000000feffffff02f31906000000000001600
        ↳ 144bf041f271bd94385d6bcac8487adf6c9a862d10a08601000000000016
        ↳ 0014e569a77bb4df5df446847bcdc7c5c13bb1e6ea8b0247304402202120
        ↳ 43afeaf70a97ea0aa09a15749ab94e09c6fad427677610286666a3decf0b
        ↳ 022076818b2b2dc64b1599fd6b39bb8c249efbf4c546e334bcd7e1874115
        ↳ da4dfd0c0121020127d82280a939add393ddbb1b8d08f0371fffbde77687
        ↳ 4cd69740b59e09886621630800"
}
```

Als erstes fällt auf, dass `txid` und `hash` sich unterscheiden. Das liegt
daran, dass dies eine SegWit Transaktion ist. Wie du dich von Kapitel 10
erinnern wirst, ist der Witness nicht in der txid enthalten–so vermeidest du
Transaction Malleability–aber der `hash` im Output enthält ihn. Beachte,
dass `size` und `vsize` sich ebenfalls unterscheiden, was von einer SegWit
Transaktion erwartet werden kann. Die Fee war 141 satoshis, wie durch
das `listtransactions` Kommando ausgegeben, und die `vsize` war 141
vbytes. Als Fee Rate wurde von Bitcoin Core also 1 sat/vByte gewählt.

Die Transaktion hat einen einzelnen Input, der Output 1 der Transaktion
`ebfd0d14...ba45c195` verbraucht. Du solltest diesen Output aus dem

Abschnitt kennen, in dem ich 0,005 BTC an mein Bitcoin Core Wallet geschickt habe. Weil dieser Output ein p2wpkh Output war, ist das Signatur Script (`scriptSig`) leer und der `txinwitness` enthält die Signatur und den public Key.

Die Sequenznummer des Inputs ist 4294967294, was gleich `fffffffe` ist. Das bedeutet, die Transaktion hat Lock Time enabled, ist aber nicht ersetzbar mit BIP125 (opt-in Replace-by-Fee).

Ich habe zwei Outputs. Der erste ist der Change Output von 0,00399859 BTC zurück an eine Adresse, die mir gehört. Der andere ist die eigentliche Zahlung von 0,001 BTC. Checken wir das Saldo erneut:

```
./bitcoin-cli getbalance
0.00399859
```

Ja, da ist es. Ich musste nicht auf die Bestätigung warten, um den neuen Saldo zu sehen, da "getbalance" immer meine eigenen *ausgehenden* nicht bestätigten Transaktionen enthält. Ich habe meine einzige UTXO (von 0,005 BTC) ausgegeben und mir eine neue UTXO von 0,00399859 an mich selbst erzeugt:

```
Spent:    0.005
Pay:     -0.001
Fee:     -0.00000141
====================
Change:   0.00399859
```

Die Summe stimmt exakt.

Ich habe einige Kommandos gezeigt, die du benutzen kannst, um mit deinem Bitcoin Core Node loszulegen, aber es gibt noch viel mehr. Guck dir die Ausgabe von `./bitcoin-cli help` an, um mehr herauszufinden.

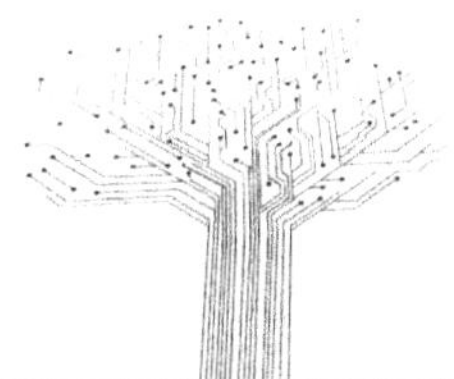

KAPITEL 2

2.1 256 Bits.

2.2 32 Bytes.

2.3 Eine kryptografische Hashfunktion.

2.4 061a ist $6 \times 256 + (16 + 10) = 1,536 + 26 = 1,562$ in dezimaler Form. Die binäre Form von 06 ist 0000 0110 und die binäre Form von 1a ist 0001 1010, sodass die volle binäre Repräsentation 0000 0110 0001 1010 ist.

2.5 Nein. Wenn das möglich wäre, wäre die Funktion nicht second-Pre-Image-resistent.

2.6 Eigenschaften 2 und 4 fehlen.

2.7 Second-Pre-Image Resistenz stoppt den Angreifer. Der Angreifer muss einen Input finden, der denselben Hash liefert wie ein bestimmter anderer Input: das Katzenbild.

2.8 Das Geldmengenwachstum verringert sich im Laufe der Zeit, weil die Belohnung an Lisa sich alle 4 Jahre halbiert. Das bedeutet, die Gesamtmenge an CT, die jemals erzeugt werden wird, wird ungefähr 21.000.000 betragen.

2.9 Die Kollegen haben Lesezugriff auf das Spreadsheet. Sie können das Spreadsheet beobachten und verifizieren, dass Lisa sich nicht zu viel oder zu häufig selbst belohnt.

2.10 Der private Key wird mit Hilfe irgendeiner Art von Zufallszahlengenerator erzeugt. Ein Einfacher ist eine Münze, die man 256 mal wirft, um seinen 256 Bit Key zu generieren. Du kannst auch den in deinem Betriebssystem eingebauten Zufallszahlengenerator benutzen.

2.11 Der private Key.

2.12 Die Message wird gehasht, weil du willst, dass die Signatur klein und von fester Grösse ist. Du willst keine grossen Signaturen haben, bloss weil die signierte Nachricht gross ist.

2.13 Mallory würde Johns private Key brauchen, um von ihm Kekse zu klauen. Sie würde auch seinen Namen, John, brauchen, um ihn in die Mail an Lisa zu schreiben, aber der steht ja frei zugänglich im Spreadsheet.

2.14 Fred kann deinen public Key benutzen, um die Nachricht zu verschlüsseln und dir zu schicken. Du kannst dann die Nachricht mit deinem private Key entschlüsseln.

2.15 Du signierst die Nachricht mit deinem private Key und schreibst die digitale Signatur auf die Notiz in der Flasche. Fred kann dann verifizieren, dass die Signatur in der Tat mit deinem private Key angefertigt wurde. Er tut dies, indem er deinen public Key zum Entschlüsseln der Signatur benutzt und den entschlüsselten Hash mit dem Hash der Nachricht vergleicht. Wenn sie übereinstimmen, kann er sicher sein, dass die Nachricht von dir stammt.

KAPITEL 3

3.1 Der PKH ist kurz ausgelegt, weil es a) das Spreadsheet von der Grösse her kleiner macht und b) der Benutzer bei Cookie Token Adressen (und Bitcoin Adressen) weniger schreiben muss.

3.2 Ja, du kannst. Es gibt einen base58check Dekodieralgorithmus, der das macht.

3.3 Es wird von einem Zahler benutzt, um die Empfängeradresse in einen PKH zu übersetzen. Der Zahler muss den PKH des Empfängers in die Mail an Lisa schreiben.

3.4 Lass uns 0047 base58-codieren, Schritt für Schritt:

a) Entferne führende 00 Bytes. Es gibt davon nur eines, was dir 47 übrig lässt.

b) Konvertiere da in eine Dezimalzahl: 47 in Hex ist $4 \times 16 + 7 = 71$ in Dezimal.

c) Dividiere 71 durch 58: $71 = 1 \times 58 + 13$. Der Quotient ist 1 und der Rest ist 13.

d) Dividiere den Quotienten, 1, durch 58: $1 = 0 \times 58 + 1$. Der Quotient ist 0 und der Rest ist 1.

e) Schlage die Reste 13 and 1 nach. Resultat: E und 2.

f) Addiere eine 1 für das entfernte 00 Byte aus Schritt 1, was in E21 resultiert.

g) Drehe es um: 12E. Fertig.

3.5 Die 4-Byte Checksumme.

3.6 Er muss zwei getrennte Zahlungen machen. Zum Beispiel: Zahlung 1 zahlt 2 CT von $@_1$ an das Café und Zahlung 2 zahlt 8 CT von $@_2$ an das Café. Man könnte auch erst 2 CT von $@_1$ an $@_2$ zahlen und dann 10 CT von $@_2$ an das Café.

3.7 Ja, es ist. Base58check-codiere die PKHs, um die Adresse zu bekommen.

3.8 Nein, weil das Spreadsheet PKHs enthält. Da kryptografische Hashfunktionen Einbahn-Funktionen sind, kannst du aus dem PKH nicht den public Key herleiten.

3.9 Sie können die Beträge betrachten. Viele der 10 CT Zahlungen sind wahrscheinlich Käufe von Keksen.

3.10 Der Bösewicht kann keine Cookie Tokens stehlen, weil er den public Key bräuchte, um den Fehler in der public Key Ableitungsfunktion auszunutzen. Das Spreadsheet enthält PKHs; der Bösewicht kann daraus nicht den public Key herleiten.

3.11 Der Bösewicht braucht den private Key, um betrügerische Mails an Lisa zu schicken. Auch wenn er RIPEMD160 umdrehen kann, muss er immer noch eine Pre-Image Attacke aus SHA256 führen und die public Key Ableitungsfunktion umkehren, um zu einem funktionierenden private Key zu kommen.

KAPITEL 4

4.1 `bitcoin:155gWNamPrwKwu5D6JZdaLVKvxbpoKsp5S?` ↳`amount=50`

4.2 Jedes Zeichen korrespondiert mit 6 Bits Entropie, weil $2^6 = 64$. Zehn solche Zeichen ergeben 60 Bits Entropie, was 60 Münzwürfen entspricht.

4.3 Die vier Probleme:

- Passwörter werden schnell vergessen.

- Zufälligkeit ist schwierig.

- Die Sicherheit eines Passworts sinkt mit fortschreitender Technologie.

- Du musst zwei Dinge m Auge behalten: das Backup *und* das Passwort. Dies erhöht das Risiko, dass das Backup verloren ist.

4.4 Der Seed wird unter Benutzung eines Zufallszahlengenerators erzeugt– zum Beispiel einer Serie von Münzwürfen oder dem Zufallszahlengenerator, den dein Betriebssystem liefert.

4.5 Ein xprv besteht aus einem private Key und einem Chain Code.

4.6 Ein xpub besteht aus einem public Key und einem Chain Code.

4.7 Der xprv an Pfad m/2/1 und der gewünschte Index 7.

4.8 Nein, du bräuchtest xprv m/2/1, um xpub M/2/1/7' abzuleiten. Du leitest erst den gehärteten xprv m/2/1/7' von m/2/1 mittels gehärteter xprv Ableitung her und berechnest dann den xpub M/2/1/7' aus m/2/1/7'.

4.9 Du kannst wie folgt vorgehen, um den Master xprv zu erhalten:

a) Benutze den Master xpub M, um den xpub M/4 abzuleiten, und merke dir den links-links Hash L_4.

b) Benutze M/4, um den links-links Hash L_{41} an Index 1 abzuleiten.

c) Subtrahiere L_{41} vom private Key m/4/1, um den private Key m/4 zu erhalten.

d) Subtrahiere L_4 vom private Key m/4, um den private Key m zu bekommen.

e) m zusammen mit dem Chain Code von xpub M ist der Master xprv.

4.10 Ja, du wärst in der Lage, alles Geld in jeder Adresse zu stehlen, weil du den Master xprv berechnen könntest.

4.11 Das Opfer hätte stattdessen Härtung benutzen können, um m/4' zu generieren. Dann könntest du nicht den Master xprv bekommen. Wenn du m/4'/1 und den Master xpub stehlen würdest, könntest du nur das Geld auf dem m/4'/1 Key stehlen. Du könntest nicht den M/4' xpub berechnen.

4.12 Die Angestellten können den xpub für das Thekenverkaufskonto importieren. Dann können sie alle public Keys unter diesem Konto generieren, und daher alle Adressen, die sie brauchen, ohne jemals irgendeinen private Key kennen zu müssen.

4.13 Dein (und Anitas) Wallet kann 10 Adressen im voraus generieren, und das Spreadsheet im Hinblick auf diese Adressen beobachten. Wenn Anita an einer dieser Adressen eine Zahlung empfängt–vermutlich auf der ersten der 10–, dann wird dein Wallet diese Adresse nicht erneut benutzen, wenn du eine Zahlung von einem Kunden anforderst. Es würde stattdessen die nächste unbenutzte Adresse nehmen.

KAPITEL 5

5.1 Du würdest die 4 CT und die 7 CT Outputs verwenden. Die neuen Outputs wären 10 CT an das Café und 1 CT an Change an eine Adresse, die dir gehört.

5.2 Sie werden in Inputs benutzt, um Transaktionen zu referenzieren, von denen Outputs ausgegeben werden sollen.

5.3 Weil du nicht einen Teil eines Transaktionsoutputs ausgeben kannst. Du gibst den Output entweder komplett aus oder gar nicht. Wenn der ausgegebene Output mehr Wert enthält als du zahlst, musst du Wechselgeld, also Change, an dich zurück zahlen.

5.4 In den Signatur Scripts in den Inputs.

5.5 Weil die Prüfenden wissen müssen, mit welchem public Key du die Signatur verifizierst. Du kannst die Signatur nicht mit einem PKH überprüfen, also musst du den public Key im Signatur Script explizit preisgeben.

5.6 Die Signatur Scripts werden bereinigt, so dass die Prüfer die Reihenfolge, in denen die Inputs signiert wurden, nicht kennen müssen.

5.7 Jeder Output einer Transaktion enthält ein Pubkey Script. Es enthält den zweiten Teil des Script Programms. Der erste Teil wird später geliefert, wenn der Output ausgegeben wird.

5.8 Das Script Programm muss mit einem OK ganz oben auf dem Stack enden.

5.9 Eine p2sh Adresse beginnt stets mit einer 3. Du kannst sie auch dadurch erkennen, dass du sie base58check-decodierst und dir das erste Byte anschaust. Wenn das Byte 05 ist, ist es eine p2sh Adresse.

5.10 Du erzeugst eine Transaktion mit einem Input und drei Outputs:

7   10 @$_C$ OP_DUP OP_HASH160 <PKH$_C$> OP_EQUAL OP_CHECKSIG
40 @$_{FEJ}$ OP_HASH160 <SH$_{FEJ}$> OP_EQUAL
50 @$_{CHANGE}$ OP_DUP OP_HASH160 <PKH$_{CHANGE}$> OP_EQUAL OP_CHECKSIG

5.11 10.003 UTXOs. Du entfernst zwei UTXOs, indem du deren Outputs ausgibst, und du fügst fünf neue UTXOs hinzu. Der Nettoeffekt auf das UTXO Set beträgt somit +3 UTXOs.

5.12 Das Pubkey Script kann zum Beispiel 1 ` sein. Der ausgebende Input kann ein leeres Signatur Script haben. Das volle Script Programm legt nur eine `1 auf den Stack. Ein Ergebnis-Stack mit einem Wert ungleich Null oben auf dem Stack bedeutet OK.

5.13 OP_ADD 10 OP_EQUAL. Dies wird erst die beiden obersten Elemente auf dem Stack addieren und das Resultat wieder oben ablegen. Dann schiebst du die Zahl 10 auf den Stack und vergleichst die beiden Elemente. Wenn sie gleich sind, wird OK auf den Stack gelegt.

5.14 Ja. Dein Full Node verifiziert alles im Spreadsheet von der allerersten Transaktion bis zu der Transaktion, die dein Geld von Faiza enthält. Es verifiziert (unter anderem) das Folgende:

- Lisa hat die erwartete Anzahl Coinbase Transaktionen mit den korrekten Beträgen darin erzeugt.
- Für jede Transaktion im Spreadsheet überschreitet der Wert der Summe der Outputs nicht den Wert der Summe der Inputs.
- Alle Signaturen von Faizas Zahlung zurück bis zu allen Coinbase Transaktionen sind OK.

5.15 Wenn mehrere UTXOs für dieselbe PKH vorhanden sind, wird die Sicherheit der anderen UTXOs für dieselbe PKH beeinträchtigt, sobald eine davon ausgegeben wird. Dies liegt daran, dass du eine Sicherheitsebene entfernst, die kryptografische Hash-Funktion. Ab diesem Zeitpunkt verlässt du dich ausschließlich auf die Funktion zur Ableitung des public Keys, um sicher zu sein. Du kannst dieses Problem vermeiden, indem du für alle eingehenden Zahlungen eindeutige Adressen verwendest. Dann haben alle deine UTXOs unterschiedliche PKHs.

KAPITEL 6

6.1 Über die Block ID des Vorgängerblocks, welcher der Hash des Block Headers des Vorgängerblocks ist.

6.2 Der Merkle Root bindet sich an alle Transaktionen in diesem Block.

6.3 Lisas Block Signatur bindet sich an den Timestamp, den Merkle Root (und damit indirekt an alle Transaktionen in diesem Block) und die Vorgänger-Block-ID (und damit indirekt an die gesamte Blockchain vor diesem Block).

6.4 Die erste Transaktion in jedem Block ist die Coinbase Transaktion. Diese Coinbase Transaktion erzeugt 50 neue Cookie Tokens und schickt diese an Lisas Cookie Token Adresse.

6.5 Alle Transaktionen. Die Hashfunktionen resultieren alle in einem Index, der 1 enthält, weil es keine Nullen im Bloom Filter gibt. Jedes Element in der Transaktion, die du prüfst, wird ein Treffer sein.

6.6 Das Folgende wird geprüft:

- Die txid zusammen mit dem Index, der den auszugebenden Output identifiziert.

- Alle Datenobjekte in den Signatur Scripts.

- Alle Datenobjekte in den Pubkey Scripts.

- Die txid der Transaktion

6.7 Sie sind nicht Pre-Image resistent, kollisionsresistent oder second-Pre-Image resistent. Der Output-Raum ist klein–typischerweise nur ein paar hundert bis ein paar tausend Zahlen. Es würde nur einen Bruchteil einer Sekunde dauern, um ein Pre-Image für, zum Beispiel, 172 zu finden.

6.8 Das am weitesten rechts stehende Blatt muss kopiert werden, um zu einer geraden Anzahl Blätter zu kommen. Dasselbe gilt für die nächste Ebene, wo der dritte Hash kopiert werden muss.

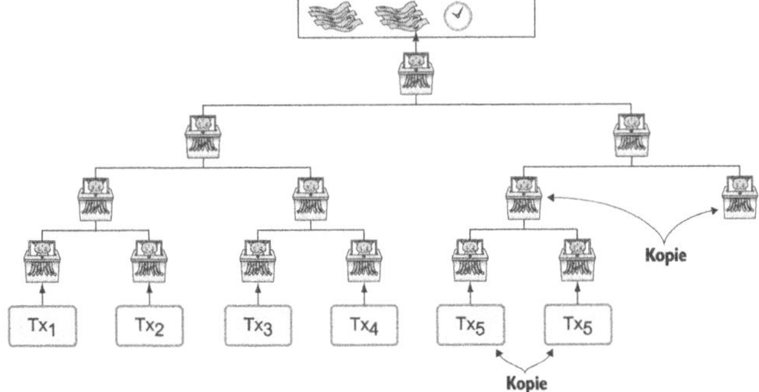

6.9 Wenn Lisas privater Block-Signatur-Key gestohlen wird, kann der Dieb Blocks in Lisas Namen erzeugen. Und wenn ein Bösewicht Lisas

Block-Signatur-publik-Key an einer oder mehreren Stellen ersetzt, zum Beispiel am schwarzen Brett oder im Intranet, kann der Bösewicht die Leute dazu bekommen, Blocks zu akzeptieren, die nicht von Lisa signiert wurden.

6.10 Lisa kann Transaktionen zensieren, und der Administrator des Shared Folders kann Blocks zensieren.

6.11 a) Ja, ein neuer Node, der alle Blocks vom Shared Folder herunterlädt, wird merken, dass es zwei Versionen des Blocks gibt. b) Ja, ein alter Node, der den Originalblocks bereits heruntergeladen hat, wird merken, dass es eine alternative Version des Blocks gibt.

6.12 Die Bits an den Indizes 1, 5, 6 und 7 werden auf 1 gesetzt und die anderen auf 0. Der Full Node würde seine Transaktion *nicht* an das Lightweight Wallet schicken. Nichts, das getestet wird, hasht nur zu Indizes, wo die Bits 1 sind. Das war ein bisschen eine Trickfrage, weil die ausgegebene txid und der Output Index der ausgegebenen Transaktion nicht einzeln getestet werden, sodass 1,6,6 nie vom Full Node in Betracht gezogen wird.

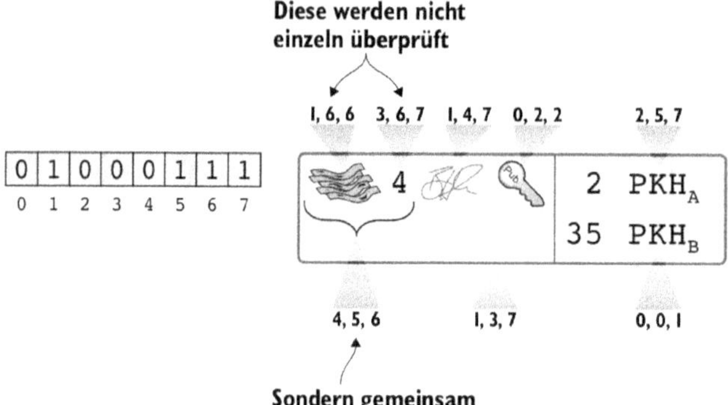

6.13 Der partielle Merkle Tree ist

```
Anzahl TX: 3
Flags: ✓✓✗✓✓
Hashes 3 4 6
```

6.14 Die interessanten Transaktionen sind die Nummern 7 and 13, oder Blattnummern 6 und 10 von links. Du hast die Lösung in Abschnitt 6.5.3.3 bereits gesehen, aber ich liefere sie hier nochmal als Referenz.

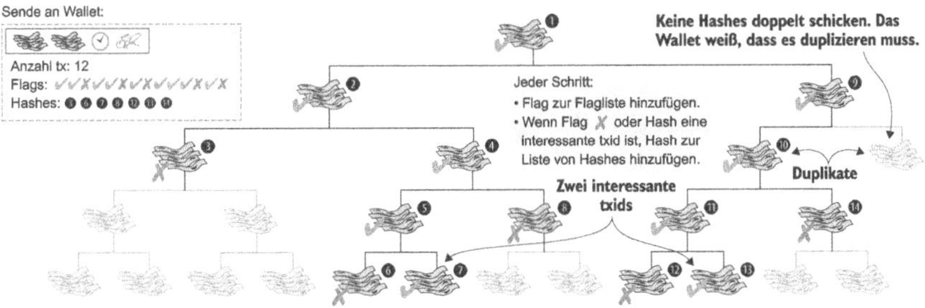

6.15 Du musst das Folgende verifizieren:

- Die txid der Transaktion befindet sich in der Liste der Hashes.
- Der Root des partiellen Merkle Trees passt zum Merkle Root im Block Header.
- Der Block Header ist korrekt signiert.

KAPITEL 7

7.1 Sie entscheidet allein drüber, welche Transaktionen bestätigt werden.

7.2 Die Wahrscheinlichkeit für Zensur verringert sich, weil alle Miner, um Erfolg zu haben, kooperativ entscheiden müssten, eine Transaktion zu zensieren. Ansonsten würden deine Transaktionen irgendwann von einem nicht dabei mitspielenden Miner bestätigt.

7.3 Miner können mit Zufallszahlen schummeln. Und du kannst nicht beweisen, dass einer geschummelt hat.

7.4 Verifiziere, dass die Block-ID eines Blocks niedriger ist als das Target im Block Header, und dass das Target dem vereinbarten Target entspricht.

7.5 Durch wiederholtes Ändern der Nonce und Hashen (Doppel-SHA256) des Block Headers, bis die Block-ID (der Block Header Hash) kleiner als das Target ist.

7.6 Der Zweig mit dem meisten gesammelten Proof of Work. Das ist nicht notwendigerweise der Zweig mit den meisten Blocks.

7.7 Ein Miner mit einer Hashrate von 100 MHash/s kann 100.000.000 Versuche pro Sekunde durchführen, um einen gültigen Proof of Work zu finden.

7.8 Das Target wird zunehmen. Wenn die 2.016 Block 15 Tage brauchen anstatt des Ziels von 14 Tagen, dann ist es zu schwierig, Blocks zu finden, also muss die Difficulty verringert werden, was bedeutet, das Target zu erhöhen.

7.9 50%. Aber wenn du vorhast, irgendwann aufzugeben, sinken deine Chancen.

7.10 Der kleine Block erreicht die anderen Miner schneller als der grosse Block, weil sich ein kleiner Block schneller durch ein Computernetzwerk fortpflanzt als ein grosser Block. Der kleine Block wird vermutlich auch schneller verifiziert als der grosse Block. Miner werden den kleinen Block wohl schneller herunterladen als den grossen Block, und ihre Mining Aktivität auf dem kleinen Block aufbauen, was dem kleinen Block eine höhere Wahrscheinlichkeit gibt, Teil der stärkeren Chain zu werden.

7.11 Das Target wird sich um einen Faktor 3/4 verringern. Die Zeit, um 2.016 Blocks zu produzieren, ist 1,5 Wochen; die ersten 1.008 Blocks brauchen 1 Woche und die nächsten 1.008 Blocks brauchen 0,5 Wochen. Also wird das nächste Target

$$N = O * \begin{cases} \frac{1}{4} & if \quad T < 0.5 \\[2mm] \frac{T}{2} & if \quad 0.5 \leqslant T \leqslant 8 \\[2mm] 4 & if \quad 8 < T \end{cases} \quad = O * \frac{1.5}{2} = O * \frac{3}{4}$$

7.12 Selma hat die Mehrheit der Hashrate. Solange sie sich an dieselben Regeln hält wie alle anderen, verdient sie eine Menge Geld. Wenn sie die Regeln bricht, indem sie das Target verfrüht ändert, werden alle Full Nodes ausser Selmas eigenem ihre Blocks verwerfen. Selma wird auf ihrem eigenen Zweig der Blockchain weiterarbeiten, während der Rest des Netzwerks auf dem Zweig mit den alten Regeln weiterarbeitet. Die Zweige sind nicht miteinander kompatibel. Die Hashrate des alten Zweigs wird auf 48% fallen, aber das System wird weiterlaufen und jeder wird weitermachen wie bisher. Andererseits wird Selma eine Menge Strom und Zeit auf ihrem Zweig verbrauchen, und niemand wird ihre Block Rewards kaufen. Der Wert ihrer produzierten Coins wird vermutlich nah bei Null liegen, weil sie den Regeln nicht folgt. Selma ist die Verliererin.

7.13 Die von den meisten Minern verwendete Fee-pro-Byte Metrik wird sehr niedrig sein. Für jedes Byte an Transaktionsdaten, das der Miner in einen Block einbringt, verliert er ein kleines bisschen an Wettbewerbsfähigkeit, weil der Block grösser wird und es daher länger dauert, ihn durch das Netzwerk zu transportieren und zu verifizieren. Wenn die Fee pro Byte für die Transaktion nicht ausreichend hoch ist, um den Verlust an Konkurrenzfähigkeit zu kompensieren, wird der Miner sie vermutlich nicht in den Block einbinden.

KAPITEL 8

8.1 Der Shared Folder ist eine schlechte Idee, weil sie dem Shared Folder Administrator absolute Macht darüber gibt, welche Blocks erlaubt sind. Und wenn der Administrator anfängt zu minen, kann er alle Konkurrenz ausschalten und hat dann absolute Macht über das System.

8.2 Blocks oder Transaktionen zu relayen heisst, sie an Peers weiterzuleiten.

8.3 Eine `inv` Message wird benutzt, um Peers darüber zu informieren, dass du eine bestimmte Transaktion oder einen bestimmten Block hast; `inv` steht für Inventory oder Inventar.

8.4 Er lässt die Transaktion durch den Bloom Filter laufen, den er vom Wallet bekommen hat. Wenn eines der getesteten Elemente in der Transaktion zu dem Filter passt, schickt der Node die Transaktion an das Wallet.

8.5 Der Full Node schickt ein `inv` an das Lightweight Wallet, nachdem er den Bloom Filter konsultiert hat. Das Wallet kann dann die Transaktion abholen, wenn es sie nicht bereits kennt.

8.6 Der Block Header

8.7 Weil das Café gegenüber seinem vertrauten Node nicht verschleiern muss, welche Adressen zum Wallet gehören. Es schickt einen sehr grossen Bloom Filter, um Datenvolumen auf seinem Mobiltelefon zu sparen; ein Bloom Filter, der fast nur Nullen enthält, schickt fast keine Fehltreffer.

8.8 Sie würde die Signatur des Programms anhand des public Keys, von dem sie weiss, dass er dem Bitcoin Core Entwicklerteam gehört, verifizieren. Sie tut dies, damit sie nicht auf versteckte Malware hereinfällt.

8.9 Einen DNS Server benutzen, um eine Liste von IP Adressen für einen in Bitcoin Core konfigurierten DNS Seed (ein DNS Name) zu bekommen, vertrauenswürdige Freunde fragen, und die festcodierten Adressen benutzen, die mit Bitcoin Core ausgeliefert werden.

8.10 Die Peers des Nodes kündigen neue Blocks an, indem sie `headers` Messages an den Node schicken, sogar während des Synchronisationsprozesses.

8.11 Du musst das Café, Qi und Tom überzeugen, Blocks vor Lisa zu verbergen. Du kannst sie bestechen oder bedrohen.

8.12 Sie schickt eine `inv` Message an Rashids Node mit den zwei Transaktions-IDs.

8.13 Dein Node beginnt den Synchronisationsprozess, der so aussehen wird:

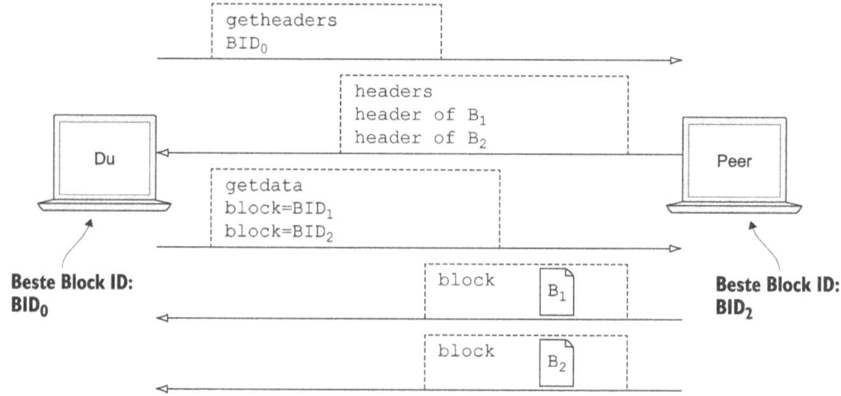

KAPITEL 9

9.1 Mindestens einer der Inputs muss eine Sequenznummer kleiner als `ffffffff` besitzen.

9.2 Der Median der Timestamps der 11 Vorgängerblocks muss später sein als 2019-12-25 00:00:00.

9.3 In den am weitesten rechts stehenden 16 Bits der Sequenznummer.

9.4 Zwei Transaktionen auf jeder Blockchain: eine für die Vertragstransaktion und eine für die Swaptransaktion.

9.5 Die Daten von Transaktionen mit ausgedachten PKHs müssen auf ewig im UTXO Set gespeichert werden, weil Bitcoin Nodes nicht zwischen echten und falschen PKHs unterscheiden können. Die Nodes können also nicht wissen, ob ein Output unbenutzbar ist oder nicht. Bei einem `OP_RETURN` Output weiss der Node, dass der Output unbenutzbar ist, und muss ihn daher nicht im UTXO Set mitführen.

9.6 Wenn deine erste Transaktion eine zu kleine Fee bezahlt hat und im Zustand pending hängengeblieben ist. Du möchtest sie durch eine neue Transaktion ersetzen, die eine höhere Fee zahlt.

9.7 Absolute Lock Time: eine Transaktion ist ungültig bis zu einer bestimmten Block Height oder Zeit. Relative Lock Time: ein Input einer Transaktion ist ungültig, bis der auszugebende Output seit einer bestimmten Anzahl Blocks oder einer bestimmten Zeit bestätigt, oder confirmed, ist.

9.8 Das Redeem Script enthält zwei Code-Zweige. Der erste Zweig verlangt, dass du und Ruth signieren, um die 2 BTC auszugeben. Das kann jederzeit geschehen. Die 2 BTC mit dem anderen Zweig auszugeben verlangt, dass alle folgenden Bedingungen erfüllt sind:

- Du hast bis Neujahr gewartet.
- Beth hat die Transaktion signiert.
- Du oder Ruth signieren die Transaktion.

Um genau zu sein, können du und Ruth den ersten Zweig mit dem folgenden Signatur Script (ohne das Redeem Script) ausgeben:

```
0 <your sig> <ruth sig> 1
```

Der zweite Zweig kann frühestens an Neujahr ausgegeben werden mit

```
0 <your or ruths sig> <beth sig> 0
```

Die äusserst rechte Ziffer in diesen Signatur Scripts gibt an, welcher Zweig zu verwenden ist; der Rest erfüllt die Voraussetzungen des jeweiligen Zweiges.

Der time-locked Zweig stellt sicher, dass Beth keine Möglichkeit hat, mit dir oder Ruth vor Neujahr zu kollaborieren.

9.9 Nein. Das Redeem Script kennen die Nodes erst, wenn der Output ausgegeben wird. Und weil man ein `OP_RETURN` Redeem Script nicht ausgeben kann, werden die Nodes das Redeem Script nie sehen. Die Nodes werden daher nie feststellen können, dass es ein unbenutzbarer Output ist.

9.10 Ein Full Node, der eine Transaktion bekommt, behält diese im Speicher, bis sie in einen Block eingebaut wird. Kommt eine zweite Transaktion herein, die mit der bereits vorhandenen Transaktion in Konflikt steht, lässt der Node die zweite Transaktion fallen und leitet sie nicht weiter. Er betrachtet die zuerst gesehene Transaktion als die "echte" und die zweite als einen Double-Spend Versuch. Nodes (einschliesslich Miner) müssen dieser Policy nicht folgen, weil es nur eine Policy ist.

9.11 Miner können immer wählen, welche gültigen Transaktionen sie in ihren Block tun wollen. Daher sind alle Transaktionen irgendwie ersetzbar. Ein Miner kann Ersetzen als Service anbieten–das heisst, du lädst eine Double-Spend Transaktion mit einer hohen Fee über die Webseite des Miners hoch und lässt ihn die Transaktion im nächsten Block bestätigen, den er gewinnt.

Es ist natürlich einfacher für normale Benutzer, eine Transaktion zu ersetzen, die für Opt-in-RBF markiert ist. Aber Dienste wie den oben erwähnten zu benutzen, ist für einen motivierten Dieb einfach genug. Der Unterschied in der Sicherheit ist also nicht so gross, wie du vielleicht denkst.

KAPITEL 10

10.1 Die Signatur Scripts

10.2 Eine Transaktion T_2, die den Output einer unbestätigten Transaktion T_1 ausgibt, kann ungültig werden, wenn T_1 während des Sendens zu T_{1M} abgeändert wird und T_{1M} bestätigt wird. Das verursacht eine Menge Kopfzerbrechen bei Verträgen.

10.3 Die Zeit, eine herkömmliche Transaktion zu verifizieren, wächst um das Vierfache, wenn sich die Anzahl Inputs verdoppelt. Das liegt an folgendem

- Du musst doppelt so viele Signaturen verifizieren.

- Jede Signatur braucht die doppelte Zeit zum Verifizieren, weil die zu hashende Transaktion sich in der Grösse verdoppelt hat.

10.4 Um zu verifizieren, dass die Transaktion in einem Block enthalten ist, muss das Lightweight Wallet die txid der Transaktion berechnen. Dafür braucht das Wallet die Signaturen, denn diese sind in der txid enthalten.

10.5 Das neue Verhalten von `OP_NOP5` muss im Erfolgsfalle genau das alte Verhalten von `OP_NOP5` nachbilden. Ds heisst, es sollte keinen Effekt auf den Stack haben, wenn es erfolgreich ist.

10.6 a (p2wpkh) und c (p2wsh) sind SegWit Adressen. d ist eine p2sh Adresse, aber es könnte eine eingebettete p2wpkh oder p2wsh Zahlung im Redeem Script enthalten. Das können wir nicht mit Sicherheit sagen. Aber die Adresse ist eine p2sh Adresse, keine SegWit Adresse.

10.7 Die Witness Version dient der Vereinfachung von künftigen Upgrades. Die Regel ist, dass unbekannte Witness Versionen akzeptiert werden. Wenn eine neue Witness Version ausgerollt wird, akzeptieren alte Nodes alle Zahlungen, die Outputs mit dieser neuen Witness Version ausgeben. Das verhindert, dass alte und neue Nodes unterschiedlichen Zweigen der Blockchain folgen.

10.8 Alle Datenelemente im Signatur Script werden auf den Stack gelegt. Das Signatur Script enthält keine solchen Elemente, sodass hier nichts zu tun ist. Dann wird 00 auf den Stack gelegt, gefolgt von c805...cba8. Das Script Programm ist dann zu Ende, und das oberste Element auf dem Stack wird geprüft. Es ist nicht Null, was bedeutet, die Zahlung ist gültig.

10.9 Der neue Node wird merken, dass der Output dem SegWit Muster entspricht. Er wird ausserdem merken, dass die Witness Version 00 ist und das das Witness Programm 20 Bytes lang ist. Das bedeutet, es ist ein p2wpkh Output. Um einen solchen Output auszugeben, muss das Signatur Script leer sein, und der Witness muss genau eine Signatur und das zum Witness Programm passende Pubkey Script PKHY enthalten. Die p2wpkh Schablone wird mit der Signatur und dem public Key aus dem Witness Feld sowie mit dem PKH aus dem Pubkey Script (dem Witness Programm) ausgefüllt. Die ausgefüllte Schablone wird dann normal als Script Programm gestartet.

10.10 Der Fee Merkle Root kann in den rechten Zweig unter das Witness Commitment gehängt werden. Aber du musst den Fee Merkle Root auch in den Witness für den Coinbase Input einbetten, sodass alte SegWit Nodes den Witness Root Hash verifizieren können.

10.11 Ein alter SegWit Node wird den Block genau wie vorher verifizieren. Der Reservierte Witness Wert wird dem Witness im Coinbase Input entnommen. Mit dem Hash aus dem Witness kann der alte Node das Witness Commitment bauen und mit dem Hash im OP_RETURN Output vergleichen, aber er kann nicht feststellen, ob der Reservierte Witness Wert ein Merkle Root ist. Alte Nodes werden daher den Merkle Tree nicht verifizieren können.

Ein neuer Node führt dieselbe Verifikation durch wie ein alter, wird aber zusätzlich den Fee Merkle Root berechnen und mit dem Hash im Coinbase Witness vergleichen.

KAPITEL 11

11.1 Ein Soft Fork engt die Konsensregeln ein. Das bedeutet, von Bitcoin NEU Nodes erzeugte Blocks werden von Bitcoin ALT Nodes garantiert akzeptiert.

11.2   a. Der NEU Zweig wird vom ALT Zweig ausgelöscht.

     b. Er wird *irgendwann* ausgelöscht, wenn der ALT Zweig zum NEU Zweig aufholt und ihn überholt. Das kann eine ganze Menge Blocks dauern, je nach dem initialen Defizit.

     c. Bitcoin NEU könnte mit Wipeout Protection ausgerüstet werden– zum Beispiel durch erzwungene Eigenschaften des ersten Blocks im Split, die in der ALT Chain nicht gültig sind. Bitcoin Cash verlangte zum Beispiel, dass der erste Block $> 1.000.000$ Bytes ist.

11.3 Nein, er wird vom NEU Zweig überwältigt und der ALT Zweig wird ziemlich schnell ausgelöscht oder reorganisiert werden.

11.4 2.016 Blocks. Der `LOCKED_IN` Zustand dauert immer eine Retarget Periode.

11.5 Beide. ALT Nodes können einen Block erzeugen, der gemäss der NEU Regeln nicht gültig ist. Umgekehrt können NEU Nodes einen Block erzeugen, der auf den ALT Nodes nicht gültig ist.

11.6 Wenn die NEU Nodes keine Mehrheit der Hashrate haben, können die ALT Nodes einen dauerhaften Blockchain Split verursachen. Das würde im Effekt zu zwei Kryptowährungen führen.

11.7 Replay Protection ist wünschenswert, weil eine für einen Zweig des Splits gedachte Transaktion nicht Gefahr laufen sollte, auf dem anderen Zweig zu enden.

11.8 Ja. Angenommen, die 11 Timestamps vor B_1, nach Wert sortiert, lauten

$$a \leqslant b \leqslant c \leqslant d \leqslant e \leqslant MTP_1 \leqslant g \leqslant h \leqslant i \leqslant j \leqslant k$$

Um MTP_2 von Block B_2, der auf B_1 folgt, zu berechnen, fügt man T_1 dieser Liste hinzu. Weil der Timestamp eines Blocks strikt hinter der MTP des Blocks liegen muss, muss T_1 in der Liste rechts von MTP_1 einsortiert werden. Zum Beispiel:

$$a \leqslant b \leqslant c \leqslant d \leqslant e \leqslant MTP_1 \leqslant g \leqslant h \leqslant T1 \leqslant i \leqslant j \leqslant k$$

Man muss ausserdem den Timestamp des Blocks mit der niedrigsten Height aus der Liste der Timestamps entfernen. Egal welchen Timestamp man entfernt, MTP_2 wird entweder MTP_1 sein (wenn man einen Timestamp rechts davon entfernt), oder der Timestamp direkt rechts von MTP_1 (wenn man einen Timestamp links davon entfernt) was entweder g oder T_1 sein kann:

Wenn $MTP_2 = MTP_1$, dann $MTP_2 <$ Timeout weil $MTP_1 <$ Timeout.

Wenn $MTP_2 = g$, dann $MTP_2 \leqslant T_1 <$ Timeout.

Wenn $MTP_2 = T_1$, dann $MTP_2 <$ Timeout weil $T_1 <$ Timeout.

Die MTP von B_2 ist also in jedem Falle kleiner als der Timeout, und alle Blocks ($> 95\%$) der letzten 2.016 Blocks signalisieren Support, was bedeutet, das Deployment geht in LOCKED_IN über und—2.016 Blocks später—in ACTIVE.

11.9 Ein Teil ($< 30\%$) der Wirtschaft beginnt, Blocks abzulehnen, die nicht den Regeln deines Soft Forks folgen. Das bedeutet, du verursachst einen Blockchain Split, der so lange bleibt, wie die Mehrheit der Miner den ALT Zweig unterstützt.

11.10 Wenn der Grossteil der Wirtschaft anfängt, ALT Blocks abzulehnen, werden Miner wahrscheinlich nicht weiter ALT Blocks minen, denn die Block Rewards werden fast wertlos. Es wäre schwer für die Miner, ihre ALT Coins auf einer Exchange zu verkaufen oder ihren Strom damit zu bezahlen. Schwenken sie ihre Produktion dagegen auf NEU Blocks über, haben sie eine Menge Optionen, ihre Block Rewards gegen Güter, Dienstleistungen und andere Währungen einzutauschen.

11.11 Die nicht minenden Benutzer, die die ALT Software benutzen, werden automatisch auf den NEU Zweig schwenken, sobald dieser stärker ist als der ALT Zweig. Das kommt daher, dass der NEU Zweig gemäss den ALT Regeln gültig ist.

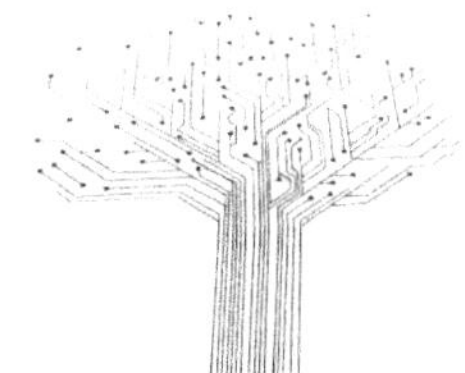

1. Satoshi Nakamoto, "Bitcoin: A Peer-to-Peer Electronic Cash System," 2008, **http://mng.bz/lppR**.

2. Bitcoin Stack Exchange, **http://mng.bz/BDDl**.

3. Bitcoin Developer Reference, **http://mng.bz/dPP1**.

4. Bitcoin Quellcode Repository, **http://mng.bz/rBBj**.

5. Kalle Rosenbaum, Quellcode für *Grokking Bitcoin*, **http://mng.bz/qBO2**.

6. "Financial Inclusion Data / Global Findex," Die Weltbank, 2014, **http://mng.bz/Vqqx**.

7. "Reception of WikiLeaks: Response from the financial industry," Wikipedia, **http://mng.bz/gYnV**.

8. Menelaos Hadjicostis, "Bank of Cyprus Depositors Lose 47.5% of Savings," USA Today, July 29, 2013, **http://mng.bz/pEez**.

9. Bitcoin Verbesserungsvorschläge (BIPs), GitHub, **http://mng.bz/OA0E**.

10. Auswahlhilfe für Bitcoin Wallets, **http://mng.bz/xJJ6**.

11. Andrea Corbellini, "Elliptic Curve Point Addition," **http://mng.bz/YOBA**.

12. Discussion über die Gründe für SHA256 in Bitcoin, Stack Exchange Cryptography, **http://mng.bz/G2aO**.

13. Vollständige Liste der Script Operatoren in Bitcoin, Bitcoin Wiki, **http://mng.bz/A22Q**.

14. Arthur Gervais, Ghassan O. Karame, Damian Gruber, and Srdjan Capkun, "On the Privacy Provisions of Bloom Filters in Lightweight Bitcoin Clients," Cryptology ePrint Archive, **http://mng.bz/ZZZ9**.

15. Peter Todd, "What Attack Does the Difficulty Drop Rate Limiter Prevent?", **http://mng.bz/zgWQ**.

16. Lightning Labs, Lightning Resources, **http://mng.bz/RGGa**.

17. Ein Blockchain Explorer, der die ASCII-Kunst Transaktion zeigt, die in Kapitel 9 besprochen wird, **http://mng.bz/J88Q**.

18. Betrieb eines Full Node, **http://mng.bz/2AAw**.

19. Bitcoin Core Downloadseite, **http://mng.bz/177R**.

20. Anfangen mit Bitcoin, **http://mng.bz/P885**.

INDEX

0-conf Transaktion, 265

Ableiten, 98, 107
Ableitungsfunktion, 45, 67, 83, 105, 108, 109, 134
Addition modulo, 35
addr Message, 280
Adressen, 9, 61, 72, 74, 75, 79, 85, 124, 175, 276, 333, 345, 360
Altcoins, 24
anyone-can-spend, 350, 383
ausstehende Zahlung, 89

Backup, 85, 87, 90, 93, 94, 97, 100, 103, 118, 121, 142
Bandbreite, 163, 175, 203, 262, 270, 339, 359, 367
Bandbreitenersparnisse, 359
Bandbreitenverschwendung, 339, 367
Bankkonten, 10
base58check Codierung, 73, 74
Base64, 75, 76
Baumstruktur, 94, 100, 121
Bech32, 345, 346
Begrenzte Geldmenge, 15
beliebige Daten, 39
Beschlagnahme, 11, 14
Beste Chain, 221, 222, 241
Bestätigungen, 155, 234
BIP113, 394
BIP130, 266
BIP141, 344, 396, 399
BIP143, 357
BIP148, 396, 397
BIP152, 377
BIP157, 184
BIP158, 184
BIP173, 345, 346

BIP32, 94
BIP34, 296, 389–392
BIP37, 175
BIP39, 101, 102
BIP44, 94, 100
BIP65, 296, 391
BIP66, 296, 336, 391, 392
BIP9, 392, 394–397
BIP91, 397, 398
Bit, 32, 33, 36, 45, 48, 68, 83, 92, 95, 98, 99, 101, 177, 186, 222, 347, 392, 393, 397, 398, 405
Bitcoin Cash, 382, 387, 402
Bitcoin Core, 86, 140, 232, 258, 274, 275, 281, 284, 285, 288, 294, 300, 375, 382, 398
Bitcoin Improvement Proposal, 88, 184, 392
Bitcoin Ledger, 30
Bitcoin Netzwerk, 2–4, 66, 83, 128, 198, 249, 270, 273, 281, 347, 373, 377, 379
Bitcoin Node, 3–6, 14, 72, 363, 373
Bitcoin Verbesserungsvorschläge, 88
bitcoin-cli, 294, 407
bitcoin-qt, 294, 409
Block Header, 166, 168, 205, 260, 365, 377
Block ID, 166, 172, 215, 218, 220, 281, 301, 389
Blockbelohnung, 208, 209, 220, 233
Blockchain, 4, 6, 7, 30, 80, 89, 154, 163, 205, 253, 335, 373
Blockchain Split, 209, 370, 380, 388, 402, 405

Blockgewicht, 365, 374, 379, 384, 396, 401
Blockhöhe, 171, 207, 225, 296
Blockproduzent, 207, 220
Blocksubvention, 168, 245, 246
blocktxn, 378
Bloom Filter, 176, 180, 249, 264, 359
Blätter, 95, 96
Bootstrappen, 253, 273
brute-force, 92
Buchhaltung, 3, 4, 6

Chain, 96, 165, 166, 210, 211, 222, 225, 234, 235, 238, 251, 278, 351, 376, 380
Chain Code, 96, 97, 104, 109
Chain Reorganisation, 241, 381
Checksum, 74, 76, 78, 83, 103, 151, 345, 346
child extended private key, 96
codieren, 75, 101, 336
Coinbase, 154, 162, 168, 208, 220, 222, 226, 243, 351, 352, 369, 378, 388, 389, 391
Confirmations, 234, 238, 251, 270
Connectivity, 280
Cookie Token Adressen, 61, 72–74, 80
Cookie Token Kalkulationsblatt, 28
cookie token wallet, 88
curl, 408

daemon, 294, 408
decentralized, 14
decodieren, 76, 103, 151
DEFINED, 393
Denial-of-Service, 184, 363

deployment, 395
depth-first, 190, 191
Deterministic Wallets, 85
Dezentralisierung, 15, 26, 215, 220
Dienstverweigerung, 14
difficulty adjustment, 222, 226, 232
Digest, 36
Digitale Signatur, 47, 48, 58, 81, 118
Domain Name System (DNS), 24, 277
Double Spending, 231
Download, 274, 281, 282, 285, 295, 296, 298

Einbahnfunktion, 105, 114, 130
Einkaufen, 17
einkommende Verbindungen, 280
Elliptische Kurve, 111, 112, 114
encryptwallet, 412
Entropie, 91–93, 97, 98
erlaubnisfrei, 2
Ethereum, 24, 26
Exchange, 2, 366, 388, 398, 399, 403
Extended, 104

FAILED, 394, 395, 397
Fee Market, 245
Fiatwährung, 13, 15
Firmenbenutzer, 3
FORKID, 387
Forks, 342, 364, 373–375
Full Node, 133, 163, 210, 253, 339, 375, 392

Gebühren, 13, 22, 243, 244, 374, 401
gehärteter xprv, 109, 119
Geldmenge, 12, 15, 24, 25, 30, 58, 125, 272
Genesis Block, 175, 221, 273, 407
getaddr, 280
getbalance, 418, 422
getblocktxn, 378
getdata, 262, 282, 301
getrawtransaction, 416
getwalletinfo, 412, 413

Glückszahlen, 208, 213, 215, 221
Gnu Privacy Guard, 290
GnuPG, 288, 290, 291, 293
Gossip Networks, 256
Grenzüberschreitender Zahlungsverkehr, 17
GUI (graphical user interface), 294

Handshake, 278, 279
Hard Fork, 364, 373, 375, 379, 382, 384, 396, 402, 404, 406
Hardware Wallet, 9, 358
Hashes, 32, 61, 97, 124, 166, 205, 262, 357
Hashfunktion, 27, 32, 67, 98, 134, 177, 218, 382
Hauptbuch, 6
HD Wallets, 85, 104, 118, 121, 159
headers, 266, 282, 379
help, 408, 410, 422
Hex, 32, 75, 341, 417
hexadezimal, 32, 40, 75
Hierarchische Deterministische Wallets, 94
HMAC, 97, 98
HMAC-SHA512, 97, 98, 107
Holzhammermethode, 36, 41, 92
Hyperinflation, 12, 22

idx, 131
immature_balance, 412
inbound connections, 280
Index, 94, 98, 109, 119, 131, 161, 178, 179, 357
Inflation, 12
Initial Blockchain Download, 282
initialblockdownload, 296
Initialnodes, 280
Inputs, 37, 98, 127, 181, 216, 334, 387, 417
Internet Protocol (IP), 258

JSON, 408

Key Server, 275
Keys, 94
kill, 376
Kollision, 39, 70, 207

Konsensregeln, 373, 379, 404, 406
Kontenbasierte Systeme, 135
Kryptografische Hashfunktion, 27
Kryptowährungen, 24, 26, 364, 369, 388

Landesgrenzen, 13
Ledger, 6, 31, 124
Lightning Netzwerk, 22, 23
Lightweight Wallet, 175, 176, 183, 194, 260, 267, 297
listtransactions, 415, 421
LOCKED_IN, 397

Malleability, 334, 349, 367, 421
Marktkapitalisierung, 24
Master extended private Key, 95, 97
Master private Key, 94
Master xpub, 106, 110, 120
MD5 cryptographic hash function, 39
Median Time Past, 228, 393
Mempool, 211
menschenlesbar, 75, 101, 345, 346, 417
Merkle Proof, 197, 249, 340, 367
Merkle Root, 166, 215, 268, 351, 389
Merkle Trees, 177, 185, 201
merkleblock, 268, 297
Miner, 8, 31, 65, 118, 205, 253, 337, 373, 412
Miner-aktivierte Soft Forks, 373, 402
Minimierung von Vertrauen, 125
mnemonic sentence, 101, 108, 121, 181
mnemonisch, 101, 413
Multiple Signatures, 142

Namecoin, 26
Netzwerkeffekt, 26
Netzwerkeffekt., 25
Netzwerkprotokoll, 259, 278, 301, 333, 375
Nichtwährungs-Anwendungen, 20
Nonce, 215, 217, 389

Online Speicherung, 54
OP_CHECKLOCKTIMEVERIFY, 341, 342, 391
OP_CHECKMULTISIG, 142, 143, 150, 341
OP_CHECKSEQUENCEVERIFY, 341
OP_CHECKSIG, 342, 349, 417
OP_CLTV, 341, 342
OP_CSV, 341, 343, 360
OP_DROP, 337, 342, 343
OP_DUP, 137, 337, 342, 417
OP_EQUAL, 140, 142, 147, 341
OP_EQUALVERIFY, 138, 342, 417
OP_HASH160, 137, 147, 342, 417
OP_NOP, 343, 360, 367
OP_NOP1, 341
OP_NOP10, 341
OP_NOP2, 341–343
OP_NOP3, 343
OP_NOP5, 370
OP_RETURN, 352
OP_SHA256, 140, 142
Open Source Software, 374, 377
OpenPGP, 290
Output, 36, 68, 126, 170, 206, 281, 334, 374, 412

p2pkh, 340, 349, 360, 414, 417
p2sh, 146, 348, 388, 414
p2wpkh, 349, 354, 414, 418, 422
p2wsh, 349, 354, 360
Parameter, 393, 408
partiellen Merkle Tree, 187, 190, 197, 268
Passwort-Manager, 93
Passwortstärke, 91
pay-to-witness-script-hash, 353
payment URI, 88
Peer-to-Peer Netzwerk, 66, 167, 253, 348, 373
Peers, 4, 256, 350
Policies, 337
Port 8333, 258, 281
Positions-Argumente, 411
POST request, 407, 408
Pre-Image, 36, 69, 140, 216
Pre-Image Resistenz, 37

Pretty Good Privacy, 290
Privacy, 61, 85, 134, 176, 206, 269, 359
Private Key, 86, 90, 100
programmierbare Transaktionen, 151
Proof of Work, 167, 205, 254, 373
Propagation, 255, 266
Protokoll, 259, 261, 378
Public Key, 45, 67, 111
Punkt auf der Kurve, 112, 116
Punktaddition, 112
Punktverdopplung, 113, 114

QR (quick response), 87, 88, 151, 345, 346
QT library, 409

Redeem Script, 149, 355
Reorg, 381, 383
Retarget, 226–230, 250, 393, 395, 396, 405
Retarget Period, 226, 229, 230, 250, 393, 405
RIPEMD160, 39, 68–70, 81, 137, 150, 355
Rückwärtskompatibel, 344

satoshi, 242, 272, 420, 421
Schema, 69, 75, 93, 123
Schlüssel, 6, 31, 85, 293
Schlüsselpaare, 43, 47, 56, 88
Script, 136, 181, 249, 336
scriptPubKey, 140, 417, 421
scriptSig, 140, 417, 421, 422
secp256k1, 111
Seed, 85, 159, 181, 277, 411
Segregated Witness, 333, 344
SegWit, 333, 382, 417
Segwit Adressen, 345, 370
SegWit2x, 397
sendtoaddress, 418
SHA-1, 39
SHA256, 40, 41, 48, 67, 101, 134, 137, 140, 142, 150
SHA256SUMS.asc, 274, 275, 287, 293
SHA512, 39
Share, 167, 205, 253
Sicherheit, 17, 38, 67, 86, 134, 163, 264, 364, 413
SIGHASH, 387
Signalisieren, 393

Signatur, 5, 27, 64, 128, 166, 220, 274, 333, 387, 422
Signaturverifikation, 302, 338, 364
Signieren, 48, 56, 129, 337, 358
Simplified Payment Verification, 163
sofortige Lösung, 210
Soft Fork, 342, 373
Sparen, 16, 94
Spekulation, 18, 19, 23
Split, 210, 212, 221, 364, 376, 382, 388
Split eines Splits, 212
SPV, 163, 175
STARTED, 393, 395, 403, 405
Synchronisation, 177, 282, 300

TCP, 258, 276, 407
Timeout, 393–395, 402
Tokens, 3, 28, 64, 88, 124, 198, 223, 253
transaction malleability, 333
Transaktion, 3, 31, 89, 123, 163, 205, 253, 333, 374, 411
Transaktions-Output, 128, 136, 181
Transaktions-Umformbarkeit, 333, 367
Transaktionsgebühren, 8, 129, 168, 240
Transaktionsgraphen, 154
Transmission Control Protocol (TCP), 258
txid, 127, 166, 268, 333, 377, 416
txinwitness, 421, 422

Unbestätigte Transaktionen, 165
unconfirmed_balance, 412, 413
ungültige Transaktion, 159
uniform resource identifier, 88
Unsignierte Transaktionen, 358
unverbrauchte Transaktions Outputs (UT-XOs), 126, 127, 131, 172, 374

Upgrades, 74, 341, 360, 367, 388
User Activated Soft Forks, 396, 404
UTXO, 126, 164, 172, 210, 211, 281, 366, 374, 422
UTXO Set, 131, 174, 281, 366, 386

verack, 279
Verbindung, 16, 54, 175, 258, 363
Verifizieren, 125, 147, 171, 190, 220, 264, 283, 293, 348, 359, 383

verifizieren, 42, 123, 129, 147, 162, 175, 202, 228, 262, 289, 333, 350, 378
version, 278, 296
Versionsbits, 392, 394
vertrauenswürdig, 28, 53, 124, 164, 214, 286, 290
verzögerte Lösung, 210

Wallet, 6, 62, 85, 123, 175, 205, 253, 345, 407
walletlock, 419
walletpassphrase, 419
Weiterleiten, 380

Wert, 12, 35, 74, 98, 140, 177, 215, 272, 342, 385, 408
Wiederbenutzung, 134

Zeit, 8, 43, 63, 93, 155, 167, 213, 261, 339, 373, 409
Zeitstempel, 166, 169, 220
Zensur, 14, 163, 205, 207, 213, 225, 240, 247, 256
zentrale Autorität, 206, 214, 250, 251
Zielwert, 69, 215
Zufallszahl, 85, 94, 208, 221
Zufallszahlengenerator, 45, 80, 96, 121